唐代墓誌彙編（修訂本）

五

周紹良　主編
趙　超　副主編

歷代碑誌彙編

上海古籍出版社

唐代墓誌彙編

開元

開元〇〇一

【蓋】 失。

【誌文】

大唐故滄州長蘆縣丞薄府君墓誌銘并序」

公諱仁，字範，雁門人也。粤以五星東聚，列妃后而嬪帝；萬」乘北駕，命通侯而佐皇。故懿哲茂親，預聞前史；豐功厚德，」載芳來葉。祖師，唐安州義安府統軍，考城公，上柱國；馳聲」細柳之前，果獲大名之賞。父峻，皇朝原州平高令，上輕」車都尉；法雷縮墨，馴翟有聞，列宿鳴弦，驅雞自遠。公年纔」弱冠，任國子監學生。靈府虛融，神姿實發，微言一覽，洞曉」三經。射策甲科，詞鋒穎脱，選衆而舉，爰授忻州行參軍、括」州永嘉縣尉、滄州長蘆縣丞、武騎尉。謝秩海隅，入調天府，」遘疾神都，以垂拱二年，終於旅舍，春秋五十九。夫人南陽」樊氏，恒州長史之孫，隴州治中之女也。中和秀氣，上靈資」淑，閫德貞諒，閨訓夙彰，祗奉内儀，虔恭中饋。未極南山之」壽，忽傾東岱之魂。終於私寢之第，春秋八十有四。即以開」元二年歲次甲寅正月十七日，合葬於相州城西北二十」里崗之原，禮也。息昇、鉉等沖和植性，純孝自心，泣血增哀，」倚廬何望。素旐即路，白衣相送，士庶悽怛，原野蒼茫，清風」響怨，白日無光。恐人非之地是，而海變之成桑，庶勒銘而」紀石，雖代故而名芳。」其詞曰：

高門鼎族，弈代觀光，岳靈」川粹，輔漢臣唐。令問令望，如珪如璋，朱輪華冕，拖紫懷璜。」其一。□有嬪媛，誕姿淑懿，閫德陶神，閨儀蘊器。奄忽終古，同」穴荒隧，萬歲千秋，幽明永閟。其二。」

（北京圖書館藏拓本）

開元〇〇二

【蓋】失。

【誌文】

大唐故通直郎行曹州濟陰縣尉鄭君墓誌并序」

君諱儉，字元禮，其先滎陽人。周宣母弟，俾侯于鄭，以國爲姓，□」兹始焉，因官居洛，爲洛人也。曾祖挺，祖宣，並逸氣高邁，風神爽」朗，潤身以德，富學以書，冠冕聯繼，簪纓閒疊。父獻，偃仰丘園，棲」遲養性。君藍郊孕彩，會野疏貞，勗素履於前規，邁清芬於後進。」孝廉擢第，初膺拾芥之榮；列邑分官，即事牽絲之役。起家孝廉，」授文林郎，尋調江州尋陽尉，秩滿鄧州向城主簿，又遷豫州褒」信，又加曹州濟陰尉。佐鳴絃而馭俗，德被一同；贊佩韋以宣風，」恩覃百里。誰謂神欺與善，龍夢成災。大位不躋，遽軫槐庭之歎；」昌年蹔偶，奄從蒿里之遊。春秋八十一，以大足元年正月二十」九日，遘疾於道光之私第，嗚呼哀哉。夫人趙郡李氏，前綿州涪」城縣令深之女。婉娩成姿，柔閑植性，聿增輝於絢彩，終濟美於」扶成。始乖鳴鳳之龢，竟合沉龍之制。如意元年五月八日，終于」豫州褒信，春秋七十五。粤以開元二年歲次甲寅正月庚申朔」二十三日壬午，合葬於北邙平陰鄉之原也。山河萬古，方爲殁」後之悲；松檟三秋，空結平居之恨。雲低隴邃，月上墳高，歎白日」之非遠，悼悲春兮增欷。嗣子超等，蘭陔就養，驚靜樹於悲風；蓼」徑纏哀，撰貞珉於荒隧。式刊遺範，迺作銘云：」

靈源沃日，昌構參雲，波瀾莫測，島溆難分。訓承孔父，經傳漢墳，」搢紳交映，簡册重勳。其一。懷經入仕，射策登科，牽絲就職，無黨無」頗。勞誠望歎，調匪聲和，大年溘盡，生涯幾何。其二。猗歟李氏，展如」琴瑟，劍罷龍分，鏡空鸞失。合葬非古，周人所述，始兆青烏，終傷」白日。其三。丘陵一閟，松檟千年，山河遂古，蘭菊空傳。式圖貞石，載」掩荒埏，月有華兮風有緒，長無絶兮終天！」

（北京圖書館藏拓本）

開元〇〇三

【蓋】似無。

【誌文】

唐開元二年歲」次甲寅閏二月」己未朔五日癸」亥，徵事郎□行」貝州臨清縣尉」隴西李簡，亡妣」娘滎陽夫人毛」氏墓記。」

（北京圖書館藏拓本）

開元〇〇四

【誌文】

大唐崇義寺思言禪師塔銘并序」

夫法尚應權，言貴稱物，無違於俗，有利於人，所以不捨」凡流而登覺路，未階十地便入一乘者，其惟禪師乎？禪師」法諱思言，俗姓衡氏，京兆櫟陽人也。幼標定慧，早悟」真空，戒珠明朗，心田獨壬。四分十誦，自得地靈；三門九」法，總攝天口。無解而解，善惡俱亡；非空自空，物我齊泯。」不現身意，行住涅槃；雖假言談，長存波若。由是隨緣起」念，自關洛而徂遊；應物虛□，經海沂而演授。昭化煩惑，」濟盪塵冥，法侶雲趨，俗徒霧委。請益無倦，屢照忘疲，薰」以香焚，膏緣明盡。因茲不悆，遂構清羸，日居月諸，奄先」朝露。以延和元年五月二十二日捨化於浚郊大梁之」域，遂就闍維。嗚呼哀哉！春秋六十有九，四十夏。祥河輟」潤，惠炬潛光，井邑生悲，風雲改色。即以開元二年歲次」甲寅閏二月己未朔十二日庚午，姪沙門哲及道俗等」敬收舍利，於終南楩梓谷大善知識林後本師域所起」塔供養。俯臨寶刹，仍從梵衆之遊；却背皇居，尚起杜多」之行。緇素如失，道俗生哀。嗚呼！蓮華會上，空聞説法之」名；荆棘林中，獨結哀歌之恨。梁摧道逝，涕實何依，氣竭」恩深，敢爲銘曰：

本有之有，三千大千，人超佛地，法證真天。智飛一覺，神」亡二邊，弗住而住，雖牽不牽。參羅萬像，愚智皆賢，悲深」性域，化俗情田。形隨物弊，身將劫遷，哀纏没後，痛結生」前，變通誰察，起現何年。」

（録自《陝西金石志》卷十一，據北京圖書館藏拓修正）

開元〇〇五

【蓋】失。

【誌文】

唐故朝請大夫趙州長史孟府君墓誌銘并序」

府君諱貞，字知剛，清河郡人也。昔寧□□德，有後」開邦；恭仲垂芳，令名分族。著七篇之雅訓，紹美儒」家；洞十翼之精微，聮華施氏。賢良繼迹，簪紱駢輝，」史諜詳之，可略言矣。祖才，隨穀州刺史；父廓，皇朝」□大夫、播州刺史；并平心應物，直道在公，遠近見」推，僚友稱善。公鳳雛毓價，龍泉挺彩，忠勇之心無」替，妙謀之略可稱。永昌年，起家補左衛長上，遷懷」州宣陽府右果毅，遷雍州白□府左果毅。景龍元」年，敕授游擊將軍、行華州普樂府折衝。屬邊塵」屢動，帝念方勤，禦侮資賢，公膺其選，制授趙州」長史。帷幄深謀，威動鄰國；題輿至化，方贊美專城。」謂無缺大年，目畢康沂之詠；豈期旋嗟促景，坐傷」遊岱之魂。嗚呼哀哉！以開元二年二月十六日終」於趙州官第，春秋卌有九。即以其年三月十五日」權殯於洛陽縣北部鄉原，之禮也。嗣子友義等，窮」號泣血，慎終觀行，敢旌泉壤，乃述銘云：

文武兼備，孝友資身，彼蒼不弔，殲我善人。其一。□□」一代，丘墟千齡，誰知勝烈，紀此幽銘。其二。」

（北京圖書館藏拓本　河南千唐誌齋藏石）

開元〇〇六

【蓋】失。

【誌文】

大唐故游擊將軍行華州永豐鎮副張君墓誌銘并序」

君諱叔子，字嗣元，河南人也。道光伏驥，先發系於清」河；智妙浮龜，後徙家於温洛。祖雅，吏部常選；巨鱗□」水，越波浪而度龍門；勁羽排風，摶扶摇而上鵬路。父」師，護軍事；韓彭才峻，絳灌風高，厚賞先登，鴻勳夙烈。」君幼而英傑，食牛之壯氣凜然；長而驍毅，汗馬之殊」功大矣。解褐授雍州沉水戍主，後拜游擊將軍行永」豐鎮副。據天險，壓神兵，爲作固之雄，概守方之猛。罹」災有驗，與善無徵，忽棄千夫之長，溘盡九泉之路。」春秋五十有七。神龍二年七月十七日卒於尊賢坊之」私第。夫人田氏。鳳凰入兆，陳敬仲之高宗；龍馬出讖，」孟嘗君之貴胄。自金夫永逝，玉筯長垂，不勝晝哭之」心，復掩夜臺之魄。春秋五十有二，開元二年三月十」三日終。即以其年四月十四日合葬于北邙山原，禮」也。素車塵起，聲馳於郭門；絳旐霞飛，影臨於泉户。胤」嗣標擗，行路酸辛，蒿里不春，郊林無色。生前有盟河」誓徵，功迹已入於丹書；殁後恐谷變陵移，行狀必刊」於翠琰。傳之不朽，乃勒銘云。其詞曰：

聳有樹兮伊有桑，休東洛兮歸北邙。愁煙陵上兮埋」青栢，悲風山際兮摇白楊。」

（北京圖書館藏拓本　河南千唐誌齋藏石）

開元〇〇七

【蓋】 失。

【誌文】

大唐太上皇三從弟朝議大夫行右衛長史上柱國李府君之夫人太原縣君王氏墓誌銘并序」

夫人諱□，太原晉陽人也。粤若漢庭陰德，軒車馳七族之門；晉家元老，簪紱盛三台之位。由是將軍闢壘，廓垂惠之氛埃；丞相登朝，驚單于之視聽。巍巍茂緒，列綿祀而飛績；穆穆清風，播景鐘而逸韻。備詳之於簡諜，今可略而言焉。曾祖君儒，隨侍御史、御史中丞、太子左庶子；祖孝遠，皇朝屋盩縣令、大理正、紫微舍人、參知機務同紫微黄門三品平章事，除京兆府少尹；提衡孝友，藻績彝章，或望重烏臺，凛嚴霜之峻旨；或詞華紫禁，敷陽春之惠澤。昔者佩刀傳貺，江荆資其爕理；絶席申歡，山桑表夫金石。眷言斯道，家不乏賢。考崇，皇左千牛、兖州司功、許州司户、黔州石城縣令、太子舍人；學擅文場，辭彈辯囿。外參端士，聽春誦於摇山；入纂侍臣，奉天顔於錡衛。方當誕靈鱣瑞，將飛越海之鱗；啡吭鵷池，遽拉摩霄之羽。夫人秀氣呈祥，柔儀韞則，管纊紟纓之禮，實自生知；端明婉順之德，匪因教至。若鉛華焕彩，豔桃李之春暉；洛琁飄香，掩桂蘭之秋馥。輕步遊羅帳，神女爲之低雲；含情對鏡臺，姮娥猶其罷月。於是瓌姿瑋態，光日下以無雙；淑問嘉聲，命仙儔而少匹。李君連枝瓊樹，挺杞梓之宏材；積潤瑶谿，引溟涬之遠派。爰兹合姓，式終偕老。夫人作嬪君子，無虧侍櫛之方；正位家人，允叶從夫之秩。太極元年四月十五日，授太原縣君，加寵命也。豈謂蓮房夕隕，黄泉無再發之期；粉匣晨銷，玄室豈凝莊之處。緑琴幽怨，嗟鶴操以長孤；華桐結根，歎龍門之半死。以開元二年閏二月十五日遘疾，終於京兆府萬年縣安興坊之私第，春秋五十有四。李君悼齊體之無歸，恨冥途之永閟。始看餘桂，撫長簟以銜酸；載想遺形，望空帷而屑涕。息鉉等痛深泣血，哀逾飲水，訴昊天而罔極，觸厚地而無追。敬卜休貞，俯營窀穸，即以其年甲寅五月丁亥朔二十三日己酉，安厝於京兆府長安縣居安鄉高陽之原，禮也。高隰悠悠，荒臺寂寂，背巖城以遵路，指靈丘而瘞迹。野既迴兮無鄰，一人去兮成昔，乃爲銘曰：

太原之士，晉水之濱，中朝握政，外戚通姻。其一。王道蕩蕩，帝緒親親，誕斯令淑，光于作賓。其二。從梁以儉，在冀如賓，婉娩其志，貞明其身。其三。彼蒼不閟，壼則方淪，頹齡奄謝，大暮何晨？其四。南臨巖壑，北枕城闉，泉臺有夜，檟隧無春。其五。隴荒宿草，樹古摧薪，爰彫翠石，永播芳塵。其六。」

（録自《陝西金石志》卷十一）

開元〇〇八

【誌文】

六度寺侯莫陳大師壽塔銘文并序　朝議大夫、守宋王諮議、上柱國崔寬撰」

昔者如來滅後，」正法常存，二十四賢，遞相付囑，俱持」寶印，各護明珠。自師子云亡，遺音殄瘁。或龍荒之際，」像教不行；或差別之時，薰修乃異。有達摩禪師者，懸」解正一之理，深入不二之門，克復一乘，紹隆三寶。自」茲厥後，凡經八代，傳法燈而不昧，等慧日而長明。若」乃蘊龍象之姿，積梯航之用，誨人不倦，惠我無疆，同櫜籥而罔窮，等洪鍾而必應。圓融三教，混合一家，沃」未悟之心，杜遊談之口者，則我大師有之矣。大師姓」侯莫陳，諱琰之，法名智達，京兆長安人也。族大龍坰，」賞延龜紐，地邮公侯之胤，人承孝友之家。宿植因果，」生知夢幻。大莖大葉，自毓彩於冥前；玄之又玄，坐發」揮於度内。年甫弱冠，便入嵩山，初事安闍梨，晚歸秀」和上。並理符心會，竟授口訣，二十餘年，遂獲道果。和」上曰：汝已智達，辯才無礙，宜以智達爲名。道在白衣，」吾無憂矣。既承授記之音，復傳秘密之藏。欲導引迷」俗，故往來人間，時遊洛中，或詣河北，迎門擁篲，不可」勝紀，因而得度者歲有其人焉。此寺有比丘尼無上、」比丘尼導師者，俗姓裴氏，河東聞喜人也。代揖清通，」已推於茂族；時稱領袖，復見於靈苗。姊妹二人，分形」共業，乘銀臺而直往，守金道而無迴。白黑遵崇，遐邇」敬仰。大師曰：雖稱極樂，終非究竟。於是睠彼二尼，不」遠千里，正師資之禮，具函杖之儀。被如來衣，坐如來」室，直示總持之要，宏開頓悟之宗。師等慄然，有同冰」釋，更西面而請益，知東方之靡窮，欲濟逢舟，頻鑽見」火，一二年内，俱獲菩提。乃相與言曰：上恩已洽，至德」難忘，古先哲人，仍爲壽藏，惠愛於物，必建生祠，凡厥」吾徒，可不戮力。遂於此地爲大師立三級浮圖焉。若」乃人物形勝，林麓藪澤；傍連牧野，前徒百勝之場；却」負商郊，近古千年之業。周武王之問罪，殷有忠臣；吴」季札之觀風，衛多君子。代閱今古，事標靈異。夫其壯」也，仰太行之合沓；夫其麗也，俯淇澳之清泠。珍木迎」地以攢羅，奇峰半天而競糺。雜花交映，楊慧日於金」輪；衆鳥和鳴，韻祥風於寶鐸。實嚴淨之勝境，信靈祇」之所託者乎？既疏迴向之因，復闡歸依之地，走雖不」敏，輒亦庶幾，恍忽之間，若己再升者矣。大師隨方演」暢，應物出處，其往也恬焉惔焉，其來也惟寂惟漠。徒」觀其精意練魄，凝神滌慮，無法通妙法之源，非身入」大身之境，所以稱不可得，是故□難思議。啓方便之」門，咸蒙善誘；示真實之相，俱令解脱。因塔廟之在斯，」粗可得而陳也。爾時弟子欲重宣此義，敬作銘云：

行波羅蜜，惟精惟一，俱詣道場，咸希秘密。法裏思妙，」相中求實，未得其門，何階入室？其一。涅槃之際，付囑高」僧，既云迦葉，復現摩騰。得所不見，聞所未曾，爰有證」者，至今傳燈。其二。衆生輪轉，未始有極，遇兹大師，捨彼」大力。曉示如藏，諦觀師臆，凡厥勝因，偶善知識。其三。裴」氏比丘，宿植薰修，銀臺宴坐，金地嬉遊。欲泛鯷壑，先」逢鷁舟，遂登彼岸，云何不酬。其四。蒼山之南，濁河之北，」經始塔廟，闡揚功德。信類給孤，施如檀特，永習師保，」長懷楷則。其五。

開元二年六月十日入涅槃。

弟子崔寵、弟子裴炯、弟子崔玄哲、弟子僧重瑩。造塔匠左思仁。書手王玄貞。弟子田普光。」

（録自《芒洛冢墓遺文四編》卷五）

開元〇〇九

【蓋】失。

【誌文】

唐故汴州浚儀縣尉梁君墓誌銘并序」

君諱焕，字光時，安定人。其先嬴姓，御戎受命，漢興以來，」著於大族者也。初在一宗，是開三國，尚公主，封貴人，于」今無絶，盛矣哉！高祖毗，隋御史大夫，刑部、禮部尚書，金」紫光禄大夫，著於隋史；曾祖敬真，隋尚永樂公主駙馬」都尉、尚輦奉御；父皎，皇朝潤州司法、鄜州司功、」左衛録事，贈河内縣令，曾是襲慶，代累棻德，克生聰明，」將奉天祐。君誕靈純粹，幼而奇姿，始觀書藝，學乎舊史」氏，故知禮樂之道。積行藏器，所用者□。弱冠以門閥踐」周行，初授酸棗尉，轉浚儀尉。關東大邑，河南□郡，人庶」殷阜，俾從持劇，故以簡惠莅事，非爲威猛制物。始驤首」長衢，奮飛雲漢，可以遊閶闔，作羽儀。何期不幸，先摧蘭」玉。嗚呼！天不可問，命不可逃，以開元二年七月十九日」遘疾，終私第。長違昭代，缺我政途，君子所惜也。君清明」在躬，所居則化，振聲華於績用，作彝則於搢紳。居常而」終，所歎者夭。即以其年八月十七日葬於河南縣北邙」平原，禮也。逝者如斯，遊魂是宅，勞生休死，人理恒然。孀」妻哀斷，嗣子幼孺，送終此地，望而無及。泉扉永閟，勒銘」誌之。其詞曰：

梁氏象賢，才華比肩，君有儀表，性實」芳堅。作吏大邑，視事載遷，飛鴻舉翰，可以沖天。白駒過」隙，何速流年？冥冥往運，幽幽下泉，閉而不曉，草樹蒼然！」

（周紹良藏拓本　河南千唐誌齋藏石）

開元〇一〇

【蓋】大唐故給事中墓誌銘

【誌文】

唐故朝議大夫給事中上柱國戴府君墓誌銘并序　太常博士賀知章撰」

府君諱令言，字應之，本譙郡譙人也。自微子啓宋，樂甫匡周，垂裕後昆，代載厥德。」聖公漢之銅竹，若思晉之牙爪，初自九江東介，因徙吳興武原，迨府君大父爲湘」鄉令而寓居長沙，故今爲郡人也。曾祖儼，陳南臺侍御史、南康王國侍郎；祖集，隋」衡陽王國侍郎，轉湘鄉令；父開，皇朝明禮，授文林郎。代積儒素，專門禮學，侍御」之風格，侍郎之敏惠，並秉靈江漢，流聞湘潭，隤祉羨和，實鍾秀傑。府君生而岐嶷，」宗黨欣慶，甫及數歲，有若成童。垂髫能誦離騷及靈光、江、海諸賦，難字異音，訪對」不竭。由是鄉人皆號曰先生，敬而不名也。年十四而容體魁岸，性頗俠烈，每自稱」曰：吾不能爲小人儒。好投壺、挽强、擊刺，雖江鄉耆宿、郭解季心之徒，咸敬憚焉。十」五，首讀兩漢，遂慨慷慕古，手不釋卷。未盈五旬，咸誦於口。十七，便歷覽羣籍，尤好」異書，至於筭曆卜筮，無所不曉。味老莊道流，蓄長往之愿，不屑塵物。州鄉初以孝」秀相屈，府君傲然便曰：大丈夫非降玄纁不能詣京師，豈復碌碌從時輩也。既家」近湘渚，地多形勝，每至熙春芳煦，凜秋高節，携琴命酌，棹川藉墅，貴遊牧守，雖懸」榻入舟，不肯降志。天授歲，爰降」綵綸，來旌巖穴。府君乃飭躬應召，謁見金馬。夫」出處者君子之大節，進退者達識之能事，天地閉而賢隱，王塗亨而代工，懿哉若」人，有足尚者。自是時論推美，屢紆延辟，而府君素尚難拔，猶懷江湖，因著孤鶴操」以見志，名流高節者多和之。爾後復歸江潭，涉五六載，重下明制，令馳傳入□。」於是進對宣室，不言温樹，解褐授右拾遺。屢竭忠讜，成輒削藁，外莫之知。爰除□」補闕。府君志求閑退，朝廷使宰長社，字人有聲，邑氓頌德，爲廉察者所薦，璽書」慰勉。景雲歲，皇帝龍興，重張寰宇，俄有恩命，拜左臺侍御史。任氣强直，不避」權右。求出莅人，因轉爲三原令。郊墅之富，鄭白之沃，人安物阜，勣尤王畿。遷起居」郎。韞墳典之精，有南董之直，密謀歲益，便宜日奏，固非所聞也。俄遷庫部郎，用爲」水陸運使。蕭何之餉關中，鄧禹之發河内。既簡在帝念，遥授給事中，而身居洛」陽，未拜雲陛。方當調茲湯鼎，克亨虞庠，天弗輔仁，奄歸長夜，以開元二年歲次」甲寅正月廿日，終於洛陽審教里之私第，春秋五十有六。夫人吴郡張氏，早殯令」族，夙有風懿，舉案臯廡，鷩轍萊門，爰在長沙，奄先朝露。以其年十二月甲寅朔七」日庚申，合葬於洛陽清風鄉之原，禮也。後夫人潁川韓氏，亦庇壟陰。有子乘陽等」四人，欒容菒貌，哀毁骨立。嗚呼！戴侯今不亡矣！故人識之，敢作銘曰：

橘洲浮兮昭潭無底，沙如雪兮泉味猶醴。楚人秀兮地靈所啓，旌弓招兮載筆」雲陛，餉饋給兮含香建禮。彼君子兮如王之玭，人之亡兮潛焉出涕。彼達人兮何」必故鄉，樹枌檟兮封茲北邙。篆幽石兮誌夫陰堂，歲遒盡兮烟壄微茫。」

（周紹良藏拓本）

開元〇一一

【蓋】失。

【誌文】

大唐故右衛中郎將兼右金吾將軍同安郡開國公鄭府君墓誌銘并序」

粤若稽古，周之德也，逮宣王母弟，俾侯于鄭，然後有諸侯邦國焉；武公父子，匡政王室，然」後有周鄭交質焉。及其河洛歸民，虢鄶獻邑，羔裘所以潤色鴻業，鷄鳴所以國諷詁訓。而」後門見虵鬭，鼎嘗黿立，陽城入晉，員黍添韓，俗泯時移，姓因國號，自茲以降，世弗乏賢。北」海儒門，縉紳仰其高躅；關西驛騎，冠冕欽其甲第。公諱玄果，滎陽開封人也。其先祖仕魏，」名高當代，功冠朝倫。時島夷弗庭，貂戈未戢，迺輟爲東光侯，鎮諸滄海，于今裔胄，尚守其」業。祖德通，隋平州諸軍事、平州刺史，脩以文德，服以遠人，中外咸寧，夷夏弗擾。父仁泰，少」好奇數，預識安危，屬隋綱弛網，諸侯問鼎，人憂塗炭，士弗聊生。武帝建旗，侍鑾輿而」吊罪；文皇受禪，翊龍飛以底功。天下所以削平，社稷由其致固，除靈州都督、左武衛」將軍、右武衛大將軍，進爵同安郡開國公，食邑二千户，實封二百户，銀書鐵券，山河帶礪。」卒於涼州都督，謚曰襄。公起家文德皇后挽郎，解褐曹王府兵曹、趙王府法曹，優遊磐」石之國，馳騁衣冠之地。轉豳州録事參軍。舊周則新平漆縣，綱紀則提目六曹，遷伊州長」史、代州司馬。自西徂北，撫邊鄙以全邦；無私徇公，佐方岳之半刺。未逾旬月，除尚乘奉御，」閑廄籍其襟帶，騏驥資其剪拂。遷左率府郎將，乘星夜警，趨少海之波瀾；候月春宮，仰」摇山之氣色。除右衛親府郎將右衛翊府中郎將，爪牙丹禁，鈎陳紫闥。以公恪」勤奉職，重加朝命，仍兼右金吾將軍襲爵同安郡公，委以倉廩，留守京師。榮深寵厚，勳名」將衛霍齊驅；道合時來，賞契與山河共畢。主上深恩侍衛，追赴洛陽，寄以腹心，弗違靡」監。加以劬勞鈐禁，夙夜匪懈，無寧晏寢，遘以膏肓，從此彌留，方隨大漸。以大唐垂拱元年」六月十九日卒於位，春秋六十有三。則天大聖皇后痛心哀悼，降使臨祭，別敕造靈」轝，給傳郵遞，送至京宅。公與物無競，深恩厚」仁，嚮風慕義，悲感行路。夫人河南郡君河南元」氏，後魏景穆皇帝第九子南安王禎七代孫，右衛將軍壽之姪，右驍衛郎將備之女。夫」人德潤珪瑾，質敷蘭蕙，含華方鏡，積昭圓流。於是占夢維虵，有巢維鵲，作配君子，以降褕」狄，標梅無虧於三實，夭桃不爽於九華。既下銅雀之臺，還入和鸞之詠，雅量温麗，柔姿閑」靡，彤管符於稷下，清婉合於淹中。詩禮抑揚，自有椒花之頌；箴規娣姒，非無秋菊之銘。不」以驕奢而遺鼎俎，不以富貴而損紡績。六行克著，四德孔脩，信可謂儀形邦教，丹青閨訓。」嗟乎！寒泉夕閲，風樹晨摇，仙草途遐，靈香路邈。無復陽臺之雨，空餘魏闕之雲。春秋五十」有三，以大唐永淳元年二月十四日寢疾，終於京師龍首里之第。以開元二年歲次甲寅」十二月廿九日，與公合葬於承平里之原，禮也。長子同安郡開國公、行閬州晉安縣令□」嗣等，哀纏薤露，痛結號天，嗚呼哀哉！改卜有典。功成身退，雄威將壯氣俱銷；位達名歸，」墨綬與丹青弗朽。閟佳城而鬱鬱，瞻大樹而亭亭。刻石泉扃，列松塋表，播芳猷於萬古，垂」令譽於千秋。

其銘曰：

欽若宗周，分天錫地，邑封十號，派流千祀。其政維何？平王卿士；其胄維何？虢公猜貳。虢鄶」獻邑，周鄭交質，詠結緇服，符呈丹字。氏宿恒明，茌山弗圮。其一。姓因國立，人稱穎靈，婚冠之」鏡，縉紳之衡。名高北海，價重西京，儒門卷舌，豪族吞聲。推棘知讓，驅毛見迎。其二。睢鳩有德，」和鸞有聞，粉澤閨户，丹青闔門。玉折知美，蘭摧必芬，空悲陟岵，徒想幽墳。其三。原隰坱軋，煙」雲悽慘，素駕迴輪，蒼山迴瞰。松悲月照，禽啼夜感，白楊蕭蕭，傷心碎膽。其四。

（周紹良藏拓本）

開元〇一二

【蓋】失。

【誌文】殘。如式録之。

□□于今稱之。□□□
□右軍器使封平□縣□□
□暉映搢紳公薦未行而□□
元二年夏五月廿二日寢疾□
東海縣君徐氏，父司刑卿□□
□二月壬寅祔于故塋，禮也長
書司門郎中□侍御史權知
猷克荷高堂肯構繼潘陽之
□足以光贊門風□編國史移
厥初嬀滿在昔建都祚土□
□滯申冤滌克壯其猷有造
土闢政被南訛化漸西狄秩
雙棺同穸福鍾令嗣恭守□

（録自《八瓊室金石補正》卷三十八）

開元〇一三

【蓋】失。

【誌文】

大唐故忠武將軍行右領軍衛涇州純德府折衝都尉上柱國邢君墓誌銘并序」

君諱思賢，字藥王，其先河間郡人也。靈源海濬，曾構雲懸，祖」德家聲，詳諸史册。曾祖君卿，隋德州司馬；佐褰帷而述職，聲」藹題輿；毗露冕以宣風，芳流別乘。祖德弼，皇朝冀州南宮」縣尉；才高位下，屈梅福於南昌；道在名屯，滯橋玄於北部。父」智滿，太中大夫行桂州都督府長史上柱國河間縣開國男；」荔浦遐邦，桂林英府，調甿贊務，實賴仁明，導俗康時，歿有遺」愛。惟公風雲秀氣，川岳奇精，幼標岐嶷，長逾忠果。天姿鬱鬱，」嵇叔夜之生平；地望森森，藺相如之意氣。初任趙王府執仗，」遷左衛長上，除歸政府左果毅長上，檢校左金吾衛郎將，授」忠武將軍行右領軍衛涇州純德府折衝都尉上柱國，奉」敕九成宮留守，又充京故城使。陪遊兔苑，導飛蓋於西園；厠」迹羽林，總戎旗於左衛。加以名參武帳，位列司階，屢奉職於」巖郎，再昇榮於幕府。離宮別館，允副宸衷；上林禁苑，無虧」警衛。何圖輔仁虛應，福善無徵，啓手歸全，撫膺何及，以先天」元年九月七日薨於京兆安邑里私第，春秋卌有八。以開元」三年二月廿日歸殯於河南郡平樂鄉原先塋，禮也。嗣子倩、」將、仙等，並家聲邕穆，孝友純深，想風樹以凝懷，履霜庭而積」慕。爰雕翠琰，式建鴻猷，陵谷有遷，風流靡歇。其銘曰：

英英哲人，紹清芬兮；自祖及考，武與文兮。克申忠勇，建宏勳」兮；天不慭遺，殲夫君兮。鬱鬱佳城，埋愁雲兮；蒼蒼隴樹，日氛」氳兮。可憐孤稚，號莫聞兮；空留桂馥，與蘭薰兮。」

（録自《芒洛冢墓遺文四編》卷五）

開元〇一四

【蓋】失。

【誌文】

大唐陽平郡路府君并夫人陳氏墓誌銘」

公諱□，字隱，陽平人，漢丞相舒十八代孫。曾祖先，隋鄧」州諸軍事守鄧州刺史；祖政，游擊將軍、萬安府左果毅都」尉；父開，朝儀郎、行徐州録事參軍；並閥閱承家，簪裾弈代。」有五子，公即第二焉。公岐嶷早秀，瓌才俊傑，三冬績學，六藝」道包，器宇宏邈，容貌姸偉。以永淳二年通直郎、行連州司倉」參軍。任逾未幾，高聲遠振，雅譽遐通，應舉，遷朝散郎，行永州」零陵令。鳴絃理化，途謡去獸之風；製錦臨人，境賴飛蝗之德。」恭和實性，孝悌惟心，寮友挹其高猷，鄉黨欽其盛節，淑仁君」子，則路公乎？壽登七十，神思甚壯，不謂奠楹作禍，夢竪成災，」以神龍二年十二月十一日卒於河南府之私第。公夫人潁」川陳氏，寔之十二代孫，父德，甚有令名。夫人則陳君之長女，」稟性閑麗，動合規矩，天然孝睦，立操恭賢，志剛德柔，内外通」變。不謂蛇臺結釁，月浦魂飛，蟻鬬成妖，星纏魄奄。以開元二」年八月二十六日，終於私室；以開元三年歲次乙卯二月癸」丑朔二十日壬申，與公遷合葬於河南府河南縣梓樺鄉北」邙之原。嗚呼！過隙難留，逝川無返，賢良並没，杞梓雙摧。痛荒」隧而悽襟，泣長松而永隔，微陳盛德，已記斯年。其詞曰：

雅操爲猷，高才作傑，積善無徵，翻纏釁結。天地遷運，代改人」滅，珠劍雙沉，桂蘭俱折。蒼蒼北邙，藹藹南闕，泉門永掩，孤墳」迥設。形潛影盡，餘芳尚列，父兮母兮，瞻仰詎歇。棘我育我！劬」□□絶，罔極報恩，忠心願謁。」

（周紹良藏拓本　河南千唐誌齋藏石）

開元〇一五

【蓋】失。

【誌文】

亡宮誌文一首并序」

亡宮人不知何許人也。往以才行，召」入後宮，肅奉椒塗，□淹葭律。夫其柔」閑婉順，早茂於閨閭；恭順劬勞，累彰」於軒掖。典□枲之任，掌笄屨之儀，」率由舊章，無替厥職。稍加内官，秩美」六品。年七十六，以開元三年二月廿」葬于其所，禮也。刊名表懿，迺述銘云：

彼美淑姬，肅爲女師，婉孌柔德，召居」内職，出言有章，其儀不忒。藏舟易遠，」逝川難息，蒿里魂，蕣凋色，懼陵谷」之遷貿，寄芳聲於鐫勒。」

（北京圖書館藏拓本　開封博物館藏石）

開元〇一六

【蓋】失。

【誌文】

唐故大理寺評事封公墓誌銘并序」

公諱無遺，勃海條人也。曾祖君夷，隋兗」州都督府任城縣令；風化百城，歌傳魯邑。」祖道弘，皇朝太府少卿；位列棘司，光榮紫」綬。父踐一，皇朝揚州都督府法曹參軍；」勿失平刑，邗溝譽重。公孝友天資，聰神代秀，」朝敷聖政，屈典明刑，俄擢大理寺評事。執」于公之法，四海稱高；迹張公之議，片言斯在。」嗚呼，惟德是輔，天何不仁，寢疾彌留，魂香莫」效。以開元三年正月二日，終于私第。春秋五」十有五。以其年二月廿一日葬于河南府河」南縣河陰鄉之平原，禮也。弟無擇，原鳥情殷，」庭枝戀切，手斷無續，唇亡已寒。列植松櫝，重」刊貞石，倏歎陵谷，乃作銘云：

代襲簪組，家傳鼎實，是日黄申，正惟丹筆。庭」花萼碎，桓山侶失，谷徙陵移，式旌窀室。」

（北京圖書館藏拓本　河南千唐誌齋藏石）

開元〇一七

【蓋】　大唐故王府君墓誌銘

【誌文】

大唐故通直郎守武榮州南安縣令王府君墓誌銘并序」

君諱基，字　，瑯琊郡人也。曾祖舉，梁湘州刺史；祖國祁，」皇穀州刺史；父素，皇栝州松陽縣令；並炳德昭華，依仁蹈」禮。或寄深藩牧，揚龔邵之化；或位列海邑，嗣卓魯之能。君」幼而柔嘉，夙懷耿介，雅尚貞懿，恬然虛白。弱冠明經擢第，」補崗州司法參軍。南海遐鄙，中典罕及，評刑斷獄，多闕矜」慎。持法作吏，屢聞峭刻，我君莅之，樹德斯在。改任泉州録」事參軍。貞以從政，清以徇物，遠邦準的，鄰郡規矩。秩滿，授」武榮州南安令。下車宣風，闔境潛化，誠自於我，政形於物。」訓以昭業，教己逮人，邑杜權回，俗無浮競。脂膏不潤，威惠」自居，旬月之間，政聲斯洽，古稱三善，亦奚以加。天不輔仁，」頓駕中路，春秋六十一，遘疾卒於公館。公迹忘卿相，志在」掾史，清白遺於子孫，徒勞歎於州縣。凝心淳素，潔慮名節，」會中庸之德，含大道之資。厚秩不躋，獨善其行，業鄰於曩」列，美錫於後昆矣。以開元三年歲次乙卯三月癸未朔二」十日壬寅葬於平樂原，禮也。嗣子知謹等，孝思罔極，言樹」徽猷，貞琬不朽，以志南北。其辭曰：

天生我君，」蹈禮懷文，清以從政，貞而不羣。彼都遐廓，俗殷禮薄，下車」教宣，中都政作。天不輔仁，倏歸吾真，邙山之下，冥冥同塵。」

（周紹良藏拓本　河南千唐誌齋藏石）

開元〇一八

【蓋】失。

【誌文】

大唐故處士王府君墓誌銘并序」

君諱頠，字玄鑒，太原郡人也。若乃葉縣飛鳧，騰羽化於雲」洛；維山控鶴，驚仙質於霞莊。亦有秦代將軍，廟略申於前」躅；徐州別駕，佩刀貽於後祉。其後衣冠赫弈，簪組陸離，詳」諸國史，焕乎家諜。祖某，任安州孝昌縣令。父某，吏部常選，」並器宇沖濬，風涯整肅，鳴絃宰邑，克著仁明，奮藻仙臺，實」爲宗伯。君孝友因心，温良植性，祖織仁義，弋獵典墳，靡求」青紫之榮，直取琴樽之賞。既而志好盤遊，情惟遷播，追伯」鸞之適越，慕枚叔之遊梁。於是杖策覃懷，言之巴蜀。劍門」千仞，無辭孝子之途；石洛七盤，直吐忠臣之馭。每至春江」濯錦，文翁之美化是遵；秋月臨臺，相如之仙藻攸挹。豈謂」災生暾室，釁起巢門。靈草一株，寧招逝魂；胡香四兩，詎駐」遊魂。嗚呼哀哉！年　月　日遘疾，終於蜀郡之私」第也，春秋若干。粤以開元三年歲次三月朔廿」四日歸柩於洛城，窆於城北河南縣平樂鄉之原，禮」也。有子思元，扣地無追，瞻天靡訴，痛纏欒棘，酷甚飱荼。加」以却背邙山，還疑陟岵；前臨洛水，更似寒泉。嗚呼哀哉！既」而白鶴疏塋，青烏啓兆。庶使青石爰置，逸人之墓可甄；翠」琰式題，君子之能斯紀。其詞曰：

弈葉仙宗，蟬聯鼎胄，乘軒服篆籀，譽動文昌，克崇堂構。其一。」昔年遷播，留滯蜀川，關山超忽，原野阡眠。福祚褰應，膏肓」遽纏，素車兮轞轞，泣涕兮漣漣。」

（周紹良藏拓本　開封博物館藏石）

開元〇一九

【蓋】失。

【誌文】

大唐故渭州刺史將作少匠孟府君墓誌銘并序」

懿夫海沂之上，有儒宗焉。恭仲之前，菴藹於帝籍；子居以降，氛氳乎國史。公諱」玄一，字味真，瑯琊平昌人也。中葉從宦，遷居洛陽。祖嵩，朝散大夫、唐州長史，聲」芳隨日；父顒，朝請郎、太子中允，望藹唐年。公根積德之芬，蔕重賢之葉，素風掩」月，清韻罩時，弱冠以孝廉對策高第，試徐王府參軍，尋正授焉。方鄒枚而無舛，」比應劉而有裕。秩滿，遷左監門衛率府兵曹。未幾丁太夫人憂，水漿不嚥，歷旬」逗朔，至孝之情，韜曾越閔。服闋，授左宗衛鎧曹參軍，又轉左司禦鎧曹參軍。風」聳其芳，日新其德，秩滿，授長安縣主簿。戚里權豪，侯家矜侈，挾耶爲蠹，席寵作」威，誼諠公庭，日數十接。公申明枉直，不避姦迴，事美當時，芳流滿歲，人懷我德，」重授此官。秩滿，遷司農寺主簿。舉要是司，聲華載遠，名聞天聽，制授萬年」縣丞。從趙壹之任，才郡俱優；著梁竦之書，情言同憤。乃充兵部尚書裴行儉持」節□官。瀚海既靜，燕山遂封，旋凱酬庸，授雍州司倉參軍，尋加朝散大夫，轉櫟」陽令。我澤如雨，人愛猶春，尋遷潞州司馬兼朔方支度大使。位漸高而效廣，才」既用而聲芳，乃拜涼州司馬，復充河源赤水軍支度營田大使，俄遷朝請大夫、」綿州長史。吏人飲化，巴漢以淳。汧隴戎羌，特難檢御，將求共理，實寄惟良，尋拜」公使持節渭州諸軍事、渭州刺史。卧理之化，曾未浹辰，有制徵還，授將作少」匠。星文拱極，方助耀於中階；歲運在辰，竟殲良於外郡。以長壽元年十二月十」二日遘疾，終於州鎮，春秋五十有六。大廈淪構，泰山摧峰，國悴時英，家傾天範，」紫宸興悼，尉使相望。惟公緝道根心，樹德階性，蕭灑風塵之外，英威霜月之華。」學行孤高，聲實雙秀，爰自彈冠之日，洎乎露冕之辰。化逐時來，俗從風偃。湮淪」障塞，遂成異域之魂；迢遰鄉關，空餘同穴之偶。夫人吴興顧氏，制授吴縣君,」杭州司馬彪之孫,河南府伊闕主簿文雅之女。柔容宛秀,雅範端莊,先銜孤劍」之悲,終滅迴鸞之彩。以先天二年七月十一日終于河南府濟源縣之私第,春」秋七十有三。嗣子裕,幽府士曹參軍。孝自天心,行爲人範。及吴縣君之捐館舍,」遂哀毀滅身。嗚呼彼蒼,仁何不壽?孝孫謙、詢、該等,情切爲尸,義深尊祖。粤以開」元三年四月九日奉遷窆於邙山之陽,禮也。縞駟酸嘶,玄扃幽翳,薤露云唱,松」風最悲。懼陵谷之再遷,誌風範之萬一。銘曰:

河之南,洛之北,中有邙山,瘞純德兮。純德伊何東蒙靈,來朝京國名位成兮。百」行備練播聲塵,千月方半遽湮淪兮。玄夜窅窅幾時春?白楊蕭蕭愁煞人兮!」

(周紹良藏拓本 河南千唐誌齋藏石)

開元〇二〇

【蓋】失。

【誌文】

大唐故幽府士曹參軍孟府君墓誌銘并序」

嘗覽夫史册多矣,至若弈葉蟬冕,繼代鴻儒,其惟平昌之一宗也。」公諱裕,字敬祖,太子中允顒之孫,將作少匠玄一之子。植性清警,」樹心貞白,飛高於弄日,韞鋭於早年。冠歲補禦侮校尉,考滿授蜀」州參軍,信讓光於友僚,威廉浹於巴蜀。時嘉戎諸郡,蠻獠挺袄,革」其北心,亂我南鄙。制遣御史趙彦昭按察劍南,討擊招慰,彰」善癉惡,實求良贊,歷選歸美,僉以推公,乃奏充持節判官兼攝嘉」州平羌縣令。稜威殄寇，類秋葉之隨風；樹德歸降，同夜蛾之赴火。」誠憑廟堂之略，亦賴涓塵之效。帝用旌美，制授幽府」士曹參軍。時太夫人羸老在堂，情勤懷土，公乃棄官歸侍，親奉板」輿。潘岳閑居，兼茲有二。晨昏無替，每□抽笋之徵；日月不居，忽有」匪莪之歎。未逾卒哭，毀乃滅身，以先天二年十月廿五日卒於河」南府濟源縣之私第，春秋五十有六。高柴泣血，曾何足疇；吴恒殞」身，庶可爲比。惟公心府宅仁，情田種義，先能立德，次乃修身。榮畏」其厚，官不攀進。南圖未半，遂迴翼於恩源；東逝不留，遽沉魂於孝」壤。夫人中山張氏，祖履素，定州司馬；父道一，徐州刺史。柔容端麗，」淑心清宛，居恒顧禮，動必資訓。桃李當春而正華，蒲柳未秋而早」落，以垂拱三年七月十六日寢疾，終於京兆府長安里之私第，時」年二十有五。嗣子謙、詢、該等，悲去日之苦多，怨昊天之罔極，粤以」開元三年四月九日，遷窆於邙山之塋，禮也。穸宫云閉，靈挽空歸，」黄泉之路窅冥，白楊之風酸咽。敢鐫貞礎，撰勒芳猷。銘曰：

謂天無知兮嘗聞禍淫福善，謂天有知也何故夭秀殲良？見愁雲」兮摶拱木，聞悲風兮思白楊。嗟盛德之翳翳，怨不仁之蒼蒼。勒往」行之遺列，庶來者之傳芳。」

（周紹良藏拓本　河南千唐誌齋藏石）

開元〇二一

【蓋】　唐故馮氏婦墓誌之銘

【誌文】

唐將作監主簿孟友直女墓誌并序」
女十一娘，字心，河間人也。年十九，」適馮貞祐。敬極如賓，禮優侍櫛。雖」靡他之誓，將固於同心；而與善之」徵，竟虧於異物。嗚呼哀哉！春秋廿，」以開元二年七月廿日終於洋州」興道縣廨舍。開元三年四月九日」葬於陳倉縣之新平原，禮也。惟父」與母，恩深骨肉，痛切哀憐，方備儀」於幽隧，用留念於終天。迺爲銘曰：」
天道懸遠，神理難明，嗟彼淑謍，淪」乎此生。荒埏月照，古樹風驚，人誰」不死，爾獨傷情。」

（周紹良藏拓本）

開元〇二二

【蓋】失。

【誌文】
故大唐麟趾觀三洞大德張法師墓誌」
曾祖榮，隋任并州司馬；高祖天輔，任嬀州」長史；祖士之，任齊王屬；父善政，品子吏部」常選。法師名法真，字素娥。行潔清心，冰霜」攸志，捐邁囂滓，愿箎仙儔。九歲事師，嚴奉」經戒；二十二歲，天恩出家；度後七年，銓」道行，召入上清觀供奉。甲寅歲六月廿八」日，敕隸此觀。三千欠功，鍊虧九轉，遘疾」于房，春秋五十九歲，終於此觀。弟子等攀」慕痛結崩心，昆季悲號，猶子哀慟，存殁禮」異，卜居邙山老君廟西北老神里也。嗚」呼痛苦，萬劫長辭，泉門永閉，開日何期？刊」銘勒石，千古幽扉。

開元三年歲次乙卯五月丁巳朔十日」庚寅申時掩殯。」

（周紹良藏拓本　河南千唐誌齋藏石）

開元〇二三

【蓋】　失。

【誌文】

大唐桂州都督府倉曹許君墓誌銘并序」

君諱義誠，字義誠，其先河間高陽人也。因官受錫，今家于河南府河陽」縣焉。胄啓中皇，枝分太岳。漢朝鐘鼎，實配金張；晉代名賢，每思風月。並」光史册，可得而言。曾祖康，齊銀青光禄大夫、梁州諸軍事、梁州刺史、江」夏郡開國公；白馬崇峰，化開分竹；黄鶴峻嶺，榮光剪桐。祖世緒，唐銀」青光禄大夫、太府少卿、兵部侍郎、鄂豫二州諸軍事、鄂豫二州刺史、真」定郡開國公，食實封五百户；鵬騫列寺，是匡貨府；仙臺鴻漸，迺綰兵機。」惟良之政克宣，就封之榮攸著。父行本，唐越州都督府參軍事、滄州東」光縣令；參卿千里，布化一同。梁竦之州縣且勞，言偃之絃歌坐逸。君即」東光府君即東光府君之第七子。風神燭遠，姿容迥秀，鬚眉若畫，音響」如鐘。堂堂乎迺夷甫安仁之儔矣。未嘗不好古耽道，敦詩悦禮。吐鳳光」才，如龍潤德，仁義爲圃，德行爲田，耕耘不虧，庶衮是務，解褐授定州參」軍事。秩滿，以常調補桂州都督府倉曹參軍事。龍德宫前，早光試吏；象」林郡外，更聞從政。寬猛允洽，聲猷無替。嗟乎！才高命舛，未致於青雲；壑徙川驚，遽悲於玄夜。嗚呼哀哉！遂以大唐開元二年七月六日遘疾，終」於桂府之官舍焉。春秋卌有二。即以其月九日，權殯於府北門外。寮吏」攀送者莫不掩泣相謂曰：斯人逝矣！無爲善矣！知音絶曲，似斷伯牙之琴；」舊契增哀，如聞向秀之笛。既而曦望不處，鄉關路絶，連尹之柩，愿返南」荆；公孫之喪，思還東魯。以開元三年六月十一日，歸殯於北邙山之中」原，禮也。却背王屋，前臨帝臺。歌吹風傳，無復平生之樂；松櫝日漸，空」餘此地之悲。嗚呼哀哉！子朔、眺、蚏、期、涓等，並年雖童幼，孝過曾閔，奉遺」言於薄葬，寧爲失道；法先聖於稱家，斯爲合禮。恐年代超忽，陵谷頽飛，」翠琰是銘，玄堂用瘗。其詞曰：」

宗疏四岳，望啓二龍，迺祖迺父，惟鼎惟鐘。河陽錫土，江左初封，子孫遞」襲，枝葉相從。其一。君之風彩，縱横秀發，瑩若披雲，明如望月。入務河朔，從」官閩越，九萬未高，三泉永殁。其二。地非故里，宅是新塋，愁雲晝結，寒吹宵」驚。幽途杳杳，神理冥冥，孝哉孀孺，瘗石題銘。其三。」

（北京圖書館藏拓本　河南千唐誌齋藏石）

開元〇二四

【蓋】大唐故韋府君墓誌銘

【誌文】

維大唐開元三年」歲次乙卯六月辛」亥朔二十日庚午，」故通議大夫行淄」州司馬上柱國韋」珣權殯平陰之原，」禮也。」

（録自《芒洛冢墓遺文五編》卷五）

開元〇二五

【蓋】失。

【誌文】

大唐前□衛勳衛上護軍楊君墓誌銘并序」

君諱越，恒農人也。遠祖諱歡，齊任汝南郡守，因家焉。曾」祖諱仲達，魯國公；祖諱行模，通直散騎常侍；其先道叶」黄祇，感樞星而降祉；祥符赤羽，控姬水而開源。位高光禄之」勳，望標華胄；職冠司農之秩，寵襲芳枝。君顯慶五年奉」敕壓嶺，因居河南府。禀天地之英靈，擁風雲之秀氣，脱略豪」右，交結英賢。王夷甫之雌黄，通鑒斯在；許子將之月旦，道藝」攸歸。遘疾彌留，遽鍾凶釁。趨庭靡訓，唯餘泣血之悲；暖席無」從，空軫窮腸之痛。開曜元年歲次辛巳十二月景寅朔廿五」日庚寅，喪於私第，春秋六十三。二年歲次壬午正月己未朔」廿六日庚申，殯於平樂鄉北邙山，禮也。夫人潁川陳氏，開」元二年歲次甲寅十二月甲寅朔八日辛酉，喪於德懋坊私」第，春秋九十三。夫人三子，並任微官，陟、超早亡，一子扶侍，」撫育過於恩惠，動靜合於禮儀。子景昭任鄭州管城縣令，以」其舊塋所置卅餘年，樹久雖已成林，地狹不過數畝。新卜宅」兆，改地遷居，啓殯之時，玄堂有異，即還舊域，創造斯停。但九」月不葬，悲戀違於禮經；三載思留，卜兆催於吉日。以開元三」年歲次乙卯八月庚戌朔廿三日壬申合葬於舊塋，禮也。嗚」呼哀哉！乃爲銘曰：

祥符姬水，德聚潁川，道藝所屬，冠蓋相」連。成規儀範，忝迹英賢，日月遄速，存亡後先。風驚荒隴，霧擁」新埏，碎身躃地，泣血號天。貞石不廣，美譽難傳，□□文字，略」記歲年。

開元三年八月廿三日□。」

（周紹良藏拓本　河南千唐誌齋藏石）

開元〇二六

【蓋】失。

【誌文】

大唐故特進中書令博陵郡王贈幽州刺史崔公墓誌銘并序　銀青光禄大夫行紫微侍郎知制誥兼刑部尚書昭文館學士中山郡開國公李乂撰」

自風力長謝，咎伊不作，夢想一才，寂寥千古。漢則山東出相，豈曰能賢；魏則天下無人，匪唯慚德。夫其立言踐行，有犯無隱，剛不吐，」柔而立，精貫白日，氣凌丹霄。懷直道以事人，履危機而濟物，死爲忠義之士，生爲社稷之臣。然後知遜言恭色之倫，猶糞土耳；附寵」懷安之輩，若埃塵耳。公諱曅，字玄暐，博陵安平人。能典三禮，伯夷也，實征五侯，尚父也。食崔邑，隱商巖，擁熊四郡，彫龍三葉。」北州之緒業，南史之編記，百代可知，一門而已。豈獨袁楊之胄，繼迹五公；亦由秦晉之匹，連衡四海。曾祖孝源，北齊侍御史、行臺郎」中，青、冀二州司馬；萬邦備茂，則御史臺郎；四見除遷，乃侍中別駕。祖君維，隋寧州羅川縣令；人英士則，國珍時秀，婆娑百里之任，抗」髒三公之禮。父行謹，皇朝華州鄭縣主簿、雍州醴泉縣主簿、涇陽縣丞、寧州豐義縣令、會州司馬、滄州湖蘇縣令，贈幽州刺」史；世濟其

美，時推厥德。恂恂鄉黨，非禮不行；擾擾吏人，聞風自化。慶靈潛洽，移玉樹於槐庭；榮命曲成，賁
金章於蒿里。」公魁壘成器，清明在躬。大鑪鼓橐，生於尤異之品；良冶爲裘，出於膏腴之族。紫芝爰
植，且驗靈徵；青萍始碎，即知神物。披卷獨得，覽」轡長懷，悦禮樂而敦詩書，内文明而外柔順。關西
孔子，振發高名；江左夷吾，卷懷明略。待時而動，人未之知。叔父蘭臺侍郎行功每」加稱賞，以爲吾
家千里，復在今日。弱冠明經擢第，解褐汾州孝義、雍州涇陽縣尉，高陵、渭南主簿，明堂縣尉，萬年縣
丞，少府監丞。賢」人無輔，久滯於諠卑；君子得朋，稍遷於望劇。尋判度支員外、庫部員外、天官郎
中、鳳閣舍人。累遷三署，人譽莫先；獨掌四年，王言所」綜。遷天官侍郎、尚書左丞，復爲天官侍郎。
丞郎之任，最爲清美，有子若之廉平，有君平之亮直。自寰宇一統，休明百年。九流日滋，奔」競成其
俗；五方歲集，銓衡失其序。公刮目待士，平心鑒物，先行後言，抑華崇本，官不易務，人無滯才，頹靡
頓革，聲華自遠，識者」于今稱之。遷鸞臺侍郎同鳳閣鸞平章事，兼太子左庶子。以矜嚴之望，居獻替
之勤。惟精惟一，事君之道；斯猷斯謀，歸后之德。先是」周興、來俊臣等羅織内外，肆行淫毒，因緣没
人，不可勝紀。家逾黨錮之憂，人有臨危之懼。公塞違昭德，奉國忘身，頻進讜言，固」陳誣枉。上因感
悟，多一昭雪。語曰：活千人者子孫必封。斯其效矣。張易之等包藏禍心，朝野側目。當斷不斷，誰
曰主尸；人謀鬼」謀，用除凶醜。公説以犯難，誠以閑邪，我則竭其股肱，彼乃異其身首。大憝清矣，厥
功茂焉。神龍元年，加銀青光禄大夫，遷中書」令、上柱國、博陵郡開國公，食實封五百户，又除特進。
加品之七命，掌王之八柄。惟古之上台，即今之中令，晉臣有拜，禮抗專車；劉氏」既安，誓光刑馬。允
迪一德，綏厥兆人，經綸於興復之始，篤固於艱難之際。謇謇伏蒲，義深於造膝；營營止棘，謗積於讒

口。出爲益州」大都督府長史判都督事，同中書門下三品，封博陵郡王，加實封二百户。遣使就蜀策拜。井絡之分，華陽之壤，十部之端寮，八州之」連率。韓吴土宇，度越等倫；巴蜀聲明，光暉典册。在州有惠，化多遺美，雖年序未淹，而政聲逾蔚，蜀人攀戀，如甘棠之思邵焉，刊石樹」碑，期於不朽。屬奸臣擅命，每害忠良，明主念勞，猶殷寵數，其寄則重，彼權斯奪，轉梁均二州刺史。無何，左降白州司馬，尋遷」於古州。白璧無瑕，黄金有鑠，始於亮采，與夔龍等價；終於投畀，與豺虎爲羣。嗚呼！賈誼謫居，虞翻放逐，明時及此，所共冤之。以神龍」中，薨於白州之官舍，春秋六十有八。以景龍元年南還，權殯於汝州界。文明□□，幽枉獲申，想伏波而載懷，念光禄而垂涕，以唐隆」年，恩制復舊官爵及勳封如故，兼贈幽、易、嬀、檀四州諸軍事，幽州刺史。惟公倜儻奇節，深沉遠量，直哉惟清，介如貞吉。達時」月不見，鄙吝已生，冰霰交下，堅芳罔易。貧賤人之所惡，樂則行之；富貴人之所欲，憂則違之。公生體道，□機攬分，故俯僂三命，將數」十年，連騫一飛，至九萬里。夫孝者天之經，地之義，人之行。公任高陵日，丁府君喪；任渭南日，丁太夫人憂；所居」有胡漢兩燕，更巢乳哺，又兩犬遞相乳養，甘露降於庭樹。加人一等，臻我百祥，行積於中形於外，誠發乎邇應乎遠。則醴泉湧，景雲」飛，櫪馬輟蒭，庭鸞棲樹，無以加也。公與舍弟大理卿昇，友于之愛，人倫所極，少時能仕，學古入官，或分房累年，或盡室千里，俸」禄所得，内外無私，則鄭均之讓生産，孔奮之分脂燭，烏足道哉！家積和順，門崇禮法，怡怡如也，偘偘如也。至於子姪不忘訓誨，爰及」孤孩，咸親鞠育，就矜貧窶，匪擇親疏，哀以益寡，周不繼富，所授□□必依資□□憑勢援而取超昇，推賢去邪，慎言寡欲，士之無禮」必逐之，人之有德必譽之。石慶門閭，纔方篤行；胡威家代，僅比清節。是故州黨稱其孝也，兄弟稱其仁也，子孫稱其慈也，朋友稱其」信也，父子稱其廉也，邦國稱其忠也。夫修詞立誠，懿其文德；强記默識，光其儒行。公才無不可，志靡不通，研精覃思，服之無斁，」彫文小技能之不爲。至於家國禮儀，朝廷制度，考言詢事，辯物居方，百函雲委，千章霧集，先時所無，後日難繼矣。有文集五卷，撰玉」璽實録、行己要範各一卷，義士傳十五卷，友于傳十卷，注文館詞林策廿卷。公用之則行，情希濟代；捨之則已，義取隨時。常愿」散髮歸田，抽簪去國。及宦成名立，思功遂身退，小狐汔濟，往未光中；飛鳥遺音，悔成宜下。有涯過半，方畢志於東山；體命歸全，遽沉」魂於南海。嗚呼哀哉！夫人范陽盧氏，皇朝陸渾縣丞，贈易州長史元禮之第二女也。賢和居室，肅慎其身，魯敬姜之知」禮，鍾夫人之有法，故能使金夫配德，玉種聯芳。遊岱有期，獨先朝露，合防遵禮，同歸夜壑，以開元三年歲次乙卯十月己酉朔合祔」於恒州鹿泉之舊塋，禮也。子紫微舍人璩等，其殆庶幾，重生顔氏；終當遠至，復爲李公。故林松槚，空山兆域，自汝海而南來，望井陘」而北上。旌旆慘常山之雪，笳簫吟易水之風，地當龍耳，塋開馬鬣，瓦雞兮不鳴，石鳥兮無聲，黄壚兮以邈，玄冢兮空成。相公臨墳有」悽愴之祭，太守之郡具馨香之祠，暑移而寒襲，夏茂而秋隕，冀神理綿綿，不與氣運俱盡。其詞曰：

惟山有靈，在地成形，恒鎮揭起，趙多奇士。千人之英，百代之祀，國華鍾德，家聲濟美。其一。出自幽谷，遷于喬木，學而知道，官以徇禄。飛」鴻冥冥，良馬逐逐，用作霖雨，和如鼎餗。其二。魏官之法，公能行之，楚王之鑑，公能明之。賊臣作孽，公能清之，良吏受委，公能成之。其三。不」去慶父，猶爲魯難，不除驩兜，且稽堯竄。讒枉生慝，奸邪怙亂，咄咄海隅，遑遑澤畔。其四。南招薏苡，西迫桑榆，未洗昭代，俄淪化途。慶逢」興復，澤潤凋枯，贈錫之寵，幽明不渝。其五。汝墳移櫬，中山候旐，郭對九門，埏分雙表。野霜晨積，人煙暮□，□歲歸來，遼城不鳥。」

（周紹良藏拓本）

開元〇二七

【蓋】失。

【誌文】

大唐亳州録事參軍博陵崔公妻趙郡李夫人墓誌銘」

夫人趙郡人也。昔軒轅命氏，顓頊開源，家風□祖德載昌，鐘鼎共衣冠」克盛。曾祖素王，隋左親衛、東宮千牛備身；夙事文場，早參武衛，入龍樓而肅侍，陪鶴禁而晨趨。祖仁緯，皇朝滄州東光縣令；職臨滄海，位」綰銅章。若王演之理元城，如宋均之臨上蔡。父延之，京兆府華原縣令；」名聞天下，宦歷神畿，宣趙瑶緱氏之績，著景毅高陵之化。夫人生而聰」明，幼而敦敏，長而柔順，成而惠和，年及初笄，嬪於崔氏。自和鳴作儷，主」饋承家，三周之盛禮克從，百兩之言歸允叶。執箕箒，奉舅姑，綱紀能兼，」閨房有法，母儀光乎内外，孝道流乎遠近，盥漱櫛縱，夙興有恭敬之心；」榛栗棗脩，虔誠有薦獻之禮。椒花演頌，即同劉氏之妻；柳絮成詞，不羨」謝家之女。七章有訓，六行多聞。得孟母之清規，表姜妻之雅操。非禮不」動，非禮不言，接娣姒而有」方，守紃組而無替。北方獨立，昔喜於齊眉；西」景不留，遽悲於過隙。珊臺鏡裏，始見雙鸞之遊；玉匣琴中，旋聽離鴻之」曲。粤以聖歷二年夏四月十二日寢疾，終於里第，春秋廿三。即以開元」三年歲次乙卯十月己酉十二日庚申，葬於河南府河南縣金鄉金」谷里無上村之原，禮也。青烏卜宅，白鶴占墳，憑闕塞之高深，得伊川之」形勝。徵悼深齊體，恨阻同衾，如奉倩之傷神，類安仁之哀逝。恐年深谷」變，代久陵移，思播美以騰芳，愿勒銘而紀德，爰琱翠琰，作固黃泉。其銘」曰：

祚軒后兮系□□，家風叙兮祖德昌，□□生兮寢之□，□」玉潤兮擢蘭芳。夫人婉兮德之光，禀柔順兮體温良，行孝道兮脩内□，」惟恭敬兮能紀綱。遵六行兮著七章，闡卜兆兮鳴鏘鏘，奉舅姑兮化洋」洋，家室宜兮琴瑟張。接娣姒兮穆閨房，曹大家兮魯敬姜，内範訓兮禮」教彰，拜正朝兮上壽觴。履南至兮動詞場，慶不積兮遇膏肓，壽靡固兮」歎悲涼，别錦茵兮與羅裳。辭白日兮掩玄堂，先遠逼兮夜壑藏，雲慘慘」兮天蒼蒼，旌旐出兮洛水陽。魂魄遊兮闕塞傍，綺羅絶兮百和香，松栢」森兮幾成行，安仁悼兮奉倩傷。愿銘德兮想騰芳，痛九泉兮窅茫茫，悲」萬古兮涕浪浪。」

（北京圖書館藏拓本　河南千唐誌齋藏石）

開元〇二八

【蓋】失。

【誌文】

大唐處士范陽盧府君墓誌銘并序」

君諱調，字子通，范陽涿人，神農姜姓之後也。粤若秩宗受職，佐帝業於虞年；」營丘建邦，盛王師於周歷。逮乎齊君奬德，肇錫於盧；秦室奔儒，因家於涿。爰」疏厥氏，乃曰燕人，邈矣洪源，斯焉載廣。晉多危難，聞從事之忠言；漢始衰微，」見尚書之峻節。其後腰金佩紫，赫弈光於寶圖；緯武經文，芬芳藹於瑶册。召」伯建封之國，地盛簪纓；昭王好士之郊，人多英傑。蔚爲華族，其在茲乎？曾祖」思道，齊黄門侍郎、隋武陽郡太守；茂德宏舉，雄名遠振。仁威被俗，聲高列郡」之前；才業冠時，價重連雲之省。祖赤松，皇朝太子率更令、范陽郡開國公；」門承積慶，天與多才。馳譽龍樓，載允得人之望；趙榮鶴鑰，實表清賢之選。父」承恩，宋州長史；效展驥於東夏，驤首天衢；嗣舞鶴於南康，飛聲帝宇。君」風表貞雅，天姿岐嶷，膺令德之靈，禀冲和之氣。神機潛晤，不因師而鑒微；□」體生知，在未言而探極。齠年奉橘，綺歲參玄，侔古人之早成，有當代之高譽。」門族稱歎，期之彌遠。亦既綵備鳳毛，安乎雌節；德齊驥足，不效長途。斯蓋良」有以也。情愉弄鳥，斂鵬翼於私門；志悦承顔，隱休名於聖日。温枕扇席，蒸」蒸不怠，樂此庭闈之前，忽乎軒冕之事。然而色養之暇，躭翫墳籍，動必循道，」言必合義，觀海莫測其瀾，望衢罕窺其術。由是好事之客，造徽聲而藹然；長」者之車，遊德門而紛若。雖跡韜里閈，而名振朝廷。嗟乎！壑徙藏舟，川驚閲水。」庭流明月，光犯少微之星；世有哲人，奄謝太平之歷。以神龍元年十月一十」三日遘疾，終於東都隆化坊之私第，春秋六十有八。夫人瑯瑘王氏，故岐州」郿縣令彬女也。生於禮義之門，嬪於君子之室。母儀婦德，光備厥躬。以其年」月十日，降年不永，生涯早謝，春秋六十有二。以開元三年十月十三日合葬」于河南縣平樂鄉其村西一里邙山之南趾焉，禮也。長子若厲，見任鄭州原」武縣主簿；次子若晦，婺州金華縣尉；亡三子暄，前任滁州録事參軍；四子緘，」前任衢州參軍；五子綱，見任左清道率府録事參軍；並夙承他日之禮，玉潤」蘭芬；早拜當朝之命，懷忠體道。哀纏罔極，痛結終天，感塋兆之永掩，懼陵谷」之將變，爰銘翠石，式紀貞徽。

其詞曰：」
入作毗王武，奄錫營丘，藩屏宗周，分菜盧國，厥氏斯得。自縮封燕，胄緒蟬聯，」由植佐漢，簪纓粲爛。便繁弈葉，芬芳圖牒。爰高爰曾，碩代無朋，迺祖迺父，保」家□□。克生令胤，金箱玉振，載篤孝誠，忽貴遺榮。□□斯一，詩書自逸，膺德」□千，世代推賢。風波不借，徽猷遄謝，佳城遽歸，旒纛□飛。年移隴古，風悲月」□，□□松摧，谷變山頹，刊之貞石，永代無易。」

（北京圖書館藏拓本　河南千唐誌齋藏石）

開元〇二九

【蓋】失。

【誌文】

唐中大夫安南都護府長史權攝副都護上柱國杜府君墓誌銘并序」

公諱忠良，字子直，京兆杜陵人也。原夫宗枝流派，山河未絶；門代弈葉，芳猷」自傳。周作爪牙，廷尉之寵榮斯在；預爲武庫，將軍之物望攸存。公曾祖諱伽」那，隋舉孝廉擢第，徐州司户、大興縣令、武賁中郎將。龍牙之後，郎將司街；豹」尾之前，武賁持戟。大父文寛，隋舉孝廉第，汴州司兵，遷相州鄴縣令。允釐兹」務，郡黠靡欺；俾乂是職，厥由灼叙。列考仁則，唐正議大夫、岷州刺史；化行風」俗，旋聞三之謡；懿彼嘉蓍，遽闡六條之述。公開率款秀，風神不雜，含章育德，」式瞻儀形。況衣冠不泯，纓緌相襲，累承家蔭，侍衛玉階，解褐任曹州」參軍，敕授依州司馬領本州兵馬，與紫蒙軍大總管黑齒常之後軍計」會。改任通州司馬，又遷渭州長史，别敕差充幽州經略子軍將、兼知簡」練兵馬營田使。去神龍二年閏正月十二日，屬奚賊荐居，邊鄙有聳，公出師」禦寇，敵壘土崩。于時持節大使封思業、副使御史中丞姜師度等爲公曰，俾」益容賴公之力，遂上聞天子，迺命借紫袍金帶，賜物二百段，授」滄州司馬兼知催運使，遷安南都護府長史，敕權攝副都護。風骨巖巖，」翼貳藩邸；凝神肅肅，光贊外臺。北地霜凄，威稜未息；南中風暖，恩化不渝。嗟」乎！將善其言，膏肓有慮；奄歸冥路，飆燭無留。年六十六，以先天二年九月一」日終于安南府官舍，禮也。而徂景西頹，罔由停略；逝川東泛，匪復迴流。夫人」滎陽鄭氏，封滎陽郡君。云其先也，曳履逶迤，慕仙臺之榮觀；賓騎駱驛，惜京」華之貴遊。而傾筐塈之，方美摽梅之詠；有蕡其實，早悦宜家之禮。豈圖梧桐」彫翠，先朽半身，楚劍沉輝，早分雙影。年五十九，以先天元年九月廿六日，先」終于安南府官舍，同權殯於汴州龍興寺，禮也。陳留故壤，藴人物之多奇；大」梁舊國，疏川原之作鎮。公有四子：長曰傑，吏部常選；次曰雄，吏部常選；次曰」豪，嶺南討擊使；次子俊，騎都尉等。攀泣號天，垂血委地，取諸大過，制以禮從，」遂宅兆所居，以開元三年歲次乙卯十月丁亥朔廿二日庚午，改塋大葬於」河南府河南縣金谷鄉北邙之山隅，禮也。鞏樹蒼蒼，接嵩岳之東峙；河流沉」沉，枕邙阜之南臨。恐陵谷遷移，歲時迴換，要存鐫記，式備銘云。詞曰：

生兮死兮無准，榮兮枯兮有時，玄扃夜室兮迷歲月，于嗟魂魄兮將何之？」

（北京圖書館藏拓本　河南千唐誌齋藏石）

開元〇三〇

【蓋】　大唐故源夫人墓誌銘」

【誌文】

故中散大夫并州盂縣令崔府君夫人源氏墓誌銘并序」

秀容郡君者，姓源氏，代爲河南冠族，本與後魏同源，因而命氏。其不朽者，藏」於册府，有若臧文之立言，其不絶者，繼以象賢，所謂范宣之世禄，由來舊矣，」天下稱焉。曾祖文宗，有隋大理卿；持法無冤，知名在昔。祖師，隋尚」書左丞；父直心，司刑太常伯；左丞典僕射之職，常伯掌司寇之禁，粵我」祖考，曾是光亨。」夫人生榮盛之門，受賢明之性。柔而能立，德既菜於茝蘭；婉而成章，功乃習」於絲枲。洎媒氏下達，厥初有行，年十有七，歸于我氏。以事父母，移事舅姑，下」氣怡聲，自堂徂室，言必合度，動而中規，其從善也如流，其用和也如樂。夫進」退威儀之節，吉凶禮法之事，衣服勾倨之制，飲食酸鹹之品，曲盡其則，類皆」至妙，諸姬介婦，是儀是式，雖圖史所載，亦莫加焉。府君所莅勤儉，多爲」畏愛，信公綽之不欲，亦少君之聽從，正於其家，施于其理，兼之内輔，益以昭」德。萬歲通天元年，府君禮加執雁，祭有伐冰，是宜命婦之服，故曰從夫」之貴。有制封秀容郡君。家道用成，邑號光啓，内追蹤於石窌，外遺愛於桐」鄉。曷云輔仁，不享偕老，至是也有先子之喪焉。喆人晨歌，既逍遥於知」命；高堂晝哭，載劬勞於養孤。誨以在三之義，形于均一之德，式穀不怠，迄用」有成，以故五子立身，一代佳士，非斷織以訓學，大被以招賢，如彼美孟姜者」焉，其孰能與於此也？初」夫人雅尚玄默，尤精釋教。及春秋既高，晝夜不捨，見緣業之所起，覺死生之」爲妄，故遷神之際，寂然不動。開元三年歲次乙卯四月壬子朔五日丙辰，終」於同州之官第，春秋七十有七。親戚行號，鄰里匍匐，邦媛斯墜，母儀何則？嗚」呼哀哉！即以其年十月己酉朔廿二日庚午，遷祔于洛陽北邙之舊塋，禮也。」合葬非古制，始於周公；同穴靡他義，從於共伯。長子曰均，并府倉曹；次曰志」廉，曹州長史；次曰忱，同州司倉；次曰惲，安府兵曹；次曰志誠，興寧陵令。」生事愛敬，没盡哀慼，纂先德於靈丘，誌斯文於樂石。

銘曰：

猗嗟淑德，世緒靈長，作嬪于我，命服有光。終温且惠，欲蓋而章，天之蒼蒼，人」之云亡。展如邦媛，洵美孟姜，已矣同穴，于彼高崗。前眺清洛，却倚崇邙，千秋」萬代，山南水陽。

宣義郎左拾遺内供奉范陽張九齡撰。」宣德郎魏州館陶縣尉吴興姚文簡書。」

（録自《芒洛冢墓遺文五編》卷五）

開元〇三一

【蓋】失。

【誌文】

大唐故王君墓誌銘并序」

君諱德，并州太原人也。因官述職，遂爲上黨郡□。」原夫駕脱一字仙宗，朝鳬靈裔。臨危聳轡，忠孝可標；見難」投軀，恭友所感。鳴鐘鼎食，焕乎圖史。曾祖諱茂，材」構廊廟，器温珠玉，隋朝通議大夫行并州晉陽縣」令；祖諱觀，黄金一諾，白珪三覆，唐朝正議大夫行」沁州司馬；父諱買，風神霜骨，躭書玩道，先朝文林」郎、吏部常選，唐朝任潞州市丞。惟君不藏無益之」器，不用非常之寶，蔑軒冕，重琴書，春秋五十，卒於」私第。夫人張氏。白水開源，清河引派，藍田麗玉，鬱」浦華珠。豈謂月落仙娥，星流神婺，以開元三年歲」次乙卯十月己酉朔廿四日壬申葬於屯留縣西」南十五里平原，禮也。其地即韓王按劍先都，夏主乘檫舊邑。東瞻驛路，使皎珠星；西望禪河，波澄金」月。平原南望，極目三春；絳水北臨，朝宗萬里。嗣子」胡子等，孝性純深，攀號悲慕，既□松櫝，奉遷靈柩，」□陵谷之貿遷，銘徽猷於琬琰。乃爲銘曰：」

緱山駕鶴，鄴縣乘鳧，臨危□□，見難投軀。乃文乃」□，□□□□，□□代謝，日月居諸。」

（周紹良藏拓本）

開元〇三二

【誌文】

唐故冀州武强縣主簿天水趙府君墓誌之銘并序」

君諱保隆，字全祉，本天水右姓，因官扶風，留爲岐山人也。自虞臣惟益，」晉卿粤衰，蓋祖氏之先遠矣。大功以熙，明德以荐，位與時復，賢與日新。」曾祖仲威，周太祖記室，隋德廣洛源二郡守、驃騎大將軍、開府儀同三」司、大都督、使持節上州諸軍事上州刺史、清河郡開國公；祖文則，隋」涿郡、□陵二太守，襲封清河郡公；父詮，唐尚乘直長、鄧州南陽縣令、襄」州司馬；分命異朝，守宦咸乂，訓以改黷，德以遷邪，雨□□春，風留不霽，」實有遺愛而存存者也。公襄州之第□子。體峻容博，柔重剛明，睦」肆醇深，正和直順，天成于器，學廣其精。年廿，以明經入貢昇第，以貞觀」廿二年始授瀛州樂壽尉，次授潞州上黨主簿，次授宋州襄邑丞，次授」岐州岐陽主簿，次授冀州武强主簿；籍以潔白，導以温良，禮以存嘉，刑」以致恤。物惡乎而不理，人惡乎而不亭，施惡乎而不周，績惡乎而不陟。」友朋常謝，司牧遞昇，楊歷始終，五遷而一致者也。時謂家人曰：吾命有」制，用物不多，當辭邴公之滿乎？遂委職而歸，乃宅於洛陽之弘教坊。宛」在門庭，曲成山水，琴書妙悟，草木幽香，窈窕朋儕，衣冠是樂，嬋媛妻子，」樽酒相嬉。悠然有若武步雲霄，寸心山海，乘和養正，達化歸真。春秋七」十，以周永昌元年正月三日終於私第。嗚呼！夫人趙郡李氏，齊陝州刺」史徽伯之玄孫，唐商州司馬俊第八之女也。地也者，其崇高博大，潔白」芬馨之藴耶？席粹階元，含靈吐秀，以德歸我，以禮成家，所育其昌，在訓」惟遠，豈儀宗戚，實輔幽貞。孟氏不孤，梁門有配，違豐在約，從好靡他。春」秋七十一，以周萬歲登封元年六月六日終於洛陽之舊館。嗚呼！有子」京兆府折衝、攝右驍衛中郎將、行魚陽軍副使元愔，次子簡州司法參」軍景淑，次子青州臨淄主簿景初；武傑文英，忠純孝友，徽詞體要，善戰」功多，瞻言厚禄，出入高堂，永戚惟深，長號莫殆，謀塋窀穸，祇兆卜占，以」大唐開元三年歲次乙卯十月乙丑朔廿五日癸酉，合措於河南洛陽」縣之北邙原也。陰山既啓，玄宅將封，咨撰大猷，用刊幽篆。銘曰：」趙侯高妙，天爵孔馨，黜盈登簿，混蹟融靈。心要大象，跡晤羣形，樂天知」命，委化冥冥。」

（北京圖書館藏拓本）

開元〇三三

【蓋】 失。

【誌文】

大唐故明經舉王府君墓誌銘并序」
君諱師，字行則，太原人也。夫淮源從筮，伊浦吹笙，靈派克彰，仙枝遠鏡。」朱輪珮冕，自炎曆以超
遷；雅量清談，在金行而鬱映。高人秀士，於斯爲」盛者焉。曾祖深，周車騎將軍、陽山太守；氣横霄
漢，精禀河岳。偉器英規，」五百年之俊；絳節青綬，二千石之良。化無忝於賈琮，譽何慚於郭賀。
祖」洪，周本郡從事，隋汾州別駕；望重當時，性非外奬。龐士元之州郡，抑有」徒勞之屈；王休徵之海
沂，是聞不空之詠。父隴，隋孝廉、貝州鄃縣户曹，」皇朝定州安喜縣丞、杭州於潛縣令；識惟上達，行
標高義，博考典墳，將」拾青紫，初紆詞曹之劇，俄毗錦化之班，遷於潛令，象雷百里，綰墨一同，」風雨畏
灌壇之令，絃歌爲武城之宰。君令問幼奇，清通早慧，志諧棲隱，」賞出風塵。每以黄老安排，特謂神仙
有道。晚而慷慨曰：公孫卌始學春」秋。遂鋭意詩書，澡身庠塾，侍中重席，其所仰止，郄詵一枝，果昇
嘉擢。冀」積善多慶，作德日休，永保龜齡，長延鶴壽。豈期藏舟易往，閲水難留，以」咸亨元年七月十
一日終于私第，春秋五十有六。嗚呼！宵臺輟曉，晨露」俄晞，一傷瘞玉之魂，久殞傳刀之胤。夫人楊
氏，娥輝誕粹，婺彩凝禎，作」配君子，聿光閫則。既得鳳凰之繇，方齊琴瑟之和。石火易飄，山雲遽
斂，」以長安元年三月二日終于私第，春秋九十二。以開元三年歲次乙卯」十月己酉朔廿五日癸酉，合

葬於河南縣來遠鄉原，之禮也。椅梧傾鳳，」始□于飛；楚劍分蛟，俱沉逝水。長子福，靈州鳴沙主簿；次子藏，殿中監」丞□□；嗣子思慶，孫齊由等，攀號永慕，罔極凝哀。昔懷靜樹之悲，今申」負土之慽。酷訴遺訓，稱伐泉壤，式題不朽，迺作銘曰：

受氏遜矣，高系悠然，佩刀惟孝，駕鶴其仙，英奇閒起，軒冕恒傳。其一。惟公」挺生，惟岳誕靈，幼稱嘐識，晚擅經明，不遊塵雜，豈重簪纓。其二。爰彼淑質，」作配于室，桂魄騰□，星津降匹，玉匣遽分於蛟劍，瑶琴痛乖於寶瑟。其三。遷神卜宅，建塋啓疇，俯望鄽而依邙□，□温洛而背洪流，歸魂厚夜，勒」石泉幽，蒼蒼松栢，幾變春秋。其四。」

（周紹良藏拓本）

開元〇三四

【蓋】失。

【誌文】

唐故蜀王府記室蔡府君妻張夫人墓誌銘并序」

夫人張氏，其先清河人也。七雄競逐，耀縱横之辯；七葉飛光，」享貂蟬之貴。其後弈世經德，鬱華傳休，載筆詳焉，其可略矣。」曾祖貴，早世；祖愻，隋開府儀同三司、郴州刺史；父寬，皇朝」朝散大夫、青州臨淄縣令；榮高列爵，績茂勤王。伍倫從政，察」牛鳴之俗；王阜官人，浹棲鸞之化。於公得之矣。固能旌榮司」仁，龜蛇飾旐，繁椒世及，降生夫人。幼履閨則，長閑姆訓，年甫」笄初，嬪于蔡氏，事姑以禮，執笄克勵其節；移天有方，舉案不」渝其操。服浣濯，躬節儉，叶蘩祉於擇鄰，訓家人於中饋。仁敏」成性，時然後言，貞亮居心，行不踰矩。哀哀鞠育，撫七子以慈；」兢兢誡慎，遵三從以德。目不覘於非禮，耳不受於詇言。府君」久從淪喪，夫人持家肅穆，而盥漱未窮，風林不靜。所□兆諧」鵷鳳，無睽敬仲之仇；豈圖劍合蛟龍，□没延平之水。嗚嘑！開」元三年四月廿五日終於私第，春秋八十。其年十月廿五日，」遷窆於洛陽北邙山之舊塋，禮也。第三子仁叡，第七子崇敬」等，茹荼褫魄，溢米流慟，訴昊穹而不吊，思寒泉而抆泣。恐山」頹水變，無存節婦之陵；露往霜來，須紀曹娥之墓。白楊悲兮」蕭颸，黄腸儼其安厝；寄柔婉於微詞，與乾坤而等固。銘曰：」

夫人派兮其源昌，夫人德兮其道光。作嬪兮淑慎，宜家兮允」臧。子欲養而人不待，樹欲靜而風不止。嗟櫛縱之無徵，慟常」陽□落晷。始成規於六行，俄見悲於七子。刊金勒石揚徽風，」地久天長無窮□。

前校書郎魏州貴鄉縣尉趙雲虬撰。」

（周紹良藏拓本）

開元〇三五

【蓋】　胡君墓誌

【誌文】

大唐處士故君胡君墓誌并序」

君諱佺，字尚真，安定人也。遠祖因宦，遂居介休。夫榱」椽是佐，錯胡綜之文章；清白知名，見胡威之父子。光」光懿烈，不替先風，簡諜詳諸，可略言矣。祖買，隋孝」廉，舉文林郎；幼洽詩書，長崇禮樂，太初玉樹，夙擅嘉」聲；韋氏金籯，遽昇高第。父端，養素不仕；情貪野薜，」志蔑裘裳，道主丘琴，跡存山水。君濯濯儀形，汪汪軌」度，珠胎孕月，光彩絶倫，蘭若銜風，幽芳自遠。鄉里稱」善，喻彼少游，文籍自娱，同夫孟陋。遺累囂滓，傲性煙」霄，簪軒不介於懷，寵辱不驚其慮。歲臨辰巳，鄭康成」於是云亡；月犯少微，謝慶緒俄而致殞。春秋七十，卒」于私第。夫人石氏。穠荷比秀，美箭齊貞，宜其室家，和」如琴瑟。翰林之鳥，始雙飛而隻飛；龍門之桐，俄半生而」半死。嗣子懷爽、懷玉，岵屺長違，霜露增感，粤以開」元三年歲次乙卯龍集單閼十月己酉朔廿五日癸」酉，遷窆於介休縣東廿里平原，禮也。緜上山傍，昭餘」澤右，懼陵谷而驟易，思封樹而永壞。乃爲銘曰：」

盤根安定，散葉汾壖，乃祖乃父，光後光前。惟君節概，」業尚虚玄，鬼瞰庭宇，鳥鳴座筵。不逢石髓，俄歸玉泉，」一閟丘壠，長嗟逝川。」

（録自《金石萃編》卷七十）

開元〇三六

【蓋】失。

【誌文】大唐故吏部常選元府君墓□銘并序」

公諱温，字守誠，河南洛陽人也。昔黄帝有子廿五人，或内列諸華，或外藩荒服。昌意」少子受封北土，分國鎮攝，納聘西陵，立號鮮山，降居弱水，後遷廣漢，徙邑幽都。天女降」靈，聖武合乾坤之德；神人感夢，孝文齊日月之明。分十姓於宗枝，光榮後葉；定四海之」高族，演派洪源。帝載緝隆，王侯茂緒，效靈山嶽，列象星辰，垂裕後昆，大名斯在。十二代」祖後魏昭成皇帝，大丞相常山王遵之後也。高祖顏子，西安郡王尚書令；曾祖雅，隋金」紫光禄大夫、魏郡太守、浮陽郡開國公；祖寶藏，唐銀青光禄大夫、魏州諸軍事、魏州刺史、」河北道行軍大總管、武陽郡開國公、食邑二千户；父神霽，唐朝請大夫、潞州司馬、襲封」武陽郡公；并神情朗澈，鑒明月於靈臺；雅度弘深，鼓長瀾於學海。棟梁大廈，舟楫巨川，」寄腹心於汝南，竭股肱於栱北。惟賢是輔，惟帝念功，永弄印之休渥，處佩銀之榮望。公」地靈禀秀，天姿自然，無雙騰日下之名，體二擅淹中之譽。潁川珠玉，推衛玠之後塵；河」陽脂粉，列安仁於散地。任右衛親衛。雲麾左列，罕罼前驅，屈揚雄以負戈，擢李陵而入」選。將冀搏風九萬，入鵬霄而上昇；不謂銘石三千，即牛崗而下翳。粤以永淳二年正月十」七日遘疾，薨於私第，春秋卅有七。先以垂拱元年遷窆於河陽縣東廿五里鞠政村西」北平原，禮也。夫人太原王氏。高祖叡，後魏侍中吏部尚書，除中書令，進爵中山王；曾祖」匡，周任使持節涼州諸軍事、涼州刺史、上柱國、眉山郡開國公；祖樂，隋婆□縣令、遂安」郡司馬，除使持節滄州諸軍事、滄州刺史、始安縣開國男；父熾，唐任上柱國、冀州長史；」山岳毓靈，星辰降氣，仙枝錫胤，襲慶承宗。流譽佩刀，秘略光於晉代；絃歌製錦，惠化榮」於漢朝。祖德耀於良史，家聲傳於舊藉。淳和植性，婉順居心，言行夙彰，容功早著。典戒」□於女史，明訓遵於義方。結媛華宗，即就河魴之禮；好仇君子，和鳴飛鳳之詞。恨積善之」無徵，痛所天之先殞，樛枝頓折，蔓華無依。既如任子之妻，遠類陳寡之婦。葛覃興詠，后」妃之德不渝；栢舟載篇，恭姜之志無爽。心堅轉石，信誓無睽；志慎磨珪，情高獨上。桂花」凌雪，三從之義不虧；松枝犯霜，六行之容無改。非禮不動，非義不言，實天下之母儀，乃」人間之婦則。六親恭仰，九族傳芳。嗟乎！大夢循環，生靈倏忽，大爐宰物，萬化同歸，歲故」時新，蓂凋月變，電光易滅，隙影雖留，好合瑟琴，契如金石，終期同穴，忽赴泉宮，恨白玉」之長埋，痛黄壚之永閟。眉飄葉落，瞼逐花飛，盛行路之悲傷，慟鄰春之輟相。揚名不朽，」千載馳芳，以開元三年六月三日遘疾，終於私第，春秋六十有六。又至其年十一月廿」四日，合葬於舊塋平原，禮也。孤子待仙，悲纏罔極，恨鍾先遠，踐露序而增哀，感風枝而」瀝血，式觀防墓，甫創原阡，懼幼海移桑，長河閲瓠，敬刊貞範，乃作銘云：

家聲赫弈，門」緒蟬聯，忠孝植性，謙慕自然。詞□吐鳳，筆海涵鱣，鴻飛漸陸，鶴唳聞天。其一。婉順居心，淳」和植性，清□潔心，松筠表正。和睦宗親，九族流詠，動應規矩，出言安定。其二。孤鸞先逝，別」鶴徘徊，凌虚失翼，顧影心摧。徒傷玉□，空奠金罍，終期同穴，泉門遽開。其三。悲深埋玉，痛」甚摧梁，空珠掩耀，八桂銷芳。白日晨促，幽泉夜長，寶劍徒挂，鳴琴不張，金石不朽，千載」名揚。其四。」

（録自《中州冢墓遺文》）

開元〇三七

【誌文】

大唐淨域寺故大德法藏禪師塔銘并序　京兆府前鄉貢進士田休光撰文」

世之業生滅若輪環者，則雖塵沙作數，草木爲籌，了無遺纖哉，吁，不可知者，其」惟流浪乎？夫木性生火，水中有月。以凡筌聖，從道場而至道場；追因及果，非前」際而於後際。行之於彼，得之於此。禪師諱法藏，緣氏諸葛，蘇州吴縣人。昔羣雄」角力，三方鼎峙，蜀光有龍，吴恃其虎，瑾之後裕，蟬聯姑蘇。曾祖訔，吴郡太守、蘇」州刺史、秘書監、銀青光禄大夫、上柱國、開國男；大父穎，隋閬州刺史、銀青光禄」大夫；父禮，皇唐少府監丞；吴會旗裳，東南旖旎，洗墨而清夷落，衣錦而燭」江鄉，山海禁錢，蓬萊秘府，屢遊清貫，歷拜寵章。禪師即蘇州使君之曾孫，少府」監丞之第二子也。年甫二六，其殆庶幾，知微知章，克岐克嶷。此寺大德欽禪師」廣世界津航，人非鑽仰，禪師伏膺寂行，禮備師資，因誦經。至永徽中，頗以妙年」經業優長，奉敕爲濮王度，所謂天孫利益，禪門得人。禪師自少出家，即」與衆生作大善知識，道行第一，人天殊勝。開普門之幽鑰，酌慈源之蜜波。由恐」日月居諸，天地消息，每對天龍八部，晝夜六時，如救頭然，曾未暫捨。非乞之食」不以食，以至于頭陀；非掃之衣不以衣，得之於蘭若。禪師自少于老，馳騾象馬，」莫之聞乘也。以爲鎔金爲像非本也，裂素抄經是末也，欲使賤末貴本，背僞歸」真，求諸如來，取諸佛性。世二相八十種好，衆生對面而不識，奈何修假以望真。」且夫萬行之宗，衆相之本，生善之地，修善之境，禪師了了見之矣。夫鐘鼓在庭，」聲出于外。如意元年，大聖天后聞禪師解行精最，奉制請」於東都大福先寺檢校無盡藏。長安年，又奉制請檢校化度寺無盡藏。」其年又奉制請爲薦福寺大德。非禪師戒固居龍象之首，清淨開人倫」之目，不然焉使天文屢降，和衆相推，揚覺路之威儀，總禪庭之準的。護」珠圓朗，智刃雄鳴，伏違順之鬼魔，碎身心之株杌，廢情屬境，卑以自居。如谷王」之流謙，百川委輸；若周公之吐哺，天下歸心。菩薩下人，名在衆生之上，悲哉！三」界即火宅之所，四大將歲時之速，既從道來，亦從道去。遂拂衣掩室，脱屣繩牀，」惟惚惟慌，不驚不怖。

粤以開元二年十二月十九日捨生于寺，報齡七十有八。」門人若喪考妣，乃相謂曰：和上云亡，吾徒安放？乃抆血相視，仰天椎心，即以其」年十二月廿□日施身于終南山楩梓谷屍陁林。由是積以香薪，然諸花疊，收」其舍利，建窣睹波于禪師塔右。自佛般入涅槃，于今千五百年矣，聖人不見，正」法陵夷，即有善華月法師樂見離車菩薩，愍茲絶紐，並演三階，其教未行，咸遭」弑戮。有隋信行禪師與在世造舟爲梁，大開普敬認惡之宗，將藥破病之説，撰」成數十餘卷，名曰三階集録。禪師靡不探賾索隱，鈎深致遠，守而勿失，作禮奉」行。是故弟子將恐頹其風聲，乃掇諸景行，記之于石。銘曰：

有若禪人，凝稜心不易兮；身世澒洞，探討真賾兮。寂行冲融，涣若冰釋兮；軒裳」蟬聯，晴暉相射兮。奕裔不染，乾乾衣錫哉；蕭灑諠譁，地自虚僻兮。玄關洞開，亡」珠可索兮；吾將斯人，免夫過隙兮。魂兮何之？聲流道格，若使天地長久而可知，」即相與摭實，刊之于石兮。

開元四年歲次景辰五月景子朔廿七日壬寅建。」

（周紹良藏拓本）

開元〇三八

【蓋】失。

【誌文】

故岐州岐山府果毅安府君墓誌」

府君諱思節，其先長沙人也。家世西土，後業東周，今爲河」南人也。曾祖瓚，隋左衛大將軍；擁旄龔命，而六漠無祲；援」枹先登，而三軍加勇。祖遮，任左金吾衛弘仁府折衝；仡仡」干城，英英禦難，率職亮采，光於古人。皇考暕，上柱國；紀庸」燕山，銘勳彝器，雄譽聲于天下，猛氣横于大荒，記諜存焉，」可略言也。君世爲華胄，早能耀德。幹蠱於家而孝風變俗；」移忠於國而丕績勤王。弱冠宿衛皇闈，典司文陛，敏」對以待問，執機而應務。帝用咸之，擢授祁州祁山府果」毅。圖略雲鬱，神情月照，用武則斷凶奴之臂，運謀則伐單」于之心，愿掃遊魂，將雪國恥。而幽數或奇，長策未振，居無」何，脱巾舊里，翛然有外物之議，潛華養素，采真冥古。陸大」夫之籍甚，時論同歸；郭有道之優遊，人林取憲。泥蟠而晦」德，霧隱而韜文。惜其大位未躋而享年不永，開元四年四」月十有一日寢疾，卒時年五十八。初公洗心妙業，結意芳」緣，護法終身，持戒没齒，昔厭煩惱之境，今遊清淨之方。即」以其年五月廿七日，殯於邙山之阜，桐棺以斂之，素綍以」窆□，故人慟哭而祖車，贊者悲歌而引紼。胤子嘉□等□」膺□血，叩心號天。終古無黷，感□□於黄卷；永世垂列，篆」□□於玄堂。辭曰：

猗歟君子，光光絶倫，寞然幽魄，冥冥反真。大夢不覺，長夜」無晨，千秋兮萬歲，何此地之埋玉人！」

（北京圖書館藏拓本　河南千唐誌齋藏石）

開元〇三九

【蓋】失。

【誌文】

大唐故太僕寺典牧署令袁府君墓誌銘并序」

君諱仁，字仁愛，其先出自汝南郡，軒轅皇帝之後，衣」冠令望，百代相仍；軒蓋榮光，千齡不絶。高祖誕，隋任」平州刺史；曾祖機，皇朝任德州録事參軍；祖珍，皇朝」上騎都尉；因官歷宦，流寓東都，故今爲洛陽人也。惟」君昂藏拔俗，廓落不郡，文標吐鳳之奇，武縱啼猨之」妙。動必由禮，朝野欽其羽儀；言必應機，人倫挹其領」袖。唐十周出身，釋褐太平公主府邑丞，」尋遷太僕寺」典牧署令。撫字有方，調琴無擾，馭繁以簡，處劇若閑。」豈其爲山未就，逝水俄驚，將施構廈之材，奄及奠楹」之夢。春秋五十有七，以開元四年歲次景辰五月景」子朔十四日己丑，終於立行里之私第，以二十七日」壬寅，權殯於北邙山之高原，禮也。遥瞻峻極，風雲通」白鶴之峰；俯對合流，川谷接玄龜之浦。哀哀孝子，履」蒿徑而長號；鬱鬱佳城，守松扃而永閟。死而不朽，紀」令德於青山；神其有知，保貞徽於翠石。其詞曰：

洛川之精，邙山之靈，載延明德，時惟國楨。鳳毛迺就，」麟角方成，臺鼎未極，高臺忽傾。青烏啓殯，白鶴開塋，悲」風夜慘，苦月秋明。山深石暗，樹古松平，千載之後，」凛凛猶生。

開元四年五月廿七日壬寅。」

（北京圖書館藏拓本）

開元〇四〇

【蓋】失。

【誌文】

冠軍大將軍行右衛將軍上柱國河東郡開國公楊君亡妻新城郡夫人獨孤氏誌銘并序　夫人諱開字正真」

夫人姓李氏，隴西成紀人也。祖楷，隋開皇中有功，賜姓獨孤氏。漢將司武，樹却地」之勳；涼君霸代，有勤王之業。其後象賢卓犖，錫姓焜煌，鳳德承祖考，龍光照天地。」與夫范宣翊晉，誇唐杜之門；荆王問許，徵昆吾之邑。方斯盛族，固未連衡。曾祖屯，」周開府儀同三司；祖楷，隋開府儀同三司，驃騎大將軍，并、益、原三州大總管，汝陽」郡開國公；父卿雲，皇朝右威衛大將軍、上柱國、汝陽郡開國公，贈益州大」都督；咸樹敏德，必階大位，或旬歲九遷，或晝日三接，俱懷樗里之智，遞刻尸臣之」銘。夫人生鐘鼎之門，備母師之訓，幼則仁孝，長而聰明。承旨候顔，固先於伯姊；聞」詩悦禮，不讓於元昆。我家既彤矢千年，楊氏亦朱輪百代。媾是匹敵，薄言旋歸。傾」都振鄙，鬱其雲雨之從；結褵鳴珮，特盛山河之儀。緝婦道於咸恒，成家人於悔厲。」觀其奉尸齋以敬，敦宗族以和，既微婉以順姑，亦義方以教子。及喪親哀慟，幾至」淪滅，杖而能起者，迄是三載；琴不成聲者，殆逾一紀。及居姑平原太夫人喪，復同」罔極之制，固可下勵邦族，上形國風。楊君材蘊三傑之二，氣雄萬夫之特，閫外資」以安危，國威由其輕重。然敬斯盛德，禮實如賓。楊君神龍之初，匡復宗社。」壁壘左袒，始策絳侯之勳；虹蜺飄風，旋罹屈原之譖。爲武三思所構，長任泌州刺」史，不許東西。夫人幽憤而作，窒惕攸往，乃乘肩輿，列步障，激揚枉直，詞理悽辯，執」事者感而賢之，楊君竟以還職。因染氣疾，迄爲沉痼。女子問君，齊封有禮；緹縈訴」父，漢罷嚴刑。三極一致，義形終古。俄封新城郡夫人，從夫貴也。且夫金石二肆，半」樂在庭；環珮六珈，褕衣照廡。雖至儉之德，視如浮雲；而嘉偶之榮，實映當代。曾未」半於偕老，遽長離於異室，神之福謙，理亦難究。以開元四年三月三十日終于平」康里之私第，春秋四十有八。以其年八月廿九日卜厝於洪瀆原，禮也。夫人體」慈而儉，臨滿畏溢。至如步黃屦於中掖，拜裳衣於後庭，象服如雲，魚軒竟道，則國」之備物，吾從小君。及歸侯門，躡素履，食不精鑿，器非彫鏤，甘逼下以無文，與其奢」也寧陋。至於勞逸沃土之誡，送迎闑門之典，政閑家而可師，言出閫而爲訓，固可」傳懿史筆，勒銘景鐘。諸子等材掩穀難，行高曾史，團棘致毀，匪莪贈慕。楊君悲」存殁之大義，感幽貞之素心，封樹之儀，簡約從儉，纂録高行，敬撰斯銘。銘曰：

秦將逐燕，軒車必復，涼王霸晉，天地綏福。百代元戎，千年公餗，盛哉華胄，是謂冠」族。福生靈長，貴女含章，孝德不匱，禮容孔臧。鼎門作合，象服有光，在室能訟，至柔」而剛。謂神聰明，應報昭烈，奈何溫儉，而與凶析？畢陌斂魂，秦原閟穴，陵徙谷變，徽」音無絶。

紫微舍人王丘纂。大唐開元四年八月二十九日。」

（周紹良藏拓本）

開元○四一

【蓋】失。

【誌文】唐故人李府君張夫人墓誌銘并序」

君諱二，字信德，趙郡人也。若夫滔源濬激，分派」高蹤，歷官天池，遂居安陽人也。迺龍飛幽谷，奮」虎步於漢朝；鶴駕鸞遊，振天姿於晉代。祖策，父」師，並赫奕當時，蟬聯後裔。或□□千里，或製錦」一同，榮齊高輝，□□□□□□□□□長稱」天縱，裂籠樊而直上，滌除□□□□□□謝媿其徽猷，班□□其令望，説琴□□□□□□以望」德歷州縣□徒勞□林泉而□□豈榮□之懽」未窮，鶴□之徵先及，春秋七十有□□神功二年」六月二日卒於私第。夫人張氏。孤鸞喪偶，獨鶴」偏栖，□□託於餘華，終□□於同穴，春秋八十有」八，卒於私閤。以開元四年歲次景辰十月癸卯」朔七日己酉窆於相州城西□里平□村東北」二里家塋城之内華園，禮也。恐□□□□碧海」海塵飈，勒兹琬琰，式刊不朽。其詞曰：

嗟爾夫子，德重珪璋，蘭芬菊馥，身殁名楊。佳城鬱鬱，龍月輝光，夜臺寂寞，地久天長。」

（録自《鄴下冢墓遺文二卷》卷下）

開元〇四二

【蓋】 唐故張府君墓誌銘

【誌文】

大唐故代州五台縣令上騎都尉公士張府君墓誌銘并序」

君諱仁，字旻寂；其先南陽人也。原夫軒轅握圖，彎弧得姓；枝派千葉，聲明萬古。出將入相，匡代濟時。固已炳乎良史，安能具諸圓石。三代簪組，可略言焉。曾祖延，齊任韓州司户參軍，子孫因而家之。祖如，隋任晉州襄陵縣令。父合，唐授朝散大夫；出身事主，陳力奉公；光毗露冕之風，抑揚雷震之邑。君襲累仁之慶，寵不羈之才；謙淑規心，名利無撓。然神不滯用，器必兼施。制剛以柔，見危則厲。弱冠預良家之選，奉駕問遼東之罪。班生棄筆，太史壯其英風；商陽手弓，孔子嘉其有禮。授君上騎都尉；君爲善渴日，享福遐年。國典有章，版授代州五台縣令。庭中誨禮，猶勤司寇之風；堂上鳴琴，疑闡密公之化。嗟乎！靈鳩錫壽，冀保南山；曳杖逍遥，遽哥頹岳。以開元四年九月廿八日終于家，春秋八十四。以其年歲在丙辰十月廿八日，葬于州城西南二里之原，禮也。君寵辱不驚，内外兼適。鄉黨之所，似不能言；衆妙之門，寂然宴默。逮乎晚節，彌堅宿心。雖盡生涯，如歸彼岸。嗣子吏部常選□珪，號蒼天以訴哀，望草露而增泣，宅兆之規盡禮，章志之文斯集。乃爲銘曰：

英英貴胄，系緒軒轅。彎弧啓氏，白水分源。文武聲實，冠蓋殷繁。挺生君子，逸志遐騫。其一。弱歲從戎，余氛克蕩。介節獨立，元勳可仰。脱略名利，恂恂鄉黨。鶴髮垂冠，靈鳩餙杖。其二。國典優博，版秩光宣。訓誨邕洽，琴詠怡然。情蠲愛網，法悟真筌。心歸彼岸，壽迫逝川。其三。百年已矣，萬古辛傷。卜其宅兆，率攸舊章。松蔭似蓋，隴勢規房。敬勒泉户紀實題芳。」

（《考古》一九六四年第八期 王秀生、丁志清《山西長治唐墓清理略記》）

開元〇四三

【蓋】失。

【誌文】

故人高君墓誌銘并序」

緬詠塵史，遐探土記，則有嵩巖誕粹，是生」惟岳之賢；渤澥疏靈，代穆浮陽之傑。君」諱應，字師仁，本渤海人也。君恭恪柔凝，邈□峻，昊穹昧信，有爽福胎，以大周久視元年」十二月四日遘疾，卒於家。夫人孟，同郡人□。柔」章内則，□德中宣，躬儉家肥，孫慈子愛，□年九十二，以唐開元四年十一月十九日卒。即與其」時葬城東南十一里平原，禮也。嗣餘慶，泣孤罔極，」拉血腸，恐谷徙陵移，式刊銘頌。

其詞曰：

渤海酌粹，浮河效祉，猗歟夫君，秀靈居此。嘉猷」實播，里仁爲美，天不憖留，生涯已矣。習吉龜□，」繇歸魂鳥壘，哀以送終，千秋此始。」

（録自《京畿冢墓遺文》卷中）

開元〇四四

【蓋】　失。

【誌文】

大唐太常協律郎裴公故妻賀蘭氏墓誌銘并序」

夫人賀蘭氏。曾祖虔，隋上柱國；祖静，」皇朝左千牛；父玄哲，潞州司士；並宏翰深識，」布聲於代。夫人即協律之姑女也。童姿粉妍，」笄態瓊淑，惟德是與，乃嬪我裴公，宜其鏘鏘」和鳴，晏晏偕老。女也不慝，天胡降災，綿聯沉」痾，三浹其歲。洎大漸，移寢於濟法寺之方丈，」蓋攘衰也。粤翌日奄臻其凶，春秋卌有四，即」開元四年十二月十日至十九日，遷殯於鵖」鳴塠，實陪信行禪師之塔，禮也。夫坦化妙域，」歸真香塋，衡之冥果，則已無量。有子太玄等，」或孩提而孤，擗標以泣，嗚呼！生人之至艱也。」裴公傷奉倩之神，痛安仁之簟，圖範貞石，俾」光泉門。銘曰：
芙蓉劍兮蛟龍質，梧桐枝兮」鳳凰匹。天何爲兮降斯疾？俾雄雌兮歡不」卒。延津女牀奄相失，千年萬古哀白日。」

（録自《金石萃編》卷七十一）

開元〇四五

【蓋】失。

【誌文】

大唐故朝議大夫使持節密州諸軍事守密州刺史上柱國元府君墓誌銘并序」

君諱希古，字希古，河南洛陽人也。自軒垂景命，魏握寶圖，天地」開宗，公侯積祉。雖時遷五運，星潢連控地之波；而業盛三仁，杞」宋是朝周之國。曾祖麟，宇文朝驃騎將軍、使持節延州刺史、谷」陽縣開國公；祖大保，皇朝滑州衛南、貝州經城二縣令；父正」則，皇朝蘇州録事參軍、安南都護府南定縣令；並材兼文武，」器蘊幾深。風雨收祆，師尚父之能政；壇場拜將，霍驃騎之元勳。」君九代家聲，七貂地冑，降淳粹之星象，禀岐嶷於中黄，爰在幼」冲，珪璋凝於性府；洎登利用，藻翰燭於賓庭。以儀鳳三年秀才」擢第，授定州鼓城、彭州唐昌縣尉，洛州王屋、合宫主簿，來庭縣」丞。棲枳屈材，剸犀韞量，清白勵己，州縣勞人。又授洛州司功，陸」渾、咸陽□□令。蕭何主吏，實分官於六曹；魯恭宰邑，遞宣風於」三輔。郎□□美，國網搜才，嘉命光臨，拜都官員外。丹墀獻奏，望」重神仙；紫複昇簪，榮高星漢。俄出爲定州長史，尋遷密州刺史。」安平古郡，盧耽之素履初飛；萊夷舊都，賈琮之赤帷仍闢。股肱」列岳，將朝二月之巡；條察分憂，乃奏三冬之計。歸途登陟，遘疾」彌留，以開元四年六月廿七日終於沂州費縣之賓館，開元五」年歲次丁巳正月五日歸葬於河南縣平樂鄉邙山之原，禮也。」洛城朝市，遥瞻北郭之墳；周壤賓遊，共泣西階之藏。嗣子預等，」悲纏厚穸，思勒佳城，庶盛德清徽，天長地久。

銘曰：

皇根帝緒，武穆文昭，軒臺落構，侯服來朝。英靈代起，挺生君子，」學洞九流，政宣千里。惟是千里，期登三事，天不輔德，溘終斯位。」大河之南，崇邙之下，一銘玄室，空悲欒社。」

（北京圖書館藏拓本　河南千唐誌齋藏石）

開元〇四六

【蓋】失。

【誌文】

故右軍衛沙州龍勒府果毅都尉上柱國張公墓誌銘并序」

公諱方，字玄逸，貝郡清河人也。漢侯叙睦，已暉映於清河；韓相列」昭，重分榮於白水。簪纓閒出，仁勇挺生，文場雄命代之才，武略傑」運籌之妙。結勝千里，必酬明主之恩；譽美三端，懸識暗投」之報。曾祖通，隋中散大夫、使持節金陳二州刺史，□□揖讓，實籍」徽猷；郡邑令規，咸謡風化。節毛時舉，若雲掃長空；劍鋒乍明，似霜」臨迥塞。撫流甿庶，靡不愿之。祖貴，唐朝散大夫、鄜州長史；高風自」遠，爽凛多傑；明月比德，澄瀾若鏡。採女喜衆桑之茂，農人甘墾獲」之勞，樂道順天，自公退食。父威，唐朝散大夫、使持節光州諸軍事」光州刺史；累葉承榮，連枝共秀。寶琴瑤瑟，自婉睦於閨門；王葉金」柯，永傳芳於譜諜。君幼齡神俊，該博好古，弱冠驍雄，暫韃戎服，解」褐任右軍衛沙州龍勒府果毅都尉。遠勤功勳，天子」奇謀，邊夷膽慴，故知有仁有勇，無黨無偏，文武不墜者，唯公一門」矣。夫人河東薛氏，高門鼎族，懿哲好仇，早配簪花，光榮相發。何圖」運屈，以神龍三年十月一十二日，春秋四十有一，奄歸幽壤。公本」期遐福，方登將相之榮；豈謂無徵，忽奄玄泉之痛。以開元四年十」一月十日，終於私第。嗣子玢，攀號擢絶，悶擗再蘇，雨淚盈胸，空懷」永往，風樹之感，泣血何追。以開元五年歲次丁巳正月壬寅朔二」十五日景寅，葬於河南府河南縣梓澤鄉之原，禮也。筮龜獻吉，丹」旐相迎，青烏啓遂，素車須進，馬悲鳴兮有情，人哀聲兮無盡！其詞」曰：

浩浩長河，泠泠豫章七歲，騄騮千里。奇意孤標，楨材獨美，」勒之銘石，永存無毀。其一。卓犖雄才，靈軌則，一朝命舛，窮年運刻。雙」闕忽對，孤墳長塞，無復琴哥，空餘令德。其二。閴寂金閣，荒涼玉階，網」黏衣笥，塵暗書齋。悲聲易咽，苦調難諧，鳳琴此罷，龍劍長埋。」

（北京圖書館藏拓本　河南千唐誌齋藏石）

開元〇四七

【蓋】失。

【誌文】

故潞州屯留縣令温府君李夫人墓誌銘并序」

夫人號跡上座，字功德山，滑州衛南人也。曾祖蓋，散騎常侍、□柱國、」濟陰郡王，後固辭王，改封舒國公，贈特進陵州刺史，謚節公。光華輦輿，輝」映廊廡，賢賢旌德，俾王濟陰，謙謙克讓，遂侯舒國。祖勣，司空上柱國、英」國公，贈太尉、揚州大都督，謚英貞武公；康濟艱難，實資人傑，經綸草昧，必」仗時雄。公以碩德英謀，聿來佐命，豈徒熙帝之載，實贊興王之業。」父思文，户部尚書、上柱國、衛國公，贈荆州大都督。貞于一德，夷險以之；登」諸八座，喉舌惟允。勳賢接武，國史家諜詳焉，故可得而略也。夫人即公」之第三女也。體性剛毅，深謀遠略，幽閨獨斷，雅合典禮，婦德母儀，士流訓」其成式。先適龍門公孫司農卿王弘福第二子右玉鈐衛郎將勗。文明中，」堂兄太僕卿業以河山舊勳，載在盟府，見非其種，豈暇先言。兵起惟楊，志」懷匡復，夫人口陳禍福，如指諸掌，爲言喪敗，無違晷刻，故勗死王事，朝」廷聞而嘉之，因抗節孀居，義形于色。兩髦既没，三從靡依，且逼先后嚴旨，」故不克徇栢舟之操，後適中書侍郎温彦將孫易州司馬瓚第三子潞州」屯留縣令煒。煒太極元年六月十九日卒於晉陽私第，夫人帷堂晝哭，喪」之以禮，乃歸拜墳塋，克終惟孝。季弟滄州刺史友于伯姊，何日忘之。頃」者剖符海壖，跋予洛汭，遣乘瞻遲，勤亦至矣。夫人知年命之將□盡，而篤」愛天倫，扶病言歸，不捨晝夜。以開元四年閏十二月三日至于滄州，雞黍相」歡，展叙情理，吉凶慶吊，悲喜交集。常以惠定加行，貪慕真如，臨終乃建説」一乘，分别三教，談不增不減，以寂滅爲樂，意樂出家，遂帔緇服，如如永訣，」非復常情。以其月十九日辛卯，終于滄州之官舍，春秋六十有三，□□開」元五年歲次丁巳二月壬申朔十三日甲申，式遵遺命，歸葬於洛陽河」陰鄉北原先人舊塋左右，禮也。温氏四子：子喬外繼，伯煒有如母之」酷，餘並在遠。昜之三女，匍匐靈櫬，殆將殞滅，痛慈顔之永遠，懼陵谷之」遷移，刊貞石以昭德，尚明靈之不墜。乃爲銘曰：

謙謙濟陰，桓桓貞武，荆州克嗣，景福是與。神之聽之，誕生季女，令淑惟允，禮容忱恂。婦德若」關睢之訓，母儀惠鳲鳩之仁。情惟寂滅，性奥幽真。何享年之不永，遽瞑目於窮塵？勒茲幽石，尚或無璘。」

（周紹良藏拓本　河南千唐誌齋藏石）

開元〇四八

【蓋】失。

【誌文】

唐故亡宫墓誌銘并序」

亡宫八品

亡宫姓氏，靡得詳也，以開元□□」三月二日遇疾不救，奄從風燭。以」其月十九日葬於北邙山，司存供」職，敢作銘云：椒闈侍奉，蘭殿肅恭，内藴柔行，外」修麗容。波驚逝水，景謝高春，冥寞」泉路，誰知所從？」

（周紹良藏拓本　河南千唐誌齋藏石）

開元〇四九

【蓋】失。

【誌文】

唐故亡宮墓誌銘七品」

亡宮，未詳氏族，遘疾而終，春秋　」葬於北邙山，禮也。爰命司」存，式崇柔範。銘曰：

變彼姝兮，谷神渝兮，兆青烏兮，訖玄」廬兮，螻蟻某思兮，魂魄其孤兮。

開元五年二月十九日葬。」

（周紹良藏拓本　河南千唐誌齋藏石）

開元〇五〇

【蓋】失。

【誌文】

唐故太府丞兼通事舍人左遷潤州司士參軍源」府君夫人清河崔氏墓誌銘并序」

夫人諱　字　，清河人也。曾祖子叶，隋郡功曹；」祖孝珣，皇朝貝州武城縣令；父晊，宋州宋城縣」尉；皆瓊華碧姿，蘭芳緑潤。夫人生而知禮，長而明」賢，婉孌柔嘉，罔不畢備。年甫十九，嬪于源族，而舅」姑已殁，婦德莫申，恭順以奉叔，仁恕以撫下。故閨」庭之内，穆而成風。夫人始孀，年方三十，晝哭不絶，」哀過乎禮。二子孩孺，皆自褓育，比逮成人，猶勤訓」導，兼父之敬，盡師之範，禮樂自取於家，名義不資」於外。二子令譽，見稱于時，嗟乎！與善無徵，享年不」淑，以開元四年十二月一日，因感風疾，奄忽終逝，」春秋五十有一，嗚呼哀哉！即以明年三月二日，權」殯于洛陽縣平陰鄉樂村東百步邙山南原，禮也。嗣」子惠津、廣津等，痛銜哀疚，茹慕過人，慨彼頽岸，瘗」兹貞石。其銘曰：崇崇高門慶詎已，載誕淑女配」君子，秉禮含德總衆美。如何穹天不輔此，中年閉」骨幽泉裏？昊天蒼蒼不可問，銘兹懿德傳千祀。」

（周紹良藏拓本　河南千唐誌齋藏石）

開元〇五一

【蓋】失。

【誌文】

大唐朱府君墓誌并序」

君諱貞，字懷古，其先吴郡人也，因官派别，遷居洛」陽。曾祖盛，祖保，弈葉承榮，搢紳相襲。父石，上柱國，策」勳崇位，當代絶羣，谷性丘園，捐名朝市。君孝友恭廙，」樹質□和，志學明博，弱冠□宦，承蔭翊衛，夙侍」闕庭，番考旋畢，簡參吏部，霜戈雲旆，坐隔熊羆，藻鏡」銓庭，行參鴛鷺，簪裾可望，感春谷之遷鷽，池榭時遊，」賞暇辰之高宴。玉昆金友，葛弦蘭酌，劇陳□之契，哂」嵇院之交，優哉悠哉，將以永日。何期災興鬬蟻，坐降」翔鴞，夢肇演於瓊瓌，運□傷於風燭。奄以開元五年」歲次丁巳二月壬申朔□日甲戌暴亡於□□□□」里之私第，春秋卌五。嗚呼哀哉！良木實摧，寂寂虛帳，」冥冥夜臺。即以其年三月二日安殯於邙山之陽，禮」也。儼崿墳□，蕭森松檟，望斷遲日，心傷春野，延啓兆」之青烏，佇弔人之白馬。有息子夏等，攀□□窀穸，長」號兮踴躃，恐遐載而無聞，方刊銘於□□。銘曰：

猗歟夫君，負名德兮；孝友恭順，□□□□。□身行紀，守貞默兮；登臨遊觀，琴酒時兮。□□□□，□若兹兮；如何奄終，風燭期兮。幽神冥寞，空留想兮；孤墳永瘞，邙山壤兮。萬古貽芳，持所仰兮。

（北京圖書館藏拓本　河南千唐誌齋藏石）

開元〇五二

【蓋】　失。

【誌文】

唐齊州山茌縣丞張府君墓誌銘并序　河南府户曹魏承休撰

□諱齊丘，安定烏氏人。漢趙景王耳之後，晉涼武王軌十三代孫，□□君子見機，賢人察變。聞甘公之説者，識天下有歸，想竇融之風者，知河西可霸。是以棄常山而取趙，國以永存；辭散騎而圖涼，王業伊始。高祖伏亶，魏威厲將軍、散騎常侍；文武縱横，蔣通不辭於將帥；雍容款雅，子仲見推於上賓。鄭默之不累清談，特光參乘；高堂之有裨聖政，實由論樂。曾祖敏，六官建，授冬官下士，動州別駕，伏波將軍、奉車都尉、建威將軍，荆、鄧、壽三州司馬，亳州長史；周建六官，首參於多士；王化萬里，俾宣於半刺。侯惇共載，諸將莫儔；馬援論兵，與我常合。奉車之任，掌天子之乘輿；建威之寵，擁韓國之麾蓋。只如荆鄧掌武，梁譙分職。雖司馬謝弈，每以方外稱高；而上佐薛兼，常謂秩優自損。祖父會，隋國子進士，武德初，佐五府兵曹，鄭縣令，通事舍人，歷幽、原二州長史，同州別駕，洛州長」史，濟二州刺史。胄子修業，賓于王庭；參軍典兵，持其□政。韋弦得寬猛」之衷，敷奏有抑揚之美。累佐府州，每興謡於邦國；屢分□竹，恒闡頌於」仁明。父處節，益州參軍，潞州司户，常州録事；屈梁竦之宏圖，從子荆之」薄宦，在割能斷，撥繁不疲於案牘；當官而行，繩非豈憚於强禦。君稟訓」清白，樂兹名教。高摽直上，陽烏□之而自迴；利器無前，蛟龍拂之而中」斷。起家左金吾衛引駕。金吾翊道，鑾駕前驅，當六郡之良家，參一時之」妙選，才地之美，疇與讓焉。考滿，調齊州山荏縣丞。控齊國東陵，割青州」西部，舊俗多詐，移風在人，乃戢長離，來匡小邑，豈唯處議當法，固亦在」邦必聞。嘗言張暢有名，佇膺推薦；誰謂桓譚不樂，奄然□□，以天壽二」年八月廿五日，終于官舍，春秋卌有六。以開元五年三月廿日，遷祔于」洛城西北高原，禮也。嗣子時譽、姪具瞻等，早聞庭禮，敬奉楹書，方追往」日之期，遂結終天之痛。庶夏侯嬰之石室，千年暫啓；庾文康之玉樹，萬」古長埋。銘承賢胤之託，用紀逸人之墓。銘曰：

壯哉景武！闢趙開漢，」□及苗裔，既侯且王。家聲祖德，疊懿聯芳，積慶之後，挺生令章。前驅位」□，雌伏名楊，高志未遂，中年殞喪。青春非我，云夜何長，公業有□，君其不亡。」

（北京圖書館藏拓本）

* 開元〇五三（與殘誌〇四二重出，此當存）

【誌文】

大唐相州安陽縣大雲寺故大德靈慧法師影塔之銘」

法師諱嘉運，字靈慧，俗姓劉氏，其先帝主漢高祖之苗，彭城人也。遠祖因宦，遂此居□，子孫派流，於兹不絶，遂魏郡人焉。大法師，宿植勝因，生而奇□，早懷慕□，俗歸真真，年十歲，遂授慈潤寺□大禪師出家習業。至年十六廣啓度門，便蒙剃染。配本縣□通恒以頭陀爲務。六時禮懺，一□資身，知自行之不弘，乃□□□□□□□□朝夕孜孜，遂授河南府佛授記寺翻經大德感法師，親承右學，解深密法花□王轉女身梵網□□成唯識俱舍等。三性一乘之妙旨，□滿達磨之派宗，莫不究盡穎深，窮其□奥。從兹温古，道□□新，遂得譽播三川，聲聞八水，奉敕便留住佛授記寺補充翻經感法師侍者，後蒙本州大雲寺牒充律師教授。至景雲年中，屬國家大弘佛事，廣闢僧方，以聖善初成，□拓碩德，以法師道齊林遠，業紹□安，遂蒙徵召赴都，充其大德，歸□者若霧，渴仰者如雲，三二年間，得燈無替，後爲青□色，奏請牒□鄉住大雲寺。雖解行罔瞻，常懷□□□心，更投□宗懋法師□□□□□提奬，偏授□□經論章□莫不備□□雨□身重，法不劬勞，無所禀承，無所持饒，益闡法□□何□□□已□捨兹穢刹。嗚呼□□哲人云亡，孰不悽感，春秋卌有九，夏凡二□□七，以開元四年六月廿六日於汾州平遥縣福聚寺揣拱骸生，奄然□遷。有姪男慈潤寺僧元晞，斯乃出遊子心重，離宗情□，不憚艱辛，遂涉山途，申哀展孝，闍毗事畢，收骨歸鄉。門徒與姪同寺僧圓滿等，師資義重，攀慕彌殷，思出世之因深，想入道之緣厚，傍求良匠，遠訪丹青，遂於州西南五十里零泉寺西南懸壁山南面之陽，敬想靈儀，□爲起塔。即以開元五年歲次丁巳三月辛丑朔廿三日癸亥□□舍利塔事莊嚴。然理因教發，事假□陳，□之叙石，傳芳不朽。乃□□□曰：

粤有良匠，實亦□□，紐而拾俗，□□□□行□□寶，築廣堪珍，尋師委命，□道□□□（缺。）□拯物，遽謂遷神。其一。號□者才，無（缺。）唯可則，此賢利物，善□□□□□（缺。）□道，其宜不忒。其二。粵有□□□（缺。）雕鐫，上依奇岫，下墩零泉。□（缺。）□□□美希亦，代敬（缺。）」

（録自《安陽縣金石録》卷三）

開元〇五四

【蓋】失。

【誌文】

大唐義豐縣開國男崔四郎墓誌并序」

君諱宜之，字　，博陵人也。自玉璜慶洽，金柯」族茂，琰居八座，林踐三階，卓哉門閥，焕乎國」史。祖濟，瀛州河間縣丞，贈濟州刺史；河山」誕秀，屈毗銅墨，朝廷褒善，追贈珪符。父日」用，吏部尚書、常州刺史、齊國公；星臺曳履，聲」徹九重；水鄉洗幘，化流千里。君年方馭竹，」是千金之世子；名襲苴茅，擬萬石之榮業。雖敏」超荷戟，憂起夢錢，何彼天之茫昧，使斯人之」夭枉。潁川五百里，非復聚星；滕室三千年，于」嗟見日。以開元五年五月十日終。雖復毗陵」城側，權埋玉樹；所冀邙山葬後，來認金環。齊」公以痛甚新安，悼深嬴博，聞山猿之叫，已切」斷腸，見海蚌之色，還悲碎掌，爰命庸謏，迺爲」銘曰：偉哉邦牧，營丘華族，誕生鳳雛，」將嗣鵬圖。暫遊槐市，遽集桃都，田薤朝唱，謝」蘭春枯。終還温洛，且殯全吴，風悲古樹，水咽」平湖，敬題貞石，庶名播於童烏。」

（北京圖書館藏拓本　河南千唐誌齋藏石）

開元〇五五

【蓋】 唐故梓州長史劉墓誌

【誌文】

大唐故梓州長史河間劉公墓誌并序」

公正議大夫上柱國」

君諱彥之，字彥之，本沛國酇人也。其先黃帝之元孫，生而有文，以昭」我劉氏。至大漢勃興，祚傳景帝，其子始封河間郡王，因徙居河間郡，」子孫蟬聯，史諜紛郁，雖百代可知也。曾祖安和，隋瀘、合、通三州刺史，」棠陰錫位，利見大人；竹馬爲期，不欺童子。祖端，皇朝梁州金牛令，」沁州司馬。驅鷄作術，展驥稱雄。皇考令彝，舉幽素及第，補密州莒縣」尉，雲臺搴秀，河甸分官。君則長子也。派靈自遠，風骨多奇，屬在徽造」言階極。珠玉富貴，興入文章；幽素忠貞，跡攻聲位。妙年郡貢秀才擢」第，拜海州朐山主簿，歷鸞臺典儀、羽林衛、太原尉、明堂主簿、并州司」兵，再遷司户。盤根錯節，中外爲勞；德舉能賢，朝廷是選。授將作丞，改」綿州司馬。無何，清白昇聞，帝曰俞我大夫之良也，制梓州長史。劍關」地險，昔遵束馬之來；蜀鎮星連，再奉題輿之寄。君佐方伯之重，得寮」吏之情。西南巴人，有海沂之詠矣。方將刷羽鳳池，遷聲鷄樹，享君五」鼎，爲堂上賓。嗚呼！白日悠悠，青雲氣遠，良規未滿，華髮哀年。春秋六」十。唐開元三年九月十九日，終于厥官之館舍。卓立人境，秀風自」清，歿爲代悲，英識疑在。蜀途江劍，哀挽逶迤；故國丘園，魂歸已矣。即」以五年龍集丁巳八月五日壬申，改歛于東都，遷窆北邙之原，禮也。」著策紜紛，岡原起伏。垂楊曉引，飛陌上之旌軒；荒暮深，悲洛陽之鐘」鼓。嗣子景晉等，泣血終哀，追攀罔及，夙承遺訓，恭聞話言曰：無汩吾」真，以珠玉瘞吾身。敬遵薄葬，誌年代於兹辰。曰：

青青之棘，黄鳥聲悲，哲人先代，天也何欺？哀彼孤嗣，衣衾舉之，式奉」臨命，塗蒭有辭。其一。洛陽城北，邙山古原，霧雨行暗，笳簫曲繁。馬悲」荒草，龍閉泉門，不封不樹，斯言敢存。其二。古有銘誌，今之所傳，不題」爵里，後代何年？太室南望，黄河北連，千秋記此，貞石方鐫。其三。」

（周紹良藏拓本）

開元〇五六

【蓋】失。

【誌文】大唐故信安縣主元府君墓誌銘并序　宣德郎行右衛録事參軍歐陽植纂并書」

縣主隴西狄道人，曾祖神堯皇帝，祖文武聖皇帝，吴王恪之第四女，今」上之堂姑也。□□睿族，肇迹於殷時；鳳翥龍興，克昌於明代。遠則垂芳萬」古，近則啓聖千齡，國史備詳，斯可略而稱也。昔文帝昇遐之後，」高宗踐位之初，吴王以英傑親賢，迺爲權臣所疾，讒言罔極，非命而薨。縣主年未勝衣，」夙罹凶憫，竹園無託，桂苑幽居，陪奉獻陵，多歷年所。既而承芳蕙圃，毓德椒宮，」體質柔明，神情敏暢，巧藝窮於纂組，言行合於箴規。葛之覃兮，表儀形之婉淑；何彼穠」矣，喻顔色之芬華。永昌元年，降歸元氏，朝恩有典，寵命是加，封信安縣」主，食邑一千户。元公諱思忠，字獻直，河南洛陽人也，後魏景穆帝之八代孫。曾祖義全，」歷官至巴州刺史。祖劇，并州大都督府録事參軍。父仁虔，累遷拜使持節疊州諸軍事」疊州刺史。岷山萬仞，巴水三迴，祖德載揚，孫謀克嗣，莫不聲高理化，譽重循良，總録藩」條，肅清軍事。公門承黻冕，德茂珪璋，志節貞堅，風儀朗潤，高材博識，好學多聞，式呈丹」穴之姿，請備黑衣之數。觀光調選，授集州司倉參軍。歲滿言歸，拜虢州盧氏縣令，尋遷」滑州靈昌縣令。滑臺新邑，號土名川，銅墨光臨，絃歌善政，方之魯密，代有其人。嗟乎！與」善無徵，輔仁終爽，降年不永，寢疾踰旬，以大足元年四月十一日卒於洛陽之惠和里」私第，時年五十四。昔恭伯蚤死，其妻有守義之詩，而元氏先終，縣主結靡他之志。易錦」茵以苫席，代羅幬以素帷，感時序之不留，痛存亡之永訣，悲憂既積，風氣便侵，卧疾閨」門，十有餘載，克宣婦道，尤著母儀，訓育遺孤，咸成秀彦。開元三祀，猶子承」恩，先封嗣吳王，其年加實封三百户。縣主以皇家懿戚，位列諸姑，特奉」綸言，令分姪封，義深優厚，澤及親親，故得湯沐增榮，室家豐潤，積善餘慶，斯之」謂歟？悲夫！月掩恒娥，星沉婺女，長生之枕，徒有其名，延壽之杯，從兹不實。以開元四年」十月廿三日沉痼所增，薨於河南之尚賢里第，春秋六十九。即以五年八月五日，合葬」於河南縣金谷鄉石城里之原，禮也。邙山後據，闕塞前臨，見河洛之交流，望嵩高之峻」極。詩所謂百歲之後，歸于其居，穀則異室，死則同穴者也。長子永康陵丞守一，次子河」南府新安縣尉瓘，少子邠王府掾環等，悲纏陟屺，痛結過庭，聞一失而增哀，瞻九原而」永慕。將恐佳城鬱鬱，滕公之室或開；雙表巖巖，戴侯之墳無紀。遂勒他山之石，申其罔」極之懷，命植爲銘，敢揚休懿。其詞曰：

玄源濬邈，睿派靈長，烝哉我祖，龍飛鳳翔。一戎大定，六合殷昌，無思不□□□□□□」於穆天人，英才秀出，花蕚親懿，股肱匡弼。誰謂權臣，潛謀□□□□□□□□」誕茲賢淑，託質宮闈，夭桃美茂，穠李芳菲。服其奇服，衣□□□□□□□□□□□」言歸伊何，諸侯之子，魏興元族，鄣乎國史。門襲簪纓，□□□□□□□□□□□」良人永逝，悲兮昔歲，淑媛長辭，哀哉此時！韋殊□□□□□□□□□□□□□□□」近倚邛山，凌臨宛洛，卜其宅兆，此焉攸□□□□□□□□□□□□□□□□□」

（周紹良藏拓本　河南千唐誌齋藏石）

開元〇五七

【蓋】失。

【誌文】

唐故通議大夫行廣州都督府長史上柱國朱府君墓誌銘并序　朝議郎殿中侍御史高陽許景先詞」

君諱齊之，字思賢，吴郡人也。其先蓋帝高陽之後，始封於曹，歷虞夏而」不改；後胙於澤，佐齊桓而有功。或折檻抗言，請尚方之武劍；斷裳止慢，」興齊國之儒風。餘慶蟬聯，弈世不絕。曾祖模，隋淮陽太守；祖道奇，岐州」司馬、梁州長史、興州牧；父緘歷，鄜城令、原州司馬；並瑚璉瓌寶，珪璋特」達，美價擅於當時，遺範光於後嗣。公授靈台嶽，籍慶閨門，詞殫作者之」能，學總微言之旨。曾源罕挹，虛舟汎於長瀾；神鑒內融，明鏡懸於靈府。」弱冠以門調左親侍，補宋州虞城尉，昇進授岐州雍縣丞。雄飛有望，雌」伏安能，桓譚不樂於郡丞，梁竦豈勞於州縣。」敕以尤異改授廣州録事參軍。是時篁谿騷動，尉他來賓。公徵寶劍以」稱藩，請長纓而牽致。南夷失險，朝議其能，授右臺監察御史，尋轉朝散」大夫、左臺監察御史。埋輪震悚，攬轡澄清，直道詘於奸臣，富人求於良」宰，出爲湖州武源縣令。下車而仁風已露，爲政而朞月有成，轉桂州司」馬，遷廣州都督府長史。智能周物，清可激貪，司城有辭玉之名，合浦得」還珠之美。時非我與，賈傅老於長沙；意有遺忠，園令留其禪草。嗚呼哀」哉！春秋六十有二，以開元二年六月廿五日寢疾，終於廣州之官舍。公」至道沖深，神鋒太峻，寵辱不驚其慮，夷險能守其真。含章可貞，與物無」迕，清樽常滿，每招文舉之賓；芳林晝閑，時悦季倫之妓。道長運短，不其」悲夫！以開元五年歲次丁巳十月丁卯朔七日癸酉，葬於河南府河南」縣梓澤鄉張封村，都城西北廿五里之原，禮也。嗣子婺州義烏縣主簿」昇、左司禦率府倉曹參軍晃等，並泣血江湘，遠奉靈櫬，感霜露之逾邁，」託風範於幽泉，式圖徽猷，永播終古。銘曰：

肅肅我祖，始自高陽，盛德必祀，厥後其昌。聯華疊耀，駟馬旂裳，降生君」子，爲龍爲光。學兼儒墨，詞掞曹王，冠雄鐵柱，政美銅章。朝廷以肅，海沂」是康。初謂公器，克成棟梁，如何奄忽，時命不臧？飛飛素旐，遠出南湘；窅」窅玄璲，長歸北邙。賓階積草，妓席霑霜，平生已矣，徒誌遺芳。」

（北京圖書館藏拓本）

開元〇五八

【蓋】失。

【誌文】

唐故贈游擊將軍董公墓誌銘并序　上官珪書　劉禄鐫」

公諱嘉斤，字徽美，其先隴西狄道人也，國初因居京兆櫟陽縣，故今爲縣」人焉。自顓頊氏生，重父生代，始封鬷川，爰乃命族，安于以良史奉職，仲舒」以文學膺相。洎公之遠祖，辭隴西，客遊洛陽，寓宿帝社，黜非保正，不愿於」軒裳枯體，被髮觀化於朝市，高門賢風，聲德代及。祖元，父忠，皆養和田園，」取勝幽寂，恭副先君之業，罷思强仕之用，潛道無悶，象賢乃光。而閭里有」識者，知董氏之子孫，其後興矣。夫流慶蒸於上，錫胤答於下，神固不昧，理」亦其在。府君禀元亨之貞，降岐嶷之異，聲在物表，性入道奥。恂恂焉，穆」穆焉，有王述之晚成，抱梁竦之鴻器。而大名未立，溘露遄驚。嗟乎！天之所」濟者德也，享之所保者壽也，蒼蒼奚苦，殲我賢良！神龍元年八月廿六日」遘疾終於河南歸義里。嗚呼！禮樂既喪，人倫斯亡，曲池將化於黄埃，玉樹」看埋於玄夜。夫人渤海高氏。清白純懿，志行肅恭，理閨必方，誨子以禮。因」言二男曰：汝父平生常謂：人之立身也，孝友綱信，方正仁和，如有至之者，」寧患不大歛。汝當伏勤，無失于訓。屬我皇應命，俊異合符，才能備揚，貔」武盡用。府君二子，河靈厚，天骨奇，首參帝圖，以啓王業，折衝禦侮，腹心」爪牙，經始要終，從夷歷險，未嘗不預也。遂策功量力，天造屢加，第二子」懷義，定遠將軍、行右威衛翊府中郎將、武騎尉、仗内供奉；第三子懷德，冠」軍大將軍、行左驍衛將軍、左羽林軍上下、上柱國、狄道縣開國侯、食邑七」百户。皇上感二子之績，追府君之善，以思國楨，歸表泉路，開元五年，」制授游擊將軍，申主禮也。其年十月十九日，卜邙山，營宅兆，闕塞更左，」盟河在陰，枕帝王之都焉，處周漢之跡焉。二子泣流光一傾，遊水不駐，愿」負米而莫及，憂在土而無歸，乃訪詞人記休烈，斲石傳嗣，申功于銘云：

胙土錫氏，首封鬷夷，清源邐迤，賢風葳蕤。其一。洎夫遠祖，遁代潛質，白社寄」栖，黄中稱吉。其二。公之象賢，厥芳希振，履德敦厚，含輝綱信。其三。大名未躋，過」隙不幾，棟梁斯折，人琴俱已。其四。父因子貴，子期主誠，畢贈天爵，表乎代」聲。其五。二子銜哀，詢卜宅兆，置塋邙岫，闕塞繚繞。其六。泣血莫覩，枕草虛存，同」人驚骨，送客傷魂。其七。痛哉神明，變化何促？光靈忽逝，長此埋玉。其八。」

（北京圖書館藏拓本　河南千唐誌齋藏石）

開元〇五九

【蓋】　失。

【誌文】

大唐故洛州肥鄉縣尉慕容府君墓誌銘并序」

公諱昇，字昇，昌黎棘城人也。十一祖燕太祖文明帝。十代」祖恪，燕太原王。白龍呈貺，作霸燕垂，玄乙開禎，興王晉代，衣」冠禮樂，史諜詳焉。高祖紹宗，北齊尚書令；孔光之周密不言，」張安之默識敏對，疇能比德，彼有多慙。曾祖三藏，隋金紫光」祿大夫，芳、疊等七州諸軍事、河内郡公；化洽移書，芳逾子翼，」功參降璽，德邁君房。祖正言，皇朝兖州都督府司馬、衛州長」史，伏龍非擬，化鶴寧方。考知敬，皇朝絳州司户；吴良以清白」稱奇，陸彤以聽明標懿。公巒峰萬仞，枝幹千尋，廊廟之材，瑚」璉之器。蔡邕倒屣，見重公孫；林宗題目，更推王佐。起家」天皇大帝挽郎，解褐洺州肥鄉縣尉。梅福仙材，方從下位；顔」回夭壽，遂喪斯文。春秋叁拾伍。嗚呼！謂天降祥，與善無應；謂」神降祉，輔仁無徵。夫人京兆魚氏，才器高妙，天姿令淑，韞義」蹈禮，履孝懷仁，遽殞春華，溘先朝露，以今開元五年十月十」九日合葬于洛陽北邙之原，禮也。嗣子魏州元城縣主簿孝」孫等，悲風樹之不停，痛泉門之再闔，恐陵谷遷易，丘隴湮沉，」憑琬琰而作固，用刊勒而傳音。詞曰：

無間巨鎮，余祁大荒，龍祥啓土，燕瑞稱王。北岳天孫，燕河旁」子，開國貽慶，承家錫祉。落落夫君，逸槩凌雲，居家自理，在邦」必聞。翰舉繡楊，詞開錦絢，方調鼐鼎，且勞州縣。禍福紛糺，死」生迴穴，欲仞峰頹，將明景絶。霜墳鳥亂，寒隴煙深，庶憑金石，」長旌德音。」

（周紹良藏拓本）

開元〇六〇

【蓋】失。

【誌文】

大唐大理卿崔公故夫人滎陽縣君鄭氏墓誌銘并序　光禄卿上柱國常山縣開國公馬懷素撰」

夫人諱　字　，其先始自后稷，著勳唐代，子孫其昌，奄有鄭國，實能以」忠輔周室，職爲司徒，風人之賦緇衣，抑有由矣。以國命氏，自號而東，簪組弈」葉，紛綸□漫，可□而略也，故代爲滎陽郡人焉。曾祖子仁，齊通直郎；祖植」□朝司勳、左司工郎中、長安令、將作少匠、檢校太常少卿；父行寶，詹府司直、」□勳員外郎，並學□在躬，忠貞植性，立言盛範，從政有聲。故能毓此柔明，動」合儀訓，□□□□

爰擇好仇，其誰居之。言□崔氏，自盥笄崇禮，淑慎其身，四」德聿修，六行□□，不侈其服，必親浣濯之衣；不倦其勞，必恭織紝之事。緝諧」女史，敦順母儀，□□以奉其上，慈愛以率於下，周給恤隱，矜孤憫窮，居厚者」不尚其多，處少者不□□薄。與長姒盧夫人深相友敬，執禮遊藝，行同言合，」□外之間，怡怡如也，古之□□，無以加焉。又心存釋教，早悟緣覺，常誦金剛」波若經，住持正法，無忘夙夜。□積善之慶，天何忽諸？勿藥不瘳，至於大漸。顧」命長子司農丞璘、次子華州參軍璡等曰：汝免過失，吾歿無恨。兩房兄弟，足」可協睦，若生異端□違吾意。又訓諸女必崇内則，盡禮夫家，以弘婦道。春秋」卅有七，以長安三年八月廿四日終於京兆府永樂里之私第。以開元五年」十月廿五日□窆於恒州之舊塋，禮也。夫人德容光闡，儀範聿修，性蘊□□」身服仁義，閨門許其宗匠，遠近歸其準的。女工之善，無工不兼；婦禮之□，□」禮不綜。固以□□衆藝，苞舉羣材，豈獨萊婦曹妻，邢姨□妹而已。□□□□」生榮死哀，嗟碧□之早落，歎黄泉之不及，周□啓隧，趙國疏□，□□□□□」幽儀遠，聽虞歌之斷絶，看殷奠之盈虚，煙雲積而高日苦，草樹□□□□□。」夫以義□家室，想琴瑟而增悽；子以情感蓼莪，捧杯圈而聚□。山川□□，□」代無窮，寄勒芳徽，以存不朽。其銘：

□□榮波，衣冠實多，誕生懿淑，言附松蘿。舉案遵禮，正家以和，威儀棣棣，令」□□□。年未知命，奄離營魄，秦壤移墳，恒山改宅。日晦旌旐，煙生隴陌，萬古」□□□□□□□良人銜悲，令胤何思，玄堂不曉，白日無期。黯黯泉隧，悠悠歲」□□□□□□□去長辭。

姪光禄寺主簿璆書」

（録自《金石苑·蒐古彙編》卷二十三，據北京圖書館藏拓修正）

開元〇六一

【蓋】失。

【誌文】

大唐故陪戎副尉趙府君墓誌并序」

公諱　字敬玄，天水人也。顓頊之後，」晉大夫之胄，冬日可愛，夏日可畏。曾祖」徽，文章洞曉，經史宏博；祖賓，任萬年縣」録事，四人胥悦，一境肅清。公陪戎副尉，」緒承上善，氣蘊中和，諸子百家，明閑奥」旨。粤以開元五年十月十九日遷化于」永豐坊家第，春秋六十有一。即以其年」十一月丁酉朔六日壬寅，權殯於城北」邙山原，禮也。孤子琦等，罪戾所鍾，禍酷」遄集，號天叩地，哀殞無追，敬託豐銘，式」旌休烈。其詞曰：

顓項流胤，大夫高胄，代有俊哲，惟公繼」後。經史洞幽，琴書自守，天道輔善，胡爲」喪壽？」

（周紹良藏拓本　開封博物館藏石）

開元〇六二

【蓋】大唐故王府君墓誌銘

【誌文】

大唐故正議大夫行光禄寺少卿太原王府君墓誌」銘并序」

君諱子麟，字楚子，太原祁人也。曾祖才，武賁中郎將；」祖公政，定州刺史、柱國、陵川公；父元綱，朝散大夫、離」狐縣令、襲爵陵川公；並克祗層構，纂脩邕範。君陵川」公第貳子也。天星降神，識量周敏，解褐拜越王府倉」曹，歷尚輦直長、太子典設郎，符璽郎，澤州司馬，常州」長史，黄、沔、歙、果四州刺史，左衛中郎將，潭、越貳府都」督，光禄少卿；入仕中都，令譽昭宣於京國；出典外府，」雅聲敷洽於邦藩。尋而謝疾退榮，怡情田里，以大唐」開元五年歲次丁巳十二月丙寅朔十二日丁丑，薨」于大同里第，春秋五十有八。夫人長樂馮氏，豫州朗」山主簿叔節之第五女也。淑德夙聞，□華早落，辛酸」同穴，悽涼會冥。粤六年歲次戊午正月丙申朔十四」日己酉，合葬于金谷原，禮也。荒阡蕭條，悲風悽慘，生」涯及此，天道奚言。嗣子沖之，弱齡在疚，號擗將殞。恐」陵谷其貿遷，勒貞珉于幽穸。銘曰：

於惟岳瀆，誕厥秀英，偉量淹達，休烈嘉聲。昊穹不惠，」聿喪仁明，婉彼淑德，芳蕣早零。爰啓玆殯，同閟幽扃，」壟月孤皎，松風悽清，魂兮永逝，寂寞佳城。」

（北京圖書館藏拓本　開封博物館藏石）

開元〇六三

【蓋】失。

【誌文】

大唐故人劉君墓誌銘并序」

原夫夢日貽宗，應天隆族，分兩漢之苗裔，騰四表」之芳猷，實懿我先，光榮代遠。君諱遼，字海達，望」彭城郡。晉明帝時征北大將軍劉許之後也。曾」祖渙，不仕；祖萬，隋岱州司户；父胡仁，唐初投筆」從戎，掃敵陰山之北；捐軀薄伐，銷氛遼水之東。」英略秘傳，勳禄驍騎。公富學瀆躬，樂天知命。氣」雄而爽，貫珠玉於言河；志秀而烈，鼓風雲於心」岳。高賞霞月，取性園丘，迴向真寂，祈樹嘉福，春」秋七十有四，開元五年十二月廿二日終于私」第。夫人王氏。貞慈履行，婉順居心，仁孝夙聞，婦」德昭著。去長安元年三月廿二日卒。故夫人譙」氏，并以今開元六年正月十四日合葬於城西」三百步平原，禮也。四顧形勝，千齡佳兆。孤子思」九，子思弟，妹九人等，卜宅安塋，式遵前古，刊石」不朽，

乃爲詞曰：

山門澄月，隴樹悲風，百年將謝，一代俄空。」

（録自《芒洛冢墓遺文續編》下　開封博物館藏石）

開元〇六四

【誌文】塼。

維開元五年歲次丁巳十二月丙寅朔廿二」日丁亥故劉海達春秋七十四，卒於□□□」以開元六年歲次戊午正月丙申朔十四日己酉，」先□□氏、譙氏二夫人之骸合葬於湯陰□□」原之□也。嗣子子思、再思、三思、演□、慭兒，前漢□□」□□變改陵□□故書銘記，以標不朽。」

（録自《塼誌徵存》）

開元〇六五

【蓋】 大唐故太子少保豫州刺史越王墓誌銘

【誌文】

唐故太子少保豫州刺史越王墓誌銘」

王諱貞，字貞，隴西狄道人也。元皇帝之曾孫。神堯皇帝之孫，」太宗文武皇帝之第八子也。夫天氣下降，地氣上騰，鼓之以雷霆，潤之以風雨，必有」河目海口，龍章鳳姿，輝若木而挺生，派咸池而載誕，橫風雲而落落，揭日月而昭昭，」道可以幽贊神明，行可以儀刑列辟，固本枝于百代，緝熙光于萬年，則周公其人，噫，」見之于王矣。惟王稟七曜之粹，冠三代之英。乘白雲于帝鄉，其容以穆；索玄珠於罔」象，其道惟微。雅好典墳，招延豪傑。攀桂枝之偃蹇，賞脩竹之檀欒。文標七步之奇，樂」對三雖之妙。由是自天之佑，比川澤而增深；干雲之姿，歷歲時而逾邈。乃累封原、漢、」越三王，食邑萬户，使持節安、徐、揚三州都督，相州刺史，遷絳州刺史，兼太子少保。岷」濮之險，實惟巴江，剽劫之患，時聞棧閣。利有攸往，實在西南。褰帷作鎮，爰降綸綍。」乃授綿州刺史，又遷豫州刺史。十郡連衡，三州輻湊。浩攘龍聒，化理尤難。愷悌昭明，」風俗斯變。屬高宗厭代，椒掖君臨。履霜堅冰，乾道斯革。比干委命，忠諍」莫從；威公泪盡，空聞繼血。王慷慨延首，暗嗚誓心。迺七國而連師，申九伐於商野。小」人道長，君子道消。明明上天，曾靡下鑒。恭然煨燼，夫何可言。嗚呼！以垂拱二年九月」十一日遇害，薨於州館，春秋六十二。俄而上天悔禍，大憝咸誅。舊物惟新，頹綱必復。君」側之惡，尚巧如簀，汨羅之冤，未申朝命。睿宗撫運，我后登庸。追」遠飾終，具斑惟叙。嗚呼！以開元五年五月廿日舊封建謚曰敬王，以開元六年正月」廿六日詔陪葬于昭陵，禮也。有子沖等五人，并弈弈星連，軒軒霞舉。發言爲」論，受詔成文。德懋漢蕃，道光周翰。痛乾綱之中圮，哀品物而潛蒙。乃受授韜鈐，謨」謀敬愛。霜戈彗掃，月羽星流。未交鋒于魏闕，咸喪元于中野。惟家之索，牝鷄幾怨于」詩人；天下擊之，周勃未安于劉氏。開元神武皇帝，明斷自天，雄姿拂日。赫龍光于紫極，歸帝座于皇圖。百姓昭明，六幽」光宅。仁霑動殖，德被沉潛。追繼絶於前王，乃詔封於宗子。橫橋北走，渭水東流。地」勢半於平陵，風煙通於畢陌。遲遲容衛，歷城闕而無聲；寂寂車徒，上郊原而望斷。庶」乾坤或毁，松柏爲薪。遺風尚結於人思，明德見嗟于來哲。敢緣兹義，迺作銘云：」

黄雲蕭索，紫氣氤氲，發祥降祉，吐曜騰文。於萬斯年，必百代祀，永錫爾類，欽哉不已。」克岐克嶷，知微知章，褰帷受委，仁聲孔歇。歷數邅屯，宗枝靡託，翻然鳳舉，奮矣龍作。」風飛電掃，欲野噴山，丘陵反覆，輪轂朱殷。天命匪忱，不利攸往，僵仆大憝，沈潛朽壤。」申冤復祉，爰洎我朝，潛靈秘景，陟降雲霄。旌旆逶遲，茄蕭斷絶，草冷烟覆，松寒霧」結。鷄鳴泉路，犬吠雲中，庶神仙之可託，播金石於無窮。」

（周紹良藏拓本）

開元〇六六

【蓋】失。

【誌文】

故某官吳郡陸府君墓誌銘并序」

君諱大亨，字利貞，吳郡吳人也。昔三方鼎跱，四」海沸騰，孫氏之割據江東，惟先君是賴，備乎史」筆，無假施床。祖敦，父邠，並克崇堂構，聿遵弓冶，」譽重龍樓，名高驥足。君風儀峻肅，胸襟淳和，與」物無悟，在人猶己，歷試清署，美聲播流，敷化名」邦，懿績弘遠。遭時不造，謫居憬俗，逢國之泰，效」勳邊城，功庸既崇，晷漏亦盡。粤大唐開元六年」歲次戊午正月丙申朔十九日甲寅，暴終於永」豐里第，春秋卌七。即以其年二月丙寅朔七日」壬申，葬于洛陽北某里，禮也。空阡寂寞，幽隴荒」涼，悲風斷肥，愁雲痛目，人生到此，天道寧論。嗣」子某，攀援號絶，瞻望崩圮，其往如慕，其返如疑。」恐天地長久，陵谷遷貿，迺刻茲翠石，貽芳黃壤。」銘曰：

猗歟哲人，名官早申，彼我唯泯，風儀若神，八翼」方邁，中道忽屯。翩翩服鳥，止于坐側，命不可增，」哀何有極！」

（録自《芒洛冢墓遺文四編》卷五）

開元〇六七

【蓋】失。

【誌文】

大唐故燕府君墓誌銘」

君諱紹，字承祐，涿郡平昌人也。曾祖榮，周晉州刺史、」儀同三司、隋青、揚二州總管，使持節邢、瀛、恒、定、幽、易」等十二州總管，金吾大將軍，洛叢公；祖寶壽，隋開府」儀同三司，楚州刺史；並七命賜國，兩朝開府，位擁方」州，榮高列將。父敬嗣，皇朝鄂、鄆二州刺史，昌平郡」公，鬱爲時彥，實曰仁明，作牧褰帷，累光雅政。公天資」峻嶷，器標沉實，道侔生知，學該言象，頤貞素履，常密」如也。解褐汾州參軍，又轉博州司功參軍、潞州司户」參軍，咸敷庸克清，德音不匱。又拜宣州宣城縣令。地」惟牛斗，邑帶長江，控吴楚之遐壤，有輕訬之遺俗。公」閉門卧理，鳴琴自閑，威如雷震，化若風靡。溉舄鹵以」開畎，鑿山銅以興利。吴人以業，于今賴之。彼蒼何哉？」禍乃斯及，春秋七十有五，終於洛陽集賢里第。夫人」弘農劉氏，代州都督文器之女。淑德攸著，壼儀有章，」蕣華早零，龍劍先没，以開元六年五月三日同祔于」河南龍門鄉之原，禮也。瞻素車之次列，仰丹旐之雙」飛，會冥永厝，同穴斯畢。嫡子欽裕，哀纏叩地，孝思罔」極。恐陵谷之易遷，勒斯銘以紀遠。銘曰：

猗歟降傑，必」復公侯，位匪充量，閱川不留。自昔有殁銘德音，可以昭乎悠悠。」

（周紹良藏拓本　開封博物館藏石）

開元〇六八

【蓋】失。

【誌文】維開元六年歲次戊午五月」甲午朔廿一日甲寅，右衛兵」曹參軍裴亮妻博陵崔氏，于」時春秋廿有二。

父故兵部侍」郎贈兵部尚書崔明昚女十」九娘以其月九日亥時終於」政俗坊崔家之私第。其月廿」一日權殯於北邙山河南府」河南縣平樂鄉之原，地主張」全暉。男惟謹，男惟謙、」男惟孝、男惟庶、男惟敬。」

（北京圖書館藏拓本）

開元〇六九

【蓋】大唐故于夫人墓誌銘

【誌文】

大唐前崇文生吏部常選蔣楚賓故夫人于氏墓誌銘并序」

夫人姓于氏，其先東海郯人也。昨命西周，建侯」東楚，蔚爲盛族，其在茲乎？曾祖保寧，」皇朝瀘州司馬；祖承慶，皇朝益州温江令；父」處直，前越州山陰令；瑚璉之器，猶半刺於巴瀘；」台槐之姿，尚亨鮮於越蜀。夫人柔範自天，婉淑」有裕，年十有六，歸于蔣氏。紃序不虧，閨容自禮，」門謡哲婦，宗號女師，淳懿内敷，肅恭無倦。盧中」有月，方欣孕彩之祥；地下鳴鷄，遽感仙童之夢。」公業輪之有報，迺生滅之相因，適喜將鶵，滿堂」歌吹，俄悲瘞玉，慶弔猶迷。何哀樂之遽投，痛死」生之危速，春秋廿有一，以開元六年七月一日」暴終於洛陽之德懋里之家第。即以其月十日」遷窆於芒山北原，禮也。父兮哭女，何再痛於私」門；壻□窮號，掩仙容於永穸。瑩花未白，泉火已」青，陵谷儻遷，斯文冀在。迺爲銘曰：

仙魂遐岱，哀送循芒，鳥飛起□，奩積餘香，幽明」永訣，瀝泣沾裳。」

（周紹良藏拓本　開封博物館藏石）

開元○七○

【誌文】

幽栖寺尼正覺浮圖之銘」

夫登涅槃山者，要馮戒足；入佛法」海者，必籍慈航。幽栖寺尼正覺，□」香霙馥，定水澄清，潤三草而布慈」雲，誓四生而雷法鼓。不謂三龍從」毒，蔭宅將危；二鼠挻災，憂殘意樹。」遂即傾天秘寶，構此蜂臺，竭地藏」珍，將營雁塔。其塔乃岧嶤入漢，與」玉兔而爭暉；嵬茟侵雲，共金烏而」合曜。即愿危藤永茂，朽樹長春，覩」遺情塵，聞鎖意垢。其詞曰：皎見顧高，葺此臺塔，姸麗疑語，凝」源擬業。

開元六年歲次戊午七月癸巳朔十五日丁未建。」

（周紹良藏拓本）

開元○七一

【蓋】失。

【誌文】

大唐故銀青光禄大夫衛尉卿扶陽縣開國公護軍韋公墓誌銘并序　前中大夫守泗州刺史上柱國野王縣開國男蘇晉撰」

公諱頊，字勵己，京兆杜陵人也。厥初泉流，系聖於軒昊；肇允繁祉，作霸於夏商。孟傅弘義而保身，玄相補」而興構。既崇德以貽厥，固綿永而浸昌。高祖邕，後魏奉朝請大著作；曾祖休業，後魏大丞相府東閣祭酒，」上黨王諮議參軍、太中大夫，馮翊、扶風、宜陽三郡太守，使持節車騎大將軍、開府儀同三司、金紫光禄大」夫、新豐縣開國公；祖澄，隋大丞相府法曹、東京兵部侍郎、定陵郡守、司勳侍郎、朝請大夫、尚書左丞、通議」大夫、國子司業、皇朝上開府、國子祭酒、金紫光禄大夫、使持節綿州諸軍事、綿州刺史，贈彭城縣開」國公，謚曰敬；父慶植，皇秦國公府録事參軍、秦王府司馬、倉部郎中，舒、密二州刺史；禮樂文章，重規」天爵；旂常圭紱，疊矩朝經。著作之庭，良直擅其經緯；曳裾之苑，文雅洽其儀形。代有卷舒，君大降隱居之」志；時更喪亂，山甫弘經籍之心。臺閣茂其崇蘭，麾蓋流其時雨。人謡尚襲，國史攸詳。公善積靈根，慶鍾秀」植。神情灑浪，英華外挺於珪璋；風韻周流，和順内馥於蘭茝。瑶林鬱其苕楚，丹穴紛其美價。年卅五，解褐」補秦州都督府户曹參軍，秩滿，授岐州司倉參軍。河西都會，政兼戎馬，岐陽奥壤，地牧寶鷄，版籍克諧，京」庾斯作。道存夷雅，常坦虚舟之懷；事有遭隨，旋蹈遇坻之數。以親累左遷定州司功參軍事。真定名區，寶」符攸在，達人大觀，幽蘭自芬。載光汝南之書，終邁弘農之嘯，遷宜州同官縣令，轉雍州三原縣令。畛綴鄜」畤，隧分高陸，邑疏畿甸，王化所先，溝通鄭白，華實斯上。豪有五陵之舊，政爲百里之難，刑之以秋霜，德之」以春雨，茂陵慙於有讓，谷口愧其無言。加朝散大夫，遷豳州司馬。黄裳元吉，朱紱方來；板屋近郊，俗敦行」簞；緹油貴屏，禮盛栖桐。式題仲舉之輿，用展士元之驥。尋拜都水使者。夏勤溝洫，漢務河渠，擢郡國之魚」鹽，分上林之池籞，昔惟鏟利之雜，今實優賢之地。留連多暇，勝韻彌高。俄還宗正少卿，又轉光禄少卿。彤」伯所職，序厥宗親；漢官舊儀，亞兹權貴。伯興忠節，著於朝廷；思元泛愛，被於廝養。又遷衛尉卿，加銀青光」禄大夫。漢警八屯，晉崇九列，君陵戚屬而猶讓，叔則茂行而方居。冠冕日華，風流滋廣，情存鼓缶，禮及懸」車，表疏陳乞，珍從優允。石氏絃歌，未盡明君之曲；魏宮鐘漏，竟催田豫之年。曰以開元四年四月十日薨」於京師永寧坊之私第，春秋八十有一。嗚呼哀哉！惟公從心而處，虚已以遊，均毀譽於條風，審憂驩於短」晝。由是交士林忘其貴，撫寮舊盡其懷。囊中約十日之遊，席上盈萬錢之費。所謂泰兼名實，樂極優遊者」焉。夫人河東裴氏，魏龍驤將軍、雍州長史、高邑縣開國男、周車騎大將軍、儀同三司，豊、遂、資三州刺史鴻」智之曾孫；隋蜀王紀室參軍師武之孫；皇燕然都護府司馬，幽州都督府司馬、忠州刺史懷瞁之子。分氏」命族，由來尚矣，人物衣冠，著於圖牒，鵲巢爲貴，可略而言。夫人禀柔明之姿，承詩禮之訓，紃組不因於姆」教，盥醢潛會於嬪則。年甫笄縱，迨如言歸，爰采蘋蘩，克蠲祠禴。自初鳴鳳之盛，終致關雎之美。夫華蒼玉，」朝奉栢梁之宴；子貴瑶芝，暮下平陽之第。既茂河山之服，是光翬翟之容。嗚呼！寒暑爲邪，有在肓之癘；福」善何爽，無返魂之香。嗚呼哀哉！以神龍三年二月廿六日薨，葬於長安城南畢原之兆，制贈魏國」夫人，官給喪事，羽儀鹵簿，至墓來往。日以開元六年歲次戊午七月丁癸朔，廿九日辛酉，乃奉公之神駕，」合葬於魏國夫人之舊塋，禮也。有子駙馬都尉、銀青光禄大夫、彭城郡開國公、上柱國、右金吾將軍、衛尉」卿、左出歙州別駕鑯；望甚叔高，名加武子，伊蒿增痛，風樹窮哀。懼陵谷之載遷，冀篆刻之無昧。其銘曰：

胄始軒昊，祚啓彭韋，楚孟流懿，漢賢增輝。自茲厥後，福履攸歸，高才貴仕，繡轂朱扉。其一。曰高尚學，延閣著」書，曰曾文雅，平臺曳裾。祭酒膏澤，蘭薰在諸，密州時雨，清風藹如。其二。琁玉載誕，自家形國，椒桂其芬，始終」無忒。濯纓從事，懸車貽則，卑高以諧，風猷允塞。其三。靈關洞達，衡闕蕭森，泛愛僚下，傾驩士林。參以酒德，箎」以琴心，人言無間，天命匪忱。其四。蘭畹初茂，慶雲其郁，彼美鵲巢，載華翟服。方榮石窌，遽嗟濛谷，終悲共盡，」言安永卜。其五。杜陵舊域，畢陌新阡，蔓草沾露，行楸滅煙。哀哀孝子，慎終追先，庶高深之無極，惟蘭菊之在」焉。其六。」

（周紹良藏拓本）

開元〇七二

【蓋】失。

【誌文】

大唐故右衛左中候上柱國任府君墓誌」

君諱明，字尚客，樂安郡博昌人也。昔周昌平」侯、上柱國欣，即君之十一代祖也，隋右武候」將軍、黔府都督慶之孫，皇朝散大夫、上柱國、」温江縣令晃之元子。門傳忠孝，早著芳聲，資」人事君，惟忠惟直。年廿五，以故吏特敕授」綿州萬安縣丞，尋奉綸旨，咸令宿衛，遷右」衛執戟，歷右金吾衛司戈。神龍二年十月廿」七日，授昭武校尉、上柱國，改右衛中候，侍衛」階墀，任寄斯重，竭誠奉國，朝伍共推。奉景龍」二年十月廿五日敕，追入衙供奉，恪懃匪」懈，君有譽焉。清慎之規，朋寮是屬，豈其天假」之位，神奪之壽。以開元六年七月廿九日構」疹，終於河南縣道政里之私第，春秋五十。嗣」子温玉等，茹荼泣血，陟屺崩心，扣地莫追，攀」號無及。以其年八月十一日權殯於洛陽縣」上東鄉原，禮也。恐改葬未遂，陵谷遷移，故於」玄堂門側，鐫此石記，嗚呼哀哉！」

（周紹良藏拓本　河南千唐誌齋藏石）

開元〇七三

【蓋】失。

【誌文】

唐故滎州長史薛府君夫人河東郡君柳墓誌銘并序」

夫人諱　字　，河東人也。曾祖帶韋，周武藏大夫，并、益二」州長史，大司會，開府儀同三司，康城縣開國公，謚曰愷；祖」祚，隋司勳、主爵、水部三司侍郎，襲爵康城縣公；考範，皇」朝尚書右丞，商、蔚、淄、雅、婺五州刺史，揚州大都督府長史；」或玄鑒未兆，道洽於明君；列爵成功，績光於謚典。郎官」才授，譽列星臺；熊軾唯良，歌芳風俗。忠貞永絶，簪紱相」承，國史家諜，諠聽華視。夫人十有四歸于薛氏，婦則肅」於閨閫，親儀光於内外。實踵前烈，當規後來。既而劒分」縈止，鳳别孀居，無孟母之男，有黄公之女，悲夫！青春速」夭，素秋馳日，神理無住，人生有涯。春秋七十有六，開元」六年四月廿三日終于洛陽縣尊賢里之私第。夫人悟」法不常，曉身方幼，苟靈而有識，則萬里非艱；且幽而靡」覺，則一丘爲阻。何必順同穴之信，從皎日之言。心無」攸住，是非兩失，斯則大道，何詩禮之□束乎？乃遺命鑿龕龍」門而葬，從釋教也。有女故朝散大夫、行洛州來庭主簿柳」府君夫人，攀慕罔極，號叩無從，虔奉顧命，式修厥所。以其年」八月廿九日自殯遷葬于龍門西山之巖龕，順親命禮也。」呼春秋因襲，陵谷推遷，刻石爲記，爰創銘曰：

天道恒運，人生必於，嗟嗟令淑，澹性虚融。永齡靡壽，辭世」歸空，北眺丹闕，東臨碧嵩。生平□兆，曠望遐通，夜隴□」朔，秋楊切風。掩白日而無曉，期蒼山而共窮。」

（周紹良藏拓本）

開元〇七四

【蓋】失。

【誌文】

故銀青光禄大夫秘書監兼昭文館學士侍讀上柱國常山縣開國公贈潤州刺史馬公墓誌銘并序」

公諱懷素，字貞規，本原扶風。其先自伯翳馬服，具諸史載，暨漢南郡太守融，命代大儒，公即其後也。十一代祖機，抗直不撓，晉御史中丞，扈元帝渡江，家南徐州丹徒，故今爲郡人也。代以學聞。高祖涓，博綜墳典，仕陳爲奉朝請；曾祖法雄，慷慨倜儻，好孫吴，不事筆研，陳横野將軍；祖果願，願學禮經，不隕素業，即學士樞之從父兄也。少爲尚書毛喜所知，陳本州文學從事。父文超，果行毓德，精意易道及洪範，頗曉氣候，貞觀中，以有事遼淟，策名勳府；龍朔初，黜陟使舉檢校江州尋陽丞，棄官從好，遂寓居廣陵，與學士孟文意、魏令謨專爲討論，具有撰著。公即尋陽府君第三子也。幼聰穎，六歲能誦書，一見不忘。氣韻和雅，鄉黨以爲必興此宗。十五，徧誦詩、禮、騷、雅，能屬文，有史力。長史魚承曦特見器異，舉孝廉，引同載入洛。□尚書倉部郎河東裴炎之博學深識，見名知人，音旨儀形，海内籍甚。公年甫弱冠，便蒙引汲，令與子□研覃遂博遊史籍，無不畢綜，以文學優贍，對策乙科，乃尉鄜。無何，丁太夫人□□憂，即陳學士宏直曾孫女也。本自名家，貞高博識。公在艱疚，骨立柴毀，殆不勝喪。服闋，授麟臺正字少監。京兆韋方直好學愛士，善飛白書，以公既及冠禮，未嘗立字，遂大署飛白云：懷素字貞規，扶風之學士也。封以相遺。其爲時賢所重如此。以忠鯁舉左鷹揚衛兵曹參軍，轉咸陽尉。昔則天太后大崇諫職，授左拾遺，深盡規諷。尋改左臺監察御史，歷殿中，彈糺不避强禦。加朝散大夫轉詹尹丞，朝論稱屈。遷禮部員外郎，與范陽盧懷慎、隴西李傑俱以清白嚴明分爲十道按察。以公詞學贍洽，精覈文章，轉授考功員外郎、修文館直學士，遷中書舍人。與李乂同掌黄畫。踰年，檢校吏部侍郎，實允僉屬。朝廷以刑政所急，改授大理少卿，闕纖佇材，除虢州刺史。惠實在人，入爲太子少詹事、判刑部侍郎，加銀青光禄大夫兼判禮部，尋而正除刑部。時稱慎恤。轉户部侍郎。上以河南蝗旱，令公馳驛賑給，宣布聖澤，所至甘雨。使迴，拜光禄卿，遷左散騎常侍，轉秘書監。四部舛雜，頗多殘蠹，公備加校定，廣内充積。加兼昭文館學士。與右散騎常侍褚無量更日入内侍讀，每至宫門，恩敕令□小輿上殿，自車丞相已來，殆將千載，始見此禮。公嚋日自序云：慕善嫉惡，好學潔己，自謂不慚古人，無負幽明矣。直哉是言！不騫厥信，以開元六年三月十日遘疾，中旨遣御醫賜藥，相望道路。以開元六年七月廿七日終于河南之毓財里第，春秋六十。皇上輟朝二日，舉哀□次。乃下制曰：存樹高烈，君子所以立身；没垂令名，古人所以貽範。銀青光禄大夫、故秘書監、兼昭文館學士、侍讀、上柱國、常山縣開國公馬懷素；越箭含貞，楚材登用，清芬獨映，至德可師。自服勤典籍，納訓帷扆，輔政以熾道，弼予以正言，允資惠迪，實表泉懿。而曾不憖留，欻焉彫落。思甘盤之舊學，臨宣明以增歎，興言感愴，用悼震于厥懷，可贈使持節潤州諸軍事、潤州刺史，贈物三百廿段，米粟三百廿碩；喪葬所須，並令官給，京官六品一人檢校。公雖累登臺閣，率身儉素，俸禄之資，賙贍親友，及啓手歸全，家無貲産，唯有書數千卷以爲燕冀。以其年十月十三日窆於洛陽古城之北原，禮也。有子巽等，雖年在童孺，禮過成人，棘心欒欒，感于鄰巷，敬勒行事，以旌泉户。銘曰：

益佐理水，功施生人，羨于馬服，守趙郄秦。東京戚貴，南郡儒珍，德先惟永，弈弈振振。其一。朝請風素，横野矛戟，從事顓禮，尋陽洞易。公自名家，伏膺經籍，鼓鐘外遠，純浾内積。其二。用材南楚，待問東堂，持斧作憲，含香拜郎。再飛禁掖，七踐文昌，國傳茅土，巷擁旗常。其三。井春紛綸，桓榮稽古，行儒師逸，高跡誰伍？公實踵之，堂奥斯覩，匪徒外潤，爰歸内補。其四。惟昔殷后，學于甘盤，一期千載，遇君則難。充堂何那，其臭如蘭，懿哉夫子，斯言不刊。其五。仁謂必壽，神期式穀，生寄雖浮，夜趨何速？寵錫韓賜，恩深衛哭，徒望邢山，豈忘喬木。其六。崢嶸徂歲，寂歷空岑，白日無影，寒雲半陰。燕城表滅，漢水碑沉，貞臣之墓，樵牧誰侵？其七。

（録自《古誌石華》卷九）

開元〇七五

【蓋】失。

【誌文】

大唐故鄭州長史鉅鹿魏君墓誌銘并序」

公諱慜，字處實，鉅鹿曲陽人。畢公之系，世濟其美，至晉」大夫萬，始封於魏，子孫建國，因氏焉。洎文侯側席，公子」下賢；漢相有聲，晉臣持重。公侯必復，千載于兹。曾士廓」廓，隋侍御史，雄飛栢署，霜氣凜於當時；祖文政，皇朝」許州扶溝縣丞，雌伏陸安，風流滿於天下；父玄敏，德以」成名，人倫有望於黄憲，秀而不實，禄位竟去於顔淵。君」藐歲而孤，齠年克嶷，精神結於元氣，翰墨流於國風。十」五志學，三十而立，以秀才甲科，調補宣州當塗縣尉，歷」陝州陝縣丞，洛州陸渾縣丞，河南縣主簿，華州司倉参」軍。梅福神仙，崔駰枳棘，三輔推從事之美，兩畿聞贊貳」之能。遷洛州録事参軍。丁内憂罷職。總曹之選，朝廷宿」稱；望苑推賢，德行先擇。服滿特制拜太子司議郎，除」汝州司馬，轉鄭州長史。材器多裕，出入有聲，良圖方擅」於摩天，徙壑遄悲於此地。以大唐開元六年十月三日」遘疾，終於官第，春秋七十有三。即以其月廿四日歸命」權殯於北邙之原，禮也。青青帝城之門，風塵塞道；壘」壘郭外之墓，松檟成行。孤子光乘等，痛貫終天，窮哀厚」地，式憑琬琰，用紀墳塋。嗚呼哀哉！迺爲文曰：

惟嶽降靈，世載其貞，中外之任，出入有聲。悠悠白日，」鬱鬱佳城，紀墳塋之□□，憑琬琰以裁銘。」

（周紹良藏拓本　河南千唐誌齋藏石）

開元〇七六

【誌文】

大唐大弘道觀主故三洞法師侯尊誌文」
尊師俗姓侯氏，諱敬忠，鄭州管城人也。胷春秋之」代，鄭大夫侯宣者，即其始祖也。曾祖賓，齊任桑
干」縣令；祖仕寬，隋任河閒縣令；父扆，唐任石州定胡」縣主簿；師志行□厚，常習道藝。龍朔二
載，」睿宗帝降誕日，□出家焉。便居鄭崇靈觀。既名列」道樞，而愿進真位，遂詣中岳太一觀劉合尊師
□」受真文上清。便於嵩陽觀黄尊師處聽讀莊老，然」操行逾堅，德業惟峻。屬和帝永隆二歲，捨其
代」邸，列以元儲，遂置弘道觀，有制博召名德。尊師」應斯制，居弘道焉。通天年，契丹叛逆，有敕
祈」五岳恩請神兵冥助，尊師銜命衡霍，遂致昭感。」永昌之歲，有逆僧懷義，恃寵作威，抑尊師爲僧，
經」四載，怏怏不得其志。登封年，遂抗表愿復其道人，」愿天從還居仙境。法衆以尊師言行無雙，始終
若」一，遂舉爲弘道觀主。開元四年，遂嬰風瘵，寢疾彌」留，春秋六十八。至六年十月十四日，遷化于
弘道」之别院也。即以其月廿四日，葬於芒山老君廟」西北原，禮也。弟子道士令容等，恐陵谷貿遷，年
代」浸遠，遂刊斯石，爲其誌云。」

（北京圖書館藏拓本　河南千唐誌齋藏石）

開元〇七七

【蓋】賈君墓誌

【誌文】

大唐故廣府兵曹賈君墓誌銘并序」

君諱黄中，鄴郡人也。性推明達，神氣□□，」道以經邦，文以會友。弱冠以齋郎及第，調」補連州司户。秩滿，補廣府兵曹參軍。莅職」清明，六曹爲最。黜陟使以君才堪上佐，」而沉在下寮，遂表奏攝韶州長史。位居半」刺，職亞專城，褰帷莅人，下車設教，不待朞」月，而政以成。常以金鄰地遐，石門天末，枌」榆軫念，桑梓勞思，因計入朝，謝疾罷職，婆」娑閭里，數年於兹。粤以開元六年遇疾，至十月四日，終於私第，時年五十三。以其月」廿四日殯於汜水縣東七里原，禮也。嗚呼！」君稚性儉約，不好繁華，遺令務從薄葬。嗣」子詵，咸依嚴訓，銘曰：

肅肅我君懷義仁，于何不臧瘞泉門。松檟」森森無冬夏，長夜漫漫何時春？」

（北京圖書館藏拓本）

開元〇七八

【蓋】失。

【誌文】

大唐故翊衛任君墓誌銘并序」

詳夫犧軒構極，龜瑞騰芳，掌握所以摛宗，繼體由」其列氏，侯分西漢，望建西河，即其後也。君諱」愛，字友仁，汾州隰城人也。父恭，驃騎大將軍臨」濟縣開國男。英聲一代，封襲千年，階籍貂冠，」位參龍翊。望昇鴻漸，希陟鸎遷，豈期梁委和」松，山摧嵇玉，春秋五十有三，光宅元年十一月廿七」日卒於家第。前夫人陳氏，後夫人謝氏，并德融」婦禮，夙預三從，慈幹母儀，忽歸萬化。嗣子懷脊、懷嗣，」并前翊衛兵部常選。哀深冬笋，望絶南陔，應仙」鶴以疏墳，感祥禽而助壤。開元六年歲次戊午十一」月辛卯朔十二日壬寅，合葬於汾州東北三十里」平原，禮也。北望商巒，東觀汾泊，有慮桑田海變，故」勒斯銘云爾：

珪璋君子，桃李佳人，珠映代玉，露晞晨，奈何盛德，」蒿里沉魂。」

（録自《山右冢墓遺文》）

開元〇七九

【蓋】劉君墓誌

【誌文】

大唐故儀州遼城府左果毅劉府君墓誌銘」

粤若稽古諸族，咸厥所因，或天降以靈文，或地資以秀氣，离母吞燕，水盛生商」魯妻會蛟，火德開漢。偉哉劉氏，興自唐侯，襲帝嚳之餘苗，蔭軒皇之□派；搢紳」周魏，驅策宋齊，代有其人，英豪間出。所以割城恃險，王蜀握劍門之雄；戰國爭」權，霸趙掌璿衡之極。良史弗能載其美，清文弗能盡其華，非藻客之笥言，豈僕」夫之縷説。曾祖處弘，中山人也。即孝景帝二十七代之徠孫，司徒公五十三王」之令緒。伯宗以尚書入命，平芝以州牧褰惟，太尉獨步於丹墀，冠軍抗衡於紫」闥。分茅舊茂，錫啚餘芳，隋朝任司直大理正，恤獄後辜，啓書泣筆，士師服其法」術，國相懔其刑科，豹飾得英彦之風，鴻漸除小子之厲，唐初任管州皇臺令，」百六算窮，九三夕惕，天子作色，羣公交馳，憬彼不虞，資我踈附，委諸以鄭邑，率」諸以韓城。再擢商州商洛令，控引王畿，綰臨侯甸，修原邐迤，絶壁崢嶸，風雨」□而體灌壇，巫覡懾而狀鄰宰，不嚴而理，不肅而成。君諱元超，字元超，前任恒」州留谷鎮將，斜亘鶴堂，俯鄰虎澗，扼邯鄲之襟帶，備闕與之縱橫。後遷儀州撩」城府左果毅。騎逸風雲，羽過日月，善穰苴之瞻□，□□葛之精鈐，闞振黄夷，威」驚赤狄。予三牙爪，公侯腹心。豈謂金閣未登，□□□□司民色落，野烏來馴。」去景雲二年正月十有一日，奄逝於官舍，遂□□□□掘溜變恒，鯁祐燕郵，」辛酸趙塞。夫人隴西李氏，紫氣真苗，皇尻□旋□□□蓋四海羽儀，燕爾新」婚，作嬪嘉偶，雁鳴著代，龜慶承宗，何得龍缺長吟，□□見化，逐常娥之奔月，陪」婺女之昇星，即以開元元年四月二十八日遘終於私閤。嗚呼！芳桂那摧，榮桐」安朽，珠沉海浦，玉燼山阿。嗣子茹荼，孝孫攀擗，於是簡吉日，擇良時，百靈安，六」神備，泉扃磅礴而豁地，嵒隴嵬峩而隱天。遂以開元六年歲次戊午十一月辛」卯朔十九日祔葬滎陽東七壇山之高原，禮也。斯迺境是雄州，邑爲列郡，楚漢」鬬鋒之國，曹袁競渡之川，背洪河，面嵩岳，瞰東虢，羾西梁，物産駢羅，溝塍錯雜，」縮板登築，荷鍤奔波，絲蘿桂於黄腸，琴瑟閟於幽壤。馬鬣堅封，狐丘首正，霜撲」蒹葭，風捎松柏，陟岵有迴瞻之思，循陔多眷戀之忡，奠翣式彰，遣車禮畢。昔明」儀操識，尚感顯孫；哀公作誄，猶嗟尼甫。引譬連類，紀迹頌功，追遠慎終，迺爲銘」曰：

溟滓剖泮，氤氲蔓衍，陶蒸燻煮，萬物生些。居諸錯絡，陰陽寥廓，含光運往，」七耀明些。龍騰豹變，邦明席卷，封疆建國，自漢王些。雲孫日秩，維城盤石，厥構」具裘，人餘英些。山谷巉嵒，桑田蕭條，幾成海些。否泰飛伏，葭灰歷律，應」時改些。鳳凰兆騏驎崗，千秋萬歲，子孫昌些。」

（周紹良藏拓本　開封博物館藏石）

開元〇八〇

【蓋】　失。

【誌文】

大唐故河南府河南縣王」城鄉彭城劉府君南陽白」水張夫人，以開元六年歲」次戊午十一月辛卯朔十」九日己酉，遷措洛城東北」三里，安其宅兆，後有見者，」幸知事焉。其詞曰：

佳城兮有閟，泉户兮無春，」既九原兮詎作，戀千秋兮」故人。」

（北京圖書館藏拓本）

開元〇八一

【蓋】　失。

【誌文】

朝議郎行睦州建德縣令柱國王君墓誌」

夫以彈冠京仕，棘署莅職，令譽自遠，蘭桂有」芬。出宰南吴，鴻翥東楚，宣義君子，振惠小人。」疑獄得情，宿訟無惑，邑居絶夜吠之犬；牧人」靡晨飲之羊，風振一同，功最百里。而奸渠必」剪，惡子咸誅，感伏氓黎，非待年月。部人卧轍」之戀，去思一念之情。是知西土亢陽，苗稼有」損，獻策天子，祈雨周王，從晝至夜，遷流灑」液，□功於朝，國家未償。陪龍駕於伊洛，望」紫蓋於京邑，而遘疾彌留，欻焉大漸，惟開元」六年歲次戊午冬十月廿八日戊申，終於河」南府洛陽縣思恭坊客舍，君春秋六十有八。」其年十一月廿五日乙卯，權殯於河南縣平」洛鄉北邙山，之禮也。老幼軫慟，遐邇同哀，載」播遺塵，弊之穹壤，乃刊此石，寄情爲誌。其詞」曰：

惟君忽逝，感思人哭，村羞野奠，子攀去□。」北邙有□，即宫長夜，勒石□刊，芳猷永□。」

（周紹良藏拓本）

開元〇八二

【蓋】大唐故夫人李氏墓誌

【誌文】大唐隴西郡夫人李氏墓誌銘」

夫人諱深，隴西成紀人也。祖正」明，任靈、原兩州都督，永康郡開」國公；父志貞，朝議大夫延州司」馬。夫人幼稱女範，兼修婦儀，年」廿一，出適元王慕容若。乃居貴」能降，處尊勞謙，忽及崦嵫既夜，」蒹葭夙秋，以景雲元年五月五」日，奄從風燭，春秋卌有三。今乃」吉晨，遷措墳塋，故勒斯銘，嗚呼」哀哉！

開元六年歲次戊午十二月庚申朔廿六日乙酉。」

（周紹良藏拓本）

開元〇八三

【蓋】　大唐故王君之墓誌銘。

【誌文】

故萊州長史王府君妻墓誌銘并序」

夫人梁郡睢陽人，故汝州刺史橋府君第十」一女。生育簪裾之地，長適勳臣之門。美冑衣」冠，衆人所仰；華堂逸慶，親族同歸。何圖寸晷」不停，尺波已及，歎隙駒之易往，訝石火之難」留。爰於往時，遷行都邑，自大足之歲，歲有八」月六日，溘從朝露。比緣未便，權殯城隅，日月」遄流，俄經一十八載。容華歘滅，無追桃李之」顔；庭宇荒涼，竟絶行遊之處。鴛衾委於泉路，」鸞鏡埋於古墳。況兒子不昌，未終還奉，亳州」卑任，忽見暴亡。」今於汴州，已定墳土，冥塗猶」知，不別塋城，何方有殊，都畿與梁邑相望，芝」田將蓬池脈散。斯乃生涯到此，天道寧論。今」恐神埏無依，歸魂靡託，忝爲後構，敢竭忠丹。」謹擇好年，卜得良地於河南府河南縣北邙」山南陶村北一百步，罄其所有，備盡威儀，窆」靈邑兮千秋，窆神居兮萬古。銘曰：

天長地久，浮生休死，送死事生，古今何幾！」

（周紹良藏拓本）

開元〇八四

【蓋】失。

【誌文】

大唐故賀君賈夫人墓誌銘并序」

夫人諱待，其先河東人也。昔者冠蓋宗族，漢魏」文華，夢熊孕質以爲男，夢蛇挺生以爲女。夫人」幼該博識，長贍禮儀，出降適人，三從四德，進饋」同冀缺之婦，供賓狀陶侃之親，弈弈克傳，昭昭」著美。忽以鬱興災患，頓寢躬靈，顧玉魄而宵昏，」痛珠星而曉落。春秋八十有七，以開元七年四」月五日終于河南郡思順里之私第。旋乃甫□」吉兆，式措靈儀，柳駕聯翩而送終，薤挽哀悽而」慟哭。即以其年歲次己未四月己未朔廿六日」甲申，葬于河南縣平樂鄉之北原，禮也。山川坱」軋，煙屯雨晦而增悲，馬鬣龍蟠，地久天長而永」閉。嗣子昭武校尉前行右金吾衛左中侯上柱」國元瓘，銜荼茹蓼，泣血崩心，永懷陟屺之情，旋」刊鏤琰之記，蒼蒼不朽，乃作銘云：

神仙没兮長苦，金石缺而難補，墳草徒被於千」春，拱樹空留於萬古。」

（周紹良藏拓本）

開元〇八五

【蓋】失。

【誌文】

唐故處士李君墓誌銘并序　從兄稹文」

君諱强友，字剛克，隴西成紀人也。衣冠繼世，冠于惇」史。十一代祖涼武平王□；高祖皇朝故左衛大」將軍大亮；大父故湖安吉縣令奉誠；父前監察□御」史如璧，以直道謫爲硤州宜都縣尉。君即宜都之元」子也。幼而岐嶷，長而純嘏，含道苞鑰，清機晏如。□難」得而□□年十五，善屬文，往往奇絶。侍貶巴儌，□際」有□從還周京，膏肓迫禍，開元七年五月十七日，奄」歸真於洛陽殖業里之旅舍。君事親盡孝，天骨肅然，」昆弟八人，衣無常主。昔在南國，亟聞譏諫，及陪登覽，」爲文首成。洎疾之亟，無黷于禮，乃歎曰：不難泉路，恨」大人有志不展，未妻未仕，夭殁當年，哭則慈親，奠唯」諸季。故海内聞者莫不漣洏。即以其月廿一日權堋」於洛城東北六里平陰鄉邙山之陽，禮也。君性惟恬簡，」風塵不雜，道無郭泰則莫之交，才謝周瑜詎爲之醉。」紉信義而爲佩，辯忠良以爲鞶。將謂克享遐齡，□位」俱達，蒸蒸榮養，邦家之光。何天不慭遺，蒼黄即世，報」應斯爽，吾其痛諸。禛同承涼武，平生周密，少紀」芳華，寫于哀筆。銘曰：

洛水之北，邙山之下，」魄散虚莫，形淪后土。天胡不仁，俾成今古。」

（周紹良藏拓本　河南千唐誌齋藏石）

【蓋】失。

開元〇八六

【誌文】

大唐故左威衛洛汭府兵曹參軍呂君之誌」

君諱文倩，東海郡人也。呂太公之苗裔。曾祖朝議大」夫通，縉紳領袖，人倫綱紀。祖朝議郎德，頻歷四邑，稱」繁列位。考上騎都尉普最，獨秀山濤，飛晉朝之逸響；」孤貞耿潔，振魏代之英傑。武騎尉文林郎，解褐守左」威衛河南府洛汭府兵曹參軍。君以爵禄爲惠，蓋賞」其能；富貴爲榮，斯稱其職。惟有賓德于君。君幼而」奇瑰，長有矩操，沙汰幽明，□□優劣，朝端有用，清幹」德美，名存竹帛，聲著縑緗，儒雅風流，莫不規矩。弱冠」昇朝，春秋卅有三，不期奄逝泉臺，長辭□闕。棟樑」之材未展，摧山之振尚臻，日月遞遷，東海變成田之」家，所以蓂隨月落，槿逐朝虧，信造化之自然，非人事」之可測。乃爲銘曰：

淼淼長源，悠悠□□，避地商洛，」抗高賓忠。長情魏君，宣風晉帝，簪組繼軌，忠貞弈世。」弈世伊何？金貞玉幹，惟祖惟考，克明克斷。吁嗟呂君，」清幹獨潔，德行雙美，無慚桂哲。悲吹入松，愁雲蔽月，」見之摧心，聞之嗚咽。埏路已掩，蘭釭不開，哲人斯遁，」瘗此山隈。永然寂寞，長歸夜臺。

開元七年歲次己未六月十八日癸酉妻程氏立。」

（録自《芒洛冢墓遺文》卷中）

【蓋】失。

開元〇八七

【誌文】

大唐故朝議郎行岐王府西閣□□□府君之誌銘并序」

君□祖，字同穎，其先清河東武城人也。降德自□，炳靈□□，珪璋」□質，瑚璉其器，奉國忠貞，承家孝義。言河寫浪，將秋濤以共飛；翰」□□□，與春林而對媚。曾祖君肅，隋任職方侍郎、太子内舍人、司」□□□、工部侍郎，唐銀青光禄大夫、襄州刺史，贈鴻臚卿。祖思約，」□任左千牛，皇朝太常寺丞、祠部郎中、曹王府長史，使持節壁、」復、和三州刺史。父言道，皇朝任北門直長，擲校内供奉尚舍直」長、沛王府主簿、豫州長史、代州長史、岳州刺史、淄州刺史。良弓之」上，不墜千鈞之業；儒學之門，還職六條之宗。君量包滄海，思逸」王賈，□服忠信，周旋禮樂，介然成名，風流籍甚。選授絳州翼城縣」尉，歲滿，轉□州唐昌縣丞。尋遷太平公主府東閣祭酒。無何選補」岐王府西閣祭酒、上柱國。龍樓喻善，名重當時，魚牋染翰，恩超前」古。人吏懷惠，德聲穰穰，東南逝波，浚流何遠。崇臺□□，悲棟宇而」□摧；雲霄未摩，嗟逸翮而先墜。不駐西□之波，長歸東□之魂。粵」以開元七年七月十二日率然遘疾，奄矣潛輝，終於洛陽毓德里」之私第，春秋六十有四。嗚呼！背洛橋而西顧，赴邙山而北上。□□」茂明用晦，潛和養真，清白傳於子孫，忠孝保於門閥。撫視孤幼，□」言泫然，家無餘財，散及不足。洎□髮參務，績用克成，挺節立朝，□」華日茂，天不假壽，哲人其亡。凡□士友罔不嗟怨，笄妻泣血，稚子」崩心。陽□門前，侯春無日；陰□泉下，待曉何年？粵以開元七年閏」七月五日殯於河南縣平樂原，禮也。嗣子日用等，□□□兆思切」循陔□地有期，終天莫覩，□風枝而不靜，攀淚栢而□極，式刊□」石，用紀泉壤。其銘曰：

□穰鴻胄清河陽，弈葉流慶地靈長。門傳禮樂業此昌，化擅□□」孝自光。允文允武德已衆，惟祖惟考備軒裳。嗟君歷宦政□揚，□□不永壞其梁。繐帳飄飄列華堂，□□宅兆□□□遺儀窅窅存」□□，送滕公兮淚浪浪。」

（河南千唐誌齋藏石）

開元〇八八

【蓋】失。

【誌文】

唐故正議大夫龍州刺史上柱國許君墓誌銘并序」

君諱觀，字玄觀，汝南□輿人也。曾祖諱華，字德茂，河」內縣令雁門郡守；祖諱□，字文寶，皇朝啓運，□□」議大夫、絳郡通守、太□□。父諱偉，字仲禕，皇朝京」兆府士曹參軍，庫部、祠部二員外郎。君解褐澧州司」法、邢州司户、益府士曹參軍。一階尺木，頻涖三官，除」河南府王屋縣令。鼎室開祥，銅章□秩，又除綿州司」馬眉州長史。雖割雞暫屈，而逸驥方□，改龍州刺史。」積德承家，象賢興業，尋蒙恩旨，宜令致仕。以開元」七年七月廿二日，終於河南縣興敬里私第，春秋八」十有二。粤以其年閏七月十六日權□□邙山陽平」原，禮也。嗣子廣先，思子道於風樹，慕聞禮於□庭，欲」紀清貞，憑兹翠琰。所希不朽，敢緝徽猷。迺爲銘曰：

□光表瑞，星文曜祉，大道焕乎，休禎蔚矣。汝南崇構，」□□繼祉，象賢不絶，代禄無已。其一。金張貴族，許史豪」□，□斯宅兆，窆此嘉封。隴幽雲積，松寒□風，泉宮寂」寞，何去何從？其二。惟君秀出，禀靈江漢，□彼□源，曜兹」脩幹。鳳鷁刷羽，龍駒整翰，仰止風規，儼然□□，鬬」蟻宵動，嘶驂曉發，索索松風，蒼蒼隴月，雅葩騰美，□」□難越，一閟泉扃，千年永訣。其四。」

（北京圖書館藏拓本）

開元〇八九

【蓋】失。

【誌文】

大唐故朝議郎前行魏州司法參軍事上柱國元府君墓誌銘并序」

公諱素，字素，其先軒轅昌意之後也。自黄神命子，即王幽都；帝女降嬪，」封于北嶽。雖刻木爲政，窺巢紀時，以其人居無恒，屬厭沙漠，迺南遷平」城，始國爲魏，至孝文帝受禪，服衮冕，都洛陽，改姓元氏，于今三百廿四」年，今爲河南洛陽人也。夫事兼中外功侔造化者，不可以區宇格物。曾」祖景超，隋上大將軍，疊、扶、芳、旭、岷、宕、洮七州諸軍事，疊州刺史，武陽郡」開國公；仁明爲刺史，智勇爲將軍，率先喬卿，踐跡元凱，庾翼之牧三郡，」陶侃之總四州，其殆庶乎？祖孝緒，皇朝元氏、酒泉、陳留三縣令；古之百」里，必擇惟良，自公數遷，歷聞其善。加密王掾。親王之大，寵章匪倫。公有」善必言，過而能察，府寮莫比，尤親信之。父師本，雍州參軍、絳州録事參」軍、資州銀山令；一命將往，以公滅私，三任不渝，去如始至。公即銀山府」君之元子，解褐絳州萬泉主簿。仇香之任也，人歌枳棘。又轉蒲州河東」尉；梅福之官也，亦號神仙。居政克勤，臨事果斷。尋調雍州始平尉。君子」以至是爲治書之漸矣。自絳及雍，咸有一德，策名委質，坐變二毛，雖命」之不諧，亦國之未用。又轉魏州司法參軍事。大名爲郡，非賢勿居；小心」是宅，惟明克允。謂其神遘之祉，謂其天假之齡。時雹速而不留，病日臻」而靡救，以開元七年三月廿二日，終於東都正俗里，春秋七十四。越以」其年閏七月廿八日甲申，永葬於梓澤鄉之北原。夫人潁川陳氏，後主」叔寶曾孫，蒲州録事參軍壽義之女。秉脩能敬，禮義不愆，敦勸傅母之」言，弼諧君子之德。承筐蓍蓍，不待驚蛩；撫簟鰥鰥，唯聞泣象。先以長壽」三年六月九日，終於河東官舍，嗚呼哀哉！啓殯安在，尚寄汾川；遷祔若」時，悲從西歲。嗣子兖州金鄉尉谷愚，恭惟薄葬，俾作銘云：

神道不測，人生實靈，卓哉洪閥，君其允丁。孰能生之，而守其禄位？孰能」奪之，而掩其儀形？文行忠信，聰明正直，天鑒孔昭，未始有極。卒從中壽，」疇咨觀國。舜陳令淑，作嬪君子，鳳凰于飛，將求介祉。娣姒必敬，瀞濯攸」理，不圖在汾，先公而否。歸柩未吉，卜葬殊年，四魚前應，雙鶴終傳，望邙」山而哭踊，獨如何其不天！」

（北京圖書館藏拓本　河南千唐誌齋藏石）

開元〇九〇

【蓋】失。

【誌文】

大唐故宣威將軍左驍衛河南府永嘉府折衝都尉上柱國王府君誌銘并序」
君諱元，字大禄，其先太原人，因官遷於河南府，今爲河南縣人也。昔邵公」卜洛，遐開駕鶴之宗；郭璞誓淮，終作化龍之輔。賢豪佐命，代有其人，弈葉」簪組，嬋聯不絶，布在方諜，可略而言矣。曾祖獎，隋任滑州白馬縣令；祖外，」唐任楊府録事參軍；父師，唐任黔府洪杜縣令；參卿歷試，職贊六條；作宰」臨人，宣風百里。去獸流蝗之政，望重當時；還珠棄犢之能，聲傳來葉。君生」而岐嶷，長而賢明，弱不好弄，彌敦志學。年廿三，丁洪杜府君憂，哀毁過禮，」迄于終制，孝極天經，遂投筆從軍，荷戈應募。西登赤嶺，展戎算於壃埸；東」泛滄波，振英聲於絶域。昭陽茂秩，旌級疇庸，仄陋明敭，便應妙選。長壽二」年擢第，受右監門衛右司戈、上柱國。光國榮家，預陪周衛；陳力就烈，兼統」戎麾。年卌七，丁母清河夫人張氏憂，攀號泣血，擗踴摧心，痛切風枝，悲纏」罔極。屬鮮卑作梗，刁斗屢驚，君振侶薊門，推鋒寇壘。守漁陽之邑，危而獲」安；布龍虵之陣，攻無不剋。旋軍獻凱，受游擊將軍、右衛長祚府左果毅都」尉。大足年中，凶奴不率，侵擾邊甿，君授律前驅，登時獻捷，除右衛晉州平」寧府右果毅都尉。西戎獻欵□納所珍，君以禆將見徵，職兼分閫。玉關地」險，金河路微，鎮撫多方，分晝有略，又除明威將軍、洛州永嘉府折衝都尉。」盡孝悌以承家，竭忠貞而奉國，居官勤恪，處事廉平，朝野挹其清高，仕庶」欽其剛直。尋加宣威將軍，散官勳如故。君處滿思溢，居高慮危，年漸從心，」懸車罷職，丘園畢志，樂道安貧。方申五日之歡，俄軫兩楹之夢。嗚呼哀哉！」大唐開元七年閏七月十七日寢疾，薨于私第，春秋七十有一。粤以其年」歲次己未九月甲戌朔五日庚申，葬於北邙山瀍澗里之高原，禮也。孤子」懷光、懷古等，毁瘠哀慟，行路感傷，但恐筮短龜長，谷移陵變，紀芳猷於玄」石，標盛德於幽泉。乃爲銘曰：」
逖矣遠祖，弈世叡哲，公輔王佐，名高往烈。族茂瑶林，聲馳金埒，偉哉夫子，」鬱爲時傑。其一。惟孝惟悌，乃忠乃誠，龍韜一舉，戎落再清。壃埸剋定，實播功」名，百年未盡，二豎災成。其二。楚挽切切，嗣子呱呱，哀纏風樹，痛極茹荼。賓來」白馬，墓啓青烏，痛玄坰兮永閉，刊翠琰於幽途。

（周紹良藏拓本　河南千唐誌齋藏石）

開元〇九一

【蓋】失。

【誌文】

大唐故錦州參軍上柱國太原王府君墓誌銘并序」
君諱庭芝，字特秀，其先太原人也。遠祖爲河東縣令，因而」家焉，今爲河東人也。漢成晉武之代，俱爲元舅之家；江左」元明之朝，復處台司之寄。朱輪繼軌，軒冕因循，拖玉鏘金，」綿連不絶。曾祖素，隋任司農少卿；祖贊，皇任右驍衛潞」城府果毅都尉；父哲，皇任辰州參軍；並以懷才入仕，抱」節登庸，藻繢簪纓，丹青士伍。君幼挺聰悟，天資孝友。徐孺」對月明之歲，已見清言；黄童談日蝕之年，夙聞至性。長安」四年，以宿衛考畢，調補錦州參軍，朂躬下列，衹事上官，勤」則不匱，恭而有禮。加以筆端敏贍，長於剖析，凡所綜攝，曲」盡其能，名級雖微，芳聲遠振。往以神龍之歲，蠻陬跋扈，」敕江南西道討擊使、錦州刺史甘元琰差君分統戎伍，不」逾旬月，殲厥渠魁，以功授上柱國。既而秩滿，家于洛陽，散」誕丘園，優遊情志。然宏材佇構，方啓峻於干霄；而清露易」晞，奄興歌於流電。以開元七年十月廿日構疾，終于懷仁」里之私第，春秋卌有四。即以其年十一月六日，窆于河南」縣平樂鄉之原，禮也。嗣子僧護，纔免襁褓，岐嶷天然，曉夜」悲啼，未嘗乳哺，如是者再宵焉。其母撫而諭之，方少進食。」季弟望之，哀號靡息，泣涕漣洏，怨荆樹之偏枯，痛孔懷之」永訣，將恐陵谷遷變，徽音寂寮，勒石刊文，迺爲銘曰：

日月流輯，時運代謝，嗟乎令德，奄歸玄夜。甲第長辭，墳塋」永舍，壘壘共此，欲何悲吒！」

（周紹良藏拓本）

開元〇九二

【蓋】失。

【誌文】

大唐張氏故郭夫人墓誌并序」

蓋形消天地，氣稟陰陽，雖夭壽分其兩端，而生」死齊乎一致。夫人郭氏諱華嚴，太原□□□□」父獎，並河朔英傑，山東領袖。夫人資坤毓粹，則」兑呈祥，夙奉箴訓，載光儀範。年十有六，適于張」氏。柔順之敬，詞色弗違；承祧之禮，享奠無闕。至」於整齊四德，勤修衆行，烈娣仰其嘉猷，里族欽」其盛德。攝理乖候，因成沉瘵，粤以大唐開元七」年十月十四日終於寢閤，春秋三十有二。嗚呼」哀哉！潘生帳裏，空餘拂簟之悲；張子臺前，無復」畫眉之寵。即以其年歲次己未十一月乙卯朔」七日辛酉，殯於相州城西北二里，祔于大君之」舊塋禮也。嗟乎！歲時流謝，陵邑貿遷，式紀貞石，」用彰不朽。其詞曰：春林布華，朝雲散艶，克昌母訓，聿光嬪則。迺孝」無替，其儀不忒，悠哉萬古，欽兹四德。」

（周紹良藏拓本）

開元〇九三

【蓋】失。

【誌文】

唐故處士衛君墓誌之銘并序」

君諱節，字師，河東人也。后稷之苗裔。遠祖官於」上黨，子孫因而家焉，故今爲屯留縣人也。原夫青」土開封，擅榮班於麟史；白茅建國，光厚秩於」龜書。事著緗紬，可略言矣。祖儒，蒲州河東縣令；考」□，隋門宔大將軍，後遷陟州安陽縣；謀略同」於青霍，鸞雉馴舞桑庭。君乃握水奇毛，丹巖異」骨，連城價重，照乘名高。又承餘蔭爲徐王府親」事，授陪戎尉，遇疾卒於私第。夫人李氏，閨儀□□，閫訓□」虧，遽從□□，俄□薤露。以開元七年歲次己未十一月乙卯」朔十八日壬申合葬於□□十三里平原，禮也。東瞻廣路，□」望崇巒，北帶晉城，□□絳水。嗣子奉貞，絶漿」叩地，泣血號天，痛風樹之難留，□□□何及，恐陵遷」谷䢍，滄海成田，爰紀德於□□□泉兮永固。乃爲」銘曰：康叔之苗，后稷之裔，荆璞同□，□珍比麗。令德□□」□榮名靡替，于惟誕長不□下□君秀則□□」

（録自《山右冢墓遺文》）

開元〇九四

【蓋】 失。

【誌文】

大唐河南府洛陽縣故東海郡」太君鮮于氏以開元七年九月十九」日於上東門外平陰鄉莊卒。其」年十一月十九日葬在北芒山桃□西」三百步。爰記銘誌。」

（北京圖書館藏拓本）

開元〇九五

【蓋】 大唐故韋府君墓誌銘

【誌文】

大唐故朝議郎京兆府功曹上柱□韋君墓誌銘并序」

君諱希損，字又損，京兆杜陵人也。□祖量，魏散騎常侍，生」高祖瑗，隋陽武令；瑗生曾祖知，□建伯勳領豳州刺史，」生祖仁儉，儉早終，生考嗣業，皇□□世爲蓬閣之秀。君即」秘書公第二子也。少孤而元兄又殁，友于諸弟，鄉黨嘉焉。學」則不固主忠信，□有餘力而親仁。□歲□□□馬遷之史，廿」而冠，同先儒之經，起家國子生擢第，補梁州城固主簿。一命」隨牒，不以臧□經懷；三載視人，豈爲徒勞屑意。秩滿歷渭南、」藍田二縣尉，下車未幾，穆如清風。時京尹河東薛公袛偉君」之才，引爲四部尉，

□□萬年縣□自西徂東，政不易□，臺伯」鼎相，誇能者久之。□詔除京兆府功曹，士歎後時也。嘗應」制和蔡孚偃松篇曰：□廈已成無所用，唯將獻壽答堯心。作」者稱之，深以爲遺賢雅刺矣。由是不可得而求進，每推遭遇」以遺機，匪夫！君子道消，日月逝矣，終而爲恨，其唯君乎？享年」六十有三。開元七年八月九日，傾于新昌里第之中堂。先是」誡次子璞玉曰：昔有虞氏瓦棺，夏后氏堲周，逮德下衰，以寶」玉崇窆，浮侈蔫目，我不忍爲也。不諱之日，爾其誌之。及渾金」等鞠然在艱，罔知所從，乃祇遵先訓，卜宅之□以開元八年」歲躔庚申正月八日奉神輿權安厝于城東南曲池里，禮也。」櫬中唯貯紙筆古集六卷，設熬置銘。其詞曰：

我祖哲兮，我君是繼，小子咎天兮，不孝于世。松櫝日已拱，」尊猷靡翳兮！」

子璞玉撰文。

（周紹良藏拓本）

開元〇九六

【蓋】失。

【誌文】

□□□□□□□□□□國行松州交川縣令誌銘」

□□□□□□□□□周撫運，奄四海而爲家；宗子維城，」□□□□□□珪錫壤，王孫賈有仕衛之名，花萼相依，」□□□□□矣。曾祖儼，隋任密州司馬；伏光泉石，俗日潛」□□□□□官，時稱絆驥。

祖叡，隋任衛縣令；聽命理事，烏皃」□□□□澤霈時康，祥鸞之所栖集。父楚，含衷履潔，絶學」□□□□王侯，高尚其志。惟君玄豹出霧，釋彼南山；白」□□□入臣東户。重輝弈葉，復行松州交川縣令事也。割」□之任，雖有歎於時人；烹鮮之宜，固無濫於傷損。粵以四」大乖理，二豎挺災，逝川之水不停，過隙之光難駐，以開元」六年正月六日薨於私第，春秋七十有八。嗚呼！桂樹其萎，」梁木斯折。夫人樂安孫氏。爲言爲德，閫箴史於閨闈；採蘋」採蘩，助烝嘗於宗廟。積善無慶，大漸忽焉，以長安四年十」二月七日卒於私第，春秋六十有二。以開元八年歲次□」申正月甲寅朔廿日癸酉合葬於朝歌城西北平原，禮也。」紅顏白骨，萬古千秋；地久天長，人非物是。紀功勒誌，垂譽」將來，永歌以言，乃爲銘曰：

七上獻策，三命授珩，愷悌君」子，邦家之英。威儀棣棣，王道平平，絃歌盛化，莫之與京。其一。」勞生休死，古往今來，轜車怏軋，踻馬徘徊。池亭霜感，壟樹」風摧，離人斷絶；弔鶴聲哀。其二。天長地久，物是人非，川移海」變，溺音泯徽。勒石鐫誌，百代胡微，派流宗子，共首攸歸。」

（録自《中州冢墓遺文》）

開元〇九七

【蓋】失。

【誌文】

大唐故處士王君墓誌銘并序」

君諱則，其先太原人也。天骨挺生，地靈間出，冠蓋之華宗」弈弈，神仙之雅量雄雄。曾祖瓌，隋易州司法；恤刑以爲務，」察獄以效能。祖儀，隋蘭州金城縣令；像雷作宰，百里光揚；」宣風化人，一同累美。父暉，皇朝左驍衛長上；武豹」呈姿，闕庭事主，巡警之功不怠，忠節之譽」遄流。君匪好祈榮，久聞遁俗。申屠蟠之高士也，克紹其名；」禰正平之處士也，固彰其跡。大矣哉！詞翰幾超於折桂，凶」禍遽招於夢桑，賓友行嗟於闃寂，庭院坐覩於荒涼。春秋」七十有一，以聖曆三年六月一日卒于修善里之私第。夫」人梁氏，道政之長女。邕和内著，禮範外彰，事夫以爲功，訓」子以成業。春秋七十，忽以開元五年十月九日遷化，即以」八年歲次庚申二月甲申朔一日甲申，合葬于河南縣平」樂鄉之北原，禮也。卜兆安措，車旐送終，雲雨四合而增愁，」松檟千春而動思。蛟龍劍兮冥没，閟朝景於兹年；蟠龍鏡」兮昏晦，沉夜臺於此日。有嗣子禕之、祥芝、祥慶、祥鳳、子奇」等，並銜荼蓼以哀酷，陟屺岵以悲酸，羅含則至孝克傳，蔡」順則供親著美，諒亦名編史策，跡紹貞賢，敢鐫鏤於斯文，」記墳塋而頌德。蒼蒼不朽，乃作銘云：

惟夫惟婦，和琴媲瑟，俱擯黄壚，同辭白日。痛驚飈之莫御，」歎逝水之逾疾，題琬琰而恒存，勒徽猷之永畢。

開元八年二月一日啓葬此野。」

（北京圖書館藏拓本 河南千唐誌齋藏石）

開元〇九八

【蓋】失。

【誌文】

唐故朝請大夫行晉州洪洞縣令敬公墓誌銘」

公諱守德，其先平陽人也。昔陳公子敬仲生而有文在」其手，因命氏焉。其後因官南徙，今爲河東人矣。曾祖□」隋河間郡丞；祖志文，皇冀州棗强縣令；父玄奭，皇茂州」石泉縣令。公石泉府君之子也。弱冠以進士出身，應撫」字舉及第，授寧州羅川縣尉。開元初，獻書直諫，敕授」幽州新平縣主簿。應强幹有聞科第二等，同清白第三等，授河南府陽翟縣尉，授絳州萬泉縣令，加朝散大夫，」轉晉州洪洞縣令，加朝請大夫。秩滿後歸閑養疾，至開」元八年歲次庚辰正月戊子朔十二日己亥，終於河南」□從善里，時年六十有八。其年二月十五日，葬於洛陽」之邙山北原，禮也。嗚呼哀哉！公詞藻清贍，孫弘、董仲舒」之亞也，故四登甲科；政理明幹，季路王稚子之流也，故」再爲邑宰。惜其位初三命而不踐階臺；壽不百年而遷」舟壑。痛矣夫！公有一子洪奴，年甫齡齓，故喪事所給，皆」在公之甥殿中侍御史趙良器之弟良弼。嗚呼！魏舒□」賢，成此宅相；嵇紹雖幼，知其不孤。苟非爲銘，曷以旌後？」銘曰：

君之祖兮文在手名之身兮德莫厚。其立言也」不朽，於從政乎何有？嗚呼彼天；與其才不與其壽，悲夫！」

（北京圖書館藏拓本）

開元〇九九

【蓋】失。

【誌文】

□□□□□誌并序」

□□□□□□□於黃石，相州林慮」人也。祖諱社□□閭□列與星月□齊」□禮貌淹□等珪璋而並潤。諱□仁□誠」□□動□楷模□□□□人皆昉習懿詞」□翰□變□機金□□□□□無憩運之□以終。夫人孔氏，捧日之餘光巫山誕□」□右内則之篇三光重視春菊持銘遂乃」□□孝□望擬終春秋六十有八，大唐開」元八年歲次庚申三月甲申朔一日甲申」□□□合葬窆於林慮縣北一十□里東」□高□西望太行，北至高崗，南臨洹水，平」□禮也。留□□劍□同一匣。嗣子懷珍，上」柱□餘慶大□等哀隴洛□□□蒿痛□」之不春，庶無□於清□。乃爲銘曰：

自□□□□□□□□□□」□□唅□□□□□□□□□」

（録自《鄴下冢墓遺文二卷》卷下）

開元一〇〇

【蓋】失。

【誌文】

唐故正議大夫使持節武州諸軍事行武州刺史上柱國公孫府君墓誌　宣德郎行右衛録事參軍歐陽植撰」

公諱思觀，其先遼西襄平人，家代因官，居于河洛，有熊氏之華胄，躍馬帝之□」宗，賢哲磊落而挺生，將相參差而間出，覽諸前史，可得詳焉。曾祖信，隋左衛中郎將；祖雄，皇朝左武候中郎將，右衛將軍；父玄表，歷官至湖州武康縣令；門傳鯁義，代有烈光，或位總六軍，或政稱三善，文武之道不墜，弓冶之業逾昌，公早擅英名，夙標奇操，外宣剛毅，内蘊謨猷，宿衛巖廊，年纔弱冠。長壽初祀，□欲搜揚，公以武藝超倫，其年擢第，敕授翊麾校尉行右金吾衛左司戈。二年，恩制加階，授致果副尉行本任。萬歲登封元年，改授昭武校尉行左□門衛左中候。尋以匈奴作梗，充清邊西道前軍押官。陳力戎行，頻摧虜寇，榮旋命賞，授游擊將軍，累勳至上柱國。聖曆元年，遷右武威衛懷州武德府左果毅都尉員外置同正員。二年三月廿四日，奉敕配左羽林衛宿衛。三年四月四日，制加寧遠將軍。四年十一月十四日，遷左鷹楊衛陝州河北府折衝都尉，依舊左羽林宿衛押飛騎上下。神龍元年，中宗踐祚，加階依本官。三年四月十六日，制授明威將軍、守右武衛洛州懷音府折衝都尉，餘並如故。其年十一月廿九日，制加壯武將軍守本職，仍通郎將上下。景龍元年十二月廿八日，加忠武將軍，餘如故。唐元年七月十日，遷正議大夫、行勝州長史，兼充東授降城副使，仍馳驛發遣。開元三年五月十三日，制遷使持節武州諸軍事、行武州刺史，勳散如故。惟公忠清徇節，言行脩身，鄉曲之譽見推，警衛之勞斯著。由是頻司禁旅，歷踐華班，入則侍奉階墀，出則肅清邊徼，榮隨歲久，慶賴時新，佐理安邊，幹略聞於勝部；宣條馭俗，善政稱於武都。昔廉范當官，撫以恩信；吴資在郡，屢獲豐年，方之於公，前後而已。嗚呼哀哉！粤開元七年十二月十一日遘疾，終於位，春秋六十有五。即以八年三月十九日，歸葬於河南縣金谷鄉之北原，禮也。長子儀州龍城府別將暹；次子炅、昌、旻等，痛深銜恤，哀切茹荼，道無改於三年，葬有期於五月。思傳不朽，爰作是銘。其詞曰：

蔚彼靈苗，廣玆洪胤，門興黻冕，代多賢俊。惟祖惟曾，金明玉潤，猗歟我考，政宣」恩信。其一。公之挺秀，作德日休，巖廊侍奉，禁禦陪遊。倜儻無競，英威罕儔，既從軍」旅，亦克虔劉。其二。增以寵章，歷遷榮秩，爰從半刺，擢昇連率。寄重宣風，拜膺馳馹，」有節按俗，尤崇政術。其三。年齡荏苒，松栢凋傷，恨起臨穴，悲纏懷梁。青烏啓兆，飛」□□□，□神永逝，地久天長。其四。」

（北京圖書館藏拓本　河南千唐誌齋藏石）

開元一〇一

【蓋】失。

大唐銀青光禄大夫金滿州都督賀蘭軍大使沙」陁公故夫人金城縣君阿史那氏墓誌銘」

夫人姓阿史那氏，繼往絶可汗步真之曾孫，竭忠」事主可汗驃騎大將軍斛瑟羅之孫，十姓可汗右」威衛大將軍懷道之長女也。自冒頓驕天，聲雄朔」野；呼韓拜闕，禮襲京朝。殊寵冠於侯王，深誠見乎」餘羨。夫人天姿淑美，雅性幽閑，自然貞檢之容，暗」合蘋蘩之訓。年十有七，歸于沙陁氏，封金城縣君。」勤于輔佐，外彼榮滿，藩部所以清謐，戎馬所以滋」大。宜其椒衍盈升，保寧榆塞；豈謂桂華淪彩，已矣」蒿歌。春秋二十五。以開元七年八月二十四日遘」疾，終於軍舍。沙陁府君悲興異室，感極如賓，雖大」夜同歸，將鼓盆而自遣；而方春摇落，詠長簟而纏」懷。粤以八年三月二十九日遷祔於長安縣居德」鄉龍首原先公特府君之塋，禮也。嗚呼！生摯榛栗，」歿奉松楸，霜露之祀忽諸，蘭菊之芳無歇。嗚呼哀」哉！乃爲銘曰：

李華白兮桃復紅，歎零落兮委飄風。蘭有秀兮菊」有芳，羗淑美兮不可忘。閟音容之寂寂，侍松檟之」蒼蒼。」

（録自《續語堂碑録》）

開元一〇二

【蓋】失。

【誌文】

唐魏州參軍事裴迴故夫人李氏墓誌銘　太子校書郎蔣洌撰」

夫人諱　，隴西狄道人也。自源開指樹，道貴猶龍，」□重浮舟，人宗陟鳳，世濟厥美，不隕其名。曾祖恬，」隋兖州方輿縣令；祖光嗣，皇安東都護府功曹參」軍；子賤風流，縑緗懿其彈綺；嘉賓英秀，□□□其」□幕。父謂，皇長寧公主府倉曹、懷州武陟府長上」果毅都尉；曳長裾而作賦，主第增輝；翊」中禁以陳儀，天階自肅。夫人即都尉之□□」女也。婉孌閑淑，自天祐之。傳石經於蔡門，□□華」於班室。豈止楊柳之花飛似雪，宛以成章；椒聊之」花衍以蕃，採而爲頌。摽梅其七，歸我裴公，和□□」耽，如鼓琴瑟。桃蹊春樹，方摇少女之風；桂□秋魄，」遽落常娥之影。春秋年卄有一，以開□八年四月」八日遘疾，終於陶化里之私第，嗚呼哀哉！以□年」四月卄七日權窆於河南縣梓澤鄉□□原禮也。」生涯已矣，天道茫茫，刊石泉扃，銘德□世。銘曰：

河之魴，宋之子，標有梅，□□□。□傷促景委窮塵，」天乎天呼胡不仁？松楊一閟佳城路，春復春兮非

（北京圖書館藏拓本　河南千唐誌齋藏石）

我春。」

開元一〇三

【蓋】失。

【誌文】

大唐故國子明經吏部常選贈趙州長史趙郡李府君墓誌銘并序」

君諱元確，字居貞，趙郡平棘人也。昔者白雲降祉，種德光於帝圖；紫氣騰」祥，常名秘於仙籙。至若經綸海服，保乂邦家，大司寇之嘉謨，財輕白璧；廣」武君之妙略，購重黃金。才難則代有其人，世禄則時稱不朽。曾祖希仁，北」齊國子祭酒兼侍中，贈吏部尚書，謚曰文昭公；祖公源，隋離狐縣令；父善」愿，皇朝刑部郎中大理正。君即正之第四子也。幼而岐嶷，生知孝友，」驊騮挺骨而千里，鸞鳳養毛而五色。佩觿之日，高議出於成人；馭竹之時，」暗誦聞於小學。年未十歲，嘗以兵刃損指，捧手改容，深以毀傷自誡，中外」姻戚驚而異焉。既冠之後，以資齒胄，入室秘文自傳於家業，昇堂奧義見」推於國庠。離經啓函杖之容，進德流滿籯之議。登甲科於秘府，不讓華譚；」致有道於仙舟，嘗留郭泰。跡入常調，名登吏曹，見三揖之爭馳，窺九流之」競爽，乃拂衣高視，退而言曰：喧呶之地，不如靜對琴樽；榮利之途，豈若獨」尋山水。於是敦奬名教，遠離塵俗。馬少遊之鄉黨，咸稱善人；仲長統之園」林，自諧真境。夫其窮討百氏，精究六文。鳳紀麟圖，重決膏肓之要；鸞迴鵲」顧，更馳鍾蔡之名。子弟必勗於義方，友朋自歸於忠信。歲未踰矩，疾至彌」留，以麟德二年六月廿六日，終於景行里之私第，春秋六十有四。延和元」年，恩制贈趙州長史。公代襲簪紱，而志存高尚。三徵七命，不許弓旌」之召；黄泉白日，竟承軒蓋之恩。玉樹榮耀於青宮，金册陸離於玄穸。澤漏」泉壤，斯之謂歟？夫人河南元氏，右率府中郎將世倫之女。力微皇帝之靈」苗，開國承家之貴族。維虵降其柔德，維鵲成其懿範。蘋蘩蕴藻之敬，精洞」神明；織紝組紃之業，思絶流輩。鸞既飛而鏡掩，劍先去而龍亡。以同年十」月六日，終於私第，春秋五十有四。嗣子忠武將軍、行右清道率，每切」霜露之哀，常深蓼莪之痛，仲□永慕，難也長懷，敬遷温序之神，奉述周公」之典。以開元八年五月八日合葬於洛陽縣清風鄉之原，禮也。山川應物，」龜筮從謨，事親終矣，其惟孝乎？其銘曰：

咎繇命官，李耳得姓，作生人法，持天下正。伯禹推賢，宣尼問聖，禮樂冠冕，」於斯爲盛！哲夫尚德，哲婦尚柔，國政敦叙，家風孔修。歲月遷貿，生涯去留，」哀哀陌上，空望山丘。」

（北京圖書館藏拓本）

開元一〇四

【蓋】　大唐故李府君墓誌銘并序

【誌文】

故朝請郎行定王府國尉李府君墓誌并序」

君諱明遠，字高光，隴西狄道人也。曾祖壽，隋任莘州」别駕；祖道，隋任宜州上宜縣令；父龍象，皇朝青州録」事參軍；此之謂代禄，此之謂不朽。君長自懷城，幼而」聰敏，若古□訓，靡所不窺，話齊梁間，盡如眼見。嘗旋」亭假寐，夢□仙術，桑公不得爲比，李醯詎儔其要。毛」人指藥，□□□方；醫王救苦，施而不竭。則君之明也。」如意元年八月五日卒丁家艱，負土成墳，手植松栢」在傍，素菓結實窮陰。輶軒上聞，綵綸下降，」祥以行感，暨表門閭，則君之誠也。家有素書數千卷，」渴日不足，下帷而勤。示妻妾以恭儉，遺子孫以清白。」先制授定王府國尉，非其所好，秩滿客于洛」陽，習隱者也。嗚呼，病日臻，既彌留，不禱祠以求閒命，」知也。以開元八年七月七日卒於時邕里私第，春秋」六十四。粤以其年八月十六日權葬於北邙之原也，」窆於河南府洛陽縣平陰鄉里也。夫有爕理之器而」不憖其□，有消摩之術而不全其壽，則鬼之不智也，天」地之不仁也，夫何言哉！哽而銘曰：

寧至哀樂，孰如永久，蚩蚩世迷，忘亡而有。于于嗟嗟！」君能守一，懸解不朽。」

（周紹良藏拓本）

開元一〇五

【誌文】狀似幢，八面刻。

唐故處士王君之碣」

君諱慶，字褎，上黨黎城人也。其先有周氏武王克商，追祀五祖，因而命族。自喬爲并州，道成羽化，代家焉。末葉以官自太原徙。祖海，好黄老術；父則隱居放言。君氣局天賦，才明獨得，心□骨正，有顔孔之風。七歲能自致於鄉校，乃心專經，篤意儒業，過則不，」善其莫遺，操行厲節，遂究詩禮。若乃風雅理亂，吉凶周旋，莫不窮幽洞微，闇於心而辯於口也。旁涉子史，兼工草隸，名聲日休，盈耳郡國，舉進士策高第。牧守希其才，將貢皇闕，會徐王到，遂不復以聞，留之幕府，悉子弟從其受業。君統以德方，博以經藝，展親明孝，援義舉忠，雝雝王家，貴而好禮者，良有之矣。王嘗問政。對曰：政在先王之典。既而侍講，至防記甫田，則凜然變容，三覆而止。王乃悟，飭躬絜行，則吏不敢欺；務農重穀，則人以成富。既舉而行，三韓爲之大理。初，王頗好遊畋，至是希絶，乃稱曰：昔齊桓有言，生我者父母，成我者鮑子。微先生之教，遠於道甚矣。及王奉詔還京，命與同載，君憮然而歎曰：夫高吾名者累吾神，卑吾身者厚吾生。張翰嚴陵斯可也已。遂稱疾。自是杜門却掃，不交人事，慕巢由，學輕舉，屬意遐曠，兼心明門，凝思幽閑，存神養壽，享年八十有五。皇唐開元二祀十有二月，卒於栢谷里之第，嗚呼哀哉！昊天不傭，殲我良懿，山頹玉折，何嗟及之。且德之用修，學之能講，無其人久矣。君佩義履信，省躬循節，闇室莫異，深泉若臨。自一登王門，匪謟伊教，非憤不啓，非法不言，永惟前史，夫何以尚。身則退而道彌高，榮且辭而志逾遠，偉偉碩美，人到于今稱之。君子所以知損之又損之之光大也。夫人張氏，郡師之元女也。淑慎温惠，矜妝耿絜，翩翩黄鳥，君子好仇。春秋七十有九，五年冬十月卒，越八年上章貞于仲辜月在庚戌十有一日庚申合葬於濁漳之陽，禮也。左仙亭，右隴阜，其山川特秀，固有德者之宜乎。有子四：慎知、慎微、崇嗣、慎貞。慎貞仕釋爲沙門，徇道專真，遺形自喪，崇空而不失其孝，割愛而不忘其哀，案實紀美，樹之墳道。其辭曰：於惟王公，懿德孔淳，道高藝美，富義寵仁。學靡不精，業莫不伸，寬以惠物，孝以寧親。廣廣德音，遂登王門，屈彼堂構，傳此皇孫。既肅其容，亦忠其言，國用繁富，職是之源。危高安卑，束帛丘園，王神大漢，情亡理存。大山其頽，白日亦昏，死生大矣，天道寧論。

并府北崇福寺沙門邈文并書兼題牓。　太原常思恩鐫。」

（録自《山右石刻叢編》卷六）

開元一〇六

【蓋】大唐故洪府兵曹參軍黄君墓誌銘

【誌文】

唐故洪州都督府兵曹參軍黄君墓誌銘并序」

君諱承緒，字安喜，其先江夏人也。因官北遷，遂家於」滑，代爲郡人焉。曾祖汴州刺史、行軍總管、上柱國、東」郡公察；察生懷州刺史、虢國公君漢；漢生右衛將軍、」武昌郡開國公河上；英賢繼世，軒劍聯華，爲龍爲光，」乃文乃武。深仁被物，俱聞二天之化；宏略貫時，獨擅」五才之美。君幼而精粹，長實弘通，言行爲立身之光，」機明是幹時之具。卑以自牧，真躬而行，所遊有常，與」物無競。解褐調補曹州參軍事，再遷洪州都督府兵」曹。清以在公，直以從政，雖迹淪卑位，而譽滿當時。及」乎辭滿歸閑，優遊至道，羽翮已就，煙雲可飛。青春未」窮，白日俄逝，輔仁無報，天道如何？以開元八年九月」九日寢疾，終於豐財之第，時年五十二。即以其年十」月六日，歸窆於河南縣梓澤鄉之北原，禮也。嗚呼，萬」化有期，百年誰歎，身志俱夭，獨不謂悲乎？嗣子中等，」孝行夙聞，哀毁過禮，君子以爲黄公之有後矣。銘曰：」

仁賢盛烈，鐘鼎高門，積善之慶，遺芳後昆。厥生俊德，」實惟人望，如珪如璋，友直友諒。壯年未晚，長夜先歸，」精魄如在，平生不追。北瞻邙阜之埒，東指伊川之路，」驗陵谷之不易，識賢人之墟墓。」

（北京圖書館藏拓本　河南千唐誌齋藏石）

開元一〇七

【蓋】失。

【誌文】

唐故正議大夫上柱國巢縣開國男邕府長史周君墓誌銘并序　國子進士孫浩然撰」

若夫探幽賾秘，混萬象於機神；適變通時，研六書於掌握。出忠於國，入孝於家。綸閣」爲臣，作鹽梅於天子；大蕃述職，清水鏡於人民。不替斯猷，於焉有矣。君諱利貞，字」正，汝南廬江人也。大勳方著，宗周爲卿士之封；苗裔流芳，炎漢有將軍之貴。金章弈」代，玉珥承家。君幾於生知，昭鄰殆庶，韶華外發，明敏內深。丁仲弱年，聿著可公之望；」士元壯歲，本稱王佐之才。加以識量淹□，□周體物。音儀瑩朗，與秋月而齊明；雅韻」沖和，等春雲之起潤。初以門胄，入於國庠，明經擢第，解褐爲鐃曹尉。臨官未幾，巨罰」相仍，遂丁考憂，哀頓過禮，王攸慟哭，番多罷社之人；子貢終喪，琴尚哀絃之操。服闋，」授蜀縣丞。吏政惟能，聲華藉甚。俄拜大理主簿，轉太府丞。辭曹仰其風規，朝野嘉其」善政。帝俞妙簡，推君最先，拜右臺御史，以展其才，用榮其任。內匡皇幄，天閣肅」穆以生風；外按奸豪，污吏望聲而投印。復拜司勳員外郎，而又出任數郡，復拜大理」正，除御史中丞。馮豹奉公，伏黄閤而飛奏；傅玄恭恪，執白簡以繩權。六官是清，百寮」斯仰。詩曰：樂只君子，福禄綏之。易曰：積善之家，必有餘慶。遂封巢縣開國男食邑三」百户，賞其功，褒其美。巨唐之有天下百餘載矣，天驕兇虜，尚蟻伏於幽荒；閩壤甌」蠻，欲蜂屯於炎陌。虔劉遐徼，不賓王庭，帝擇謨臣，用清□□，衆官僉議，惟君克」諧，拜君廣府都督，兼委按察使。屈栢臺之重佐，叶荔浦之夷鄉。君撫之以威，恤之以」德，伏波討越，不興下瀨之師；鉅鹿臨荆，惟樹寬柔之信。未踰浹日，魁率斯來，漲海氛」恬，璽書加賚。樂羊忠魏，俄盈滿篋之書；王濬存吴，遂有孤根之怨。轉邕州長史，見黜」無愠，居難不危，非大雅之明何能斯爾。春秋六十四遘疾，開元七年閏七月廿六日，」薨於府之廨舍。君所歷凡任刺史都督都別駕一十五州長史司馬七□，前後」總廿八政，化先以德，字之以仁，臨於欲終，有遺明誡，禮從於儉，服斂以時，若泰初之」榮終，同玄晏之遵古。嗣子濟，太子内直丞。痛積不天，悲纏扇枕。星馳江路，迎魂南越」之鄉；駕涉山川，奉櫬東周之甸。以開元八年十月十八日葬於北原禮也。浩然昔承」餘訓，早沐清塵。顧凱含悲，已盡傾河之淚；顔延作誄，敢無竭思之清。欽若令聞，式題」銘曰：

皇皇上天，降生哲士，嵩岳靈氣，廬江胄子。慶協黄裳，學該青史，器惟國」幹，識洞神理。其一。清英振玉，盛德如蘭，龍津斯躍，鴻漸于干。喬玄北部，桓譚陸安，政惟」善約，聲日能官。其二。令則芬華，沖風婉約，聲飛天禁，名香畫閣。寬饒峻整，長虞勤恪，執」簡清朝，埋輪輕惡。其三。蕞爾蠻貊，作梗炎荒，帝銓俊乂，君爲時光。銜綍天禁，露冕」荆陽，篁酋負朔，稽顙來王。其四。旻天不弔，降生鞠凶，哲人斯殁，冥寞何從。玉山傾趾，金」鍔潛鈴，壟寒碧霧，□咽青松。其五。洵美伊人，致爲遺則，家傾孝友，國喪忠直。□晚山光，」蒼茫秋色、情已矣而何悼，惜生□之斯極！其六。國子明經賈庭芝書。」

（北京圖書館藏拓本　河南千唐誌齋藏石）

開元一〇八

【蓋】失。

【誌文】

唐故陶府君之誌銘」

君諱德，字胡子，丹陽人也。因宦遷居，遂爲潞」城人焉。曾祖哲，齊襄城侯。祖崇，隋并州」榆次縣令；父魄，皇朝授朝散大夫。君幼挺」天靈，早承家叙，壯志雄勇，猛略虎賁，揮戈剪」夷，握節輔主，蒙授上輕車都尉。榮不代壽，遘」疾。朝景龍四年，春秋七十有六，卒於家第。夫人」司徒氏。行逸梁妻，聲高衛婦，雖所天早喪，抱」節松筠。忽屬月掩宵魂，神騰返魄，影昇霓羽，」氣逐朝雲，開元八年九月十八日，春秋七十有九，終於」夫第。粤以其年歲次庚申十月己丑朔十八日丙午，合」葬於州北卌里之原，禮也。其地左邇玉泉，右臨」漳浦，前瞻羊阜，後望猪巖。嗣子思貞，執性天」倫，志存三禮，長悲一慟，灑血流衿。恐谷變陵遷，」勒石銘記，其詞曰：

七德神交，五柳爲宅，丘」墳故土，夜臺新客。人遷物謝，天傾地坼，海變」桑溟，路移阡陌，蒼蒼蒿壠，青青松栢。其一。」

（録自《山右冢墓遺文》）

開元一〇九

【蓋】失。

【誌文】

大唐梁處士張夫人墓誌銘并序」

君諱方，字遠，開元四年八月卅日卒，安定人□。」原夫派流承胤，承百代之華英；弈葉枝繁，冠□」齡之盛茂。夫人張氏，白水人也。族承西嶨，漢相」留侯之苗；望秩南陽，晉宰司空之葉。曾祖諱」奇，祖諱利，並衣纓赫奕，爲朝野之楷模；簪笏」蟬聯，作天庭之軌則。君孑然池沼，瀨流水以怡」神；獨坐丘園，瞰煙霞而養性。夫人筓年奉箒，承」君子之渥恩；慕齒侍帷，沐哲仁之厚德。忽以妖」舋構禍，華佗之術難瘳；怪鵩爲災，扁鵲之醫罕」愈。而春秋有六十有一，以開元八年歲次庚申」廿六日乙亥寢疾於私室，其息小沖，泣血千條；」其女有九，腸迴萬斷。即以其年十月廿三日合」葬於相州城西五十里平原，禮也。何期篩策」再合，琴瑟重諧，匣劍沉而更浮，井桐枯而還茂，左」對光嚴之寺，右臨太行之嶺，前□寶山之峰，□」背白磨之屺。唯恐年移代謝，谷變陵遷，□□」勒銘，傳芳萬古。其詞曰：天地兮流轉，日月兮」

（周紹良藏拓本）

開元一一〇

【蓋】　大唐故楊府君墓誌銘

【誌文】

大唐故朝議郎行鄭州管城縣令上柱國楊君墓誌銘并序」

君諱璡，字景昭，弘農華陰人也。原夫烏旗魚燎，有周武之興王；旅矢彤弓，有晉文」之啓霸。此之謂厥初也。西河鼎盛，乘朱輪者有十，東洛台階，服華衮者有五。此之」謂錫胤也。若迺飛凰入夢，文足以經邦；蓺馬從權，武足以禁亂。緝熙盛業者，則代」有人焉。曾祖仲達，皇朝金紫光禄大夫、蔡州總管、上柱國、魯國公，分命居蔡，俾侯」于魯，方事斯委，厥功茂焉。祖行模，皇朝通直散騎常侍、息州刺史、義陽郡開國公；」事君以禮，接珥貂之寵秩；御下以明，典憑熊之英鎮。父武越，右衛勳衛吏部選，初」遊武帳，暫隨列於彤庭；載踐文場，應常調於清覽。已而薄榮去羨，全高養德。公育」采含粹，枕仁席禮，玄談衮衮，道豈虚行，偉貌堂堂，動而成則。直而不訐，和而不撓。」文章沉雅，景純之筆五色；載籍貫穿，康成之書萬卷。林宗道王，時人折角以希風；」文舉神聰，司隸闢門而不暇。豈星奇岳秀，筠勁璿明之謂歟！弱冠左衛翊衛，拜洛」輦脚，解褐貝州參軍事。策名警衛，預窺温洛之圖；命我參卿，且莅清河之郡。秩滿」遷潞州司功參軍，轉懷州司法參軍。蕭公入漢，因主吏而申謀；孔子歸魯，居司寇」而窒訟。朝廷知其利用，迺召公當造興泰宮，於是掄楚材，訪班匠，爰經爰始，巍乎」焕乎。帝疇厥庸，納涼斯得，有制授光禄寺主簿。御膳攸主，饔人以」察，爲親累左降饒州司倉參軍，尋改常州司戶參軍。君子秉道，不以晦明易節；貞」璞含輝，不以碔砆相亂。恬然體命，曾不嬰心。既而海稅孔殷，覩紅粟之流衍，版圖」精秩，編黃堂之雅譽。發自皇揆，令復舊資，加上柱國，授鄭州管城縣令。地雄」奔馳，門息鬬虵，公迺脩禮以耕之，陳義以種之，講學以耨之，播樂以安之，化未及」幾，郡以爲最。撫鄭君之風俗，政是用和；憶陶令之田園，欻歌歸去。童兒在野，瞻綵」雉而猶馴；耆耋攀車，望仙凫而不逮。方欲擊溟海，摶扶搖，摩蒼穹，捧白日，嘗見其」進，未見其止。加以跡寄人閒，心融正覺，不知肉味，非爲聞韶；潛識牛車，實惟觀法。」粤以大唐開元八年六月十九日，春秋七十，卒於懷州河內縣之私第。歎及朝野，」涕霑姻族。嗚呼哀哉！以其年十月卅日窆於河南府北邙山平樂原，之禮也。魂輿」旖旎，歷河橋而西度；明旌聯翩，傃邙山而北卷。嗣子岌，蒲州安邑縣尉，詩禮夙聞，」溫清坐隔，□心永慕，泣血增惕，見霜松之已森，恨月塋之長寂。慎終追遠，每伏於」楹書；相質披文，願旌於丘石。其詞曰：

雄雄鼎族，食菜□楊，鱣序積慶，鳥環貽芳。異人角立，休有其光。其一。祿以逮親，學而」從仕，聿脩厥德，必復其始，所蒞有聲，人用康止。其二。俗承染練，官惟綰墨，規矩四流，」韋絃雙得，位不充量，竭來京國。其三。雅業未究兮年不還，卜其宅兆兮北邙閒，哀哀」孝子兮泣以攀，松風緊兮隴月閑，頌音德兮留茲山。其四。」

（周紹良藏拓本　河南千唐誌齋藏石）

開元一一一

【蓋】失。

【誌文】

故青州千乘縣令孟公墓誌銘并序」

自周臣文公，魯卿穆伯，或佐理稱霸，或因功命氏，世禄」勳榮，貽厥靈□。君諱晟，字玄晟，平昌人也。曾祖昇，任慶」州刺史；王父仲康，城皋、廣武、北平、漁陽四郡太守；皇考」公平，唐任鄭州密縣令。皆累世之才，一時之秀，並振聲」於天下，而職司於州縣，衣冠禮樂，盡在斯矣。歷拜齊州」録事參軍，轉黄州麻城令、青州千乘令，凡一紀□□□」縣。夫弋陽惟楚，海郡臨齊，楚氣則傷於剽悍，齊風則過」於敦質，君乃綏之以德，敷之以政，剛以肅刑，讓以勸義。」凶黨崩角而逃散，奸人望風而自革，非天生才俊，孰能」至此歟？嗟夫！天不享仁，斯疾孔棘，曰啓予足，啓予手。舉」言未畢，奄然長往。時春秋七十三。夫人蘭陵蕭氏。寶魄」天姿，瑶華韶茂，婉嬪風以順禮，昭母儀以克家，奇操□」融，清暉月映，自配我君子，有肅穆之美。嗚呼！德容不停，」溘然而盡。粤以開元八年十一月廿三日，返葬北邙之」原，禮也。洞開一壙，幽祔雙魂，嗚呼哀哉！終天永畢。嗣子」瓘等欒欒棘心，長慟崩絶，孝乎不匱，乃刻石爲銘。銘曰：體天道兮何窅然，孰云輔德兮彰俊賢？竟幽殪兮□□」□。祔雙魂兮開便房，告同穴兮下脩邙，旌摇曳兮風□」□，馬悲鳴兮路蒼荒。墓門閉，山向晚，古往今來魂□□。」

（北京圖書館藏拓本）

開元一一二

【蓋】失。

【誌文】

大唐故襄州穀城縣主簿路府君墓誌銘并序」

公諱玄，字承福，陽平郡人也。其先即温舒之苗裔，英靈相繼，盛德不」泯，魏晉已下，載籍所聞。曾祖順，隋鷹揚郎將，忠以率下，惠以臨人。」仲宣宏才，遠超幕府；穰苴秘策，高步轅門。警夜之寄尤深，干城之任」方重。祖舉，隋朝議郎行相州鄴縣令；任官惟仁，但見小鮮之化；擇」賢從政，爰聞割錦之能。屈鼎鉉之材，居墨綬之位，温惠施化，寬猛著」聞，耆童於是謳歌，朝野由其悦服。父基，皇朝文林郎、吏部常選；」藝該十業，德茂四科，寫延閣於靈臺，發詞林於意□。府君儒林郎行」襄州穀城縣主簿、上騎都尉。積善餘慶，垂裕後昆，漱累代之芳源，榮」本枝之厚蔭。室如玄圃，騏驎見而五色；地似丹丘，鳳皇生而六象。若」乃鄉曲之美，門庭之譽，德光顔冉，性與王何，遠近名流，談不容口。方」當出將入相，爲棟爲梁，寧止百乘之家，千室之邑者也。惜乎！命不我」與，數有時奇，以開元八年遘疾，終於洛陽之私第也。春秋六十，即以」其年十一月廿三日，窆於東都城北原，禮也。君如筠之勁，猶玉之温，」抱王行之奇，負山濤之器。金石期固，庶天道之福謙；日月不居，忽人」埋之殃彦。有子仲良，吏部常選。屬乾光遄背，堂構行淪，一纏霜岵之」悲，永結風枝之痛。攀援不及，孺慕增深，稱家有無，斯之謂矣。馬鬣」爲墓，冀萬代而長存；科斗題銘，庶千年之罔謝。其詞曰：

赫矣茂族，悠哉盛業，巡警晝夜，巨川舟檝。躬奉青瑣，名騰素諜，地聳」瓊柯，門承玉葉。其一。一時英傑，百里賢良，漳濱闡化，渭汭流芳。始標盛」德，俄纏降殃，蟲猶避境，雉尚馴桑，唯城將闕，物在人亡。其二。逸韻鏗鏘，」雄姿卓犖，覽彼蛟史，成兹麟角。名擅藻司，聲馳蘭幄，澄之不清，渾之」不濁。其三。

峨峨峻岳，隱隱韜雲，降靈毓粹，誕我此君。金堅玉潤，獨立不」羣，一居大邑，四海咸聞。其四。北邙杳杳，東岱悠悠，更窮漏盡，地厚泉幽。」風驚霜慘，山暝雲愁，唯餘松柏，萬古千秋。其五。」

（北京圖書館藏拓本　河南千唐誌齋藏石）

開元一一三

【蓋】失。

【誌文】

唐故國子生李夫子銘并序」

夫人諱魚，字茂，都督長子也。生積德之門，懷」儒雅之量。風格峻整，天姿鑒徹。衆相謂曰：此」兒李家千里駒也。□歲，都督與之弈爭道，都」督曰：相與有瓜葛，那得爾耶？九歲通周易，十」歲明禮，十三精史漢，十五能屬文，十七補國」子生。成均國學，俊選林藪，見其清節令材，風」韻韶雅，僉歎其偉曰：今之禰正平矣！開元八」年十一月，遘疾五日，不幸而卒。錢有百萬，神」來買於王悅；地有三泉，□交徵□顔子。抑其□」也。母柳氏，痛河邊青草，偏被扶心；江路鳴」□，正逢腸斷。中都求石，即是天星夜霣；硯山」□碑，懼其陵谷朝易。嘗經侍講，□勒銘云：

聞衛珠□竇，玉平三倒，若對斯子，竊未之比，稠」人廣衆，無不驚視。昊天不傭，□□而死，哀哀」慈母痛何已，生割人情，天□常耳。」

（北京圖書館藏拓本　河南千唐誌齋藏石）

開元一一四

【誌文】

大龍興寺崇福法師塔銘并序

法師諱崇福，俗姓王，太原祁人。自受氏之後，世無專業，初以太子晉賓於大羅，次及太常肅宗于闕里，終以法師歸於釋氏，千有餘載，興我三教者，其在茲乎？法師年弱冠，身未離俗，以爲父母遺體，期於報復，先宗不嗣，罪莫大焉。雖受之以妻子，固無忘於梵行。以人代如泡幻，以冠冕爲蓋纏，物我雙遣，色空齊置，時有清信者，未嘗不歸依焉。奉景龍元年十二月二日敕，甄擇精恪，許令出家，而法師預焉，隸于龍興精舍，離于繫縛矣。習靜而六趣俱寂，修心而三明自炤，神遊雖悮，緣相何常，行不住因，忽焉遷化。去先天二年五月十八日泥洹寺房，春秋七十，權瘞于長安城西。以開元九年二月廿四日遷窆於金城北原。先王制禮，而非無封樹；釋氏道教，則崇乎寶塔。於是發菩提之勝因，規育王之遠跡，闕監岑立，增盤崔嵬，閉以金棺，藏諸齒髮，與諸眷屬，瞻仰知歸。庶使終劫長存，業夙不懷。豈□東府之墓，毁及池隍；驪山之墳，災生牧豎。渡流沙而已遠，應復無歸；過壟樹而興嗟，詎知神理。若斯而已哉！銘曰：

前因已報，無人雖證□提，且輪没嗟嗟，上士不復，歸空見寶，塔藏金骨。

（録自《陝西金石志》卷十一）

開元一一五

【蓋】失。

【誌文】銘刻石陰，失拓。

唐故賈君墓誌銘」

君諱明，字智，襄陵人也。因宦居此，古今爲」縣。昔冠冕連暉，乃騰芳於帝闕；縉紳交」映，楊盛德於朱闈。曾祖任齊州刺史，弦」百里，化舉仙鳧。祖幹，任相州司功，廉身絜」己，夜懼四知；納是除非，日惟三省。父智，皇」朝上騎都尉，氣質抗直，勇冠時先。運雄略」以超羣，致亡軀而出衆。君禀性温柔，天資」厚德，思亮之情遂遠，雅度之志踰深。豈謂」落景西傾，俄終一代死生，春秋六十有四。夫人劉」氏，龍梭並沉，桐椑無修，蔡筆通花，班書蕙」問，崩於故帳，卌有九。開元九年歲次辛酉四月丁」丑朔八日甲申，合葬於上黨城北卅里平原，禮」也。東鄰王嶠，遥連石母之山；西瞰漳濱，迴」接祥龍之岫。思忠孝友情深，因心處重，恐田成」碧海，水變蒼山，刊石雕金，迺爲銘曰。」

（周紹良藏拓本）

開元一一六

【蓋】大唐故賈府君墓誌銘

【誌文】

大唐故營州平遼鎮副上柱國賈君墓誌銘并序　孫廣書」

君諱感字□，其先襄陵人也。稽乎史籍，載覩家聲，振古于」玆，紛綸弗絶，因官遷居洛陽，今爲洛陽人也。洎乎祖考逸，」隋恬淡澄寂，高尚不仕。父遜，大唐之初，任秦王府典籤，杖」德當世，曳履王門，既書能劒，弗器君子也。君自然英捍，性」用俶儻，文可以經國，武足以濟時。屬東郊弗開，王」師薄伐，君始以良家子從軍，迺荷雄戟，出長城，威蓍若神，」夷祲始掃，用是軍功，敕授豐州鹽池戎主，仍宿衛」玉階。劬勞□□惟揚作亂，江介多從。帝哀傖吴，罹」開塗炭，大命將帥，專征江淮。猗君是時也，奮英烈，殄梟鏡，」俄而凱歸，敕授營州平遼鎮副上柱國。嗚呼！志不」捨命，天胡弗傭，以長壽元年十月廿三日遘疾，終於洛陽」私第，時春秋五十有五。享年弗融，厥業遄屺，嗚呼哀哉！夫」人東海郡鮮于氏，穠李凝華，綵雲發秀，四德婉瘞，六行蟬」媛。鳳皇于飛，琴瑟相友，以開元七年九月十有九日處順」而殁，嗚呼哀哉！粤以開元九年作噩之歲，中吕之月，九日」乙酉，昭啓合葬舊墳北邙山河南縣平樂鄉陶村原，禮也。」嗚呼哀哉！繁華昭世，嗚躍無期，窀穸幽塗，音容永殔，悲遺」奠於今日，思拱木而傷人。有子庭玉、庭金、奉節、令忠等，悲」纏薤露，痛結松風。恐陵谷而漸變，愿庶幾乎厥銘。頌曰：

南清洛兮水東流，逝如斯兮去弗留。洸洸君兮生涯休，哀」哀慟兮荼心尤。松栢鬱兮人世改，盛德昭兮覬弗涣。

（周紹良藏拓本　開封博物館藏石）

開元一一七

【蓋】 失。

【誌文】

大唐鄧州刺史封公故夫人趙國贊皇郡君李」氏墓誌銘并序」

夫人諱常精進，趙郡人也。仙源亘地，茂趾干霄，」佩紫懷黄，據台衡者接武；朱輪華轂，充牧伯者」比肩。高冠擁金馬之門，長劍出蒼龍之觀。有典」有則，且公且侯，咸列圖書，可略而言也。曾祖某，」祖某，父晉客，司農少卿。夫人生於高門，禮優」内訓，蘋蘩可詠，少習於中闈，柳花興詞，獨嘉其」天縱。洎作嬪君子，翟茀以朝，同碩人之衛詩，若」鳴鳳之陳箴。何圖專城赴職，故劍先淪，背九仞」之華堂，歸重泉之厚夜。開元八年九月廿五日，」終於揚州司馬之官舍。嗣子希奭奉靈轝」而歸洛浦，追罔極□訴昊蒼。其年五月廿日景」寅，權殯於邙山之高原，禮也。仍恐陵谷易徙，日」月不居，敢勒銘於玄室，同不滅之金書。

下宅權窆，託塋脩陵，珠匣不處，馬鬣未興。月上」金穴，星迴玉繩，候吉辰而改葬，思晦朔而來昇。」

（周紹良藏拓本　河南千唐誌齋藏石）

開元一一八

【蓋】 失。

【誌文】

唐故蕭府君墓誌銘并序」

君諱舉，字高，蘭陵人也；葉散枝分，今又爲安陽人也。」曾祖德，隨魏州頓丘縣令；祖卿，皇朝同州司馬；父政，」板授趙州高邑縣令。君天璞自然，焕十城而騰彩；貞」姿獨秀，挺七年而振奇。神氣抑揚，瓌儀磊落，鬱若斷」山之峙，朗如明月之光。幼而純誠，長逾温雅。千門萬」户，畫地成圖；八索九邱，俄而能讀。忘懷魚鳥，得性煙」霞。未終山水之驩，遽嬰露晞之酷。以萬歲通天元年」十月十二日終于家，春秋六十有二。夫人南陽張氏。」亭亭似月，的的疑星，素範柔明，貞姿婉秀。梁伯鸞之」令偶，高謝其賢；老萊子之良妻，遠慙其德。唯敦絲枲，」不尚鉛華。蕭君不愁，宛頸偏棲，誓存同穴之誠，竟獲」靡他之志。以開元九年四月六日終于私室，時年九」十。即以其年歲次辛酉五月丁未朔廿一日景寅同」窆於相州城西卌里高平渠南五十步舊塋，禮也。斜」臨夢水，實大夫之故事；傍瞻仙嶠，即童子之遺塵。哀」子知古等，號天泣血，扣地絶漿。恐茂德風塵，清徽同」泯，爰勒石乃爲銘曰：

卓卓若人，巖巖峻節，如玉之」潤，如冰之潔。文麗潘江，學探禹穴，終焉適定，逝川不」綴。昔年如鳳，語笑雙遊，今驅素驥，同謝歸於一丘。」

（録自《鄴下冢墓遺文二編》）

【蓋】失。

開元一一九

【誌文】

唐故楚州司馬桓府君墓誌銘并序」

公諱歸秦，字歸秦，譙郡龍亢人也。粵若乩古，逮其烈宗，巍巍建侯，赫赫洪業，」羌難得而勝記。曾祖子玉，陳朝員外散騎常侍；祖法嗣，皇朝朝請大夫、太子」洗馬、雍王府諮議、修文館學士；父思敬，皇朝朝議郎、襄州襄陽縣令；夫若木」拂日其蒂固，長河委地其源深，則知鳳鶵五毛，麟種千里，公侯之胄，畢復其」始。公少而聰明，長而風雅，學不師就，文固自得，麟趾鴻漸，月亘日升者矣。長」壽三年，解褐任恒州靈壽縣丞，轉曹州司士參軍。迺者武后制政，」唐祚中微，奸臣構凶，醜吏潛慝。公堂弟彦範義不背約，勞甲兵於北軍；王必」李氏，殄梟鯨於中掖。居無何載，韋后匪淑，穢德彰聞，厥弟業廣惟勤，功崇惟」志，圖政弗難，有廢有興，居寵亡危，弗畏入畏。公坐因謫，降括州司功參軍。日」居月諸，多隔寒燠。迨元元有主，曆數知歸，詔銓管而滌瑕，與」刑書而雪恥。雖勳績未倍，而班賚且踰，遷朝議郎行楚州司馬、上柱國。公川」包海括，萬象不可外之而形；冰臨鏡鑒，庶品不可潛之而有。德不德，名無名，」金之人，星之精矣。夙譴括邦，罔以小人民不務；後錫楚，國匪爲大，海沂不康。」職無才兼，時未命合，蓄曜藏鍔，斂翼俛首，不飛不鳴，且日且月。或嘆公曰：周」西伯聖也，卜呂望於渭濱；殷武丁賢也，夢傅説於虞虢。公挺生匡弼，未簡」帝心，時兮時兮，其不固久。公志善琴酒，體閑水竹，座滿老成，門多長者。言必」合道，理能在經，聞風樂賢，蓄而不斁。詩云：樂只君子，德音不已。惜乎巨川且」濟，舟檝無所施其能；和羹盡作，鹽梅不可進其用。皇天是輔，厥言罔徵，其神」不傷，斯文空有。以開元九年五月廿一日遘疾，終於洛陽通遠里之私第，享」年六十有八。是歲秋七月十六日辛酉，歸窆於河南府洛陽縣清風鄉之原，」禮也。歌悲薤露，蕭感泉墟，冬夜夏日，歸于其居，嗚呼哀哉！天道無知，齊鄧伯」之亡息；神理何遠，與陳平之不嗣。有女一人，哀哀襲𨻳。嘗恐山沉谷滿，海變」陵異，雪泣霜摧。勒銘藏誌。其辭曰：

碩人其頎，曷以畀之？君子不器，郡以蒞之。海沂之康，實賴無疆；淮楚之式，終」然允臧。先人後己，鴻飛遵沚，居寵履危，鷄鳴不已。退耕無慼，進德罔喜，書不」云乎，易之有矣。且執匪并，脩身賤名，天地一指，金石獨情。座襲侯伯，門傳簪」纓，終日無事，遊心太清。良人猒猒，德音秩秩，時哉不與，命也何疾？奄去書臺，」長歸泉室，庶馨香兮不泯，等天地兮終畢。」

（北京圖書館藏拓本　開封博物館藏石）

開元一二〇

【蓋】失。

【誌文】

大唐故雅州名山縣尉王府君墓誌」

君諱大義，字大義，瑯瑘人也。粤自昔開方，雲鳥作紀，」衣冠晉國，勳銘景□，淮水興謡，歸仁授佩，高山仰止，」服德辭榮，並詳諸國史，而家諜所載。曾祖雄，齊秘書」丞；行淳端儼，履素終吉，遐觀秘籙，箴析圖要。祖才，荆」録參；父淹，文林郎；明鏡利劍，剖堅洞微；瑩璧壺冰，表」澄内徹。君雅韶貞操，徽縉清朗，受讀髫年，成麟弱冠，」以永徽三年明經擢第，拜江華主簿，尋轉連谷主簿。」恭翼屬城，

□□穆化，諭以威惠，吏不嗟冤；濟以寬猛，」人無道屈。俄遷名山尉。劍途險細，子陽不行；事主忠」誠，君當而去。在職未幾遘疾，永隆二年辛丑閏七月」廿三日，卒於官第。嗚呼！夫人雁門段氏，攜幼赴險，遷」柩歸塋，絜己悼躬，慈育孤雉。嘗内誡曰：德以資行，孝」以資身，揚名立己，孝之終也。孤子儇等，謹聞命而恭」敬，如履冰而勤勗，雖子從父令，無以過也。先天元年」十二月七日寢疾，卒於私第，權殯墳側。今以吉辰合」葬附於舊塋，禮也。銘曰：

自古有死兮冥歸泉路，聖人作禮兮棺槨塋墓，歛以」時服兮宅兆遷措。唯令德而不朽兮，勒斯文以封樹。

開元九年歲次辛亥八月甲戌朔九日壬午。

（北京圖書館藏拓本　河南千唐誌齋藏石）

開元一二一

【蓋】　檀夫人墓誌

【誌文】

大唐故楊君檀夫人墓誌銘」

君諱字貞，號郡弘農人也。祖禰因官，遂居此矣。曾」祖訓，隋任襄州別駕；分符莅郡，早興來暮之謡；辭」秩歸封，更結去思之嘆。祖表，隋任邢州南和」縣丞；上毗百里，製錦調人，旁贊六曹，弦歌理俗。」父宗，吏部常選；門襲簪纓，家承閥閱，實乃緒餘之」輩，是稱搢紳之流。惟君畢卯垂芒，兆異人之秀氣，」攝提貞觀，徵尚士之降靈。趣傲王侯，脱落塵俗。嗚」呼哀哉！春秋五十有五，開元六年八月廿二日卒」於私第。夫人檀氏。閨風簡肅，内則端嚴，明鏡晨開，清湘曉徹。春秋五十，開元六年三月十九日卒。以開元九年歲次辛酉八月景子朔九日甲申，合葬於」州城西北三里平原，禮也。此即迴瞰城隅，却臨洹」水。嗣子太明等，興嗟感衆，慟泣傷人，控三孝以馳」名，挹五常而取則。恐田海遷變，灰谷陵移，騰美譽」於蒿埏，勒芳猷於窀穸，爰陳徽列，以叙銘云。其詞」曰：令胄清規，芳傳祖禰，惟宗惟息，依仁服禮，萬代」汪汪，千齡濟濟。俄從鬼籙，人路長分，戹漚易落，葉露難」存。冥冥丘隴，寂寂荒墳，松吟風而水咽，桐泣露而雲奔。」

（録自《鄴下冢墓遺文二編》）

開元一一二

【蓋】失。

【誌文】

唐故南陽縣開國男行貝州司兵參軍事張府君墓誌并序」

夫功崇惟志，業廣惟勤，才子趨班，垂衣道長；忠臣奉國，文思化成，」前哲克播彝倫，後胤傳乎載籍。君諱思道，字勤王，京兆涇陽」縣人也。門承鐘鼎，代襲珪璋，氏以國生，班隋地進，才華挺出，文武」秀成，弼諧聖謨，敷奏天闕，薦文儒則清河吐月，命武士則」黄石開符，列史攸存，遺編可驗者矣。曾祖魏輔國驃騎大將軍」西郡公謚曰恭，雄風貫代，壯氣淩雲，長劍倚天，揮戈退日；祖隋」胡、勝二州刺史，皇朝梁州總管，謚曰順；襟靈雅濬，志節貞明，」來蘇遠謡，惟良是賴，位昇九伯，名震二朝。父金紫光禄大夫司」馭正卿，贈原州都督，謚曰安；曠代逸才，博文多藝，僉能見寵，位」處列卿。帝曰汝諧，星光照隴，功成身退，歸驂華山，始辭九□」之榮，終贈一藩之寄。公思理清遠，心鏡沖虚，膺五百之賢臣，□」千年之聖主，解褐授綿州參軍，親連紫禁，遣□丹墀，□」國門而斷心，瞻岱峰而謝魄。自貝州□兵參軍事，如意元年十」月廿八日殞於私第，春秋五十有四，以開元九年十月十日遷」祔于豳州宜禄縣之西原，禮也。嗚呼哀哉！哲人長謝，魂兮遥遥，」□默斯隔。靈龜啓兆，仙鶴占墳，一代英雄，玉顔掩晦，方春令譽，」金石流芳，其詞曰：

望自西涼，乘雲帝鄉，來朝北極，錫命」南陽。門傳將相，代襲珪璋，猗歟宗祖，永嗣無疆。其一。師尹赫赫，功」業巍巍，根深華茂，泉廣龍歸。二朝徵辟，九命聯輝，百城仰則，千」里宣威。其二。代秩公卿，雅譽清英，天王發詔，駟傳辭京。西戎退」境，北狄銷兵，哲人其逝，牧馬悲鳴。其三。承恩紫庭，贊治貝城，琴」前雉雊，鏡下鸞呈。月滿則缺，天道惡盈，暫逢淪翳，終冀康寧。其四。」清河霧歛，黄石霞霏，庭蘭掩馥，□桂沉暉，哺鳥羣集，愁雲亂飛。」

（周紹良藏拓本）

開元一二三

【蓋】失。

【誌文】

唐故銀青光禄大夫和州刺史上柱國瑯琊縣開國伯顔府君墓誌銘」

公諱謀道，字宗玄，琅琊臨沂人也。漢帝登臺而望海，地接神仙；齊王求」鼎以通周，人多智略。豈直郎官懷文武之用，素臣標德行之科而已哉。」曾祖慶，梁鎮北將軍、散騎侍郎、永嘉郡太守、臨沂縣開國伯；祖亮，陳給」事中、黄門侍郎；父顗，志忽軒黻，道深雲山，敕召授朝散大夫、蜀」王及兼巴州治中，並抑揚王國，出入天朝，弈葉光華，慶鍾于公矣。公天」姿秀傑，嶷然斷山，雅致孤高，邈矣清漢。起家右衛翊衛。既以六郡良家，」九重近侍，鴻漸于陸，鶴鳴在陰，調補澤州司法參軍事。夫古之列國，則」今之利州；今之司法，則古之司寇。自宣父仕魯，千載寂寥，政聲鬱興，而」公嗣作。屬大君有命，廣徵翹楚。公乃應孫弘之舉，即受生芻；以郄詵之」才，還蒙擢桂。遂授婺州司户參軍事，又任揚州大都督府倉曹參軍事。」俄以親累，左轉果州司功參軍事。國家以子産善人，桓伊非罪，□□」去三峡，東臨五湖，仍授朝散大夫、湖州烏程縣令、上柱國，又改邢州南」和縣令。制授大理丞，除虞部員外郎，封臨沂縣開國男，出爲相州長」史。題桂題輿，擅中外之美；第封棘寺，標官爵之榮。俄而遷涪州刺史，又」以銅梁地偏，劍閣天險，優詔轉和州刺史，改封瑯琊縣開國伯，加銀」青光禄大夫。公以皂旟紫紱，開國承家，位寵若驚，累求自退，渥恩見」許，告老丘園。春秋八十，以開元九年七月廿九日薨於東都之興藝坊」之私第。夫人會稽郡夫人會稽虞氏，隋内史侍郎世基之孫，簡州刺史」遜之女。行以門高，妻隨夫貴，雖後先暫隔，而丘壟同歸。即以其年十月」十日合葬於河南縣界之北邙山，禮也。嗣子宣州綏安縣令昭□□□」拜辭，殷憂從事，江山牢落，音問蕭條，晝夜未盡於長途，龜筮闕□□□」日。孫恬、悱、悰等，以何公大聖，空結嵩悲；劉氏深慈，還多密痛。白□□□」終老歲年；青鳥飛還，須傳靈異。

銘曰：
滄海東接瑯琊臺，鼓動靈氣生奇才。惟公生也禀靈氣，天所福兮天所」貴。分茅剖竹趨禮闈，金章紫紱生光輝。善始令終子任之，造化雙輴兩」輓子。同歸大夜西□之日東流川，北邙山上年復年。」

（周紹良藏拓本　河南千唐誌齋藏石）

開元一二四

【蓋】失。

【誌文】

唐故晉州霍邑縣令楊府君墓誌銘并序」

君諱純，字純，弘農弘農人也。初高祖諝，仕齊，爲魏元城守，因家焉，更爲魏」人也。若盛德之世，章譽所繫，熊熊龍光，首出庶族矣。非夫河岳重粹，神明」丕格，其能四代五公，永錫祚胤，若是其楙也！曾祖念，當齊之墜命，周之令」德，迪簡王庭，惟兹殷士，乃以爲臨淄、東阿二縣令。祖師，仕隋爲太子内舍」人；父瑀，時以門子拜齊王西閣祭酒，遷吕州治中。君受后土之中和，保元」天之正性，敏而好學，多識前言。書有六而咸精其體，經有五而盡登其奥。」立詞必於致用，吐論知其凝神。是能比駕曹王，慶越羣子矣。若夫忠篤宣」惠，强毅密察，其行己也恭，其與人也義。因心則孝，能竭其力。治中君之喪」也，絶漿數日，毁幾滅性，曾謂少連之善，實同皐柴之泣。既而廬于墳埏，長」號松檟，哀有生而必感，神無方而丕應。時則有靈烏之祥焉，有連理之瑞」焉。乾封中，以孝通神明，舉授密王府參軍；尋以内憂去職。苫廬不仕，十有」餘年。儀鳳初，授密州司户參軍，轉右驍衛騎曹參軍、左衛率府長史、晉州」霍邑令。歷仕中外，休聞烈聲，政思可樂，仁爲己任，閑邪存誠，不爲詭忉。常」以爲生而靜者性也，感而動者欲也，吾觀其復有以見天地之心，吾將寂」然可以通神明之故，絶聖棄智，何以宦爲。乃退而閑居，家于洛邑。古稱達」節，君實有之。既居河南，故又爲河南人也。享年六十有三。神功元年四月」五日遘疾，終於河南縣擇善里之私第。嗚呼！牛山有言，鷞鳩不存，夫子聖」者，而逍遥於門，同逝川而何歎，嗟哲人之安倣。夫人清河張氏，故趙州長」史、清河男獎之女也。繼夫人南陽張氏，虢國襄公士貴之孫也。咸軌秀二」門，訓昭六列，蘋藻殷於内奠，羽儀照於中闈。鞶組幾何，劍影旋落，觀東龜」以擇吉，訪西階而合葬，以開元九年十月十一日，遷厝于河南縣河陰鄉」之原，禮也。長子軌臣，吏部員外郎；次子温，杭州臨安縣尉；次子濬，長上果」毅。丘也東西，霜遷露往，悲宰樹之銷落，式昭賁于泉壤。銘曰：

於爍鴻胄，憲憲令德，孝友自衷，高明柔克。靈祥神應，利用觀國，再歷外府，」三踐中職。制義庶乎，斯皇之極。曰嬪曰嬪，維二夫人，同此世其何幾，共幽」泉而不春。

開元九年十月鐫。」

（北京圖書館藏拓本　河南千唐誌齋藏石）

開元一二五

【蓋】失。

【誌文】

大唐故澤王府户曹參軍裴君墓誌并序」

君諱自强，字自强，河東聞喜人也。漢聞平越，由來桑梓之縣；晉自遷吴，更」著衣冠之族。五代祖之平，梁右衛將軍、晉陵郡守、光禄大夫，謚僖公，循良」雄武之材，迹標梁史；高祖忌，陳左衛將軍都官尚書。樂安縣開國伯，喉舌」韜鈐之美，事具陳書；曾祖藴，隋御史大夫，位光副相，威震百寮；祖斯，隋左」率府長史，職在儲闈，名聞四率；父承宗，皇朝瀛州平舒縣丞，初隨班牒，始」贊絃歌，扶摇未摶，風燭先遽。君澄陂萬頃，孤松千仞，素履温恭，黄中元吉，」行有餘力，學優方仕，解褐澤王府户曹參軍。宦遊大國，時騁望於白蘋；陪」奉小山，乍淹留於丹桂。始嗟賈誼，空有才名；還歎公明，獨無年壽。垂拱元」年二月十三日遘疾，卒於永豐之里第，春秋五十有六。即以其年十月十」日安厝於邙山平樂鄉之原。夫人京兆杜氏，晉鎮南將軍當陽成侯預」之十一代孫，皇朝汝州郟城縣令立素之季女也。洛川霞月，巫山雲雨，翡」翠奮翅，鳳皇于飛，柔順有聞，譽延中外，言行無玷，聲成閫閾。始謂鳳吹仙」遊，長陪簫史；豈言論德謀謚，奄議黔婁。既爲恭伯之詩，還製士師之誄。而」良人早丁荼毒，兼喪友于，歲月不便，松楸未植，爰始彌留，深相託付。夫人」罄竭資産，營求窀穸，四序未周，三墳咸舉。吴逵之婦未足擬儀，皮京之妻」豈能連類。道路傷歎，親朋嗟感。既而躬親紡績，訓導孤遺，咸嗣箕裘，並聞」詩禮。故能克成茂器，終享榮禄，舉趾昇輿，曹大家之隨子；頓足起舞，潘安」仁之養親。嗟乎！暑往寒來，天道且猶崇替；樂極悲至，人生何得久長。開元」七年二月九日奄終於扶溝之官舍，享年七十有五，粤九年龍集辛酉十」月乙亥朔十一月乙酉，合葬於平樂鄉之塋，禮也。長子前魏州貴鄉主簿」榮期，少子前許州扶溝縣尉昌期，並遊藝依仁，自幼及長，承敬女之禮訓，」稟孟母之慈奬，悲逝川之不留，歎過隟之遂往，何以報德，既負土而成墳；」何以楊名，仍勒石乎幽壤。銘曰：

虞叔封建，地惟河汾；珪□鳳葉，川」效龍文。賢彦踵武，載籍揚芬，吏部玄鏡，清通逸羣，司空論道，水土平分。盛」德有後，惟君秀出，天府策名，王門委質。穆申并輩，唐宋爲匹，未賦惟風，俄」隨逝日。卓彼令淑，來承巾箒，泛舟中河，時稱節婦。徙鄰斷織，亦曰賢母，既」極孝養，且終仁壽。生非金石，命固推遷，罷遊李徑，行即松埏。兩劍同晝，雙」鳧共川，荒茫丘壟，悽慘雲烟。嗟噭噭之遺嗣，訴哀哀於昊天。」

（周紹良藏拓本）

開元一二六

【蓋】失。

【誌文】

唐故通議大夫瀛州東城縣令上柱國張府君墓誌銘并序」

南陽張府君諱景旦，字昇明，太原祁人也。昔雄謀妙算，遊俠重乎强秦；逸韻忠規，冠冕」盛於炎漢。賢豪與文儒間出，道義將玉帛相輝。故能弈葉傳芳，軒裘不替。廿四代祖即」漢太傅留侯，決勝運籌，功成身退，粃糠軒冕，與道翱翔。祖偉節，隨應制舉，皇邢州司」法參軍事上大都督，如霜之潔，實欽輕重之刑；如玉之温，不革幽明之操。父萬頃，皇」解褐冀州華縣尉，轉絳州聞喜縣尉，益州雒縣尉，授魏州頓丘縣丞；明經行脩，出忠入」孝，三登仙尉，一佐銅章，俾刑政之克清，佇家聲而不替。而動必安道，喜怒不形，故能淵」嘿其度，發輝代業。君即府君之長子也，稟淳懿之和，承衣冠之緒，温良恭儉，凱悌穆於」閨門；慈惠簡誠，忠孝刑于邦國。學行可以軌俗，文藝足以光身。解褐拜撫州司倉，非其」好也。千陸始資，出納惟允，宰社識陳平之量，臨財知鍾意之清。秩滿授洛州清漳縣丞，」從常調也。毗贊一同，政成百里，位卑量遠，守道晏如，又轉拜汝州魯山縣令。君乃布其」温德，以蠲粃政，人勉知恥，俗以化淳。祇末宦於三州，樹豐碑於兩地，轉授楚王府掾。剪」桐懿親，分茅擇輔，賈生既名高河洛，枚叟亦譽重梁園。俄以親累，出爲合州漢初縣令，」加通議大夫上柱國。鳴琴不下，江漢懷仁，始聞五袴之謡，終傳三異之德。秩滿改授瀛」州束城縣令。君志以清遠，政以久成，下車可師，中道惟簡。又申之以敬讓，濟之以威刑，」洋洋政聲，有高於時論；駸駸逸足，未展於亨衢。方將論道佐時，敷六籍之猷訓；克光前」範，聯七葉之貂蟬。而天不憖遺，殲我良士，哲人去矣，太山其頽。春秋八十有四，開元五」年五月四日卒于汝州龍興縣之莊所。嗚呼！夫代必須才，才高不必遇於代；位以養德，德」茂不必尊於時。故仲尼不保於司寇，子雲纔安於執戟，蓋命與時舛，豈才將運乖。福善」禍淫，神其奚則。夫人太原王氏，瓜州燉煌縣令凱沖之第五女也。端肅靜恭，閑情眇識，」含德秉禮，琴瑟是諧，春霜剪榮，先君而殁，春秋二十八。總章四年三月十八日，卒于并」州祁縣，權殯于祁縣。後夫人安定皇甫氏，汝州長史皇甫瑾之姊也。苕華蕣姿，澡曜閨」閫，白駒易往，碧樹先秋。春秋卅有九，垂拱四年五月廿八日卒于汝州魯山縣之官舍。」即以開元九年，大啓塋兆，十月十一日，合葬于河南府河南縣梓櫸鄉張封村西二里」邙山原，禮也。嗣子重暉等，銜恤茹荼，懼遷陵谷，乃刊石紀行，志于泉扃。其詞曰：

斤斤南陽，貂璫茂族，弈葉鍾慶，蟬聯代禄。職勞州縣，操履堅芳，聲傳鳳沼，名播鴛行。挺」生令宰，既明且哲，韜兹墳素，藴此忠烈。行不踰矩，遊必有方，出孝入悌，立言成章。」皇天無爽，惟德是資，世長運促，神其昧斯。道既無助，仁其奚至，輔德未弘，泉扃已閟。合」葬殊古，同穴非今，千齡萬恨，寄此松林。」

（周紹良藏拓本　河南千唐誌齋藏石）

開元一二七

【蓋】失。

【誌文】

唐故正議大夫使持節相州諸軍事守相州刺史上柱國河南賀蘭公墓誌銘并序　故吏尚書工部郎中隴西李昇期撰」

公諱務温，字茂弘，河南洛陽人也。其先太公之後，代爲慶氏，至侍中純，避漢安帝父諱，改爲」賀氏。洎後魏尚書令訥，以元舅之貴，定建立之策，封賀蘭國君，始賜姓賀蘭氏。鴻源蟠乎代」禄，異才駢於累構，故奮鱗雲飛，鬱爲茂族。曾祖蕃，周開府儀同三司、隋禮部尚書、成安郡公；」祖師仁，皇朝銀青光禄大夫、散騎常侍、應山公；父越石，朝散大夫、洛州長史；通門盛德，」列侯繼軌，並動藏王府，錫光彝器。公滋靈元和，挺秀清茂，干櫓載籍，□服訓度。故詞翰卓起，」草玄諧神，禮樂自持，士林獨步。若乃天機尚乎雅澹，心境忘乎喧雜，發言造微而轍跡不見，」履行惟古而芳聲允答。有不得已，舉茂異，與太原王適、隴西李迥秀，並對冊高第，解褐授鄭」州參軍，非所好也，尋授右領軍兵曹。

載初中，應大禮舉，召問前殿，天子異其册，拜家」令丞。時中書令岑公雅所歎伏，特薦公知制誥。屢奏赤墀之下，將矯青雲之翼，屬」太后親政，獄連皇枝，公婚結河間，官因左退，貶授泉州莆田主簿，大牢、介休二令，更重貶」汴州司倉。時姚韋便□禁闈，是平生密友，歎是遐遠，公言朝廷，尋而有敕改括蒼令。公自」流落不偶，十七八年，遊心老莊，取樂閑放而已。夫杖不羣之量，懷獨見之明，必□屯夷，始濟」經久。故轗軻邅竄，周流江湘，窺夢渚之孤煙，折縉雲之芳草，久矣哉！苟垂翅取安，守道自得，」故無懵於泥蟠矣！中宗龍飛，再張日月，洗是幽滯，始趨天闕，入拜少府監丞，仍加朝散。」累遷主客員外、祠部郎中。時以爲騫翥掖垣，刷蕩綸翰甫矣。屬韋氏用韋，政出椒房。假脩佛」道，廣崇彫飾，招提積於金碧，僧籍盈於浮僞，至乃牆衣朱粉，室窮丹雘，避丁背役者，愛是愉」樂，如歸市焉。公深鑒蠹時，思以易軌，因大閱名簿，一時綜覈，奏正還俗二萬餘人。于時緇服」以清，粲然式叙。禮部尚書薛稷熏灼當代，欲摇動此流，公固執如一，不爲之撓。及入秉機務，」縱心高下，梁鴻五噫，不收天下之才；張衡四愁，且拜河間之相。古猶今也，因而左出，拜儀州」刺史。未幾，除揚州司馬。時長史爲按察，每入奏出巡，多不在郡，政之大小，咸決於公。公以廣」陵要衝，天下所湊，刈姦詰暴，因而大理。朝廷懋是聲績，欲徵近侍，會舊鄰遺壤，有夫淩城，」帝思俾乂，恭膺作牧，拜相州諸軍事相州刺史。戢暴以勝□，陁威以輯俗，導人以本，不奪其」時，柔寬式暢，禮讓潛滋。是以逋亡獲首丘之感，畎畝欣故年之業，懷我美政，夫耕妻饁。是用」惠問旁塞，休聲四流。方驤首泰階，謁見雲陛，享年不永，終於官舍，春秋六十五。官屬僚馭」等，駿奔良醫，召巫陽以啫請；逢天之慼，赴喪位以驚慟。暨靈輀發軔，象物列途，人吏傳哭，響」接郡界，雖鄭喪國産，亦不是過焉。有子晉、臨、貴、恒等，銜恤在疚，偪然靡奉，粤以開元九年十」月廿三日遷厝於邙山之原，禮也。公絶世風流，卓然秀異，涯檢苞於羣品，精密該於庶事。凡」再昇臺郎，三典郡國，每雲霧一覩，聲華曖然。所與士君子結蘭桂，交桃李，莫不飛管氏之雲」鴻，泛孔明之魚水。和我鼎實，光哉寶臣，而不踐亨衢，永淪荒壚，敢圖遺跡，刊於幽誌。銘曰：

岳降神兮才爲時，門載昌兮德潛滋，導禮樂兮操自持，韞珪璋兮逢聖期。出入臺省兮增懋」益，典牧州郡兮多異績，宜參乎弼諧，光是典册。天方休兮喪寶臣，朝雪泣兮代思人，雖奮鱗」翼於羲唐之運，惜不與稷离兮爲鄰。邙之陽兮洛之涘，見河山之表裏，壟隧開兮清月愁，」松栢生兮悲風起。有南州之故吏，述芳聲兮是紀。」

（北京圖書館藏拓本　河南千唐誌齋藏石）

開元一二八

【蓋】大唐故樊府君墓誌銘

【誌文】

□□□左千牛衛長史樊君墓誌并序」

□□諱覽，字玄覽，本南陽人，後徙居。今爲」□□人。漢諫議大夫重之後。祖信，父惠，並」□名於時。府君懷忠慎，積孝友，四從京職，二注衛官，未經拜署，□□□瘵，以垂拱四」年終于私第，春秋五十有三。即以其年葬」于北邙山禮也。夫人趙郡李氏，沂水主簿」成之第二女。奉姑主饋，訓子持家，見重於」黨。長男以學行從政，小子□文章有名，皆」夫人之教。神龍年，隨子任于貝丘，遇疾終」於路左，春秋六十有三。即以其年權瘞於」□側。以開元九年十月廿八日，改卜于先」塋。周公陳合葬之儀，小子遵遷祔之禮，敬」題幽壤，式著銘云：

衷哀父母，生我劬勞，」欲報之恩，昊天罔極。令申小子之徵志，奉」周公之始則，伏惟明靈，永安斯域。」

（北京圖書館藏拓本　開封博物館藏石）

開元一二九

【蓋】失。

【誌文】

大唐故通議大夫使持節寧州諸軍事寧州刺史上柱國裴公墓誌銘并序」

公諱撝，字思敬，河東聞喜人也。其先帝顓頊之苗裔，周封爲秦。秦景公母弟曰鍼者，始居于晉平公邑之同川」之裴中，因而得姓。夫其靈源遂遠，德門曾構。三光改照，遷魏晉之衣冠；五色自然，象河汾之寶鼎。雖復時經沿」革，道有陵夷，在宗載考，世爲著姓者矣。曾祖尼，周小御正、鎮遠將軍，贈輔國將軍、隨州刺史，周書有傳。周徵」伯冏，是作御臣；漢命仲昇，初爲窆遠。惜餘功之未報，恩表贈官；見爲政之必聞，名書列傳。祖爽，隨洛州澠池」令，皇朝受正議大夫、招慰蜀漢道。魯恭之爲上宰，譽高東漢；陸賈之拜大夫，行卑南越。父希莊，皇朝太」子左贊善大夫、陳州刺史。造銅樓而翊若，頻叶問安；握金節而頒條，遂聞求瘼。盛德行於弈葉，餘慶歸其有後。」公即使君之第五子也。受堪輿之閒氣，稟岳瀆之純精，豫樟七年，足以淩陋羣木；騏驥一日，於是沛艾長」途。將立身以揚名，遂進德而脩業。弱冠以宿衛高第，解褐拜舒州司户，從常調也。自孝移忠，學優則仕，蘭錡克」鞏，試輯黔黎，荆舒是懲，方遷畿甸。秩滿，除洛州偃師縣丞，斯用能也。尸鄉古隧，亳邑遺甿。道在斯尊，君山終然」不樂；德成爲上，子文以之無愠。遂轉温縣丞。無何，丁内憂去職。忠信之理，再結羣心；霜露之悲，俄纏至性。杖而」後起，聖人存不滅之儀；琴猶不和，君子迫俯從之禮。服闋受荆州都督府兵曹。衡陽大郡，司戎要職，教之有勇，」且使知方。既還上游之風，遂踐積高之地，又除雍州司法。秦漢舊都，刑放於寵；京劇大獄，政必俟能。雖存漏網」之書，實有鬻棺之諺。公乃勤心伏念，厲精求直，既哀矜而勿喜，亦苟戮而無瑕。於是昇聞天庭，詔加朝散」大夫行洛州録事。邦君坐嘯，始聞河洛之康；邑老行哥，遂得神明之宰。旋除武泰縣令。是洪滎之故地，連制」巖之前邑。不齊則事者三人，孔丘惜其理小；士元則才非百里，魯肅任以持中。除潞州司馬，俄而累遷冀州長」史。上黨武鄉，風雲成俗，陶唐光宅，桑梓遺塵。拜國於是不空，齊魯由其一變，遂膺朝命，爰拜殿中，詔還尚舍」奉御。翠幕珠軒之設，惟帝其難；綺襦紈袴之中，非公所好。廷議有悔，官斯擇人，用降天書，俾臨星位，詔」還虞部郎中。貌足動人，有漢皇之題柱；心唯徇國，見樊梵之張燈。是曰良才，旋聞共理，詔還使持節泗州刺」史。邑稱洙泗，境接淮夷，高祖長亭，弊冠如在，夏王任土，浮磬猶存，舟車往復之郊，楚漢連衡之地。公德以利」用，禮必從和。伊枳棘之不生，下車未幾；及旌麾之改授，卧轍相仍。詔還使持節寧州刺史。公之□也，貪夫」黜吏解印者已十二三，彤襜道途，乃喟然而歎曰：昔留侯名遂，愿赤松之遊；疎傅宦成，享黄金之賜。豈非見機」而作，知止不殆者也。況吾終過兩朝，出入三代，比西京之戚里，家開鳳樓，守南面之通班，門列熊軾，可以辭」寵禄，可以庇子孫。頻上表疏，固請骸骨。天子優而許焉。所謂進退以禮者矣。於是載懷靜退，乃眷田園，遊青」草而不歸，籍白茅以無咎，宜其介此眉壽，如月組之褰；豈謂拘於小年，與風燭而同盡。嗚呼哀哉！以太極元年」三月廿六日寢疾，薨於東都宣教里之私第，春秋七十有七。公幼而明晤，長而敦睦，身長七尺，目運一寸，鬚」眉若畫，神彩射人。至於觀行察言，探賾索隱，有以知其動靜，有以識其行藏。加以彌精之放，尤工音律。伯陽論」道，置生死於深溪；季札聞哥，辯興亡於列國。蓋千載一時也。及屬壙之日，遺命斂以時服，諸無所藏，凡附於」身，必誠必信，公有立身之道矣。有行己之方也，非全而歸之者，熟能與於此乎？粵以開元九年十月廿九日」與夫人權氏合葬於河南縣平樂鄉北邙山之南原，禮也。夫人諱堅，字固兒，略陽人也。監門將軍萬春之孫，左」衛率文獎之女。若乃輔秦翼趙之功，備諸國史；樛木葛蕈之化，爰作家風。婉順可以丹青今古，閑詳可以儀範」中外。府君凡三臨縣，六佐州，居□省者二官，主外臺者兩郡，所蒞之職，輒以政聞。雖懷獨斷之明，抑亦夫人」贊助之效，遂以命婦進封天水郡夫人。及其饋主朝奠，哀深晝哭，拒齊侯之吊禮，必待晝宮；移孟子之童心，恒」聞卜宅。天則欺善，人實未三。以開元八年八月二日卒於汝州臨汝縣之山第，春秋六十有八，亦以開元九年」十月廿九日祔於邙山之墳，禮也。北堂寒月，猶鑒孀帷；南斗夜星，終知同匣。嗟乎！九原寂歷，徒懷可作之心；三」泉窈窕，非復平居之事。有子琬、玠、瑒、瓊、璵、璘、琥、玘等，並充充有窮，泣血相對，恨劬勞之莫報，詠蓼莪以崩心，庶」天壤之可疇，刻金石而旌德。乃爲銘曰：

顓頊之後，季勝之胤，非始封周，鋮仍居晉，源流赫弈，衣冠昭振。將軍賈象，厥容孔多，大夫專對，每事從和，德應」維岳，榮歡夾河。七年萬仞，一日千里，蘭錡克清，荆舒攸止，化人東甸，主兵南氾。如日效績，均風是膺，滎陽作宰，」潞邑爲丞，陶唐已輯，涣汗俄徵。翠幕干雲，青縑待夜，泗川卧轍，彭□行駕，優遊自全，奄忽而化。河魴啟鯉，」蕙聞蘭心，言必閫閾，和如瑟琴，始異生死，終同古今。鼎邑喧闐，邙山窈窕，榮奏鼓角，哀封宅兆，晝月長闇，藏燈」不曉。陵遷岸徙，露往霜來，倚鹿侵栢，飛鴞集梅，平生已矣，行路哀哉！」

（周紹良藏拓本　河南千唐誌齋藏石）

開元一三〇

【蓋】失。

【誌文】

大唐前左衛翊衛裴君夫人李氏墓誌銘并□」

夫人諱芳字秀秀，隴西成紀人也。僕射靖之曾」孫，清陽縣令處叶之女。函關真馭，伯陽則□□」可尋；洛浦仙舟，元禮則波瀾未竭。高冠長劍，世」爲着戴之宗；暮雨朝雲，獨得神仙之氣。年廿有」一，作嬪高門，葛之覃兮，容功盡歸於内則；李何」穠矣，婉嫕必由於中饋。是積餘慶，方貽後昆，宜」其不褰不崩，神降之吉；豈謂將安將樂，天奪其」壽。享年不永，嗚呼哀哉！春秋卅一，以開元六年」七月廿五日卒於汝州梁縣之別業。即以九年」十月廿九日，祔於河南縣平樂鄉北邙原寧州」府君之大塋，禮也。良人撤瑟，撫珍簟而傷神；幼」女未笄。對畫屏而泣血。樹當年之松栢，坐見爲」新；刻疇日之芳華，期於不朽。乃爲銘曰：

宗之榮，夢之吉，生淑媛，仇良匹。入高門，饋下室，」如桃李，合琴瑟。善有餘，神不恤，遷旅櫬，從彝秩。」□疑雲，埋晝日，平生盡，天地畢。」

（周紹良藏拓本　河南千唐誌齋藏石）

開元一三一

【蓋】失。

【誌文】

大唐故嶽嶺軍副使王府君墓誌銘并序」

君諱脩福，字脩福，其先太原人，因官今爲晉人矣。昔者孟津百駕，」武王創酆鎬之源；少海承華，太子錫神仙之胤。其有五侯貴戚，盛」鐘鼎於西京；百戰將軍，布金錢於北洛。自茲厥後，冠蓋相望。曾祖」暹，隋潞州司馬，毗隼旟而建職；祖忻，唐鄭州別駕，乘鶴蓋以臨人。」父朗，明經擢第；韋賢之棄籯金，桓榮之拾地芥。君汾水敲雲之氣，」姑山凝雪之精。豫樟七年，鬱起磨霄之幹；驊騮千里，早申躡影之」功。暨乎成立之年，有敏捷之致，迺學騎射，妙絕時人。宿衛滿，授慶」州永業府右果毅。五校斯臨，六韜攸寄。應舉及第，轉岐州洛邑府」左果毅。先天元年，御史大夫李傑奏稱清謹過人，授本府折衝。地」稱右輔；州枕嶔亭，致果一時，折衝千里。」敕與緋及魚袋，定」州嶽嶺軍副使。荆軻殉節之地，歌易水而不還；簡子秘符之□，臨」代川而有喻。君鎮守北嶽，坐免南侵，實賴副軍，廓清邊朔。方欲揮」戈駐日，却從三捨之遊；何圖隟影不留，俄迫九泉之路。開元四年」五月十二日，終定州之館舍，春秋五十有五。夫人侯氏，簾帷香歇，」遂罷朝粧；鏡室塵昏，方沈夜月。即開元九年十一月三日，歸合葬」於晉州城東南三里之原，禮也。君出忠入孝，既文且武。龍泉失鍔，」摧五色於赤山；驪穴沉輝，碎千金於紫貝。佳城有夜，泉路無春，人」生既然，天道何説！仲子右領軍衛翊衛景珍，季子翊衛景陽，痛深」吹棘，悲纏集蓼，思罔極之難報，恨頹光之易收，恐地變高深，代移」今古，爰題片石，故勒其銘。漢稱古輔，舜宗北嶽，從官遷改，」運籌帷幄，食菜攸終，威行邊朔。其一。惟君之生，早歲飛聲，忠以報主，」孝以揚名，立身垂範，爲代之英。其二。彼美夫人，作嬪君子，始穆家室，」顔衰桃李，婦德伊何？傳之女史。其三。郭門直視，慘然改容，霜獵宿草，」風捎古松，人歸玄夜，冥寞何從？□□」

（録自《八瓊室金石補正》卷五十一）

開元一三二

【蓋】失。

【誌文】

故游騎將軍上護軍坊州思臣府左果毅都尉暢公墓誌銘并序」

公諱善威，滎陽人也。先承大業，俶流胤於唐堯；緬」習衣冠，再持權於漢后。公松竹立性，風雲助氣，文」武不墜，英雄在身，謀謫有陳平之奇，統領得廉頗」之法。屢殲小醜，頻獲茂勳，以貞觀廿一年正月六」日特敕錫五品兼上護軍，解褐授懷州軹城」府右果毅都尉。作法於諒，立政以清，吏畏其明，人」懷其惠。以顯慶三年四月廿二日除坊州思臣府」左果毅都尉。政未逾稔，禮義大行，獎鋭戎麾，軍容」有序，以龍朔三年八月九日遘疾於京兆府長安」縣之別業也。夫人太原王氏。容德兼淑，績紝是勤，」動止合儀，舉措成禮。以上元三年九月四日，終於」思州官舍。嗣子處權，久積荼苦，常懷罔極，極誠不」謝罄懸，將崇合葬之禮。以開元九龍集辛酉十一」月甲辰朔六日，遷窆於河南府河南縣邙山之北」原，禮也。卜其宅兆，龜筮叶從，刻玉石於泉扃，冀傳」芳於不朽。其詞曰：

人理倫替，天道艱難，芳叢」折桂，長坂殘蘭。昔日久空，今遷共安，鳳絃琱韻，龍」劍成歡。風林葉落，霜郊隴寒，盛德幽紀，貞石斯刊。」

（北京圖書館藏拓本　河南千唐誌齋藏石）

開元一三三

【蓋】失。

【誌文】

大唐贈懷州河内縣令梁公石誌哀□」

公諱皎，字元亮，安定烏氏人。臣唐有伯益者，實能制義，庶乎弼諧□」德。公之先也，隋刑部尚書、邯鄲侯之孫，昨城令、龍州司馬之第二子。」公五精發秀，二合陶神，內文明，外柔順，言有物，會有宗，造次必仁，□」始于學，明矣誠矣，藏焉脩焉。以明經秘書校書，歷嘉州參軍、豪州司」法、潤州司士、鄜州司功。以文學政事，簡在宸鑒，敕授左衛」録事參軍。祆除其□，□裕大德，謹以敬恪，奉以忠信，考中度衷以蒞」之，昭明物則以訓之。是故邪謀閉而不興，庶物節而咸極，遠之則有」望焉，近之則不厭焉。

降年不永，春秋卌九，天授二年八月廿九日終。」惟公安時處順，智崇禮卑，不聰明於淫慝，不充詘於名利，人倫多□」賞會，逆數□於坤乾，其事肆而隱，其言曲而中，所謂窮神知化德□」盛也。初淮海放命，人情憂危。公體大易存亡之倫，運飛宮象緯之數，」軍謀攸寄，指麾皆下，求情而不尚其功，處厚而不大其事，深自損退，」禄亦不及。所謂軍旅不避難，朝廷不辭賤，蓋有魯仲連、陳太丘之高」焉。迨證聖初，中制議追遠之勳，茂賞延之典，禮贈懷州河内令，」仍授長子焕滑州酸棗尉。存著謙光，歿被榮命，始終之賓實也。」夫人滎陽鄭氏，諱琰，字季玉，刑部尚書之孫，廣州長史之第二女。生」有淑德，長而孝義，事姑資承親之歡，逮下體樛木之德。歸于我」公，鳳凰之祥也；均育七子，鳲鳩之慈也；□家敬肅，絺紘之謂也；涖事」有禮，母儀之尊也；奉祭不祈，主饋之貞也；不亦緯成四德，義穆二宗」者焉。旻天降禍，聖齡徂落，年六十八，開元九年七月十六日薨」背。其年十一月六日，合葬于河南金谷鄉之北原。煒等煢煢在疚，嬰」羅荼毒，訴絶穹蒼，形存苦塊。徒以脩廟薦食，陳器設衣，永惟」慈陰，昊天罔極。小子炫敢循前列，銜恤爲序，將以抒孤□之心，非□」□髣髴之録云。」

第二子煒繕書。

（北京圖書館藏拓本）

開元一三四

【蓋】失。

【誌文】

唐故朝議郎行登州司馬上柱國王府君墓誌銘并序」

公諱慶，字弘慶，東萊掖人。漢議郎扶即其先也。崇勳重爵，」允光前史；休風茂範，克被後昆。祖相，隋任齊州録事參軍；」考遏，隋任濟州東阿縣令；並容表魁傑，機神穎悟，雖位不」充量，而行足揚名。公幼得奇童之目，早標正人之稱，多才」藝，尚沖簡，隱不違親，貞不絶俗，年甫弱冠，河濟名流，翕然」已想望其風矣。龍朔初，刺史河南丘孝忠褰襜海甸，下車」未幾，便引公爲談客。時高麗餘孽，作梗遼川，詔徵舟師，」濟自黄腄。丘君以公有深謀遠算，遂要在中權，同郗超之」入幕，類田疇之出塞，閱賞酬庸，拜上柱國。軍罷，敕授昭」武校尉、營州都督府瀘河鎮將。馬邑蕭條，龍山阻絶，肅恭」王事，余病未能。久之，除雅州和州鎮將。昔我先君嘗旋驂」於九折，顧惟微尚，愿栖閑於一丘。是時太夫人在堂，有羸」老之疾。公孝性純懇，興言飲淚，衣不解帶，藥必親嘗，居喪」之禮，哀毁過制。萬歲通天元年，白虜趑趄，鋒交碣石，青林」失律，火照甘泉。天子詔左衛將軍薛訥絶海長驅，掩其」巢穴，飛芻輓粟，霧集登萊。監軍御史范玄成與公素遊，揖」公清幹，且以元佐務簡，得兼統押，乃密表馳奏，朝廷許焉。」俄除朝議郎行登州司馬，仍充南運使。恩命光臨，飭躬」就列，情勤侻使，義篤均勞，紅粟齊山，飛雲蔽海，三軍歎美，」僉曰得人。聖曆中，運停還伍，公雅愛虚寂，林壑之致，始終」不渝，雖囂塵滿庭，常嘯　無斁。昔桓温每云：我方外司馬。」豈斯之謂歟？何圖天厲不戒，奄從化往，春秋六十七，以神」龍元年十一月二日卒於官舍。嗚呼哀哉！夫人同郡吕氏，」劍履舊族，言容夙備，作配君子，宜其室家。而與善徒欺，未」秋先落。粤開元九載龍集辛酉十一月甲辰朔六日己酉，」昭啓靈殯，合葬於掖城東南五里崗掖山之陰，禮也。嗣子」瀛州司户參軍璬，處孝出忠，自家形國，啼枯栢樹，思結寒」泉，勒豐石於夜臺，播餘芬於永世。銘曰：

嘉哉華胄，世濟賢秀，猗歟若人，不忝其舊。幼有令名，長□」宦情，飛談入幕，堅卧辭榮。始乃事親，終惟報國，方舟轉鑲，」遼水無極。展驥來旋，仁風允塞，雅懷未愜，痼疾彌留。荒涼」池館，零落山丘，劍埋同匣，樹聳行楸。蒼蒼日暮，煙鳥空愁。」

（録自《績語堂碑録》，據《山左冢墓遺文》補字。）

開元一三五

【蓋】失。

【誌文】

故大唐王君墓誌銘并序」

君諱達，太原人也。祖因宦，遂爲上黨人。」祖買，志拔貞筠，挺生孤傲，不將仕以爲」美，不冀利而闓已。君恢恢雅操，郁郁詞林，恒」以風月伴心，每慕平生可重。不謂桑榆」日迫，松栢俄凋，春秋五十一，垂拱三年九」月廿三日卒於私第。夫人馮氏，四德早」閑，三周美稱，五十亡於家第。先婚李氏，」德行齊美，詩禮俱兼，以開元九年歲次」辛酉十一月甲辰朔十七日庚申合葬於」長子城東南平原，禮也。南臨漳水，淼」淼長流；西據鳩峰，峩峩天半。嗣子信及，」恐桑田爲海，刊石記之。銘曰：

恢恢端拱，才器高聳，生平接袖，自怡自」寵，今日再奄，萬代荒隴。」

（録自《山右冢墓遺文》）

【蓋】失。

【誌文】

大唐故蘇州常熟縣令孝子太原郭府君墓誌銘并序　進士吳郡孫翌文」

夫孝者百行之本，故詩美張仲，傳稱穎叔，所以軌物而前乎人用也。悠悠千古，」誰其似之？實我府君，能錫類矣。公諱思謨，太原平陽人。其先出自有周虢叔」之胤，史諜詳之矣。爾其隗以奇策立，丹以志業聞，泰以人倫稱，象以文學著，隤」祉積慶，世不隕德。曾王父昇，周朝東平將軍、上儻郡守；大父則，隋銀青光」禄大夫、尚書度支郎中、淮陵郡守、隴右巡農使；邊鄙不聳，實資介胄之雄；儲偫」已均，方知會計之力。專城無警，奉使有光矣。嚴考敬同，皇幽素，舉高第，養」親不仕。易曰：幽人貞吉。又曰：素履無咎。幽素之義，其大矣哉！幽素府君有三」子，其季曰我公。俱仁孝絶倫，感通天地。太夫人嘗有疾，思羊肉，時禁屠宰，」犯者加刑，日號泣於旻天而不知其所出。忽有慈烏銜肉置之階上，故得以馨」潔其膳。猶疑其儻然。他時憶菴蘿菓，屬鬻發之辰，有類求芙蓉於木末，不可得」也。兄弟仰天而歎，庭樹爲之犯雪霜華而實矣。公取以充養，且獻之北闕。」于時天后造周，驚歎者久矣，命史臣褒贊，特加旌表。無幾何，憶新筍，復如向」時之苑結，又無告焉，後園叢篁，忽苞而出，所居從善里其竹樹存焉。異乎哉！書」傳所闕者，今見之矣。公始以孝子徵，解褐拜定州安平縣丞，下車未幾而東」胡作孽，虔劉我士卒，撓亂我邊陲，恒代之間，亭候無守。河決非覆簣能制，原燎」豈負甕可加，而公之小邑亦受屠矣。身被囚虜，命懸鋒鏑，出於萬死之中，興」其一切之計，大殺寇盜，載完郛郭，雖田單之復齊城，曹沫之歸魯地，蔑以過也。招慰使奏加公朱紱，撝讓不受。屬内憂，服闋，轉江陽縣丞。又應廉讓舉，擢武」功尉。秩滿，遷常熟令。凡佐三邑而宰一縣，所居必化，所在必理，專務於德，夫何」不臧！公之二昆，長曰思誨，易州司馬；次曰思訓，大理司直。不永介福，俱已先」世，遺孤凡十有三人，或在髫齓，或居襁褓，公撫之育之，出入腹之，子漸乎義方，」女嬪于他族，人不知其諸父。蓋孝悌之至也。稟命不融，春秋五十九，開元九年」正月二日寢疾，終於官居。以其年十一月甲辰朔十七日庚申祔葬洛陽東門」平川，禮也。初公娶于彭城劉氏，無子而卒；再娶河南元氏，有二女，亦先朝露」矣。琴瑟不可以終徹，享祀不可以無繼，又婚清河張氏，故江州刺史嘉言之孫，」奉禮郎慎思之女。作配君子，休有列光。彼蒼如何？殲我良人。有子曰完，曰宷，伶」俜幼沖，未知飾終追遠之禮。易州府君冢嫡宇，採他山之石，昭銘景行。其詞曰：

循陔孝子兮行通神明，家邦必達兮休矣清聲。天難忱斯兮胡不永齡？哀哀羣」稚兮泣盡孤塋。」

（録自《芒洛冢墓遺文》卷中）

開元一三七

【蓋】失。

【誌文】唐故處士韓君墓誌銘并序」

君諱德，字惟行，上黨長子人也。」自匡周道茂，孤標宣子之威；輔漢勳高，獨賴淮陰之氣。詞」雄語博，遂掩温昌；志直義宏，不避曹植。英奇間出，逸器相」仍。祖生，齊并州太谷縣主簿；父秤，隋本郡功曹；並才均宋」玉，藝等韋金。惟君弱冠深沉，壯齡卓犖。王處沖之素業，西」晉知名；孔文舉之清規，東京獲譽。因心孝敬，奉訓鯉庭；至」性温和，澄襟雁序。愿居田里，何慚陳仲之驢；未羨公卿，雅」叶少遊之樂。豈謂溘從朝露，倏掩夜臺，春秋七十有一，卒」於私第。夫人暴氏。坤儀特峻，陰則方遥，降神巫嶺之中，庇」質梅芳之内。早嬪君子，久度暄寒，始見誓於栢舟，終恨辭」於桃徑。享年七十有七，奄捐屏帳。第二子興福，第六子守節」等，光含謝玉，色韞韋珠，佇遷鶯谷之飛，忽及巂巢之禍。嗣」子智覽、奉成等，集蓼摧肝，銜荼裂魄，慎終追遠，敬申白馬」之封；瀝素披丹，恭翥青烏之子。以大唐開元九年歲次辛」酉十一月甲辰朔廿九日壬申，合葬於縣城西北五里平」原，禮也。卜此名郊，地惟形勝。左鄰抱犢，隨岳列之曾棲；右」峙發鳩，任仙娃之來去。迢迢曠城，吹慘白楊；鬱鬱佳城，雲」愁翠栢。其詞曰：

后稷宣公，周邦孕祉，龍額作貴，鴻」臚積美。三鼎承榮，九鐘韻理，英靈間出，卿相不已。其一。驪泉」吐耀，鳳穴開文，唐郊績合，參野華分。字騰羊柱，望出雞羣，」金柯玉葉，矯霧參雲。其二。惟君如珪，惟君如璧，何藝不就？何」□不歷？三樂居心，四愁屏跡，蘭支方叙，松丘俄適。其三。」

（録自《山右冢墓遺文》）

開元一三八

【蓋】失。

【誌文】誌文正、側、背三面刻。

唐故處士上柱國夏侯君墓□銘并序」

君諱法寶，沛國譙郡人也。先代因官流寓，」今爲河南府密人焉。父道安，自隋皇失馭，」門閥陵遲，至於官榮，莫有收叙。惟君」隱家不仕，性慕山水，志重琴書，陶泉明」之在生，朱買臣之宿昔，神馳駭俗，識洞閑」明。玉軫波驚，俯琴亭而鶴引；銀鈎霧灑，」下書沼而鸞迴。悲哉逝川，奄終長夜。夫人」南陽張君諱留生之女也。星津降彩，月」旬垂芳，清雅韻於椒花，奉柔規於荇」菜。仙琴並奏，早呈和鳳之音；寶劍雙」沉，晚合乘龍之契。以大唐開元九年歲以上正面。」次辛酉十一月甲辰朔廿九日壬申合葬於」雲門山南原，禮也。嗚呼哀哉！有子」左金吾衛翊衛懷智，哀纏逝晷，痛結以上側面。」終身，侵露序而塗肝，指霜旻而斷骨，思刻貞石，永光孝道。其銘」曰：

雲門山側，風隧巒傍，仁」沉黄壤，識□玄堂。鳩簫並吹，龍匣」齊光，禮深同穴，痛盡封防。山秋月」苦，野晦煙長，風雲一去，松栢成行。以上背面。」

（録自《中州冢墓遺文補》）

開元一三九

【蓋】失。

【誌文】

唐故青州長史長孫府君墓誌銘并序」

公諱安，字弘安，河南洛陽人也。粤若稽古，皇皇者軒，天飛龍光，作「我人極。實命昌意，鎮于陰山，倬哉熊融，肇此公族。遠自後魏，迄兹「聖代，胙茅分竹，佩玉懷璜，尚主爲郎，軒遊鼎食者，詳乎國史「家諜。公擢根芳苑，養秀華池，隋太常卿緯之嫡孫，蜀王府長史曜「之元子。恭順之色，發於孩笑；孝敬之心，著自齠齓。聞善則學，見賢「思齊，才爲文宗，行作人範，眉目若畫，志氣如神。時國步初「夷，才賢實急，詔選良家子爲左右千牛。非夫點漆凝脂，渾金樸玉，「家傳閥閲，代襲貂蟬者，疇其以堪？堂堂我公，雅稱休選，秩滿遷符「璽郎。公才行獨高，藝能兼美，趨侍軒禁，勤勤歲時。天聞嘉「聲，出爲隰城宰，時仰休政，改爲會州佐。汾水之曲，隴關之外，人貪「於利，俗異於華。公先陽春之熙熙，則人吏蘇息；後嚴秋之肅煞，則「姦豪畏威。人不忍欺，吏不敢飾。尋拜益州九龍令。牛刀再鼓，鵾絃「復調，闔境馳聲，不仁自遠。俄轉硤州司馬，又授襄州司馬，復拜青「州長史。毗是千里，翊彼六條，不以私害公，不以義通利。官雖半刺，「職是端寮，俗政人謡，在公偏得。夫如是者，則循良傳有遺愛碑存，「於戲！他人之賢，譬彼丘陵，邈矣府君，如日之升。方期坐廟堂，宰天「下，豈神無祐善，禍則鍾賢，春秋七十三，咸亨二年三月十五日遘「疾終於官舍，有識興慟，無思不哀。夫人同郡獨孤氏。穠華其質，涓「絜其心，奬是閨風，弘諸婦道，作福無驗，哀禍重臻。時以年月未便，「權殯長安城南。粤開元九年龍集辛酉十有一月，塋開六英，金鷄「鳴，玉犬吠，蓍蔡攸吉，人神叶從，合葬於白鹿原，蓋遵周公之典也。「孤女張氏妻，哀無怙恃，酷彼劬勞，淚終以血，氣竭而號。仍懼陵谷「貿遷，歲月相易，謹銘洪懿，勒此玄石。詞曰：

鳳城之東，荀□之北，墳土燕銜來葬，田烏相得。佳城兮鬱鬱，松檟「兮蕭瑟，于嗟公兮埋此室！于嗟公兮埋此室！」

（録自《陝西金石志》卷十一）

開元一四〇

【蓋】失。

【誌文】

唐故上柱國李府君墓誌并序」

君諱景祥，字休徵，其先隴西人也。後代因官，遂」家于洛陽。祖德門風，蟬聯不絶，重規疊矩，弈葉」相輝。曾祖卿，祖善信，父玄基，並資忠履孝，桂馥」蘭芬，鄉黨挹其清風，朋友推其雅量。君髫年獨」秀，弱冠孤標，温良爲行己之資，詩書是立身之」務。策勳上柱國。昔者冠軍懋績，始表元功；驃騎」殊勳，方蒙斯寵。清風朗月，每以琴酒爲娱，美景」良辰，常以山泉取樂。不汲汲於榮禄，不遑遑於」聲利。當冀輔仁有驗，長承鳩杖之恩；豈圖與善」無徵，忽降鵩衣之禍。嗚呼哀哉！以開元九年歲」次辛酉十一月甲辰朔十二日乙卯終于脩義」里之私第，春秋六十有五。即以其年十二月甲」戌十七日庚寅遷厝於北原，禮也。嗣子晙、誠等，」號天靡據，叩天無依，長懷鞠育之慈，鎮切充窮」之慕。恐陵谷之遷徙，勒琬琰於泉扃。其詞曰：

彼美哲人，生乎此辰，永門不踐，白室全真。風儀」肅肅，鄉黨恂恂，一埋玄夜，永閟青春，于秋萬古，」空見黄塵。」

（周紹良藏拓本　河南千唐誌齋藏石）

【蓋】失。

【誌文】

□四從伯中散大夫檢校太子左贊善大夫李公墓誌銘并序」

公諱文獎，字令德。象帝昌源，惟皇積瑞，摳虹駕電之堂構，出震乘」乾之大業。雖龍圖鶴讖，秘之天府；而緑車朱邸，可得詳焉。曾祖淮」安郡王，寶玉分邦，彤旅受錫，維城開趾，盤石作鎮。祖膠東郡王，玉」樹抽滋，霙柯疊秀，清飈度曲，流桂香於小山；明月飛園，曳蘭芬於」長坂。父太中大夫行劍州長史，驪穴騰精，丹巖毰毸，勈骨千里，毛」衣五色。公慶繁休祉，含章誕生，簪裾赫赫而光代，浮照軒車而駭」物。韻泠秋吹，鑒霜鏡於心臺；輔政春宮，渥靈姿於儀表。咸熙庶績，」朝庭嘉之。所冀溟海搖風，負蒼旻而横厲；豈謂佳城見日，即幽途」而遄往。春秋三百八十三甲子。開元九年歲次辛酉九月乙巳朔，」遘疾於官舍。公樂天知命，居常待終，乃啓手而歸全，遂恬襟而委」運。嗚呼哀哉！既而皇情軫悼，儲后兼盈，殯殮所須，悉以官給。即以」其年十二月甲戌朔，廿三日景申，窆於雒陽北邙所高原，禮也。周」營邵相，宅兆寰鄰；龜浦熊山，煙霞迴沓。□輴曉引，悽楚調於松阡；」征旐縈空，咽悲哥於栢隧。夫人蔡氏，淑範孤凝，柔規獨茂，哀綿失」翼，痛結無津。惜酆劍之偏匣，傷井桐之半死。嗣子等，伊莪瀝洫，」靜樹頽心，敬勒芳猷，刊之不朽，嗚呼哀哉！迺爲銘曰：

白雲蕭索，紫氣光芒，天符載肇，帝道洪昌。我之盛業，自許多方，乾」坤幾息，福祜無疆。其一。真派浩蕩，仙源清泚，□浦臺映，灑潭珠洗。幼」子童孫，仲叔季弟，維城盤石，緑車朱邸。其二。本根頎茂，高柯森秀，蘂」蓴芳馥，烟虹紛糅。弈弈六象，蹌蹌九癸，磊落簪劍，蟬聯璽綬。其三。惟」公誕懿，聲雄制鐸，遡翩鵬天，振鱗□□。奄延瓊夢，俄驚石槨，鏡慘」孤鸞，琴悲獨鶴。其四。悼盈丹扆，念軫□□，麟圖啓穸，□水攸同。崗巒」吐霧，松檟吟風，天長地久，庶績無窮。其五。」

（周紹良藏拓本　河南千唐誌齋藏石）

開元一四二

【蓋】失。

【誌文】

大唐故人荀君墓誌銘文并序」

立言不朽，光乎左氏之書；有名必彰，著在戴君之記。焕諸緗策，照在金文，略而陳之，用傳弈葉。公諱懷節，潁川人也。韜形河朔，又家於衛焉。少遊青簡，杏壇之教屢臻；夙擅黃緗，泮水之哥每挹。三倉六義，早罄箴規；四始九言，已殫忠信。祖楚，上輕車都尉；父才，武騎尉、吏部常選；陣雲浮彩，振筆霞褰；營月融暉，彎弓象弭。公少而英拔，天資不羣；長而雄摽，人生介俗。建躬闡道，遺忠孝之規；播德怡親，崇家國之軌。爲昆爲季，慈睦著於縑緗；濟君濟父，之談詳諸簡策。名超阜局，響振鄰邦。嗚呼哀哉！無常至矣，閱川東注，人代忽諸，落日西馳，生涯溘盡，春秋六十有一，以大唐開元九年歲次辛酉十二月甲戌朔十三日景戌寢疾終於私第。即以其月廿四日丁酉，旋窆於衛州衛縣城西南一里半平原，禮也。三變桑田，恐芳徽無記；再移蓮嶂，使規猷有聞。嗣子等痛結昊天，哀深手澤，用傳盛譽，乃作頌云：

高門靄靄，極望悠悠，鳳池演慶，鶴鳴楊休。爰曁嗣續，實有箕裘，不意西暮，亦悼東流。影辭蘭徑，魂入蒿丘，芳名令則，萬古千秋。」

（録自《中州冢墓遺文》）

開元一四三

【蓋】失。

【誌文】

唐故曹州冤句縣令李府君墓誌銘并序」

君諱敬瑜，趙郡元氏人也。周柱史耳之靈苗，漢將」軍廣之洪胤，其後子孫蕃植，錫之茅土。祖淪，封敬」陵郡王，任渠州刺史，虎符承寵，熊軾增榮，位歷方」伯，職參連率；父登，養性丘園，閉門不仕。君弱不好」弄，幼而神清，克贍文華，尤工武略。加以鳳墀清夜，」□侍雕戈；鸎谷乘春，遽遷喬木。已而解巾授貝州」參軍，秩滿轉德州司兵、潞州録事，改曹州冤句縣」令。而美錦可製，棼絲易治，慶洽留棠，澤流行篳。雖」錦中而□外，亦玉潤而冰清，方之我君，未之有也。」嗚呼！天道無親，殲我哲人，開元九年十二月廿五」日遘疾，終於洛陽豐財之私第，時年六十二。即以」此月廿九日遷窆於北邙南原，之禮也。爾其原田」膴膴，村槚蒼蒼，霧晦寒壟，風悲白楊，嗚呼哀哉！君」無男，有一女，爰在襁褓，不離慈母。雖伯道無兒，」鄧侯絶嗣，感斯碩茂，勒乎清懿。詞曰：大哉皇穹，生此明德，惟祖惟考，有典有則。簪組珥」□，厥猷翼翼，虎符命寵，熊軾能名。内外成理，郡國」馳聲，冰清玉潤，無欲無營。彭澤風高，中都化遠，禮」優道長，人和俗愿。感乎生之鴻懿，勒芳蕤於鳳篆。」

（周紹良藏拓本　河南千唐誌齋藏石）

開元一四四

【蓋】失。

【誌文】

大唐故朝議郎行將作監中校」署丞上柱國趙府君墓誌銘」

君諱懷哲，字懷哲，京兆府華原」縣觀想鄉，天水郡人也。春秋六十有九。以開元十年歲次壬戌」正月癸卯朔卅日壬申終於河南府河南縣勸善坊之私第。嗚」呼！即以其年二月癸酉朔十二日甲申權殯於河南縣北邙原，」之禮也。嗚呼哀哉！恐山原而變」海，故勒石留名，傳記於後代。其墓東西九步，南北十一步，深七丈五尺。」

（周紹良藏拓本　河南千唐誌齋藏石）

開元一四五

【蓋】 失。

【誌文】

優婆姨俗姓張，字常求，」望本南陽人也。性樂超」塵，志同冰鏡，遂詣訪京」華，得聞普法。開元十年」構疾，至其年二月廿五」日，逝化於懷德之私第」焉，春秋七十八。遷柩於」禪師林北起方墳，禮也。」

（北京圖書館藏拓本）

開元一四六

【蓋】 失。

【誌文】

唐故使持節隨州諸軍事隨州刺史河南源公墓誌銘并序」

公諱杲，字玄明，河南洛陽人也。昔者皇風」不競，天步時艱，南涼景王以雄圖英略，奄荒」河右，巨海潤千里，盛德及子孫，公即景王之七代也。高祖子恭，後魏侍中尚書左僕射」司空文獻公；曾祖文舉，齊驃騎大將軍豫州刺史；祖愔，皇朝益州大都督府司馬；」考行莊，兵部員外郎岐州司馬；河山積氣，宸象降靈。玉鉉金章，有歸於士業；詩書」禮樂，無忝於家風。公禀淳懿之資，標清迥之質，文行忠信，固天而生；蘭林桂枝，因地更」茂。解褐自徐王府執仗補荆州大都督府行參軍，調爲杭州司户、邢州録事參軍事。入」幕從政，曉洞國章，甄務折理，以能獲最。今上昔居蕃邸，式佇才賢，奉筆曳裾，時」稱妙簡，敕授楚王府主簿。府停，出爲曹州考城縣令。天册中，國家有事于嵩」嶽，會王云畢，賞命有敷，加朝散大夫，轉冀州武强、并州樂平、洛州王屋三縣令。宣慈惠」和，人賴恩德，邵父杜母，于今思之。遷德州司馬，累加太中大夫，除滄州長史，加通議大夫，拜」隨州刺史，仍聽致仕。風清別乘，歌詠聞乎海沂；道蔚懸車，禮秩崇于几杖。方冀保松」喬之遐壽，躡園綺之高躅，嘯浪泉月，養素丘墳。何圖天不憖遺，而降其禍，以開元十年」三月九日寢疾，薨於東都崇讓里第，春秋八十。嗚呼哀哉！粤以其年三月一日，遷厝于河」南縣平樂鄉邙山之北原，禮也。官給儀仗羽葆鼓吹，備以哀榮。惟公毓智體仁，博文强記，」不以□暑易操，不以利害變情，動合規矩，言成楷則。束髮從宦，將五十年，潔白自居，常以不」貪爲寶。加以晤兹生滅，早契薰脩，每受持金剛波若經，計所誦二萬一千餘遍。悲夫！福善」之應，何其爽歟？當疾亟而神識不撓，遺令薄葬，啓手啓足，怡然待終。謂其子及女曰：吾」位至方伯，貴也；年登八十，壽也；生死恒理，復何恨哉！雖與爾有隔，不能忘情，但於地下得奉」先人，實爲幸矣。此蓋達於命而不忘於孝也。故夫人西平唐氏，以長安三年先窆於塋左。以古」無合葬，弗令重開，曰：神道遐通，况非遠耳。長子前杭州於潛縣尉撝，少子揆，泣血蒼昊，摧形棘」欒，巨痛結於風枝，至性遵於宅兆，陟屺陟岵，瞻而罔違，龜筮叶從，届兹遠日。女壻前河間尉弘」農楊璡，忝門下之客，懷國士之遇。旌德誄行，恭陳潘岳之詞；感舊思人，長望戴侯之隴。銘曰：

榮門盛緒兮嶽峙川流，象賢種德兮誕我源侯。飾龜組兮必服其休，化甿俗兮」克著徽猷。道可久兮生若浮，閲逝川兮藏夜舟，洛水北兮邙山幽。佳城鬱鬱兮白」日暮，空隴蒼蒼兮繁雲愁，千齡萬古兮驗貞石，登高□遠兮泣行楸。」

（北京圖書館藏拓本）

開元一四七

【蓋】失。

【誌文】

大唐故陪戎校尉崔府君墓誌銘并序」

君諱相，清河人也，神農之苗胄，太公之胤緒。原夫魚呑吕鈎，應同載以歸周；龍躍崔津，表嘉名以誕慶。曾祖瓌，隨任鄭州司馬；祖冏；父觀，隨任豪州録事參軍；或六條布政，揚至德以宣風；或千里輔仁，翊公平以闡化。君高門華緒，閒氣清姿，椅桐吸日月之光，松栢挺風霜之節。方冀南山錫壽，永駐頹齡；北帝遊魂，先悲過隙。嗚呼哀哉！以開元十年二月廿一日終於私第，春秋六十有八。夫人丁氏、蘇氏、李氏，並母儀婉順，婦德惠和，移鄰之慶早彰，舉案之驩夙備。庶期千月，壽保百齡，冀椿鶴而齊年，奄菌蝣而等謝。越開元十年三月八日合祔於村西北二里平原，禮也。左滎澤，右成臯，峨峨飛嶠鎮其前，滔滔黄河灌其後。嗟乎！玉樹雙埋，金聲兩絶，白日杳而三千歲，黄泉深而幾萬重。悲風起而松栢哀，淒露泫而蓬蒿泣。嗣子待賓等瞻天靡訴，扣地無追，長縈銜索之悲，永結飲荼之苦。銘曰：

東光不駐，西影彌催，崑山玉碎，蘭苑香摧。元宵易掩，白日難開，母儀夙備，婦德早彰。匣中劍折，鏡裹鸞亡，乾坤載合，琴瑟重張。森森翠栢，騷騷白楊，千秋播馥，萬代流芳。」

（録自《古刻叢鈔》）

開元一四八

【蓋】失。

【誌文】

大唐故朝議郎行河南府陸渾縣令上柱國李府君墓誌銘并序」

公諱瑱，字良玉，趙郡贊皇人也。原夫雲鬱高丘，赤帝降其靈胄；」氣凝函谷，素王歎其真師。洪源濆薄於終古，餘慶昭彰於錫胤。」曾祖蕣，北齊永州刺史，襲爵清泉縣侯；蕣生弘節，桂州都督工」部侍郎，別封清平縣公；弘節生道謙，營州都督太府卿，別封清」河郡公；並公侯繼美，冠紱聯華，入蘭省而聲高，坐棘司而道勝。」公即清河府君少子。弱冠有聞，卓犖在世。國家崇方岳之寄，」納胤子於京師，以府君共理營丘，授公左衛司戈。求賢審官，慮」非其任，改授左清道率府胄曹。而衛府初開，英寮是選，除公法」曹，俄遷録事。馬卿拽綬於梁國，吴質飛毫於陳苑。屬王登明兩，」主貴臣遷，授太子齋師。神龍之中，王室多難，太子荐湖城之」禍，宫寮遘戾園之責，貶公栝州司户。歲滿，凶渠殄戮，區夏貞明，」三老理青宫之冤，千秋訟白頭之教，録資授懷州獲嘉縣令，轉」河南府陸渾縣令。下車而政教夙成，閉閤而狙訛自革。方期振」纓雲路，掞藻天階，奈何白日徂陰，青春落秀，以開元十年二月」廿九日寢疾，終於洛陽縣欒城里之私第，春秋三百卌八甲子。」懿親庭閈，仰松夜以凝深；彼氓路傍，聚棠陰而流涕。即以其年」三月十三日權厝於北邙舊塋南原，禮也。郊陵膴膴，隨會去而」不歸；隴樹蒼蒼，藤公淪於此地。式旌家行，迺勒銘曰：

肅肅祖考，生甫及申，公侯繼世，冠紱璘玢。握蘭輔理，踐棘司辰，」韜光衛府，拽綬王庭。攀翊龍鳳，屯而遂亨，歷宰畿甸，功昭化成。」天秩有禮，期乎奮飛，恩榮未浹，禍變將依。玄泉啓兆，落景潛暉。」洛陽城北，宣武陵東，隴昏朝日，松悲夕風。孤室號擗，孀閨撫躬，」恨縻軀而不贖，勒芳徽於此中。」

（周紹良藏拓本）

開元一四九

【蓋】失。

【誌文】

維大唐開元十年歲次壬」戌四月壬申朔廿三日甲」午，蘇州長洲縣尉李暄妻」河南于氏，比因遘疾，以今」月十八日己丑奄終公第，」春秋卌有九，權殯於當縣」界永定寺後園。恐年歲遷」逝，故爲銘記。」

（周紹良藏拓本）

開元一五〇

【蓋】失。

【誌文】

大聖真觀楊法師生墓誌并序　朝散大夫行禮部員外郎袁暉撰」
有唐楊先生生墓者，信矯世達理之作也。先生諱曜，字」景明，本恒農華陰人，漢太尉之裔，厥遠祖因官
而寓於」東周，遂爲洛陽人也。大父感，高尚其志，潛蟠丘園；考元」貴，陳州項城主簿；薄遊卑位，蓋
忌榮滿。先生禀靈淑粹，」雅尚虚默，清悟沖微，仁敏慈惠。夫其弱志强骨，和光同」塵，抱一無離，以觀
其妙者久矣。故能棲玉房，意丹仙，盡」谷神之理，涵至道之淵。雖名跡偶於人羣，而科品登於」真格
矣。嘗以爲命則可復，生必沿化，苟冥於達觀之方，」奚執於預凶之禮。舊聞佛圖澄於鄴西陌營生冢，
每歎」而嘉之。爰以開元十年龍集壬戌粤五月既望，卜兆於」河南縣平樂鄉之山原，其志也。夫人之存
於大欲，莫不」愛生而怵死：叶休愿則怡然自康，語咎徵則惕焉深忌。」由是密權利之厚，安金石之固，
不知有終，奄忽而往者，」洒舉俗同，致物之常情。惡識乎形而即滅，未異於存殁」之境；睿而無窮，不
留於榮枯之分。今先生達理體變，居」明卜幽，與萬世而同時，知九原之可宅，夫豈不能練骨」羽化，騰
光上清，蓋欲順世潛靈，秘於蟬蜕者矣。故其高」可隱，坎不及泉，玄廬未扃，宿草將茂矣。封樹雖設，
祖載」無期，永言長夜，文不在兹，仙化儻遠，空存此詞。銘粤：
於惟之子，體道精純，恬然得妙，常貴無身。和光人俗，滌」慮玄津，撫此形用，生而必淪。坎乎幽壤，期
返于真，泉扉」未闔，拱木行春。悠焉昇化，誰得其鄰？空山寂寂，黄鳥悲辛。」

（北京圖書館藏拓本　河南千唐誌齋藏石）

開元一五一

【蓋】失。

【誌文】

唐朝議郎并州清源縣令張妻蕭墓誌銘」

夫人其先蘭陵人，梁文帝七代孫。曾祖□，光禄」卿；祖卿，雍州三原縣令；父禮，潭州衡山令。夫」人君之第二女也。禀秀洛州，降神星婺，生知」四德，爲天下之母儀；光飾三從，作寰中之内」則。故能春花起頌，秋菊裁銘。梁家慙舉案之」聲，冀朝得如賓之敬。豈意生靈不造，天難匪」忱，明月方昇，淪金波於□夕；李蹊初秀，委琁」霜而遂凋。嗚呼哀哉！春秋廿有六。即以其年」五月廿一日殯於都北邙山下。鬱鬱佳城，蒼」□□□，惜魚軒之永閟，痛鶴隧之長湮。潘家」之簟，□明夜月；楚臣之夢，無復朝雲。嗚呼！恐」海變桑田，陵移谷徙，庶銘貞石，永紀泉扃。其」辭曰：

天道無知，與善徒欺，何積仁而不祐？」何中年而夭之？愴黄泉兮既掩，恨白日兮長」辭！

開元十年五月十一日亡，其月廿一日殯。」

（北京圖書館藏拓本）

開元一五二

【蓋】失。

【誌文】

唐朝散大夫綏州別駕劉君故夫人范陽縣君張氏墓誌銘并序」

夫人諱十一娘，字號上品，蓋因神仙爲名也。其先本范陽人，乃祖」因□□□即爲桑泉人也。父至德，解褐并州孟縣尉，遷汴州尉氏」尉，又遷亳州真原縣令。夫人即真原公之十一子也。夫其五代相」韓之盛，七葉□漢之寵，蓋以書績青史，藏之三府焉。夫人襲和□」之精，應坤厚之氣，秀質貞婉，惠心温博，佩六法以因□，冠四德以」爲准，方之古人，無已過也。既而葛蕈聲遠，摽梅時及，乘龍有望，百」兩來迎，夫人鄰棗不窺；澗蘋能採，自歸劉氏，卅餘年，□□齊眉舉」案之儀，相敬如嬪之禮，歲寒不易，實閨門之軌則焉。夫人器宇明」敏，骨相奇拔，夫榮婦貴，唯鵲是居。凡歷易州司士參軍，淄州高苑、」深州饒陽、魏州昌樂三縣令，又綏州別駕，前後所任，並與夫人俱」焉。至於善政之術，養人之譽，遠歌邇謡，瘫聒郡國，非唯公之天質」清白，蓋亦夫人輔佐所致也。去開元三年四月廿日，恩旨授范」陽縣君。夫人又崇重波若，精於勤奉，□如給園□□日之靈偈，純」陁□□之文，維摩問疾之品，莫不書寫讀誦，端心信持，庶將龜鶴」齊年，□和琴瑟，鳳凰□占無□，鴛鴦之飛不孤。豈期呎井風妖，夢」堂時應。類常娥之奔去，唯餘明月；甚安仁之悼亡，空留長蕈。以開」元十年四月廿九日，終于□南道政里之私第，春秋五十有一。五」月廿六日權殯于北邙山之南阜，禮也。夫人性不妬忌，體多恭□」□止閑雅，縱容有方。何蒼昊之不鑒，而梁木之先壞，嗚呼哀哉！青」松林下，白楊道陬，□邙阜之南隅，帶王城之北面，草寒露泣，川迴」風悲，恐□五父之衢，式建臺卿之石。敢爲銘曰：

瞻彼上帝，有倫有脊，彼何人斯，而生之迫？如露晞草，似日□□，」□□□□窮塵，埋精靈於窔穸，遶逶迤之古道，對荒涼之寒陌。草」□□而向衰，日黯黯而將夕，儻季孫之成寢，識芳名於圓石。」

（周紹良藏拓本　河南千唐誌齋藏石）

開元一五三

【蓋】失。

【誌文】

大唐故宣義郎行邢州栢仁縣丞太原郭君墓誌銘并序　鄉貢進士　孫沈尤撰」

君諱承亨，字涣，太原榆次人也。高祖定州刺史鄎城侯，食邑三百户，在鄴有賜田宅，因爲相州臨漳縣人焉。」曾祖齊定州州主簿襲爵鄎城侯；祖應制舉，授絳」州大平縣丞；烈考直修文館學士、通事舍人裹行，出爲」遐丘、東城、高邑三縣丞。潘岳辭榮，卒坐河陽之令；桓譚」貶職，遂守六安之丞。君即高邑之元子也。千丈喬松，吟」清風而動翠；萬尋孤嶠，照初日以舒光。制舉賢良，授」兖州金鄉主簿。又制舉奇才，授邢州栢仁縣丞。君才」高位卑，未嘗得志，琴書悦性，仰宣父之餘蹤；風月流情，」挹許恂之遺詠。開元十年歲在閹茂七月十六日，終于」河南府道光里，春秋六十有七。嗚呼！陰堂永歎，伯堅將」刀筆俱埋；私室一空，歐默與明珠同逝。粤以其年八月」庚子朔三日壬寅，權殯于洛陽縣東北十里平陰鄉之」原，禮也。恐書生跡滅，無標袁氏之墳；泣鳥形銷，何表楊」家之墓。其詞曰：」

孟恩無胤兮東哲悲，林宗有道兮蔡雍詞，嗚呼郭君□」逝矣，同二賢乎痛之。其一。洛水北兮邙山東，西有瀍兮南⌐□□，灼龜筮兮宅兹兆，哀哀孤女兮悲蒼穹。」

（北京圖書館藏拓本）

開元一五四

【蓋】失。

【誌文】

唐故申屠府君墓誌之銘」

君諱公，字卿，申屠備之後。宿承鼎胄，望烈通侯，冠蓋代襲，簪纓芳胤。光融見在，人已綸没，宅兆早塋，繼子嗣伯，幸蒙嘉慶。先娶常氏，宿因薄福，遂早亡，春秋卅有三，光宅九年十月十八日，卒於家第。次娶元氏，并以貞媛仙□溢俗，椒房蘭室，帳雅志於雲心，擬絜篇成，詎方□於昔調。春秋五十有七，以開元十年八月□日没於私室。哀子山僧等，昊天罔極，荼蓼難勝，自滅無由，苟存朝夕。以開元十年歲次壬戌九月己巳朔十六日甲申遷奉於崇道村北百步之原，禮也。東瞻王室，西望漳濵，南顧羊峰，北憑人，成萬古之芳猷，表千齡之獨秀。」

（録自《山右冢墓遺文》）

開元一五五

【蓋】失。

【誌文】

大唐故左羽林軍長上果毅都尉董公誌石文并序」

聞諸有天地，有君臣，嶽瀆雄秀，生甫降申，龍驤虎視，代有其」人。公諱虔運，字虔運，隴西狄道人也。晉良史之楙苗，漢通儒」之令系，至若紆青拖紫，鳳舉鷹揚，地望通榮，家承餘慶矣。曾」祖惲，隋朝散大夫、揚州海陵縣令；信及豚魚，化清淮海，鳴絃」翟狆，曳履鳧飛。祖謙，遊擊將軍左金吾衛積善府折衝；授鉞」臨戎，出師罕千金之費；警夜巡晝，入侍肅八屯之威。父雅，」晦跡藏用，閑居理道，哥三樂以俟終，縱一丘而卒歲。公幼好」書劍，兼懷仁勇，心乎許國，道可濟時。初應武舉，擢第，授右羽」林軍押飛騎引駕。部統有序，羽衛式瞻，學總六韜，弓併七札，」解褐授澤州沁水府左果毅。兵器精練，師律嚴明，爲武庫之」羽儀，實軍容之領袖。無何，遷汝州龍興府右果毅。蘭錡禁兵，」是司禦侮，羽林飛將，必擇材能。恩敕又加左羽林軍長上」果毅。當壁壘之重委，處軍師之要害。帝粵爾諧，僉居甸服，」又改授京兆府義豐府右果毅，依舊長上。夙夜匪懈，寢食不」遑，攝衛失圖，艱虞構疾。劉楨沉涸，遽卧漳濱；祖逖風神，俄冬」幕府。大唐開元十年八月三日，卒于河南府履順里之私」第，春秋五十九。即以其年九月廿九日葬于邙山之原，禮也。」嗚呼！彼蒼不慭，殲我國楨，鬼瞰其室，馬踻佳城，霜飛劍影，月」弔泉亭，風摇薤曲，霧積松扃，壯氣如在，傳乎頌聲。其文曰：

弈弈隴西，受姓列爵，生異人兮。峩峩府君，筮仕于洛，德有鄰」兮。懷書抱劍，自家形國，以立身兮。文經武緯，樹勛馳烈，惟忠」臣兮。夙興夜寐，忘私徇節，超常倫兮。玉樹長埋，佳城鬱鬱，何」時春兮？」

（録自《芒洛冢墓遺文四編》卷五）

開元一五六

【蓋】失。

【誌文】

唐故銀青光禄大夫博州刺史柱國李君墓誌銘并序　徐州刺史賈曾撰」

君諱尚貞，字崇道，趙郡房子人也。其先理官啓旅，問楊東泮，柱史纘胄，文華」西函，師魏鼓其清波，將趙夷其碩穎。繼賢之業遂廣，紹德之慶彌繁。曾祖博，」義州固始縣令；祖惠命，隋大都臨江府司馬，皇朝朝散大夫、穀州司倉；父」大智，閬州新政令贈濟州刺史。華榮駢煇，祺福交濟，識度範物，風猷冠時。小」雅詠其邦光，内史稱其有後矣。君湶洪派以楊形，麗深根以發秀，就口表異，」成童志奇，夙遭閔凶，圮致欒棘，高子之泣血，曾氏之絶漿，不此加也。制畢，乃」博觀羣書，殫討衆術，四徹三閣之奥，七籍九流之旨，梓竈先識之微，京管衆」占之妙，迦維異域之典，混成前人之録，一以貫之。其百禮節數，六詩興端，談」議小道，風流餘事，諒不斯載。弱冠，本州貢進士，策第，調補兖州平陸主簿。式」糺邑務，尤光監司。入爲麟臺校書郎。羽翿斯華，芸廚則序，外轉并州武興尉。」仍杜參之昔校，屈梅福之前補，棲道淪跡，望古猶今。内轉光禄主簿，遷太僕」丞。綱舉食官，克孚朝准，職賛燕法，是皇國儀。

乃加朝散大夫，遷靖陵令。鳳皓」有嚴，鮒壖增肅，俾無釋之之奏，得草相如之書。既而重明副曆，博望開苑，」賓結髮於南山，聚英髦於北閣，拜太子中舍人。亞列諸子，春華以之潤色；遷」率更令，總領宫寺，秋籥於是同和。東朝緝熙，繄公是賴。積勳授柱國。時開元」五載也。天子鋭精庶政，勤恤蒸人，擇長衆之善經，播憂國之明制，乃」膺丕命，出守外臺，拜博州刺史。理尚仁明，舉黜勇刺，納以純固，馭以柬廉，」魯侯訓加，齊兒詐息。視事五載，郡乃大康，加銀青光禄大夫。期降潁徵，則受」荆錫，移疾賜告，大漸彌留，嗚呼哀哉！」天實爲之，邦國殄瘁。以唐開元十年孟」冬壬戌，薨於河南正俗里之私第，享年七十五。嗣子宓等，永號在疚，窮訴罔」極，旅卜維協，是原允臧。越十二月九日景午，葬於兹地。祖疊撤闈，祝防戒胙，」旌獵獵而杠轉，馬蕭蕭而轅顧，落徒泗於楊風，結賓酸於薤露，置嘉珉於巨」穸，刊峻馥於長暮。其辭曰：

河濬於南，岳喬于北，降神通氣，榮我趙國，肆誕府君，允爲人則。暐以豹蔚，」碩以犀豐，昇學爲己，入宦匪躬。直方且儼，宣慈有融，遂典藩岳，是興尤政。美」稷童思，甘棠人詠，邦風載韙，朝間維令。謂有三事，俾屏一人，如何不淑，奄忽」兹辰。素車既駕，縹帙長塵。卜窀云吉，即宫斯土，稚棘□愁，初松月苦，泉芳幽」石，式華終古。」

（北京圖書館藏拓本）

開元一五七

【蓋】失。

【誌文】

大唐開元十載歲壬戌，月建丑，」日庚子，羲和亭申。故武功」丞上谷寇公次女，天□世胤，」玄都玉女，年十六，奄忽□淑，尸」□上賓。蕣華韶顔，甫積□疹，經」□□錯，針石道微。乃飛精大羅，」□化碧落，意□中皇之玉几，被」上清之羽裳，洞入窅冥，永□□」□。洎景午寓骨邙山，託舊墜，禮」也。銘曰：

太虛造物，環四時□，」□壽貴賤，同所之兮，遥遥仙子。」

（北京圖書館藏拓本　河南千唐誌齋藏石）

開元一五八

【蓋】大唐故田府君之墓誌

【誌文】大唐故滕王府記室參軍田府君墓誌并序」

倬哉田氏，蓋舜之錫胤也。洎乎五月誕靈，享孟嘗之貴；」千秋納諫，居漢相之尊。緝熙茂業，代有餘慶。君諱嵩，字」嶠，本雁門郡，高曾因官，今爲河南武臨人也。祖直，銀青」光禄大夫、同州刺史、樂平侯；父諶，朝散大夫、定州長史；」或榮高作牧，或位歷端右。公貌都氣直，神敏志古，善玄」論，能雅歌，兼覽羣籍，尤精三禮。弱冠鄉貢，明經擢第，授」滕王府記室參軍事。朱荷冒水，賦陳國之文章；翠竹臨」池，接梁園之賓友。爰在晚歲，頗猒囂俗，賓筵坐月，詩閣」吟風，有方外之趣，視軒組蔑如也。育德既高，享年亦永，」春秋八十有六，寢疾終於尊賢里之私第。夫人清河張」氏，滄州饒安縣令鉉之長女也。嬪儀饋政，爛其盈門，靜」貞動禮，見者爲式。年卅一，早殞，權殯於先塋。嗣子靈之，」肥鄉縣丞，不幸短命；次子景昭，屺岵俱背，攀號罔極，永」惟聖人合葬之典，詩容同穴之義。粤以開元十有一年」正月廿八日，遷祔於洛都北邙之東原，禮也。於戲！飛旐」曉發，新栢將列，愿述家聲，紀乎幽塋。

其詞曰：

虞邦授姓，賢人襲慶，積學峩峩，厥庸孔多。位不配德，考」槃誰測？蒼蒼墓門，跡掩名存。」

（周紹良藏拓本　開封博物館藏石）

開元一五九

【蓋】失。

【誌文】「開元十一年歲次癸亥正月丁卯朔卅日景申合祔」十九字乃合祔時補刻于空行無字處。

唐故中書令贈荊州大都督清河崔府君妻齊國太夫人杜氏墓誌銘并序」

夫人姓杜氏，諱德，京兆杜陵人也。其先陶唐氏之苗裔，歷佐虞夏，施于商周，自」茲象賢，代爲冠族，國史所載，可得略矣。曾祖琳，後魏黄門侍郎、度支尚書、駙馬」都尉；祖仁則，銀青光禄大夫、上大將軍；父延福，趙州長史；休華聯光，英偉接武。」夫人丕承慶靈，誕茂貞淑，天性純至，寬正仁友，少以至孝聞，容德稱於代，非義」不形於□，非德不經於心。行必由道，言皆合禮。未嘗見憂喜之色，矜墮之容。年」十七，歸于唐中書令、贈荊州大都督、清河崔知温。貞順極婦道之美，慈訓備母」儀之德，博涉禮經，尤精釋典。時六房同居，和睦上下，撫諸孤姪，有若己子。至於」閨門禮法，吉凶儀制，内外遠近，咸取則焉。每祠祭羞饌，必皆躬親，在貴逾恭，居」滿益損，安於節儉，厚於贍恤，所獲封禄，皆散親表，服膳珍麗，並令節省。別構華」堂，竟不居處，雖許公之妻授對以全其嗣，何氏之母聞義而激其孤，不是過也。」每至會朝，特加殊禮，獨承顧問，榮遇莫儔。嘗有白雀靈龜止於座側，當時共加」異焉，以爲孝感所致。賢才德行，不可勝言。先以賢夫作相，封武城郡夫人；尋以」長子銀青光祿大夫、行黃門侍郎、上柱國、清河郡開國公泰之誅逆安國功，清」河郡太夫人。神龍元年，開元十一年歲次癸亥正月丁卯朔卅日景申合祔。」敕曰：夫人德冠母師，剋誕英哲，平定禍亂，重安社稷，賜綵五百匹，封清河郡」太夫人。又以第三子銀青光祿大夫、少府監、上柱國、趙國公諤之誅韋氏復」唐祚功，唐隆元年封齊國太夫人。夫既登上相，子並立元勳，三封大國，加食」實封，諸子並封侯拖紫，烈戟鼎養雖全，未及養年，子諤之」又辭榮歸侍，有敕特賜全祿及防閤品子等以旌慈孝之至。國朝」已來，一門而已。始終貴盛，天下榮之。嗚呼！福善無徵，以唐開元六年十二月十五」日甲戌遘疾，薨于河南府永豐里第，春秋七十五，遺令葬唯瓦木，一皆遵奉。」主上哀悼，贈以縑帛米粟等，每事優給，賵賻有加。歲之未良，不克祔葬，以開元七年」歲次己未二月庚申朔廿五日甲申，權窆於河南府洛陽縣平陰鄉還善里北邙山」之原先塋之側。諸子等並純孝罔極，永思揚名，乃刊石勒銘，以誌幽墜。其詞曰：」

陶唐之胤，代有明德，祚流繁祉。降及祖考，纂業象賢，繼爲卿士。碩人其頎，柔嘉」婉淑，令問不已。亦既有行，閑家懋訓，作配君子。艱難之際，保乂諸孤，用全享祀。」伯兮淑兮，咸薦忠烈，克清千紀。高位厚祿，濟其寵光，以貴終始。制節謹度，滿而」不溢，吉祥攸止。昊天不弔，胡莫輔仁，殲我福履。皇恩追遠，孝思罔極，哀榮備矣！」

（周紹良藏拓本）

【蓋】董君之誌

【誌文】

大唐故董府君墓誌銘并序」

君諱守貞，字崇，隴西狄道人也。洎軒裳襲禮，茅土開封，劍玉班命，龍光委」質。史臣筆削，列正直於春秋；郡守刑章，合剛柔於雷電。名高天下，累遷中」大夫；德瞻人間，一拜散常侍。晉朝真隱，贊威輦以居仙；蜀國名賢，推允常」而下士。靈苗暉映，本枝不絶。曾祖顔，宇文朝征南將軍，揚、洛二州刺史，御」正，臨洮郡開國公，淮南郡守。用兼武庫，晉皇加元凱之勳；才可撥煩，漢主」錫夷吾之劍。三門秘策，授斧鉞於金壇；千里仁風，接賢良於貴部。祖信皎，」皇朝盧州治中，裴使君之三見，無愧於神明；桓六安之百年，有勞州縣。父」志靜，皇朝廣府録事參軍，魏陽元之在職，居領袖於人間，孫興公之創殘，」正管轄於朝伍。君敏言納行，蓄德藏仁，志節磊落，神儀孤峻，回邪不接於」心術，孝義有聞於天下。好施不倦，質疑無成，冠絶往古，發揮後葉。聖曆年」中，應跡隱纏肆科及第。文武不墜，素王洞識，東西兩兼，翁歸妙算。明年，調」選授左威衛司戈，直紫微省。鈎陳六星，列長天而沓彩；太宛八駿，踊厚地」而摇暉。歷職五正，遷游擊將軍、左衛寳泉府左果毅都尉、上柱國。前後歷」任，咸著清聲，氣襲金碧，光流水鏡。開元十年閏五月，奉詔嶺南按撫。」皇華出使，空銜北命之恩；朱紱方來，遂染南威之癘。其年八月七日，卒於」潭州塘田驛舍，春秋五十有七。靈柩官遞，歸于洛陽。嗚呼！奔曦難繫，自古」興悲；逝水不停，非今留恨。夫人蘭陵縣君蕭氏，即皇唐武、易、蘄、陵四州」刺史鍇之第六女也。惟皇之孫，實公之子，姆訓不爽，閑家有聞。肇昔于歸，」言告師氏，冀缺如賓之敬，擬議徒然；劉殷若父之尊，方斯未許。義重膠漆，」誓同生死，冥途暗契，志愿相符，上古不聞，斯人何幸，佳城一閉，纔盈十旬，」疑託神鬼，若沉霧露，不改其樂，生涯忽諸。嗚呼！蔦與女蘿，施于松栢，栢既」枯矣，蘿亦頳矣，以開元十一年二月一日合葬於洛陽北原，禮也。嗣子等」瘠躬淚血，叩地號天，痛風樹而不停，恨喪期而有數。毁不滅性，空餘骨立，」狸首沐棺，馬鬣成兆。一朝閉骨，萬古窮塵，刻石松銘，斯之不朽。銘曰：

子能專對，將命南蠻，朝躋越嶺，夕濟瀘灣。含沙流毒，吹蠱沉顔，哀我王使，」遂不生還。其一。藏舟於壑，自謂之固，神移半宵，跡躡千露。煙斷火絶，蘭摧桂」蠹，一閉泉臺，雙魂長暮。其二。」

（周紹良藏拓本　開封博物館藏石）

開元一六一

【蓋】失。

【誌文】

唐故鄭州管城縣令上柱國楊府君妻李夫人墓誌銘并序」

夫人李氏，趙郡人也。源夫青牛演訓，紫氣衝關，周」王旌柱下之材，宣父歎乘雲之異，代纂餘慶，爲龍」爲光。曾祖寶，隋大總管，青、齊二州長史；祖通達，皇」右衛率府左郎將；父知仁，德州將陵縣丞；並組紱」蟬聯，珪璋特達，業傳弓冶，地實膏腴。夫人柔順流」襟，温閑毓性。聲聞于外，美璧捧於高門；君子好求，」桃李歸於楊氏。德光媛範，道冠母儀；才志内融，芳」華外襲。洎乎災纏鬬蟻，禍結巢鵀，執燭滅於座隅，」遺掛留於屋壁，以開元十年五月十五日終於豐」財里之私第，春秋六十有九。嗚呼哀哉！以開元十」一年歲次癸亥二月丁酉朔六日壬寅，合葬於邙」山平樂鄉之原，禮也。夙悲孀孑，半死龍門之桐；晚」接雙輿，竟合酆城之劍。嗣子前蒲州安邑縣尉岌，」毀滅過制，哀號罔及，飛旌杳杳，指邙山而直上；重」壤陰陰，望洛橋而不見。式叙徽懿，迺作銘云：
軒冕赫弈兮公侯子，蘭蕙芳香兮帷房祉。生配德」兮死同歸，千秋萬歲兮揚厥美。」

（周紹良藏拓本　河南千唐誌齋藏石）

開元一六二

【蓋】失。

【誌文】

維大唐故曹州冤句縣令李公墓誌銘并序」

公諱敬瑜，字鎣璧，趙郡鼎族。曾祖元卿，」齊之侍郎；祖太衍，隋司户參軍；父登，」皇朝渠州刺史；並摛文則潘岳花，才筆」則張英草聖。公幼而歧嶷，長而倜儻，筆」才學從政，家邦必聞，閱水驚東逝之波，」落晷促西頹之日，開元九年十二月廿」五日，終於私第。夫人鉅鹿魏氏。早懷四」德，馳令譽於閨帷；後挺三從，標嘉聲於」於女史。開元十年四月一日，殯於舍矣。」並十一年，同窆于北邙之陽，禮也。嗚呼」呼哀哉！所痛嶧陽山上，連殞雙柳；延平」水中，齊沉兩劍。孤女孤藐，襁褓何知，哀」哀可悲，乃爲詞曰：

彼蒼者天，世長燈」滅，夫瘞瓊瓌，婦埋貞潔。壠暗雲愁，林」悲鳥□，佳城一閟三千歲，空有芳名」飛不歇。」

開元十一年二月十三日。」

（北京圖書館藏拓本）

開元一六三

【蓋】失。

【誌文】

唐故廣州都督府長史吴郡朱公妻潁川郡君許氏墓誌銘」

皇慶有倬，駿靈惟宜。觀古迪惠，始乎雎鳩之什；聿經□道，光」自牡馬之繇。克厭中順，永綏貞和，配明德以偕老，垂令人以」軌訓，在於潁川夫人焉。夫人諱英，字淑，高陽人，齊都督江夏」公康之曾孫，皇唐恕死功臣、散騎常侍、豫州刺史真定」公緒之孫，朝請大夫、東光令本之女。夫人生彼華宗，載斯懿」德，弱而惠，成而婉，淑質蘭徽，清心玉映。既洵有頃，合晉于秦，」故其作嬪也，閨門相化，教義有序。朱公□憲府，總方書。宰邑」也：魯密之政，有足以似；佐郡也：海沂之歌，胥繼而發。桂林象」郡，海物堆寶，朱公以天資貞白，高詠夷齊。夫人以和如瑟琴，」佐是名節。綺羅珠翠，不飾於體，金璧犀象，不視於目。邇夫風」自火出，由内及外，理獲家正，仁資輔成，旨不虛也。自朱公即」世，我未亡人居成待終，歸道全真。噫！夫五福者壽之量，百齡」者生之極，而善有所不與，年有以不大，烏呼！知蒼蒼之意，非」有紿哉？以開元十年六月十八日寢疾，終於陸渾縣之官舍，」春秋六十。越十一年二月十三日，合葬於洛陽縣子譯鄉原，」禮也。佳城書啓，聯孤光於劍匣；泉臺夜幽，斂雙魂於蒿里。對」嵩邙之萬古，識松檟之千秋。夫人因心以孝慈，稟訓於詩禮，」得失靡遂，喜愠不形，動合規矩，言無厭擇，固可以邁箴史之」高躅，照閫闈之令範。載而書之，宜彼竹帛，不其韙歟？哀嗣陸」渾縣尉晃，惴息寒泉，長號風樹，勒石玄壤，而爲識焉。銘曰：

綿綿華胄，生令德兮；既嬪既饋，淑靡忒兮。儷彼君子，終厥善」兮；育兹令人，嗣其戩兮。悠悠蒼天，福所捐兮；云胡弗俾，享遐」年兮。邙之山，洛之水，遺芳未泯陵谷徙，刻而記之無窮已。」

（北京圖書館藏拓本）

開元一六四

【蓋】 失。

【誌文】

大唐故下管令上柱國康府君墓誌」

君諱威，字賓，衛人也。昔八表渾中，」元台鼎遐逐□」魏道武曆通五運，爪牙同湊，遷興大豫，今爲河南」人焉。曾祖諱遠，後魏左龍相將軍、壽陽縣開」國公；祖諱滿，隋右衛郎將、壽陽侯；父諱達，」皇朝金谷府統軍。君周文鼎族，託北公高，遂」輔雲中，帝分十姓，主昇中岳，臣無外交，代襲干戈，」勳封二品上柱國，以其開元十年季秋末媾疾，卅」日終於鄭州滎陽私第，春秋六十。夫人韓氏，齊人，」漢大臣韓信末孫女，貞雅四德，婦功全矣。以太極」元年三月六日終於滎陽私第，以開元十一年癸」亥二月十三日己酉，夫妻合葬，附於先祖父塋定」鼎門正北廿五里河南北山，禮也。孤子庭玉，內懷」忠孝，恐高峰類於歷陽，東海昇爲原嶺，故勒爲銘」記。

兄弟六人，各從存夭，第四兄惠觀沙門，內懃釋教，」忠於事君，道俗志成，襲壽陽縣開國公。兄友弟恭，」哀哀痛於陟岵；左瀍谷原，右瀍水泉，南至」帝宅，永附幽焉。」

（録自《芒洛冢墓遺文四編》卷五）

開元一六五

【蓋】失。

【誌文】大唐故中書侍郎贈衛尉卿河内司馬府君妻范陽郡君盧氏墓誌銘并」序」

夫人諱某字某，范陽人也。昔遊見若士，窮觀乎六合之外；學與康成，研精」乎五經之旨。德盛者祀遠，善積者慶餘。帶礪山河，開公侯國；風流人物，鑠」燕魏朝。曾祖楚王，隋荊州司户參軍；祖仁周，皇鄂州蒲蘄令；樂天知命而」育德，藏器待時而□政。父慎盈，汴州尉氏令、太子文學。大梁之都，少海之」地，絃歌聞於宣父，□翼成於惠儲。夫人生德門，系卿族，織紝紃組不俟乎」師訓，貞順柔明自成乎嬪則。行漸閨閾，聲殷姻黨。三星東楚，遠父母行；七」子摽梅，從鳳凰兆。中書府君孝以肥家，忠以華國，五百閒氣，布之朝廷，西」南得朋，宜以家室。逮事乎先夫人，雞初見姑，率先娣姒也；螽斯宜爾，示」後子孫也。時府君綜流品，掌絲綸，宴栢梁，對宣室，筐篚將意，而日錫輜軿，」附響而雲。會夫人卑而不踰，多而以散，先意承志，四德積忠，自親及踝，六」姻無外，唱隨左右，若塤篪琴瑟乎。家禮智周，朝章寵冠，以神龍元年十」月廿三日進封范陽郡君。免難而封延鄉，人其異矣；知禮而與石窌，我其」同諸。及梁木晨歌，帷堂晝哭，哀雖寧戚，情不過禮。栢舟靡慝，每重衛詩；板」輿閑居，亦多潘賦。提攜孤幼，訓誘名節，恐不剋家賢，常以嚴教子。長曰蒼，」至□之邑丞；次曰垂，益□郡之從事；季曰望，遊于國庠。夫人春秋未高，諸」子兄弟向立。曼倩爲食，喜按獄以不殘；士行歸魚，怒沉器以成誡。匪籍□」□之説，故棻耆舊之言，謂仁必壽，逮百乘之轉轂；何神以欺，傾九仞之層」構。以開元十一年癸亥正月遘疾，十一日，終于毓德里私第，歲卌六矣。悲」夫！粤以其年二月丁酉朔十三日己酉窆河南府河南縣河陰鄉邙山之」原，禮也。飛飛旌旐，一去而無還；青青松栢，萬古而長已。子蒼等，泣以繼血，」毀將滅性，惟立身之道，如慕如疑；□揚親之名，不敢不識。大理正」子壻也，徵其言，刊其事，後之烈者，此其程乎？其銘曰：

中郎漢直，尚書晉儒，族既華矣，人之望乎？匪載英淑，亦生閑都，惠彩充懿，」天與之符。織紝紃組，我爰是圖。瓊玉內密，椒桂外敷。惟左惟右，德從先夫；」日訓日誘，言施諸孤。成母之法，爲史之模。仁也必輔，神兮不孚。霜散青歲，」月閉黃壚，象服雲倚，羽翣風驅。先有遠日，去無還途，松栢萬古，芬芳詎渝。」

（周紹良藏拓本　河南千唐誌齋藏石）

開元一六六

【蓋】失。

【誌文】

大唐故太子僕寺丞王府君夫人隴西李氏墓誌銘」

夫人諱普明，高祖孝孺，襲爵□□公虞鄉伯；曾祖善□□」州司馬、朝散大夫、上柱國；祖公□湖州司倉、慈州吕□□」令、朝散大夫；父隱吉，明經、恒州□□□□。夫人禀性令淑，」少履名教，和上下以孝義，守心□以貞謹。適太原王氏，諱」楚賓，生三子，長子□□□□率府勳府勳衛，恭順禮讓，清」慎廉謹，學博經史，書工草隸，措志霄漢，流思文章，苞仁恕」之心，有濟代之愿。雖未踐簪□，已交遊朝貴，天子一」知，卿相非晚。次子□□右衛率府勳府勳衛，守分簡訥，進」退□□□□□□□□□恰於長幼。少子阿九不秀，年六□」大□□京兆府□□□里西原禮□。夫窮通□□□□」恒□□□□□□□□以開元十一年歲次癸亥四月乙」朔十七日寢疾，終於河南府洛陽縣歸義里第，春秋」六十有九。人生百年，七十者少，往古所□，夫復何言。爲□」□□□□□□□秀作子非孝，代耕之養未申，□此□□」□傷風樹。以其月廿六日庚申，遷□於城北□安門外河」南縣平樂鄉河東里西南三里原，禮也。六情酷喪，五内崩」裂，□□□□□□之痛，壘壘孤墳，感□風之説，其銘曰：

白日一辭，冥途長往，遺餘名德，寂絶影響。松林漸寂，泉門不開，存殁大分，終是增哀。」

（北京圖書館藏拓本）

開元一六七

【蓋】　大唐故樊府君墓誌銘

【誌文】

故宋州虞城縣令樊君墓誌銘并序」

君諱晉客，字晉客，南陽人也。其先周大夫仲山甫之□也。昔兩漢龍吟，遞生豪傑，鴻門作氣，天下成功，外族稱賢，貴戚純穆，洪流茂緒，可略而言矣。曾祖泰，隋朝任洛州司户參軍；祖伯通，皇朝任瀘州都督；父睿，皇任都水使者；繼代英靈，源深不竭，維岳降氣，誕生于公。節比貞松，學窮書禮，心同匪石，文擬風騷。爰自褐衣拜岐州麟遊縣尉，調補金州録事參軍申王府户曹參軍。皇鑒融遠，擇才以官，懿君賢明，拜宋州虞城縣令。所蒞情簡，下車成化，威能肅物，勤以勸人，古之善政，曷云比也。嗚呼！天不遺慭，嬴瘵固嬰，以大唐開元十一年三月廿四日，終于京兆府崇仁里，春秋七十有四。知與不知，咸共流涕，惜其愛人有禮，爲政廉能，未登冲舄之年，以别長安之日。以其年四月廿一日葬於河南府河南縣北邙原，禮也。子恒等，昊天罔極，扣泉壤而悼□；擗地增哀，顧夜臺而痛骨。託兹金石，用表崇襟。其詞曰：

爰自有周，英靈間出，迺公迺侯，作輔作弼。其一。維天賦象，維岳降神，誕公于世，國□有珍。其二。木秀于林，風必先折，奈何彼天，禍此明哲？其三。悲纏隴首，慘結霞端，題芳萬古，幽石乃刊。其四。」

（北京圖書館藏拓本　開封博物館藏石）

開元一六八

【蓋】失。

【誌文】

唐故雍君墓誌銘」

君諱□張，字興，其先淮南雍齒之後，」因官而住，斯爲臨上當郡屯留縣地人。」曾祖耑，父諱元，字儉。春秋卌有五，」去久視元年十一月八日，忽染於風，」卒於私亭。夫人張氏，南陽郡人也。」開元十一年四月乙未朔廿六日庚」申，合葬於屯留縣東北一十七里平原，」禮也。東瞻雍水，淼東流而浮山，洪水」湮而不没；南臨降水，北望郫山。祀子」雍道獎，號天罔極，泣血三年，永爲銘」記。一入幽泉，闃寂長眠，昏昏默默，無日」見天。其一。」

（録自《山右冢墓遺文》）

開元一六九

【蓋】失。

【誌文】

大唐故潞州黎城縣令孔君墓誌并序」

公諱珪，字敬宗，其先魯國鄒人也。玄鳥開宗，紫」麟垂範，英賢繼軌，家承徙籍之榮；人物昭彰，門」嗣刊經之美。必復之慶，其在茲乎？曾祖業，隋任」驃騎將軍；祖翼，隋任賁中郎將；父爽，皇朝」任同州白水縣令。惟公橫代，角立邁倫，曾舉千」里洼池之逸，百練昆吾之精，解褐任漢州德陽」縣主簿、潤州丹徒縣尉、婺州義烏縣丞。歎彼君」山，屢居卑位；眷茲梅福，獨守南昌。又授潞州黎」城縣令。訓鯉趨庭，久傳詩禮；馴翬在野，夙著廉」能。人懷惠以知安，吏畏威而遷善。居太丘而弘」道，無忝仲弓；自彭澤以歸來，有符元亮。確乎養」素，澹然辭滿，傲睨終古，優遊卒歲，以開元十一」年六月十二日遘疾，終於延福坊之私第，春秋」六十有八。即以其年七月十九日，歸葬於都城」北邙山之原本塋，禮也。式刊金石，傳之不朽。其」銘曰：

蒼芒窮壟，杳藹平原，俄悲薤露，奄閟松門。人事」已矣，天道寧論，千秋萬歲，埋玉何冤？」

（北京圖書館藏拓本）

開元一七〇

【誌文】

大唐嵩岳閑居寺故大德珪禪」師塔記：大師諱元珪，李氏，河南」伊闕人也。上元貳載，孝敬崩，度」隸寺焉。宿殖德本，無師自悟。及」少林尊者開示大乘，諮稟至道。」晚年居龐塢阿蘭若，遠近緇素」愛道者，不復勝記。至開元四年」歲次景辰秋八月甲辰朔十日」癸丑，終于龐塢，春秋七十有三。」十三日景辰，權厝于寺北崗之」東。至十一年歲次癸亥秋七月，」乃營塔於浮屠東嶺之左大師」昧淨之所，而庭栢存焉。癸巳晦，」奉遷于塔，從僧儀也。弟子比丘」僧仁素等，刊此貞石，以旌不朽。」

（録自《東都冢墓遺文》）

開元一七一

【蓋】大唐故鮮于將軍墓誌

【誌文】

大唐故雲麾將軍右領軍衛將軍上柱國北平縣開國公贈右」領軍衛大將軍鮮于公墓誌銘并序」

公諱廉，字庭誨，漁陽人也。曾祖標，同開府儀同三司，謚曰襄。公」祖緒，使持節驃騎大將軍、開府儀同三司、大都督、懷州刺史，贈」大都督，涼、河、渭三州諸軍事、涼州刺史，謚曰景。公考仁敏，高尚」不仕。并光克門構，享乎積善；慶洽子孫，有稱用捨。不枉道存之」致，無虧永錫之業。公父有其子，身迨其祖，偉容大度，武果文經。」起家拜右衛翊府隊正長上，尋遷右衛明光府果毅都尉。頃者，」釁生宫掖，動感雲雷，君子建侯之秋，聖德龍飛之日，公」畢心御寇，錫莫重焉。拜雲麾將軍、布政府折衝，尋遷右領軍衛」將軍，仍河源軍討擊副使。在師以律，處衆以貞。有」制追入仗內供奉，還北軍使，親掌兵符，警翊紫宸，威明」鈎禁。尋加上柱國北平縣開國公，食邑二千户。公榮而不」高，嚴而不猛，勞而不伐，功而不德，忠義之至，宜天寵乎。」享年六十有四，開元十一年歲次癸亥六月一日甲午朔廿日」癸丑薨于京兆安定里。乃下制曰：故右領軍衛將軍鮮」于庭誨，夙以干能，累承□榮，久在禁衛，頗著勤勞。不幸彫落，良」用追悼，宜加寵贈，永以飾終，可贈右領軍衛大將軍。賵襚器物，」每優恒典。粤以其年八月九日壬寅葬于長安城之西郊禮也。「嗚呼哀哉！夫人北平郡君庫狄氏，有子早世□弟承恩繼重，所「恐聲光歇滅，鏤石猶存，增感之情，述之朽詞。曰：積善之家，餘慶不泯。寵以功立，忠由義敏。玉石既焰，仁賢同盡。「身且可亡，令名難殞。

開元十一年歲次癸亥八月甲午朔九日壬寅」

（録自《唐長安城郊隋唐墓》）

開元一七二

【蓋】失。

【誌文】

大唐故朝散大夫京苑總監上柱國茹府君墓誌并序」

君諱守福，京兆人也。蓋周之遺苗，鄭之遠裔也。昔六國分峙，茹姬爲魏后之妃；七雄並爭，茹耳爲韓王之相。自周歷漢，洎晉迄隋，朱轂華聲，金章紫綬，代有人矣。曾祖譽，祖宏善，并耿介清素，遹欽儒風，高蹈邱園，不仕於世。父行本，上柱國；魁岸長者，風神駿拔，載疇符爵，克著勳庸。君自始成人，預展心力，出入扃禁，宿衛先朝。武太后時，選補右領軍衛長上，考滿，授坊州仁里府别將，仍於定陵柙當畢，授隴州大候府果毅。君職雖戎武，而學重儒文，清慎自出於本心，廉讓實由其天性。書則尤工草隸，算乃妙洞章程，伯英慙其筆力，宏羊服其心計。藝術超邁，聲華日聞，屬開元祚興，選舉尤慎，特進王毛仲聞而重之，召爲監牧都使判官。於是隴右巡檢，頻爲稱職，遷懷州吴澤府果毅。考滿，擢授京苑總監，雜掌農衡，考課元□頻歷數職，判官如故，前後十餘歲焉。豈非碩人令德善始善終者也？君幼而聰敏，内崇正覺，行六波羅蜜，遵不二法門。性之自然，薰羶不咀於口；天之所授，經戒克銘於心。爰在吏途，雅操亦篤，雖王事鞅掌，劇務紛綸，而顛沛必依於仁，造次不詧於義。嗚呼！行之難矣，斯人謂歟？粤以開元十一年四月廿九日奉使隴右道巡鹽牧，六月二日還至京，六日己亥遘疾，至八日辛丑，卒于長安休祥里第，享年三百三甲子四旬有二日矣。嗚呼！降年不永，穹蒼靡遺，鳴玉未擊而自摧，芳蘭不秋而先落。君初遘疾之時，呼集家人，告以死日，子女環泣，小大咸驚。君乃止之曰：生者物之始，死者物之終，終始循環，天之常道，又何足悲也！於是自爲沐浴，衣以新衣，迺請諸名僧造盧念誦。君端坐寢牀，精爽不亂，言話如故，誡囑無遺。果如其期，不詧於驗，辛丑夜刻至子，奄然而逝，趺坐不動，左右無驚，異哉乎！所謂知命君子，代之奇人。河東薛氏，四德聯華，九儀克著，貞賢外播，温孝内融，和鳳雖則先飛，神蛟終當重合，即以其年八月有九日合葬于城南香積寺□原，禮也。嗚呼！芻靈發引，白馬悲而不前；宅兆攸安，青烏卜而云吉。冀龍山一變，知令德之猶□；鼇海三□，振青徽而不朽。迺爲銘曰：

洪□大造，厥初生民，仕以行義，義以贊神。惟德可據，惟道是鄰，取則不遠，在乎伊人。伊人爲何？生唐之域，筮仕明時，束髮從職。温恭淑慎，濟濟翼翼，孝乎其家，忠乎其國。馳思元冥，樂道之精，匪由壯冠，發自弱齡。松筠勵節，冰鏡彌清，心歸正覺，口誦真經。捧戒珠兮不失，傳慧炬兮逾明。達人知命，吏隱王庭，有知於死，無惋厥生。猿坐入定，神遷不驚，倬哉若人，閲此哀榮。丹旐翻兮慘引，白駒踻而悲鳴。悠悠窅窅歸窀穸，千秋萬古閟松扃。」

（録自《古誌石華》卷九　據《金石文鈔》卷四補字）

開元一七三

【蓋】失。

【誌文】

大唐河南府河陽縣丞上柱國龐夷遠妻李氏墓誌銘并序　麗正殿修書學士右拾遺毌煚撰」夫人姓李氏，諱□，隴西成紀人也。高祖神通，出自太祖光皇帝后，」唐受命封淮安王，歷右僕射，贈司空公；曾祖孝誓，右千牛衛將軍，貞」觀初封高密王，贈滑州刺史；祖瑒，歷房、忠、易三州刺史，封狄道郡公；」父延明，中散大夫，睦、饒二州司馬，德、趙二州長史；今任右衛率府郎」將。天出仙潢，積潤流爲九派，星銜建木，曾林吐成十枝。脩源則珠浦」并洪，高蔭則玉山偕廣。夫人承先葉積勤之後，居德門持禮之摽，風」範端明，聲姿妍穆。秉柔和之操，沖識本於天知；飾高潔之容，清規肇」於生稟。非道則不語，非禮則不言，大明匪惟乎六行，正誼信過乎四」德。年十有九，歸于龐氏，則河南府河陽縣丞夷遠之元室也。龐氏儒」雅通脩，仁賢輝懋；夫人禮容崇絶，經教宣明。内睦二姻，外親六族。舅」姑孝敬，鬱成鄰里之儀；姨叔温沖，光闡閨門之化。謝庭道韞，獨許臨」沂之表；辛氏憲英，居得南城之最。古之辯通節義，楚女魯姑；仁智賢」明，鮑宗周婦。永言弘懿，曾何尚兹。嗟呼！天假智能，未昌胤嗣，神資聰」慧，空謝年齡。苕華閉夕而銷滋，蘭苑藏春而韜馥。維開元九年十月」三日，卒于東京洛陽縣興藝里之私第，春秋卅有七。嗚呼哀哉！粤開」元十一年，歲在癸亥，十月朔惟癸巳，五日丁酉，旋殯于河南府河南」縣邙山之原，禮也。悲夫！母坤非祐，黄壚奪德；后月乖靈，蒼輪隱耀。流」黄罷彩，無傳織室之霞；鉛素緘芳，空閉粧臺之月。敢咨彤史，用勒青」珉。其詞曰：倬彼貞柔，良人好仇，韶容鴛鳳，至德鳲鳩。榛栗方薦，蘋蘩正羞，美襟」離乎得禮，覬褕闕之云儔。奚浩露以驚夜，惜曾飇而動秋。星霾婺掩，」月落娥收，槐火方遽，松塋遂周。移繐帳於先室，返靈輀於舊丘，閉金」扃之眇眇，泣丹旐之悠悠。其一。猗猗帝族惟公侯，乃生淑德稱□」修，嗟其來兮時若浮，痛其去兮順若休。容衛逶遲兮指邙丘，隴路□」差兮樹行楸，萬古黄泉兮湅不流。□□□□兮徒悠悠。」

（周紹良藏拓本　河南千唐誌齋藏石）

開元一七四

【蓋】失。

【誌文】

大唐故銀青光禄大夫守工部尚書贈荊州大都督清河郡開國公上柱國崔公墓誌銘并序」

公諱泰之，字泰之，清河東武城人也。其先烈山教農，代德遠矣，太岳掌禮，家法崇矣；佐周克商，功」則厚矣；翼魏徇漢，忠亦至矣。故能烱光延照，令問飛聲，繼有格人，鬱爲冠族。曾祖世樞，皇朝」上大將軍、散騎常侍、司農卿、武城侯；祖義直，紀、越二王長史，陝州刺史，嗣武城侯；父知温，中書令；」肅烈之功，雍熙之業，紛備帝載，昭圖國史。公貽慶纂緒，全德誕靈，清秀内融，稟氣辰象，岐嶷」外峻，降神河岳。襟懷萬頃，自含陽秋之度；標格千仞，立於風塵之表。故能詣十倫之極，總五常之」中，言必有孚，行在無擇。忠烈於國，孝純於家，宗黨推仁，交遊服義。文典以麗，雅善緣情；學精而博，」尤探經濟。年十有二，遊昭文館，對策高第。明年，調補雍州參軍事。安仁國士之年，早稱英妙；玄成」丞相之子，初表象賢。丁中令府君憂，哀毀過禮。雖變除云畢，而尪瘠猶甚，親故見者，不復識焉。君」子以爲難也。服闋，授太子通事舍人，轉左金衛長史、司賓丞、太子司議郎，加朝散大夫、上柱國，從」班例也。除右史，俄遷職方郎中，仍兼右史事。朝侍瑣墀，記事於九天之上；夕遊錦帳，起草於萬國」之圖。任遇兼崇，聲華日遠。于時外戚干政，内嬖握權，將假中闈，圖危家嗣。公以家承漢相，深東郡」之憂；謀協陸生，讚北軍之舉。乃與羽林將軍桓彦範等，共圖匡復，中興之際，公有力焉。中宗」嘉之，拜太僕少卿，封安平縣開國男，兼衛王長史。居無何，姦臣武三思竊弄國柄，稍斥朝賢，出公」爲洛州刺史。政刑具舉，風澤斯洽，州人立碑頌德，于今存焉。三思等情惟盜憎，彌積嫌忌，轉德州」刺史，又換梓州刺史，左遷開州刺史，降爲資州司馬。歷踐險途，罔有寧歲；而行已以正，御物以仁，」在邦必聞，所居咸理。今天子肇揚天光，克掃陰沴，君子道長，哲人用康，起爲濟州刺史，未到」官，旋拜國子司業、光禄少卿，判左屯衛將軍事。榮備内外，任兼文武，進之以禮，殷薦其忠。觀否泰」之相循，悟爲善之終吉，遷禮部侍郎，加銀青光禄大夫。謀行職修，上尊下睦，遷尚書左丞。闕綱咸」補，弛條必張，又詔公詳理選事，士感甄明，時稱簡要。遷黄門侍郎。拜命之日，主上臨軒謂公」曰：忠孝出卿一門，朕甚嘉尚。又顧謂侍臣曰：此人如野鶴之在鷄羣，不可多得。其見賞重如」此。讜言聞於闈扆，直道盈於省闥。屬北狄不賓，邊守失禦，詔公持節按撫諸軍，威略克」宣，軍容斯振。丁内憂去職，水漿不入於口者七日，泣血三年，未嘗見齒。又有白鼠馴於廬側，冬筍」抽於庭際，人咸以爲孝感所致。服闋，驛召拜户部尚書，進封清河郡公。位高八座，職宣七典，祚以」大國，封諸故鄉，當代以爲榮也。

又屬降虜趑趄，時有背叛，詔公持節就而撫焉。公宣揚朝」恩，示以逆順，一朝釋甲，委命使車。又轉工部尚書。曹署增韙，績用其凝。天不憖留，奄焉薨謝，春秋」五十有七，以開元十一年六月七日寢疾，薨於京平康里第。慟興於宸扆，哀洽縉紳，賓友」摧梁，邦人輟相。有制追贈荆州大都督，詔葬之禮，事極哀榮。越以其年歲次癸亥十月癸」巳朔五日丁酉，葬於河南府河南縣平樂鄉所，禮也。子秘書郎承禮，孝思罔極，式圖揚名，乃刊石」勒銘，用誌泉户。沔以虚寡，預霑宗屬。時忘貴介，見憶少遊之言；嘗接從容，謬忝惠連之目。薄技效」德，慚誄行於九能；永慕何追，獨傷懷於萬古。乃爲銘曰：

於穆高門，慶流後昆，誕良士兮。爰有令德，高朗沖默，人之紀兮。立言立功，禄位昭融，總繁祉兮。□」常百行，允歸于正，全終始兮。運促業光，身殁名揚，浩不已兮。

中書侍郎崔沔文，李迪下缺。」

（録自《芒洛冢墓遺文五編》卷五　河南千唐誌齋藏石）

開元一七五

【蓋】失。

【誌文】

大唐故中大夫行定州鼓城縣令王君墓誌銘并序」

君諱玄起，字子昇，太原祁人也，後漢司徒允十四代孫。自周儲賓帝，秦將□□，」仙胄嶽立，華宗雲曼。魏晉已降，周隋之間，名流德業，繼美於圖史，孝子忠□□」華於譜牒。瑶構千仞，寶原萬里，王氏之世祀也宜哉。高祖德，後魏侍中，開府□」同三司，尚文成公主駙馬都尉，涇、寧、河、渭、鄜、同、宜、太、甘、涼、東雍、北雍十二州諸」軍事十二州刺史，河開郡開國公，謚曰獻，配食周廟，周書有傳。曾祖端，周大内」史、開府儀同三司，隋商、延、亳、許、鄭五州刺史，光禄卿，樂平公兼吏部尚書，改封」修武郡開國公，見周書隋史。祖世郎，隋隴西東曹掾、著作郎，襲修武郡開國公。」父大禮，皇朝右千牛，尚遂安公主駙馬都尉，綏、歙二州刺史。衣冠禮樂，聲溢於」四代；鼇降穠華，榮歸於二葉。金貂玉佩，廊廟相輝；茅社竹符，山河不絶。□□□」其範，史筆載其詳，餘慶氤氲，象賢休赫。君即歙州府君之長子。含純懿之□，□」柔嘉之姿，抱義而行，戴仁而處。生膏腴之地，守以沖和；在鐘鼎之門，耽乎墳素。」昔執親喪也，勺飲殆絶，溢米僅存。縞練已登，春秋逾感。終身永慕，不襲萊氏之」綵衣；崇福報恩，仍捨平陽之甲第。君子稱其孝焉。及從王事也，屬淮甸作忒，江」郊不開，君時爲宣州司户參軍。主上委之以兵革。直氣素飽，義聲先震，」佳兵電飛，羣孽霜掃。朝廷壯其忠焉，以功授朝散大夫、行和州歷陽縣令。三命」滋恭，饘粥以餬其口；一同垂化，脂膏不潤其身。理有能名，官無留事。御史韋安」石廉君清白，狀聞，除太子左司禦率府長史。紀綱環衛，趨侍宮朝，歲滿調補定」州鼓城縣令。鳶鞬故國，涉他所守，趙際燕垂，舊稱難化，人康俗富，不俟朞月。時」也天子告成於嵩嶽，諸侯會計於洛師，君以葭莩，預陪典禮。人殊太史，」不嘆於周南；鬼召脩文，俄悲於地下。以萬歲通天元年四月十九日遘疾，薨于」會節里第，春秋卌有八。嗚呼哀哉！惟君公族之良，士林之秀，儀形韶潤，冏若玉」山，人思見之矣；談論清微，泠如瑤瑟，人不厭之矣。宜亨遐壽，以登太階，如何彼」蒼，殲我英士？越景龍三年十月二日，葬于洪池原。笳鼓曜終，山河送往。聖人之」禮，偃斧開封；大夫之墳，樹楊爲志。有子庫部郎中熊等，崩心浩泣，銜恤永思，敢」綴輯其所聞，俾鋪宣於來裔。銘曰：國之出，被服忠孝，其聲赫哉！邦之彥，棲遲蒲密，厥化康哉！梁木折，纓緌感涕，命」不贖哉！佳城閉，海谷遷訛，德彌曜哉！

以開元十一年十月十日改卜宅兆，移就河南」縣河陰鄉北芒山南原合葬。」

（北京圖書館藏拓本　開封博物館藏石）

開元一七六

【蓋】失。

【誌文】大唐故王府君夫人故贊皇郡太君趙郡李氏墓誌銘并序」

夫人姓李氏，趙郡贊皇人也。黄帝元孫高陽氏之苗裔。暨庭堅而謀九德，逮伯」陽而著二篇，茂績增祉，玄宗演慶。牧爲趙將，始建號於武安；齊匪漢臣，尚稱賢」於鉅鹿。實昭乎史册，克濟乎祚胤。曾祖祖欽，齊開府義同三司，封竟陵郡王；禮」備歌鍾，庭分金石，功傳車服，門駐旌麾。祖德瑋，隋江夏郡司户；書佐敷厥，荷兹」世禄。父文敬，皇朝鄧州内鄉縣令；訓農勸學，秉哲象賢。夫人法坤而柔，從兑」而悦，習玩詩禮，銘佩箴訓，貞心照玉，峻節凌霜，既笄而行，歸於王氏。王公即」皇朝遂安長公主之子也。一門三主，同日五侯，借殿既居，求郎未拜。尋授太中」大夫、定州鼓城縣令。干鴻始漸，隙駟俄移，夫人琴瑟中亡，梧桐半死，若潘姨之」失翼，如杞婦之崩城。練志飾躬，服勤乎浣濯；潔粢沃盥，致虔乎禋祀。

而子熊等，」少傾乾蔭，長沐閨慈，教漸於斷機，器成於琢玉。熊歷官駕部員外郎，庫部郎中，」洛陽縣令，申、郢、光、潭四州刺史。夫人初封贊皇郡君，及以子貴，改封太君。而熊」也不天，亦既云逝，太夫人賢夫玉折，愛子珠沉。敬姜是儀，哭分於晝夜；恭伯早」死，誓著於丹青。不廢紘綖，無忘榛栗。端操履潔，惠洽於幼孤；正位凝命，澤加於」宗黨。第三子象，頃任虢州閿鄉縣令，緝和人紀，禀受天經，太夫人因隨而在焉，」慈顔和也。居未幾，而縣東南忽湧一泉，溜吐金沙，波含玉液。太夫人洗心調膳，」常汲而取斯，時議所嘉，僉以爲王君孝感之所致也。既而年侵時制，體嬰風疾，」而象衣不暫解，藥必先嘗。積慶無徵，金丹化矣；傾曦不再，風燭催焉。粤以開元」十年九月十四日，薨於閿鄉縣之官舍，春秋七十有七。即以開元十一年十月」十日，合葬于河南縣河陰鄉北邙山之南原，禮也。嗚呼！青楸摇落，畫柳逶迤，路」出孟鄰，猶疑三從；魂歸滕室，還愴雙沉。子象等，毁甚高柴，哀過吴隱，其往也如」慕，痛結泉扃；其返也如疑，悲纏風樹。昆吾恭聞教義，素忝婚姻，摭實徵詞，稽諸」彤管，傳芳播美，刊於貞石。其銘曰：

光昭華緒，肇自高陽，德因馬盛，祚爲龍昌。經文緯武，列土封疆，誕敷貞淑，亦既」允臧。其一。家事則理，閨儀載睦，箴規作鏡，禮義爲服。惟梅有三，惟珈有六，百兩云」御，光乎姻族。其二。既榮於室，因夫之秩，乃貴於門，從子而尊。披圖閲史，秉德立言，」如何不淑，神理寧論。其三。昔時西邁，板輿晨戒，今日東歸，柴血朝揮。超遥川路，悽」切庭闈，哀哀罔極，陟岵何依？其四。楚挽方進，金鉦啓引，靈輴稍移，銅魚拂池。霜彫」蔓草，淚染風枝，遺音不昧，髣髴於斯。其五。」

前衛州司馬上柱國杜昆吾撰。」

（北京圖書館藏拓本　開封博物館藏石）

開元一七七

【蓋】 失。

【誌文】

唐故三十姓可汗貴女賢力毗伽公主雲中郡夫人阿那氏之墓誌并序

駙馬都尉、故特進兼左衛大將軍、雲中郡開國公踏没施達千阿史德覓覓，漠北大國，有三十姓可汗，愛女建冉賢力毗伽公主，比漢主公焉。自入漢，封雲中郡夫人。父天上得果報天男突厥聖天骨咄禄默啜大可汗，天授奇姿，靈降英德。君臨右地，九姓畏其神明；霸居左衽，十二部忻承美化。貴主斯誕，天垂織女之星；雄渠作配，日在牽牛之野。須屬家國喪亂，蕃落分崩，委命南奔，歸誠北闕，家壻犯法，身入官闈。聖渥曲流，齒妃嬪之倖女；住天恩載被，禮秦晉於家兄。家兄即三十姓天上得毗伽煞可汗也。因承叡澤，特許歸親兄右賢王墨特勤私第，兼錫絹帛衣服，以充糜用。荆枝丹合，望花萼之相輝；堂棣未華，遽風霜之凋墜。春秋廿有五，以大唐開元十一年歲次癸亥六月十一日薨於右賢王京師懷德坊之第，以其年十月癸巳朔十日壬寅葬於長安龍首原，禮也。天漢月銷，無復粧樓之影；星河婺散，空餘錦帳之魂。男懷恩，兄右賢王，手足斯斷，雁行之痛于深；膝下長違，烏哺之情永絶，雖送終之禮，已啓松塋；而推改之俗，慮爲蕪没。撫貞石以作固，鑿斯文以爲憑，庶海變可知，田移物或。其詞曰：

倏辭畫閣，永卧荒墳，人生至此，天道寧論。日催薤露，風急松門，千秋萬古，寂寞孤魂。

（周紹良藏拓本）

【蓋】失。

【誌文】

大唐故兖州博城縣丞楊公墓誌銘并序　通直郎行河南府王屋縣尉敬弘亮撰」

君諱璿，字師貴，弘農湖人也。夫昌源吐注，濫觴涵赤泉之緒；層」構穹崇，炳靈應縹蓮之岳。西都軌躅，交映十輪；東京衮冕，聯暉」四葉。□嚮叙傳，詳略可聞。曾祖仲華，隋蒲州安邑尉；祖三通，延」州弘風令；並聲著廉能，璆鏘上代。父仁素，養高不仕，譽流貞白，」玉振當年。君誕秀星辰，孕靈川岳。藍田蓄潤，不無待價之姿；赤」野含胎，即有照車之色。學能知道，才不曠時，符彩射人，音容軼」俗。總角獲見，高人許其不凡；褫巾入仕，識者知其遠到。解褐幽」州昌平尉。傍控薊門，斜連易水，名膺一命，蹔居梅福之班；地即」三軍，每蓄荆軻之勇。秩滿，遷兖州博城縣丞。俗雜厥鄉，境分曲」阜，風頹千古，人資一變。鳴琴是贊，狎彩翟於春臯；美錦無傷，諧」舞鸞於夏序。位不充量，道屈於時，州縣勞人，晦明成疾。八門未」入，勁翮折於雄飛；千里方馳，絆驥先於過隟。以聖曆二年十月」十五日遘疾，終於博城之官舍，春秋五十有五。嗚呼哀哉！夫人」河内常氏，以開元十一年十月十七日合葬於洛陽伯樂墕之」北原，禮也。惟君量苞萬頃，藝總三端，下寮沉跡，長繩不繫。千年」覩日，遽留愴於佳城；三月戒晨，奄纏悲於舊館。長子冀州堂□」尉亮，不幸短命，陪於塋左；少子豫州朗山主簿斐，屺岵無依，荼」蓼增慕，卜宅洛汭，兆順崇邙。恐柳化岷墟，桑生渤澥，刻音徽於」翠琰，紀年祀於玄銘。詞曰：

長河委輸，太華掌蹠，」地實炳靈，寶見滋液。惟父及祖，玉質金相，照動和肆，暉映周行。」洎君安卑，雄飛發歎，黄中通理，清河屈絆。蒲葵未返，松檟成行，」霧苦玄塚，風悲白楊。丘壟平蕪，形□□寞，于嗟共盡，永懷可作。」

（北京圖書館藏拓本）

開元一七九

【蓋】失。

【誌文】

大唐故冀州堂陽縣尉楊公墓誌銘并序　奉義郎前行亳州山桑縣主簿徐大亨撰」

君諱瓊，字亮，弘農湖人也。錢來峻阯，貝闕長津，河英多異，」岳靈繁出。震賜聯傑，譽動西秦，彪循世榮，聲華東漢。乘朱」輪之美，榮耀當年；受白環之祉，芳流後葉。曾祖三通，隋延」州弘風令；政淳理洽，化簡風清，東阿之績累施，西華之誠」克著。祖仁素，養高不仕；谷神林壑，樂道琴書，類顔子之得」性簞瓢，並梁君之坐輕州縣。父師貴，唐兖州博城縣丞；政」以禮成，仁以接物，比贊百里，屈任陸安，宣慈之德尚餘，弘」懿之芳猶烈，家聲祖德，玉振金相。君即博城之元子也。天」假其才，神奪其魄，拾青早擢，綬黄斯美。浮生不永，靡就南」昌之仙；休死載長，路掩北邙之隴。以開元十年四月十七」日遘疾，終於洛陽會□里之私第，春秋卌有五。嗚呼哀哉！」即以開元十一年十月十七日，還葬於河南縣河陰鄉界」邙山伯樂塢之北原博城府君之塋左，禮也。惟君持身訓」儉，待士思恭，言必有忠，動亦合禮，六藝備用，三端獨高。方」欲冀其良圖，以貞大用；豈謂降年不永，徂齡奄及。泉門天」舟檝之材，王室絶股肱之望，固足悲矣！不其惜哉！嗣子禹」等，年在幼沖，哀深孺慕，號天不及，宅兆方安，恐無紀於黄壚，敢銘芳於玄石。其詞曰：

生榮死哀兮萬事畢，楊風薤露兮聲慘慄，黄壚冥冥兮無」白日，崇邙鬱鬱兮修墳出，悲兮悲兮掩□室！」

（北京圖書館藏拓本　河南千唐誌齋藏石）

開元一八〇

【蓋】失。

【誌文】

大唐故張君墓誌銘并序」

君諱敞，字子開，南陽人也。鵲印傳芳，孤星命氏，晉臣□」相，代有其人，白水清河，冠冕赫弈。祖隋文林郎；邊韶□」經，器涵通博，晁錯三道，詞雅高議。對策甲第，降爲散節，」遁堯避禹，不祈人爵，雖松栢無改，而桑榆有期。謝敷高」人，與少微而並貫；任公智鑒，隨武擔而俱折。君之嗣□，」天縱英靈，解褐衛州共城尉。淥竹猗猗，無以方其雅操；」清淇森森，未足比其波瀾。清白見知，權豪斂迹，遷宋州」碭山主簿。漢祖龍潛之地，丁公鳩井之鄉，吏畏其威，人」懷其惠。繡衣採訪，紫誥頻徵，又遷并州陽曲主簿。」翊佐一同，參謀百里。材高位下，崔駰不樂；秋風明月，張」瀚思歸。斂衽挂冠，杜門終老。蒙城莊子，雖存虚白之規；」蜀郡揚雄，終纏太玄之疾。春秋六十有一，終於私第。開」元十一年十月十七日，與夫人太原王氏，合葬於邙山」之陽。惜哉兩劍，俱没延平，嗚呼哀哉！男儇，玉田生玉，珠」泉孕珠，哀毁過人，絶漿泣血。恐山移海變，莫知樗里之」墳；地久天長，詎辯滕公之墓！勒銘黄壤，式播清猷。詞曰：

北燕垂範，西蜀降靈，既修博物，又著真經。暫遊北帝，永」絶南溟，一從蒿里，長瘞松扃。鶴弔未旋，烏墳已畢，斷雲」悽慘，晚風蕭瑟。山□有霧，隴寒無日，吁嗟滕公，來居此」□。」

（北京圖書館藏拓本　河南千唐誌齋藏石）

開元一八一

【蓋】失。

【誌文】

大唐前益州成都縣尉朱守臣故夫人高氏墓誌文并□」

夫人諱嬇，渤海蓨人也。其先蓋自虞爲四岳，佐禹平水土，有功封」於吕，歷夏、商數代，始有齊國，子孫食焉，是分源流，命我高氏。迨春」秋稱敬仲之德，炎漢美孝甫之才，可謂風烈有素，明德光大矣。曾」祖子□，皇朝岧州别駕；祖佁，左衛大將軍；父崇文，韶州長史；並碩德茂功，庇人康俗，允崇勳業之重，克嗣箕裘之政。夫人玉質」清映，冰心皎潔，儀形□敏，儼如神仙，故知君子好逑，以宜家室。尚」未笄歲，允備成人之美，故年十三，歸我朱氏。夫其□盥漱，親飲食，」惠訓無倦，黼黻有章，服勤以奉上，鳴謙以撫下，功言無雙，容德絶」代，心可照物，樂必探微。綜此數者，孰非才歟？故燕居申申，以保偕」老，每讀梁鴻□傳，彌增伉儷；忽諷安仁之什，更切存亡。嗚呼！享年」不永，以開元十一年六月廿二日遘疾，終於洛陽縣界毓財里□」私□，春秋卅有七。夫人素履純固，機警弘雅，風旨含其朗韻，動静」允其閑和。所謂幽芳在林，懿此光澤。而韶陰未半，彫我穠華。噫夫！」朱公痛是亡也，勤飾終之禮，故擇其美櫝；篤厚亡之誠，亦斂以時」服。以其年十月廿五日，葬於河南縣河陰鄉界邙山百樂塢之北」原，禮也。嗣子先愿、自勸、允諒等，風枝切慕，欒棘摧心，深惟孝思，長」號泣血。既而墨龜以吉，黄腸啓幽，式存刊石之文，以備陵夷之變。」銘曰：

温温恭人，灼灼淑女，爰偶琴瑟，式諧讌語，威儀孔修，令範克舉。明」□惟敬，宜家既彰，恭事祖考，允協蒸嘗，閨閫之秀，椒蘭信芳。春風」始和，穠華方結，繁霜早降，蘭茝斯折，夜壑舟移，高唐雨絶。哀哀諸」子，煢煢在疚，彼蒼者天，毒我哲婦。乃終乃始，啓足啓手，歿而猶傳，」千載不朽。」

（周紹良藏拓本　河南千唐誌齋藏石）

開元一八二

【蓋】　失。

【誌文】　誌文不全，似在石陰，失拓。

大唐故前鄉貢明經上谷寇君墓誌銘并序」

寇釗字尼丘，上谷昌平人也。烈曾祖皇朝」太中大夫、歸州刺史諱覽；烈祖皇朝通議」大夫行曹州長史、上柱國諱思遠，朝議郎見」任大理寺主簿上柱國洋之世嫡也。昔母氏」方娠，便律胎教；洎乎載誕，日聞岐嶷，秀眉明」目，儼若宿成。弱即不弄，長而悦禮，逮志于學，」百家九流，無不窮究。初爲春秋左氏傳，後慕」一門七業之舉，改爲禮學，不逾百日，略皆暗」誦。年十八，郡舉孝廉，射策甲科。于時同歲數」十人，君爲其首，京師籍□，是以有神童之目。」爲子孝盡色養之誠，立性謙極温恭之道，聞」善如不及，見惡必自脩，雖處窮僻之所，家人」大小未嘗見其惰惰。故朋友鄉黨推其信，仰」其仁。勤學不倦，浸成心疾，春秋廿三，以開元」十一年十月廿七日終于洛陽審教里之私」第。屬纊之際，餘息僅存，陳鞠育之恩，叙違離」

（北京圖書館藏拓本　河南千唐誌齋藏石）

開元一八三

【蓋】失。

【誌文】

曹氏譙郡君夫人墓誌銘并序」

夫嚴霜瘁草，獨歎蘭摧；驚飈拂林，偏傷桂折。人誰不死，嗟在喪賢，伊賢者何？譙郡君夫人是也。夫人曹氏，諱明照。曾祖繼代，金河貴族；父兄歸化，恭惟玉階。惟孝惟忠，允文允武。夫人柔馨在性，婉淑呈姿，妙紃組於閨闈，潔蘋蘩於沼沚。年十有八，適左驍衛將軍折府君爲命婦。六禮猷備，四德凝姿，孟氏母儀，宗姻酌其訓；曹家婦禮，里閈揖其風。豈謂石破山崩，奄從傾逝，以開元十一年十月八日終於居德里之私第。夫人春秋不或，即以其年十一月廿三日遷窆於金光坊龍首原，之禮也。慮樹偃千年，人移百代，式刊方石，乃爲銘曰：

天街既形，髦頭有經，經緯相汁，夫人誕靈。如何孤應，危露先傾，悼逝川之不返，敢平生而著銘。」

（録自《金石續編》卷六）

開元一八四

【蓋】失。

【誌文】

大唐故肥鄉縣丞田府君墓誌銘并序」

肇自嬀後，育于姜國，我之命氏也；四豪稱貴，一言寤主，」我之代禄也。克隤繁祉，今見其人。君諱靈芝，字先奇，河」南武臨人也。迺祖諶，定州長史；烈考嶠，滕王府記室參」軍事；葳蕤聯芳，若斯之盛也。公即記室府君之冢子也。」容止頗重，眉目如畫，碁稱妙，酒有德。若交結之道，則浹」於海寰矣。與前相中書侍郎蘇公有忘言之契，驟聞奬」拔，君輒拒之，議者以爲達命君子也。自勳衛授兖州瑕」丘縣尉，喜而養親，豈伊毛義仙以就吏，且同梅福有使」者。以清白聞，尋授洺州肥鄉縣丞。亦既至止，果於從政。」方將逐日東鶩，順風南圖，何神理不忱，愆我介福，以開」元十年九月十日春秋六十有一，遘疾終於廨宇。嗚呼！」人生若過，豈莊子之寓言；天道無知，嗟鄧侯之不嗣。夫」人太原王氏，安州吉陽尉令軌之元女也。炯儀月皎，柔」範蘭郁，年卌先逝。且詩人同穴，夫子合防，又古制矣。粤以開元十有一年同祔於洛陽北邙之東原，遵先志也。」朝野失聲，風雲改色，仰舊都之喬木，泣新墳之宿草。

僕」永懷前好，式旌厥德，詞曰：

允矣斯人，維烈無競，鄒邦著績，漳浦毗政。親朋兮宛然，」生死兮忽焉，丘壟兮陰煙，余將訴夫昊天！」

（周紹良藏拓本　開封博物館藏石）

開元一八五

【蓋】失。

【誌文】

唐故銀青光禄大夫博州刺史趙郡李府君故夫人彭城郡夫人劉氏墓誌」銘并序　夫人之季前太子舍人居簡撰」

維開元十有一年季秋壬午，彭城郡夫人劉氏薨于河南□私第，春秋知命，」嗚呼哀哉！泣盡行路，悲纏徙鄰，哀哀孝子，永訴穹旻。粤踰年春既望，將遷祔」于河南平樂鄉北邙原，禮。遣奠斯臨，塗蒭成列，遲遲曉輤，遠入空陰，寂寂高」堂，旋驚象設。嗣子宓等，攀罔極，假文詞，顧慙蕪淺，哀以叙之。本乎豢龍命氏，」累分唐帝之宗；斬蛇開國，交則漢王之季。軒裳雜襲，鼎戟森羅，榮乘千苦，芳」滋□葉。烈曾□任齊□威將軍，入隨魏清邑宰；望諧燮贊，道在卷舒，雅全吏」隱之心，嘗布衣冠之口。王父行之，隨普慈郡治中，唐永樂縣貳；體道怡神，逮」親爲政，確守冲退，深誡滿盈。咸推不世之材，俱偶非常之際。苟從醉衆，暫起」旌招，竟老丘園，必歸蒙正。皇考延慶，射策甲科，捧檄累任；梅福作尉，陶潛罷」職，時其宜也，識者冤之。夫人生自德門，幼而洵嫕，有公宫之令則，奉師氏之」明訓。及笄歲，歸于府君。其奉上也恭，其臨下也惠，享獻不忒，威儀式叙也。誰「其尸之？有齋季女。初府君之禄未厚也，素詣清真，室同夷惠。夫人身衣浣濯，「樂共簞瓢，損金翠以贍於遺孤，潔蘋藻致美於賓祭。至如絕甘分少，履信固「窮，雖君子之用心，諒夫人之爲佐也。夫習禮者人所難而我所易，則理家之「法作範於宗姻；居尊者人所易而我所難，則從子之規必咨於童孺。君子是「以知夫人之醇備也。焯哉標映，穆若清風，休命自天，寵章伊錫。府君之加銀「青也，增封彭城郡夫人，詩所謂惟鵲有巢，禮所謂從夫之秩者也。洎府君即「世，殆不勝喪，比斂將絕，凡至于再。人謂皇天輔德，華髮登壽，奈何曾不及朞，「奄其云逝。悲夫！豈同穴之誠，誓口共盡；將結褵之義，期不獨生。則古之高行「者，何以如此？若乃棲心禪寂，率性空慧，始終任道，宴息歸真，洞冥機玄，在語「常默，固不可量已。居簡幼罹閔凶，長于仁姊，頗聞義教，實禀柔明。今幽壙式「旌，終天永訣，愧不能身先泉壤，敬奉徽音，屑涕而書，百不存一。昔府君之從「達葬也，盛德大業，克播先銘，而今斯文，亦所不取。銘曰：

翼翼夫人，秉心淵峻，必聞典禮，載光淑慎。□自令族，作合世家，蹇安在陋，泰「鄙從奢。誰謂道遠？弘之以德，動偶清規，化成柔克。幽山濛冪兮煙雨深，平野「蕭條兮灌莽吟，豈悟仁賢長託此，于嗟天地也何心？御溝仙閣中天起，千秋「萬古東流水，水不絕兮，懿不滅兮，有吾姊兮！」

（北京圖書館藏拓本）

開元一八六

【蓋】失。

【誌文】

唐故前同州華池府別將李君墓誌文并序」

君諱琦，平棘人也。其先以指樹生宗，夙□老成之」德；發石飲羽，爰旌壯武之名。自是代有其賢，遂廣」斯族。君曾祖師，隋歷貝州清河縣令；祖琛，朝散大」夫，歷虢州閿鄉縣令；父敬忠，游擊將軍，歷晉州德」仁府果毅；並文武未墜，而貞固實存，騰□馥於前」脩，播勳庸於後列。君以蔭子，備衛天街，年考計登，」爰從朝選，每以勇過賁育，智出良平。既以少遭閔」凶，長違庭訓，不琢瑚璉，克襲箕裘。調有常司，始補」同州華池府別將。而王事靡盬，邊役恒途。每挫胡」鋒，宣功日下；嘗申漢代，飛將雲中。國錫殊勳，軍資」厚祿。豈而居肓之疾奄構，負杖之歎遄興，閟幽泉」於九重，虧成山於一簣。以春秋卌三，開元十一年十」二月廿一日，卒于道政里之私第。嫡子葩，號擗無」依，攀慕何及，龜筮襲吉。以開元十二年正月廿一」日卜宅于邙山原，禮也。古往今來，天長地久，匪刊」銘石，孰云不朽。其詞曰：

哀是無祿，皇天匪仁，干城移寵，重泉掩珍。墳草空」列，隴樹徒春，纍纍兮千古，猶傷乎四鄰。」

（北京圖書館藏拓本　河南千唐誌齋藏石）

開元一八七

【蓋】失。

【誌文】

大唐故中大夫守内侍上柱國渤海高府君墓誌銘并序　麗正殿修撰學士校書郎孫翌字季良撰」

夫勞息之理，達人一之。然時當大明，職近皇位，父子併」肩而事」主，君臣同體而多歡。而萬石之慶，一朝無怙，可不悲矣！府君諱福，字延」福，渤海人也。啓土受氏，明諸典册。曾祖權，祖祖，父護，並矻如石焉，厥有」全操。安時處順，憂患不能入；懲忿窒慾，軒冕莫之榮。且象貴隨時，雅明」尊祖，我府君始議從政，有光前烈。傳曰：九變復貫知言之選，此之謂矣。」府君幼而晦名，長而藏用，體敬仲之慎，兼伯楚之忠，解褐拜文林郎、守」奚官丞，秩滿還本局令，稍轉宫闈令、兼謁者監。竊以聖人之教，父因子」貴，府君之寵嗣曰力士，」我大君之信臣也。頃國步多艱，而守謀立順，以功拜右監門大將軍兼」食本邑，盡力王室，志存匡輔，元勳爛然，天眷攸屬。府君」以大將軍之故，特拜朝議大夫、守内侍員外置，尋遷中大夫，正除本官。」出入四代，凡更六職，行不違仁，言必合禮，由是無黜擯，無怨尤，恭而能」和，簡而且肅，德著於宫掖，名成乎寮友。而禀命不融，識者歔欷，以開元」十一年十二月廿五日終于來庭里之私第，春秋六十有三。大歛之日，」天王遣中使臨弔，賵絹三百匹。明年太歲在甲子，正月壬戌朔廿一日」壬午，遷窆於京兆府白鹿原之西隅，禮也。緣喪事儀衛，並皆官給，可謂」哀榮始終，禮洎泉壤。初，府君旁通物情，往往造極，以爲生者神之主，死」者神之歸，歸乎本真，曷足懷也。乃謀龜筮，相川原，經兆域，畚封燧，自爲」安神之所，而松檟蒼然矣。君子謂高公於是乎知命。府君自公之餘，存」乎上善，每持專一之行，深入不二之門，範聖容，寫真偈，雖衣食所窘，此」心不易。斯又迴嚮之能事也。將軍茹荼長號，哀述舊德，竊慙不敏，敢讓」其詞。銘曰：

佳城一閉兮三千年，棘人欒欒兮訴窮泉，出郭門而一望兮，見隴樹之」生煙。君寧見賓御之惻默，皆撫墳而涕漣。」

（周紹良藏拓本）

開元一八八

【蓋】失。

【誌文】

大唐吏部常選夏侯君前妻樊後妻董合葬墓誌」銘并序」

昔漢朝太傅，實謂權門；晉室郎中，嘗聞連璧。積善」餘慶，公之襲焉。公諱瓘，字勵，其先譙國人也。養高」不仕，婆娑園林。三十有室，先託援於樊氏；百年偕」老，後締姻於董門。琴瑟則先後俱調，松蘿冀歲時」長茂。不謂塗塗朝露，二彼殑先；冥冥夜臺，一茲永」訣。樊氏河東人也，春秋三十有九，三從早著，四德」夙彰；董氏隴西人焉，春秋廿有六，五車攸覽，八音」克閑。染翰飛毫，風雲生其牋綵；扣商發徵，草木變」其英蕤。天不憖遺，降年不永。蘭儀奄謝，絕佳人於」北方；桂棹行遥，喪美人於南浦。前後二氏，並卒於」河南府里第。章臺有騎，待盡何時，泉路無花，同攀」何日？即以開元十二年正月廿四日同遷厝於周」東之上原，禮也。洛陽城北，遂有思婦之臺；邙山之」南，還起望夫之隴。倏而來兮忽而往，朝雲輕兮暮」雲重，白玉白兮長埋，青松青兮日拱。猗獮鄧伯，歎」天道之無知；彼美孔丘，臨逝川而有閱。其詞曰：

洛城之外，邙山之下，地鄰控鶴，臺疑走馬。蕭瑟雲」樹，蒼茫煙野，一閟泉扃，空傷行者。」

（北京圖書館藏拓本　河南千唐誌齋藏石）

開元一八九

【蓋】失。

【誌文】

大唐故錦州刺史趙府君墓誌文并序　開元拾貳年歲在甲子貳月辛卯朔壹日辛卯」原夫混沌將闢，清濁迺位；君臣既著，文武鬱興。因古而觀，賢俊紛至？」暨乎純粹挺質，海岳資靈，羣懿在躬，衆能咸與者，則我使君公」得之矣。公諱潔，字思貞，天水人也。出自辛高辛之後。高祖弈，北齊左六」驃騎府左車騎將軍；曾祖翊，周使持節景州諸軍事景州刺史；祖穆，」隋登州別駕、朝散大夫、上柱國；縑緗畢奧，文史稱材，且迂王祥之德，行」牽龐統之任。父澹，光州參軍，終於利州司法；簪蟬積襲，問望雙舉，」器宇冲邈，風神凜然，寮寀挹其閑雅，吏人欽其盛惠。苗而不秀，凋其」國華。公去垂拱中武舉及第，制授左羽林衛長上。天軍擁劍，中」壘屯兵，既赳赳而可觀，亦鏘鏘而有序。後制舉英雄蓋伐，詞令抑」揚，公第以甲，授左領軍衛司戈。粵奉鈎陳，是司闌錡，苦節凌厲，稍遷」左衛司階。屬柳城狼戾，榆塞猖狂，王師出征，頻喪其律。公受黃鉞，陟之」元勳，制授左領軍衛河南府金谷府右果毅都尉，尋轉右衛京」兆府平鄉府折衝都尉。日慎一日，久能弘道，俄充中受降副使，塞垣」地險，胡騎天驕，挺武庫之戈矛，當兇奴之要害，五載鎮壓，風塵不」動，公之力也。有制嘉之，擢爲右金衙衛河南府寶圖府折衝。時」鑾陬作梗，制擇脩良，授公使持節錦州諸軍事錦州刺史。」公自下車問政，褰帷字物，恤隱求瘼，風化冀漸。厥土百姓，夐古」生梗，詎荷仁明之德，潛行梟鏡之謀，奄此非命，終於夷落。於是」天子作怒，諸將憤心，短兵萬計，洪舸連軸，期以不日，截其鬣頸。讎其」怨也。公之薨年，春秋六十有七，葬於河南府邙山盧村南原，禮也。」至孝期璧，恐鯨飛東岱，鼉化南溟，不鐫有道之文，誰識黃昌」之墓。銘曰：

洪荒既判，君臣以立，代不乏賢，惟材是急。公之降靈，海岳之精，出身」事主，爰司禁兵。鴻漸于干，鷺遷於谷，司彼戈矣，制授」其祿。其德日新，其榮歲積，階陛之任，劬勞無斁。惟忠惟孝，允文允」武，功立清夷，宦超赤府。眷彼陬落，殲我良人，式鐫貞石，永誌窮塵。」

（傅熹年藏拓本　河南千唐誌齋藏石）

開元一九〇

【蓋】失。

【誌文】

大唐前徐州録事參軍太原王君故夫人博陵崔氏墓誌銘并序」

夫人諱金剛，字金剛，博陵安平人也。伊始太岳登樞，農皇立國，營丘列」壤，尚父開家，漢亭伯之文章，魏季珪之清直，鴻蔓森錯，特爲盛門。曾祖」仲方，隋虢州刺史、禮部尚書、太常卿、國子祭酒、金紫光禄大夫，封固安」郡開國公；惟天生德，與世作程，入司秩宗，出鎮邦國，松檟已遠，風猷尚」存。祖民令，隋朝請大夫、榮州臨真縣宰、通事舍人；襲封故國，禮樂資身，」衣冠錫胤，乃司銅墨，又掌綸言，時多束帶之容，俗仰絃歌之政。父承福，」皇朝左司郎中、齊、潤等五州刺史，越、廣二府都督，封博陵郡開國公，贈」汴州刺史；揭日偉才，衝星遠氣，牧彼七郡，杖犀旌而邁德；秉兹一心，憑」帝猷而闡化。夫人玉則比潔，蘭其有芳，承弈世之清範，有宜家之令則。」笄歲歸于王君，字庭玉，太原人也。相彼仙系，卜惟靈長，誕生淑人，□與」淳默，從官累任，所至有聲，到今稱之，不其然矣。乃克從作合，如鼓瑟琴，」禮絶閫閾之言，詩美河洲之詠，夙夜有恭謙之德，水火備勞□之勤。服」浣濯而鄙鉛華，羃酒漿而禮賓客者，蓋婦人之能事也。有一則美，況聞」兼之。夫生死者物理之大期，脩短者性命之恒數，古先攸爾，賢達同歸。」越開元十二年困敦歲仲春壬子遘疾，終于洛陽歸義里之私第，春秋」八十有一。嗚呼哀哉！夫人存以享榮，殁不稱夭，曲池華館，翼子謀孫，苟」齊三樂之心，寧假百身之贖。然而罔極之哀，孝子之至也；遺挂之痛，良」人之情也。履霜路而增感，撫偏幼以永懷，亦自昔然。爾以其年夏壬寅，」權厝於邙山南麓，禮也。惟夫人載備柔嘉，允光洵嫕，閨門之内，穆若清」風，天乎匪仁，曾不偕老。嗣子仲甫，哀哀骨立，欒欒棘心，愿刻徽聲，傳之」不朽，薄才見託，敬述銘云：

何彼穠矣，華如桃李，固安之孫，博陵之子。淑德光映，柔明濟美，于以有」行，作嬪吉士。其一。亦既作合，如鼓瑟琴，道光主祭，禮中悉心。靈祇報爽，歲」月恩深，欻從永逝，逝者難尋。其二。尋逝者兮使神傷，于嗟閉骨洛之陽，山」有木兮遠蒼蒼，空令過客共沾裳。其三。

開元十二年歲次甲子二月壬子朔□□十三日壬寅朔撰日。」

（周紹良藏拓本　河南千唐誌齋藏石）

開元一九一

【蓋】闕。

【誌文】

大唐齊州臨濟縣來蘇鄉政俗里□□□□□□騎都尉行濮州臨濮縣尉董府君墓誌銘并序　清淮子樂安孫晃□□奇撰文

君諱神寶，字義泉，隴西人也。自梅叔開宗，重華命氏，居晉直筆，當漢下帷。聳質練形，繼踵神仙之録；降天員土，連蹤大孝之書。衣冠所□，繼興人物，由其傑出，詳諸史牒，可略言焉。曾祖鏘，齊任雍州好畤縣令。祖儼，隋任洛州温縣令。并衣繡龍骨，制錦馳門，雉將雛而不驚，獸負子而知懼矣。君禀秀五常，含輝兩曜，幼標英邁，泉泛煙波。故使荆璞韜巖，□□入趙之價；隨珠藴櫝，已傳光魏之誠。以文明元年四月十八日起家德林郎，行相州堯城縣尉，周長安二年四月十三日遷濮州臨濮縣尉，初遇高材，□安卑秩，莫窺喜愠之色，每存欽恤之情，聽理斯平，吏人胥悦。粤以開元十一年九月十三日寢疾薨於永業舊第，春秋七十有六。春人不相，□女下機，豈不以道見去思，彰遺愛者矣。夫人秦氏，柔姿皎月，貞節凌霜，婉彼幽閑，作嬪君子，一諧琴瑟，□秀閨□，復展齊眉，長歡□□。傾鳳之心永處，成龍之影不孤。即以開元十二年歲次甲子三月辛卯七日丁酉合葬於齊州歷城縣東南三里舜山之北原，禮也。繼子賓，子遊。子幼侍起庭，聞鼠牙之訓；恭惟斷織，□麟角之功，明經之□向欲登，孝子之慈親奄謝。嗚呼！昊天罔極，叩地何，痛風樹之莫停，□□草之奚逮。爰刻翠石，永記其詞。銘曰：

山□□美，邦國樵英，如珠出漢，似璧暉荆。我有良哲，器宏才富，章臺延譽，河湄功懋。劍術無偶，文心獨秀，上邑羽儀，人倫領袖。豈□□善，祖奠晨奉，賵馬并轡，義賓接踵。草□春色，松貞煙隴，遂□風長，添□愁雲重，用鐫沉石，式銘英。男三。

（濟南市博物館藏石）

開元一九二

【蓋】　失。

【誌文】

大唐正議大夫持節仙州諸軍事守仙州刺史上柱國司馬公故夫人范陽郡君盧氏墓誌銘并序」

夫人諱□，范陽人也。自營丘胙土，同盟作霸；沛鄉」樓開，異姓封王。飛步九垓，則仙公得道；昇榮八座，」君子爲儒。碩德鴻名，代列青史。曾祖義恭，皇朝」工部侍郎；邦士是司，飾材居要。祖少儒，皇雍州」司馬；元佐之選，髦士攸宜。父貞慶，皇虞部員外」郎；通籍瑣闈，薰衣粉署。夫人禀自華緒，嬪于令族，」以魴鯉之妙，儷水鏡之明。德禮溢於閨門，言容最」於彤管。而福將難恃，禍倚何深，以開元十一年十」二月十八日遘疾，終于毓德里私第，春秋卌有一。」以十二年三月十日，窆於河南之邙山伯樂原，禮」也。蘭摧春秀，堇落朝榮，原阡坦其横列，陰堂□其」不曉。圖徽翠琰，以誌泉扃。其詞曰：

周封齊國，漢立燕王，鼻祖攸啓，耳孫其昌。自晉自」魏，世建旗常；惟曾惟考，邦家之光；題輿佐□，列宿」爲郎。誕斯婉淑，來儀君子；好叶琴瑟，行規圖史；中」饋内則，音徽不已。截道何迅，悲谷方淪，香奩滅」□，綺帳生塵。龜書口吉，馬鬣封新，蒼蒼松檟，千秋故」人。」

（北京圖書館藏拓本）

* 開元一九三（與殘誌〇〇五重出，或考爲五代墓誌，均當删）

【蓋】失。

【誌文】唐故左武衛中郎將軍石府君墓誌銘并序　前太子通事舍人朱仲武撰并書」

公諱映，字先進，其先樂安人，後世家於京兆，今則京兆人」也。晉將軍苞之慶胄，衛純臣碏之靈苗。祖考守珍，」皆公侯繼業，鐘鼎傳門，載籍昭彰，其來自遠。公策名」委質，夙著令聞，孝以承家，忠以奉國，故得鄉黨稱悌」焉，朋友稱義焉。可謂不忮不㤹，有典有則者也。頃以方」事之殷，爟火不息，而能率先義勇，克集茂勳，累遷至左」武衛中郎將，前朝賞有功也。公志懷敦素，性守謙冲，不」以榮顯介情，但欲優遊晦跡而已。所冀神降其福，天與之」齡。何圖兆夢泣瓊，藏舟棄壑，哀哉！以開元癸亥十一月十」四日遘疾，終于私第，春秋六十有八。夫人孫氏，夙禀坤儀，」素傳内則，鼓琴瑟而有節，主蘋藻而知禮。嗚呼！蕣花」早凋，瓊枝遽折，天不憖遺，先公數稔而亡。今以歲次甲」子四月庚午，葬公于長安龍首原，夫人祔焉禮也。嗣子清、」士冕、岳、嵒、湊、岫、秀等，蓼莪在疚，欒棘其形，泣血於苴麻，」竭力於窀穸。恐時遷陵谷，事或幽封，爰命揮毫，敬刊」貞石。詞曰：

性質温温，神儀洸洸，職參禁衛，位列中郎。流芳後代，」秉義前王，冀保永終，曷其云亡！卜兆吉辰，素車薄葬，」爰遷嘉偶，及此同壙。魄散泉扃，神遊繐帳。後背重」崗，前臨疊嶂，聊紀世載，式昭問望。」

（北京圖書館藏拓本）

開元一九四

【蓋】 失。

【誌文】

大唐故江州都昌縣令滎陽鄭府君墓誌銘并叙　通直郎行率更寺主簿騎都尉鄭虔撰」

君諱承光，字承光，滎陽開封人也。周宣王母弟，俾侯于鄭，以國」爲族，自兹而始，其後雲屏洞照，珠履飛聲，家慶朝章，聯輝疊閏。」曾祖□，隋衛尉卿、綿州刺史；大父孝德，唐朝散大夫、雲陽令、尚」舍奉御；考君璉，唐左千牛、雲麾將軍、右衛郎將；龜符鸞舞，先標」禮義之門；翌衛嚴更，式展韜鈐之略。公疏風迥翥，絶景高驤，靈」表嶷然，冲襟浩爾。至若漢皇遺策，魏家餘編，西母真圖，南宫故」事，詞幽旨遠，理奥言微，莫不獨運神機，遞爲心識。豈直必對庭」懸鼠，悟虔□而已哉！公周朝南郊神岳輦脚，解褐宣州參軍。鳳」毛早振，用光遷谷之榮；麟角幼成，遂顯□卿之譽。尋授睦州司」倉。振給務勤，出納唯允。累遷江州都昌縣令。地即江關，人多傑」黠，遂使宵漁□釣，恩被□□之水；乳雉馴媒，聲入將雛之弄。至」若治巫之術，塵甑之廉，庭舞祥鸞，門無吠鵲；人歌來暮，吏軫去」思，異代同符，君無慙德。豈謂壯圖終於哀理，大期促於短運，芳」桂先凋，摧梁奄及，公春秋六十有七，以開元八年六月十三日」遘疾，終於黄州之官舍。以開元十二年歲次甲子四月庚寅朔」八日丁酉葬于洛陽城東北平陰鄉吕樂村界平原，禮也。公體」仁成用，秉義爲心，含咀微言，抑揚□教。武城琴曲，旋爲逝水之」悲；鼎已泉扃，共軫焚芝之歎。嗣子前陳州參軍晦，履霜庭之增」惕，怨風樹之不留，式紀芳徽，永圖貞石。銘曰：

滎波浩淼，梅岳嶙峋，聯華載德，弈葉稱仁。道際夫子，形和氣淳，」薄宦江徼，孤翔海濱。靈禽載舞，乳翟知馴，風猷尚著，春壑潛淪。」埏門落旐，野逕迴輴，天長地久，其德彌新。」

（北京圖書館藏拓本）

開元一九五

【蓋】失。

【誌文】

大唐故閬州司馬鄧府君誌石銘并序　朝散大夫使持節汴州諸軍事守汴州刺史高陽齊澣撰」

公諱賓，字光賓，京兆長安人也。漢司徒高密侯禹之廿二代孫。高祖暠，隋開府儀」同三司，華州刺史，燕郡、襄平二太守，禦衛大將軍，皇家受命，拜金紫光禄」大夫，營州總管，累遷散騎常侍，冀、魏二州刺史，臨川郡開國公；曾祖弘業，尚衣直」長，符璽郎；大父儉，杞王府主簿，平羌、富義二縣令；考泰，汾州孝義縣丞」；冠蓋重陰，」賢華接武，無念爾祖，聿修厥德。自司徒輔漢，常侍佐唐，服勞王家，多歷年所。雖正」朔屢改，而公侯罔替，慶緒榮門，未可量已。公即孝義府君之元子也。世德鍾美，天」龢植秀，仁爲己任，道則生知。丱歲讀書，得古人之意；妙齡學劍，備君子之心。年十」七，以門資補左驍衛司戈，尋轉蒲州寶鼎府左果毅都尉、左衛司階，遷隰州長史。「兼文武之道，惟變所適；體易簡之風，居何不理。頃之，擢拜殿中侍御史。端身秉節，「有犯無隱，舉直措枉，朝廷肅然。先天初，歸妹竊權，嗣皇養正，陰有奪宗之「計，潛窺偶都之隙。公義形於色，奮□□不顧身，與左丞相劉幽求等同心戮力，以「輔一人，廷奏姦謀，反爲太平主所伺，言且不密，君幾失臣，遂謫居秀州。明年，「皇帝清問下人，芟夷元惡，且有後命，克昭乃勳，即徵公爲岐州司兵參軍，未拜，累「遷河北、蒲城二縣令。任人爲理，因俗設教，閉閤訟清，鳴琴政闡，子賤之化，復存于「今矣！公往經遷謫，曾冒炎瘴，因求醫長安，頗歷時月，素爲權寵所忌，不欲公久留「京師，遂陰中以他事，復貶爲睦州分水縣令。久之，遷閬府司馬。嗚呼！吉凶生于動，「用捨繫乎時，時則光亨，動非利往，詘伸相反，修短或殊。桓譚負讉而不樂，賈誼自「傷其無壽，命也夫！以開元十年閏五月十三日遘疾，終於建州唐興縣之旅館，時年「卌二。粤十二年四月廿日，歸葬於洛陽之北原，禮也。初，公少懷經濟，竊自比管樂，「每讀易至王臣蹇蹇匪躬之故，未嘗不三復三歎曰：大丈夫委質事人，以身許國，「朝聞道夕死可矣，豈復逡巡顧望哉！自登清憲，將去凶人，是有先天之舉，事雖不「剋，道亦行焉。而斗極收魂，台精虛位，朝野傷悼，于今稱之。一子良佐，先公卒。鄧侯「無嗣，天道何知？夫人河間尹氏，鄜州司倉琮之女。誓彼栢舟，痛茲苫席，式感移天「之義，爰敷皦日之詞。吾嘗同寮，子實知我，酌其故實，紀于幽泉。銘曰：

鬱彼鄧林，在河之陰，中有喬木，擢本千尋。匠人爰止，度而不剞，施之憲閤，允也君「子。其一。光光飛龍，利見時邕，白雲在野，蕭索無從。其二。讒言罔極，使我心□，營營青蠅，「止于垂棘。其三。王臣有功，初不言賞，鳴絃宰邑，斯實無黨。其四。迢迢閩越，高遷侍中，宛「其遷化，景命不融。其五。鄧侯莫嗣，任妻永訣，泛其栢舟，死則同穴。其六。洛川東注，邙山」北峙，于嗟此中，長埋烈士！其七。」

（北京圖書館藏拓本）

開元一九六

【蓋】失。

【誌文】

故京兆府宣化府折衝攝右衛郎將横野軍副使樊公墓誌銘并序　宣德郎前行晉州襄陵縣主簿輕車都尉宋務靜撰」

君諱庭觀，字宏，南陽人也。其先出自有周仲山甫，封於樊，因地爲姓，國華人物，照耀於」古今；鐘鼎軒裳，蟬聯於代緒。備諸史牒，可略而言。曾祖剛，隋汾州平遥縣令；祖裔，皇貝」州司户參軍事；考貞，邢州沙河縣令；咸包利器，無忝操刀。或按户比人，得詞曹之稱；或」舞鸞馴翟，居良宰之先。公即沙河令之長子也。少禀不羈，莫遵常度，曾遊太學，頗列諸」生。爰居弱冠之辰，遂以明經擢第。既而歎曰：大丈夫當立功絶域，安能坐事散儒。於時」玉塞兵連，金河使斷，杖劍聿從於幕府，投繩誓縛於兇渠。獻凱之期，功無與貳；策勳之」際，賞獨居多。酬漢爵於武功，假楚臣於柱國，承資入選，釋褐授昭武校尉、左玉鈐衛長」上，次授□州交水府别將，次授越州浦陽府右果毅都尉，次應舉及第授河南府懷音」府右果毅都尉，次授轘轅府折衝都尉，以憂去職。服闋，次授京兆府宣化府折衝都尉，」仍充都含嘉倉使。累歷戎秩，便煩衛禁，勤效斯彰，忠誠克舉。已而徵材聘勇，懸藝於四」科；超等絶倫，收奇於七札。倉儲出納，非無有司，朝議推勤，輟監此職，苟非清慤，何以」臻茲？一弛一張，允文允武，萬夫可以觀政，三軍可以杖律。去開元七年，中山郡開國公、」守吏部尚書、檢校并州長史、天兵軍節度大使王晙，籍其英幹，特奏充横野軍副使，仍」攝右衛郎將如故。單于遠遁於漠北，有懼郅都；羊馬絶牧於城南，如聞魏尚。軍中素無」綱檢，咸務因緣，或放散於官物，或邀錮於軍市。公矢直其操，冰皎其懷，奸吏於是息心，」貪夫以之側目。然孤清難立，獨正者危，師反於在和，道乖於苟合，不得其志，或致傷年，」開元十二紀正月廿六日，暴亡於軍城官舍，春秋卌有六。遠邇驚嗟，惜其材勇；士卒號」慕，銜其恩育。嗚呼！志未刊於塞石，命已殀於邊疆，雲薄戍而含愁，月弔營而孤思。孀妻」隕絶，屢致崩城；幼子攀號，空持遺劍。盛衰俄忽，吉往凶歸，引孤旐而啓路，導□魂而赴」國。其年三月廿九日，神柩自塞至都；五月二日，遷窆於洛城東北平陰里平原，禮也。」宜陽大道，傍控玉津；京兆長阡，近横金埒。崔瑗得安神之所，蘇韶遂幽魂之願，衣冠會」葬，如臨郭泰之墳；車馬傾都，若赴滕公之室。幽塋復土，返哭從虞，生平溘兮已矣，池館」寂兮荒蕪！若乃飾終榮殁之高，纘德叙言之盛，則存乎不朽，千載凛然。僕與斯人，有金」蘭之契，此而不述，吾誰述焉？是以敢抽圓翰，用紀方塼，雖陵谷之驟徙，庶英徽之有傳。」其銘曰：

天地兮無窮，造化兮有終，生榮兮死哀，古往兮今來。念子兮多材，玉折兮蘭摧，烏衣召」兮鶴版催，白日黯兮青春穨。其一。冥寞兮何之？親賓兮永辭，孀妻毁其蟬鬢兮，感誓栢舟」之詩；孤胤支其雞骨兮，空銜欒棘之悲。其二。神理兮茫茫，松栢兮蒼蒼，前屬兮倏隍，却倚」兮崇崗。兵書兮共亡，寶劍兮俱藏，魂兮歸來，無遊北方。北方異俗兮多材狼，□冰積雪」兮毒窮荒，魂兮歸來，安此便房！其三。

大唐開元十二年甲子歲五月己未朔二日庚申。」

（北京圖書館藏拓本　河南千唐誌齋藏石）

開元一九七

【蓋】失。

【誌文】

大唐故朝散郎行薛王府國令上輕車都尉張」君墓銘并序」

君諱嘉福，本望清河，今爲陜州桃林縣人也。昔」者榮居絶席，傳經爲漢后之先；道叶宣遊，執御」擁軒皇之駕。負貂瑺之寵命，七葉彌彰；鑒牛斗」之光輝，連星在察。英賢不乏，代有人焉。祖徹，隋」任光州司户參軍；父藥師，皇朝絳州龍門縣」令；甿淳俗阜，匡畫隼而雍容；政簡時和，撫鳴琴」而響亮。君忠惟事主，陪珥鶡於彤階；績茂疇」庸，亟遷鷽於黄綬。長安四年五月五日，擢授澧」州慈利縣尉。雖宫臨北部，竊比義於梅生；而賞」押西園，即馳芳於蘭坂。開元七年四月五日，又」拜薛王府國令。嗟乎！枕中鴻寶，徒健羨於王安；」地下修文，遽沉埋於卜子。以開元十二年五月」十一日感疾，卒於河南府清化坊之里第，春秋」六十有四。即以其年遷窆於北邙山之平原。恐」水淺蓬萊，薪摧松栢，爰圖貞琰，用紀佳城。詞曰：

歲月不留兮可奈何？夫君託體兮同山阿。無音」顔兮髣髴，益涕泗兮滂沱！」

（北京圖書館藏拓本　河南千唐誌齋藏石）

開元一九八

【蓋】　失。

【誌文】

大唐故右金吾衛翊衛宋府君夫人墓誌并序」

夫干雲峻岳，至乎廣者爲先；靈構神顔，存乎庇者爲重。靖恭爾位，本貴有孚，惟賢是興，亦克用乂。是知稽古之力，不可假人；詞翰之間，無容竊吹。人之若此，物亦宜然。府君姓宋，諱運，字簡，微子之後，廣平人也。有道其先，芳名播美，氏興玉葉，族貴金榮，源流實繁，於兹爲盛。以永淳二年二月八日卒於高陵清平歸義里私第，春秋三十有一。曾祖師，隋隴州汧源縣令；祖其，唐洪州司馬；父柱，唐左驍衛長史上柱國；各以位寵吾賢，前英後俊，門傳簪紱，代襲冠纓，義涉潘江，文窺筆海。並乃早迍荒瘞，久積歲年。惟君夫人王氏，周靈王後，太原人也。或氏因分著，盛枝葉於中區；或名與薦聞，震英雄於鄰國。賁之緗帙，可略而言，逮乎祖考簪纓，即其後也。夫人夙承幽閫，内順柔儀，符婉淑於深衷，應摽梅於庶士。是知承家不墜，主饋無違，志操霜明，貞懷雪淨。不幸良人早背，獨守偏孤，鞠稚子之單居，念低徊而不忍。情非再醮，意樂三從，如愚管窺，請令守志。自曰來馳誠淨土，鋭思彌陀，和雅之音，周遊娱耳；功德之水，清冷滌心。苦行持齋，精勤戒道，施之非悋，取亦無貪，廣運財成，弘敷妙樂，忽嬰微疾，滅影泉坰，大體同歸，浮生獨阻，以開元十二年二月十一日卒於京第休祥之里，春秋有七十，嗚呼哀哉！孤子痛晨昏之永隔，哀侍奉之無從，乃眷匪寧，遵顔侍即，攀號杖起，泣血終朝，念相劬勞，昊天罔極。今敬占遷合，年兆已從，隨彼良辰，營兹寶塔。粤以開元十二年五月十四日葬于京城之西南高陽原三會寺舍利塔南之所。其地蕩蕩平原，周維封域；森森古樹，密邇園林。緑池可以應生，紅蓮芳其永久，故宅其所而安措之，舉其存亡，題之金石。其銘曰：

啓夕門側，霞光告時，嘶騎陪乘，凶旐引轜。雙遷寶塔，孤子哀思，霧色添慘，風聲助悲，想幽途之長夜，望白日兮何期！」

（北京圖書館藏拓本）

開元一九九

【誌文】

大唐龍興大德香積寺主淨業法師靈塔銘并序　正字畢彦雄文」

禪月西隱，戒燈東炤，談真利俗，稀代稱賢，智炬增輝，法師一人」矣。法師諱象，字淨業，趙姓，族著天水，代家南陽，冠冕相輝，才名」繼美，因官徙屬，今爲京兆人也。父延，天馬監，沉默攸傳，安畀適」務，時英閒出，弃葉於儒門；從法化生，獨鍾於釋子。法師即監之」仲子也。器宇恢嶷，風儀宏偉，長河毓量，汪然括地之姿；秀岳摽」形，峻矣干天之氣。髫年慕法，弱冠辭榮，」高宗忌辰，方階落彩，帔緇七日，旋登法座，觀經疑論，剖析玄微，」念定生因，抑揚理要。法師夙棹玄津，早開靈鍵，入如來密藏，踐」菩薩之空門，凡所闡揚，無不悦可，歎未曾有。發菩提心稟其歸」戒者日逾千計。法師博濟冥懷，冲用利物，嘗以大雄既没，法僧」爲本，每至元正創啓，周飾淨場，廣延高僧，轉讀真詰，洊興勝會，」法服精鮮，受用道資，出於百品，預茲位者，應其成數，所施之物，」各發一愿，愿力弘博，量其志焉。風雨不已，廿餘載。菩薩以定慧」力而大捨法財，此之謂也。無適非可，住必營建，厥功居多，思力」如竭。粵延和元年龍集壬子，而身見微疾，心清志凝，夫依風以」興，隨煙而散，來既無所，去復何歸，夏六月十五日，誡誨門賢，端」坐瞪視，念佛告滅。嗚呼！生歷五十有八。即以其年十月廿五日，」陪窆于神禾原大善導閣梨域内。崇靈塔也。道俗闐湊，號惋盈」衢不可制止者，億百千矣。門人思頊等，乃追芳舊簡，摭美遺編，」永言風軌，思崇前迹，空留鎖骨之形，敢勒銖衣之石。其銘曰：」

佛曰既隱，賢雲乃生，傳持正法，必寄時英。時英伊何？猗嗟上人，」捐軀利物，愛道忘身。磨而不磷，涅而不緇，博濟羣有，是真法師。」定慧通悟，檀那上施，愿力弘廣，成無住義。應真而來，代謝而往，」哀哀門人，撫膺何仰？靈德若在，休風可想，敢勒遺塵，銘徽泉壤。」

開元十二年甲子之歲六月十五日建。」

（周紹良藏拓本）

開元二〇〇

【蓋】大唐故唐氏女墓誌銘

【誌文】

女子字端，蓋殿中少監唐昭之第三女也。母曰王氏。夫其體備幽閑，門傳禮則，克柔其性，有婉其容。春秋十有六焉，不幸夭歿。以大唐開元十二年六月廿三日終于京兆靜安里之第，以其月廿六日權殯于萬年縣義善鄉之原。悲歟！天乎不臧，曾靡降福，神道何昧？忽貽其殃。諒何有違，遂獲此戾，悼以長往，終天無期。嗚呼哀哉！乃爲銘曰：猗歟慶靈兮錫嘉祉，婉而從訓兮善可紀。宜其享福兮極遐祀，奈何脩齡兮中道止？白楊蕭蕭兮壠路悲，丹旐摇摇兮相送歸。相送歸兮永别離，天情地義兮長相違。

（録自《金石續編》卷七）

開元二〇一

【蓋】失。

【誌文】大唐故中散大夫、使持」節潞州諸軍事、守潞州」刺史上柱國李懷讓年」六十，開元十二年歲次」甲子八月戊子朔十四」日辛丑亡，其月廿七日」甲寅，於河南府洛陽縣」平陰鄉河陰里吕村西」北一里故府城南權殯。」

（北京圖書館藏拓本　河南千唐誌齋藏石）

開元二〇二

【蓋】似無。

【誌文】王無競誌，全文見《文苑英華》。誌凡二石，其前石佚。

（上缺）昭軌物，不道不恭，不昭不從，其可□□□莫不□然就列矣。□□舉劾大臣，庸可冀也。嗚呼！□□□□□□不朽公則□舉其誰乎？甫公生於齊，長於魏，及□吾常□操士風，嗣子日新等，□卜遠日，奉成先志，以開元十二年歲次甲子十月丁亥朔廿三日□□徙殯於魏國□□葬於東萊之正□□，禮也。夫人范陽盧氏祔焉，從周也。窀穸之事，可無紀乎？銘曰：

□靈秀，百夫特，□多才，它弗克。詩可興，筆餘力，人之望，邦之□□□□□□□棘，厄炎屬，喪明德。卜佳城于舊國，□□□□□□」

（録自《古誌石華》卷十）

開元二〇三

【蓋】失。

【誌文】

唐故右領軍衛八諫府隊副郭君墓誌銘并序」

君諱馮德，字客，上黨人也。其先自太原，遠祖因官上」黨，子孫遂爲土人焉。曾祖祖父有並德望不墜，」代葉聯暉。君幼植生知，弱齡韜智，依仁履信，藝性於」任道之場，砥行安心，得怠於無爲之境，以耕鑿爲樂，」夷險不能易其情，詩書不怠，榮辱不能動其慮，德堪」鎮俗，才可濟時，用之則行，高節與秋霜并峻；捨之則」否，逸趣與朗月齊懸。勳以功宣，職因才授，以天授二」年六月授八諫府隊副。不求榮達，任分推移，我壑我」丘，樂煙霞於朝夕；或琴或酌，賞山水以終年。以景龍」元年三月寢疾卒于家，春秋七十有七。夫人韓氏，後」夫人王氏，并芝蘭華德，閨閫淑姿，翼子有聲，宜作家」範。神不祐善，殲此貞良，垂拱四年九月寢疾卒于家，」春秋卌有九。弟方，天縱賢明，自性謙孝，天不保命，早」殄溫良，以開元七十月遘疾歿于家，春秋卌有三。嗣」□恭，哀深叩地，痛結昊天，仰窀穸而未安，占宅兆而」□厝，以開元十二年歲次甲子十一月丁巳朔十六」□□□合葬于州城東南廿五里原，禮也。勒銘幽壤，」□□□□□詞曰：

道弘自然，德爲人望，雅志可重，風」□□□□□□茲紘量，赴九原而求辭，棄千秋而長喪。」

（録自《山右冢墓遺文》）

開元二〇四

【蓋】失。

【誌文】

唐故定遠將軍守左衛嬀泉府左果毅都尉陳公墓誌銘并序」

公諱秀，□挺之，潁川許昌郡，因官徙地，今爲京兆萬年」人也。夫樹德立言，布之前載；謀孫翼子，可略而詳。」曾祖默，周朝歷松陽、滋川二郡守，封爵許昌子；」祖善政，隋涿郡丞，皇朝幽州總管府長史、上柱」國、安樂郡開國公；父魯師，唐朝歷職授」朝散大夫、絳州龍門縣令；犀節臨人，題輿佐郡，銅章蒞」邑，弈葉均芳。公擢秀清流，持戈紫禁，長上侍衛，勞效」克彰，俄加定遠將軍，改授左衛嬀泉府右果毅都尉。兵」鈐是韞，武節方宣，盆湧曲逆之謀，石開丞相之陣。詩稱」仡仡，用是干城。禀命不融，奄終官舍，春秋六十有三。夫」人彭城劉氏。御龍遥緒，鏘鳳承家，閫德既彰，中饋無替。」嗚呼！緑水既竭，紫萍亦枯，春秋五十有六。第二子如璋，」以大唐開元十二年歲次甲子十一月丁巳朔廿六日」壬午，啓先祔之幽靈，就改卜之新兆，遷葬於洛陽城東」北金墉鄉之原，禮也。□壚忽奄，玄冢方幽，慨佳城之就」扃，敬銘石於新窆。詞曰：

德星之英，潁水之精，御龍華緒，窈窕淑女，致果允兹，承」匡是與。嗚呼哀哉！變化輪迴，紫蘭玉樹，俱埋夜臺。改封」往□，□宫新卜，墳託先塋，樹仍舊木。首陽之右，邙陰之」□，勒石泉扃，永傳芬馥。」

（北京圖書館藏拓本　河南千唐誌齋藏石）

開元二〇五

【蓋】　吴君墓誌

【誌文】

大唐故吴君墓誌銘并序」

君諱善，字積善，江南渤海人也。周大王之」太子太伯之後。隱居吴越，三讓不奔；名流」衛魏，九德該備。因官散落，寓居滏陽，故今」爲縣人焉。祖、父掌珪璋疊映，瑚璉重輝，」洪範九疇之器連，咎繇三德之亮比。君西」河賞性，北海怡神，雍容風月之下，縱志烟」霞之上。或九能曜德，洙南泗北之風；或七」札宣威，郁郁桓桓之勇。豈乃福緣奄去，示」兆起於青烏；禍因倏來，流災成於白雉。春」秋五十六終。夫人劉氏，以開元十二年十」一月廿六日，合葬於八特村東北三里原，」禮也。嗣子玄湛，啼痕滿路，泣霰流郊，恐桑」麻以變遷，故勒銘而頌曰：

鬱鬱佳城，幽」幽窀穸，古來賢行，今時人物。一入泉門，再無出」日。漣漣涕泣，攸攸闈室，後哲韜文，前賢閣筆。」

（周紹良藏拓本）

開元二〇六

【蓋】失。

【誌文】

大唐故敷城公豪鄂二州別駕贈徐州刺史李君墓誌銘并序」

公諱誕，字大方，今上叔祖也。曾元帝而祖神堯，父道王元慶」而母閻氏，麟之趾，螽之羽，自天生德，俾唐有光。迨高宗之選建懿親，封樹」蕃屏。龍旂衮冕，奄有敷城，熊軾題輿，遂荒淮服。以貴下賤，謳歌被於海沂；自北」而南，美化行乎江漢。垂拱中，太后稱制，皇綱中微，寡我宗盟，王彼諸武。公」病外戚之啄食，陳王業之艱難，雄圖未展，義聲載露。會以拜洛召來朝京師，舊」德傾心，羣邪側目。天未悔禍，人之云亡，産禄尚存，虛牟即代。以垂拱四年十有」一月一日薨于尊賢里之私第　春秋廿有九。公子瓚呱然始孩，喪葬無主。夫人」王氏，確乎聖善，禘祫有歸，無何陰德驟勝，大獄滋起，鈎黨之事行，參夷之難作，」父也母也，誓我泛舟；伯兮叔兮，棄余顛柎。夫人乃親率童僕，躬養幼孤，衣無錦」綺，業唯蠶織。亦既岐嶷，教之義方，貞節見於殉嫠，淳德成於險阻。物莫終否，后」來其蘇。我中宗嗣唐配天，興廢繼絶，綿綿瓜瓞，無廢舊勳，孑孑干旄，且聞」後命。有制累遷瓊爲右領軍將軍，追贈公爲徐州刺史，封夫人爲北海太夫」人。九族以親，百官以理，文昭武穆，生榮死哀，夫人之力也。夫人太原祁人，大府」少卿、陳留郡開國公懷之曾孫，許王長史、祁縣開國男義立之女。家傳仁孝，國」稱儀表，天與貞淑，運偶艱虞，鵲橋有行，則敷城早殁；板輿終養，而領軍先逝。集」生人之至哀，成屬纊之大漸，開元十有一年冬十有一月六日薨於京師安邑」里，春秋六十。開元十一年五月七日，女公子蕭氏之婦以夫人之喪至自京師，」以開元十二年歲次甲子十一月丁巳朔廿八日甲申會葬我敷城公于河南」府洛陽縣平陰鄉北邙之里，禮也。春秋之義，惠公薨而太子幼，於是乎改葬，有」志未就，而領軍以登。及是行也，喪又無主，嫡孫曇童縗不杖，孺慕無節有司護」喪，外姻歸賵，力由蕭氏，祭則幼孫，非夫人之賢，則不能善教也；非賢女之孝，則」不能送終也。以是見孝慈之心，知存亡之行矣。迺立銘云：」

其一曰：赫赫我祖，光啓區宇，翼子謀孫，錫珪分土。我疆我理，南東其畝，俾王子」侯，亦惟稽古。其二曰：乃命敷城，保合宗盟，金章赤紱，玄珮蔥衡。我聞有命，來」儀上京，亦既至止，君子心爭。其三曰：春日載暘，正月繁霜，物莫不穀，我公云」亡。覆巢破卵，毁冠裂裳，俾我龍驤，化爲犬羊。其四曰：我田既闢，我蠶既績，」以衣以食，以永終夕。大明朝昇，中宗復辟，哀生贈死，損終以益。其五曰：昊」天不惠，降此大戾，領軍無禄，夫人以逝。輤發酆鎬，堋歸洛汭，孝女護喪，幼孫主」祭。夜臺不曉，松門永閉，鬱鬱佳城，千秋萬歲。」

（録自《芒洛冢墓遺文》卷中）

開元二〇七

【蓋】失。

【誌文】

大唐故雍州明堂縣丞紀君墓誌銘并序」

君諱茂重，其先丹陽郡人也。自開闢已來，代多雄貴，簪組」弈葉，軒車焜煌，莫不翔雲衢，舞天闕，英明史策，焕爛縑緗。」然長劍高冠，輝映天下；鏘金珮玉，盡在乎一門。曾祖融，宇」文朝任車騎大將軍、儀同三司、隴西太守；寶器虚明，清神」曉映，化傳千里，聲振百城，耆父歎而忘疲，少童歌而不怠，」巍巍蕩蕩，赫赫明明。祖弘整，隋太府少卿、吏部侍郎；特達」無雙，滑稽多智，銓衡士庶，藻鏡賢良，居王戎簡要之門，坐」裴楷清通之室，魁岸冲邈，陶然逸羣。父仁卿，隋朝散大夫、」永州長史；體静心閑，氣高志遠，榮當半刺，才負不羈，往哲」前賢，未之加也。惟君藴山岳之姿，禀江河之粹，風神朗暢，」霜骨幽奇，歷職雄州，光臨勝壤，廉平不濫，强幹有聞。嗟乎！」積善無徵，人神不祐，道之將喪，降禍自天，粵以永淳二年」七月遘疾，行年六十有二，遂終於雍州明堂縣丞。夫人河」南元氏，德行貞明，姿容秀麗，規模雅肅，風範清嚴，雖孟母」班妻，莫之能喻。春秋八十，卒于家園。今以唐開元十二年」歲次甲子十一月丁巳朔廿八日甲申，合葬於河南府洛」陽縣清風鄉故都城北一十里平原，禮也。邙山邐迤，則北背」千重；洛水潺湲，則南臨數曲。今子四人，六情分裂，五内崩摧，」慟感神明，哀傷志性。猶恐風樹難静，陵谷易遷，勒石鎸金，」迺爲銘曰：

偉哉其人，堂堂逸倫，風儀粲粲，文質斌斌。一朝冥寞，千」載沉淪，魂眇眇兮雖故，聲悠悠兮尚新。」

（周紹良藏拓本　開封博物館藏石）

開元二〇八

【蓋】　大唐故□夫人墓誌銘

【誌文】

夫人張氏墓誌銘并序」

夫人諱厶，清河人也。故曹州刺史約通之孫女。其家」累善盛名，世爲著姓，廟堂畫策，□六國之諸侯；帷幄」運籌，取千里之俘馘。博望博物，焕乎舊章，景陽孟陽，」卓如前史。夫人坤祇之秀，乾婺之精，淑美自天，柔順」乃性，行爲女則，言任母儀。初以笄年，作嬪君子，琴瑟」合雅，蘭杜齊芳，内政孔脩，聲馳姻□，豈用大家之誡，」寧勞遠祖之箴。爰自孀居，方歷三紀，因歸釋化，端向」四禪。追慟良人，是有敬姜之德；訓導愛子，非無孟母」之賢。夫人母弟一人，先已殀殁，厥子以考親祖，舉家」合葬，是以躬臨宅兆，親奉蒸嘗，雖薊力已衰，而攀號」過禮。何則臨喪之至，不勝滅性之哀，終于東都興敬」里之私第，春秋七十有二。嗚呼！守義全貞，何陶嬰之」可貴；殞身克孝，豈曹娥之足矜。以開元十二年十一」月廿八日合葬邙山之頂，實鶉郊之舊墜，啓馬鬣以」新封，恐有陵谷之遷，式存歸祔之禮。

其銘曰：

七雄光寵，三傑表儀，降祉後葉，淑麗天姿，德行婦道，」言容女師。其一。班帷墨綬，屈茲朱紱，所悼良人，先身逝」歿，道飆隙略，須申倏忽。其二。爰開墜道，始窆泉堂，雲愁」翠栢，風悲白楊，入幽塗兮地久，感京兆兮天長。其三。」

（周紹良藏拓本　河南千唐誌齋藏石）

開元二〇九

【蓋】失。

【誌文】

唐故朝散大夫守吉州長史上柱國疋婁府君墓誌銘并序」

公諱思，字本，河南洛陽人也。其先出自北裔，代居陰山，隨」魏文南遷，因爲此土著姓。齊神武太后疋婁氏，即其族也。」衣冠禮樂，國史家諜詳焉。曾祖嶷，隋代州司馬；祖惲，恒州」石邑縣令；父謙，澤州司户參軍；並弈世文武，累朝勳貴，休」德懋烈，莫之與京。公少負不羈，長而虛誕，效兹忠義，歷踐」名級，屢遷至金州長史。天子美□，加朝散大夫。居無幾，」又轉吉州長史。述職中外，薰齊風俗，摘伏糾猾，政聲克揚。」惜哉久邊于江，勤以生疾，藥餌無救，忽焉大漸，春秋七十」有一歲。以開元十二年九月十八日，卒於揚州大都督府，」考終命也。元凱既歿，晉武傷其不壽；叔向云亡，子産歎其」遺直。越若來十二月五日，返殯於洛陽平陰鄉之原禮也。」公庶明厲翼，端肅恭懿，器有常玩，門無雜賓，是以鄉曲稱」之，朋僚重之，人未逮也。及屬纊之夕，遠近親識，前後佐吏，」望柩而奔訃者日以百十矣，蓋詩所謂人之云亡，邦國殄」瘁，其是之謂乎？嗣子傑等，或長或稚，且號且擗，功倚廬示」感，□陟岵之悲，乃詺厥功，固在貞石曰：
嘉清明在天，和氣鍾於朔川，集耿命以降哲，乃氏叨於先。」振累祖之榮耀，彌曩朝之勳賢，祚來慶於厥緒，誕明靈於」此年。公之門兮天錫純嘏，公之生兮才高位下，道長世短」兮福何爲者？君子傷之曰惜哉仁也！」

開元十二年十二月五日建。」

（北京圖書館藏拓本　河南千唐誌齋藏石）

開元二一〇

【蓋】　失。

【誌文】

唐故莊州都督李府君誌銘并序」

君諱敬，字守禮，隴西成紀人也，頃因官徙而爲雍州」人焉。府君雁門郡守弼之曾孫，東閤祭酒威之元子。」十八應制，八科舉擢第，解褐鄜州洛川尉，次」遷司僕丞，又徙城父令，尋改洪州司馬，無何移洪州」長史。有不空之裕而獲佩刀，懷半刺之材而居別乘。」授隨州刺史，又除莊州都督，陳、茂、白刺史。王之使者，」國之外臺，不易其人矣。君鋭於墳典，博於經史，家藏」萬卷，君覽八千。緣使部人寫書，廉停務，晏如也。尤精」內典，該練氏族。至於解連環，誦悉談，河漢無極，注而」不窮。晚年焚香加趺，修菩提法，苦心自練，菜食而已。」子奂，年十九，未冠而夭。府君哀毁逾節，寢疾彌留，開」元十年七月卅日，不禄乎洛陽縣通遠坊私第，春秋」七十四。粤十二年十二月十一日葬河南府河陰鄉」原，禮也。夫人柳氏，痛失所天，哀深改堞，望夫立石，破」膽銷魂，寡妻懸窆，淚盡繼血。銘曰：

討論衆妙，窮道之突，良二千石，惟君是籍。宜昇台傅，」地居旦奭，俾我丕基，永永遐逷。昊天不慭，」聖朝慟惜，傷其子埍，雙輴潛翳。寒山黯色，洛川冰閉，」旌旐迅驅，幽明異世。黄鳥黄鳥，邙山送死何時了？」

（北京圖書館藏拓本　河南千唐誌齋藏石）

開元二一一

【蓋】失。

【誌文】

大唐故趙思忠墓誌銘」

洛陽縣清風鄉五品」子趙思忠葬於吕樂」村之平原，禮也。」開元十二年閏十二」月二十一日殯。」

（北京圖書館藏拓本　河南千唐誌齋藏石）

開元二一二

【蓋】失。

【誌文】

□唐故高君墓誌」
□諱守，字裕□，其先浮海人」也，今爲安陽人焉。曾諱□□；」祖諱通；父方；並地靈獨秀，天」縱孤標，逍遥居禮義之源，放」曠坐文章之境。君高尚其志，」不士王侯，樂道自然，樂天知」命。曰以開元十二年閏十二月九」□卒於私第，春秋卅有九，殯」於相州城西北三里平原，禮也。」恐陵谷千弈，田海變移，勒石」記銘，乃爲詞曰：
開元十二年閏十二月廿七日殯。」

（録自《鄴下冢墓遺文二編》）

開元二一三

【蓋】失。

【誌文】

大唐故忠武將軍行左領軍衛郎將裴府君墓誌并序」
公諱沙，字鉢羅，疎勒人也。地秀靈傑，得右姓於金方；族茂忠貞，」作酋門於玉塞。曾祖施，本蕃大首領；祖支，宣威將軍；父達，雲麾」將軍。乃天生賢材，不由文字，並解其辯，削其袵，慕禮樂，襲衣冠。」常躬勤邊隅，功不自伐，仍心戀闕下，忠不敢忘公。少奇頗有」韓彭之略，及長也，屬藩落攜貳，安西不寧，都護李君與公再謀，」奏拔四鎮。公乃按以戎律，導以泉井，百戰無死敗之憂，全軍得」生還之路。翳公是賴，朝廷嘉之，特拜游擊將軍，尋加折衝都」尉。無何，北庭雜虜，候秋月以南牧；西海餘孽，度沙徼而東侵。公」志在喪元，奮不顧命，請躬先士卒，殲彼渠魁。帝俞其誠，僉曰」惟允，遂揮劍出塞，不戰而要荒自清；反旆來朝，未至而廟」堂先賞。以功授忠武將軍行左領軍衛郎將。夫功成身退者，鮮」能有人。公頻請懸車，詔遲迴而後許；仍賜几杖，恩繾綣而」彌加。自樂道優閑，亦十有餘載，豈謂叔夜論無驗於養生，乃知」子鼂言必善而將死。以開元十二年十二月卅日薨於私第，春」秋八十一。以開元十三年正月廿五日葬於北邙山西，官給葬」事，并賜班劍鼓吹，賻粟帛，禮也。惟公俶儻，蹻捷過人，歷宦兩」朝，恪勤五主，宜其列侯關内，享福閨門。天何不仁，摧我梁□。」嗣子祥等，悲纏陟岵，痛結在廬，以爲桑田有移，金石不朽，庶旌」景行，用勒其銘：赫赫我唐，四夷朱王，念爾先祖，早竭忠」良。惟公勇列，復啓戎行，指大成效，拜虎賁郎。其一。率性知止，退居」辭禄，餌術未驗，逝川何速，華堂纔歌，繐帳旋哭。其二。逶迤春水，繚」繞邙山，長夜冥寞，去者何還，吞古人之遺恨，痛嗣子之哀顔。」

（周紹良藏拓本　河南千唐誌齋藏石）

開元二一四

【蓋】失。

【誌文】

唐故朝請郎行司農寺太倉丞騎都尉劉君誌銘并序」

君諱慎，字進獻，其先彭城人，因仕居趙，今爲□州」清漳人也。昔緑蔡披圖，堯稱則天之大；赤龍乘運，」漢得聚星之祉。其後珪璋錫瑞，茅土疏封，命我元」王，奄荒於楚，長瀾茂閥，青史存焉。曾祖穎，北齊」博州治中；祖雪，滄州長蘆尉；父會，上柱國，退」居不仕。聊城舊俗，展騏驥以題輿；滄海遺風，紓神」仙而結綬。戰功藏於王府，高尚絶於人寰。」公即柱國府君之長子。性蘊冲和，學該墳素，克己」復禮，陳力就列，起家補將作監、甄官丞，隸彼冬卿，」掌斯陶匠，器用必善，崇尺在規。秩滿，拜司農寺大」倉丞。京庾效勤，出納惟悋，紅腐日衍，秋豪無私。夫」然德貴道遵，蘭黨玉潤，位匪充量，達生忘卑，開元」十三年太歲甲子，享年六十，終於東都之温洛里。」嗚呼哀哉，越四月七日，遷神於北邙之南麓。有子」子輿，荒然在疚，罔知所告，永維聖人不朽之義，號」哭頓首，懇予爲銘。銘曰：

明明厥祖，帝王之緒，降生令德，卑以自處。典國之」陶，掌王之庾，履道而没，爲仁何補？自往昔而同，然」庸詎知夫皇天之不輔。」

（北京圖書館藏拓本　河南千唐誌齋藏石）

開元二一五

【誌文】

前任游□將軍京兆府宿」衛折衝尹伏生塔銘并序

粤我尹公，武用標奇，神悟」天縱，欣然獨得。何圖天道」茫忽，逝水光驚，百年俄畢。」男孝忠，遂擇芒山，恭建玆」塔，慎終追遠，幽靈有涯。雖拂石有虧，而斯福無盡，仰」報深恩，故勒斯記。

大唐開元十三年四月廿」六日男孝忠建立。」

（録自《芒洛冢墓遺文五編》卷五）

開元二一六

【蓋】失。

【誌文】

大唐中大夫故楚州刺史鄧府君夫人太原王氏太原郡君之銘誌」夫駕鶴騰暉，仙凫令族，在漢則八侯鐘鼎，傳」魏則五姓聯環。本擢金柯，源流玉葉。唯夫人」生承宿婺，長自閨帷，四德有聞，六行兼濟，適」于鄧室，開國承家，朝命簪裾，匪旬伊月。私庭」訓誡，則蘭芬於母儀；房櫳史箴，實弘於婦道；」出遷岳牧，内輔於諸侯；居宅之私，門訓流於」上下。慈母之惠，誠哉言乎！足以保壽萬齡，傳」芳千載。逝川長注，有去無歸。夫人遘疾彌流，」薨于河南府崇政坊之私第也，春秋八十有」一。嗚呼哀哉！痛人事之永隔，思扇枕而何期？」權殯一時，幾已久矣。今開元十三年歲次乙」丑五月廿七己酉，遷葬于洛陽縣界邙山之」北原，禮也。吁嗟泉壤，與白日之長辭；空謁祠」堂，眷晨昏之永絶。於戲斯子，慟哭無言；内外」親姻，悲兮不已。用刊兹石，流芳不朽。」

（周紹良藏拓本　河南千唐誌齋藏石）

開元二一七

【蓋】 失。

【誌文】

大唐故登州司倉杜君墓誌并序」

夫有天爵無榮位，蒼蒼輔仁，獨欺君矣。君諱濟，字」　，京兆杜陵人，晉鎮南十二代孫也。朱戟傳家，明」德弈世。大父孝獎，隋撫州刺史；皇考元璡，唐邢州」司馬；承積善之慶，秉當仁之德，忠義由己，孝友自」天。弱冠而孤，弟妹偏露，鞠育之愛，情同古人，先義」後名，弟宦方仕。懷卜式之操，行廉范之心，世所未」有。將身許國，翊衛勤王，孫弘久沉，釋之方調，悲夫！」大鯤欲化而波涸，良驥將展而途促。陳實德也，官止太丘；崔駰命也，位終亭伯。材高位下，代有其人。」開元十二年五月一日君春秋五十二，終于登州」官舍。既發引海隅，迴旌洛邑。君初重娶辛氏，餘杭」主簿玠之女也。苕華方春，玄鬢徂落，後卜王氏焉。」一子幼冲，故未弘合葬。十三年七月四日，擇地邙」山老君厝北，從權殯也。瞻大河之北渡，望闕塞以」前闢，痛長之泉臺，勒芳猷於琰石。其詞曰：

秦川澶漫，終山特起，降生哲人，峻德孤峙。操潔霜」桂，心弘海水，廓落情懷，昭晰仁義。人之所難，君以」爲易，如何彼天，報施斯偏？曾未榮禄，而摧永年，平」生已矣，流恨重泉。」

（録自《芒洛冢墓遺文》卷中）

開元二一八

【蓋】失。

【誌文】

大唐都總監丞張公故夫人吉氏墓誌并序」

夫人諱檀波羅，東京洛陽人，本曰佶，承帝王」之後也。曾祖彦，饒州長史；祖仲舒，京兆府藍」田縣丞；父恪，吏部常選。夫人明敏外暢，儀形」內則，窈窕其質，素以絢兮。肇自初笄，嬪於茂」族，懿摽梅之節，宜爾室家；脩採蘋之禮，光于」主饋。而旻天不弔，積善無階，粤以開元十三」年六月廿六日遇疾，終於洛陽審教里之私」第，春秋五十矣。寶劍孤沈，忽歸蛟水；猗桐半」死，獨瘞龍門。以其年七月廿一日將窆於邙」山西平原，禮也。佳城有夜，荒壟無春，長子瑜、」次子琇，攀號茹切，哀毀過禮，慮桑田而變海，」遂披文而相質。其銘曰：

弈弈祖德，令問其聲，長河錫祉，崇山降精。識」通禮樂，光含粹貞，風摇蕙蕚，霜凋蕣英。背邙」面陸，卜宅開塋，其像也感，如神則清，瞻望不」及，稚子煢煢。」

（周紹良藏拓本　河南千唐誌齋藏石）

開元二一九

【蓋】唐故德州司倉鄭君銘

【誌文】

唐故朝議郎德州司倉鄭君墓誌銘并序　校書郎韋良嗣製」

君諱元璲，字元璲，滎陽開封人也。其先與周共祖，出自」厲王□美授粲之風，史稱爲韓所滅，以國著姓，世濟厥」猷。君以温仁爲心，純固爲德，力行孝友，身脩經藝。及二」昆繼殞，而大義日聞；三道登科，而資適逢世。其理家也：」言有物，行有恒，省曠而家人忘貧，節用而諸孤温足；其」入仕也：習周官，奉漢法，義形而色不可犯，言發而道必」可行。杖此二事，以經九德，造次必於是，始終而不渝。故」任之畿甸，狀皆清白；掾彼汝壙，名獨昇進。會州境有盜，」自太守之下，以例左遷，光藻朗而復晦，大命奇而將泛」矣。忽忽不樂，逍遥家園，後數歲，考終于河南惠訓里之」私第，春秋七十有三，即開元十三年九月四日也。其孤」曰早□，銜恤欒欒，克明孝本。其月既望，藁窆于洛陽縣」北部鄉之原，從龜兆也。嗚呼！君始以明左氏學，射策甲」科，初補尉氏主簿，歷奉天、同官二尉，汝州司兵，左降德」州司倉參軍，而位□於斯，抑所謂不充其量者也。蓋有」隋之彭城太守滎陽侯曰達，君之曾也；有唐之」上儀同大將軍曰管才，君之大父也；黔州司武曰遇，君」之皇考也；皆士林之選，代無違德，以昭示來葉，不其韡」歟！銘曰：

猗府君，德有倫，體素履，含清真。勤」于邦，睦于親，身可没，道不泯。如其仁！如其仁！」

（北京圖書館藏拓本　河南千唐誌齋藏石）

開元二二〇

【蓋】　大唐故朱府君墓誌銘

【誌文】

大唐故銀青光祿大夫湖州刺史朱公墓誌銘并序」

公諱崇慶，字紹隆，吳郡錢唐人也。顓頊靈苗，姬王錫土，因誅命氏，去邑爲宗。雲則折」檻匡君，義光西漢；季以强直濟物，德重東京。次倫雄略全城，晉廷是賴；循之見危致」□□主攸嘉。俊賢繼生，公侯接武，以建于今矣。曾祖達，隋普州刺史；王父君會，」□朝散大夫、梓州司馬；皇考方惠，朝議大夫、比部郎中、南陽縣開國男；體陳氏而」樹德，三君之望咸高；比應室而多儒，七代之材逾俊。朱紫奕葉，榮曜天衢，清白傳家，」式貽令胄。公器宇純粹，材行鈎深，長策絶倫，則衆推王佐；登高能賦，迺壯氣陵雲。」道或不同，雖王公而莫屈；志有所洽，縱杵臼而猶交。起家調選授綿州西昌縣丞，非」其好也。迺獻書天門，上陳時政，事歸益國，義在尊君。近臣忌賈誼之賢，志希勿」用；天子高主父之議，擢列清班。拜御史裏行，累遷監察、殿中二御史。埋輪措枉，頓」使豪貴避驄；直指舉能，果得異材連茹。嘉謀密啓，補闕尤多，忠慎不言，代流莫委，又」遷太府寺丞。君利不顧，是表清貞；國賦孔殷，允臧出納。無何，拜洛州汜水縣令。困窮」來附，喜見恩臨，兼并革心，化歸淳素。政息掣肘，豈惟密子之賢；德洽馴翬，非獨魯公」之感。轉遷宋州司馬，尋拜魏、汴二州長史。官得其材，朝嘉展驥；人安既富，化比海沂。」轉遷均州刺史、通州刺史，又拜洪州都督兼知江南西道按察使，職務六條，寄重八」道，所任惟劇，所理惟精。求瘼褰帷，自羣牧而仰止；登車逐烏，舉皇華而儔明。主深」深知，欲資調鼎，命也未隅，復屈外臺，轉婺州刺史，以公正忤詔使，左貶虔州刺史。」直道不容，無瑕棄讁；天聰遠察，枉滯見明，加銀青光禄大夫湖州刺史。德以受服，」榮觀聖朝；政以禮成，化美刑措。夫以朝有九命，君加八焉；地有九州，公典六矣。」富貴亞於台輔，吏人遍於天下，歷官推善，固惟不器之材；樹德無疆，庶銜勿翦之愛。」方冀啓沃聖日，爲舟濟川，比萬物於蒭狗，致一人於堯舜。豈期彼蒼不吊，妖鵩」延災，寢疾彌留，藥禱無降，以開元十三年八月三日薨于汴州龍興寺之淨宇，享年」六十有六。其年九月十七日，殯於河南縣河陰鄉邙山之原，近舊塋也。言邇先墓，」孝達于幽；遺愛在人，感者斯衆。朝端徹瑟，是謂悼材；良□絶絃，永悲埋玉。嗣子炅、仲」□耀、季子峻等，並仁孝克彰，言行斯厚，終晨泣面，殆欲喪生，先德懼遺，愿誌于石，」之玼夙承善誘，曾厠末寮，敢陳無愧之詞。

於穆洪緒，出自高陽，因誅命氏，代有賢良。垂裕于後，公其允臧，材聞海内，譽冠周」行。初遷縣丞，鴻漸由興，擢列御史，埋輪旌美。迺轉司賦，出納可度，爰綰銅章，視人如」傷。三拜治中，草靡猶風，六經典郡，詔用材雄。所居則理，是曰君子，無施不遂，固爲」利器。古言積德，常斯永年，曾未中壽，遽没幽泉。嗣子號擗，齊眄怨天，瞻碑墮淚，留棠」慕賢。宅兆余觀，邙山習吉，既有華蓋，爰造幽室。淮水比祜，公侯是出，神道永安，天地終」畢。」

（周紹良藏拓本　河南千唐誌齋藏石）

開元二二一

【蓋】失。

【誌文】

夫人諱晉，字行昭，趙郡平棘人。曾祖蕁，齊陽平令； 祖弘」節，皇大理卿清平公； 父道謙，太府卿清河公。夫人」少明惠柔順，居家以仁孝稱，既笄之後，繼室歸于」我先府君。承事中外，夙夜恭恪，雖家人近使，未嘗見喜」慍之容。府君先有兩子曰微明、藏用，夫人自誕一子」曰若虛，而撫養偏露，逾於己生。在盧氏五十餘年，至於」蘋藻粢盛，織紝纘組，必躬親臨，不信諸婦。故九族尊敬」取則，號爲大家。睿宗時，藏用遷黃門，微明任御史，並」宦達有恩，詔授贊皇縣太夫人，尋又加趙郡太夫人。」每正朔朝覲皤皤然，微明戴鐵冠，藏用拽朱紱，左右自」扶侍入禁內，儒者榮之。開元八年，從微明宰浚儀，崇信」釋典，深悟泡幻，常口誦金剛般若經。其明年又隨若虛」述職覃懷，至十三年秋七月，寢疾大漸，遺令曰：夫逝者」聖賢不免，精氣無所不之，安以形骸爲累，不須祔葬，全」吾平生戒行焉。時服充斂送終，唯須儉省。祠祭不得用」肉。以其月廿九日夜奄垂棄背於武德丞廨宇，春秋七」十三。孤子微明等號天叩地，無所逮及，謹遵先旨，以」其年十月廿三日奉遷歸洛城東北，厝于先塋之旁。」昔者墓板無文，唯題爵里，肇魏繆襲，始贈詞絢，情所不」取，令但直書實行，以申罔極之思，庶清風盛德，傳乎萬」古。若虛愚劣，復屬荒謬，不能仰記萬一云。」

（周紹良藏拓本）

開元二二二

【蓋】　失。

【誌文】

唐故太子舍人敬府君墓誌銘并序」

公諱昭道，字皎，河南緱氏人也。昔天子建德，因生而賜姓；諸侯以字，因謚而命族。公即」陳敬仲之後也。漢揚州刺史歆，晉侍御史雄，即公之遠祖。烈曾俊，隋任寧州羅山縣令；」王父舉，皇朝任鹽州司兵參軍；皇考獎公，皇朝任太常主簿，左遷嘉州平羌縣尉；皆軒」冕籍甚，於□令名。公則平羌府君之元子也。初生得名，已入温公之賞；自□能慧，早擅」黃童之價。年洎數歲，即丁府君之憂，而太夫人鞠而育之，親而教之，爰自孩□，以登成」人。公乃學以聚之，問以辯之，故知類通達，强立而不反；及乎弱冠，擢以孝廉，於是君子」知其大成矣。解褐汝州武興縣主簿，被使宣州討擊妖訛賊鍾大日等。公深謨遠略，隨」事變通，玄關幽鍵，與時開合。明之以信，示之以威，而賊徒嚮風，罔不唯德。公乃手釋其」囚侶，解其桎梏，使各歸鄉黨，别其宗親。公先至惟揚，令其赴法。賊等相謂曰：敬公□□」於吾儕特酌於人者，恩德若是，吾何忍欺之。及期，靡有不□，而皆伏其罪。尋秩滿調選，」轉懷州獲嘉縣尉，尋轉洛州王屋主簿，遷大理評事。時西戎叛唤，虔劉邊邑，是時」天子大□斯怒，親齊六軍，乃命涼州都督薛訥爲前鋒。公料其賊形，無庸必斃，乃抗表」剋日，請罷巡邊。聖旨迴環，優問臧否，信宿軍書至，其日賊果敗亡。天子嘉之，擢拜」監察御史。時鄮郡妖賊□聚千餘，俘馘黎人，郡縣不之禁，朝廷特使公杖斧鑕而督其」罪焉。公以過誤所犯雖大□宥赦其支黨，但誅其元惡，餘一切奏免。恩詔許之。時有」識者謂公深仁及于黎庶，陰德洽其高門矣。俄遷殿中侍御史。盜憎主人，人惡其上，時」京兆少尹秦守一有不正於家，公欲糺而劾之，守一内誣厥愆，詣闕先奏。所司不之察，」左遷公爲汴州尉氏縣令。公班序八政，以仁爲首；敷□五教，以惠爲先。故琴不下堂，蝗」多越境。無何，丁太夫人艱，□公秉孝自天，周服逾制，君子憂之以滅性，朝友諭之以死」孝，□門有叢竹而冬筍合幹，時人以公之孝感□致也。服缺，制授朝散大夫行太子」舍人。掌司春坊，出納唯允。公清明在躬，貞幹利物，率由是道，莫不砥礪。故所在職，皆□」著嘉聲。初公季右領軍衛兵曹參軍自丁□□人艱，便遇風疾。公天倫痛切，友愛情深，」罄乎資財，奔走醫□，□必適口，寢食自躬。憂能傷人，俄而公亦遘此疾。嗚呼！盛德無輔，」皇天不仁，以開元十三年九月十四日終於德懋里私第，春秋五十有三。以其年十一」月廿二日，歸葬於河南河陰鄉百樂里北原，禮也。嗣子子華等，泣血攀訴，號天無歸，謹」奉遺烈，式旌泉壤。銘曰：昭昭令族兮世濟其美，遠垂餘慶兮斯人多祉。降□茲」代兮膺生君子，用光祖宗兮而復其始。惟□之德兮克光□榮，幼自强學兮長則揚名。」爲族令子兮作時挺生，布德優優兮人莫與京。公之深□兮自天所造，公之鴻烈兮爲」代所寳，恩在黎人兮信需夷者，皇皇穹穹兮何不鑒而奪其壽考？東岱悠悠兮路漫漫，」北原瀰迤兮郊丘寒，涉洹之水兮涕汍瀾，長夜一去兮不再歡。唯盛德兮不泯，戢平□」□此棺。

維大唐開元十三年□□乙丑十一月廿二日壬寅建。」

（北京圖書館藏拓本　河南千唐誌齋藏石）

開元二二二三

【蓋】 失。

【誌文】

大唐故索君墓誌并序」

公諱崇，字敬，」洛陽人也。惟考厥祖，出自燉煌，任易時」遷，是宅斯土。曾祖業，隨任洛陽令；祖寰，」周任光州司馬；父弘，任嘉州龍遊令；並」以藻翰昇榮，德音荷寄，不謂詞英金石，」乃亦書贍龍鸞，史載家聲，人傳令問。公」上柱國，受性忠直，天生而知，弓劍是工，」干戈剋效。射鵰之塞，勇捷先鳴；騏驎籙」中，勳彰後殿。時年六十八，開元十三年」冬十一月廿三日寢疾，終于大楊里私」第，葬于北邙之山，禮也。嗚呼！愷悌君子，」人之父母，良木既壞，人何仰焉？敬勒斯」銘，以彰不朽。其詞曰：

惟彼良哲，人之」所仰，如蘭若蕙，含芬吐壞。其一。日月盈縮，」春秋去還，松門蓋偃，陵谷更遷。刊瑑良」石，聲明令賢，彰乎後裕，庶畢山川。其二。」

（周紹良藏拓本）

開元二二二四

【蓋】 失。

【誌文】

大唐故□□翊衛陳公墓誌銘并序」

公諱思，字知言，其先潁川人也。曾祖鄰，上黨」府折衝都尉；祖壽，韓王府典軍；或武毅遐宣，」曜桑乾之膽氣；或雄風□襲，攀桂山之符彩。」國命殊錫，冠冕式昭。父行琳，睦州參軍；松扃」蘊操，家傳忠孝之聲；永國參卿，獨擅東南之」美。公以温良實性，道德資身，取賞泉石，不孤」風月。忽沉痾旬日，藥石無徵，以開元十五年」十二月廿七日，卒於河南道政里第，春秋六」十五。嗚呼哀哉！夫人扶風傅氏，安州參軍道」昌之女。苕華早落，以先君子之終；蓍草徵祥，」乃祔先人之域。以其年十二月十七日，合葬」於北邙山，禮也。嗣子忠等，孝思過制，哀封緬」懷，敢徵遵古之儀，即表無窮之記。銘曰：岧岧邙山，高而不窮；浩浩潁水，陳氏之雄。水即無」竭，人而告終，既罔象之難測，斯生靈之何從？」泉户掩月，白楊吟風，哀哀孤子，號彼蒼穹！」

（周紹良藏拓本　河南千唐誌齋藏石）

開元二二五

【蓋】失。

【誌文】

大唐前京兆府長安縣尉柴少儀」故妻范陽盧氏誌文」

盧氏之女，柴氏之妻，夫曰少儀，又」曰光濟。享年不永，遘疾彌留，以開」元十四年歲在丙寅正月五日甲」申，終于洛陽審教里第，時年卌。以」其月十二日辛卯，權厝于洛城東」北邙山之南。一子閲，年甫童齓，追」攀不逮，哀以送之。恐歲月淹延，陵」谷遷徙，故勒兹石，用紀當時云。」

（北京圖書館藏拓本）

開元二二六

【蓋】失。

【誌文】

大唐開元十四年正月癸未，前國」子進士上谷寇堮卒。堮字子齊，代」二千石宋州之次子。幼孝謹，美容」儀，學如不及，文而有禮。廿五擢第，」卅而終。始其亟也，父伯視疾，時羸」卧積旬，神明不亂。迺言曰：死生大」數，斷之久矣。所可爲恨者，貽父兄」之憂耳。俄而夭殁，中外哀慟。即以」月丙申遷祔大父曹州府君」塋次。父泚援翰而叙之云：吾嘗言之，實昧天道，信則必立，忠」亦可保。何負靈祇，罔克壽考，永堙」淪於千載，不俾屏夫一老。」

（北京圖書館藏拓本　河南千唐誌齋藏石）

開元二二七

【蓋】失。

【誌文】

唐故尚舍直長薛府君夫人裴氏墓誌銘并序」

夫人裴氏，河東聞喜人。高陽肇裔，非子受封，漢寵侍中，晉稱」吏部，問諸絳事，英達斯多。曾祖思質，汾州刺史太平縣開國」公；祖行顗，魏州頓丘縣令；父貞固，楚州淮陰縣令；或擁旗千」里，或紆綬一同，訓理寬於古人，香政飄於後嗣。夫人即淮陰」之仲女也。夫孝以居室，恭順齉於己族；義以奉外，執訓歸于」我家。其初迓也，瓌珠玉以和禮容；其爲婦也，諧琴瑟而偶君」子。浮榮不幸，移天早殁，哀女蘿之無施，泣夢蘭之不兆。夭夭」華歲，煢煢誓居，卅餘年，志不我忒，音律之事，爲性工乎？直長」府君云亡，竟不聽絃管，貞節也。以季母之親，撫猶子之類，示」以典禮，導以謙和，豈□斯門，流式他壼，慈訓也。馭下以肅，教」而後罰，左右敬愛，内外嚴恭，正範也。聿備三善，騰心八解，金」仙聖道，味之及真，外身等物，不競以禮，放迹遠俗，謂爲全生，」凝神寂冥，塊然而往。春秋五十有九，以開元十三年五月廿」三日考終於通利之里第。孑孑明魂，寥寥歸宇，無三年之服」者，唯數隸而號慕。人代可哀，玄門允樂。先是遺付不許從於」直長之塋，以其受誡律也。今奉所志，以明年景寅二月廿三」日葬於河南龍門山菩提寺之後崗，明去塵也。族孫良，備覽」休跡，敢叙而爲銘曰：

塵飈爲劫，不可年兮；塋櫝無像，知幾遷兮。有德斯紀，跡必宣」兮；神道昭著，福謂傳兮。貞靜悌睦，存没真兮；君子之謂，賢婦」人兮。

開元十四年二月廿三日葬。」

（周紹良藏拓本）

開元二二八

【蓋】失。

【誌文】

大唐故劉夫人墓誌銘并序」

自源開漢德，溢寰區而結派；枝析帝胄，藹中夏以連條。英華繼武，」奇偉間出，朱紘青組，暉映寓縣，戴冕乘軒，光昭列位。夫人降德華」裳，誕靈高族，爰徙東土，播遷西夏，今爲京兆人焉。屬乎時命多違，」門衰祚薄。永淳之際，凶饉荐臻；開曜之初，殃譴累及。堂親于時見」棄，房戚於是凋零，天倫懿屬，略無存者。夫人年猶髫齓，孑然孤立，」凌風殘飈，餘生幾何，荏苒歲時，寄形無地。笄年甫及，儀範卓然，貞」婉俱修，容德齊舉，名芬閭黨，譽洽州鄉，韋公聘焉，果爲淑德。容止」昭茂，令聞芳妍，承祧主饋之懿，纂組織紝之事，足可高視前賢，冠」於宗族矣。嗟乎！積德累仁，而天施茫昧，晚徵吉夢，唯存壹男，適居」孩稚，未遂成麟之業，哀哉！聖善旋鍾，鬪蟻之祆，藥劑無痊，砭石虚」設。以天授三年二月十四日終于東都道德私第，春秋廿六。□子」痛皇天之不吊，悲閱水之難停，捧畫扇以崩心，覩遺刀而淚血。徒」承胎訓，不記慈顔，陟屺之懷，終天永隔，倚閭之念，扣地無追。昔在」幼冲，不親喪事，墳隧非所，松檟無依，感今悼往，不安寢食。幸承先」構，早預朝伍，年未弱冠，累居清職。雖跡履榮班，而心魂若墜，曾參」永歎，禄不逮親；季路長懷，猶思負米。□惟殃罰，情何可任？所愿薄」俸輕資，更謀宅兆，去斯故隴，改卜新塋。雖玄栢未成，而黄腸已闕，」以開元十四年歲次景寅五月己卯朔十九日景申，遷□□河南」府河南縣平樂鄉安善里北邙山之原，禮也。長阡杳杳，□□峨峨，」寒風振兮悲緒急，浮雲凝兮愁氣多，將以桑田東覆兮凋翠葉，摶」海西運兮揚素波，佇芳聲之不朽，紀遺美於山河。其詞曰：系唐孫兮□漢苗，託茂德兮挺珍瑶，家緒陵遲兮喪且凋，雖久蒙」塵兮四德昭。奉君子兮嬪鼎族，清婉孌兮温如玉，何不□兮降齡」促，嗣子痛心兮不遑矚。相比阜兮中所停，占鶴兆兮闢新塋，列松」櫝兮墳隴茂，冀此宅兮神□寧。」

（周紹良藏拓本　河南千唐誌齋藏石）

開元二二九

【蓋】大唐故鄭府君墓誌銘

【誌文】

唐故潭州衡山縣令鄭府君墓誌銘并序」

君諱戎，字思訓，本家于滎陽，因筮仕洛京，今爲河南偃」師人也。昔我先君桓公友錫爵于鄭。及莊爲大司農，韜」爲太丘長，家傳餘慶，代不絶賢，從此爲士林之秀，而四」海式瞻。曾祖穎，隋揚州江都縣令；祖禕，左衛郎將；父」慈，開州新浦縣丞。君即新浦府君之元子也。克嗣前葉，」少有大志，弱冠以門蔭調補房州永清尉，秩滿授隨州」棗陽主簿。明以制斷，官無留事，轉徐州符離縣尉。馭下」以仁，休風載路，以丁内憂去職。逮服畢登選，坐主岑公」以清白見稱，尤加奬拔，擢以京職。公以志行高遠，常有」所不樂，俄遷潭州衡山縣令。下車未幾，政聲克著，及踰」歲，疲於文墨，思返田園，乃棄官，艤舟河洛，届尋陽郡，乃」遘疾焉。以開元十二年閏十二月十七日終於江州之」官舍，春秋七十有一。以開元十四年五月十九日歸葬」於洛陽縣北邙山平陰里之原，禮也。君行爲人模，才實」天假，奈何江波渺然，大命斯止？行路聞之，莫不傷慟。嗣」子前江州參軍堯臣等，痛終天之永遠，徒泣血以摧絶，」式刊貞記，以誌銘云：

洪流系源，慶襲于孫，篤生君子，禮樂興門。其一。衡山出宰，」人或不欺，賢實濟代，天匪憖遺。其二。華輈昔去，絳旐今還，」靈櫬遠從於江徼，金骨長瘞於邙山。其三。」

（周紹良藏拓本　開封博物館藏石）

開元二三〇

【蓋】　失。

【誌文】

八品亡宮年卅墓誌銘并序」

亡宮者，不知誰子也。或以良家」入選，充奉後庭焉。□□□顯賢」明之德，勤□法度之事，□□□」君□□賞，是用錫之以八品之」秩□□開元十有四年夏五月」有四日疾革，有命出居於」患坊，厥某日，奄忽而逝。越若來」六月十有四日庚申，葬之以禮」者，作爲誌則有司存。銘曰：

生爲匣玉，没爲野土，一辭」九重，千秋萬□」

（北京圖書館藏拓本）

開元二三一

【蓋】失。

【誌文】

大唐故右監門衛大將軍父李公吴興郡太夫人□」氏墓誌銘并序」

夫輪迴至芳而冬謝春長；權奇迅足乃朝駘夕驤。猗」歟李父，偉矣夫人，嗟乎屈申，實爲然也。公諱懷，天水」人也；夫人諱 ，廬江人也，以先天元年九月三日授吴」興郡太夫人。戈矛昔檝，共傳競於霸輝；粉匣往施，俱」承爭於麝馥。稜稜抗節，盡於丹誠；裹裹端容，畢於□」德。公春秋六十有三，以天册萬歲二年四月十七日」亡於歸義里之私第也；夫人春秋七十有五，以開元」五年六月十四日卒於歸義里之私第也。兩墳各峙，」愴枕席而恒睽；雙□異□，嗟衾帷而□别。長子右監」門衛將軍儀鳳，唐元年六月廿日，廣奮駿勇，輔衛殄」凶，歷職轅門，出入天闈，開元十二年薨，贈右」監門衛大將軍；幼子左衛公劉府長上折衝行感。儀」鳳丹誠輸欵，愴掩泉門；行感孝悌居身，更遷墳墓。以」開元十四年歲次景寅六月丁未朔十五日辛酉，合」葬於北邙山，之禮也。行感攀號慟哭，雖年深而不逾，」桑田恐改，願幽泉而録誌。遂爲銘曰：

冬往春來，惟芳馥兮，朝駘暮驤，惟權奇兮。幽泉重閉，」魂靈偕兮，千秋萬歲，松栢森兮！」

（北京圖書館藏拓本）

【蓋】失。

【誌文】

唐故朔方軍總管忠武將軍右武衛翊府左郎將青」山縣開國男食邑三百户李君墓誌銘并序」

君諱信，字允亮，隴西成紀人也。遐紹猶龍，演昌源於」紫氣；勵情如虎，警秘決於黄公。蘊陳平之六奇，軼子」明之五策，恩流楚纊，惠浹投醪。去一利而萬政無睽，」令三軍而千夫進旅，可略而言，其在君矣！」曾祖定；祖俱利；父固；並將門三葉，滋延九里，鑒徹金」壇，神該玉帳。君往爲天驕犯塞，月滿塵驚，總練卒而」臨邊，靜旄頭之黠虜，翹心鶴陣，裂眥龍韜。先軫之授」命如歸，顔聚之精誠不顧。開元八年，以王事戰亡於」朔方軍，春秋卌有九。韔弓工尹，遽掩月而垂仁；復矢」昇陘，驟延聲於荒徼。形纏馬革，魄赴龜川，卜筮告貞，」廉路分兆。闢梅門於黄壤，閟柳翣於幽泉。遂以十四」年六月廿四日奉窆於洛陽邙山之隈，禮也。王武子」之通埒，梁伯鸞之長謡，甫帶雞泮，近瞻龍浦，即青山」男之塋域，三百户邑之窀穸。至孝承嗣，心摧鶴吊，氣」結梟馴，痛志列而魂銷，紀滕城而發頌。詞曰：

操甄剛毅，忠耿誠節，陷敵危身，戎場力竭。杖鉞麾旃，」殄兹妖孽，授命魂飛，邊垂影滅。想遺烈於戰功，遽銜」悲而哽咽！其一。」

（周紹良藏拓本　河南千唐誌齋藏石）

開元二三三

【蓋】失。

【誌文】

大唐故七品亡宮誌文」

亡宮者，不知何許人也。蓋以良家子」選入後宮，蘭儀婉麗，備乎內職，存沒」如一，恪勤在心。奈何蕣華，先秋遽夭？」以開元十四年九月內亡，廿二日葬」於某所。夜臺一閉，泉路非春，于嗟萬」古，埋沒佳人。」穠李春兮始芳，驚飈拂兮遽傷，去是」昭代，永閟玄堂。春秋非我，松栢徒行，」雕金篆石，地久天長。」

（北京圖書館藏拓本　河南千唐誌齋藏石）

開元二三四

【蓋】失。

【誌文】

唐故朝散大夫行宋州虞城縣令上柱國李府君墓誌并序　魏州魏□□□□玄述」

君諱昕，字崇旦，趙國栢仁人也；昔咎繇在位，不仁自遠；伯陽去職，大道□□。□王以」長策稱師，秦國以短書作相，稽乎氏族，可得而言。十三代祖機，晉國子博士；學冠儒」林，□□行圃，既入擇賢之館，遂光班政之宫。曾祖元吉，隋東兖州長史，皇朝沔州」□□□權入仕，舊將推功；□融來朝，勳臣讓德。故能譽馳江沔，勣被山河。祖□辯」□□右領軍將軍柱國，贈河、蘭、鄯、廓等七州諸軍事、蘭州刺史，謚曰靖；榮高獨拜，位」□□城，名不掩於生前，寵更昭於身後。父行偉，國子司業兼光禄卿、弘文館學士，樂」□□開國男；在邦必聞，學優登仕，總丘墳之奥，位列上庠；窮隱頤之能，名兼右學。故」□□茅祚土，開國承家，公即樂平之嗣子也。月角標奇，山庭擅美，早聞詩禮，夙奉珪」□，仁孝天成，風規日就。起家太子右率府親衛，襲封樂平男。何邵承家，泫然流涕；桓」玄襲爵，悲不自勝。後以調補許州參軍，丁内艱去職。吴隱之哭哀，感於鄰人；何曾之」毁痛，傷於明主。服闋，授宜州司士，轉鄭州司兵參軍。鴻漸于原，逸翮猶戢；鷽遷于谷，」清聲以聞。轉宋州虞城縣令。申以敬讓，濟以威刑，立□以清，臨下以簡。授鳴絃而自」樂，敷惠化以悠傳。朝廷寵之，加朝散大夫上柱國。以疾罷官，寓居於汴。十月築圃，」仲長公理之家；三春茂林，成公子安之第。但以漳濱久卧，二豎成災；茂陵纏痾，九原」作鯁，以先天元年八月十七日，卒于汴州之私第，春秋六十有一。嗚呼！已年爲夢，且」愴奠禮；慶日成妖，方嗟止服。吏人號慕，朝野嗟傷。公德義既彰，才名夙著，佇鹽梅於」鼎飪，方舟檝於巨川。時命不兼，頓策中路，嗚呼哀哉！夫人滎陽縣□鄭氏，襄城公偉」之孫，處士守慶之長女。洪源茂緒，盛德衣冠，豈唯曾后停輿，實亦漢皇識履。夫人柔」華婉順，令範芳姿，滌濯有儀，組紃無怠。既容就德，□告言歸，内位剋諧，中闈以穆。春」秋五十有九，遘疾於洛陽。軀散無徵，龍符不□，空見長生之枕，不聞延壽之杯。以開」元十三年八月六日，卒于教業里。嗚呼！仙臺永別，無復簫聲；傅母長歸，唯留琴曲。即」以十四年歲次景寅十一月庚子朔八日壬午，祔葬于洛陽縣清風鄉邙山之原，禮」也。

合葬非古，既見三王之前；死則同穴，實光六義之始。有子沖、洌、浩、涣、沔、湜、沛等。懼」陵谷有遷，松楸不紀，託于金石，□誌無窮。銘曰：常山趙郡，地雄川谷，秀氣氤氲，」鬱爲茂族。養遒傳慶，崇勳嗣福，代襲貂璫，家榮銀玉。弈世紹業，尊德上文，行爲□則，」才爲代芬。積仁累慶，表義騰勳，家聲剋嗣，鍾美于君。昭昭我君，邈邈其度，傳詩傳禮，」允明允晤。昭德有聞，宏才夙茂，博學通敏，時稱武□。參卿上郡，佐□名藩，鴻遷墨綬，」□□□軒。里富謳訟，庭無閒言，寵榮朱紱，美□□傾。止服告徵，奠楹昭夢，濟川遺棹，」通衢解□。罷市流泣，停春以慟，□隧簫條，槨□哀送。明珠兩鶴，玉匣雙龍，綵鸞俱逝，」寶劍相從。雲栖幽隴，蓋入寒松，空餘翠栢，無復音容。百齡風月，萬古山河，跡謝流電，」魂□逝波。森梢拱樹，□漠巖阿，奚以紀德？金石斯那。」

（北京圖書館藏拓本）

開元二三五

【蓋】失。

【誌文】

大唐故雲麾將軍行右威衛將軍董公墓誌并序」

昔太公伐紂，以成周業；絳侯誅吕，以安劉氏。復見於公矣。會」逆賊馬秦客等，潛行鴆毒，中宗暴崩，韋氏稱制，奸渠」掌營衛，兇戚據要津。公翊戴皇帝，斬關通禁，數刻之」間，盡殪兇醜，自非義爲萬死，勇冠三軍，亦何能恢復王室，家」國全昌者哉！無我聖□之沉謀，董公之猛毅，則」社稷已傾矣。公諱字懷義，隴西人也，漢太中大夫仲舒」之後。曾祖崇，祖昭，并棲心墳典，晦迹丘園。父□，繼軌高尚，以」子勳，制贈游擊將軍。公解褐授游擊將軍、左衛龍交」府右果毅，轉洛安府折衝，尋除右威衛翊府中郎將，遷右威」衛將軍，又加宣威將軍。扈從東封，加雲麾將軍。昊穹不弔，享」年五十，開元十四年九月五日薨于位。夫人侯氏，左羽林軍」郎將侯楚金之姊，霍國公、開府儀同三司、行殿中大監王毛」仲之甥也。毓德華門，訓儀公室，雪態風姿之容貌，雅弦懿頌」之妙才，弗可勝記。蘭以芳銷，玉由貞脆，春秋五十有二，先公」薨。以今年歲次景寅十一月乙亥朔十日甲申，合葬北邙原，」禮也。盡有聖善之愛，加以友于之慟，烏舉翼而哀鳴，馬服轅」而跼顧，豈唯輟相罷肆而已哉！嗣子左內率府長史思溫銜」哀七日，泣血三年，恐海變陵迻，圖芳刊石。其詞曰：

將軍矍鑠兮立事立功，夫人豔逸兮有德有容。翡翠列巢兮」枝褭褭，鳳凰聯飛兮聲雍雍。超絳侯兮延國祚，播洪勳兮銘」景鐘。」

（北京圖書館藏拓本　河南千唐誌齋藏石）

開元二三六

【蓋】失。

【誌文】唐故沁州安樂府別將上騎都尉張君墓誌銘并序」

君諱詮，字敬仙，南陽人也。君少而聰明，長乃」溫克，既出忠以入孝，亦居安以慮危。壯齡從」官，不爲人識，解褐拜沁州安樂府別將。有武」豹之略，作龍蛇之蟠，志尚謙冲，退歸閭里，善」營陶産，家至籯金。春秋有六十，以開元十四」年九月廿三日遘疾，終於殖業里，嗚呼哀哉！」夫人李氏，四德兼修，三從是式，關雎贊美兮」琴瑟叶和，顔如蕣英，得配君子，命同薤露，後」奄於長宵。嗣子翼軫，棘其心，泣其血，杖而後」起，唯而莫訓，哀增路岐，悲動鄰舍。以其年十」一月十日葬于北邙山平樂鄉之原，禮也。將」啓舊營，式從合祔，嗚呼！美志未申，盛年零落，」喪誰主祀，室無齊眉。方留恨於九泉，永沉埋」於五土。銘曰：

卓哉其人兮，克和六親兮，從此而往兮，歿爲」窮塵兮！」

（周紹良藏拓本　開封博物館藏石）

開元二三七

【蓋】失。

【誌文】

唐銀青光祿大夫太子賓客嶽陽縣開國伯食邑五百户陳公墓銘并序」

公諱憲，字令將，平陽臨汾人□□□□□□□□□爲氏。洎七葉有漢大將軍棘蒲侯武，又十五□□□□□□□□平陽侯，子孫家焉，祖遠，雄武多大略，徵晉昌令，不□□□□□高量，累辭辟命，没謚真隱先生，積德未享，是用有後。公□□□□□氣降虛明之神，清暢條理，夷雅閑秀，詞學優深，操行無玷，□□□□不徇速達，年卅，鄉貢進士，對策上第，其年解褐滎澤主簿，□□」師尉、明堂尉、閿鄉令。秩滿，受詔關内覆囚，旋拜右臺殿□」侍御史，轉庫部、吏部二員外郎。丁内艱，哀毁過禮。服闋，除禮部、考」功二郎中，遷給事中、中書舍人，策勳上柱國，除大理少卿，出爲虢」州刺史，復大理少卿，遷工部侍郎，又出爲兖州都督，入拜衛尉少」卿，復工部侍郎，又出爲蒲州刺史，入拜太子右庶子，遷太子賓客，」累加封嶽陽縣開國伯，食邑五百户。凡所歷官，咸著成績，皆任實」以祐物，不激譽而干進。休名自著，僉舉允諧。喪仲弟，哀感成疾，以」開元十三年九月廿五日薨于東都審教里第，春秋七十八。惟粤以」開元十四年歲次景寅十一月乙亥朔十六日庚寅，葬于偃師縣」龍池鄉之北原，祔先塋，禮也。惟公宅乎中庸，樂在名教，體忘」悔吝，德全終始者，朝廷壹人而已。又嘗著中道、通教二論，註周易，」撰三傳通誌廿卷，集内經藥類四卷，合新舊本草十卷，並行於代。」噫！可謂立德立言、殁而不朽者矣。嗣子長安縣尉少儀等，孝思純」至，永懷揚名，乃刊石勒銘，以誌幽宅。其辭曰：盛德之後兮實生哲人，文義博暢兮志業清純。孚政光國兮懋寵」榮親，立言不朽兮全道歸真。」

（周紹良藏拓本）

開元二三八

【蓋】大唐故慕容妃墓誌銘

【誌文】

大唐故成王妃慕容氏墓誌銘并序　銀青光禄大夫守吏部尚書上柱國正平縣開國子裴漼撰」

妃諱真如海，字淑；趙郡象城人也。開國建侯，晉有河山之錫；徂南自北，燕爲趙」魏之雄。固以勳賢弈世，禮樂載德，啓迪後昆，寅亮當代，公侯必復，蟬紱增暉矣。」父，皇朝十二衛大將軍。威總五戎，早拜登壇之寵；贈加八座，終光曳履」之榮。義藹時謡，聲溢拜史。是以德流後胤，慶屬陰明。夫人則府君之季女也。蘭」姿明秀，蕙性柔婉；生而知禮，動必合儀。脩組紃而識訓，奉箴圖先覺。往屬」皇運中圮，親賢路塞。賈生投弔，屢有長沙之悲；趙王既虜，非無房陵之恨。王以」謫居荒隅，空傷賦鳥；妃以族行炎海，遂托乘龍。茘浦來歸，桂宫成兆；有符天讚，」終慶宜家。德我齊姜，早識四方之志；葉彼秦偶，復見三從之儀。」中興昌歷，天飛在御。成王則盤石崇貴，元妃乃衡珈賜册。暮雨朝雲，不接荆臺」之夢；流風迴雪，寧追洛水之游。宜家以螽斯成詠，主饋以鵲巢是德。豈謂母后」干政，愛子弄兵；王總鈐韜，朝疑逆順。蕭牆飛禍，崑玉同焚；曲池既平，高臺又傾。」梁園竹林，盡染南湘之淚；小山桂樹，空照西園之月。誓栢唯志，方詠恭姜之詩；」徙宅垂仁，終成孟宗之德。禮光女則，行滿宗華；蒼蒼不仁，賢淑委世。開元十三」年二月廿六日，寢疾于洛陽勸善里私第，春秋七十有五。夫人窈窕之美，禀自」河洲；嫻和之儀，播之琴瑟。採蘋興詠，每從南澗之濱；訓子爲文，自有東征之賦。」肅雍以四德無替，浣濯而六行兼脩。道靄閨闈，義同娣姒。孤桐半死，初崩杞婦」之城；雙劍同沉，終啓滕公之室。開元十四年十一月廿八日合葬于京兆同人」原，禮也。嫡孫郕國公浚等，哀纏集蓼，孝過毀棘，怨凱風之徒攀，思寒泉而罔極。」玄兆斯安，荒郊歲殘。白日落兮山門晦，青燈凝兮隴夜寒。庶勒銘于幽礎，播春」菊與秋蘭。乃爲銘曰：

鴻源炳發，層構相傳；□宅朔裔，遂覇南燕。代封茅土，門積忠賢；禮樂云鬱，簪玉」蟬聯。」一尚書積慶，誕生陰德；成王謫居，好仇異域。始諧鳳兆，和鳴比翼；運屬」龍飛，自南徂北。二元妃詔册，翬翟攸加；西園飛蓋，戚里香車。珠幌延月，錦障飛」霞，庭留玉樹，道映穠華。三悲生墜劍，哀纏誓栢；粧鏡落紅，庭草虚碧。歲急川景，」風驅電隙；陽雲滅陰，宵月掩魄。四鄉郊返葬，隴隧初封；雲愁畫柳，霧苦青松。佳」城一閉，窮泉幾重；冥兮寞兮，何去何從？五

維開元十四年十一月廿八日」

（録自《西安郊區隋唐墓》第一一八頁）

開元二三九

【蓋】大唐故大德思恒律師墓誌文（蓋文據《金石萃編》補録）

【誌文】

唐大薦福寺故大德思恒律師誌文并序　鄠縣尉常□□□文」

道不虚行，必將有授，受聖教者，非律師而誰？律師諱思恒，俗姓顧氏，吴郡」人也。曾祖明，周左監門大將軍；祖元，隋門下上儀同三司、蓨蕪郡開國公、」使持節洪州諸軍事行洪州刺史；父藝，皇朝恒州録事參軍；並東」南之美，江海之靈，係丞相之端嚴，散騎之仁厚，以積善之慶，是用誕我律」師焉。律師禀正真之氣，含太和之粹，生而有志，出乎其類，越在幼冲，性與」道合，兒戲則聚沙爲塔，冥感而然指誓心。乃受業於持世法師，咸亨中，」敕召大德入太原寺，而持世與薄塵法師皆預焉。律師深爲塵公所重，每」歎曰：興聖教者，其在兹乎？遂承制而度。年廿而登具戒，經八夏即」預臨壇，參修素律。師新

疏講八十餘遍，弟子五千餘人，以爲一切諸經所」以通覺路也。如來金口之言，靡不該涉；菩薩寶坊之論，皆所研精。天下靈」境所以示聖跡也，乃陟方山五臺，聞空聲異氣，幽巖勝寺，無不經行，感而」遂通，所以昭靈應也。嘗致舍利一粒，後自增多，移在新缾，潛歸舊所，有爲」之福，所以濟羣品也。造菩提像一鋪，施者不能愛其寶；建塗山寺一所，仁」者於是子而來。洗僧乞食以生爲限，寫經設齋，惟財所極，忘形杜口，所以」歸定門也。詣秀禪師，受微妙理，一吾真諦，果符宿心，寂爾無生，而法身常」在，湛然不動，而至化滂流，於是能事畢矣，福德具矣。以見身爲過去，則棄」愛易明；以遺形爲息言，則證理斯切。乃脱落人世，示歸其真，開元十四年」十一月廿六日，終于京大薦福寺，年七十有六。初」和帝代，召入内道場，命爲菩薩戒師，充十大德，統知天下佛法僧事。圖像」於林光殿，御製畫讚云云。律師固辭恩命，屢請歸閑，歲餘」方見許焉，其靜退皆此類也。屬纊之夜，靈香滿室，空樂臨門，悠爾而逝，若」有迎者。蓋應世斯來，自天宫而暫降；終事則往，非人寰之可留。弟子智舟」等彼岸仍遥，津梁中奪，心猿未去，龍象先歸。禪座何依，但追墳塔；法侣悲」送，且傾都鄙。其年十二月十五日，葬神禾原塗山寺東。名愿託勝因，思陳」盛美。法教常轉，自等於圓珠；雕斲斯文，有慙於方石。銘曰：

聖立萬法，法無二門，以身觀化，從流討源。有爲捨梲，無生定猿，律師盡妙，」像教斯存。我有至靜，永用息言，示以形逝，留乎道尊，有緣有福，求我祇園。」

（周紹良藏拓本）

開元二四〇

【蓋】失。

【誌文】

大唐太原王曉故夫人崔氏墓誌銘并序」

夫人諱淑，字令秀，清河東武城人，著姓之」舊也。曾祖公禮，皇泗州刺史；祖延慶，新」安令；父克昌，絳州萬泉尉；皆人倫秀異，士」族之華。故夫人有美才淑德，以配君子。事」姑盡由中之孝，約己爲主內之法，柔令罕」匹，藝能無雙。聰□神，惠於用，對若明鏡，」應如清琴。良人慕前代之儒，忘後時之歎，冀」保通泰，所偕榮名。豈圖宿心未從，而朝露」溘盡，開元十四年十二月九日，終于平陰」別業，春秋卅四。以其年月十七日殯于邙」山大塋之北。有三男二女，雖永年是欺，」而大漸不亂，顧念遺託，自尊逮卑，使徹其」珍華，斂以時服，不忘儉也。嗚呼賢哉！銘曰：」

于彼穠矣，芬如桃李，忽埋落於中年，使人」情何能已已。」

（周紹良藏拓本　河南千唐誌齋藏石）

開元二四一

【蓋】失。

【誌文】

大唐故右金吾將軍魏公墓誌銘并序　男少遊書」

公諱靖，字昭緒，鉅鹿曲陽人，蓋畢萬之後也。氏族天啓，衣冠人望，世有」碩德，時無乏賢。故秦趙戰爭則信陵垂裕，漢晉屬統而舒相有聲。自舒」至高祖後魏大司農季景，弈葉嗣徽，能無爲命；自司農至烈考朝散大」夫、上柱國揚州倉曹參軍光本，仍世繼軌，揚其耿光。公即倉曹府君之」少子也。含元精之和，立殊俗之操，性與忠孝，天資禮樂。行成於中，退有」克家之譽；道應於外，進爲觀國之光。弱冠應制舉，授成武尉，轉鄭縣尉、」大理評事、監察御史、殿中侍御史，出爲鄠縣令，又貶爲温州岳城主簿，」苻離縣令，幽、冀、郴、蘄、鄭五州司馬，濮、原二州長史，庫部郎中，萬年縣令，」慶、沁、易、涇四州刺史，靈、慶、秦三州都督，入爲右金吾將軍。以開元十四」年八月廿四日遘疾，終于邠州□定驛，春秋六十八。以開元十五年歲」次丁卯正月甲戌朔廿四日丁酉葬於洛陽縣清風鄉北原，禮也。公筮」仕登朝，歷官廿有五，佐七郡，典七州，政以禮成，人以德化。仙臺伏奏，名」重彌綸；京邑理煩，務清輦轂。端肅天憲，絃歌帝畿，刺奸繩非，評法緩獄，」雖危無咎，窒訟有孚。夫文以利見，柔進也，則詞爲國華；義以飾法，剛決」也，而體爲邦直。故制事不惑，惠物無疆，有君子之風，致賢人之業，雖翁」歸之明察，長孺之清静，荀王之名理，終賈之博洽，公實兼之有餘裕矣。」至於懸鏡虛舟，忘筌遺象，入無出有，不將不迎，冥懷於吉凶，取樂於名」教，如川之有江海，如山之有崧華，生風雲，秘靈異，抑萬嶺之巨鎮，九流」之大溟也。上以公有文武之姿，方託以心膂之任，自故使持節徵」爲執金吾。承命駿奔，未至道殁，天子震念，朝廷惜焉。上」加贈物一百段，粟一百石。於戲！有大材不登台位，有令德不克永年，命」矣夫！銘曰：

方流圓淅，珠玉生焉；曾峰喬岫，雲雨出焉；德盛有後，慶集必先。猗歟令」哲，秉靈鍾懿，弘我風雅，勗兹忠義，清以理身，直以制事。惠洽州郡，聲流」臺閣，名器方崇，英華遽落，萬化同盡，九原不作。唯德音之昭昭，與金石」而無鑠。

朝散大夫守中書舍人劉升撰。」

（周紹良藏拓本）

開元二四二

【蓋】失。

【誌文】

大唐故游擊將軍左領軍衛京兆府折衝都尉長上内」供奉宋公墓誌并序」

公諱莊，河南洛陽人也。本其先則微子祚胤，在漢魏齊」晉而列爵者，曷可殫紀焉。洎乎末葉隳墜，纓冕淪沮，公」乃勤力王室，勉節蕃衛，保守宮禁，確心不回，亦多歲矣。」頃以皇綱失御，靈珠見竊，天紀俶擾，姦雄方爭。公鋭圖」聿張，克輔明主，載揚顯戮，贊輯大業，厥功懋焉。」帝嘉其能，私其賞，寵錫殊例，光榮不次，特授左領軍衛」匡道府折衝仍長上内供奉。公幼而聰明，長術多器，六」藝何選，洞幽入神，妙能博弈，秀立無比，嘗以兹技，偏顧」聖顔，歡遊玉階，戲坐金殿，凡幾年矣。豈期禍胎潛」構，恩情中渝，謫竄江湖，吟嘯胡越。公亦知命不遇，歡」居歲時，水國昏墊，炎州雰熮，短狐責影，沙蝨呑肌，練精」無方，遂終于兹矣。嗣子等悲心霧咽，號慕星奔，海上呼」不歸之魂，荒裔取還鄉之柩。亦幽魄無限，而生情不愧。」以開元十五年正月廿四日權窆于洛陽北邙故塋，禮」也。窈窕窮泉，再啓何年？翠栢芊芊，蕭條曠野，素車白馬，」見皆淚下，親戚號慟，叩地中哀，感此傷痛，叙爲銘哉。其」詞曰：天期漫漫，人事冥冥，灰沉昆沼，壞化蓬瀛。幽骸已閟，隴」樹猶生，悲風暮合，栖鳥晨驚。嗚呼哀哉！千秋是塋。」

（周紹良藏拓本　河南千唐誌齋藏石）

開元二四三

【蓋】失。

【誌文】銘文闕六字未刻。

大唐故七品亡宫誌文年廿」

亡宫者未詳所出，以良家子選入後宫，素稱婉妙，雅符柔順。恭惟内職，肅事中闈，勤勉克彰，貞實斯在，遘疾無象，奄閲生涯，以開元十五年正月廿四日葬。龜謀叶吉，馬鬣開墳，將紀芳猷，式遵令典，敬刊貞石，乃作銘云：

星開婺女，月委常娥，恭惟内職，敬守中和，霜凋蕙苑，風隕蘭叢，奄辭」

（北京圖書館藏拓本）

開元二四四

【蓋】失。

【誌文】

故朝議郎行中書主書上柱國段府君墓誌銘并序」

君諱萬頃，字禮，其先西河人也。自疋磾仕漢，干木藩」魏，後代因官，今爲晉陽人矣。曾祖護，隋代州雁門」縣令；祖威，皇朝元從銀青光禄大夫；或優遊政」術，聲聞天朝；或翼贊訏謀，勳在王府。父彥，養高不」仕，所謂知雄守雌，見素抱朴者矣。君鍾此多慶，承乎」丕構，俯從吏途，出入華省。故自兵吏部主事，遷中書」主書。恭近神仙之司，或趨密勿之地，王言問而不」對，曹務奉而後行，三事假其美談，四海欽其令譽。朋」寮之際，進退莫儔。烏呼！謂天輔仁，享此眉壽，未申大」用，俄即短辰，以開元十四年歲在景寅十二月朔廿」三日，寢疾而終，權窆於敦厚里舍。即以十五年二月六日，與夫人太原王氏合葬於洛陽城西北李村南」之原，從周禮也。嗣子前鄉貢明經良秀，前國子監明」經良伯、將仕郎良□等，號天罔極，泣血何從？式遵遺」烈，恭庀喪事，見託銘誌，言無媿詞。銘曰：」

雁門英英，政必有聲，銀青堂堂，勳有列光。王父滔滔，」陸沉自高。惟君有命，克紹多慶，驅馳密勿，不□恭敬。」戒之慎之，受終餘令，福流遺嗣，業彼後昆。蒸□訓誘，」學擅一門，奈何不淑，身歿名存。」

（北京圖書館藏拓本　河南千唐誌齋藏石）

開元二四五

【蓋】大唐故朱府君墓誌銘

【誌文】

大唐故并州陽曲縣主簿朱君墓誌銘并序」

君諱行斌，字行斌，沛國人也。昔周室瓦解，諸侯豆分，由是小邾祚」微，方去邑而命氏；大漢運缺，或避難以投吴。枝葉盛於寰中，衣冠」被於代上。曾祖英，隋任揚州都督府司録；」祖暠，隋任懷州河内縣丞；或任總樞鑰，六曹推幹蠱之能；或職貳」絃歌，一同寄撥煩之妙。父信，丁隋亂不仕，學窮道奥，識洞」機先，捨軒冕之榮，合行藏之旨。君資神秀出，含章挺生，日就月將，」明詩閲禮。軼羣言之秘粹，名亞蹲龍；談百氏之虚無，聲馳折鹿。而」論者以爲盛德之後，是生達者，抑有之歟？俄而州舉孝廉擢第，拜滁州參軍，又攝濮州臨濮縣丞，遷并州陽曲縣主簿。處脂膏而不」潤，清畏人知；摘奸伏而若神，機不虚發。君子是以知其峻風也。方」欲立節抗行，馳名樹勳，登烏臺，騁驄馬，直指繩物，飛霜作臣，□□」慶無徵，奄遘懸蛇之疾，天不悔禍，旋貽飛鵩之災。春秋五十□□」以載初元年六月一日遷化于陽曲縣公第。夫人劉氏，諱娘子，彭」城人也。父明，任趙州象城縣令。墨綬馴雉，牛刀割鷄，愛人」興功，作法利物。夫人履孝資順，體柔沐謙，威儀遲遲，規矩中律，仙」琴並奏，早呈和鳳之音；寶劍雙沉，晚合乘龍之契，春秋五十有四，」以萬歲通天元年寢疾，終于私第。以開元十五年歲次丁卯二月」甲辰朔十七日庚辰，合葬于河南府合宫縣界北邙山之舊塋，禮」也。嗣子昭乘，愬昊天而心斷，望寒泉而骨驚，懼高岸之爲谷，恭圖」石而勒銘。其詞曰：

嶽嶽藍田，澄澄漢水，是生世寶，黄中通理。亦既漸翼，載招公弓，韋」玄拾芥，仇覽貳同。心鏡傍射，神光内融。婉彼茗姿，奉嬪禮室，威儀」淑慎，閫事修謐。琴瑟方睦，光陰不借，匣劍雙沉，鏡鸞俱化。牛眡兆」域，馬鬣成封，地帶流水，山多古松，式刊貞石，以誌高蹤。」

（周紹良藏拓本　開封博物館藏石）

開元二四六

【蓋】失。

【誌文】

大唐故高士朱君墓誌銘并序」

君諱君信，字君信，沛國人也。本姓邾氏，□楚之難，遂去邑焉。論□」希夷，拄五鹿而□角；□聞天□，韜季布而爲奴。化千里而風高，□」三軍而聲遠。曾祖頌，周朝嘉道，博雅好古，英□不羣，□神」浩空，晦跡□□。祖英，隋任揚州録事參軍，惠政不肅，公府」謐□□□□嘉之，□皆稱伏。父暠，隋任懷州河内□□才高」黄霸，調逸劉平，化浹旁鄰，幹時標譽。□誕而聰敏，弱不好弄，清襟」莫測，浩□□涯，雄詞横天，逸氣凌物，荷滿遐□名騰上京。會陸運」祚衰，海内氛擾，巨滑閒起，英雄并馳，規福未危，知機而作，乃輕禄」位而不眄，敦詩書而隱□。撝謙若愚，秉節樂道。豈期異鳥來□，遘」疾彌留，春秋之有六十。永徽五年五月三日，終於私第。夫人濟陽」蔡氏，父頊，學窮莊老，節峻巢由，寓目人寰，抗情物表。雖旌」□荐辟，而守志□□、□人芝蘭齊芳，詩禮成性，賢□高舉，貞操遠」聞。而積善無徵，奄□風燭，春秋七十有□，咸亨二年六月十□日」遘疾，殞於私第。嗣子行斌，業暢三冬，孝廉擢第，累遷州縣之職，必」崇清白之能。屬年月不通，遷奉未及，降齡不永，在位而亡，嗚呼哀」哉。嫡孫昭乘，作史吳興，權居梁國，攀慕悼遠，遂罄貲財，以今開□」十五年歲次丁卯二月甲辰朔十七日庚辰，奉遷靈柩，合葬□□」南府合宮縣界北邙山先塋禮也。嗟日月之不居，懼桑田之有□，」謹鐫玄石，以述清芬。

其詞曰：

於戲華□，□自封邾，遭時迍難，去邑爲朱。祖禰幹蠱，□動□□，□」君稟靈，首出英俊。六藝洞撓，兩都名震，□福未□，□□□狂。吁嗟」清漢，禍洎賢良，彼美嘉偶，貞石舊景。□□□□，温麗貽芳，庶期椿」壽，奄□光。嫡孫純孝，雅譽頌邦，撰辰東洛，遷合北。野□煙斂，□」深草香，佳城鬱鬱，古樹蒼蒼，一□安措，千秋福昌。」

（周紹良藏拓本　河南千唐誌齋藏石）

開元二四七

【蓋】失。

【誌文】

唐故大理寺評事梁郡喬公墓誌銘并序　國子監進士李系撰」

昔有熊葬于喬山，子孫因以爲氏，德業千祀，代有其人，直史」鴻筆，備圖景行。迨至周秦之際，遷家睢水，厥後爰適樂土，散」居渭陽。公諱崇隱，字玄寂，京兆渭南人也。曾祖達，驃騎將軍」期城郡公；祖寬，左驍衛大將軍，營、幽二州總管；父琳，朝散大」夫、揚州江都縣令、饒州司馬；並克蹈貞厲，以食舊德；象賢濟」美，不隕其名。公誕受介祉，含和稟粹，天資純固，超然獨立，有」寬綽之美，微章之智，衆善用譽，何以尚兹。故能美暢於中，聲」揚於外。志學之歲，齒胄國庠，明年，以精書傳高第，褐拜陜州」桃林縣尉，次蒲州虞鄉縣尉。君子大守道而小守位，故所莅」有聲矣。歲滿，應洞曉章程舉，授大理寺評事。執心惟直，持法」不回，陷於奸邪，坐貽譴逐，出公爲虔州録事參軍，改授博州」司户參軍。無何，授大理寺評事。以公用刑當矣。噫！心介而不」□屈，道否而不能亨，惡直醜正，竟困遷謫，復貶授籠州羅籠」縣尉。可重者才也，可傷者命也，嗚呼哀哉！春秋卌八，以證聖」元年六月十日寢疾，終于唐州方城縣之别業。夫人廣平司」空氏。淑行令德，無徵早世。即以開元十五年二月廿九日，合」葬洛陽北邙山舊塋，禮也。嗣子大理正夢松，辭秩鐵冠，推賢」棘署，致美代耕之禄，得奉送終之禮，稱伐泉壤，光昭先君，非」餘慶遺範，貽厥洪曼，孰能與於斯？其銘曰：

喬氏之子，惠柔且貞，器高位下，用晦而明。天與其才，胡不眉」壽？英名茂實，殁且不朽。哀哀孝子，號訴無從，河南洛北，宅兆」遷封。郊迎素柳，隴暗青松，刻石于隧，誌德紀庸。」

（北京圖書館藏拓本　河南千唐誌齋藏石）

開元二四八

【蓋】失。

【誌文】

唐故梁郡喬公墓誌銘并序」

公諱崇敬，字崇敬，其先軒轅皇帝之苗裔，家」族京兆，渭南人也。曾祖達，驃騎將軍，期城郡」公；祖寛，左驍衛將軍，營、幽二州總管；父琳，朝」散大夫、揚州江都縣令、饒州司馬；皆積德永」年，垂裕不朽。公禀山嶽之量，蘊河海之靈，禮」樂承宗，信行推最。調逸許由之跡，詞高潘岳」之風。卧石飛泉，心乎愛矣；簪裾章甫，高謝若」遺。每衣褐杖藜，安於藪澤。嗚呼！隟影難駐，生」涯有期，春秋卌三。長安元年十二月五日，卒」於仙郡之別業。以開元十五年二月廿九日，」葬於邙山之阜，禮也。次女李氏五娘，臨穴主」喪，遂爲銘曰：

伊昔喬侯，德行其休，山林長往，滌慮蠲憂。于」洛之北，崇邙之巔，佳城長閟，碧海成田。」

（北京圖書館藏拓本　河南千唐誌齋藏石）

開元二四九

【蓋】失。

【誌文】

唐大理正喬□□夫人長樂馮氏墓誌銘」并序　國子監進士李系撰」

夫人諱誠字誠，其先畢公，食蔡馮邑，因以」命姓。迺曾迺祖，清明在躬，或封王，或尚主，」家風代烈，諜記詳焉。夫人即嘉州刺史守」忠之長女，梁郡喬氏大理寺正夢松之淑」媛。自禮行君子，有事則從，故能正位於內，」發揮閨閫矣。加以恭事蘋藻，克奉醴酏，皆」冥感自然，得之情性。河魴令疋，關雎淑女，」疇德比義，何以尚兹？噫！華年早世，不知者」壽，春秋廿二。神龍初，從夫任瀛州河間尉，」歲三年二月九日，卒於縣之廨舍，即以開」元十五年二月廿九日遷窆北邙原，陪先」塋，禮也。嗣子濯，庀喪具扆送之，銘曰：

人生在代兮甚流烟，逝者溘盡兮閲成川，」日往月來兮變今古，閉骨埋魂兮邙阜巔。」

（周紹良藏拓本　河南千唐誌齋藏石）

開元二五〇

【蓋】失。

【誌文】

大唐故孝廉上谷寇君墓誌銘并序」

寇鈞，字子平，小字弄璋，上谷昌平人也。姓爲」著族，世載清範。隋襄國郡守通城閔公暹之」曾孫，曹州長史思遠之孫，宋州刺史上谷公」泚之元子也。生公族之門，紹良弓之業，在襁」褓自然岐嶷，佩觿韘即絶童心，專精力行，不」交非類。年登弱冠，以明經擢第。懃學損心，便」嬰氣疾，以大唐開元十一年五月三日卒於」京兆府延康里之私第，春秋廿三。以十五年」丁卯歲二月甲辰朔廿九日壬申，祔遷於河」南府西邙金谷原之舊塋，禮也。庶遂平生之」懷，式展晨昏之志。嗚呼！與聰明而不假年壽，」埋玉樹而碎掌珠，古今同哀，斯豈命也？猶子」之痛，情見斯文。銘曰：

哲人云亡歎殲良，念此骨肉毒中膓，死生夭」壽天道常，達人大觀庸何傷！

伯父大理寺丞新除涇州司馬洋文。」

（北京圖書館藏拓本）

開元二五一

【蓋】失。

【誌文】

大唐故陪戎校尉太原王君墓誌銘并序」

君諱　字昜，其先秦將王翦之後也。騰雲駕」鳳，自周代之神宗；留舄飛鳧，實漢朝之仙族。」祖讓，域中清秀，海外宏才，皇朝授朝散大」夫上柱國；父本，居家聞孝，在邦懷節，宿衛」功成，吏部常選。悲夫！昜弱齡簡易，志毓田園，」人物無尤，情恬放曠。歲餘耳順之紀，魂遊溟」漠之林，一洽九泉之交，永閟兩楹之夢，春秋」六十有三，以開元十五年歲次丁卯正月甲」戌朔卒於私第。嗚呼！天長罔極，地久由恒，白」駒移時，紅塵將没。孤子㒟等，欽依喪禮，即以」其年二月甲辰朔廿九日壬申，葬於北邙山」之岑表。聚散風煙，愴靈祇之倏忽；往還日月，」悽烏兔之分飛。徒生石上之金，終繫松中之」寶。嗚呼哀哉！乃爲銘曰：

東周玄胄，西晉」挺生，春秋慕德，書劍空名。松年合蓋，雲日分」英，人琴雙殁，寒泉獨清。」

（北京圖書館藏拓本　河南千唐誌齋藏石）

開元二五二

【蓋】失。

【誌文】

唐故朝議郎周府君夫人南陽趙氏墓誌銘并序」

夫人諱璧，字仲琰，南陽宛人也。曾祖壽，齊散騎常侍、鎮東將軍、」漢陽郡開國公；祖儒，齊廣德將軍、通直散騎常侍；父志玄，隋」安定郡丞，唐中散大夫，瀘、潭二州長史，浚儀縣男；並如珪如璋，令」問令望，白茅未卜，累昇簪紱之榮；青松挺材，世列諸侯之土。錫胤」流慶，誕生夫人。年十有五，適汝南周府君諱紹業，唐上柱國、朝」議郎、太穆皇后挽郎。曾祖靈起，齊桂州刺史、保城侯；祖昃，」梁定州刺史、梁城公；父法尚，隋伏波將軍、譙郡開國公；並人望」國華，資忠履孝，禮樂珪組，自得家風。傳弓嗣徽，是生二子，長子道」沖，朝議郎漢州司户參軍，早卒；次子道濟，朝請大夫、益州温江縣」令；並英偉秀拔，允光前構，道德敷美，垂裕後昆。夫人絳河流潤，珠」星孕彩，淑德貞諒，識度閑明。御澣濯之衣，工織紝之勤。禮以訓子，」義以從夫。徙宅依賢，還同孟母；剪髮倏客，無異陶親。自喪所天，鞠」育孤孺，屏絶人事，歸依法門，受持金剛、波若、涅般、法華、維摩等西」部尊經，晝夜讀誦不輟。昊天降沴，積善無徵，粤以長安二年十一」月二日寢疾，終於河南府河南縣洛城鄉靈臺里第，春秋七十有」六。以府君傾逝年深，又持戒行，遺囑不令合葬墳隴，還歸舊塋。道」濟尊奉先言，不敢違失，即以大唐開元十五年二月三十日」窆於河南府河南縣平樂鄉邙山之原，禮也。楚挽哀咽，愁雲悽慘，」南望帝城，俯千門之宮□；北臨邙阜，對萬古之丘陵。悲夫！閶闔」風來，始分條而半落；延平劍墜，終異匣而同流。嗚呼！泉臺一扃，白」日不啓，陵谷有變，人代何常，敢紀鴻烈，銘之不朽。其詞曰：

天祚明德，達人挺生，出入文武，莫之與京。其一。婺宿呈姿，坤靈降質，」婦道堅著，禪心秘密。其二。合葬非古，得自因心，受託無匱，體晤兹深。」其三。窅窅窀穸，蒼蒼孤壠，紀鴻烈以永傳，痛終天而誰奉？其四。」

（周紹良藏拓本　河南千唐誌齋藏石）

開元二五三

【誌文】

唐故方律師像塔之銘」

律師諱寶手，字玄方，俗姓王氏，其先太原人也，後代因官鄴京，遂宅於斯，又爲鄴下人焉。師道性天稟，法器神資，年十三，就當縣大慈寺投大德度律師□和上誦法花維摩等經。年廿一，沐神龍元年恩敕落髮，配住龍興寺，依止大德恪律師進受戒品。五夏未周，備閑持□，於是衆所知識，允屬光隆，法侶傾心，居任當寺律師十餘年間，□□□理□疲身心益靜，春秋三十有七，□□□凡一十有五，以開元十年三月一日脱形遷識。嗚呼！大士云逝，孰不悲傷。門徒玄超、玄秀、玄英等，攀慕慈誨，遂於靈泉寺懸壁山陽起塔供養。粤以開元十五年三月一日安厝。言因事顯，頌以迹宣，乃爲銘曰：

大士攝生，不貪代榮，豎法幢兮；諷詠葉典，玄章要闡，隳邪教兮；增善法戒，累郭腐敗，摧苦輪兮；生必歸滅，悲哉傷哲，懷哀戀兮；建塔山陽，刊石傳芳，□□□兮。」

（録自《安陽金石録》卷三）

開元二五四

【誌文】塼。

維大唐開元十五年」歲次丁卯三月甲戌」朔五日戊寅定州安」喜縣鮮虞鄉故人李」文幹妻張殯在石橋」西南一里，故爲銘記。」

（録自《專誌徵存》）

開元二五五

【蓋】失。

【誌文】

故前安樂州兵曹參軍京兆程君墓誌銘并序」

君諱德譽，字文琦，京兆神泉人也。其先太原廣平郡，」則晉□夫程鄭、程嬰之後，本枝郁育，何代不昌。祖」太子□親事奉裕；父大賓，吏部常選；少孤侍叔，流孝」謹於鄉謠；長睦衆弟，振惠友於族昌。雖黄金賜郭，紅」粟贈殷，而珍貨霧積，刀布山委，挍□冥祐，亦曷以加」焉。君幼而閑雅，長而温克，恭以事長，孝以奉親，交遊」竭誠，朋友推其信讓；閨門盡禮，兄弟悦其仁。起家別」敕署安樂州兵曹參軍事。拜謝既已，辭以養親。俄而」電駟難留，風枝不靜，負米興歎，終身結憂。乃嗟曰：名」與身孰親？身之苟安，名于何有。遂削跡仕伍，沉蹤流」俗，或東尋禹穴，愛波濤之沉溶，或西入銅梁，樂山川」之體勢。既而懈怠，將息丘園，盡怡怡於玉昆，取陶陶」於金友。命與人背，願不天從，奄忽之間，長恨黃壤，春」秋卌有三，以開元十五年歲次丁卯四月癸卯朔十」一日甲寅，遷神於汴陽附郭里別業。即其年五月癸」酉朔十二日甲申遷終於洛陽縣平洛原，禮也。長子」□未齠齓，父子天性，獨至哀哀。嗚呼哀哉！乃爲銘曰：」

趙氏不絶，緊我先公，託孤救之，後嗣猶遵。卓卓伊君，」□孔能真，貌温如玉，言柔而□。天不慭遺，殲良夫早，」盛夏葉落，方春花老。地不□文，天□京兆，一涉幽途，」千年莫曉。」

（河南千唐誌齋藏石）

開元二五六

【蓋】大唐故李府君墓誌銘

【誌文】大唐故袁州參軍李府君墓誌銘并序」

君諱和，字孝忠，本隴西成紀人也。曾祖善，常」州武進縣丞；祖玄，將仕郎；父大隱朝市，不應」州郡之辟，時人似爲侯嬴吕望之流也。君含」章挺生，傑立角出，起家調補袁州行參軍事。」阮孚嘯詠，嘗聞方外之談；孫楚詞才，特見參」卿之重。方期一翥雲漢，遠振大鵬之翮；豈圖」九泉沉没，俄纏故雁之悲。粤以開元十五年」五月廿六日遘疾，終於臨闕之里第，春秋卌，」即以其年六月十三日甲寅窆於北邙山之」原禮也。嗚呼哀哉！□慘煙雲，悲涼道路，恐陵」谷遷變，遂爲銘曰：

惟遠祖兮生此隴西，惟子孫兮如璋如珪。煥」兮若五色之鸞鳳，騰兮似千之駃騠。何穹蒼」之不祐，入長夜之幽迷，既罷市以流慟，亦輟」相以興悽。即天道之如此，混賢愚而共齊。」

（周紹良藏拓本　開封博物館藏石）

開元二五七

【蓋】　失。

【誌文】

大唐故徵士平昌孟君墓誌銘并序」

君諱俊，字光宣，平昌人也。永嘉南徙，因官流轉，故爲揚州江都人。其先魯卿孟孫」氏之後，代有哲人，風徽不絕。曾祖嵩，崇義郡太守；聲采繁縟。祖顒，太子中允，器識」明敏。父奂，左威衛録事參軍；德義可尊，含章有美。君資和挺質，稟秀凝精，聰識周」通，强誼超遠，閨身之德豐備於家庭，達志之誠滿聞於士友。然則宣慈發暢，仁之」方也；剛斷明闡，義之行也；卑體崇讓，禮之情也；泉源飛湧，智之深也；言不虛美，信」之至也；用斯五者，已千能之，遊於人間之代，何往而不有乎光亨者矣。其於就閑」退靜，離乎諠雜，則能致虛極於心魂，絶聲利於塵滓，不見是而無悶，不見用而莫」憂，非禮相干，必以理遣；人有不及，必以情恕。不窺榮禄，其心晏如也。方當無欲觀」妙，常存百順之中；豈其有道喪精，永没九泉之下。嗚呼哀哉！遠近賢達，莫不痛惜」之甚。悲埋玉樹，有絶儀形之則；恨沉璧響，無復言談之妙。嗟矣吁矣！明時隔矣；慟」乎傷乎！幽壤淪矣！春秋五十有六，粤以開元二年歲次甲寅朔八月丙辰朔十九日」甲戌，終於河南府里第。十二月甲寅朔一日甲寅，遷窆於平樂鄉先君之舊塋禮」也。嗣子暠、昇等，孝思罔極，追慕摧傷，乃安厝畢矣。長子暠，一鍾偏罰，時當綺歲，閨」門之內，不聞戲歎之音；純孝事親，能盡綵衣之樂。然而古之曾子黄香趙咨之倫」亦無以加也。夫人天水趙氏，周東北道行臺尚書冏之曾孫也。冏隨唐公征齊，敗」于陽平，子孫因家焉。夫人秉則居宗，懷賢婦德，孝情純至，蘭菊芳襲矣。但稱其令」範，乃東海之母師；語以軌儀，即京陵之婦則。愛惠之地，彌所推重。以爲家風世業，」貽厥後昆，騰實飛聲，事資衆述也。惟婦德興美，永著於縑緗；顯考徽猷，不朽於金」石矣。粤以開元十四年歲次丙寅正月庚辰朔廿四日癸卯，終於相州成安縣良」川鄉里第，春秋五十有二。豈意一朝，俄成萬古。男暠等號咷彼蒼，愁遺凶禍。方冀」永綏與善，亮采明時；不爲報施無徵，奄至薨背。哀慕摧割，痛徹骨髓，以開元十五」年歲次丁卯七月辛未朔十二日壬午，將遷祔於夫之舊塋，合葬禮也。仰惟懿範，」畢世不追，恐田有成於變海，澤不固於藏山，消沉德業，絶滅輝光，託文言兮有美，」刻貞烈兮傳芳。其銘曰：

昭昭遠系，藹藹遥芳，魯卿有美，孟族其」昌。傳諸載籍，懿業孔將，乃祖乃父，令問輝光。其一。惟君懋德，終始明晳，古烈俞闡，金」休彌振。衆美常存，獨梁恒慎，從時變復，無往不順。其二。夜川遽掩，粧樓忽辭，神儀尚」在，泉扃莫追。夫先婦後，忠孝相隨，隙馬俄度，藏舟遽移。其三。愔愔婦德，閨帷發曜，心」敬幽明，情閑內昭。遵詩奉言，閲禮方笑，蘭菊萬古，芬芳久要。其四。委運無欲，觸緒存」誠，達人之正，幽人之貞。昭其休範，歇其善聲，是爲明智，乃曰賢英。其五。方其永久，發」暉士則，孰謂降年，罔終厥德。朝露傷歎，夜臺幽塞，鏤石傳徽，風流不極。其六。」

（北京圖書館藏拓本　河南千唐誌齋藏石）

開元二五八

【蓋】失。

【誌文】

大唐故寧州豐義縣令鄭府君墓誌銘并序

滎陽鄭君諱温球，字耀遠，洪源浚流，鼎門碩胄，固以炳焕圖傳洋溢。曾祖遜，隋鴻臚卿河南公；祖福祥，皇唐州刺史；父方喬，始州臨津縣令；昭穆暉映，芝蘭芬馥，咸迪儁業，不其休哉！君温恭好學，出言有章，貞白成性，立行無玷，解褐虢州玉城縣丞。毗贊有倫，人吏胥悦。時蠻方作梗，王師出誅，監軍御史元公欽君器能，相邀入幕。克清夷落，韜弓飲至，君之策焉，優制嘉之。轉蒲州汾陰尉。儀形闕輔，損益絃歌，秩滿調補寧州豐義縣令。以膺精擇，無事自理，示信不欺。子游不下堂，賈父歌來晚，儔君之政，無以加焉。方將樹勤王家，勒休天府，彼蒼不憖，瘥瘵所纏，藥石何欺，靈祐斯爽。以開元十四年七月廿九日終，享年五十有八。才優命舛，沉屈下僚，隟駟不留，巖電易謝，人生到此，天道寧論。君有昆曰温琦，廊廟巨幹，朝廷重寶，由禮部侍郎轉邠州刺史。君詣兄所，憩息未行，哀哉禍臻，於彼廨宇，天倫之慼，振古莫儔。即以其時柩遷于鄠，以開元十五年七月廿七日權窆於京兆府鄠縣□福鄉原，禮也。有子七人，皆精敏之士；縯，絳州翼城主簿，兼，汴州開封主簿，揆、充、收、孚、回等，並茹慼肌膺，沉痛創巨。纂夫懿德，寄我松檟，予夙預姻親，曲承誘顧，士感知己，懷此無忘，聊繫情於斯文，庶有光於泉壤。銘曰：

陘鎮嵒嵒，溱流湯湯，展我之子，爲龍爲光。有昆如珪，有子如璋，家瘞其寶，國殲其良，千秋萬歲，杳杳茫茫。

前左内率府胄曹盧兼愛撰。

（録自《金石續編》卷七）

開元二五九

【蓋】失。

【誌文】

大唐故□州崇儒府折衝榮陽鄭府君墓誌銘并序　從弟左監門録事參軍虔撰　三衛引駕張勔書」

君諱仁穎，字惟一，滎陽開封人也。始自華陰，移於」虢邑，山川秀氣交暉，三周弈代蟬聯，儒風國雅，緇」衣之詠，大啓其門。曾祖鼎，隋朝散大夫、鳳州司馬；」祖瓌，隋宣議郎、定州北平縣丞；父素，皇明經擢第；」并□仁祖義，直道正辭，忠孝不虧，風流累葉。君少」不好弄，長嘗志學，達人仰止，君子器之。文有九流，」吾無聞也；武憑七德，我其重焉。解褐授左金吾長」上，轉目潤府別將，加上柱國，期城、上黨二府果毅，」拜崇儒府折衝都尉。所歷之職，休問英英。享年不」遐，以開元十五年六月廿四日終於洛陽懷仁里」之私第，春秋七十。悲夫！即以其年七月廿七日葬」於洛陽縣平陰鄉邙山南趾，禮也。夫人隴西董氏，」常州録事參軍無忌之女。六行四德，蕙質蘭儀，取」訓閨門，無愧圖史。以開元五年十二月十八日亡，」即其同祔。嗣子崇業等，哀哀窮訴，仰彼昊蒼，敬擇」吉辰，奉兹寧厝。銘曰：邙山之上松栢楸，萬歲」千年洛水流，自古賢聖皆有没，烟吹蕭蕭吊苦舟。」

（周紹良藏拓本　河南千唐誌齋藏石）

開元二六〇

【蓋】失。

【誌文】

大唐故荆州大都督府司馬陳府君墓誌」銘并序　江甯王少伯書」

公諱頤，字志一，陳文帝子江夏王之曾孫。」祖察，皇朝文州刺史；父昭烈，并州文水」令。公承弈葉之餘慶，得氤氲之至和，孝友」忠貞，温良清慎，故出入中外，歷官一十二」政，咸著能名。春秋七十有二，終於鄭州之」别業。嗚呼哀哉！公性自天資，行由衷至，涉」履之所，莫不遺愛在人。是故聞之者皆愴」然，思其至德焉。夫人西河藺氏，四德成範，」九族欽風。而蕣華早零，遽先霜露。以開元」十五年歲次丁卯八月辛丑朔九日己酉，」合葬於此塋。地久天長，人移事往，盛德何」載，是託銘云：至矣陳公，淑哉藺氏，生爲人範，殁同於此。」松櫝蕭森，原陵邐迤，望斷幽穸，心兮如毁。」天道何在，人事□□，唯餘盛德，播美無窮。」

（河南千唐誌齋藏石）

開元二六一

【蓋】失。

【誌文】

唐故睦州參軍王」公女十八娘銘。」

開元十五年八」月九日殯于」北邙原。」

（周紹良藏拓本）

開元二六二

【蓋】大唐故盧府君墓誌銘

【誌文】

故朝散大夫行郢州司馬盧府君墓誌銘并序」

公諱思莊，范陽人也。曾祖毅，隋兗州都督、肥如恭侯；祖太」質，皇朝朝散大夫、始州司馬、淮源侯；父知玄，殿中侍御」史，襲淮原侯。昔北海避地，東京獻書，道重神仙之友，名高」文武之拜。公培□自遠，積水恒深，直致璵璠之價，超然鸞」鳳之羽，解褐通直郎、慶州司倉參軍，歷朔州司法、梁州□」督府兵曹。代郡戎馬之郊，華陽禽獸之俗，或一言興競，□」累牘藏欺。公筆不再更，而刃皆餘地，遂宰洋州興道、湖州」安善，加朝散大夫，轉杭州紫溪，徙郢州司馬。漢臯之分楚」望，震澤之孕吴洲，惠風利於三金，仁政浮於九派。大位不」至，斯豈命歟？以開元十三年十二月廿二日，卒於洛陽景」行里之私第，春秋七十有二。夫人博陵崔氏，故房州刺史」敬嗣之女也。配風火之正位，體柔明之上姿，奉以幽閑，是」從君子之室；循於法度，所謂大夫之妻。德音不違，而先即」代。婦也埋魂於汴浦，夫也旋殯於汝墳，棄我類於沉劍，望」君同於化石。公長女即膳部員外郎楊恕之妻也。因伉儷」之重，啓門閭之心，非求曼父之知，乃合季孫之寢。以十五」年九月三日遷窆於邙山原，禮也。華屋不追，桂梁何在？昔」時喬木，常齊葛藟之榮；今日蒼山，唯見梧桐之樹。銘曰：

松栢青青冢纍□，丹旐素蓋車馬時，見相送之復還，哀夫」君之此辭。今夕何夕兮秋風落日，彼美淑靈兮同居此室。」

（北京圖書館藏拓本　河南千唐誌齋藏石）

開元二一六三

【蓋】失。

【誌文】

大唐故金紫光禄大夫行鄜州刺史贈户部尚書上柱國河東忠公楊府君墓誌銘并序　右庶子集賢學士賀知章撰」

夫神則無方，慶惟有積，故善人爲紀，種德幽潛，君子慎獨，用心微隱，由是丹書玉環之祉，慎知去惑之仁，種德用心，其」義弘矣；啓源畀穀，侯其遠歟。府君諱執一，字太初，弘農華陰人也。自十九代祖漢太尉震暨曾祖隋司空觀王雄，靈河」開積石之宗，太華作坤元之鎮，家聲籍甚於海內，國史紛綸於天府，固可略而言焉。祖續，皇鄆州刺史、都水使者，」弘農公；考思止，皇司馭、司衛二寺卿，德、潞二州刺史，湖城公；咸積德藏用，分竹苴茅。府君岱岳桂林，漢池明月，幼」罹凶閔，毀瘠加人。由是顓學禮經，深明喪服，雖兩戴之所未達，二鄭之所盤疑，皆劈肌分縷，膏潤冰釋。尤好左史傳及」班史，該覽詢求，備徵師說。性柬亮方直，能犯顏讜言。當天后朝，以獻書諷諫，解褐特授左玉鈐衛兵曹參軍，蓋賁賢」也。常以攀檻抗詞，削草論奏，遂爲賊臣張易之所忌，黜授洛州伊川府左果毅都尉。長鳴必在於遠途，左退適成其踠」足。次當禁衛，復以封事上聞，天后深納懇誠，亟蒙召見。趨奉軒所，咫尺天威，載犯驪龍之鱗，爰求斷馬之劒，」衷見于外，朝廷嘉焉。擢拜游擊將軍，遷右衛郎將，俄除左清道率，轉右衛中郎將押千騎使。既而長樂弛政，辟陽僭權，」壓鈕之兆未從，左袒之誠先發，安劉必勃，望古斯崇。中宗踐祚，以佐命匡復勳，加雲麾將軍，遷右鷹揚衛將軍，封」弘農縣公，食邑一千，實賦四百，賜絹二千匹，雜綵五百段，金銀器物十事。無何，進封河東郡公，增邑二千户，加冠軍大」將軍，特賜鐵券，恕死者十，并廐馬、金、銀、瑞錦之類。昔周武建邦，賢人所以表海；漢高創業，功臣所以誓河。魏絳錫重於」和戎，甘寧寵加於剋儁，無以尚也。府君秉心直道，奉上盡忠，雖窮鑒水之規，猶勖維塵之誡。初爲武三思所怨，出爲常」州刺史，後轉晉州，又譖與王同皎圖癈韋氏，復貶沁州。久之，三思以無禮自及，府君許歸侍京第。景龍四載，維帝念」功，擢拜衛尉卿，還復勳爵，俄除劍州刺史。丁内憂，創鉅逾昔。今上載懷王業，將幸晉陽，起府君爲汾州刺史。雖苴」菒外改，而欒棘内殷，心既憂而理深，言不文而人化。清靜之政，上叶聖謩，徵拜涼州都督兼左衛將軍河西諸軍」州節度督察等大使。府君安人和衆，利用厚生，懷之若椒蘭，愛之若親戚，不戰而犬羊自服，用德而烽候無虞。河右之」戎，葱西之旅，解辮屈膝，關塞相望，殆五六年矣。於是降頡利發，敗乞力徐，璽書慰勉，相繼道路。乃加兼御史中丞，」賜絹二千匹，金銀繒綵，更優恒數。久之，轉原州都督，未赴，復授涼州。前愛已殷，新教逾穆。尋復右衛將軍，餘官如故。府」君懷柳惠之直，任汲黯之氣，或忤時政，頗不見容，出許州刺史。屬單于犯關，上急邊任，復授右衛將軍，檢校勝州」都督，處置降户等使。府君德以綏之，寬以蒞之，邊氓用安，外户不閉。尋還本官，復兼原州都督，以功徵拜左威衛大將」軍，尋檢校右金吾衛大將軍，無何即真。皇上蒲盧荒憬，蚊蝱夷狄，聽鞞思將，授鉞推賢。府君扞城已多，克勝者衆，」屬河塞殤殣，軍實屢空，復命爲朔方元帥兼御史大夫，慰撫凋亡，糺繩濫竊，攘緇逾於巨萬，盜駿軼於千蹄，而皆社鼠」稷蜂，咸乃傾巢熏穴。竟以黄金見鑠，白玉成磷，遂移疾朔方，來思右戟，復爲右衛大將軍，尋除右金吾大將軍。朝論未」愜，俄拜金紫光禄大夫行鄜州刺史。時北郡冗旱，農夫輟耒。既而下車雨降，負臿雲趨，邑有箱哥，人無菜色。屬城流詠，」鄰郡懷仁。方冀伊鼎調風，虞庠養德，豈期道悠運促，終古同哀，人之云亡，雅俗斯彌。嗚呼哀哉！以開元十四年正月二」日遘疾，薨於官舍，享年六十有五。豈止罷南荆之市，息東里之相，禮輟當祭，哭甚趨車而已哉！郡司上聞，聖君憫」悼，乃詔贈户部尚書，賜絹百匹，米粟各百石，官給靈轝遞還，葬日官借手力幔幕，蓋聖人優賢悼終之令」典也。以十五年九月三日與故夫人獨孤氏同祔于京兆府咸陽縣洪瀆原，禮也。夫人本系李氏，隴西成紀人，祖楷，隋」開皇中有功，錫以后族，因爲今姓，官至開府儀同三司，驃騎大將軍，并、益、原三州大總管汝陽郡公；父卿雲，皇右」威衛大將軍、上柱國，襲汝陽郡公，贈益州大都督；邁德休祉，咸劭洪勳。夫人姆教夙成，婦禮冥立，友於琴瑟，恭于蘋藻。」景龍中，封新城郡夫人，從府君之貴也。悲夫！不克偕老，奄先長逝，嗚呼哀哉！以開元四年三月卅日終平康里第，春秋」卌有八。嗣濯、汪、泂、汲、汶等，茹荼泣血，伊蒿增慟。以爲藏澤遷夜，佳城無曉，爰勒琬琰，誌夫徽烈，敬因佩德，敢作銘云：」

天道祚德，地靈潛祉，」君作乂，百世必祀。於鑠楊侯，周宣之子，避居西岳，遠跡商阯。其一。太尉台漢，德王佐隋，積慶二十，」長源逶迤。玉環照爛，朱輪陸離，盛烈無已，高門在斯。其二。猗歟祖考，徽業靡墜，苴茅侯服，列棘卿寺。渤海仁君，河渠賢使，降」生才子，洪勳重位。其三。爰在幼齒，學如不及，逮乎成童，孝以冥立。柴骨如毀，飲血而泣，苴菒僅勝，水漿不入。其四。明主理奪，」忠臣直難，千祀一會，興言結歎。惟公秉列，抗議朝端，利見攀檻，肇允彈冠。其五。官序初卑，德聲已盛，冕旒虛受，簪紱推敬。」君子道興，佞臣所病，貞石可轉，寒松本性。其六。仁由造次，聖啓殷憂，北軍誅吕，左袒安劉。雲雨感義，經綸獻謀，弓矢」命錫，山河胙侯。其七。行直雖毀，功著終録，遠出江介，載臨汾曲。驥乃贖輹，蠅非污玉，十城善價，千里良足。其八。大君出震，天」下文明，三顧縑墨，萬里長城。我旅爰奮，我謨用精，帝澤無遠，王師有征。其九。屯則小往，亨爲大來，總戎北塞，專席南」臺。擊海自遠，摶風上培，泉魚炯察，貉翅遲迴。其十。德謂不亡，人亦誰久？十五虎竹，二六龜鈕。黄金飾吾，紫文飛綬，存榮終」□，忠公不朽。其十一。夫人邦媛，德惟展如，命服飛翟，文軒盡魚。長簟先委，孤墳已蕪，周禮從祔，咸陽故墟。其十二。秦郊蒼莽，渭川」□□，別館北臨，橫橋南度。秋日無影，寒禽相顧，孝子之亭，忠臣之墓。其十三。

季子汲書。」

（周紹良藏拓本）

開元二六四

【蓋】失。

【誌文】

先府君玄堂刻石記　嗣子前鄉貢進士蓋述　次子前鄉貢明經宇書」

先府君諱憲，字志平，族高氏，弱冠明經高第，補汴州參軍、陝州司兵，尉萬年」一歲，宰鄜城，判考五載，許之襄城，數月，同之蒲城。蒲城者，左輔之地也，開元」始，睿宗崩，山則奉爲園陵，邑則編爲畿甸，復居奉先令。五歲，制爲鄧」司馬。一年遷遂長史，始進朝散大夫勳上柱國。三載奏課，除秦之別駕，□加」朝請焉。到官視事累月而寢疾，有唐開元十五年歲丁卯春正月十日，」棄背于郡之官舍，享年六十有五。嗣子蓋。蓋等顧瞻微軀，盡喪則致哀之禮；」仰感前哲，存毀不滅性之義。奉慈親之教命，求先宗之宅兆，謂不忘本，」三月而言，歸于洛也；必以從宜，五月而卜，居于汝也。既迫貧乏，未遑營辨，龜」筮是謀，歲時仍阻，即以其年閏九月十七日權安厝于河南府洛陽縣河」陰鄉邙山之原。夫慎終追遠，聖賢至教；世業家風，著述恒禮。今□子心靈迷」亂，氣息絶隔，恭惟德行之常，敢忘刊勒之事，輒用微紀，往系少傳。遺範」則炎農其始矣，公其先福祚遐邈，子孫昌盛，至今依渤海之蔭也。有若北齊」僕射府君名德正，盡忠本朝，遇禍私第。生海州府君名伯堅；銜冤詣闕，致」命忘身，生散騎府君名王臣；佩觽而預纓冕，起家而登省闥，生吏部府」君名敬言；以九流綜人物，六條察郡縣，生猗氏府君名繼；得五行氣，非百」里才，是生先府君。先府君幼丁家艱，柴毀骨立，母氏訓育，情兼愛敬，始自」繦祿，逮乎簪笏，動則承顔，舉無違事。創巨之祭，復始居猗氏之喪，孝也；與兄」絳州府君閨門怡怡，出入咨稟，悌也；尉京時，有妖人潛逸，大索都市，鄰黨盡」空，莫之能見，於是設變詐，窮巢穴，卒擒大猾，稱爲神明，明也；宰許時，鰥寡惸」獨給田以惠之，盜職姦蠹賜食以恥之，仁也；理畿甸，邑人有發古冢得奇物，」半似銅鐵，至十數種，磨則琱瑩，巧妙殊絶，陰求致旃，竟不之受，悉分羣下，罕」留一焉，義也；佐巴蜀，蜀士豪傑，望風懾□，莫不督以條章，威以榎楚，罷印歸」洛，畢無盈餘，廉也。居寢疾謂蓋等曰：□没奉先人無所悔恨，但憐汝曹，志」未就，名未□耳。猥以愚劣，辱蒙教□，且懼且悲，刻肌刻骨。何圖蒼旻不□，」精誠無感，大漸彌留，奄垂孤放。蓋等行違忠孝，神降酷罰，禍當自滅，上延」先府君。號天叩地，無所逮及，破膽隳□，不自堪忍。追惟平昔，畢代長辭，尋」感凶釁，□才何補。窀穸窅冥，堂宇寥廓，攀援靡所，瞻奉何依？撫膺自咎，」泣血相□，□逆奈何，□逆奈何。殘魂餘喘，貪及短漏，伏紙操筆，哀纏終古，言」不敢文，刻而爲記。」

（周紹良藏拓本）

開元二六五

【蓋】失。

【誌文】

河間邢府君墓誌」

君諱均，河間人也。磐石維城，本枝百」代；風流雨散，河海千里。因官卜第而」居郟城焉。祖均州司馬；父彥，泗州宿」預縣主簿；並□業堅明，風神懿雅。學」優從仕，譽重當仁。君以符瑞挺生，珪」璋作德。皇天不祐，溘往窮泉，享年八」十一。夫人張氏，清河人也。偕老中虧，」孀□自毓，降年不永，朝露俄晞，越開」□十五年歲次丁卯十月庚午朔，合」葬於北邙之原，禮也。天長地久，萬古」□秋，嗚哀哉！迺爲銘曰：

□田變海，蒿里開塋，式鐫茲石，以光」□□。」

（北京圖書館藏拓本　河南千唐誌齋藏石）

開元二六六

【蓋】失。

【誌文】

唐故朝議郎行蓬州宕渠縣令王府君墓誌銘并序」

粵天道暗短長，人代貴道德，靈□□□，周太子之華宗；忠義逾高，」漢司徒之析派。君諱思齊，字思齊，其先太原人也。臧孫□後，□」望因封，官序蟬聯，今爲冀州棗强人也。曾祖貴，隋國子博士；祖詮，」皇陝州司馬；父求，宣州宣城縣令；簪纓代襲，器業俱弘。公則宣城」府君之第三子，貞純立性，孝友居身，業廣以勤，學優登仕。咸亨元」年，州辟孝廉擢第，調補宣州溧陽縣尉，次遷滑州白馬主簿，尋授」蓬州宕渠縣令。所居則理，知無不爲，處劇若閑，明道若昧。乃嘗言」曰：名則須遷，欲不可縱；人皆苟取，道沖而用。何必製錦關情，鳴絃」佇頌，但利人而益國，則道高而德重。茲所謂以蒙養正，用晦而明，」量包三台，迹先百里者也。而光陰不借，人事焉留，膏肓之疾遽增，」泉壤之悲俄結。春秋六十二。景龍二年七月十五日不禄于宕渠」官舍，痛深京兆，魂歸舊鄉，既彌瘁於邦家，固辛酸於聞者。夫人平」原張氏，司農卿遊之親姊，作嬪君子，宜其室家，德映曹妻，行侔女」史。豈意承祧慶薄，職饋旋乖，淪月彩於中年，掩星姿於大夜。春秋」卅三，垂拱元年四月一日遘疾，終於京兆勝業里之私第。長子行」坊州中部縣丞元爕，不勝哀毁，永慕劬榮，泣血將畢於機筵，號穹」竟悲於怙恃。爰詢合禮，遂飾送終。開元十五年十月五日癸酉遷」祔於河南府河南縣梓澤原，之禮也。共河東注，鼎邑前通，風物詎」減於昔年，悲歡自成於度代。況龜筮叶吉，儀具悽涼，隔乎幽明，終」彼天地，斯則愛敬之道著，哀感之情深，刻石宜哉，遂爲銘曰：

倬彼仙裔，誕姿聖朝，孝友天假，德音孔昭。比之人倫，風範獨遥，」探之道粹，精義孤標。其一。位以德興，或從王事，子喬爲宰，梅福作尉。」彼滑及巴，天錫爾類，政理無疆，時俗純懿。其二。夫良妻婉，正家有章，」曷延此酷？難忱彼蒼。行路流涕，諸孤豈當，送終雖畢，銜哀詮忘。其三。」山阿託體，郭門遽辭，聽松風而有日，看户曉而無時。」

（周紹良藏拓本　河南千唐誌齋藏石）

開元二六七

【蓋】大唐故敬府君墓誌銘

【誌文】

平陽郡故敬府君墓誌銘并序」

府君諱覺，字德峻，平陽晉人也。昔虞帝之孫，命陳開國；厲公」之子，賓齊啓邦。莫之與京，承敬仲也。春秋以王父字爲氏，府」君得之，乃□教述職平陽，子孫因宅，遂爲郡人也。遠祖孝英，」北齊太常卿、尚書左僕射、永安郡公；祖並逍遥不仕，含光藏」輝，盛德之餘，生府君也。荆璞以抱真爲貴，魏珠以含潔爲尊，」天生逸人，遁世無悶。先王之訓，咸摭精華，非聖之書，吾之不」好。七十之黨，回也亞丘；五百之賢，子陵逃漢。厭俗者以寵榮」爲身累，居貞者以淡泊爲天和，樂志林泉，偃高霞月。何必珍」食，沉瀣可以爲飧；何必錦衣，薜荔可以爲服。商山潁水爲方」外遊，享年八十有四，以天授二年寢疾，終於絳州大平縣之」私第也。夫人天水郡趙氏，坤儀克順，乾以之貞，婦道克柔，夫」以之正。詩興芣苡，禮獻蘋蘩，鳳皇于飛，紹前烈也。一言辭辟，」楚於陵之妻；三徙擇鄰，鄒孟軻之母。享年七十有四，以萬歲」通天二年寢疾，終於洛州河南縣之里也。粤大唐開」元十五年歲丁卯十月五日，合葬於河南縣河陰鄉之原，禮」也。長河北濟，嘶白馬之朝來；崇岫南臨，泣青烏之夜掩。嗣子」朝散大夫、行國子監大學博士、集賢院侍講學士會真，以先」君弈世貽慶，故後嗣高門象賢，侍講丹闈，承」恩紫殿。以爲陵谷將徙，硯碑之歲不留，瓊瑶可書，滕碣之名」斯在。俯命狂簡，式銘洪休。其詞曰：

河之南兮山之北，中有佳城掩冥默，均雨露於天和，叶陰陽」於地德。君之來兮爰處，慶之流兮彌億，紫綬兮金章，長耀耀」兮光國！」

（周紹良藏拓本　河南千唐誌齋藏石）

＊開元二六八（與殘誌〇五六重出，此當存）

【蓋】失。

【誌文】

唐故朝議郎行楚州安宜縣令太原王君夫人劉氏等合葬誌」銘并序　頓邱閭玄亮撰」

君諱晉，謚康，其先太原人矣。遠祖因宦，而播遷京兆。祖獻，隋任」蘄州蘄春縣丞；父幹，唐任邵州武崗縣丞；並天縱宏材，地靈孤」秀，故得匡維大邑，翼贊皇風。惟君素籍徽陰，早承餘潤，」詩書積性，刀筆從榮。或鴻陸猶潛，且先鳴於吏道；或鶚喬迴翥，」亦馳譽於仙臺。遂解褐爲司農太倉丞，猶是清白澄襟，防四知」於靜夜；恭勤爾職，亦戒三惑於良宵。故得朝野有聲，言行無點。」後從太倉丞遷楚州安宜縣令。既而牽絲撫化，妙膺循良，製錦」裁規，彌光上宰。下車之際，既胥悅而來蘇；秩滿言歸，亦棲遑而」益詠。方冀人欽白玉，垂令問於生前；豈謂鬼贈青凫，瘞芳魂於」厚夜。以唐開元十一年十一月廿三日卒於故里，春秋六十有」七。夫人劉氏。四德馳芳，三從着美，寬裕貞順，翼爾宗枝，纘組繁」絲，作嬪君子。誰謂風霜早降，桃李先彫，遂使影謝蘭帷，芳辭桂」閫，以景龍四年八月四日奄從風燭。宅兆未終，權爲殯厝。以唐」開元十五年十月五日隨於所天，旋祔葬於龍泉故里矩陰山北」平原，禮也。次子崇義，茹荼軫泣，風樹纏憂，嗟令問而空存，庸慈」顔而永謝。將恐居諸易往，先烈無聞，爰想德音，重爲銘曰：

大哉乾象，神妙無方，梴埴元氣，降此貞良。其一。貞良于何？淑人君」子，刀筆從宦，韋絃播美。其二。

清白守職，胡寧不臧，人謡善政，俗讚」甘棠。其三。天道攸攸，人生若浮，魂兮奄喪，永古長秋。其四。恭惟後嗣，」敬想前猷，茹荼軫泣，風樹纏憂。其五。啓玄扃與蟻總，庶慈顔而永」濟，列善頌於餘芬，望明德兮長存，既龜從於五兆，亦何謝於千」春！」

（録自《八瓊室金石補正》卷五十三）

開元二六九

【蓋】大唐故王府君墓誌銘

【誌文】

大唐故興州司馬王君墓誌銘　吴興姚景山撰」

公諱　字遊藝，太原祁人也。其先周王子晉之後。自漢、魏、晉、宋，珪璋劍□，聯輝疊彩，史策備焉。曾祖秀，隋朝議大夫、黄州別駕；祖膺，」唐朝散大夫、汝州司馬；考朝請大夫、許州許昌縣令。公温清侍奉，」禮聽絃歌，過庭而趨，慈訓巖壑。屬隋季版蕩，避地河南，今其人也。」公弱歲岐嶷，早預榮班，以永淳二年九月，充定襄軍判官。妙理軍」容，剋濟邊要，制授濕州蒲縣、定州安喜二縣丞。贊佐有方，勤」誠是著。天授二年九月九日，加階入朝散大夫，又遷安州都督府」士曹參軍事。八屯分職，還參武庫之兵；六條佐理，仍預平臺之集。又遷兖州都督府録事參軍事。糺□是司，寮吏清肅。」皇上知其善勣，制授相州内黄縣令。揮毫吏道，載結人謡，綰」墨漳濱，允歸時望，又遷集州、興州二司馬。安仁鳳藻，申騎省而先」飛；士元驥足，遇治中而獲□。滿盈爲誡，靜退居懷，開元七年奉計」還州，奏請致仕。既陳誠欵，優制許焉。踈傅高情，未極揮金之」賞；庾公盛德，奄纏埋玉之悲。開元八年十月十六日遘疾，終於官」舍，尋歸殯於洛陽。嗚呼哀哉！夫人彭城劉氏，唐滁州清流縣令靜」之女。貞規玉立，淑問蘭芬。地德所將，履幽閑而成性；閨儀載穆，資」婉順以凝規。惟馨羞沼□之毛，繁祉錫公侯之胤。鏡中鸞絶，傷淑」儷之先凋；匣裏龍沉，見神物之終合。開元二年八月六日，夫人終」於洛陽里舍。粤以開元十五年歲次丁卯十月五日，合」葬於河南府邙山之原，禮也。地指牛視，有陶公而嗣世；封崇馬鬣，」得夫子之遺風。幽重□以終古，羣拱木而愁聽。嗣子朝議郎前莫」州司兵參軍事崇古、□衛勳一府勳衛望古等，人倫至性，孺慕終」身，刊德音於貞石，播徽範於窮塵。其詞曰：

墳塋新啓，松栢初植，□耳北臨，龍門南逼。蒼榛日氣，白楊風色，邙」山繚繞，洛河紆直。□□□飛，淮流不息，千秋萬古，睋厥伊識。」

（北京圖書館藏拓本　河南千唐誌齋藏石）

開元二七〇

【蓋】大唐故于府君之誌銘

【誌文】

唐故延州膚施縣令上柱國于公墓誌銘兼序」

公諱士恭，字履揖，其先東海人也，漢太守定國之胤。洎五代祖謹仕魏，遂居河南，今即河南人也。績著前史，慶貽後裔。曾祖宣道，隋左衛率，皇涼、甘、肅、瓜、沙五州諸軍使，涼州刺史、成安子；祖永寧，皇商州刺史，增建平公；父元祚，皇益州九隴縣令，襲建平爵，尚德靜縣主。公即主之次子也。公言行周密，風儀閑雅，弱冠以諸親出身，解褐授好時縣尉。初大周御宇，分邦制邑，劃爾畿甸，隸爲稷州，選部甄才，擢授斯職，亦當時之榮選也。自兹已降，累遷郡邑，尋贊臨潁，復典膚施，關右馳聲，許邦思惠，非此能備也。開元十四年春，天子若曰：縣令在任清白者選日擢用。公即遷調，方俟遷陟，命何不融，疾成不治。以其年秋九月戊戌卒于私第，春秋六十有六。時來不偶，其如之何？夫人譙郡戴氏。妍妙凝華，貞順勉行，自承饋盥，克諧琴瑟，降年不永，雖恨偏沉，同穴相期，果然終合。開元十五年十月乙酉，權祔於京兆神和原，禮也。拱樹蕭蕭，坐看成古；佳城杳杳，空見微月。嗣子弼、嬰等，泣血崩心，絶漿茹蓼，昊天莫報，長夜不曉，慮陵爲谷，刊石爲表。銘曰：

死生有數，晝夜不捨，嗟彼于公，長歸地下。高墳峩峩，宅此崇阿，千秋萬古，孰知其他。」

（録自《金石續編》卷七）

開元二七一

【蓋】失。

【誌文】

巨唐故朝議郎上柱國豪州定遠縣令楊府君墓誌銘并序」

夫冥冥九泉，眇眇千載，松楸已折，丘隴將平，代絶祠祭，時遭穿」發。庶盛德不朽，爲人所知，識兹幽靈，存此神兆者，莫近乎誌焉。」故豪州定遠縣令弘農楊府君諱高仁，字子音；祖凱，父禮，河南」洛陽人也。受封命氏，出自關西，因官遂家，居止洛北，常多軒冕，」繼有英賢。公天骨挺生，風神恬灑，智謀劍利，心識鏡明。果于立」身，達于從政。初宿衛調選，解褐拜均州司倉，庚積困盈，人和俗」阜。次銓衡超授，任薛王府士曹參軍，文參曳裙，敬洽置醴。罷職」選補豪州定遠縣令。聖急宣化，精求良宰，志勤匡飭，甘就」屈資，蘭芳無幽，邑小能理。仍嬰劉楨之疾，不下密賤之堂，而教」遠矣。于時女並有行，同尚子之畢娶；官未及滿，似邴生之請歸。」公疹彌留，以開元十五年七月廿八日終于豪州之廓，人吏哭」送，朋寮涕零，魂歸故鄉，葬卜新域，以其年十月廿三日遷窆于」北邙之田也。夫人太原王氏，先以景龍四年六月十日卒，亦同」祔焉。辭帝里之城池，對空山之川谷，一扃窀穸，長隔幽明。公」有六女二男，適人者恨絶歸寧，捨家者悲睽色養，幼子主喪而」未解，繼室嫠居而可哀。孺慕躃號，痛心在目，走之多幸，家眷嘉」姻，承親既阻於淮湖，喪偶尚經於離別，女之嫁兮公不見，公子」化兮女已亡。何孤昊天，永閒生死，敢銘幽壤，知義存焉。銘曰：

門多軒劍，地出才賢，公最秀逸，代之所傳。其一。一拜參卿，再司王」府，銅墨既佩，絃歌而撫。其二。謝病非滿，歸鄉始行，首途奄忽，號送」縱橫。其三。靈旋南土，墳起北邙，昭代喪哲，幽□振芳。其四。第十六女婿進士博陵崔岑撰，第廿女婿薛王府執仗王有志書。」

（周紹良藏拓本　河南千唐誌齋藏石）

【蓋】失。

開元二七二

【誌文】

唐故崔君墓誌銘并序」

君諱嚴，清河人也。遠祖從官上黨，子孫因而」家焉。昔漢朝有命，貂蟬開七葉之榮；韓國克昌，」印綬錫五侯之寵。可略言也。祖道，隋本州縣」令；夫人李氏。父奬，唐朝騎都尉；正直是則，忠」烈是聞，耻屈節於公侯，樂歸田於農圃。夫人」一王氏，一李氏，並支芳八桂，葉茂九蘭，向夜月」以分姿，就朝雲而絢質。叔洛，唐朝文林郎；詞」行芳潤，裹珠露於春叢；割析片言，盤金波於秋」漢。夫人二，并李氏，婉婉淑德，灼灼穠華。弟」洪福，妻輔氏；毅，妻路氏；并不終孝養，俱卒私第。」以開元十五年歲次丁卯十月己巳朔廿八日」丙申會葬於縣城西北卅里之原，禮也。左綿九」達，右控瀘川，智水縈映遶其前，靈刹吟空鎮其」後。嗣子洪毅、洪爽、洪太、洪藏等，絶漿七日，泣血」三年，杖而可行，扶而後起。恐陵谷貿遷，乃勒銘」記。其詞曰：

哀纏薤露，痛結松音，何期兩劍，前後俱沉。其一。」

（録自《山右冢墓遺文》）

開元二一七三

【蓋】失。

【誌文】

大唐崔府君墓誌銘并序　朝議郎前行河南府緱氏縣尉韋隱之撰」

公諱守約，字安沖，其先清河人也。因遷□衛，子孫」居之，其系長振，由來遠矣。曁推才省，終爲挽弩之」談；繼□安陽，果得良弓之嗣。曾祖茂之，隋幽州兵」曹參軍；祖世師，隋絳州夏縣丞；父弘規。顒顒卬卬，」如珪如璧，藴囊中之譽，爲席上之珍，鶴聞于天，音」徽自遠，以垂拱年中宿衛入選議考，以爲崐山片」玉，桂林一枝，何足多也。於是閉門不仕，以屯其膏，」優之遊之，無代無悶，崔公有焉。嗚呼！閱水成川，樹」風難止，傷奠楹之夢，歎庚子之災，七日不皇，十全」非愈。以開元十五年歲次丁卯閏九月廿八日辰」前，俄因寢疾，終於通遠之里私第，春秋七十有四。」嗟夫！千載寂寥，百身難贖，粤以十月廿八日權窆」洛陽北山之原，禮也。嗣子遠等，藐藐不圖，哀哀在」疚，悲蓼莪以隕涕，向凱風而啜泣，毁則過瘠，孝乃」因心，孰不哀之。遂作銘：

嗟彼梁木，于其壞之；堅貞已矣，誰其嗣之？其嗣伊何？清芬令躅，一朝溘盡，」百身難贖。」

（周紹良藏拓本　河南千唐誌齋藏石）

開元二七四

【蓋】大唐故薛府君墓誌銘

【誌文】

大唐故右驍衛大將軍雁門縣開國公上柱國左萬騎使河東薛君故武昌郡夫人史氏合葬墓誌銘并序」

公諱莫，字武强，河東人也。隋末喪亂，徙居涼州。曾貞，隋任統軍；祖」政，隋右金吾衛將軍；父智，開十年贈郎將；或干戈挺拔，或松檟增」光。夫人諱字，武昌人也。洎周室衰微，遷于隴右。祖藏，左驍衛中郎」攝肅州刺史；父夏州長史；兄思謙，右領軍衛大將軍；或忠懿範」設，或奇謀軌施。公至驎德年中旋車本郡，解褐授左金吾衛絳州」夏臺府别將，借緋魚袋。孝和皇帝復授左領軍衛蒲州奉」信府折衝，便留宿衛。屬以宫闈作孽，赤心從謀，景雲元年授雲麾」將軍、上柱國、赤水軍防禦使，俄授左羽林軍大將軍、雁門縣開國」伯。三年，又進封開國公，食邑二千户。十三年，宴設賜馬、金銀器皿，」仍令少府監丹青圖寫，將以功最。帝撰纘文，又封鎮軍大」將軍、押左萬騎使。十四年，復進右驍衛大將軍、聞喜縣開國子，食」邑四百户。風威肅肅，若巨淵對於冬霜；神氣稜稜，狀鵰□□於雲」漢。豈圖運數俄及，賢良鍾禍，十五年十二月十一日，薨于醴泉里」之私第也。天皇軫悼，賵弔連緒，前贈雜物三百五十段，後」贈米粟各一百石。夫人五年封武昌郡夫人。欽四德之優美，歎百」年之俄及，十二年六月，薨于醴泉里之寢室也。權葬于萬年縣長」樂鄉界龍首之原。今發棺柩，簡擇良日，開元十六年歲次戊辰四」月丁巳朔卅日景申，合葬于夫人舊墓之傍，禮也。□降□□□□」闕，恨近日而長陰；東俯滻河，觀逝川而增悼。次子左領軍衛坊州」仁里府折衝、上柱國仙童；次子左羽林軍中候、聞喜縣開國子、上」柱國仙鶴；戀慕無及，攀號宅追；恐變桑田，式以脩誌。乃爲銘曰：」

河東望族，聯冠冕兮。武昌淑胄，崇弈葉兮。詎圖染疾，偕傾逝兮。千」秋萬歲，痛無窮兮。」

（録自《考古通訊》一九五六年第六期　陝西省文物管理委員會《西安東郊唐墓清理記》）

開元二七五

【蓋】　失

【誌文】

唐故朝散大夫行吉州長史疋婁君夫人西河縣君靳氏墓誌銘」

夫人淑令，君子作嬪，堯彰婦德，光啓」母恩，男恭女美，弈葉無垠。禍鍾天罰，」忽喪良人，年登耳順，孀居歷春。悲深」同穴，痗染輕塵，名醫竭療，上藥何親？」俄捐侍省，歸全道真，歲移唐祀，位遷」戊辰。開元統歷，十六維新，月正魄起，」三九景賓。魂飛仙路，精持櫛巾，陰陽」異法，合葬難申，權借斯兆，界絶不鄰。」家聲銘跡，改卜方珍，刊石作記，孝行」之殷。」

開元十六年二月五日記。」

（北京圖書館藏拓本　開封博物館藏石）

開元二七六

【蓋】失。

【誌文】

大唐故杭州司士參軍趙府君故夫人張氏墓誌銘并序　奉義郎行睦州新安縣丞廉察撰」

夫人諱柔範，字内則，南陽人也。其先軒轅之後，食邑于張，因而著姓，」世爲華族。周籍孝友之將，漢假英謀之輔，其盛矣乎？可略言也。曾」祖諒，以循良命牧，在隋爲涿郡守；大父景，以惠化□宰，在唐爲郴」縣令；考烈，以高尚不仕，爲時所知。夫人承訓德門，結恩良室，」歸于趙氏，年十有三。府君則陳曹州刺史超之曾孫，唐鹽城縣令禮」之少子，諱越賓，字連城。十八幽素擢第，解褐門下典儀，秩滿，授祕書」省校書郎，轉右司禦率府録事參軍，遷洛州合宫縣尉，貶杭州司士」參軍。因正人以推能，由直道而被黜。悲夫！夫人詩禮在性，箴」誡居懷，下堂而環珮爲節，適野而帷裳自蔽。明鏡之贈，比秦氏之光」華；團扇之詞，得班家之才藻。方冀儀其酒食，和以瑟琴，彼蒼不仁，我」天胡奪。夫人柴骨明節，蓬首誓心，之死靡他，天下知矣。」夫人無後胤，今朝議郎、睦州司功參軍京兆杜憲，子壻也。扶侍遊宦，」緣歷江山，悲人夢於己年，痛鳥災於庚日，以開元十四年秋七月遘」疾，廿二日終於睦州之官舍，歲六十九矣。嗚呼！夫人葷則不」御，錦續無施，四禪恒以在心，六念未嘗離口。臨終誡曰：若逝者有知，」雖異穴而奚妨；如逝者無知，縱合防而豈益！我歿之後，勿祔先塋。粤」以開元十六年歲次戊辰二月戊辰朔十五日壬午，遷窆於河南府」河南縣梓澤鄉芒山之原我君之塋左，從遺命也。有女杜氏五娘，泣」以繼血，毁將滅性，一夕由來五起，愛極生前；七日未嘗再食，哀深歿」後。外孫若華，追慕裂於五情，攀戀潰於雙瞼。乃斵以貞石，誌于幽堂。」庶陵谷之有遷，俾德音而無泯。銘曰：」

武作周將，文爲漢相，厥族既華，其人亦望。其一。賢明柔雅，懿淑端莊，鬒」髮如雲，韶顔似霜。其二。得鳳凰兆，昔歲齊飛，夫蛟龍偶，今日同歸。其三。內」則孝女，外唯順孫，長號泉路，永訣山門。」

（北京圖書館藏拓本）

開元二七七

【蓋】失。

【誌文】

卜君墓誌銘并序」

君諱素，字仁，濮陽人也，因官住」此。曾祖長師；祖政；父素；」執性敦直，信讓無闕。先亡夫人」王氏，母儀內著，婦德外彰，四氣」不諧，二豎盲疾，卒於私第。開元」十六年三月十三日葬於西北」一里平原，禮也。恐桑田變海，石」劫山移，勒以碑銘，表茲景行。其」詞曰：

溫柔執性，和悅爲情，不違」禮義，惟信是經。其一。哀哉薤露，瘞」矣石光，永歸泉壤，長別華堂。其二。」

（北京圖書館藏拓本）

開元二七八

【蓋】失。

【誌文】

大唐相州安陽縣日觀鄉杜君墓誌銘并序」

君□□字□□永先安郡人也。唐堯之□冑，□□」之後，□□之□□□□二代弈葉傳芳，相□□」□周宣□代□□□□□□尔公宗因□□□之」邑。曾祖□祖英□□□□弘□□軍□□□□」詔史□□乃□□□卑□風雲三備□郡縣□五」德閑□□邑仰□□入孝出悌，□展名儒；握髮吐」□，□□賓彥。何期災舋殃垔，於神龍二年二月五」日卒于私第，春秋五十有二。夫人郭氏。」承襲太原」郡郭元亨之胤，芳枝散蕚，祖居此部。夫人性習曹」訓，情曉傅功，容欺榶樓殊潔喻鎰於君子內□□」行殊潘婦彰取軌雲奔未□雨驟只□土□□□」開元十六年四月十九日而終寢室，春秋七十有」三。即以其年歲次戊辰五月丁酉朔六日壬寅□」□□孟□村東南六里祖塋之域。前臨小澗，□□」□□□，□屬雁堂，右窺猪葶。哀子敬僧等□□□□」□□□□□俄同風燭，荒迷迹血，恐海□田，□□□」□□□□祖式端君乃金蘭，夫人是」（下缺）

（周紹良藏拓本）

開元二七九

【蓋】　范君誌銘

【誌文】

故燉煌范府君墓誌銘并序」

君諱崇禮，字承休，燉煌人也。其先有功於晉，」世爲晉卿，因而食菜於范，遂以命氏。爾其賢」俊之秀，衣冠之美，光華曜時，珪組映世，則我」祖宣子備言之矣。曾祖懷，幽州薊縣丞；燕都」雖雄，屈於雌伏。祖褒，泗州漣水縣主簿；以孫」賓之器，可無不爲。父堯肅，趙州象城縣主簿；」好黄老之言，深知止足。君幼而敏速，長實聞」道，傾蓋之際，相知豁然；遊談之人，遠邇咸服。」其始好也，鄭莊田文之事；其晚慕也，金仙真」諦之意。於戲！物不可以遠本，俗不可以去道，」能捨萬而歸一，豈不謂善始善終哉！春秋七」十九，遇疾終於脩義里，返其真也。以開元十」六年七月三日，歸窆於北邙。嗣子延光，先君」而卒；次子仙嶠等，號彼天之罔極，刻兹石於」泉壤，銘曰：」

嗚呼嗚呼兮彼棘人之欒欒，無父何怙兮我」何安？泣盡繼之以血兮，對松門而夏寒。」

（北京圖書館藏拓本　河南千唐誌齋藏石）

開元二八〇

【蓋】失。

【誌文】

大唐河南府河清縣毛府君墓誌銘」

君諱鳳敬，字愛，三原人也。因事居洛」偏爲河清縣，今爲河清縣人也。」曾祖岌，捨俗辭榮；祖幹高上不事；」父言，好歸田里。鳳敬七月廿五」日終於清化坊之私第也，春秋六十」有六。今卜宅兆，用今月八日遷奉河」南縣平樂鄉之原，禮也。嗚呼！妻子攀」戀以崩絶，弟妹號哭以漣濡，庶幽魂」之有識，知記石於當時。」維開元十六年歲次戊辰十月癸亥」朔八日庚午故。」

（周紹良藏拓本　河南千唐誌齋藏石）

開元二八一

【蓋】失。

【誌文】

唐故鼎州三原縣令盧府君夫人辛氏墓誌銘并序」

夫人姓辛氏，隴西人也。自書契以降，氏族爰初，則我先人，」光有土姓，備于載籍，可略言焉。佐治爲骨鯁之臣，慶忌稱」賢材之將。盛德流衍，世襲尊官，遺風餘烈，播美圖諜。曾祖」亶，隋吏部侍郎，懸鏡提衡，參九流而指掌；持平履正，總萬」心而一致。愛憎之地，人無謗言。祖偃武，唐太常卿洺州刺」史，棘署稱孤，褰帷使刺，吏清樂正，君多力焉。父義，同屯田」郎中鄧州刺史，星官奏草，方岳頒條，言成故事，政爲楷式。」夫人即使君之第七女也。植慶德門，鍾美淑哲，韶儀蕙茂，」婉心柔嘉，四德馨聞，百兩斯賁。年甫廿，徵禮于府君，展敬」如賓，和鳴比好，蘋藻克修於中饋，織紝無替於公宫。方諧」琴瑟之娱，遽遘鶱棲之禍。中年榮曜，而府君捐館舍焉。夫」人躬撫遺孤，勤恤教義，清風布於宗黨，典訓立於閨門。遂」使元方得名，穀也有後，配答君子，豈誣矣哉，春秋六十有」五，以開元五年六月終於河南之歸德第。嗚呼！先遠尚遥，」吉辰未叶，仍以其月輤引而權厝焉。長息彦緒，少息彦胄」等，感風枝而無從，痛棘心而罔極。恭惟壤樹，敬遵丘也之」封；蓋附猶存，式奉周公之制。粤以開元十六年十月廿三」日改卜惟吉，遷祔即于府君之故塋，禮也。銘曰：

天錫慶餘，降生淑德，温恭沖懿，婉是嬪則。潔行脩整，芬華」充塞，率禮無違，其儀不忒。徽猷尚藹，人世俄遷，容光閟窀」穸，蔓草委風煙。大夜冥冥何極巳，壟樹青青無歲年。」

（周紹良藏拓本　河南千唐誌齋藏石）

開元二八二

【蓋】失。

【誌文】

大唐故越州諸暨縣主簿崔君墓誌銘并序」

君諱齊榮，字涚，博陵人也。代爲著族，傳於舊史。曾祖」大方，皇海州刺史；祖思古，太僕寺主簿；考子儀，」太僕少卿，楚、陵、通三州刺史；並克襲家聲，用光朝選。」君即通州君之次子也。幼有成德，長而允恭。夙孝聰」敏，内彰于性；强學該洽，外潤其身。踐忠信之途，滿朋遊」之譽。卿之輿子，未仕旄車；帝以離孫，許令隨牒。授」越州諸暨縣主簿，未之任，遘疾，以開元十六年六月廿」七日卒於長安。飾棺歸殯，至於洛陽，即以其年七月廿」八日權厝於北邙山之原。越鋒行剸，荆璞潛輝，運促道」喪，未婚絶緒，遽焉埋殁，空謝平生，良可悼也。兄前彭州」導江縣尉榮，哀慟之志，感於行者，雖揚悲仲武，潘哭茂」春，慟往之情，異時同極也。琦忝姻好，早枉光塵，痛兼友」親，見命題序，瞻陵貿或，刊石爲銘。

其詞曰：」

賢既可慕，德必有鄰，秀而不實，見之若人。忠焉斯蹈，義」以爲珍，地華邦戚，帝念睦親。飛名天府，從蒞江濱，」搏風矯翰，激水摧鱗。將行南國，委化西秦，如何茫昧，褰」施與仁。年催逝景，水閱歸津，昔爲吉去，今也凶臻。祖遷」靈櫬，卜定幽窀，深泉掩穸，大夜寧辰，式銘沉壤，永播音」塵。」

開元十六年歲次戊辰十月廿六日刊。」

（周紹良藏拓本）

開元二八三

【蓋】 失。

【誌文】

唐故朝散大夫行歙州休寧縣令上柱龐府君墓誌銘并序」

公諱敬，字仁敬，其先馮翊人也，因官於河南居焉。昔畢公」册命，家昌衆子，系孫襲寵，錫土龐鄉，因地爲宗，我之保姓。」至於葳蕤□□，問望聲華，歷代有之，具存竹帛。曾祖壽，隋」右衛大將軍，懷、鄭二州刺史；剖符千里，佳政滿於河壖。祖」昶，中散大夫□永州長史；毘贊六條，遺愛留於江浦。考相，」□王府倉曹參軍；包松槧之菁華，攀桂山之風月。公即倉」曹府君之嗣子也。生而多奇，長有峻節，翊侍天闕，冰雪」居心。歲滿，調補丹州汾川縣主簿，又遷隰州蒲縣丞。處桓」譚不樂之位，□首長謡；有子賤康俗之能，行當莅職。俄遷」潁州下蔡縣令，又遷歙州休寧縣令。公以撫字之術，聲聞」于朝，特制加朝散大夫上柱國，祇天寵也。方將慰彼」黎庶，崇此勳庸，降年不長，奄墜厥緒，以開元十一年二月」卒於休寧縣之館舍，時年六十七。嗚呼哀哉！夫人廣平程」氏。父度，撫州南城縣令第三女也。嬪于君子，政閑内則，甫」年五十九，先公而亡。嗚呼哀哉！始公之述職于休寧，夫人」櫂殯。自公靈櫬歸北，未安宅兆。嗣子左羽林軍胄曹參軍」昚言等，追惟先志，含憤咽雲，以今開元十七年歲次己巳」二月辛酉朔廿四日甲申，恭啓亡靈，改卜神域，合葬于邙」山之北阜，禮也。庶天地長久，神祇獲安，忝承宗祐，敢勒斯」記。銘曰：」

神理默默，邙丘崇崇，攀靈櫬兮□□息室號泣（下缺）」

（北京圖書館藏拓本）

開元二八四

【蓋】失。

【誌文】

□□議郎前行忻州定襄縣令上柱國張府君墓誌銘并序」

□諱楚璋，字楚璋，其先南陽向人也。自晉永和中，避㶟維山，因受」□氏陶正，遂家焉，今爲河南告人也。代濟其美，屯比必復，恤胤錫」□，固可略而言。曾門全，隋驃騎將軍；大祖君寬，皇右領軍郎將；烈」孝蓋，茂才擢第，縱誕不仕。公則茂才之季子也。少魁詭性，不志於」物，雖童齓中，若老成者。嘗父黨目之曰：生知是兒，足慰人意。公慷」慨謝之曰：龍駒鳳鷇，何足爲慰。長而好書，尤善百家言，但詳其旨」趣，不窮章句。事有嶮易，可以智力取者，未嘗不探其右。因宿衛調」補勝州參軍，董攝衆曹，假莅旁邑，所居則化，必聞其政。户部侍郎」兼御史中丞强循深器之，愿與從事，多其幹濟清能，累奏推按，事」或根盤而訟疑者，剖之如神，若視諸掌。帝用嘉之，授上柱國」行其州録事參軍，可謂任能也。綱目前軌，儀明後章，具瞻彼寮，勢」不可匹，大肅鄰域，旁慴轅門，數百里閒，政聲行矣。有詔攝東」城司馬，累拜忻州定襄縣令。土風驍犨，井邑偏卑，人無廉義，俗尚」鋒鏑。自公之至也，掃地大變，豈從四子講德，獨任中和，伍倫懷道，」大革貪穴而已。黄門侍郎兼大原尹李暠聞之，奏充節度判官。

公」家之務，盡委之矣，公亦當之，曾無讓色。迨數月，疾發於内，抑役心」之由。春秋五十有四，終于太原府官舍。嗚呼！天命有在，代禄無彊，」雖明晦以時，何始終之速？粤以開元十七年二月廿四日，歸窆於」邙山北原，禮也。右極洛表，左壓河朔，函關之仙雲四起，緱山之白」鶴長飛，佳城一訣，令望空在。嗣子杲，毁滅相受，荼蓼無依，攀永錫」之誠，切循陔之戀，緬惟陵谷！龔從誌云：

紛庶幾兮張氏之子，公侯之孫兮必復其始，雖從政乎俎豆之閒，」曾未忘於武賁之哀。何吉凶兮倚伏無門？降年不永兮天道寧論，」白日一玄兮蒼蒼松檟，令問不朽兮貽之後昆。」

（周紹良藏拓本　河南千唐誌齋藏石）

開元二八五

【蓋】無。

【誌文】磚，漆書。

大唐故蜀州司士參軍事崔府君墓誌銘并序」

公諱瑛，字子訓，博陵安平人也。曾祖餘慶，」皇朝兵部尚書；祖遵業，皇朝同州澄城縣」令；父恒，皇朝梁州相如縣令。公行惟淳懿，」性則恬和，禮樂之餘風，得□章之令範。起」□授左千牛備身，轉授蜀州司士參軍事。擬」□□□之妙，親奉□□□震□□犀羅錦之」□□□洪筆。豈圖積善□□□□鍾，以開」元十六年十二月十六日於蜀州廳舍倉卒」遘禍，春秋二十有七。以開元十七年二月二」十五日權殯於京兆府萬年縣洪原鄉鳳栖」原先塋之側，禮也。嗟君未婚，痛爾無嗣，魂」且歸於故里，裏長謝於人間，何紀遷陵，用利」貞石。銘曰：」
嗚呼哀哉！已矣徘徊。永辭冠蓋，長委泉臺。有」變陵谷，無易瓊瓌。紀石斯閉，何年復開？」
（録自中村不折《禹域出土墨寶書法源流考》下）

開元二八六

【蓋】失。

【誌文】

唐故朝散郎行蘇州嘉興尉談君墓誌銘并序」

君諱昕，字先儒，北平人也。其先出自有秦。晉馬浮」江，衣冠南度，因家于曲阿。先父職在樞密，」隨侍于京，今爲洛陽人焉。曾祖孝武，文」林郎，不仕王侯，高尚其志。祖胤友，」皇朝韶州司馬，位亞專城，榮高半刺，述職雖遠，譽」聞帝鄉。父子陽，皇朝監門率、吉州」刺史，入衛春宮，重光之威莫犯；出司南郡，一本之」强自拔。君少而端慤，長實素心，年十五，志乎學，以」親衛附讀於成均，頻舉考功，以無媒被擯。」聖朝有事於泰山，選君執司俎豆，有制量」才擢用，調補蘇州嘉興尉。緣非孝廉得進，君不以」爲榮，未上遭吉州府君憂，少連之居喪，高」柴之泣血，殆無以過也。毁至滅性，未練而卒。開元」十七年三月廿日，終於時邕里第，春秋廿有八。四」月十三日，遷窆於河南縣平樂之原，從周禮也。僕」與君慕金蘭之契，託范張之交，慘繐帳之懸，陳絮」酒之享，謚其高行，乃勒銘云：」

佳城鬱鬱，」三千年見白日，嗟乎談公就此室。」

（周紹良藏拓本　河南千唐誌齋藏石）

開元二八七

【蓋】　失。

【誌文】

大唐孔府君墓誌銘并序」

君諱桃栓，魯司寇十八代孫，因官居洛陽。高祖宗，」隋朝散大夫；祖光，家食平生，鼓缶自樂。公禮以節」之，信以結之，容貌以文之，衣服以移之，朋友以極」之。欲人之有壹世，學不習於操縵，業豈遺於堅木。」年十二，讀易至損益卦，輟卷歎息，聖人立言，象以」誡之，座右流誡，虚左禮賢，無子路之宿諾，有顔回」之不幸，井泄不食，爲我心惻。時年六十九，以開元」十七年三月一日亡，遺令誡子，孝于惟孝，友于兄」弟。即以其年四月廿四日葬於北邙。夫人鄧氏，艾」之孫，世承筐有實，執笲無虧，訓子勵於折葼，事姑」聞於泉湧。以長安三年亡，時年卌。即以開元十七」年與公合葬。嗣子永穆公主邑令乾滿等，悲哀在」中，形變於外，痛疾在心，口不甘味。恐陵谷之遞□，」命詞人以銘之。其詞曰：木鐸猶傳，獲麟應賢，天縱之胤，大聖之先。才摽千」古，庭落三鱣，夢楹積釁，贈絹無年。北邙山下，東流」水前。風蕭蕭兮松作蓋，樹森森兮氣爲煙。勒芳猷」於青石，頌盛德於黃泉。」

（周紹良藏拓本　河南千唐誌齋藏石）

開元二八八

【蓋】失。

【誌文】

大唐故忠武將軍行薛王府典軍上柱國平棘縣開國男李府君墓誌銘并序　工部員外郎賈彦璿撰」君諱無慮，字忠昚，隴西人也。昔月貫于昴，咎繇誕而邁德；氣感流星，伯陽生而啓聖。惟彼降瑞，因兹命氏。曾祖貴，隋太中大夫、延州刺史、涼國公，皇降封隴西公；任切分憂，寵加勞理，朱旗映日，皂蓋生風。屬隋室道喪，我唐天啓，疇庸錫壤，俾崇舊勳，封以隴西，昭其業也。祖斌，皇銀青光禄大夫，隰、吉二州刺史，襲封隴西公。□□高□御下以寬，洗幘清心，不言而理，襲封本郡，昭其祚也。父□道，皇金紫光禄大夫、汾州刺史。股肱之郡，公輔之材，克著政□，尤愜人望，遷鎮軍大將軍、左驍衛大將軍、上柱國，襲封隴西郡公。武庫森森，縱横矛戟，智囊□□□□風雲，焕乎鉤陳，設在蘭錡，乃祖乃父，自公自侯，昭其貴也。君衣冠奕世，禮樂□賢，慶藹炳靈，光昭茂緒。大君有命，入衛天階，鷄冠呈祥，仲由負三軍之勇；燕頷標異，班超封萬里之侯。弱冠於清邊軍立功，授游擊將軍、左衛長上。明略經濟，雄心英果，剋清妖孽，飲至天庭，師出以臧，功宜上賞，朱紱斯曜，可不偉歟！無何，轉授鄜州葦川府右果毅。時關内按察使强□以君幹蠱，奏攝會州司馬，又改授同州洪泉府左果毅，仍令長上。一貴一賤，喜愠不形於色；或出或處，寵辱無戒於懷。位□題輿，□申龐統；名參都尉，負屈曾洪。有敕差充□野軍副使。舉不失德，勤不告勞，展充國之務農，輟揚雄之執戟。軍儲是給，□馬賴焉。尋爲太原節度使李暠奏授薛王府典軍。蔽扞雄城，趨侍□□，每入招賢之觀，時陪樂苑之遊。習習雄風，和而扇物；粲粲□□，寵而益□。青春始華，元夜閟景，歲不我與，天奪其運，以開□十七年五月七日終於静恭私第，春秋六十有二。以其年六月十一日歸葬於萬年縣神禾舊京，陪先塋，禮也。嗚呼哀哉！賢王端憂，故人啜泣，垂天之翼，必鎩於紫霄；經國之材，俄辭於白日。遂使瑶林瓊樹，瘞松草於佳城；龍章鳳姿，没風煙於□□。嗣子□庭等孝履增感，攀號無訴，恭陳遺事，俾刊豐石。銘曰：

公侯之子兮累代其昌，河岳之秀兮爲龍爲光。克岐克嶷兮發言有章，立功立事兮厥政其芳。天何爲兮速罹其殃，哲人痿兮爲代所傷。飛旐翩翻兮出帝鄉，素車逶遲兮面龍岡。閉以大隧，瑾於便房，勒勳鐘鼎，畫像旗常。日黯黯兮愁欲暮，風蕭蕭兮悲白楊。」

（録自《古刻叢鈔》據《古誌石華》卷十補字）

開元二八九

【蓋】　失。

【誌文】

大唐故左衛司戈劉府君墓誌銘并序」

昔龍醢既亡，纂堯以稱杜；馬策斯贈，□秦而作劉。君諱景嗣，弘農」人也。歷聖之緒，大名之家，禮樂宣其寵光，陰陽鍾以純粹。曾祖朴，」文武殉國，公侯干城；游擊將軍、同軌府折衝，禦寇之雄也。祖祐，温」良有□，□敬臨人；朝散大夫、白馬縣令，宰邑之美也。父如璋，依仁」遊藝，立德樹聲；朝散大夫、中州長史，佐郡之標也。君即長史公之」元子。幼負大材，學書已成，每恥腐儒之節；説劍無敵，常多烈士之」心。弱年遊國庠，博貫羣籍，以門子起爲右衛翊衛，從其好也。番休」天仗，趨侍禁墀，耀皇威以誰何，盛國容於」羽衛。轉爲右威衛隊正長上。□冠曉謁，監陛盾之郎；翕戟暝巡，董」門欄之子。秩滿，遷左衛司戈。頃天遊鎬京，分職咸洛，雖嚴」防龍闕，空勤事主之誠；而恭趨鯉庭，頗展安親之」義。忠孝兼遂，歡榮幾時，司命不仁，中年降喪，君子是以怨夫天也。」粤開元十七年秋十月庚寅，暴卒於蘭錡之内，享年卌二。嗚呼！人」生要死，死者天下之大期；物盛必衰，衰者古來之常運。然□脩短」無准，善惡難徵，何劉君才明而禀壽之脆促矣。君方爲」王之爪士，國之虎臣，振關羽之髯，併吞勍敵；飾王商之貌，坐駭藩」臣。雲漠久清，徒然蓄鋭，於是參以酒德，間以琴心，未盡娱於散金，」旋遺歎於敲石。聞者失聲流涕，咸曰喪兹家國之寶哉！嚴君暮途，」傷檟壑之念；釐婦晝哭，致崩城之哀。塗芻既陳，宅兆斯卜，即以」其月壬寅窆於北邙之先塋，禮也。孝子庭暉，終天孺慕，攀注明靈，」誌於泉壤，光此松銘。辭曰：」

帝系傳胙兮昭有融，展如之美兮揚英風；生作人傑兮死爲鬼雄，」福謙無驗兮將訴昊穹。北邙之原，青松之下，永筵幽宅，何夫君之」道窮！」

（北京圖書館藏拓本）

【蓋】失。

開元二九〇

【誌文】

唐故朝議郎行節愍太子廟丞洛陽賈府君」墓誌銘并序」

維開元十七年歲次己巳，七月己丑朔，十四」日壬寅，嗚呼洛陽賈栖汭，字福牛，君以」妙年之秀，天下知名。負天何辜，不幸短命。」祖正議大夫行石州别駕。父通議大夫、」行永州刺史。君解褐申府，尚未弱冠，參」卿一年，内殷母疚，絶糧泣血，毁服改容，」古之閔參，無以儔也。悲夫！月生泉户，舊帙猶」張，星落夜臺，新書未卷，適君素館，徒諷」清文，精魄何之，形骸何託，臨君喪葬，撫」櫬盡哀，泣下交頤，敢爲銘曰：

神道冥昧，變化難圖。父莅江浦，妻留洛」都。魂游東岱，氣咽南湖。百年到此，雙女偏孤。」東接仙宫，南臨雙闕。落日難駐，泉燈易滅。賈君到此，余何可説。自揚多風，青松偃月。」

（周紹良藏拓本）

開元二九一

【誌文】

大唐□義寺故大德敬節法師塔銘并序」

夫王而作則者大雄，見而嵩者大寶，聲被周漢，義逸齊」梁，學比犉毛，富如崑玉，道飾其行，俗賞其音。或内秘靈」和，或外見常迹，起伏不拘於代，出没所謂於須臾。孰有」以兼之，公得其門也。」惟大德俗姓盧，諱敬節，范陽人也。祖尚書遠藥，栖志」丘園；父樂司徒季英，閑居遁世，懋于穉子，遏以羣流，放」令出家，不從文秩，上可以益后，下可以利人，不」累莊嚴，足陪淨藏，令投虔和上受業，年甫什歲，日誦千」言，維摩妙高，飛峰□海；法華素月，吐照情田。奏梵音以」雲揚，感神明而電激。厭俗之垢，王澤遐沾；落髮」之貞，天魔爲慴。至三十九入道具臘，寺舉都維那，二十」載清拔僧務，造長廊四十間，不日克就，光嚴」帝宇，粹表祇園，結棟凌霞，飛簷振景，士拜左顧，靡怯風」摇；人謁右旋，非憂雨散。亦嘗柔外以定定力振振，順中」以如如心弈弈。吁法橋而虹斷，切義舫之神移，莫不悼」哉，何嗟及矣！以開元十七年七月十五日終于私房，春」秋七十有五，定於神和原，律也。門人處王瓚延祚等，念」松迴茂，仰蕙遥芬，恨頹景之不留，恨驚風之早落，師魂」遠何至，資影痛何孤，恐岸成川，起塔崇禮，式爲銘曰：

迹滿三界，神放六通，教令遞囑，德位常融。轉延像世，運」及都公，木選寒栢，山賨舒虹。行高獎下，言貴居忠。俗承」遠聲色，道洽化無窮，水摇魚徙□，人斷院悲空。日影何」旋北？山陰遽已東，荒郊悲慘慘，煙氣亂葱葱。式修營兮」妙塔，用表列於仁雄。柩窆歸於泉壤，性遥拔於樊籠。挫」一代之濁命，流千古之清風。」

（周紹良藏拓本）

開元二九二

【蓋】失。

【誌文】

唐故太中大夫使持節泗州諸軍事泗州刺史瑯琊王公墓誌銘并序　朝散大夫行考功員外郎趙不爲撰

公諱同人，周太子晉之後，因號命族，家於河東，洪瀾派分，邁德惟永。漢」昌邑王中尉諷諫宏遠，謝歸皐虞，因爲瑯耶著姓。大勳茂績，繼世象賢，」隨官徙居，今爲京兆人也。曾祖續，」皇吏部侍郎、贈魏州刺史。祖德儉，御史中丞、歸仁公，贈兖州都督；實掌天官，」人倫以叙，載司宮正，邦憲以清。考瓘，兵部尚書、同中書門下平章事、」殿中監，贈越、衢、温、婺等四州刺史；榮當八座，政在三台，生有大造，歿」有遺則。公即府君之第二子也。包元和之粹，蘊淳靈之厚，幼不好弄，冠」有成德，口誦詩書而無擇言，心規禮樂而無擇行。早辟孝廉，明經高第，」解褐雍州參軍，以相門侍衛授左衛司戈，遷太常協律郎、大理評事。克諧」六樂，詳練五刑，人神以和，枉直知措，轉太常主簿，相王府記室，司農」丞，漢、岐二州司馬。贊大農之務，貳方伯之雄。九穀成績，六條增化，奏課」連最，是儔厥庸。入拜工部員外郎轉屯田郎中。應列宿之精，綰冬卿之」務，彌綸故事，動合時矩。朝廷以淮陽之風，去聖已遠，渤海之政，必竚能賢，」遂輟承明之奏，以康洙泗之俗，除使持節泗州諸軍事、泗州刺史。公」化行革物，燮然一變，方將荷天衢之遐舉，絶滄溟而勁躍，而彼穹不憖，」與善無徵，以開元十六年七月十三日寢疾，終於郡館，春秋五十有七。」人吏哀號，慟及鄰境，豈直輟舂罷市而已哉！粤明年八月廿六日，返葬」祔先塋於京南大作村原，禮也。公純德孔明，靖共厥位，不自大其事，不」自尚其功，齊莊以順於中，進退必由其政，故鄉黨稱其孝也，僚友稱其」悌也，閨閫稱其睦也，交遊稱其信也。豈非子産之遺愛，隋武之可作者」乎？有一子曰涣，直弘文館。皇皇有望，哀哀罔極，思誌其美，見託爲文，感」親懿而不忘，陳信詞而無愧。銘曰：」

惟周之裔兮弈葉重光，誕生令德兮恭儉温良。靖共厥位兮能賢孔彰，」與善無徵兮哀哉彼蒼。佳城不曉兮冥彼南岡，刊石勒銘兮厥後彌昌。」

朝議郎前行蜀州清城縣尉燕國公于遵孝書。

（録自《關中金石文字存逸考》卷一）

開元二一九三

【蓋】失。

【誌文】

唐故相州城安縣令夫人和墓誌并序」

夫人諱幹，字貞堅，隴西天水人也。其先居羲和之官，」因以命氏，後建國松漠，世爲君長，至魏道武，爲國附」臣，微子適周，項伯歸漢。高祖通，魏虞曹尚書、吴興公；」曾祖業，襲爵吴興公、太中大夫；祖士約，隋儀同三司、」絳州長史；父智方，許州襄城縣令；」珍粹景曜，英髦仰」止。夫人桂巖吐馥，蘭畹揚蕤，行齊春日之和，性比秋」霜之厲。標梅之序，出適程門。夫處立，相州城安縣令；」父知節，十二衛大將軍、盧國公。城安府君早悲怛化，」藐爾諸孤，夫人援栢舟而自誓。豈謂奄忽中闈，百年」皆歸於定分。以開元十七年四月八日，終於本第，春」秋九十。嗚呼哀哉！城安府君不獲合葬，還嗟半被之」空，痛積湘妃之淚。即以開元十七年八月廿六日葬」於城北邙山，禮也。長女右領軍中候妻。達識内融，柔」姿外發，每增蓼莪之思，頓毁桃李之容。樹欲静而風」摇，松將枯而淚染。及爲銘曰：」
重黎之裔，因官命氏，開國北荒，附魏南徙。曰祖曰考，」華轂朱紫，德列樂歌，名載圖史。夫人挺秀，志光日月，」文耀春華，藻凌冬雪。靈扃一掩，千年永訣，悲纏風樹，」淚流如咽，蘭玉有摧，英聲無歇。」

（北京圖書館藏拓本）

開元二九四

【蓋】　大唐故宋夫人墓誌銘

【誌文】
大唐故處士宋君甘夫人墓誌銘并序」
君諱感，字仁感，其先南陽人也。曾祖達，齊任」秦州紀城縣令；祖寶，隋任宣州長史；父龍，」唐任本州録事；並以英奇拔擢，俊傑超榮，莅職」踰移動之功，作藩來暮之詠，六曹無滯，五德均」身，鄉□一圻，聲揚千里。君性敦泉石，朽腐榮班，」養志丘園，逍遥墳籍，欽詩欽禮，履節蹈仁，爲鄉」黨之楷模，作生人之領袖者也。豈期二離迅速，」四序湍流，居諸之閒，風燭俄及。以長安四年一」月十七日卒於私第，春秋六十有四。夫人甘氏，」長閑婦德，幼達女工，貞潔以冰鏡比心，志□□」松筠並性。積善之徵無驗，惠迪之吉有乖，良□」早頹，□人私委，以開元十七年九月一日卒於」私室，春秋八十有二。粤以其年歲次己巳元月」戊子朔十九日丙午合葬於相州城西南□十」四里平原，禮也。□□抱璧等，悲纏風樹，泣□□」牲，恐帶礪不恒，式題瓴甓云爾：

乃祖乃□，□□□慶，遊藝依□，唯賢是行，哲人不壽，□□□□。

（周紹良藏拓本）

開元二九五

【蓋】失。

【誌文】

大唐故右監門衛中郎將高府君墓誌銘并序　朝議大夫行許州司馬魏承休撰

君諱嶸，字若山，渤海人也。其先周太公之後。高祖岳，北齊清河王；曾祖勵，北齊樂安王尚書右僕射；祖士廉，皇朝開府儀同三司、尚書右僕射、申國公，圖形麟閣，贈太尉并州都督，制謚曰文獻，配太宗文武聖皇帝廟饗；父審行，皇尚書右丞、雍州長史、户部侍郎、渝州刺史。昔西周之興也，維師闢其四履；北齊之帝也，維城繼乎兩蕪。生則榮寵，在麟閣而圖形；没見追思，居廟庭而配饗。京兆尤精於吏，愿兼持於二輔；渝川遺愛在人，永流芳於三峽。君弱冠崇文生明經擢第，授荆州參軍，特敕試通事舍人，尋正除。無何，以親累出唐州長史，不之任，改左衛長史、少府監丞，遷右衛率府郎將，加游擊將軍，轉左衛郎將，加寧遠將軍，遷右監門衛中郎將。君籍慶挺生，含章秀發，初裹糧於拾紫，俄漸陸於參卿。出玉言其若綸，累光敷奏；亮天孽之可逭，還司禁戎。才茂應生，承明已過於三入；興深潘子，騎省彌傷於弐毛。雖暗合於孫吴，每韜光於罇俎。榮非衮職，長懷孝伯之嗟；歲在己年，奄迫康成之夢。春秋六十，以開元十七年五月廿七日遘疾，薨於河南府洛陽縣通遠坊之私第。

君生而惠」和，言必忠信，體備四時之氣，行包九德之美。負逸羣之才，屈冲」天之勢，壹捐館舍，永歸窀穸。粤以其年十月十六日遷厝於河」南縣平樂鄉中原，禮也。有子祗等，率由孝道，因心冥至，思盛烈」之不亡，用題芳於貞石。銘曰：」

尚父龍驤，清河鳳峙，蟬聯代禄，暉焕前史。公侯之孫，必復其始，」中郎英英，方爲國楨。高志未騁，薄宦雖成，空餘千載，凜凜猶生。」

（録自《芒洛冢墓遺文續編》下）

開元二九六

【蓋】失。

【誌文】

唐故郭君墓誌銘并序」

君諱仵，字朗，太原人也。齊相甯戚之苗裔，」夏臣虢之後，遂因祖宦居焉，迺爲大都督府」潞城縣人矣。祖仁，板授岳陽縣令；銅章遞映，玉壺齊絜，變俗在於絃歌，宣風期於簡惠。」父其，辭榮不仕，虛白自居，播禮讓於鄉邦，緼」賢良於宇內。君鏄列洽賞，玩琴書以自然；物」外逍遥，覩林泉而寫志。忽以電光已往，隟影」頻流，奄盡生平，俄歸物化。春秋五十有六，開」元十七年七月終於私第。嗣子道子，哀纏風」樹，思返哺之無期；痛結悲楊，報乳之恩永隔。」粤以其年十月十六日癸酉，祔葬於縣西廿」里平原，禮也。左連王岫，右接漳濱，前眺羊山，」後瞻鳳岳。將恐山海遷易，光徽寂寥，刊石鐫」銘，乃爲詞曰：

晨曦徙馭，夜力遷舟，蘭徑何」寂，蒿里何幽。山荒霧慘，野晦雲愁，覩塋域兮」斯在，庶魂靈兮可留。」

（録自《山右冢墓遺文》）

開元二九七

【蓋】失。

【誌文】

唐故靖君墓誌銘并序」

君諱策，字廣，平列人也。齊龍襄將軍、諫議大夫、廣平侯」之曾孫，因官徙居鄴，遂爲相州安陽人焉。鐘鼎具詳，□」略而言，嘉聲難紀。曾祖君亮，齊任龍襄將軍廣平侯；□」珠位重，杖戟轅門，或懲祲開弦，或捐軀許國，慕班超之」投筆，向月彎弓；學王粲之從軍，凌霜拔劍。祖隋任三衛」隊正；闌錡肅陳，山河□業，才高若桂，韻調如泉，□玉輦」於青墀，飾金吾於玄夜。父表，唐任越王府隊正；秉筆兔」園，身懷鳳藻，有大□之高節，奉小山之英敏。精開蕙畹，」韻吐蘭泉，曜談戟於玄林，倚辭峰於丹旭。惟君承規繡」裍，玉□珠胎，□西□之琳瑯，是東南之竹箭。觀其器宇，」千丈之楝梁；聽其言談，一座之琴瑟。驢情偃仰，一丘之」內，州縣欽其令則，鄉黨方其軌儀。不將珠玉爲珍，不以」公名爲貴。豈謂天不悔禍，風枝不停，崦駕遽追，鄒歌忽」唱，以開元十七年六月日遘疾，卒於私第，春秋六十□，」嗚呼哀哉！即以其年十月廿八日殯於防水之陽，一□」平原，禮也。悲哉身代，愴矣何論！□□栱□，月□孤墳，□」餘蘭菊，永播留芬。乃爲銘曰：

神鉦西峙，漳水東漪，河朔」稱美，人亦英奇。或文或武，以娱以嬉，言河□澓□□□」何圖不吊，逝者如斯。其一。哀哀嗣子，煢煢失□，東水不停，南□棄養。」何天地之茫昧，痛墳塋□□上，刊翠琰於□户，庶嘉聲而不忘。其二。」

（録自《鄴下冢墓遺文二卷》卷下）

開元二九八

【蓋】失。

【誌文】

大唐故商州司馬楊府君墓誌銘」

公諱堿，宣義郎，初應制拜」宋州襄邑主簿，後遷汴州俊儀」縣丞，恩制拜監察御史，次」殿中侍御史，出爲太原文水縣」令，除商州司馬，未上而殁。有子」四：長子不器，吏部常選。開元十」七年二月十六日殁於文水縣」官第，其年歲次己巳，十一月丁」亥朔，十六日辛丑，權殯於河南」府河南縣河陰鄉北原之地。」

（周紹良藏拓本　河南千唐誌齋藏石）

開元二九九

【蓋】大唐故劉府君墓誌銘

【誌文】

唐故河南府劉府君墓誌銘并序」

君諱龍樹，彭城人也。唐寧州羅川府折衝，往韜戎」要，警衛斯朝，英傑□閒，僚友思直。曾彥，唐」并州太原府□□，分珪錫壤，久隸此焉，地望清華，」圖光載籍。以君門□鼎祚，早著縑緗，冠蓋」相輝，簪紱斯在。不謂日月環周，頗守盈虧之數，春」秋代謝，無由紀衰盛之名。忽乃釁起棲隲，奄傾東」岱，白駒易往，隙駟難停，藥餌無施，道飈斯及。春秋」七十有五，早喪於此焉。石炯無端，窀穸斯告。」夫人姚氏，夙□朝露，素掩夜臺，□□□以長辭，仰」鳳樓而永逝。屬以同墳角枕，歲偶□□，天澤必從，」遂啓塋而創立。粤以開元十七年歲次己巳十一」月丁亥朔十六日壬寅，冀遷厝洛城北邙山之所，」禮也。厥孫玄豹，惟忠惟孝，奉國安家，移官之效屢」聞，庶品荷公平之德。禮樂斯畢，敢申哀於罔極，致」恐□□屢易，紀歷雕□。詞□：」

匹夫匹婦，惟潘與陽，松□並茂，蘭菊齊芳。同心寵」重，□□克昌，不期斯釁，俱以滅亡。」

（北京圖書館藏拓本　開封博物館藏石）

開元三〇〇

【誌文】

大唐故興聖寺主尼法澄塔銘并序」

法師諱法澄，字元所得，俗姓孫氏，樂安人也。吴帝權之後。祖榮，涪州刺史；父同，同州」馮翊縣

令。法師第二女。降精粹之氣，含宏量之誠，大惠宿持，靈心早啓，鑒浮生不住，」知常樂可依，託事
蔣王，求爲離俗。遂於上元二年出家，威儀戒行，覺觀禪思，跡履真」如，空用恒捨，遂持瓶鉢一十八
事，頭陁山林，有豹隨行，逢神擁護，於至相寺康藏師」處聽法。探微洞悟，同彼善才，調伏堅持，寧殊
海意。康藏師每指法師謂師徒曰：住持」佛法者，即此師也。如意之歲，淫刑肆逞，誣及法師，將扶
汝南，謀其義舉，坐入宮掖。故」法師於是大開聖教，宣揚正法，歸投者如羽翮趨林藪，若鱗介赴江
海。昔菩薩化爲」女身，於王後宮説法，今古雖殊，利人一也。中宗和帝知名放出，中使供承，朝」夕
不絶。景龍二年，大德三藏等奏請法師爲紹唐寺主，敕依所請。」今上在春宮，幸興聖寺，施錢一千
貫充修理寺。以法師德望崇高，敕補爲興聖」寺主。法師脩緝畢功，不逾旬月。又於寺内畫花嚴海
藏變，造八角浮圖，馬頭空起舍」利塔，皆法師指授規模及造，自餘功德不可稱數。融心濟物，遍法界
以馳神；廣運冥」功，滿虚空而遇化。不能祇理事塗，請解寺主。遂抄花嚴疏義三卷，及翻盂蘭盆
經、温」室經等，專精博思，曰起異聞，疲厭不生，誦經行道，視同居士。風疾現身，乃卧經二旬，」飲食
絶口，起謂弟子曰：我欲捨壽，不知死亦大難，爲當因緣未盡。後月餘，儼然坐繩」床七日不動，唯聞
齋時鐘聲即喫水。忽謂弟子曰：扶我卧，我不能坐死。卧訖遷神，春」秋九十。開元十七年十一月
三日也。以其月廿三日安神於龍首山馬頭空塔所。門」人師徒弟子等未登證果，豈知鶴林非永滅之
場，鷲嶺是安禪之所，號慕之情，有如」雙樹。法師仁孝幼懷，容儀美麗，講經論義，應對如流。王公
等所施，悉爲功德。弟子嗣」彭王女尼彌多羅等，恐人事隨化，陵谷遷移，紀德鐫功，乃爲不朽。
銘曰：」

易高惟一，道遵自然，大法雄振，豈曰同年。優陁花色，曇彌善賢，錯落倫次，師在其間。」濟彼愛河，拯斯苦海，導引羣類，將離纏蓋。不虛不溢，常住三昧，是相無定，隨現去來。」雙林言滅，金棺復開，有緣既盡，歸向蓮臺。衆生戀慕，今古同哀。」

宗正卿上柱國嗣彭王志暕撰并書。　刻字朱曜光。」

（周紹良藏拓本）

開元三〇一

【蓋】失。

【誌文】

唐故梁處士墓誌銘并序」

夫鴻鑪構象，雀冶凝精，傳秀氣以爲人，考最靈而紀」物者，惟梁處士乎？君諱英，字慈明，金城人也。遠」祖芬，官上黨，子孫因家焉，今爲潞州大都督府長子」人也。自分土惟三，列爵惟五，保命受氏，茂緒聯華，遁」漢甸而馳名，輔晉臺而擅寵，觀乎國史，可略言焉。」祖感，隋寧遠將軍；父感，唐上騎都尉。惟君驪泉蓄」粹，鳳穴韜英，郄桂一枝，和松千丈，敏而好學，恭近於」禮，趨庭洽訓，懷橘奉親，幼而多奇，長而增秀，加以糟」粕今古，脫略聲華，觀易象於重肴，貴不如賤；悟真筌」於一指，鷃已笑鵬。豈謂逝水遄流，藏山遽疚，倏爲物」化，徒嗟露晞，春秋七十六，遇疾終於私第。二夫人王」氏，並柔姿輝映，陰德堅貞，鵲巢灑然，鳲鳩均愛，室家」之道，松蘿□彩；琴瑟之調，隨唱俱亡，春秋五十，并遇」疾辭於屏帳。嗣子思業，孝極絶漿，哀纏負土。嚴父臨」終之日云：男思順不幸早亡，吾死之後，與吾同葬。
遂」開元十七年歲次己巳十一月丁亥朔廿三日庚□」合葬縣城西北三里之原，禮也。恐漳川浩漫，陵谷
□移，」爰求勝文，謹勒銘曰：

漳川曠望，鳩嶺岑崟，危墳霧黯，松户」泉深。佳城鬱蓊，栱木蕭森，惟嗟淚栢，曉夕悲吟。」

（録自《山右冢墓遺文》）

開元三〇二

【蓋】失。

【誌文】

大唐故魏州冠氏縣令清河崔君墓誌并序」

原夫崔氏之先，其來尚矣。有神農氏少典其後也，有全齊郡太公」之邑也，以伐豪而賜封，因讓國而得姓，南安、東武，二族始分；人望」地靈，一宗爲最。君諱羨，字幼卿，清河東武城人也。曾祖君肅，皇」朝黄門侍郎、秦王府長史、襄州刺史、贈鴻臚卿，掖園崇重，王門道」德，展刺舉之能，象河海之贈。祖思約，皇朝祠部郎中，曹王府長」史，壁、復、和三州刺史，焚香高才，致酒盛禮，懷必復之美，垂領郡之」聲，父騫，皇朝周王府屬左領軍衛長史，曳裾長坂，麾蓋領軍。君」即長史之第三子也。宿衛天朝，解褐宋州參軍事，以秦府故」吏子弟，改汾州司法參軍事，清白著稱，授岐王府功曹參軍事，尋」轉記室參軍事。王出蕃，遂宰冀州武邑縣令，俄而領益州新都縣」令，復臨鄭州滎陽縣令，又統魏州冠氏縣令，

所居必克，所在必聲，」幹理之能，中庸不讓，敦厚之德，上士疇茲。所以二職參卿，再遊蕃」邸，四臨劇縣，一以貫之。良冶有裘，承家業也；玉壺有冰，遺孫謀也。」世代王府，不忘本也；稠疊宰邑，貴養人也。方當大鵬翻飛，整翮理」翰；何期巢鶱構見，白日黃泉。春秋六十九，以開元十七年三月六」日遘疾，終於魏州冠氏縣之官舍，嗚呼哀哉！嗣子黯、烈等，痛深荼」蓼，禮及幽冥，即以十八年正月二十一日安措於河南府河南縣」界河陰之原，禮也。夫人滎陽鄭氏，即右内率府長史日用之姊也。」宜家率禮，主饋攸歸，初歌鳳凰，自矜毛羽，何言琴瑟，忽此古今。杜」有道之妻，稱孀嚴憲；楊戴侯之女，遂哭任咸。傷隻影之難堪，寄哀」情於窮壤。一身無贖，九原與歸，見託斯文，是弄柔翰。歎平素之未」識，惜才禮之俱空，魂兮有靈，子其不昧。銘曰：」

駟其過隙，壑其藏舟，藏則已夜，過則不留。有子鑿穴，有妻奠羞，墓」門閉矣，嗟嗟此侯！」

開元十八年正月廿一日。

（周紹良藏拓本）

開元三〇三

【蓋】失。

【誌文】

唐大中大夫行定州長史上柱國李府君墓誌銘并序」

公諱謙，字虚己，趙郡贊皇人也。爰自咎陶昌言，瞀徽五典；老氏明道，混成」一德。慶緒必復，烈光載融，趙國賴其元勳，韓王憚其英略，固多奇士，大啓」高門。曾祖孝貞，隋內史侍郎，隋書有傳。祖允王，皇朝台州刺史；父崇德，」給事中；或以文章冠代，或以禮樂匡時，休有令名，鬱爲著族。公象賢降靈，」含章誕秀，確乎堅正，介然方嚴，時而後言，道不苟合。偉量與崇山比峻，清」襟與止水齊明。少以門資，宿衛軒禁，光暉廊廡，籍甚周行。解褐易州司户」參軍事，境臨邊候，政兼戎索，善佐小國，克揚嘉聲。轉齊州司士參軍事，海」物惟錯，齊兒多詐，肅以知禁，靜而解煩。轉宋州司户參軍事，水陸交馳，農」商殷阜，版圖攸攝，甿户載安。遷隰城令，實惟汾晉之郊，爰賦子男之國，肇」有方社，式奏絃歌，紓堯人之深憂，移魏風之褊俗。朝廷休之，入拜司農寺」丞，加朝散大夫。贊卿士之有司，加大夫之元服，米鹽必誠，錢穀孔殷。出爲」相州司馬。商都舊壤，鄴京遺俗，是稱尤劇，雅杖茂才，佳政乃孚，康歌允洽。」累加大中大夫，策勳上柱國，遷定州長史。官則通貴，鄰于命卿，位方元寮，」亞彼列國，宜介眉壽，以祐邦家，胡不憖留，奄捐館舍。未到官，以景雲二年」九月廿六日終于河南府康俗之里第，春秋五十九。夫人彭城劉氏，隋大」將軍子將之曾孫，皇朝禮部尚書德威之孫，工部尚書審禮第二女也。」丕承餘慶，誕敷淑德，柔明光乎典則，韶令暢其聲華。年十八，歸我府君。睦」二族之和，詒五宗之範，恭儉齊敬，端莊宣慈，行歸于周，禮無違者。天乎不」吊，與善徒言，生也若浮，辭代何早，享年卌，先終于宋州司户官舍。有子三」人：伯迅，襄城尉；仲迴，臨汾尉；季造，左威衛録事參軍事；咸有令德，莫永脩」齡，舟壑屢遷，松檟未樹。長女適王氏。嬰蓼莪之巨痛，懷顧復之深恩，永言」孝思，克合封樹。粵以開元十有八年歲次庚午四月乙卯朔十六日庚午」合葬于北邙之原，禮也。尚懷陵谷，思表泉壤，乃刊石勒銘，以誌幽宅。詞曰：」

允矣君子兮令德禕而，懿夫作配兮碩人其頎。方嚴介直兮正色寡詞，韶」茂端肅兮柔明宣慈。天道神理兮冥昧何之？胡界盛德兮莫永脩期。階庭」芳秀兮崇蘭華芝，春霜夏霰兮零落無時。克成封樹兮宅兆于兹，白楊青」棘兮萬古長悲。」

（周紹良藏拓本　河南千唐誌齋藏石）

開元三〇四

【蓋】失。

【誌文】

大唐故十學士太子中舍人上柱國河間縣開國男贈率更令劉府君墓誌　家臣等纂序　外孫王進撰銘」公諱濬，字德深，汴州尉氏人也。後漢章帝子河間孝王開十九代孫，曹州使君之孫，尚書左丞相」司空文獻公之子。公利用崇德，精義入神；清明在躬，終始典學。年十七，從文獻公平百濟，功授熊」津都督府參軍，累遷太子通事舍人、宮門郎、著作佐郎、祕書郎、尚書郎、祕書丞。朝廷選十學士，」以公爲諸儒最。是以龍樓籍其羽翼，麟閣推其校理，參卿外郡，起草南宮，孫楚能名，田鳳才望，復」存於此。文明歲，敬業作亂惟揚，王師未捷，授公江佐五州簡募宣勞使，開恩信，制權宜，無不倒」戈，有如破竹。因表言：敬業若不入海，即當自縊。飛奏不日，果如所料。雖孫臏□□，陳湯屈指，不足」儔也。制曰：允膺八駿之榮，克定五湖之俗。遂加朝請大夫，兼賚口馬金帛。無何，丁文獻憂。」太后俾宗族之臣，崇弔問之禮，擬爲改革，潛爲禪纂，收率土之望，先大臣之家，既作威福，令表勸」進，事若風從，功當隗始。公曰：忠臣守節，不附邪謀，死而後已，未敢聞命。便被密奏，長流嶺南，終于」廣州，春秋卌有七。延載元年，權殯河南午橋東原。夫人隴西太原李氏，絳郡公六代孫，故右衛將」軍揚休之長姊。麗如朝蕣，操若寒筠，年甫初笄，奉嬪高族，每因戚屬歡會，文獻輒褒揚行能，命公」持盃就勸，使滿座而崇德也。及文獻夫人老疾，公與夫人親侍湯藥，豈遑懈怠，年逾十年，日勤一」日。天后召文獻夫人曰：年老抱疾，幾女在旁？對曰：妾有男及婦，殊勝於女。太后嘉之。及文獻」夫人薨，公終禮謁見。高宗曰：常見皇后説：太夫人云卿夫婦俱能至孝。忠臣取於孝子，豈忘」卿乎？公歸自朝，言及于内，譽聞家國，足謂光榮。及公枉殁南荒，夫人攜幼度嶺，行哭徒跣，扶」櫬還鄉，寒暑四年，江山萬里，一朝而止，誰不嗟伏。夫人之舅太常崔公，夫人妹壻使君王公，皆當」時貴傑，各與昆季謀議，遣子女供承，冀染清規，爭求近習，其欽望也如此。太后自永昌之後，寬」典行焉，如公數家，例還資蔭。夫人誡其子曰：用蔭足免征役，不可輒趁身名，汝祖父忠貞，亡身殉」國，吾今食周粟，己媿明靈，汝儻事僞朝，如何拜掃！二子親承訓誨，甘守鄉園，神龍之初，中宗」監國，詔國夜過，夫人夙興，因率一子入都，修詞詣闕。時有親表愚昧，非笑是行，數日之間，果有恩命，各授班秩，咸驚訝焉。其爲識見也如彼。屬以往纏瘴厲，患漸膏肓，皇上特降金丹，親頒」藥法，名醫不絶，中使相望。生也有涯，命不可贖，以開元十七年六月三日薨於道政里之私第，春」秋七十有九。臨絶之際，歎曰：古有失行者，恥見亡靈，所以用物覆面。後人相習，莫能悟之。吾内省」無違，念革斯弊。子孫敬遵遺訓，内外彌仰賢明。至翌日，上令中使賻絹布六百段，仍問卜葬之」所。二子口奏父母遺愿，並請歸祔先塋。優詔曲臨，便允所請。制曰：故太子中舍人劉濬：俾榮」充奉之禮，宜加寵飾之命，可贈太子率更令。以十八年五月十九日，合祔葬于文獻公陪乾陵」舊塋西次，禮也。父子鄰兆，存亡事君；夫妻同穴，始終令義。嗣子秘書少監晃，次子祠部郎中」昂，昊天罔極，泣血過禮，故聖旨屢降以恤之曰：毁不滅性，忠可移君。聞者榮之，莫不哀仰。朝流」故吏，共纂徽猷；嗣子家臣，互通遺闕。外孫王進，長自渭陽，援翰如寫，乃爲銘曰：

豢龍有氏，斬蛇方貴，禮樂相承，衣冠不墜。實惟司空，邁德于公，文武其道，清白其風。輸忠兩闈，」歷職八政，入爲羽翼，調護克聖，出擁韜鈐，淮海以定。旋遭憫凶，古莫追蹤，后其來弔，權以脅從，俾書章表，以勸登庸。義不苟活，志不可奪，竄身嶺外，没齒天末。生妻稚子，既少且孩，他鄉異縣，□」不哀哉！山長海闊，萬無一迴。卓哉夫人，貞操絶倫，涉水萬里，乘舟四春，扶櫬攜幼，來歸洛濱。不事」僞主，有奉神明，訓誨其子，光榮及身。天何不憖，遽掩窮塵，龍泉劍合，馬鬣封新。小子幸存，夫人之」力，收之卵㲉，生以羽翼。痛甚蓼莪，恩深罔極，媿無外孫之詞，輒述渭陽之德」

（周紹良藏拓本）

開元三〇五

【蓋】失。

【誌文】

唐故朝散大夫上柱國潁州汝陰縣令史公墓誌銘并序」

公諱待賓，字待賓，河間鄚人也。粤自濟北，遷于燕垂，在昔史魚懷諒」直之誠，史岑着出師之頌，家聲無替，才賢繼美。曾祖護，隋任」宋州楚丘縣令，長吏之能，親人之要，時聞幹理，政不煩苛，得之於此」君矣。祖卿，皇朝國子監助教，鴻儒碩德，依仁遊藝，同」匡衡之射策，類曹毘之入仕。父威，滄州長蘆縣丞，屈臺鄉之」用，蒞全趙之甿。公土風質愿，操履貞慎，行惟可則，言必有章，」少好禮經，長閑吏道，解褐授眉州清神縣丞。蜀城南望，梁山北峙，接」江國之三巴，通商旅之方族，忽忽不樂，雄雄有聲，秩終選授魏州魏」縣丞。縱巫馬星入，門豹風行，不資贊貳之勞，豈弘寬猛之政。至任未」經考，恩制授中書省主事，其後又重踐斯職，密勿」王言，清切禁省，恭勤勵志，夙夜在公。于時居廟堂者」共所嘉歎，又改授泗州下邳縣令。山植孤桐，水見浮磬，郊原控帶，田」壤膏腴。公約身率下，勸農務穡，地不荒閑，歲實倉廩，亦猶滎」陽之渠，盡決壽張之界，獨豐者哉。其後又授潁州汝陰縣令。汝潁多」奇，人吏尚譎，公大敷善誘，潛察奸訛，賞罰既明，比户咸若，州」課第一，縣異有三，字人如子，緊公是賴。前後作宰，並樹豐碑，稜」韓蒯鈞，可比職同年矣。公卧疾久之，醫藥不救，春秋八十二，終」於審教里之私第。嗚呼！命先薤露，魂歸斗星，卜其宅兆，安此窆穸。」夫人邵氏前亡，今合葬於洛陽縣平陰鄉邙山之原，禮也。生乃宜家，」死則同穴，雖合葬非古，而垂範將來。嗣子宣義郎行豫州新息縣主」簿隱賢，銜酸茹泣，誰謂荼苦，送終全禮，恐掩松扃，痛隔幽明，悲纏屺」岵。僕鄉連瀛海，宦均堂邑，遂懷眷而匍匐，因撫事而含毫。銘曰：」

洛陽東京，邙山北横，悠悠人代，鬱鬱佳城。飛旐曳影，哀挽傳聲，終悲」欒棘，蕪没墳塋。

開元十八年閏六月廿三日安措於此原。」

（周紹良藏拓本　河南千唐誌齋藏石）

開元三〇六

【蓋】 失。

【誌文】

銀青光禄大夫行太子右諭德鍾紹京妻唐故越國夫人許氏墓誌銘并序」

夫人許氏，其先潁川人也。曁晉永嘉，南遷于江表，因爲句容」焉。率禮有行，□□□命河南□□今遂居之。□源其發，曠緒」逾蔓，衣冠儒素，代多人物。則有漢朝循吏，夙展譽於彤□；魏」代清郎，早飛名於粉署。況叔重異義，子將人倫，國史家諜，可」略言矣。祖叔牙，唐太子洗馬；父子安，台州司馬；並器局沖和，」文儒該博。兩梁絳服，早從江統之班；千里題輿，即展士元之」足。夫人膏腴地籍，婉順天資，婦德閨儀，聞詩習禮。昔在笄歲，」以腆義合於闕氏。無何，闕侯早逝，噫！過隙不駐，崩城奄泣。一」行作配，有乖同穴之期；三去無從，再結移天之援。後適越國」鍾紹京，公昔歲輔上龍飛，有大勳，遷中書令，今爲太子右」諭德。公含恢傑之量，爲社稷之臣，引桂檝以充資，列茅封」而表貴。以兹邦媛，□是元良。所冀榮曜之期，將同栢悦；豈圖」哀釁之結，奄泣蒿亭。開元十七年五月八日遘疾，終于洛陽」敦厚里第，春秋六十，嗚呼哀哉！以十八年龍集庚午，九月壬」子朔，九日庚申，窆于城北邙原，禮也。長嗣闕氏子潭府兵曹」瑗，早歲偏孤，桓玄之孝感；迨兹□釁，曾參之酷裂。恐陵移谷」變，勒石題銘曰：

大丘路廣，汝水源長，異義攸重，人倫之光。於穆祖考，鏘金鳴」玉，衛玠從□，龐元騁足。懿哉□媛，作配□竇，痛矣斯終，天乎」不造？哀以窆室，郭外邙原，偉夫孝感，茹毒銜冤。古往今來，□」移代易，慮彼遷□，□茲銘石。」

（周紹良藏拓本　河南千唐誌齋藏石）

開元三〇七

【蓋】失。

【誌文】

唐故朝散大夫守巴州別駕上柱國朱公墓誌銘并序」

公諱庭瑾，字庭瑾，吴郡人，帝顓頊之遐裔，梁僕射異之五代孫也。維城磐石，」岱宗之勢壓龜蒙；派别增瀾，江漢之導源淮海。子游抗規於萬乘，士素辭詔」於千金。孫權重交拜之歡，光武發指河之誓。隋衛尉卿、司勳侍郎諱長仁，公」之曾祖也；皇滑州匡城令諱延年，公之大父也；周王府執仗、吏部常」選諱景微，公之皇考也；咸温慈惠和，忠肅恭儉，世濟其美，永觀厥誠，令問無」喧，清風有穆，言推精理，性合道心。命代之秀生其德，非常之傑鍾其器。早以」門調輦脚出身，解褐隴州司倉，秩滿，制授長寧公主府倉曹，未幾丁」艱，茹哀塋廬，銜恤終已，調補衛州司法。詔舉能宰，國子司業韋奉先」表薦，制授徐州蘄縣令。災蝗不入，宣撫使奏稱善政，有制褒」美。秩滿，轉舒州司馬。河西節度使、涼府都督張敬宗奏請充判官，舉西河諸」州佐統邊事，尋以功勞改授忠王府掾，無何加朝散大夫，俄轉巴州別駕。凡」再踐京邑，五遷外臺。門交貴賓，識洞知人之鑒；府無黠吏，政成御下之能。獵」惠氣於虚無，含精爽於飛動。故楚舊耆老，巴新吏人，嗟歎徽猷，吟詠邦國，有」如此者。若夫劍射斗於酆城，璧爛目於秦殿，材擅豫章之木，竹美會稽之箭，」鬱江上之峰濃，照巖下之溪練，未承輿輦之渥，屢疲廊廡之選。噫夫德不怨」而仁無援耶？況乎制勝樽俎之器，訏謨社稷之寶，出則用利人，進爲昭有道。」已而頓委雄圖，溘傷歲早，嗚呼！世固於悒乎穹旻，開元十七年四月廿六日」遘疾，終巴郡之官舍，享年六十六。夫人河間縣君許氏，漢平恩侯之裔，」皇濮州雷澤宰澄之女也。鐘鼎膏粱，姆箴蘭茝，婺輝淵令，月皎沖華，俾淑作」貞，因心棄世，其年越八月朔十一日，終于官舍之後寢。嗚呼！蜀江千里，巴山」萬仞，月館孤魂，雲車雙櫬，輴馬踢顧，銘旌遲引，歌堂簫管虛容衛，舞閣羅紈」長掩瞬，以十八年十月朔四日，歸窆于洛陽縣清風鄉東原祔先塋，因周公」也。嗣子鋈，揚州江都縣尉等，在疚比連，同欒氣共，上存先志，俾我作頌。銘曰：

昂昂君子，四方之式，愷悌象賢，以引以翼，萬仞峰峻，千尋幹直。於穆上帝，官」惟其能，虎嘯風集，胡寧不應，雲龍春掩，鸞鳳朝昇。彼天不惠，降茲大戾，人望」國華，霜蘭焚桂，瓏月長古，泉門永閉。大圓蒼蒼，大方茫茫，青松白楊，衹令人」傷。高門戚里，珠樓皓齒，彈商激徽，矜名適己。夏之日，冬之夜，城闕宛然人代」謝，視頹古之丘墳，孰不潸然而涕下！」

（周紹良藏拓本　河南千唐誌齋藏石）

開元三〇八

【蓋】失。

【誌文】

大唐故忠武將軍河南府懷音府長上折衝上柱國河間郡劉府君墓誌銘并序」

公諱，字庭訓，沛國豐人。古者生而有文，因官得姓，堯之妃見日累累南流，感而」有娠，生子有文在其手曰劉，因以爲氏。漢河間王廿七代孫哲仕晉爲河南尹，封」新城侯，子孫因家焉，今爲河南伊闕人也。哲即公之十六代祖。自周秦以降，齊梁」之興，四姓八族，多叙以弈葉貂蟬，累代簪紱。公之先前後兩漢廿餘代，代爲天子，」至于三台四岳八座五侯，蓋不足而稱也。祖敬，豪、饒二州司法，朝散大夫，滑州匡」城令，暫毗千里，猛獸渡河；旋綰一同，飛蝗避境。父節，青州千乘主簿，堆案盈几，糾」剥如流，無勞水馬之猜，自有灰猜之鑑。公幼而岐嶷，長逾明悟，至乃仁義禮讓，忠」信温恭，道可以經邦濟時，行可以宣風動俗，加以六韜八陣，五策九宮。長兵短兵，」傷李陵之莫曉；多寵少寵，惜龐涓之未工。公以良家子補引駕左衛長上，右衛司」戈，左羽林軍中候，戈鋋肅肅，爲夜警之羽儀；矛戟森森，作晝巡之師範。尋遷巖邑」府果毅。屬契丹作梗，侵擾邊陲，恃蚊蚋之師，係雷霆之怒，是以天子按劍，將軍」奮戈。大總管李多祚奏公爲謀主，星卸電邁，駟傳風驅，行觀細柳之營，坐指長榆」之塞。公智如泉涌，勢若轉圓，曾未浹辰，醜徒斯潰，假有餘燼，竄谷潛山。公示之以」吉凶，諭之以威福。射貂騎馬，趨魏闕以馳誠；羣羊負魚，入金門而獻欵。遂授通樂」府果毅。小賊張易之恃寵憑陵，因爲叛換，遑不臣之計，有無君之心。公翼奉」聖躬，親當矢石，斯須之際，遽從梟首。加游擊將軍，賜勳七轉，亂綵百段，遷龍興府」折衝，尋轉太平公主府典軍。委質沁園，參榮魯館，不假洛陽之令，自有匡衛之謀，」加忠武將軍，遷崇信、懷音二府長上折衝都尉。公前後八任，歷仕四朝，頗倦繁華，」遊心江漢。泛泛黃龍，若林宗之遊洛水；摇摇赤馬，如仲御之還會稽。既而白犬呈」災，青蠅託夢，醫人秦緩，不救膏肓，術士華佗，無湔腸胃。纔過揚雄之歲，旋及孔丘」之年，以開元十六年八月十六日終于揚府之旅亭，時年七十有二。交阯瘴癘，伏」波由是不歸；長沙卑濕，大傅於焉莫返。用十八年十月十六日葬於邙山上東里。」嗣子栖梧，號天靡訴，叩地無追，毁瘠羸瘦，殆將過禮。山形起伏，既符白鶴之祥；地」勢風煙，乃合青烏之兆。嗚呼哀哉！乃爲銘曰：」

氣稟山岳，體惟純粹，劍斷一蛇，門傳兩驥。百萬充擲，五丈聳轡，返風滅火，幕天席」地。其一。入奉廊廟，出靜囂氛，弓開滿月，馬控浮雲。臺閣畫像，燕然勒勳，時覩大樹，知」有將軍。其二。止鳥生災，飛蠅入夢，于何不憖，摧我梁棟？妻子號絶，賓朋哀慟，館宇長」辭，邙山是送。其三。方相仡仡，旌旐翩翩，昔爲人羨，今謂人憐。雲隨闕擁，月逐墳圓，泉」扃一閉，睹日何年！其四。」

（周紹良藏拓本　開封博物館藏石）

開元三〇九

【蓋】失。

【誌文】

大唐故栢府君墓誌銘并序　河南府士曹參軍馬光淑撰」

君諱虔玉，字清務，河南陸渾人也。源本系之由，自結繩之代，盛」德芬若，茂族禕而，論其濫觴，固實遠矣，闕其文籍，可以□焉。曾」祖守貞，隋正議大夫，陳、宋二州司馬；祖才，皇潤州江寧縣丞；□」公秉德，果在治中；桓譚有才，猶居外郡。常因祖德，□我□□。父」文策，兵部常選；雖任俠成窟，終德行爲科。志立蒙輪，久從□□，」功酬斬級，適參衡鏡，惜其武騎，不授榮班。君即府君之第十八」子也。少以用父勳蔭，授驍騎尉。當其入幕之雄，豈失爲裘之業。」行爲中道，慮必三思，常曰：才無不可，命或推夷，智之無涯，時有」通塞，知紉纆之非遠，恥簪裳之固求。遂育德希夷，谷神虛白，倨」王侯以高尚，慕城闕以閑居。朱輪無北闕之榮，日貴有東山」之志，豈不爲盈虛委時，卷舒在我，永以無咎，保其元吉者也。況」乎恭敏成行，忠貞可加，恂如鄉黨之間，崛起風塵之表，亦將騰」驤倫伍，奮拔爾曹，俟徵求於鶴書，竟淹留於漁釣。以開元十八」年六月六日寢疾不豫，終于通利里之私第，春秋五十有三。命」也夫！吾何足以知之。夫人隴西李氏。修祭祀之誠，秉和柔之節，」訓子合母儀之道，宜家聞哲婦之能。龍影皆沉，鳳鳴不和，以神」龍二年六月廿二日，春秋廿有九，終于思順里之私第。以開元」十八年歲次庚午十月壬午朔十六日丁酉，合葬於河南縣平」樂鄉北邙之原，禮也。藏舟已失，東川之逝者如斯；懸棺及期，九」原之遊魂可作。嗣子幽巖，名稱俊秀，學謂幽深，既負輪轅之材，」何歎斗筲之□。感思顧□，永誌泉扃。銘曰：」

北邙山兮墓攢攢，松栢吟風兮日夜寒。哀哀孝子兮捧懸棺，萬」歲千年兮丘壟殘。」

（北京圖書館藏拓本　河南千唐誌齋藏石）

開元三一〇

【蓋】失。

【誌文】

開元三一一

【蓋】失。

【誌文】

大唐故上柱國兵部常選廣平宋府君墓誌銘并序」

公諱守一，字仲容，廣平人也。父廣琎，」皇涇州司法參軍事，仲由以片言獲譽，孟博以幹蠱」推芳。公自天生才，因性成德，汪汪雅量，包叔度之波」瀾；落落宏材，抱長輿之勁直。策名就列，已展效於勳」庸；委質扞城，且同塵於常調。恙裘聖者，晚富貴之難」祈；鶉衣賢哉，審死生之有命。以開元十一年十月十一」日遘疾，卒于洛陽城南孟村私第，享年六十八。嗚」呼哀哉！公自少及長，潔身服義，禮無僭器，利不疚回，」惠以厚物，謙而自理。元卿道高三徑，賤代遺名；顏生」德冠四科，有才無位。銷聲負郭，埋照丘園，恭惟古今，」良增歎訝。夫人史氏，即河州司士參軍亮之子也。教」崇孟室，風穆陶門，寶氣干星，終見雙沉之跡；禮明非」月，式遵同穴之儀。以開元十八年九月廿一日卒，粵」以其年十月十六日合葬于邙山之原，禮也。嗣子庭」暉，哀哀悲痛，欒欒視息，慎終追遠，長懷曾子之心；陵」移海堧，敢誌滕公之室。銘曰：」

牛山有淚，賢聖同傷，非我今日，空歌壞梁。於嘻夫子！」令問孔臧，天乎不憖，今也則亡。期臨遠日，兆得前崗，」庶題貞琰，永誌玄堂。」

（北京圖書館藏拓本）

大唐開元十八年歲次庚午十月壬午朔廿八日己酉故陪戎尉孟君墓誌銘并序」君諱頭，字惠，隴西之望也。原夫孟氏，裔自姬宗，武王剋商，」紹開帝業，四履授邑，分土惟三，委康第治於隴西也，錫壤」田而述望。然以三監酒俗，未泯餘風，命康叔爲孟侯也，將」以肅清衛國，俗革弊殷，因官謚姓，遂爲孟氏，書曰孟侯，美」其第事可明矣。曾祖眘，吉州參軍，翼清風於仁扇，鏡彼」百城；贊能軾以宣威，高視千里。祖伽，隴州參軍；恭懿純」篤，忠肅惠和，舉三禮以教人，光六條之訓俗。父達，吏部」常選；銅驂進策，金馬申奇，始入清通之司，俄沉孤朔之魄。」咸以風神地骨，敏博天姿，隨命殞年，窀穸蟄扆。君以粹靈」愛敬，孝感曾興，哀慟六情，守墳三輔。屬永淳之歲，大帝」恩還，萬國西馳，六軍東指，君之扈從，隨駕洛陽，既列枌」榆，敕賜桑井，則汜水人也。嗚呼！夢楹凶兆，大漸彌留，殄」彼哲人，壞斯梁木，權殯於洪溝里禮也。夫人太原王氏，孀」居畢志，穀異明心，禮節哭於中宵，契同穴之冥會。開元十」八年泣瓊凶兆，災鳥棲雋，終徑栢於松門，有能文於團扇。」嗣子玄楷等，如疑若忘之感，切甘荼而貫心，所以遷考泉」臺，偶妣申啥，式遵稱襲，棺槨陳儀，慟祖龍輴，銜酸馬鬛，遂」宅兆於三山之陽，禮也。其詞曰：

左連漢堞，右通牛口，澶淵」據前，靈河帶後，千秋萬歲，可大可久！」

（周紹良藏拓本）

開元三一一二

【蓋】失。

【誌文】

大唐故宣義郎行涇州陰盤縣尉騎都尉周君墓誌銘并序　弟朝議郎行濮州鄄城縣令敬友撰，　孫兵部常選良弼書。」

蓋聞少微成象，處士列于星；大易垂文，觀國明其繇。故進而退，行」必示藏，抱德懷才，徇時濟物，忠孝克著，語默以康者，其惟君焉。」君諱義，字敬本，其先郜國人也。自堯命棄爲稷官，封之於郜，食邑」於姬，故有姬姓焉。卜襲卅代，枝派於酆郇；祚延七百葉，分於河洛。」其有鐘鼎繼軌，紛綸聖代，列於青史，詎可得而備焉。開元初，以姓」聲同帝諱，遂改爲周。曾祖瓊，素懷高尚；祖嶠，無求官禄；父」範，任都苑總監主簿。君幼多聰敏，長逾博厚，抑揚禮樂，冠服詩書，」鄉曲之譽必聞，朋友之交是信。其於遁迹色養，殆數十年，恨無禄」及親，恥有道不仕，乃投筆東洛，奉尉西戎，邊烽罷虞，汗馬入奏，遂」因常調，拜相州録事。秩滿，又授涇州陰盤縣尉。雖統軍務逼，警慮」實繁，而牽絲爲理，從容不撓。暨三載考績，千里言歸，對潘岳家園，」興仲長琴酒。嘗獨坐歎曰：人生幾何，豈復急於名利。而仙術未驗，」良木將摧，春秋六十五，以開元七年六月十五日，卒於洛陽私第，」葬於北邙清風鄉之原，禮也。嗣子思莊，卜措以往，哀祥之外，限以」名宦，將授淄州淄川縣令。慈親清河房氏，承顔膝下，扶侍東征，痛」風樹不停，壑舟仍謝，春秋七十有一，開元十六年二月四日，終於」所任之公館。中秋解綬，上洛號歸，比緣歲月匪宜，權殯營側。以開」元十八年歲次庚午十一月戊子朔十日庚申，圖筮習吉，合葬於」父之舊墳。佳城既啓，大隧將安，叩地無追，號天豈訴。平生德業，畢」□濟其家聲；冥寞精魂，特冀題於泉路。其銘曰：」

系周承緒，封魯傳家，茅土代襲，組紱增華。其一。惟君毓德，晦而能明，」忠孝兼舉，出處斯亨。其二。賦命有止，偕老同休，書盡朝露，奩移壑舟。」其三。鶴塋既弔，烏兆將安，孤號詎徹，幽石其刊。其四。」

（北京圖書館藏拓本　河南千唐誌齋藏石）

開元三一三

【蓋】失。

【誌文】

大唐故朝散大夫行申州長史上柱國劉府君墓誌銘并序」

君諱如璋，字子玉，弘農人也。原夫玄珪錫祉，御龍系其芳胤；彤雲應」符，斬蛇開其景業。厥後異人間出，英才踵武，簪紱光乎域中，軒裳偏」於天下。洪柯碩茂，横鄧配而捎雲；巨派靈長，納江湖而運海。詳諸典」册，可略而言。曾祖術，隋陝州上陽府折衝；勣邁昭陽，勳高蔡賜。祖咸，」隋蘇州長史；聲華□□，譽滿全吴。考勃，皇朝岐州岐陽縣令；」奏武城之弦歌，息灌壇之風雨。惟公太華之精，洪河之靈，擲孫金而」振響，抽郄桂以飛英。某年鄉貢進士，射策甲科，解褐洛州武安縣尉，」歷豫州上蔡主簿，遷左司御兵曹參軍，河南府澠池丞，濮州濮陽令，」又拜申州長史。梅福有神仙之望，即預官聯；仇香居德行之科，實同」班秩。騰鱗少海，雖就列於司戒；揮翰澠池，更陶歡於擊缶。撥煩劇縣，」佐理專城，愜周景之題輿，嗤尹何之製錦。嗟乎！歲聿云暮，辭滿言歸，」憶元亮之田園，尋仲長之山水。方且煎香玉釜，鍊丹金竈，莫駐松子」之齡，遽啓滕公之室。嗚呼哀哉！龍集敦牂開元十八載冬十月遘疾，」薨于河南府道光坊之私第，春秋七十有三。夫人清水縣君姜氏，重」黎之子孫，尚父之苗裔。聿修婦德，嬪我良人。昔劍別南昌，先虧隻影；」而棺移東府，卒祔雙魂。粤以其年十一月十日，合葬于河南府河南」縣河陰鄉之北邙山。長子左衛司戈諱景嗣，秀而不實，鯉也前亡。痛」孀婦之竛竮，嗟幼弟之孤藐，恐年代浸遠，岸谷遷移，誌彼佳城，刻於」貞石。詞曰：

靈和氤氳，載誕夫君，紊龍遺緒，吐鳳騰文。」玉潔冰淨，蘭芳桂芬，懷其朱紱，自致青雲。行道立身，爲仁由己，四皓」不留，兩踈知止。冥厥得喪，澹其憂喜，皎潔明心，優遊慕齒。既返初服，」旋嬰美疹，隙影西馳，箭湍東迅。去彼華屋，託兹靈櫬，白驥寒斯，丹旐」曉引。蕭條邙阜，寂寞河陰，野曠煙積，泉幽路深。佳城鬱鬱兮狐兔道，」寒壠蒼蒼兮松栢林，匪一朝而一夕，信悲古而悲今。」

（北京圖書館藏拓本）

開元三一四

【蓋】大唐故契苾公墓誌銘

【誌文】

大唐故特進涼國公行道州別駕契苾公墓誌銘并序」

公諱嵩，字議節，先祖海女之子，出於漠北□烏德建山焉。祖何力，蒼天不徵，年幼」偏露。母謂公曰：觀汝志大，在此荒隅，非是養德。比聞大唐聖君，六合歸之，」四夷慕義，將汝歸附，汝意如何？公跪而言曰：實有誠心，若至中華，死而不恨。將部」落入朝，姑臧安置，後移京兆，望乃萬年。授右領軍衛將軍。高昌不賓，授□」□嶺道總管，破國虜王。尚臨洮縣主，封張掖郡公。燕頷爲將，班超酬西域之侯；麟」閣圖形，公建勳誠之節。高麗逆命，王師問罪，先鋒直進，斬首數千，苦戰被」傷，通中者七。主上親問，入帳傅藥。太宗晏駕，陵側割耳。爲下過禮，」奉制追入，屯營檢校。龍朔元年，詔爲遼東道行軍大總管，于時九月，水陸」兩軍，大會平壤。兵至鴨緑，波濤浩瀚，無舟可濟。恐失王期，仰天而□，具申忠志，寒」風四起，流澌立合，軍衆纔渡，冰隨後銷，高麗謂神。耿恭拜井，魯揚麾戈，精誠所感，」信非謬也。旋師録功，錫甲第一區，加涼國公，拜長子明朝散大夫、太子舍人。北蕃」公子，歸帝京而得名；南陽武侯，懼中華而不入。授公父明爲都督，檢校部」落。南禦鮮零，北防兇虜，征戰不息，遷至右鷹衛大將軍。授公兄□爲都督。狼星□」怒，羣羊虜雲，不夕即朝，時無可識。兇奴大下，公兄頻勝，短兵接戰，爲虜所擒，荒外」身亡，骸留不返。主上矜念，褒贈榮官。部落有餘，授公爲都督，檢校征戰。累」功遷至右領軍衛大將軍赤水軍副持節。吐蕃頻擾，領兵不千，輕入青海，破軍斬」將。叙録功績，授公爲特進。表請入朝侍奉，留子檢校部落。輕兵陷陣，耿第」□可同年；坐指白麾，謝艾方應可匹。爲子嬌逸，言誤侍臣，衆口非金，石浮被謫□」□連州別駕。南觀冬柳，愁傷葉乃寒生；北望春梅，歎惡花分半發。結氣成疾，虐□」□仍，自壽不長，還來服鳥。遷至道州別駕。兩住炎中，連綿四載，望居坎北，放至山」南，既濟有文，終正則亂，其道窮也。開元十八年歲次庚午六月辛未，薨於任所，□」洋從得，歿後難申；至金香來，無由再起。天命已畢，大數而歸；二萬七千，同盟而至。」其命十一月廿二日，葬於咸陽洪瀆原先塋之側。嗚呼哀哉！孀妻慟哭，傷於杞□」城崩；孝子悲深，表上圖形厲俗。迺爲銘曰：」
張會被法，王陵見祺，身殁之後，福及妻兒。三代爲將，道家忌之，損殪賢良，誡之□」思。劉實性儉，子□情非，殘林被類，謫逝魂歸。栢靡西顧，白楊風悲，從今永往，唯□」葛藟。」

（北京圖書館藏拓本）

開元三一五

【蓋】失。

【誌文】

唐故襄州長史韋府君墓誌文并序」

伯商者韋，代禄斯遠；宰漢者孟，良規□□。故得」□梓咸許其瓌材，賢良有光乎胤裔。君諱麟，字」□齡，京兆人也。白珪無玷，黄裳元吉。魯仲康之」□化，初長十城；陳仲舉之宏材，竟毗千里。方期」克昇台鉉，永茂德音。而南海未圖，西崦已及。夫」人天水趙氏，善柔之形於婦道，均養彌重其母」儀。冬霰俄敗芝蘭，春蹊有乖桃李。平生舉翼，雙」飛瀚海之鴻；此日銷魂，再合延津之劍。遷祔於」河南府洛陽縣平陰鄉張相村。嗣子行哲，次子」行懿，雖高衢並鶩，或秀木前凋，衣衾已叶古經，」宅兆未亨終吉。嗣孫元順，追成夙志，更卜新塋，寂寂玄壤，悠悠苦月，誄有道而無愧，敢運詞乎？」文曰：」周曰唐杜，時惟厥先，葳蕤簡牘，弈葉忠賢。珠玉」葺譽，謀孫翼子，别乘參榮，康沂用理。如何不弔，」瓊魄喪美。戀本仁也，歸魂此丘，月照遷壑，雲迷」夜舟。慚色絲之雅句，紀玄璲乎千秋。」

開元十八年歲次庚午十一月辛亥朔二十二日壬申。」

（周紹良藏拓本　河南千唐誌齋藏石）

開元三一六

【蓋】失。

【誌文】

唐故藤州感義縣令韋府君墓誌文并序」

君諱行懿，字景邈，京兆人也。粤□前志，籯」金不□；挺生夫子，黄中通理。初間筮仕，俄」昇百里之榮；忽歎閲川，更切九泉之□。夫」人賀婁氏。燕山北指，昔燕代之名家；河水」東流，今河南之盛族。庶氤氳蕙若，而□折」丘山。嗚呼哀哉！以調露二年二月廿二日」遷窆于河南府洛陽縣平陰鄉張相村。嗣」子元順、次子元俊，悲食鍾之不逮，感防墓」之未修，龜筮僉從，宅兆爰畢，天地萬化，河」山千古，瞻白日以興懷，送滕公於此土。其」文曰：」

恭聞舊史，韋平繼美，公侯必復，委諸百里。」惟兹茂德，内修坤則，班氏典儀，自家形國。」蘭摧玉折，天道若何？狐蹤繚繞兮青棘徑，」牧豎躑躅兮白楊府。」

開元十八年歲次庚午十一月辛亥朔廿二日壬申。」

（北京圖書館藏拓本）

開元三一七

【蓋】失。

【誌文】

唐故左領軍衛執戟李公墓誌銘并序　教書郎崔珪璋撰」

公諱佀佀，字元光，隴西狄道人也。其先老君之後也。賢」達膺期，有赫前古。公五代祖肇，周左金紫光禄大夫、大」都督、鴻臚卿、鄴縣開國侯；高祖慶，隋大都督儀同三司、」車騎大將軍、濮陽縣開國子、食邑四百户；祖師福，蔣王」東閣祭酒；父穉子，皇任鹽、甘、肅三州刺史，使持節嶲州」都督；咸台輔軒榮，公卿錫爵，子男五等，寵光遐嗣。公少」負英毅，志懷忠勇，力拔河山，氣射雲物。常有言曰：大丈」夫不繼單于頸，不碎顔良軍，曷以答聖朝之休」美，紹先人之鴻業？遂投筆戎幕，冀滅雰祲。横矛海外，千」里無鬪戰之役；仗劍河源，三軍息鼓鞞之進。雖歷年」勤戍，空疲汗馬之勞；入貢西曹，一舉高第，旨授」左領軍執戟。年卌有九，以開元十七年己巳載六月暴」亡軒禁。開十八庚午歲十一月廿九日，陪葬於北邙山」平樂鄉先塋之東，禮也。嗚呼！青烏改卜，牆柳生風；丹旐」建旌，陰溝噎日。歎流年之不駐，魂兮逝兮何之？銘石傳」芳，期於不朽。其詞曰：」

李氏兮之先，玄之兮有玄。派流兮狄道，冠蓋兮貂蟬。忠」孝兮性立，文武兮天然。蒼旻兮不憖，白日兮徂遷。邙山」兮之陰，土□兮水深。陽燧晨兮露泣，貞松暮兮風吟。百」年兮人事，萬古兮名沉。」

（北京圖書館藏拓本　河南千唐誌齋藏石）

開元三一八

【蓋】失。

【誌文】

唐故銀青光禄大夫行光禄少卿上柱國渤海郡開國公高府君墓誌銘并序」

公諱懲，字志肅，渤海蓨人也。炎農之系，其源浚邈，虞則伯尼列岳，周乃尚父作藩，都」營丘，大齊國，五侯九伯，實得征之，舉賢尚功，未可量也。八代有公子高，高之孫曰傒，」遂以王父之字而命氏焉。金册垂洪，玉璜延映。振古勳業，貽厥存乎清風；近代官婚，」日新之謂盛族。五代祖德正，後魏黄門侍郎，北齊侍中，七兵、殿中、吏部三尚書，左僕」射，儀同三師，藍田縣開國公，進封渤海郡王，謚曰康，贈太保、尚書令；高祖伯堅，北齊」東閣祭酒、贈海州刺史；曾祖王臣，北齊給事中、通直散騎侍郎、藍田公；祖敬言，」皇朝給事中、户部侍郎、吏部侍郎，果、穀、虢、許四州刺史；父光復，皇朝吏部員外、」吏部郎中、檢校復州刺史；咸孤出人表，連華帝載，弘禮樂以成器，謙尊而光，疊軒裳」以立朝，惠訓不倦。宜其克荷前烈，以燕後昆，故生我偉才，纘是洪閥。公雅量淳粹，令」圖光遠。聞詩聞禮，必由言行之先；將翱將翔，竟得飛鳴之地。弱冠以太學明經擢第，」調補豫州參軍。會越王貞以誅錯爲名，勒兵觀釁，亦既部署，先威斧質。復州府君時」爲吏部郎，計無所從，闔門待罪，而教忠有素，道死于歸，安親奉國，有如此者。」上親勞問，特授朝散大夫，改尚乘直長，尋加朝議大夫。再遇艱禍，幾乎殞絶，柴毁過」禮，純至見稱。服闋，除太子典設郎、成均監丞，遷尚書職方員外、上柱國，轉太常殿中」丞，遷都水使者兼判大理、衛尉兩卿，使持節隰州刺史加銀青光禄大夫，换雲麾將」軍、左衛副率判大理卿，累加爵至渤海郡開國公邑二千户，又除銀青光禄大夫，歷」澤、亳、曹、潞、瀛五州刺史，入爲光禄少卿。臺閣久之，共稱倫理，帷裳屢闢，皆聞政聲。徐」防之十載朝廷，魏相之一行淮海，未足多也。嗚呼！未之下壽，奄忽上游，開元十七年」歲在荒落，遘疾薨於河南之尚賢里，春秋六十有六。則以明年龍集庚午葬于北邙」先塋之南原，禮也。公有殆庶之義孔多，絶倫之藝不預，以正直爲牆仞，以行能爲矛」戟，清白爲從政之本，仁恕爲周身之防，督交契而益敬，審事宜而利物。言體道動中」權，即之也温，望之儼然；如琴盡伯喈之雅聲，書得右軍之逸勢，行有餘裕，且善奕棋。」公未嘗以矜，但人所仰止。至於良辰美景，德儕氣合，亦文酒存焉。象外之名理與歸，」海内之風流籍甚。甚矣夫！不使長世，天之或者謂之何哉？嗣子寧、寬、密等，棘心在疚，」殘喘執喪，懇言門人，俾旌不朽。銘曰：」四岳十亂，曩時賢弼；良牧名卿，當代崇秩。祖則純嘏，胤亦元吉，高衢未終，大暮俄畢。」中堂祖載，外野蕭瑟，厚地無天，窮泉閉日。生涯罔二，死者惟一，刻石伊何？恭傳茂實。」

次子孤子通直郎前行邢州南和縣尉蓨縣男寬書。」

（周紹良藏拓本　河南千唐誌齋藏石）

開元三一九

【蓋】失。

【誌文】

大唐登仕郎行河南府洛陽縣録事吕君故夫人李氏墓誌銘并序」
夫人姓李，隴西燉煌人也。皇朝徵事郎、前」行京兆府萬年縣録事守敬之子，陵州始建」縣丞爽之孫，珍州司户參軍感之曾孫。自高」祖隋憲部郎中，茂閥冠於三朝，本支繁乎百」世。夫人姿容秀麗，體性閑雅。怡怡義志，終始」不渝；蒸蒸孝心，斯須無捨。嘉胤五六，育之不」倦；甥姪二八，情拊彌勤。恩偏舅姑，特由仁惠。」嗟乎！皇穹不祐，急景凋秾，春秋卅有一，以開元」十九年正月廿七日因難染疾，終於洛城脩」義坊第也。悲哉！男悍、悛、愓、五、洛奴、女高娘等，」幼雉哀哀，殆將滅性。虔卜遠日，以安宅兆，即」其年二月五日，權殯于河南府河南縣金谷」鄉界邙山之西南泥溝之東北別業之東坎，」禮也。刊其行志，以慰泉壤。其詞曰：

瑶源演」派，瓊瀆疏流，婉兹柔順，媲彼好仇。其一。動必合」禮，儀恒克脩，敬恭不忘，德容有疇。其二。閲川不」息，落景難留，嗟乎蘭蕙，泉路長休。其三。」

（北京圖書館藏拓本　河南千唐誌齋藏石）

開元三二〇

【蓋】失。

【誌文】

大唐故銀青光禄大夫使持節陳州諸軍事陳州刺史上柱國陶府君墓誌銘并序」

公諱禹，字玄成，家本丹陽，遷爲河南人也。粤若稽古，出自帝」堯，在殷則七族見推，居晉而八州爲貴。

歷觀圖史，代有才賢。」公則介州司馬贈滄州刺史瓚之孫，銀青光禄大夫、懷州刺」史大舉之子，開府儀同三司、中書令梁國文貞公姚崇之壻。」不辭齊偶，因大吾門，九族於是增輝，六條由其必復。弱冠以」資授右千牛，轉尚食直長、家令丞、典設、符寶郎。靖恭乃位，無」忝厥聲。出任濮州司馬、衛州長史。屈佐州郡，思齊海沂。入遷」太子中允僕、鄭王府長史、國子司業。自我得之，適光於刘楚；」所居必理，無媿於伐檀。累牧緜、澤、陳三郡。分憂之任，實難其」材。公處劇若閑，持平不撓，威惠以臨下，明察以知微，褰帷而」美惡自彰，投印而奸邪屏跡。政惟畫一，吏不敢欺，求之古人，」不可多得。自承恩灞涘，言赴宛丘，纔届許昌，便增舊」疾。豈生涯有限，何福善無徵？以開元十九年二月十二日，終」于許州之旅館，歸葬于河南北邙之原，禮也。公弱不好弄，松」栢之性自然；長而能剛，珪璋之譽斯洽。人惟益敬，家尠惰容。」弘訓子之義方，竭與朋之忠告，幹蠱而克承先烈，清白而留」遺後昆。啓手歸全，孝之忠也。子説、鋭、涚，有祖父之風，成門户」之寶。恐陵夷谷變，冥寞難徵；日往月來，徽音永墜。誌茲貞石，」式紀玄堂。乃爲銘曰：」

洛河之北，邙山之陽，瞻牛得地，指鳳開堂。不遠先壠，無遺故」鄉，于嗟玉樹，瘞此連崗。春秋五十有四。」

（北京圖書館藏拓本）

開元三二一

【蓋】失。

【誌文】

唐故華州鄭縣主簿李府君墓誌并序」

君諱景陽，隴西成紀人也。曾祖客師，皇冠軍」將軍、丹陽郡開國公；祖德謩，尚輦奉御；父守」真，號州司兵；或勳載盟府，所謂國之柱臣；或」業傳代家，所謂邦之君子。府君丕襲純耀，獨懸清光，學不常師，鬱爲博物，文參大雅，超然」獨步，國子進士高第，解褐太常寺太祝，秩滿」調補華州鄭縣主簿，正詞有典，鬼神來格，用」文無害，人吏以康。秉忠一心，方期大用，疾生」痛首，奄盡小年，以開元十八年十一月卄日」遇頭疽，終于館舍，春秋卌有四。君素無胤嗣，」孀妻平涼員氏，終始喪事，遷葬于洛陽縣北」邙之原，禮也。刊青礎永固玄堂，銘曰：」

倬含章，登造士。翩就列，班祝史。司罻罹，官以」理。遘災妨生忽已喪，賢哲痛夫子。」

開元十九年歲次辛未二月庚辰朔十七日」景申，葬於北邙原平陰鄉，之禮也。」

（周紹良藏拓本　河南千唐誌齋藏石）

開元三二二

【蓋】失。

【誌文】

故朝議郎歙州北野縣尉上騎都尉程府君誌銘并敘」

誌者記也，以記其勳庸；銘者名也，以名其大烈。故杜預曰：焉」知此地不爲陵谷乎？遂刊石鐫金，以傳不朽者，即求之前」載，亦何代無其人哉！公諱逸，字思亮，京兆咸陽人也。明」哲繼軌，餘慶克傳。曾祖輝，朝散大夫左贊善；祖伯」英，涇州陰盤縣令；父彥琮，殿中尚食奉御；體道宏遠，」公侯必復，生而五色，一日千里。公即府君之長子也。年甫」弱冠，不拘常軌，優遊經史，晦明藏用，天資亮拔，崖」岸峻峙。遂入太學，射策甲科，調補歙州北野縣尉，」加上騎都尉。州縣之勞，每懷梁竦之歎；冠冕思挂，常」蓄陶公之志。居無何，以辭秩，泝中流以歸國。風塵不」撓，賓友閒通，詩書載怡，風月自賞，歷歷在目，洋洋」聞耳，以一十五年矣。公體質貞義，神情警悟，眉目如」畫，清明若神。善書工，有劍術。降年不永，天道如何？」春秋五十有四，遘疾，以開元十九年正月十八日，終于從善」里之私第也。即以其年三月十三日，權殯于北邙之原，禮也。」南臨巨河，北枕雄阜，車馬繼軌而相續，鼓鐘攸聞於亂」響。」吾寡兄弟，哀哀昊天，少婦孤惸，嗣子襁褓，不有封樹，誰」旌厥□？其銘曰：

夜臺深兮窅難歸，天道常兮人」莫悲。于嗟程生兮不慭遺！鐫金勒石兮名不衰。」

（北京圖書館藏拓本）

開元三二三

【蓋】大唐故曹夫人墓誌銘

【誌文】大唐汝州魯陽府別將胡明期母曹夫人誌銘并序」

維開元十九年辛未歲二月廿六日汝」州魯陽府別將母曹夫人終于進德坊，」粵四月七日己卯殯於洛城東北隅王」冠村，禮也。夫人性質柔惠，心體幽閑，進」退可師，俯仰成則。樂妻斷織，無以諭其」勵夫，孟母移居，未議方於訓子。而風雨」爲媒，霜露成疾，返魂之香難見，閱川之」恨已深。哀子明期，痛結終天，哀纏畢地，」恐人代遷易，原野荒蕪，爰勒貞規，誌于」幽石。銘曰：」

高堂摧兮大隧開，聖善居此兮謂何哉！」泉扃夜臺相窈窱，千秋萬歲何時曉？」

前國子助教特敕知太常儀注騫國俊撰。」

（周紹良藏拓本　開封博物館藏石）

開元三二四

【蓋】失。

【誌文】

巨唐故□□門衛長史安定皇甫公墓誌銘并叙」

公諱慎，字慎，其先安定朝那人也。本以皇父卿士官」命氏焉，自後幹葉聯榮，鬱爲四海望族，英髦人物，到」今稱之。曾祖珍義，皇歙州休寧縣令、資州長史，郡邑」以理，邦家實賴，累歷清白，風貽子孫；祖文亮，皇鸞臺」侍郎，楊、魏等四州刺史，密勿之委，以獻可爲誡；共理」之能，以移革開□。父知常，汾、懷、汴等六州刺史，楊、洛」二州長史；代不乏賢，必復其始，故能德被淮海，聲流」河洛，所牧推擇，政掩龔黃。公即楊州府君之三次子」也。弄年□蔭，授左千牛，秩滿迴補尚舍直長，曾未周」天，家憂遄及，喪禮畢，調任尚乘直長，督守馬政，職司」龍閑。公執信於人，無施不可，又換監門衛長史，兩考。」因遘疾在京，以開元十九年三月二日告終於京兆」通義坊之客舍。春秋卌有□，無後，即以其年四月七」日歸葬於北邙先塋側西北百餘步梓澤鄉之原，」禮也。嗚呼！人誰不死，悲公壯年，居常無喜愠之容，在」官多公勤之績。奈何明德無輔，福謙不流，宦未崇榮，」門無胤嗣，早娶博陵崔道昭女也，一劍先沉，九泉俄」往。今祔葬有禮，改移同□。將終天永閟，銘其誌之。詞」曰：」天何不仁兮奄兹埋玉，返京兆之魂，歸邙山之曲。」

（周紹良藏拓本　河南千唐誌齋藏石）

開元三三五

【蓋】失。

【誌文】

大唐故騎都尉劉府君墓誌銘」

自軒丘命氏，兄弟之姓初分；若水降居，諸侯之國斯建。碭」山瑞氣，沛公之霸王猶存；蜀國將軍，劉備之檀溪有裕。因」官弈葉，各據一方，授職遷榮，光華萬古。君本彭城郡人，今」屬富平焉。高祖羅，祖師，並嘯傲山水，苞含篆籀，綱」紀仁物，領袖鄉閭。息智以鑄思韋金，早擅八龍之譽；姪琮」以琱情郄玉，久彰三武之名。將軍則鎮遏山河，風高李廣；」游擊則勤王霸上，氣重周瑜。方亞夫而仕漢朝，英規尚在；」譬景侯之存魏主，盛跡昭然。君諱禄，字　，矯矯其貌，」必自平輿之泉；翩翩于飛，多出朝陽之嶽。累代台衮，不獨」袁家；七葉貂蟬，豈唯張氏。朝廷以君河中星緯，妙該玄女」之符；橋下兵書，深洞黄公之略。蒙授騎都尉，賞其勳效也。」昔李陽忠鯁，方綰此官；竇憲從軍，燕然立號。開元十九年」三月二日，奄捐館舍，春秋八十有五。杖國杖朝，曰耆曰耋。」君以蓬飄八水，梗泛三川，優遊鞏洛之郊，卒於綏福之第。」沙門黄散，尚藥無徵；負局紫丸，服之無驗。嗚呼哀哉！古往」今來，牛崗以築，馬鬣先開。愛子惠琮等，璞略不郡，孤標出」俗。一日千里，王允有卿相之才；三都五城，嵇康負林泉之」節。貞廉禀性，史籍兼苞，官迺徵事題名，勳則騎都留號。以」其文蔚，差直秘書，生事以孝，死葬以禮，即以其年四月十」九日殯於河南府北邙山原，之禮也。君以懷材抱器，風骨」不恒，命迫泉臺，痛傷猶子云爾。」

（北京圖書館藏拓本）

開元三二六

【蓋】失。

【誌文】

大唐懷州司户參軍陳氏故賈夫人墓誌銘并序」

彼姝者子，實邦之媛，習至教於公宫，炳柔德於宗室，」有繼於此，惟夫人焉。夫人賈氏，本家太原別駕之孫，」諸侯之子，聰悟明敏，氣態閑和，女弟數人，倬出羣表。」讀内則之記，有肅昏昕；誦采蘋之詩，能脩法度。此蓋」先太夫人之遺訓。年十有三，歸于陳氏，成嫡婦也。爍」四德之儀，行一獻之禮，饗於客位以授室，降自阼階」以著代。躬纂組醴配之勤，專委積蓋藏之饋。叔甥既」孺，助養知方；女妹有行，執勞不匱。有大蓄之儉，無小」過之愆。富長世之規，寡享年之壽，開元十九年五月」八日暴疾，終於立行里之私第，春秋卅。以其月十四」日假窆於邙山之南，禮也。嗚呼！淑德三女無男，長也」未笄，孩也在哺，藐爾諸小，呱呱在房，何生人之至艱，」而冥録之斯酷？夫利見，有才名於天下。開元中，歷河」南緱氏主簿、懷州司户參軍。怨嘉偶之永睽，思德音」之未沬，勒銘樂石，以紀嬪風。詞曰：」何彼穠矣，顔如蕣華，被服綺羅兮德柔嘉。花未□兮」人已謝，奄冥冥兮歸長夜。嗚呼夫人宜永兮天不借，」配於君子，輔國才之光價。夕臺閟兮邙山曲，靈之安」兮松已緑，空仿像於帷燭。」

（北京圖書館藏拓本）

開元三二七

【蓋】失。

【誌文】

大唐故江王息故澧州刺史廣平公夫人楊氏墓誌」

夫人諱無量壽，弘農人也。則天武后之」外氏，右屯衛將軍知慶之女，故節敏太子妃之」姊也。夫人令淑早聞，芝蘭獨茂，德奉君子，操行」逾申。屬唐祚中缺，宗族遷播，公謫南陬，」赦降西掖，爰及外氏，命離夫人。夫人赴鑊道亡，」從義守節。父恭荷造，旋乃迫離，脅奪志」懷，改醮胡氏。君父之命，難以固違，閔夏」之禮，或釋其道，因茲遘疾，久積纏痾。返香無徵，」暮華有限。嗚呼！以開元十九年六月六日，薨於」鼎邑殖業里私第也，春秋六十有五。即以其年」月十九日葬於洛陽縣清風鄉北邙山之原。二」氏各男，絶漿泣血，卜遠申議，別建封塋，拜饗之」儀，具得其禮。嗚呼哀哉！乃爲銘曰：」

年長海變，節迅灰移，金璋貴族，玉碎珠爀。新塋」列栢，舊草莛藁，玄泉水凍，白日風悲，一朝□□，」萬恨奚追。」

（北京圖書館藏拓本）

開元三二八

【蓋】失。

【誌文】

大唐朱氏夫人誌銘」

夫人朱氏，出自吴地會稽也。慕其榮所，」弱齡受聘，慈父光配，適于陶君。廿辭家，」洎茲三載，親族善其嬪則，舅姑稱其婦」宜。今廿有三，以開元十九年二月卧疾于」洛陽，至六月十五日，終于北市豐財坊」之第。取六月戊寅朔廿日丁酉，殯于城」東王趙村平樂鄉。嗚呼！二子猶稚，慈母」見離，夫盡哀慟，親也咸悲。白日無覩，黄」泉何依？罷琴歌兮長逝，隨化没兮無歸。」白楊樹下，風柯思人，墳塋寂寞，空乎鬼」鄰。恐陵谷遷改，刻光乎石記之。銘曰：」

長歸蒿里，永閑幽門，魂兮寂寞，何年再」春？」

（北京圖書館藏拓本）

開元三二九

【蓋】失。

【誌文】

大唐故道州唐興縣尉路府君墓誌銘并序」□□起茂績，没垂徽號，苟有常胤，猶樹家聲，況乎」□子之賢，纂修堂構，安可寢之而已哉。公諱」循」範，字千里，陽平人也。曾祖先，秘書郎，鄧、安二」州刺史；祖政，皇齊州歷城令，隨先皇平遼，」加游擊將軍、隴州閤川府左果毅都尉；父慶，」皇趙州癭陶令；並文照武烈，國珍家寶。公生而」特稟，夙通時譽，博聞強識，杖義巢仁。承學古之資，」副調絃之化，授給事郎，」行道州唐興尉。公率性」忠讜，急於濟物，佳其美名，故牽卑而無慍也。方擬」鴻漸於近，克復前烈，窺分陜之跡，愜生令望，景命」不融，奄見傾落。開元十七年八月五日，屬纊於道」州官舍，春秋五十有五。神車北指，闔境號戀，攀祠」邀享，欲前不能，自非明允篤誠，孰能至於斯矣。」開元十九年七月三日，遷厝於河南府北邙山平」樂鄉之原，從周禮也，嗣子盈從等，瑤林瓊樹，花萼」相輝，遠祈通賢，撰銘神□。其詞曰：」邙山掌，洛□北，松栢□□冬夏色，萬古千秋長無」極。」

（河南千唐誌齋藏石）

開元三三〇

【蓋】失。

【誌文】

趙氏亡子汝南塔，白楊樹南十三步，哉栢」一根，在圖西南五十步。以大唐開元十九年八月十三日」殯在龍門菩提寺山，故暨記。」

（録自《芒洛冢墓遺文》卷中）

開元三三一

【蓋】失。

【誌文】

唐故朝請郎行黄州司法參軍奉敕檢校上陽内作判官房君墓誌銘并序」

族之伊始，堯孫有房侯之封；望之所興，漢代爲清河」之守。清河房氏，厥惟舊哉！公諱孚，字脩凝，即其苗裔。」曾祖獻，襄陽縣令；祖泰，青州録事參軍；考文絢，豊城」縣令；州縣之職，雖曰徒勞；仁賢之風，抑則未昧。公既」承積慶，實秉奇節。所務也，不求人以取飾；所行也，自」脩己以爲容。故浮華之譽微，而忠實之規厚。以翊衛」選授朝請郎黄州司法參軍。公孝之績，雖在南陽；子」牟之心，實馳魏闕。人之所欲，天必從之，以本官奉」敕檢校上陽宫内作判官。志大而任輕，道遐而運促，」陳力就列，方佇高遷，浮生有涯，遽悲長往。以開元十」九年歲次辛未八月廿二日因疾終于河南府洛陽」縣歸仁里之私第，以其年十月丙子朔十日乙酉遷」厝於邙山之平樂鄉，禮也。公之妻南陽張氏，望絕偕」老，痛深撫孤，存乎栢舟，誓以同穴。子楚珍、志清、志察、」堅璋等，年雖佩韘，哀若成人，陟岵靡瞻，號天欲報，假」詞刊石，以表清風。銘曰：」

邙山丘墟，試望蕭瑟，松栢之下，惟君之室。疇昔歡娛，」于今永畢，悲哉孤嗣，痛矣孀妻。爰圖刻石，以表泉闉，」斯銘地久，休烈天齊。」

（周紹良藏拓本）

開元三三二

【蓋】失。

【誌文】

唐吏部常選滎陽鄭公故夫人廣平宋氏墓誌銘并序」

夫人諱練，廣平郡人也。昔我先公微子開者，帝乙元子，仁」而又賢，殷革周新，有宋存矣。禮義之國，載在春秋；冠劍之」容，盛乎史氏。曾祖大辯，皇遂州司馬；祖守恭，皇睦州遂安」縣令；父楚璧，大理少卿；咸忠肅惠和，明德純懿，宮牆重仞，」允得其門。夫人內則承家，閫言師訓，翠鬟笄總，玉佩施盤，」象服是宜，素章增絢，習禮蹈和，明詩納順。所謂樂得淑女，」以配君子者歟！年十有八，歸我鄭公，展如之華，作嬪高族，」琴瑟在御，鐘鼓于堂。箴誡言清，食德班彪之室；文章韻遠，」動詞秦氏之闈。嗟乎！始裁團扇之篇，俄滅乘鸞之影，錦筵」徒設，安仁望祭之悲；羅帳虛歸，奉倩傷神之念。春秋廿七。」開元十九年九月廿二日遘疾終于教業里第。初，夫人婉」娩聽從，授之順也；摽梅之實，得乎時也；衣錦褧衣，盛乎儀」也；蘋藻脯脩，存乎道也；既誕既育，言乎成也；斯可以儷我」碩人，張煌婦德矣。故詩云：彼美淑姬，可與晤言。此之謂也。」以十月丙子朔廿二日丁酉，權窆於洛陽縣清風鄉原，禮」也。於戲！嚴君在堂，愛子滿室，二男稚齒，雙女嬰孩。減羅紈」與寶瑟，掩泉闈於夜臺。銘曰：

彼荷華兮藻耀漪瀾，譬淑」女兮懿姿羅紈。惟魴鯉兮戲于沼沚，瞻姜宋兮作配君子。」雁旭日兮冰未泮，百兩迓兮錦衾爛。翡翠雙遊蘭之苕，蘭」始華兮霜露凋。有美一人魂已遥，重泉大暮何□朝□□□□□□□□飲恨□□□」

（周紹良藏拓本　河南千唐誌齋藏石）

開元三三三

【蓋】　失。

【誌文】

大唐故金州參軍李公墓誌銘并序」

君諱侯，字思貞，趙郡贊皇人也。三代爲將，茅土」始分，百代其昌，衣冠不泯。曾祖寶，傳美譽於天」下，垂令德於後昆；祖達，不事彫蟲，自有壯□之」節，起家授右衛遂城府别將，□連偃月，陣□横」雲；父知仁，德州將陵令，宣風布政，息末敦本，人」存禮節，家識廉恥。君承門調，爲利州葭萌縣丞，」轉撫州司法，五聽無私，州將見累，貶金、衡二州」參軍。一命從事，兩任參卿，方申鴻漸之儀，返遘」舊棲之酷。以開元十九年十一月八日癸丑卒」於洛陽私舍，春秋七十有五。嗚呼！人生實難，艱」□□甚，流寓千里，悲深九泉，以其年月十五日」庚申葬於北邙之原，禮也。嗣子希喬、次子僧奴」等，痛孺慕於兹晨，悲零丁於弱歲。故妻徐氏之」女，號所天之無階，哀孤遺之眇爾。呼名不已，無」驗於仙鶴；銜土成墳，空嗟於飛鷰。乃爲銘曰：」千月未窮，一生俄畢，哀鐸夜動，靈驂曉出。霍湊」黄腸，滕銘白日，今來古往，飛聲標實。」

（周紹良藏拓本）

開元三三四

【蓋】失。

【誌文】

唐故通直郎前行延州都督府士曹參軍事長孫府君墓誌銘并序」

公諱眪，字洛賓，河南洛陽人也。昔軒轅濟物，因人而利道，或」拓天以寬代虐，後嗣享福，世靡不昌，故夫赫弈英異，備得載」諸史諜。曾祖總，隋金紫光禄大夫、趙州刺史；祖大敏，皇職」方員外郎；父希古，皇洛州福昌縣令；咸以令譽，光乎當世。」公即福昌之長子也。雅習于善，少而知名，德則有鄰，鄉人皆」好。志於學，恥一物之不知，敏於行，必三省而後作。神龍初，以」外戚陪位放選，解褐授寧王府典籤。屈龐公之驥足，同賈生」之作傅，恪恭其職，知無不爲。轉延州都督府士曹參軍。途接」京華，務兼邊鄙。修築之固，必慎置薪；出納之宜，膏腴不潤。己」巳歲，丁太夫人憂去職。公謙以自牧，清畏人知，罷祿之後，家」無餘産，寓居畿甸，迫於桂玉，因告羅戚屬，遵彼故部，班馬首」東，遇疾而止。以開元十九年歲次辛未十月丙子朔八日癸未，」暴終于延府豐義驛之館宇，春秋卌有四。悲夫！宦仍黄綬，年」未學易，男尚爲悼，女猶在懷，孤旐攸攸，遠方還國；靈轜寂寂，」幼豎是依。哀切親朋，傷感行路。粤以其年十一月廿五日出」殯于北邙山之南崗金谷鄉，權宜禮也。嗣子晟，垂髦當室，呱」呱何常。夫人天水趙氏。號天泣血，吞恨罔訴，顧撫稚子，旋驚」未亡。欲追思揚名，以誌幽壤，懼陵谷靡定，故刊貞石。其詞曰：」

軒后靈胤，魏主支孫，餘慶克保，芳聲早存。其一。彼蒼如何，降年」不永，言詣僚屬，櫬還鄉井。其二。玄堂既啓，素車首途，孀婦泣血，」稚子呱呱。其三。地久天長，陵深谷易，冀傳萬祀，勒銘茲石。其四。」

（北京圖書館藏拓本　河南千唐誌齋藏石）

開元三三五

【蓋】失。

【誌文】

大唐故薛王傅上柱國司馬府君墓誌銘并序　鄭州原武尉張脩文撰」

君諱詮，字元衡，河内温人也。昔者黄帝軒轅氏没，少昊金天氏興，厥胤重黎，分」享天地。其後大司馬以官命族，從周適晉，楚項王封印於殷，始都河内，國歸於」漢，子孫家焉。自晉高祖宣皇帝弟戴侯馗，洎君十五代，賢人之業，世濟其美，君」子克家，不失舊德。曾祖運，隋國賓龍泉郡丞，封琅邪公；祖玄祚，隋國賓琅邪公，」皇朝膳部郎中、禮部侍郎、通直散騎常侍、琅邪縣開國男；帝王尊賢，興廢繼絶，」是以禮封二代，傳崇三恪，則武王滅紂，嗣帝舜之苗；漢皇至洛，紹宗周之裔。及」鼎遷隋室，曆紀唐年，初則爲郎，草舍香之奏；終而近侍，竭獻可之規。父希奭，」皇朝舉秀才，解褐梓州永泰主簿，陝州芮城縣丞，雍州萬年、明堂、長安三縣尉；」甲科登第，策名筮仕，每安時以處順，無朵頤而躁求。故才高於人，位不充量，神」龍初，以長子中書侍郎鍠追贈懷州長史。錫高班於既殁，千載猶生；降榮命於」幽泉，三光再燭。公則府君之第二子也。垂拱四年，以成均生明經擢第，解褐」授湖州安吉縣尉，次授蒲州永樂丞，充巡察使判官。論功課最，擢授左肅政臺」監察御史、殿中侍御史，轉尚書比部員外郎、庫部郎中。鐵冠懲俗，斂權豪之手；」石室疇庸，得郎官之最。久之，除慈州刺史。時天子廣憂人瘼，傍求共理，吏」之本也，以公爲能，丁内憂去職，服闋，授户部郎中，轉太子家令，遷光禄卿。榮參」列棘，甫踐九卿；職是握蘭，頗同三入。改仙州刺史，入爲薛王府長史，轉宋州刺」史，授薛王傅。屬國家有事陵寢，恩賞大行，以本官加金章紫綬。朱邸」再勞，赤帷頻駕。政平訟理，天下謂之循良；麗藻長裾，時王重其文雅。嗟夫！睢陽」城廣，重喜來遊；長沙地卑，俄聞作賦。開元十九年六月廿二日遘疾，終於洛陽」毓德里之私第，春秋六十有七。以其年十一月廿七日，權厝於北邙原故夫人」范陽郡君盧之塋左，禮也。公自幼及長，主忠履信，柔嘉外宣，陽秋内備。進退可」度，何暗室之有欺；言行爲樞，將與物而無競。自晨歌絶音，夜庭終燎，邦人罷市，」鄰杵不相。長子絳、次子寬，並先君夭折；次子遜、次子寧，孺慕終天，宅兆遠日，號」三泉之永隔，雖千鍾而莫逮。迺勒石潛闥，以刊德音，庶松栢爲薪，而丘壙可記。」銘曰：」
少昊之苗，宣皇之胤，迺祖烈考，龍驤鸞振。府君生矣，象賢繼俊；行爲士則，身以」德潤。宦歷臺省，牧雄方鎮，玄玉垂腰，黄金鑄印。賈誼爲傅，壽不得長；壼遂未相，」今也則亡。龜筮卜兆，威儀啓行，塗車芻靈，素蓋黄腸。歲去長古，春來不陽，賢臣」壟墜，千秋北邙。」
門客東海摇寶珪書。」
（北京圖書館藏拓本　河南千唐誌齋藏石）

開元三三六

【蓋】　失。
【誌文】
唐郭君墓誌銘并序」
夫賢材應運，嵩丘代曆命之英；乾坤不人，」岱岳有喪良之咎。思故没而不朽者也。」夫人王氏，太原人也。儀貞月亮，色茂」春社，韞四絶以成規，裁七篇而作範，於是」□琴書，玩風月，拓五畝而制居宅，面一丘」而□山水。不爲逝川已往，風樹難停，降年」不永，遂霑風燭。日下長安，名流將遠，天上」京兆，與歸終絶。春秋六十有四，卒於私第，」以開元十九年歲次辛未十一月丙午朔」廿七日壬申，葬於吕柴村西南一里平原，」禮也。夫人智範，門重文成之教，家承孝友」之資，敬生即之齊眉，重今時之合體，門無」胤緒，遂闕温情。智範當身，自營墓所，其詞曰：

夫妻二人，一没一存，孤魂一别，雙美何陳？」□□丘隴，知伏何言。」

（古文獻室藏拓本）

開元三三七

【蓋】大唐故孫府君墓誌銘

【誌文】

故孫居士塔誌銘并序」

夫大道無爲，陰陽以之造化；自性常」住，因緣以之遷變。惟居士俗姓孫，諱」節，字惠照，望沐河西，先宗魏野。德茂」純備，可以軌物訓人；高才貫穿，可以」光音待價。善明覺性，至悟玄津，絆識」馬於禪支，挂猜猨於道樹。得大總持，」證乎寂滅，以正月廿二日化跡乎旃」旗之國。預造仙塔，後息勞人，用今吉」辰，遷于邛岫，敬勒石文，式陳銘曰：」

真如性淨，非悟非迷，因緣代謝，」有去有來。六窮空色，何免輪迴，」體兹寂滅，用證菩提。」

開元廿年正月廿九日丙時殯。」

（録自《芒洛冢墓遺文》卷中）

開元三三八

【蓋】張君墓誌

【誌文】

唐故振威副尉清河張君墓誌銘并序」

君諱漢，字泰，其先清和人也；遠祖遷官，因爲安」陽人焉。曾祖威，齊定州刺史；祖壽，黎州司馬；父」秀，婆娑鄉里，連黨之領。緣公少而驍捍，長而奇」絶，皇朝振威副尉。手握簪紱，腰曳銀紐。出入都」國，爲雄牧所重；優遊鄉黨，而豪望所矚。既而棄」榮禄，傲風月，薄遊林亭，散誕原野，追啓期之三」樂，坐仲弓一丘，忽焉如流，不知逝景將至。以神」龍二年十月廿三日終于私第。夫人馬氏。植性」芝蘭，態惟清雅，夫婦之儀允洽，始終之契攸歸。」悉魂化幽臺，俱臻泉壤。即以開元廿年歲次涒」灘爲如之月十一日甲申，乃合葬於相州城西」卅里平原，禮也。左觀城闕，已别煙霞；右矚山原，有傷灰燼。前臨淇汭，北眺漳濱。嗣子子珍，昊天」罔極，泣血無從。恐代易時移，竹帛難久，用題金」石，以兹不朽。乃爲詞曰：」

君之上姓，南方一星，古王盛族，雄豪寵精。日月」逝矣，山川誕靈，奄君龍壙，用列墳塋。」

（録自《鄴下冢墓遺文二編》）

開元三三九

【蓋】失。

【誌文】

大唐故朝議郎前行薛王府兵曹參軍上柱國太原王府君墓誌銘并序　朝散郎行懷州司户參軍陳利見撰　京兆府金城縣晉昌唐逸書」

夫長才廣度者，天授也；積行累仁者，代業也。於赫二者，君子宜之，奈何府君」祿不充量，是知窮通者存乎命，否泰者繫乎時，故不可得而言也。君諱令字」簡，始家太原，徙宅臨汝，今爲臨汝人也。前人得姓，乃周王之子孫；烈祖登朝，」即隋人之祿位。曾祖興，弘懿明肅，保和光大，方展士元之驥，還題仲舉之」輿，仕隋滎州司馬。祖嗣，强學待問，脩辭立誠，作慈惠之師，設知方之教，不」取壽春之犢，常飛葉縣之鳧，皇朝蒲州桑泉令。父了，幼閑韜略，克著戎昭，」爲八校之規模，作三軍之氣色。仲容才美，始加都尉之名；蘇建功多，遂有將」軍之號。官至懷州丹水府左果毅。公河山挺出，金火間成，孝友備於閨門，忠」信行乎鄉黨。兼子游之文學，有季路之言詞，以王功而授上勳，自門胄而入」匡衛，其清持地勝，臨邑城雄，天垂罻星，地列郡國。尉者慰也，非才孰堪，爰有」博州清平之選。夫王姬築館，主第分官，恩深脂粉之田，富有山林之地。以公」之美，遂命參卿，於是乎有成安之拜。沉沉魯室，隱隱梁臺。墨客臨風，更陟崇」蘭之坂；仙人致雨，仍留小桂之山。與明遠而同遊，共惠連而並入，於是乎有」兵倉二曹之任也。公行藏付命，寵辱若驚，滿歲云歸，括囊無咎，降年不永，何」痛如之？仲尼泣其遺愛，叔譽思其可作，享年六十，以開元十九年十一月廿」七日終於洛陽脩義里之私第。夫人隴西李氏，先公而亡，則唐揚州倉曹通」之孫，湖州安吉府君遠之長女。幼而明敏，長而婉嫕，稟貞純之德，有淑順之」儀，宗族稱其賢，舅姑稱其孝，事上以禮，馭下以慈。宗伯姬則貞而守謙，曹大」家亦恭而有訓。孤子吏部常選尚賢等，痛慈尊而永翳，瞻屺岵而增哀。越開」元廿年二月十一日合葬於河南北山，禮也。嗚呼！千秋萬歲，古木荒煙，酷訴」遺烈，傳之下泉。其詞曰：」

惟公膺期，問望不已，邦國之秀，人倫之紀。允光前烈，代濟其美，奈何高才，而」無貴仕。歲聿云邁，生涯已矣。祔禮非古，周公所存，遠期三月，長閟雙魂。重山」霧暗，極野雲屯，題少女之碑石，紀貞夫之墓門。」祖以天册萬歲二年正月十七日安厝於鹽坎，祖妣李氏以景雲元」年十一月十三日殯于老君廟之西宣武陵之北，因遷奉亡考，孤子」尚賢，以開元廿年二月甲申並徙此原，合葬之禮，謹祔銘後，刻紀千秋。」

（周紹良藏拓本　河南千唐誌齋藏石）

開元三四〇

【蓋】失。

【誌文】

唐故明威將軍守左領軍衛河南府金谷府折衝都尉上柱國太原王府君墓誌銘并序」

公諱崇禮，字何四，太原祁人也。司徒輔漢，王子賓天，淮源啓兆於」龜書，葉縣芳傳於鳬舃，盛德之後，公其裔焉。曾祖越，後周司馬；祖」敬，遭隋朝喪亂，遁跡丘園，高道不仕。父貴，皇朝贈博州司」馬印綬位。公即司馬第四子也。立志雄勇，秉節忠良。往屬韋庶晨」鳴，將危社稷，」今上殷憂多難，戡剪羣兇。公當侍從北宮，申威奮武，揮戈電轉，躍」馬雲屯。洎天地貞觀，日月光明，乃僉定功勞，封其爵命。唐隆元年」七月十六日，有制授公松州牛頭鎮副。歷職廿五考，改官」九政，至開元十九年三月一日，遷至明威將軍，守左領軍衛河南」府金谷府折衝都尉、上柱國。公忠能奉國，孝以承家，養正以蒙，鑒」窮於未兆；處心以默，智周於無際。自爪牙丹禁，超衛彤墀，」載歷暄□，嘉聲無替。以開元十有九年從駕東都寢疾，十」月廿四日，薨於新豐，享年五十有九。開元廿年龍集壬申二月甲」戌朔十七日庚寅，葬於河南北山平樂鄉原，之禮也。嗚呼哀哉！天」之報施，輔仁誰保；命之修短，與善無徵。俄驚弔鶴之賓，遂掩占龜」之兆。夫人彭城劉氏，沛邑郡君。泣喪所天，哀號擗地。雙桐半死，空」歎龍門之山；雄劍先沉，但恨延平之水。佳城鬱鬱，遂掩崇邙；厚穸」冥冥，空悲永夜。松楸蕭索，遥迎鑾鼓之聲；旐旆逶遲，更引薤歌之」曲。長子元敬、次子元獻、次子元貢、次子元賓、次子元俊、季子元玭，」並跣步千里，絶漿七日，孝心罔極，哀毁過人。恐陵谷貿遷，耿光無」紀，銘于貞石，輒敢當仁。其詞曰：」邙山之下，白日將低，塗車欲掩，賵馬連嘶。原荒草徧，龍暗松齊，沉」沉霧夕，瑟瑟風凄，泉門莫曉，徒聽埋鷄。」

（北京圖書館藏拓本　河南千唐誌齋藏石）

開元三四一

【蓋】失。

【誌文】

唐故括州遂昌縣令張府君墓誌銘并序　滎陽鄭稷撰」

公諱先，字普賢，范陽人也。晉司空華之後。曾祖剛，隋大業中爲雅州」司法，生王父期，唐邠州永壽丞，則又無禄，世早隕命；皇考善，纘承丕」業，惇德允□，□有高才，而無貴仕，官止陵州貴平令，非其所也。天誘」其衷，誕育良嗣，藴靈積秀，乃萃於公。公聰明正直，博聞好古，學無常」師，道一以貫，而尤精墨妙，早鳴譽於天下，弱歲秉筆，繕録王言，」周旋翰林，有年數矣。國之爵賞，胥及逸勤，竟以校功，一命補彭州導」江尉。□嶓既藝，蔡蒙底績，雖鴻漸于陸，位屈南昌，而鶴鳴在臯，聲聞」上帝。天子復申，命公直中書省，仍授左司禦率府倉曹，脩舊猷，」踐加命，兼官總務，公實宜之。屬會府後時，擇京職之良者，令督過外」郡，在邦必達，涖事許人，乃以公爲亳州録事參軍。閑邪綴滛，賞善褒」德，有條不紊，若網在綱。秩滿，補括州遂昌令。于時東吴阻飢，人越兹」蠹，先是從政，率多曠官，淫縱豪强，暴蔑鰥寡，以故編户流冗，十四五」焉。公於是董逋逃，詰奸嫚，振乏絶，出滯淹，教之誨之，飲之食之，人得」□□，政有經矣。洎南至陰復，國家告虔于圓丘，雲物必書，雷雨」作□，紫泥天降，朱紱方來。無何，有制加公朝散大夫，尚德也。」寵章□建，大位未躋。公乃慨然，感梁生之言，懷踈公之志，辭禄謝病，」考盤□園，春秋四百有五十甲子。己年九月，哉生魄，寢疾，終於懷仁」坊之私第。灼龜不食，乃權殯于洛師東偏。夫人扶風郡君，南康丞之」季女也。閑家主饋，令儀淑德，斬焉在纕，中月而禫。天不憖遺，荐降鞠」凶，哀哀門子，惸惸在疚，宅兆云卜，日月有時，啓杜氏之西階，袝周公」之前曲。即以開元廿年涒灘歲如月壬寅合葬于平樂鄉之原，禮也。」敢憑實録，乃爲銘云：」

受氏分族，宅幽都兮；世禄保家，貽孫謀兮。明時縮墨，涖東吴兮；不」惠不傭，殲良圖兮。仁焉終，智焉斃，豈天乎兮？同穴邙丘，國城隅兮。」

（周紹良藏拓本　河南千唐誌齋藏石）

開元三四二

【蓋】失。

【誌文】

大唐故萬州司法參軍王君墓誌銘」

公諱韶，字伏護，太原人也，有周太子晉之裔耳。盛」德之胤，聖人之後，族均河滸之葛，氏協淮水之著，」自是代有公侯，門通軒冕。曾祖贊，實宰百里，著鳴」琴之譽矣；祖歸，昔長千夫，承推轂之寵矣；父懷信，」青襟嗜學，黄綬有位矣。公弘其度，多其材，敬慎在」躬，不貪爲寶。於是趨庭請益，下帷自强，通光儒之」學矣；尊其所視，卑以自牧，守君子之道矣。然後正」位乎外，學古入官，解褐廬州參軍，累遷萬州司法」參軍事。夙夜在公，不改冰壺之節；旬時弊獄，唯施」甘棠之政。方希考績之陟，忽同過隟之往，開元廿」年三月十二日，終于洛陽縣教業之里第，春秋五」十有六。嗚呼哀哉！外姻既至，踰月而葬，禮也。子嵩」等，號泣日夜，哀感内外，可謂善居喪者夫。銘曰：」

后稷之孫，文王之嗣，敏而好古，學優登仕。楚俗懷」德，巴人獲利，棠下流恩，燭前垂淚。其一。樹此陰德，允」哉大賢，如何斯人，胡不永年？東閣未啓，南山已騫，」夜臺冥寞松栢下，人生到此復何言！」

（北京圖書館藏拓本　河南千唐誌齋藏石）

開元三四三

【蓋】唐太原郡郭君墓誌銘

【誌文】

唐故太廟齋郎吏部常選郭子墓誌銘并序」

太原郭氏之子懌，字如城。自得姓于姬，受封于虢，言」秉高致，燕王爲之築臺；才藴良圖，魏后因之決策。至」於纂戎世業、榮耀國經者，不可毛舉而縷述也。曾祖」感，皇邢州司馬；祖善，皇朝英王府記室參軍；父辯，朝」議大夫將作少匠。子幼而敏冲，生而岐嶷，謙恭得於」成性，孝悌禀於自然。雖徐稚之辯月晦明，王戎之知」李甘苦，春卿之幼曉章句，子正之夙慎威儀，蓋未」足方其少異也。年十二，補太廟齋郎，奉職禋」宗，虔誠毖祀，潔俎趨事，式禮莫僭。屬天官」擇人，拘以恒格，有才無禄，君子病之。以開元」廿年歲次壬申四月十六日寢疾，終于東都」恭安里第也，春秋二十。嗚呼！將騁千里，遽沉良」驥之足；僅登七年，翻折豫樟之幹。苗而不秀，」豈獨前賢。以其年五月十九日殯於洛陽縣平陰鄉」之原，禮也。郭公夢均王導，哀甚卜商，悲玉樹之摧階，」痛明珠之碎掌，纘其遺事，見託斯文。銘曰：」

脩原幽扃，長夜冥冥，奠觴沐槨，塗車芻靈。露濕荒逕，」雲埋野庭，山川今古，松栢青青。」

（周紹良藏拓本）

開元三四四

【蓋】失。

【誌文】

唐故邠王文學天水趙公墓誌銘并序」

公諱夏日，其先天水人。七世祖崇，東魏開府儀」同三司，封下曲陽公，因家之。至父不器，爲監察」御史，徙居河南，故今爲河南府河南縣人也。家」世以秀才進士見用，六世于茲矣。公幼而聰慧，」八歲善屬文，十八入大學，才名冠諸生，弱冠以」進士擢第，歷宋城、朝邑兩縣尉。開元中，詔擇能」爲縣宰者，公應詔高第，除平□令，風化大行。巡」察使以名昇，進爲第一等，擢拜邠王府文學。王」以公名重，常敬事之，踰於師傅。公晚乃晤道，遂」屏棄世事，脩學禪寂，世稱得道果焉。既而遘疾」一旬，不甚求療。雖寂滅爲樂，豈自顧於形骸，而」幽明異途，唯痛深於骨肉。以開元廿年六月十」一日，終於私第，春秋五十有九。嗚呼哀哉！嗷嗷」羣弟，哀哀諸孤，禮未及藏，權在塗。銘曰：」天水靈長，英才世昌，卓犖家寶，葳蕤國章。方期」構慶，奄歎摧梁，往則寂滅，存而咸傷。」

（北京圖書館藏拓本　河南千唐誌齋藏石）

開元三四五

【蓋】失。

【誌文】

唐故左衛伊川府長史太原王府君墓誌銘并序」

公諱希俊，字希俊，太原晉陽人，出自宗周靈王太子喬」之後也。八代祖廣業，後魏太中大夫中書令。曾祖元，隋」左衛將軍；氣勇如雲，功成汗馬，親奉鈎陳之侍，貴擦蘭」錡之榮。祖暉，皇泗州長史；父履貞，皇登州別駕；咸」以出身入仕，積德寬仁，俯視題輿之名，光復海沂之詠。」公即登州府君之長子也。公幼而岐嶷，卓犖兒童之」輩；長而弘裕，優遊君子之林。若冠，以門廕補左衛勳衛。」務列嚴更，年資考績，俄移武禁，遽入文場，調補左衛伊」川府長史。才高位下，梁竦徒勞之歎；據德遊藝，仲尼旅」人之象。非其好也，元亮歸來；是卜終焉，子陵偃息。豈意」負杖驚夢，勿藥無喜，逝川斯閱，梁木斯摧，奄故於洛陽」縣脩義里之私第，春秋五十三。粤以開元廿年龍集壬」申七月辛丑朔廿一日辛酉，卜兆于河南府洛陽縣清」風鄉之北原，禮也。嗣子珽、次子瑱、寇氏女九娘等，號訴」罔極，孤窮無依，高岸防遷，刻石旌表。銘曰：」

衣冠禮樂，忠孝儒學，稱德門兮；家牒國史，代濟其美，時」所尊兮。生我明慧，必復祈世，山仰止兮；輔善不信，方亨」爲忝，淮絶水兮。青松白楊，馬鬣牛崗，封斯域兮；千秋萬」歲，孔昭不替，紀賢則兮。」

（北京圖書館藏拓本）

開元三四六

【蓋】失。

【誌文】

唐故河南府澠池縣丞慕容君墓誌銘并序」

嗚呼慕容君以開元廿年歲次壬申七月四日甲辰卒於東」都擇善里第，春秋卌有九。粤今年八月十四日甲申遷窆于」北邙山舊塋之側，禮也。君諱瑾，其先昌黎棘城人。始後魏」都洛，徙於滎陽也。昔者慕三光之容，因而錫氏；列二國之霸，」是謂人英。威震南燕，勢雄西晉，自兹厥後，代不乏賢。曾祖三」藏，隋大將軍和州刺史；祖正言，兗州都督府司馬；父知晦，汾」州刺史；並臺懸水鏡，應物呈象，匣開霜鍔，剸鐘無聲。故以內」備爪牙，外膺方岳，鄒魯儒俗，道映題輿；汾洮奧區，寵光飛蓋。」君酌清明之秀氣，孕懿粹之淳德，幽覽默識，洞微詣精。越自」髫年，不爲童兒之戲；暨乎弱歲，有老成人之風。年廿，明經擢」第，解褐岐州參軍，尋丁太夫人憂去職，毀瘠踰制，杖而後起。」服闋，調補左衛兵曹參軍，稍遷河南府澠池縣丞。始階鴻漸，」終覬鵬圖，遽歎鶴書，旋驚鵩賦。惟君經明行修，義昭漢史；參」卿軍事，道冠晉賢。入纂五戎之司，出毗百里之政。人以斯賴，」聲用有孚。至夫行在言先，所以勵其俗；名居身後，所以隱其」光。世無得而可稱，命有數而何道。長男未齓，先君而殂；幼女」始孩，不知凶諱。嗚呼哀哉！青烏卜兮邙之山，丹旐飛兮不復」還，黛括森兮鄰故域，翠琬鐫兮紀碩德。撰孅揚休庶不忒，千」秋萬古允昭塞。銘曰：」

恢令範之有融，毓和淑之淹通。才爲士則兮行爲紀，家爲至」孝國爲忠。不欺幽以負理，竟安卑乎殁齒。惜顏氏之短齡，傷」鄧攸之無子。從宦未達，生涯已矣！玄房深兮白楊悲，悲風急兮」苦月遲，仁與不仁而同路，問蒼蒼而不知！」

（周紹良藏拓本）

開元三四七

【蓋】失。

【誌文】

大唐故右領軍衛將軍上柱國新城縣開國伯薛府君墓誌文并序　子壻左補闕内供奉集賢院修撰琅邪王仲丘撰」

粵開元廿祀龍集壬申七月辛丑朔。河東薛府君諱璿卒于東都正平里第，春秋」五十有二，賓朋軫恨，朝序延哀，國之爪牙，于何不幸，啓予手□，吾知免夫。有嬪」恒農楊夫人，台鼎承家，克明閨範；有子郊王府參軍萱，哀哀孺慕，遐感昊天，欽奉」遺則，祇膺理命。即以其年八月辛未朔廿日庚寅，安神于河南之北原禮也。門生」故吏，懿戚良朋，方聚而謀曰：我公之盛德有五，道在人間，不刊貞石，安可默已？夫」千八百國，薛祖先封；六十四侯，薛君爭長；漢魏之後，衣冠遞襲。曾祖景山，金紫光」禄大夫，太常、光禄卿，謚曰恭。大父元嗣，司農、太常卿，岐、貝州刺史，洛州長史。烈考」温，銀青光禄大夫、太常卿，又散騎常侍，制兵部尚書，謚曰昭成。國之崇也，人之望」也。先公則厥有成績，垂裕後昆；府君則克保象賢，善守先伐，所以聳長戟，羅曲旃，」乘珠輪，佩蒼玉，由積慶而種德，致深仁而厚義。其盛德一也。府君稟淳粹之淑姿，」含靈和之休氣，孝誠因地，精感動天。爰自幼童，逮乎成立，出告反面，候色承顔，冬」夏扇枕之儀，晨昏盥漱之敬，既抽鄰笋，復致丁藤。及嚴慈繼背，哀號罔極，終朝一」溢，泣血三年，不嘗菜菓，不衣縑纊。毁瘠之貌，可以雞支；擢咽之容，還聞鶴弔。祭之」以禮，惟豊惟潔；葬之以禮，如慕如疑。事親之道至矣，孝子之事終矣。其盛德二也。」友愛之志，通於神明；信義之誠，通於木石。長兄恒州長史曰昭，士林之尊也，推讓」之切，敦喻之規，怡怡無閒，人倫所極；撫視猶子，過於所生，十起之恩，仁慈至矣。平」生朋友，遍在臺閣，久而益敬，終和且平。匍匐之心，不遠於千里；名節之重，無棄其」一言。其盛德三也。家有賜書，門爲藝府，揮翰則蛟龍□雨，積學則金玉爲山。百函」所製，一□能畢；千詩匠意，七步能成。莫不意出人間，情生象外。凡有述作，動盈緗」素。其德四也。府君年十二，解褐左千牛，尋轉魏王府騎曹參軍、鄭州司户參軍事，」遷符寶郎，太子右贊善大夫，加新城伯，以親累出爲黄州司馬、滁州別駕、貝州司」馬，遷靖陵令，轉太廟令、左衛中郎兼恭陵使，遷隴州刺史。下車布政，風偃浹辰；垂」□神明，人懷父母，蓬飄擇轉之子，皆賀來蘇；星郵日傳之郊，方聞樂業。轉内率兼」喬陵使，檢校右領軍衛將軍。所居必理，所去見思，忠勤之節，貞幹之藻，蓋不愆而」不忘，終有始而有畢。其盛德五也。秉斯五德，光映一時，□切□□之歌，不昇坐槐」之席，悲哉！仲丘忝姻親之□□，得門庭之遺事，啜泣題序，乃爲銘曰：

盛德之後，清明在躬。承家以孝，奉國惟忠。光吾舊業，必□名□清貞有裕，藻翰」推工。將軍樹老，薛縣池空，□秋□歲，烈烈遺風。」

左司郎中陽伯成書」

（河南千唐誌齋藏石）

開元三四八

【蓋】失。

【誌文】

大唐故亡宮八品年五十八

亡宮者，本以良家入選，充奉」後庭，勤免克脩，班寵斯及。遘」疾無象，遽閲生涯，以開元廿」年八月廿日，奄從運往。以八」月廿日安厝於　禮也。式」遵令典，以紀芳猷，敬刊貞石，」乃爲銘曰：

恭惟中禁，是」資内職，念彼賢明，克諧夙植。」如何芳歲，青林换色？一閟丘」壙，空悲荆棘。」

（北京圖書館藏拓本）

開元三四九

【蓋】　失。

【誌文】

大唐故鄭州刺史源公故夫人鄭氏誌銘　公從祖叔父朝請大夫太子司議郎惠津撰」

夫人榮陽人也，以夫貴封同郡原武縣君。自後魏定五姓，推爲甲」族，爾來三百許歲，譜牒存焉。五代祖偉，魏襲襄城公、北徐州刺史、」使持節驃騎大將軍、開府儀同三司；王父元祚，皇朝鄧州内」鄉令；考惟恭，蘇州司户參軍；自我從祖之姑而出也。生而閑敏，長」而惠和，不資傅誨，舉成女則。早喪父母，幼而有行，年十三，歸吾從」祖兄之子光俗。蓋以克孝，聞于親族，是用問名，以聚鄉黨，授以室」事，無不宜家。有奉舅姑之嚴，而移父母之孝。每一善也，薦美于君」子；有遺事也，引慝于厥躬。未嘗不流謙自卑，藴飾于内也，故能成」君子之孝，服勤于親；成君子之忠，盡節于主；成君子之友，睦于弟」兄；成君子之仁，愛于萬姓；是以賢婦之目，世人稱之。及喪舅姑，哀」深宗婦，君子毁瘠于次，夫人憂慼于宫，厚諸遺孤，甚于平昔。始于」夫人之德，有永舅姑之義。故君子著而能遠，夫人内以相熾；君子」尊位而不溢，夫人閑家以悔亡。洎君子永終，夫人晝哭，訓育男女，」若全師父。承叔妹之意，居娣姒之和，無改君子之道，有答平生之」志。奉持釋教，深契至真，福豈唐捐，降年不永。春秋五十有一，以開」元廿年五月五日疾終於河南縣康俗里君子之故居，嗚呼哀哉！」夫人之平昔嘗曰：無以我先于舅姑。嗣子湑等敬順聖善，不愆于」儀，而日月有期，宅兆今吉，以開元廿年壬申九月辛丑朔二日壬」寅迎府君于殯，遷夫人于堂，同窆一塋，爲庚壬兩穴，斯亦衛人之」祔焉。嗚呼夫人，敬也禮也；嗚呼嗣子，親親尊尊。銘曰：」系西周兮建東國，錫土姓兮流至德。其一。夫爲郡兮我爲邑，慰族人」兮感先泣。其二。衣錦衣兮遊故鄉，俄晝哭兮被縗裳。其三。同萬化兮從」君子，侯舅姑兮敬終始。其四。室其邇兮思其遠，求仁得兮又何怨！其五。」

（周紹良藏拓本　河南千唐誌齋藏石）

開元三五〇

【蓋】失。

【誌文】

唐故朝散郎行潞州長子縣尉太原王公墓誌銘并序　朝議郎檢校大理正上柱國雍惟良撰」

公諱恰，字友睦，太原人也。其先出自有周。曾祖繪，隋朝散大夫、」北澮州別駕；祖琰，唐青州北海縣令；烈考晉俗，以賢良」射策，價重一時，授益州蜀縣尉，轉大理評事。公即評事之第二子。祇」我德先，世表文學。初公以在疚之辰，年纔丱歲，母氏鞠育，迄於成長，」及以門資甫授長子也。太夫人在堂，寸禄逮親，立身爲貴，嘉慶」相次，何慰如之。頃年大駕在西，小人謬掌風憲。夫人以女」氏之愛，少留咸京，公之友于，亦同於彼。是歲夫人之薨於宣陽」里，喪服同次，哀慕親覩，水漿不入於口，浹有旬日。長樂之别，公當有」言，毁滅之際，請侍於神道。君子以孝之極，又何加焉。一昨外營」家艱，遠赴祥忌，葷久不茹，杖而後行，遘疾彌留，奄忽長逝。嗚呼！」今之去也順，向之來也浮，順與浮寤寐之一也。降年卅六，福善之應」無，啓手而歸全，天經之道著。以開元廿年七月七日終於集賢里之」私第，即以其年歲次壬申九月辛丑朔二日壬寅艮時遷殯於河南」府河南縣平樂鄉張陽里之北原，禮也。惟公才行尤高，器識精密，譽」流刀筆，體肅風霜。滿長子清白有聞，廉使奏以能官之狀，故衣冠拭」目，實臺閣之人。與善無徵，徂年何促，痛矣！公夙承閫訓，小依外家，不」空成宅之言，彌結舅甥之義。惜王氏之一俊，落喬枝於千丈，嗚呼！公」之平生，必擇賢偶，常欽坦腹，竟未結褵，有子且孤，慇焉承繼，行路增」感，親知撫膺，聽羽翼之分悲，惜零落而承瞼，愚實不敏，多慚世親，服」義懷仁，輒紀行事，乃爲銘曰：」

終身之戚，君子有之，滅性將報，處亦何悲。今我長子，實纏孝思，昊天」不吊，溘露爲期。緬懷前烈，道冠當時，永錫爾類，揚名在茲。大暮同盡，」不死者誰？正欣玄髮，重惜焚芝。悠悠神理，福善竟欺，哀哀此送，泣下」漣□。□陽山上，古墓壘壘，公其託體，逝矣何追？千秋萬歲，魂兮永辭。」

（周紹良藏拓本　開封博物館藏石）

開元三五一

【蓋】失。

【誌文】

大唐故朝議郎行幽州會昌縣令上柱國賈府君墓誌銘并序」

君諱元恭，字元恭，長樂人也。屬隋氏亂離，遷居洛陽」焉。曾祖相，祖廓，俱以德行著稱，鄉黨賢之。父楚，守道」丘園，不求聞達。君少馳雅譽，聞徹州閭，長懷貞節，聲」滿廊廟。以才行清白，後遷幽州會昌縣令。琴歌不輟，」製錦無傷，童子知仁，孚禽仰惠，百姓遺愛，千秋不泯。秩滿，以絜白歸洛陽。噫！陵移谷徙，水閱舟藏，奔景不」留，哲人其委，遘疾以開元廿年七月廿四日考終於」洛陽脩義里之私第，春秋八十有一。以其年九月辛」丑朔二日壬寅權窆於河南縣平樂鄉北邙山之崇」原，禮也。嗣子朗州武陵縣尉福延，次子河南府温城」府別將福祚，季子絳州崇樂府右果毅福祥等，風樹」增哀，蓼荼纏感，號天永絶，攀慟何及。恐陵谷遷徙，人」事西東，紀德表賢，庶兹貞石。銘曰：」神授聰敏，天降冲和，禮樂昇陟，仁義經過。立德行道，」操斧伐柯，死生代謝，今古如何？佳城鬱鬱，寒草芊芊，」陵谷驟變，風雲黯然。隴隧長夜，便房洞泉，唯餘貞石，」萬祀猶傳。」

亡男右武衛長上福祐殯墳東北一百步。」

（周紹良藏拓本　河南千唐誌齋藏石）

開元三五二

【蓋】失。

【誌文】

大唐故上柱國趙君墓誌并序」

君諱□□，字南山，其先瑯瑘人也。若迺列郡分官，拔第」聯□□□從事，時與貿遷，今來所居，即爲洛陽人也。曾」祖邃，甘州刺史；筮淮餘慶，我公侯之于孫；合浦珠還，諟」挹家之令譽。祖清，鄆州須昌縣丞；副二有屈於雄飛，才」高既勞於雌伏。父德，皇潞州禮會府折衝；文武不」墜，纏綸舊業，泓澄萬頃之陂，少留千里之任。韜鈐在口，」政術居心，世無遺能，塵上言最也。君識重融雅，淡」然無從，傲睨煙雲，削跡不仕，六明言敉，晚歲將行，」天子有征，策勳第壹。退就書籍，指命懸車，逍遥於門，兩」楹歸夢，禍生不慭，寢疾彌留，春秋七十，終於私舍。夫人」太原郭氏。銑碧疑韶，薰蘭沓茂，作嬪君子，式自宜家，特」妙婦工，章程母訓。壽年不永，先下井梧之悲；死必同歸，」訊啓佳城之兆。以開元廿年九月二日，合葬於北邙山」之南原部村里，禮也。洛城鐘鼓，風傳曉夕之聲；季月林」塋，日薄蒼黄之至。君情殷慱物，孝自周人，深在義」方，盡環利隱，親親愷悌，秩秩充閨。嗣子嘉猷，趨庭訓習，」詩禮備聞，痛裂心靈，摧魂罔極，毁不滅性，視息苟存，遷」窆既時，外姻畢至。僕以擁門見請，而撰銘云。其詞曰：」白鶴吊兮青烏兆開，人世遷忽兮逝川不迴，埋金玉兮」萬古悠哉！」

（北京圖書館藏拓本　開封博物館藏石）

開元三五三

【蓋】失。

【誌文】

大唐故朝議郎行蒲州桑泉縣丞輕車都尉路府君墓誌」

竊聞聖王御歷，賢人應時，千」古挺生，四方間出，則我大唐故蒲州桑泉縣」丞路府君□諱惲，字子重，陽平郡人也。曾祖承」伯，隋兗州別駕；祖操，唐隨州棗陽縣令；父玄卿，」唐京兆府三原縣丞。公海岳降靈，松篁挺質，忠」賢事國，孝友承家。舉孝廉爲郎，譽滿時聽，解褐」拜潤曲阿縣主簿，又遷蒲州河□縣主簿，又遷」懷州武德縣主簿，器蘊瑚璉，位□□棘，又遷蒲」州桑泉縣丞。詩書再□，德齊顏子；神仙入仕，位」漸桓覃。望以門高，慶流榮列，如何地下，□籍修」文，福善無徵，膏肓遘疾。以開元廿年六月廿四」日終於桑泉縣廨宇，以開元廿年歲次壬申九」月朔卅日未辰，權殯於河南府河南縣瀍水西原，禮也。嗚呼！天高難問，泉深莫知，空餘雕篆，永」紀明德。其銘曰：」

河朔秀氣，伊瀍旅魂，殯隔鄉邑，山依國門。其一。」操比松篁，心逾石席，譽滿中外，德光今昔。其二。」音徽遐逝，德業幽玄，青烏此日，白鶴何年？其三。」骨肉號泣，鄰里傷心，雲迷荒徑，風悲野林。其四。」

（周紹良藏拓本　河南千唐誌齋藏石）

開元三五四

【蓋】失。

【誌文】大唐故益州都督府户曹參軍姚君墓誌銘并序　左監門衛倉曹鄭乾詞」

公諱□字遷，吴興郡人也。昔黄神執契，始軒臺而派族；嬀舜受」圖，因姚墟而命氏。德光遐祚，福延後昆，在趙則弋仲鴻勳，居晉」則方興碩學。曾祖昂，皇朝□□別駕；祖節，皇朝」著作佐郎；父冏，皇朝夷州都上縣主簿上柱國；并明月」之寶，青雲之器，門傳禮樂，世襲衣冠。公即著作郎之元孫，都上」君之猶子也。幼而能言，長不好弄，年卅，起家宿衛出身，解褐初」調邛州蒲江縣主簿，二」拜徐州沛縣尉，三轉河南府伊陽縣尉。」梅福南昌之美，橋玄北部之榮，欲騁長衢，且安卑位。四授京兆」府奉天縣丞，五遷益州大都督府户曹參軍。桓譚之入陸安，何」辭官薄；王陽之遊蜀道，不畏身危。在官每盡於廉平，去職實多」於遺愛。於是政秩未滿，休假而歸，不尚繁華，深誡榮辱。嗚呼！旻」不耆德，景命失靈，以開元廿年八月五日遇疾終於河南府洛」陽縣審教里之私第，春秋五十有九。公居忠履孝，藴義懷仁，三」年不鳴，一日千里。方諸瑚璉，則宗廟之器；同夫杞梓，則棟梁之」材。言笑若秋風，顔色如春日。士也不禄，命將矣夫！中山之印未」傳，佳城之銘以發。夫人京兆韋氏，良金相門，明珠貴室，易錦衾」以苫席，改羅裯而素帷。誓彼栢舟，要歸同穴。長子邈，吏部常選；」次子逾等，哀毁骨立，杖而後起，比顔丁之居喪，等高柴之泣血。」以其年九月辛丑廿日庚申遷窆於河南府河南縣邙山之塋，」禮也。東南接銅人之原，西北近尚書之谷，青松鬱鬱，悲風更多；」白楊蕭蕭，恨聲無盡。勒刊貞石，紀録幽泉。銘曰：

唐襲軒業，虞」纘堯勳，姚墟命氏，蒲坂垂芬。其一。累葉相繼，弈代承家，何朝不□，」何世不華？其二。君之不永，享年奚促，榮未鏘金，痛深埋玉。其三。」

（周紹良藏拓本　河南千唐誌齋藏石）

開元三五五

【蓋】失。

【誌文】

大唐故泗州司馬叔苗善物墓誌銘并序」

夫碑誌者，紀其德行，旌乎功業，俗多以文詞藻飾，遂使道失其真。家叔狀能，愿」存實録。昔祝融命氏，得姓承源；令尹分官，楚材晉用。子孫傳繼，便居晉焉。」曾門父筠，屬隋季亂離，潛行晦跡，識占烏之爰止，遇飛龍之在田，陪從義旗，發乎」汾晉，竭盡忠節，輔詣咸京。唐祚攸歸，光宅天下，疇庸之際，」拜正議大夫、本郡中」正。俄嬰疾罷職。大門父璡，海岳孕靈，器識宏遠，鄉黨見重，牧宰推高，屢有薦」揚，不敢就命。屬以諸父凋逝，家累孔殷，方乃謝絶衣冠，垂訓子姪。其時伯叔」總有廿，不逾數歲，孝廉擢第者一十有三。遂得羔雁成行，不獨仲弓之室；芝蘭交」映，豈唯太傅之庭。加以擬氾毓之字孤，衣無常主；迹孔融之愛客，座乃盈賓。叔即」大門之季子。父每云叔有豐下之貌，爲保家之主。父恒偏愛，重令侍」養晨昏。叔感父情鍾，不離膝下，推諸伯以從仕，請一身而色養。」父更切深懇，其志不奪，便有嚴命，令父逝之後，可即從官。尋丁禍酷，三年泣」血，禮制終畢，式遵遺訓，遂宿衛出身；解褐任宣州涇縣尉。秩滿一選，授婺州東陽」縣尉。位卑黄綬，道槩青雲，屈梅福之高才，就橋玄之下列。又轉許州鄢陵縣丞。趙」温慨歎，每揚雄飛；朱博多能，逾彰美政。又轉邢州沙河縣令。鳴琴而理，投刃皆虚，」術著分練，道光製錦。尋擢拜泗州司馬。雖官未盡才，尚屈洪鍾之量；而階資所漸，」遽遷浮磬之郊。光佐理於專城，□惟□□半刺，郡邑人吏，實所具瞻。既而年漸居」高，愿從禮退，遽反初服，以就懸車，□□□以開元十四年十二月五日傾逝於汴」州私第，春秋八十有二。叔母徐氏。少閑婦則，舉案聿脩；長訓母儀，閨門擅美。遽遘」疾，開元十二年十月廿一日，逝於泗州公館，春秋七十有五。嗚呼！昔居蘭室，克諧」琴瑟之歡；今赴佳城，爰合衣衾之好。以開元廿年歲次壬申十一月庚子朔十日」己酉，同祔於北邙之原，禮也。嗣子滑州匡城縣令奉倩、次子右武衛司階蔓蒨，並」博綜經史，恭承友悌，永言孝思，孝思維則。見白華之潔，愿與同歸；誦吹棘之詩，合」之天性。望安厝之域，號叩崩摧；赴先遠之期，肝心潰絶。期之不朽，勒石爲銘。」其詞曰：」

惟叔才望，實惇孝友，繁華道德，識量舍受。斡具天規，貞心歲守，檢身以約，□」下期久。其一。生必有死，惟天之常，道飆掩夕，朝露晞陽。合祔何地？同歸北邙，哀哀孝子，號叫穹」蒼。其二。」

姪衛州刺史延嗣撰」

（北京圖書館藏拓本　河南千唐誌齋藏石）

開元三五六

【蓋】失。

【誌文】

大唐故騎都尉智君之銘并序」

君諱玄，字慶，其先隴西苗冑，智百王之後。曾祖隴，齊南陽郡守；祖德，板授汾州司馬；父燕，隱儒勗志，廉讓兼施，守節丘園，辭榮不仕。君神姿竦遠，」禀天淑靈，帝族分輝，藏光匿耀，浮沉閭巷，博義寬仁，二柄精修，時當用武，雄心猛烈，召募從征，剋敵無遺，蒙授騎都尉。豈謂鳥災庚日，俄飛北斗之魂；人夢巳年，無復南山之壽。遂穆雍家室，遜悌鄉閭，未竟規模，忽離私疾，春秋七十有五，開元十七年三月十四日卒於私第。遂使愁雲泣鳥，谿澗吟猨，道俗歎其遺蹤，内外嗟其舊跡。以開元二十年十一月二十一日葬於夕陽村東北四里自營，禮也。東連覆元，西眺龍門，南瞻象河，北臨徐水。哀子懷文，號天罔極，叩地無追，痛切南陔，悲纏陟岵。即以龍轜去去，男申躃踴之悲；素旐飛飛，女發號咷之泣。其詞曰：

其一。青烏讖兆，白鶴臨墳，梁山歌雪，遂路無春。」

（録自《山右石刻叢編》卷六）

開元三五七

【蓋】大唐夫人王氏墓誌

【誌文】

皇朝秘書丞攝侍御史朱公妻太原郡君王氏墓誌并序　秘書監集賢學士賀知章纂」

夫人諱　姓王氏，太原祁人。五代祖宇文朝司徒思政，即周」太祖之外氏，故受錫姓之恩，加以拓字，故今爲拓王氏矣。曾祖」祇玄，皇朝銀青光禄大夫、秦國軍副；祖師古，司農主簿、杭」州錢唐令；考承業，廣州録事參軍；伊笙高飛，家聲載遠，淮筮永」瀉，祖德增流，冠冕被乎國圖，芬馨著乎人譽。夫人稟教修立，持」身潔靜，年既笄而班訓已聞，禮從縱而姜勤彌劭。逮事舅姑，備」脩婦道。景雲中，侍御奔林剡山，聯邑稱最，爾後頻佐海郡，大國」用亨。夫人脩内以助政，啓外以安家，姻黨傳其令聲，僕役資其」寬德。而天不與壽，奄而先逝。嗚呼哀哉！以今開元二十年歲次」壬申正月乙巳朔三日丁未遘疾，終於侍御所職滄州海運坊」之官第，春秋六十一。以其年十一月庚子朔二十一日庚申，窆」於邙山之北原，禮也。嗚呼哀哉！」承祖德兮緱氏陽，瘞令儀兮邙」山岡。逮捧帚兮恭養，奄長簟兮增傷。春與秋兮換序，存與殁兮」誰忘？嗣子冀州阜城主簿自勖、自勸、自勵、自勔等，痛偏罰以泣」血，感因心以哀訴，題厥善行，旌彼泉扉。銘曰：」

周儲流裔，盛德弈世。司徒署公，雄勳靡窮。挺生令女，宜家爰處。」執笄逮禮，受秩斯啓。配我俊人，于以采蘋。亦既齊體，其儀濟濟。」亦既埋魂，其悼悶悶。平生衛物，北岡是紼。窅眇歲陰，東洛是深。」隔此長送，涕淹且慟。哀哀嗣子，繞墳杖起。」

（北京圖書館藏拓本）

開元三五八

【蓋】失。

【誌文】

故大唐故揚州揚子縣令崔府君墓誌銘并序」

君諱光嗣，字光嗣，博陵安平人。曾祖彭，隋銀青」光禄大夫、利州刺史；祖知德，皇朝朝散大夫、果」州長史；父景運，皇朝泉州龍溪令。君生而神異，」幼而岐嶷，三冬爲學，則義必窮微；七步成章，則」文不加點。解褐以明三教舉高第，授左率府兵」曹參軍。秩滿，選補河青主簿，尋轉鞏縣丞又遷」揚子令。自微之著，竟未俠於鹽梅；才雄命奇，終」徒勞於州縣。春秋七十有一，大唐開元廿年六」月十六日，卒於官舍。夫人范陽盧氏，皇朝太子」洗馬悦之孫，益州青城尉弘奬之女。誕茲茂族，」歸於君子，既叶在州之問，即有宜家之名。嗚呼！」降年不永，奄捐館舍，春秋五十有一。即以開元」廿年十一月廿一日，合葬於洛陽城東之金墉」鄉，禮也。銘曰：」閱川伊何？歎其不息；防墓伊何？懼其不識。城臨」苦月，思南陌之歌鐘；地即荒郊，痛北邙之荊棘。」

（北京圖書館藏拓本　河南千唐誌齋藏石）

開元三五九

【蓋】失。

【誌文】

大唐故馬君墓誌銘并序」

君諱師，字元方，其先扶風人也，因任播遷，遂爲」相州安陽人也。曾祖奉，博學無窮，栖遲丘壑，懷」經蘊史，澡德浴身。祖通，優遊鄉曲，慕賢容衆，□」□明義，崇德報功。父□膺，楷模當代，規矩後昆。」君素聞嘉績，樂天知命，志崇内業，希上壽之年，」福祐無徵，奄然俄謝。嗚呼哀哉！春秋五十有三。」以開元廿年九月廿三日卒於私第。夫人史氏，」春秋卅有八，以開元六年正月廿四日卒於私」室。資靈婉順，不貴鉛華，詎珍羅綺，玉匣沉水，奄」爾長淪。即以開元廿年歲次壬申十一月庚子」朔廿一日庚申同窆於相州城西南卅里勳□」村西一里平原，禮也。背山臨水，盡川原之體勢；」筮吉龜從，得安厝之嘉兆。孤子琠，攢荼集蓼，紀」鐫瑶，佳城有銘，爰圖博約。其詞曰：

龍山西峙，」洹水南連，地多秀氣，人稱象賢，誰其嗣美？吾生」在旃。其一。昔歲睢遊，齊眉相敬，今辭華屋，雙魂俱」詠。孤子□標，親賓横迸，一閟佳城，德音□□□□」

（録自《鄴下冢墓遺文二卷》卷下）

開元三六〇

【蓋】失。

【誌文】

大唐故靜塞軍司馬杜府君墓誌銘并序」

公諱孚，字若虚，京兆杜陵人也。曾祖君賜，皇贈懷州刺史；祖」正謙，慶州司馬；父元安，本郡涇陽尉；咸功濟一時，譽稱四海，門風」世業，可得詳焉。而曾昔嘗據熊軾，祖亦命題輿，及父且總黄綬，雖」名位則煞，實德業具優，從容任適，隱見相半。逮公席彼禮樂，式玆」弓冶，文武不墜，名實克脩，始以門蔭補皇廟寢郎中參吏曹，」調仙州西平尉，才大任小，安卑效初，雖迹屈州縣，而心盡戎旅。開」元中，幽州節度趙含章特相器重，引攝漁陽縣兼知判營田。屬林」胡不庭，皇赫斯怒，而幽州稱天之罰，絶漠以討，乃總徒率馭，」負糗束甲，熊羆萬族，輜軿千里，爰徵假護，見推才略，遂轉授公靜」塞軍司馬假緋魚袋。始籌運帷幄，終折衝垣翰，卒使東胡殲夷，北」虜窮逐，赤地草翦，黄沙骨鋪，雖任專將帥，蓋力展稗輔，斯則公之」效也。而趙將軍凱奏未畢，誹書縱横，功歸廟堂，身繫下獄，對主吏」以魂奪，援征驂而骨飛，尸僵路隅，名削勳府，部曲且死，占募何從。」豈任安獨存；逝虞卿偕去，適免所假，遂安初服。雖生死感欒生之義，哀趙」氏之孤，拉血無依，吞聲莫辯。怏怏終日，將成禍胎，悠悠苦思，奄缺」中壽。雖生死恒理，誠今古所難，知己之分，未之有也。春秋五十一，」啓手足於河南欒城里之私第。嗣子望之，荼毒蒙昧，僅于滅性，及」夫喪祭卜宅，皆猶子黯之主焉。以開元廿年十一月十日屬纊，至」廿一日遷窆於邙山之後原，禮也。琢彼豊石，式存嘉號，没而不朽，」此之謂歟？銘曰：

惟公之族，越自唐杜，世濟其美，福延于祚。其一。福」延伊何，是生盛德，克家睦親，其儀不忒。其二。爲郎左个，作尉南昌，安」卑效淺，志屈名揚。其三。投筆北部，揭干東道，心馳塞雲，血灑邊草。其四。」朝誅上將，府責小吏，不遑啓處，敢恤名義。其五。怏怏終日，悠悠苦心，」寧祈福善，奄泣禍淫。其六。石以勒文，文惟紀行，念兹在兹，永錫餘慶。」

（周紹良藏拓本　河南千唐誌齋藏石）

開元三六一

【蓋】失。

【誌文】

大唐故贈博州刺史鄭府君墓誌并序」

天大地大，亭之毒之，父兮母兮，育我鞠我。嗚呼！樹欲靜而風」□□，子欲養而親不逮，哀哀父母，生我劬勞，欲報之德，昊天」□極。□之家世，源于開封，百代相承，千古無昧。滎水流而不」□□□弊而更新，史牒詳焉，可略言也。高祖述祖，北齊侍中、」開府儀同三司、尚書左僕射，謚平簡公；曾祖武叔，冠軍將軍、」太□□□□道授隋廣陵、下邳二郡守；父懷節，皇朝澧州司」馬□衛州刺史。府君即衛州之長子也，諱進思，字光啓，皇朝」舉孝廉，□褐授韓王府典籤，轉梁州南鄭丞洛州河陽丞雍」□□□□□州襄陵縣令，贈博州刺史。道有三寶：一曰慈，二」曰□，三曰不敢爲天下先。府君持而行之，以上元二年二月」廿□日□□於襄陵官第，享年五十。夫人權氏，華州刺史。千」□□□□□孫，右監門將軍千金伯文□之長女。禮有四德：」一□□，二曰功，三曰容，四曰言。夫人罔不畢備。以開元十年」□□□□□歸全於西京脩華里第，享年八十九。即以開元」□□□□□□廿八日歸葬於廣武原，禮也。四子陪祔於新」□□□□□□□一名宜尊，郃州三水令，贈太子少保□□」□□□□□□□□穴；嗣子實，少府監主簿；次子昂，字千里，□」□□□□□□□□穴；嗣子俊；三子頲，字三明。夫人□□□」氏□□□□□□□子通事舍人；四子綺，字四□□□□」□□□□□□□子備；荊州江陵縣丞還鄉□□□□□□」也。□□□□□□□□□□縣、雲、戎、愿、游等，□□□□□□□」銘曰：

□□□□□□□此室兮得連□□□兮□□□□□□□」

（録自《中州冢墓遺文》）

開元三六二

【蓋】失。

【誌文】

大唐故康州司馬上柱國來府君墓誌銘

公諱慈，字思毓，南陽新野人，其先殷之□。或沉淪東夏，或翼贊南陽，珮帶銀□，□□冠蓋，史册詳矣。曾祖演，周清水縣侯；宏材廣度，御下□方。祖弘，隋開府儀同□毅明斷，事上無隱。父表，上谷郡丞，屬雅志高尚，脱巾不仕。公孝友因心，忠肅内發，閭閻慕義，朝野欽風，起家擢授蓋松、唐安二府都尉。西戎不賓，河右時梗，廼拜公河右道鎮守副使。公丹青式舉，干戈未耀，酋渠革面，種落歸心。然淮夷叛而逐其宗，都□□而黜其族，由是左遷春州司馬。後南蠻蟻聚，嶺外蜂飛，廣州都督奏公行康州事。公示以明信，□以威武，踰山襁負，航海譯誠，其訓俗安邊，類若此也。既□祕略未究，奠夢興災，泰山其頽，彌留遘疾，以神龍三年薨於府第，春秋六十有九。公繫象文武，獨得心靈，吴坂魯庭，無虧視鑒。公薨之日，知與不知，揮涕相趨，何止輟舂而已。夫人段氏，褒國公之長女；後夫人吴氏，大將軍志之小女；並母儀令淑，婦德幽閑，俱不終遐齡，先公而歿。開元二十年歲次壬申，遷葬於坊州宜君縣石祠東原，禮也。長子斐，次子璟，早亡；次子邱，次子彝，孽子獎，女壻常令業等，崩心孺慕，泣血纏哀，懼陵谷之推遷，勒斯銘以騰實。□□曰：

悠悠我祖，肇自商殷，歸周佐漢，□馥蘭芬。或侯或伯，廼武廼文，德音秩秩，垂裕後昆。其一。世載忠孝，惟公挺生，風流玉潤，道叶金聲。材高位下，虚業□□，刻石播美，敢勒芳銘。其二。」

（録自《關中石刻文字新編》卷三　據《八瓊室金石補正》補字。）

開元三六三

【蓋】　失。

【誌文】

大唐故亳州譙縣令梁府君之墓誌」

夫白日西匿，圓月就虧，天道也；百川東注，物盛則衰，地理也；進德脩業，功立名垂，人事也。是以」孔宣泣鄭僑之遺愛，趙文懷晉會之餘風，公侔是焉，斯不朽矣！公諱瑍，字希杭，京兆長安人也。」其先金天氏，於周作伯，在漢爲公，三絶播名，五噫流譽。封侯大志，歎州縣之徒勞；養性高情，悦」詩書之林藪。公即其後也。曾祖諱剛，皇朝議大夫、陝州司馬；稟川嶽之秀，負珪璋之德，佐理分」陝，馳聲桃林。祖諱庥，皇費州司倉；出納實繁，蓋藏攸寄，類陳平於社下，同汲黯之周給，人知禮」節，士識廉隅。考諱膺，擅美當時，夙齡棄代。公五歲喪父，母氏隴西李，皇開府州都之元女也。操」行高潔，嚴恭守節，養□孤以保乂夫家，内外仰其貞烈。公生而岐嶷，見異州閭，羈髫之年，日新」□藻，明穀梁傳，入太學。逮乎冠稔，博通經史，諸所著述，衆挹清奇。制試褋文朝野多歡」娱詩、君臣同德賦及第，編在史館，對策不入甲科，還居學閒。歲舉進士至省，鶯遷于喬，鴻漸于」陸。屬皇家有事拜洛明堂，簡充齋郎，逡奔執豆。其年放選，鄭部雄藩，原武大邑，公牽絲」作尉，道德安人，草偃風行，威加恩布，統軍糧數萬，涉大海三千，足履波濤，躬巡委積，不□時□，」克濟軍須。州將嘉之，超昇考課。扶風右輔，石柱當衢，人士殷繁，物産衆夥，改授公兹邑尉。朱絲」配直，白玉其温；清畏人知，威而不猛。一郡欽其德，四方懷其惠。按察使源公擢公爲判官，巡覆」隴表。關中之士，仰其風猷；河西之人，傒以蘇息。行有廉潔，薦之而不疑；政有貪婪，黜之而無懼。」官吏側目，軍師振容。其難也陟隴坂之岑崟；其遠也涉流沙之迢遰。功既成矣，望烏府以先登；」道將行焉，傃鳳池而待命。丁母憂，哀過于禮，絶漿五日，追遠之思，侔善二連。居廬造家寶銘，述」叙行事，每讀興感，逾增泣血。服闋，授河南府伊陽縣主簿。獨步王畿，飛聲帝里，移梅福」之道，綜仇香之任。東都留守韋公，以公清介特達，綽有餘裕，請公爲勾兵使，往懷、澤等州。勾獲」數多，補益尤廣。緣邑中税草，有旨改支，曹官被枉，科事連累，勾局秩滿，申雪明白，抑屈」數年間，人僉曰：天將以夫子爲木鐸，極衰必盛，公習常知命，樂道忘憂，否泰必省於躬，喜愠不」形於色。盤庚理亳，魏主生譙，引浪宕之長流，控渦河之清漕，郊郭隱軫，人物豪華；選賢與能，康」俗和衆。調補公爲邑宰。自下車理，寬猛相濟，出入觀星，主忠信而得情，居莊敬而行簡。執良吏」之規矩，若佩韋絃；奉聖朝之憲章，如依繩墨。豪猾以之屏息，貧窮由是獲安。荷蕢丈人」播五穀於田野，懷仁童子歌三異於街衢。信可謂超魯恭，邁言偃，踰單父，越東阿矣。公撫字之」暇，綴述爲事，每至祖餞，興動篇什，莫不奇絶，狀異流輩。人有善唱，必自和之。太守王君以□爲」判官，巡行縣鄙，俗欽賴焉。公製錦四周，政如初到，無偏無黨，有始有卒。年七十有三，遘疾彌留，」蓋寢七日，開元廿年二月十九日壬辰，終於公館。孤嗣在疚，悶絶神傷，小大失聲，叫呼天地。舉」州慟哭，合境哀號，太守羣寮，素服臨吊，贈以車服，祭以牢羞，自出譙城，入於宋界，號哭道側，萬」有餘人，朝野稱揚，遠近嗟歎。公生多陰德，殁有餘榮，未踰年八月廿七日，旨授許州長」社宰。華芳九族，美耀三川；相彼土宜，卜其宅兆。以廿一年二月十六日甲申合葬於河南北山」金谷原，禮也。孤子等痛幽明之永訣，泣人代之行遷，刻石爲銘，式昭功烈。其詞曰：」於戲宰君，□□守貞，善麗邦寶，儒光席珍。出言作式，下筆成文，禦煩以簡，撫弱以仁。鰥寡不侮，」忠信是主，作吏東州，遷官右輔。聲飛京邑，化行石柱，糺慝擒姦，河西規矩。濟川待舟，構夏須棟，」猗歟明哲，禮儀動中。畿甸割鷄，枳棘棲鳳，以德理小，愛人安衆。譙故殷都，長社許郭，公宰二邑，」恤孤求瘼。視人如傷，敬恭早作，坐楹夢奠，山頹日落。萬歲千秋，流芳伊洛。」

（北京圖書館藏拓本　河南千唐誌齋藏石）

開元三六四

【蓋】失。

【誌文】

唐故唐州别駕蕭君墓誌銘并序」

君諱浮丘，字子真，蘭陵人也。昔漢高祖廓清天地，酇侯爲」□□之首；梁武帝奄有大邦，吴王受親賢之寄。即君之高」祖也。維城盡□，布在國史；朱紱金章，焕乎家牒。曾祖瑾，祖」□，並公侯子孫，陳隋冠冕。父令思，括州括蒼縣令；刀筆擅」長，絃歌就列，潔白當宫，循良布政。君即府君之元子也。弱」不好弄，長而强學，書劍兩習，藝能雙美，解褐授魏州參軍，」秩滿應將帥舉，對策高第，歷洛州懷音府別將，温城府果」毅、秦州清水府折衝，並兼長上，又遷左金吾郎將巡左使。」屬□梁山作難，貶授邵州古限鎮將，量移授潤州石頭鎮」將，□授京兆府明光府果毅兼長上。十八年四月十日，」恩敕還舊資，授唐州別駕，將赴任，丁内憂。未聽海沂之歌，」□□鄰人之泣。庭延吊鶴，方迎陶侃之賓；門集巢烏，奄遘」張□之禍，以開元十九年二月十二日寢疾，卒於私第，□」□□十有七。開元廿一年龍集癸酉二月己巳朔十六日」甲申，安厝於平樂鄉北邙之原，禮也。嗣子益州温江縣尉」□□等痛深過隙，悲纏改燧，敬謀卜兆，用安窀穸，庶東西」□□，既表封墳，恐陵谷或遷，重於泉壤，銜哀見託，乃述銘」曰：」鄭侯芳源，開吴懿藩。風流克紹，緒胄斯繁。才智信美，名□」未尊。方遷喬木，奄闕遊魂。人生到此，天道寧論。唯出郭而」□□，□□□之□□。」

（河南千唐誌齋藏石）

開元三六五

【蓋】失。

【誌文】

唐故京兆府渭南縣尉張府君墓誌銘并序　姪翊奉述」

翊聞曰：導其源而清流激，立其風而德聲遠，況天文命氏，黄石」爲符，景福有開於我先，載籍無曠於吾祖。君諱時譽，字虞卿，安」定人也。高祖諱慜，隋亳州刺史；曾祖諱文會，皇朝洛州長史；」大父諱處節，常州録事參軍；烈考諱齊丘，山茌縣丞；或牧彼南」亳，尹兹東夏，爲掾三楚，同塵陸安，雖章冕有差，而清白傳素矣。「君即山荏府君之長子也。年十五，總太學文章，居無何，預南郊」禮物，乃歷試從調，行衢州參軍。時江王建旗，賞愛僚屬，非夫才」高枚叔，筆抗禰衡，孰能至此？再命閿鄉縣主簿，兼充南臺判官。「咸洛道由，亭傳逾劇，賈我餘地，幹彼時須，而風參臺閣，摯並鷹」隼，俄及辭滿，旋丁內憂。君至性自天，踴絶過禮，柴瘠骨立，殆不」勝衣。於戲！當代孝聞，百行可知矣。制闋調集，褏然登科，遂結綬」王畿，神仙作尉，三仕州縣，吾道未行，忽漸膏肓，上玄不予，以開」元廿一年正月朔日終於官，時春秋卌有六。乾坤授滋液之氣，」河岳挺純粹之材，勞其生而不假其壽，襲其慶而不使其昌。悲」夫！報施我欺，善惡何有，海内遊好，平生懿親，但仰君豪翰聲姿，」未測君淵涯絶境，嘗歎曰：吏道諠卑胡不歸，仙山瑶草徒芳菲。」欲挂冠而輕舉。悵晚節之多違，既心有遠期，而事無近玩，歸全」之日，家無贏儲。遺令孀孤，俾無厚葬，以其年三月五日，敬祔」先塋，禮也。嗣子翊、次子翺，勺飲不入，氣竭號昊。翊幼奉深規，敢」述高旨，銘曰：」

乾坤岳瀆兮精誕君，龍章鳳德兮卓不羣。嗟未行於吾道，何遽」喪於斯文？塋原蒼翠兮邙山趾，送終擗標兮哀哀子。長川東注」兮無還流，千齡萬代兮悲風起。」

（周紹良藏拓本　河南千唐誌齋藏石）

開元三六六

【蓋】失。

【誌文】

大唐故苑西面副監孝子房公墓誌銘并序」

公諱惠琳，字惠琳，清河人也。天垂象以齊政，星殷火帝之列；君有命以錫氏，邑祚丹朱之封。世濟其美，咨胡可備言矣。曾祖粲，建州司户參軍；祖士豊，將作丞；考亮，吏部選。公器古韻清，調閑才逸，敦龐以度禮，純嘏以在邦。解褐調補總監主簿，無何改蜀州清城縣尉。漂俗哥其能政，京輦許其仙才，轉長甯公主府大農。自玉壘而登金牓，國之優賢；捨劇班而遊散□，人嗟失位。丁太夫人憂去官，蓬髮垢容，絶漿泣血，毁過於禮，殆無人形，伊曾閔之後身歟？何塵軌之或繼也。孝則不匱，感而遂通，達于神明，彰于休祉。青萱緑篠，凌霜雪而抽萌；狡兔野麕，入邱壟而狎義。鄉黨譽其節焉，朝廷式其門焉。既免服，詔以忠臣資於孝子，除延州延水縣令，尋遷汾州靈石縣令。下車而人吏□欺，彈琴而獄訟自息。入拜苑西面副監。以開元廿年五月十六日遘疾，卒於崇化里第也，時年六十五。夫人汝南周氏。女師克訓，壼德惟修，春樹凋零，墳垓蕪没。以廿一年三月十二日祔葬於龍首原先塋，禮也。長子詢、次子子岳等，愼終追遠，紀德幽石。銘曰：

軒裳弈葉兮人之英，孝友資身兮國之楨。天不憖兮摧梁木，兆其吉兮閉佳城。因烈考之松栢，祔同穴之園塋。」

（周紹良藏拓本）

開元三六七

【誌文】

大唐宣化寺故比丘尼堅行禪師塔銘」

禪師諱堅行，俗姓魯氏，京兆府櫟陽人也。惟師貞行苦節，精懃厥志，捐別修而遵普道，欽四行而造真門。豈荼晨霜易晞，夕露難久，寢疾牀枕，藥餌無徵，嗚呼哀哉！以開元十二年十月廿一日遷生於本院，春秋七十有六，夏卌矣。臨命遺囑，令門人等造空施身，至開元廿一年親弟大雲僧志叶、弟子四禪、賢道、法空、淨意等收骨葬塔，以申仰荅罔極之志。閏三月十日。」

（録自《金石萃編》卷七十八）

開元三六八

【蓋】失。

【誌文】

大唐故左羽林軍長史姚府君墓誌銘并序」

君姓姚，諱重曒，曹州乘氏人。君有生也，智圓不礙，」道雅而權，謀躬處權，鬱於玄化，孝謙純至，不以淩」先。故畢昴爲天街，東多文，西多武，我府君孕天街」之東壤，而枝秀於武，豈非鬱移玄化乎？祖曾爲文」□藻儲闈，黼芸閣，我府君敬前人之文業而」避習於武，豈非不敢淩先乎？則皇太子文學昂，公」烈曾；秘書丞節，公烈祖；夷州都上縣主簿冏，公皇」考。公初以歲德春偉，策運天從，杖武藝之調，補右」金吾執戟，課嚴掫之績，轉左金吾司戈，終以事匪」堅留，跡投會府，乃受僕寺丞，尋遷左羽林軍長史，」思復其始，釐莅清克。公貴季□，厥唐之良，友悌交」韡，文武雙光，家國殄瘁，相次云亡，公時三百八十」甲子矣。異哉！君之即命，星躔作噩，春曆甲辰，注一」念以從口，湛清禪而坐滅，雖娑竭成佛，天女轉男，」倫之刹那，曷可論速。越以開廿一年閏三月十七日」景申，葬於邙山，權也。長子黔，孔氏之遊道，與予舊」故，敢誌徽云：

聖嗣百世我舜後，德舉四職我國」□，道揭無鄰，善逝而歸真，至人至人，敻絶夫斯仁。」

（周紹良藏拓本　河南千唐誌齋藏石）

開元三六九

【蓋】失。

【誌文】

唐處士王公故夫人程氏墓記」

夫人程氏，廣平郡人也。閨中之諱，禮所不出。」曾曰賢，大父曰賓，考曰琦；或出或處，與道與」仁，克承前休，勿墜舊業。夫人淑稟胎教，惠發」自然，韶茂映時，孝巽標黨。初笄之歲歸太原。」事上之容，移天行而不捨，何暗室之云欺。易」欺易贊，威如詩稱；任只求之，於我曾無間然。」宜其獲佑彼蒼，見詒遐壽，昌茲婦道，作式母」儀。而乃輔善靡誠，福謙無效，憂家致疾，妖豎」降災。享年十九。以開廿年六月廿八日終於」大梁。王公曰宰，痛猗桐之半折，哀寶劍之偏」沉，悼心失圖，叩瓮增慟，載求龜筮，爰及人謀。」既日協從，式來遷兆，以開廿一年四月十三」日，遷厝於邙山之趾平樂鄉之原，禮也。嗚呼！」遊魂既散，玉樹云摧，夜臺不春，佳城長閉。慮」桑海之或變，□湮没而不彰，爰刻斯題，紀時」而已。庶後來者，知閥閱焉。」

（北京圖書館藏拓本　河南千唐誌齋藏石）

開元三七〇

【蓋】失。

【誌文】

大唐故冠軍大將軍行右威衛將軍上柱國金城郡開國公李公墓誌銘并序」

公曰仁德，族李氏，其先蓋樂浪望族也。自堯臣類馬，周史猶龍，真裔散」於殊方，保姓傳於奕代。考甲子，皇贈定州别駕，天上降成」綸之恩，地下光題輿之寵，公即别駕府君之元子也。風骨驍奇，器用英」遠，智爲甲胄，義作干戈，談王霸則金火生光，説甲兵則旗鼓動色。當昔」中宗晏駕，韋氏亂常，將欲毒黎元，危」宗廟。公於是義形于色，憤起于衷，發皇明，披紫闥，奔走電激，」左右風趨，心冠鷹鸇，手刃梟鏡，人祇再色，帝宇廓清。翊」一人以御天，功存」社稷；膺四履而列地，封固山河。是用拜公雲麾將軍、行右屯衛翊府中」郎將、金城縣開國子、食邑三百户。晝巡徼道，環黄屋而竭誠；夜拜」殊榮，佩紫綬而光寵。是用遷公右威衛將軍。錫馬承恩，一日三見於」天子，以爵馭貴，十卿同禄於諸侯。是用加公冠軍大將軍，進封開國公，」增食二千户。何居昊天不愸，哲人其萎，山岳收神，日月奄壽，欻以開元」廿一年正月廿日薨於醴泉里之私第，春秋六十有一。嗚呼哀哉！公履」謙謙，杖翼翼，不軒裳而恃，不江海而閑，其生也榮，其死也慟。匪止鄰不」相，巷不歌，實亦負扆興嗟，同盟畢弔。特敕贈絹二百四，賻物」一百段，米粟一百石，供喪事也。即以其年四月十三日葬於高陽原，禮」也。南面近郊，問三龜而一吉；東首顧命，減大樹而小封。金玉靡藏，誡之」智也；琴瑟空置，奉之仁也。有子二人，長曰思敬，右驍衛中候；次曰思讓，」右驍衛司階；並七日絕漿，式五月而葬，孺慕罔極，賓拜無容，防地道而」變盈，紀天性於幽隧。銘曰：」

惟嶽降神，冠軍當仁，忠孝是佩，清白爲鄰。曷其榮也！」社稷貴臣；曷其哀也？朝市悲人。生可續兮，孰不萬春！死可贖兮，孰不百」身？生不可續，死不可贖，歷考古今，誰免風燭？人閱代兮代閱人，倏兮忽」兮一丘塵；舟移壑兮壑移舟，蕭兮索兮九原秋。意氣盡兮萬事罷，泉門」閉兮九重幽。悲夫悲夫空默默，魂兮魂兮何悠悠！」

（周紹良藏拓本）

開元三七一

【蓋】大唐故崔夫人墓誌銘

【誌文】

唐河南府温縣尉房君故夫人崔氏墓誌銘并序」

夫人諱順，字順，博陵安平人也。昔炎皇聚貨，用諸噬嗑；」尚父致師，殄彼泉藪。商顏之後嗣大出，遼陰之無德不」報，宜哉！曾祖儀表，相州洛陽縣令；大父逵，京兆府富平」縣主簿；王考高丘，衛州司兵參軍；皆安身後動，大才無」位，展如善家，克誕宜室。夫人則司兵府君之第二女也。」麗澤疏氣，絳河垂象，用之牖下，季蘭惟馨；俟于城隅，歸」荑且異。年十有六，適我房君。鏘鏘鳳凰，既合兆體；采采」芣苡，非無錫胤。房君孝友天至，在邦必聞，豈不由衷，亦」賴相儆。已而柔愠無懈，晦明生疾，繫于苞桑者久之。以」開元十五年寢疾，至廿一年後二月十五日，終於洛陽」毓德里之客舍，春秋卌三。嗚呼哀哉！房君以三歲食貧，」彌切糟糠之念；七年卧病，不乖琴瑟之歡。況乎遺桂猶」在，斷機長癈，是用傷浮奉倩，禮踰仲舉，逝者如此，爲之」奈何！即以其年四月十三日，旋窆於北邙山平陰之原，」禮也。有子四人：寬、宇、脩、良，遑遑焉如有求而不得，爰謀」泰筮，載刻貞琬，永懷東門之池，實誌西階之葬。銘曰：」

烈山帝者兮營丘大賢，世祀不泯兮家聲克傳。生此淑」女兮作配君子，仲室鳴鳳兮詩泉躍鯉。膏肓莫達兮此」年行小，晝月長闇兮泉燈不曉。東流之水兮西流波，不」得□兮將奈何！

陝州河北縣尉崔鎮撰，　哀子寬書。」

（北京圖書館藏拓本　開封博物館藏石）

開元三七二

【蓋】　闕。

【誌文】

唐故左領軍衛翊衛高府君墓誌銘并叙」

君諱毛，字貞簡，渤海蓨人也。肇伊石耳，纘於非罷。食邑承家，因封命氏。曾祖貴，前齊驃騎大將軍。

祖仁，唐秦府車騎大將軍。父休，周朝授上柱國。勳華代襲，聲問雄振，烈烈王父，於赫其光。君神清氣逸，恭肅能順，倜儻之操，朋從見欽。初因門資、宿衛宮禁，後以時望，擢爲司市。亦猶梅公，隱迹闤闠，質劑無訟，商賈駢聚。嗚呼！何林茂兮運促，朝遘厲而夕亡。享年五十六，終於私第。鄭喬有歎，已聞棟折榱傾，管輅所嗟，不見女嫁男娶；蕩蕩上帝，曷如是也。前夫人扶風馬氏，桃李春敷，蕣華夕隕。繼室天水蹇氏，必齊流詠，明豔遽凋。以開元廿一年歲次癸酉五月□寅朔八日癸酉歸祔於歷城縣東榮山西原，侍先塋也。孤子崔生鞠然童稚，號叫靡托。堂兄承業，悲閔疚心，鴒原榷感，雖合葬非古，而吾從於周。琢石幽陰，克昭來裔。銘曰：

叢蘭始茂，長松忽崩，一刊芳石，萬古猶稱。」

（濟南市圖書館藏拓本）

開元三七三

【蓋】失。

【誌文】

大唐故新城府別將張府君之墓誌銘并序」

君諱翼，字凌虛，南陽西鄂人也。其先出自晉大夫張老老裔孫，後漢河間」相衡即君之十壹代祖也。弈葉相繼，因是家焉。昌緒冠於章陵，洪名派於」白水，家傳吝武之列，代光軒冕之榮。曾祖約，皇中散大夫眉州司馬；」祖扈，皇徐州司功參軍事；父嗣元，皇游擊將軍、萬春府左果毅；」並國秀時英，世兼文武，聲塵偕茂，令望惟崇。用能垂裕後昆，象賢繼美，永」錫祉胤，而誕貞良。爰自幼年，遂 岐嶷，含章蘊粹，夙躋通理之談；擢穎踈」踈翹，俄振聞天之響。年甫廿，以門蔭資調左親衛，轉左金吾引駕。翊奉」軒墀，侍玉階而七載；考勳登庸，始加榮於一命。屬金方逆節，玉塞多」虞，詔選良能，以充統鎮。君以富於謀略，仁傑見稱，虔奉綸言，充」安人軍子將。五氣凌雲，前啓控羽林之傑；六戎是總，後殿當貔武之雄。八」尺之形，孤聳壯嵩華之氣；壹寸之府，滔滔總涇渭之源。然而奉上竭誠，盡」心效在公之節；臨下以柬，必寬信以愛人。重以寥廓爲懷，不羈於榮寵，靜」宴居量，自歸乎儉素，可謂禮義不僭，秉德無逾者也。方期輔仁招祉，受戩」穀於無疆；豈圖天不憖遺，遂災生於鴟集。以開元廿年十二月十三日，卒」於安人軍官舍，春秋卅二。有子五人：長曰栖，年方舞象，遘此凶艱，攀號罔」極之悲，哀切王褒之毁；絶漿泣血之感，痛窮顧悌之情。旋奉櫬輿，歸於洛」邑。妻濮陽吴氏。容範端莊，儀形令淑，吉人之祉，遠穆清風；季女尸之，能脩」其政。自關河阻隔，行已參年，一東壹西，死生離別。長號慘怛，有深寒谷之」悲；攀戀增哀，更甚旋隍之慟。嗚呼哀哉！雖年華尚舜，冬睽桃李之歡；瞻顧」鸞皇，永絶于飛之望。痛復痛兮痛難任，傷胤子之嬰弱；悲復悲兮悲不極，」恨孀心而無託。嗚呼哀哉！喪制有期，爰遵禮典，卜斯宅兆，以窆幽靈。以開」元廿一年七月十八日，遷窆於北邙原禮也。山形起伏，既符白鶴之祥；地」勢風煙，迺合青烏之兆。將使平陵之東，聞松栢而虛愓；壽安之地，瞻宮觀」而非。乃爲銘曰：」

顯祖烈考，載昭清則，温彩生藍，良精産棘。鳳姿麟趾，國華邦直，六轡如濡，」重光有奭。百齡倏忽，九原悽愴，馬送佳城，魚懸泉帳。高臺寂兮歌吹晚，」盧山閟兮風月曠，摛景問於瑶琨，流清輝

（北京圖書館藏拓本　河南千唐誌齋藏石）

於薄葬。」

開元三七四

【蓋】大唐故魏夫人墓誌銘

【誌文】

□王府户曹参清河張喦故妻鉅鹿魏夫人墓誌銘并序」

夫人魏氏，鉅鹿郡人也。曾祖滿，行刑、户二侍」郎，贈侍中；負邁代之名，藴禾氏之璞。祖正見，」庫部郎中，宣、彭等五州牧；材學映古，道業光」時。父暆，貞白貫俗，才優命薄，終衡州新寧縣」丞。夫人清貞自結，殆越笄年，歸于張門，有典」有則，口無異議，心無異思，廿餘年，六親爲範，」淑順天授，華飾性鄙，閨門之内，代莫與籌。積」善致欺，且誣厚德，少嬰微□，遂先風露，春秋」卌有五。嗚呼哀哉！以開元廿一年七月廿五」日權殯於河南縣平樂鄉雀村之原，禮也。有」子四人，并幼而至孝，長而工文。嗣子鍠等，將」恐陵谷有改，誌此銘云。銘曰：」

温惠其心，松栢其性，恭儉中禮，肅穆其令，應」道則同，與物無競。何神福之不祐，而壽年之」夭促？嗚呼邙山，永閟佳躅。」

（周紹良藏拓本）

開元三七五

【蓋】　失。

【誌文】

唐監察御史杜公故夫人張氏墓誌銘并序」

夫人張氏，清河人也。列曾岐州刺史諱發，」大父博州長史諱約，考陵川令諱義；食鐘」鼎門，榮衣冠地，貴光烈自遠，聲類攸存。夫」人承餘慶之兆，禀柔和之則，德配君子，致」繡衣之榮；道叶女圖，得錦之妙。芳蘭有比，」能著賢婦之名；芣苡無施，終起碩人之詠。」爰自蛟龍有偶，鳳凰于飛，將德音以無違，」乃誓期以偕老。豈上天不慧，殲我良人，以」開元廿一年七月八日寢疾而終，時年卌」八。粤八月八日，權窆於北邙原，禮也。壠樹」吟秋，泉門閉夜，誓而無贖，式以題銘：」四德備，六行脩，容華歿，芳音流。壠月生兮」松風吹，佳人逝兮薤露晞，百歲之後有同」歸。」

（北京圖書館藏拓本　開封博物館藏石）

開元三七六

【蓋】　失。

【誌文】

唐右武衛將軍高府君墓誌銘并序」

大君御宇十有四載，天下晏如也，外户不扃，四郊無壘，以逸預也。復」下嫁聖女以結其心，殭屍猶橫於路隅，胡騎尚寇於城下，蓋戎狄無」厭，負我玄德。俗有聳聽，皇心孑然，乃將選韜鈐，董夫是守，帝惟」簡哉，得乎高公矣。公教人數年，亦可以即戎也，自寧遠將軍制兼幽」州副節度知平盧軍事。才可爲禆副冠首。公諱欽德，字應休，渤海人也。」曾祖瑗，建安州都督；祖懷，襲爵建安州都督；父千，唐左玉鈐衛中郎。」公即先君仲子也。偉乎冠冕繼踵，世將攸稀，乃子乃孫，克保茲任，何綬」授斯美也！公文武洞達，識弘智深，文能濟時，武可攻亂，此乃羲黃上人，」則吾無閒然矣。伊先君身死王事，鴻澤酬汲，贈」子官，解褐拜陶」城府果毅。職自先君遺效也，每夕惕乎位，乹乹在躬，賀承天休，匪懈」惟恪。自束髮從仕，總八任焉。首自果毅，毅可濟時；再授折衝，藝能保塞；」三授郎將，翼侍於天人；四調中郎，武匡於帝里；五登二率，捧佐乎」儲尊；六事將軍，迺分憂於閫外。凡此六者，若非雅政特達，焉能致於此」乎？世人亦謂騰化霄漢，封歸於高門；大福旋殃，俄先於風燭。秦醫不療，」魏使途歸，楨幹遽朽於中巖，哲人忽綿於蒿里。以開元廿一年九月十」有九日，終於柳城郡公舍。春秋五十有七。夫人太原王氏、河南程氏，繼」公逝亡，并權措私第。蓋貞德愉敏，閨門令芳，作嬪淑人，克諧婦則，有」制各封郡君。迺夫貴妻榮，飾躬泉壤，鴛鸞掩匣，會魄於九原，龍劍雙飛，」環精於湘水。粤以天寶歲惟庚戌月在申朔日辰乙巳合葬於洛陽縣」清風里北邙洪原其右，禮也。嗣子崇節，器可搏翥，孝能躍鱗，背土成丘，」頹鵜泥而匪用；負材擇兆，感靈龜而指原。勒石銘勳，萬古無朽。銘曰：」

彼蒼者天，氣能降賢；君凛其質，與而同年。崇雄者岳，峻自天鑿；君授」其性，與而并邈。厓厓則文，赳赳則武。君其才也，入仕堪輔；君其毅也，出」塞如虎。期鵬化兮丹霄，嗟亡兮螻蛹。起予起予，日居月諸，刊石冥掩，」勒碑翕如。列佳城兮廣陌，閉龍劍兮荒墟。」

孫婿東海徐察撰。」

（北京圖書館藏拓本）

開元三七七

【蓋】失。

【誌文】

唐故鄧夫人墓誌銘并序」

夫人尊號　，南陽人也。幼而英明，長而淑慎。」瞻謝庭之落雪，雅韻攸興；聞蔡□之斷絃，清徽」自發。至柔成德，至靜推仁，中饋是司，允歸內位。」曾祖康，隋本郡功曹；祖龍郡主簿，自隨牒宦遊，」祇膺肅諾，數奇運舛，代有其人。父觀，高尚秉節，」貞肥立志，慕聃彭之壽，躡園綺之蹤。道不貴於」王侯，情豈忘於潔白。夫人幽閑設範，豔逸歸容，」遘疾彌留，欻焉大漸。以儀鳳二年六月十五日，」終於冀州之官第，春秋卅。有二子、仲、雍，茹荼莫」及，泣血何追，陟彼岵以增哀，感鄰居之休社。以」開元廿一年十月七日遷舉於東都北邙之」原，禮也。千里遥遥思煞人，九原冥冥空有塵，悲」風苦月徒相繼，壟燧泉臺不復春。其詞曰：」

代居白水，績著青史，弓冶克傳，衣簪播美。宛兮」淑慎，花若桃李，言念幽閑，以託君子。遵奉禮則，」冀全終始，□覩松丘，迫乎蒿里。壟遂常暝，泉臺」無晷，懵天道之何爲，俾人生兮到此。」

（北京圖書館藏拓本）

開元三七八

【蓋】失。

【誌文】

唐故宣德郎驍騎尉淄川縣開國子泉君誌銘　父光禄大夫衛尉卿上柱國卞國公隱撰文」

夫温良恭儉，人之本也；詩書傳易，教之宗也。其有總百行之懿德，」稟兩儀之正性，吐納和氣，佩服禮經，體仁義以立身，藴忠貞而行」已，造次不踰於規矩，顛沛必蹈於矜莊，蓋古人之所難，匪唯今之」所易，兼而有者，其在茲乎？諱毖，字孟堅，京兆萬年人也。曾祖特進、」卞國襄公男生，祖左衛大將軍、卞國莊公獻誠，父光禄大夫、衛尉」卿、卞國公隱，并繼代承家，榮章疊祉，惟子剋茂貽厥，早著聲芬，年」甫二歲，受封淄川縣開國男，尋進封淄川子，食邑四百户；又授驍」騎尉，以蔭補太廟齋郎。屬有事於后土，授宣德郎，尋蒙放選。」即開府儀同三司、朝鮮王高藏之外孫，太子詹事太原公王暐之」子壻，豈徒門承鼎□，兼亦姻婭蟬聯，雅度稟乎天姿，詩禮聞於庭」訓。加以强學請益，休譽日新，韜鈐遁甲之書，風角鳥情之術，莫不」研幽洞奥，精賾探微。方將步天衢以高驤，登太階而論道。何知百」齡倏忽，五福之驗無徵；一代英靈，九泉之悲俄及。粤以開元十七」年歲次己巳九月四日，終於京兆府興寧里之私第，春秋二十有」三。以開元廿一年歲次癸酉十月甲午朔十六日己酉遷措於河」南府洛陽縣之邙山舊塋，禮也。高墳崱屴，望二室於雲端；茂栢蕭」森，俯三川於掌内。將恐風移鬱島，海變桑田，式昭貞土之名，用表」藤公之室。乃爲銘曰：」

天之蒼蒼兮其色正耶？人之悠悠兮其能久耶？蠢兹萬類兮生老」病死，悟彼百齡兮今也已矣。生於氣兮立於空，倏而見兮忽而終，」何賦命之飄索，知造化之無窮。重曰：梁木其壞兮太山其頽，」哲人一去兮不復再來！幽扃永閟兮邙山之隈，萬古千秋兮嗚呼」哀哉！」

（録自《唐代海東藩閥誌存》）

開元三七九

【蓋】失。

【誌文】

唐故通議大夫鄂州刺史上柱國盧府君墓誌銘并序」

公諱翊，字子鸞，涿郡范陽人也。昔者賜履東海，分封北燕，開霸國之圖，受大」名之錫，盧氏得姓，厥惟舊哉。烈烈昌緒，綿綿遠系，漢則尚書爲之雄，晉則中」郎貊其德，代濟不隕，以洎于公。公禀元和之精，擅人倫之英，資孝友而性與，」兼文質而混成。藏用晦明，莫能量也。屬則天皇后受圖温洛，以門子預」執邊豆，因調選授杭州錢唐丞，入爲右武衛倉曹左監門率府長史。澹乎出」處之際，卓然政理之跡，遷御史臺主簿。繩按之地，准裁攸歸。尋以親累授梁」州城固令，理行尤異，拜太子文學加朝散大夫，轉司議郎。宫朝得人，於斯爲」盛。又以親累出爲滁州司馬，復歷泗、齊、汴三州，元寮提綱；所居致理，緝是聲」惠，被于甿謡。朝廷韙之，故授以階闥之任，遷右衛親府右郎將。軒禁之重，夙」夜惟寅。時開元十九年，主上以外臺宣風，頗多缺政，精選良吏，以求人」瘼，乃授鄂州刺史。軒車首路，江皐胥悦，蓋以克昭惠和，而遠聞風烈也。歲十」月屆於南陽，遘疾彌留，以十四日終於旅次，春秋六十二。南通北走，途路哀」咽，不崇朝而聞於武昌，達於洛師矣。人吏灌焉，朋儕惄焉，仁人云亡，孰不嗟」悼。邛州刺史君胤，即公王父之父；常州刺史幼孫，即公之王父。公蓋黄」門侍郎獻之次子也。兼四科之美，繼三代之風，在公竭忠，執喪加等，居敬」而行簡，脩詞以立誠。與人推多，處己惟約，大門閭以合族，弘訓誘以肥家，有」餘則歸之，不足則資之，九族六姻穆如也。士林朝列，以爲美談，信謂邦國之」光，衣冠之准。而位不充量，道屈頹齡，豈命也夫！而不留憖，即以廿一年十月」十六日遷窆於河南府邙山之南原，從先令也。曩時以緱山塋域，無陪祔之」所；因卜遷焉。東望先塋，南瞻天闕，蓋邢山忠孝之志也。初公以弱冠見於父」友吏部侍郎房公諱穎叔，有知人之鑒，眷深國士，以元女妻焉。夫人閑婉淑」明，動遵禮度，生四子，曰嶷、昂、炅、晏等。祗服義訓，咸有令名，哀迷蓼莪，匍匐窀」穸，信臧氏之有後，知公業之不亡，命可贖乎？玆謂不朽。軒裳禮物，或備哀榮，」青山白雲，此焉終古。銘曰：」

佐周建國，封燕得姓，繼代傳徽，蟬聯疊映，允矣昌緒，久而逾盛。文茵暢轂，淑」旗綏章，惟祖惟禰，休有烈光。夫君挺生，克紹前緒，孝友天至，温恭性與，仁焉」是託，義焉是處。寵禄來假，章黻有暉，謂華衮兮可襲，何襜旟之不歸？滕公之」室，言占其吉，于彼崇邙，龜謀允臧，永悠悠以終古，地久而天長。」

（周紹良藏拓本　河南千唐誌齋藏石）

開元三八〇

【蓋】失。

【誌文】

唐故秀士張君墓誌并序」

君諱點，字子敬，其先范陽方城人也。軒轅錫」族，司空分派，繁衍光大，自北徂南。九代祖貞，」從西晉入東晉；六代祖策，去西魏自南齊；遷」宦弈葉，因家樊沔。祖漢陽郡王中書令柬之，」佐命元勳，建封立廟，服器有具，子孫其昌；父」嶧，則王之第二子，君則王之第七孫。渥洼」躡足，有權奇也；丹穴綷羽，異鶱翥也。學詩學」禮，舞象舞籥，克孝克温，曰肅曰厚。成童未冠，」遘疾而終，誰與聰明，不假眉壽？先天二年」八月十六日瘞於私第，時年十七。開元廿一」年十月十六日改殯於安養縣西，祔先墳，禮」也；祔祖廟，祭也。嗚呼哀哉！君之兄駕部郎中」愿，痛蕚跗之不禄，悲涕泗之無從。銘曰：」

陟彼先塋，東西墜之，伊何君子，左右位之。」成童備德，痛幽閟之，棠棣之華，上春墜之。」

（周紹良藏拓本）

開元三八一

【蓋】唐故著作郎張公墓誌

【誌文】

唐故朝散大夫著作郎張府君墓誌銘并序　姪子愿述」

君諱漪，字若水，范陽方城人。四代祖策，從後梁宣帝入西魏，子孫遂家襄陽焉。」隋澧陽令諱則府君之曾孫；皇都督安、隋、郢、沔四州諸軍事，安州刺史，諱元」弼府君之嫡孫；特進、中書令、漢陽王諱柬之府君之冢子。天縱明達，家傳孝友，」質而能史，文而不華。周舉成均進士擢第。上聖曆封事，一命懷州武陟尉。後」應長材廣度科，再轉洛州登封主簿。糺肅畿甸，望雄臺省。累遷左補闕。擢惟樊」侯，緝我衮職。而狡童怙寵，碩人之過，多士側目，莫之敢指。君疾彼蠹政，上害苗」書。帝嘉其言，且未能用，除著作佐郎。恩示累加，實遠之也。尋而盜有巨力，」將生大變，故我王父昇堂秉鈞，勦其凶邪，有以興復。狐鼠何有，城社惟艱。蓋」老智謨之，少壯決之，内有獻納，外則糺合，匡定之力，君參半焉。洎王父錫券」受封，恩欲別開君邑。王父辭曰：天飛聖也，利見時也，臣且饕竊，漪何力」之有焉！帝曰：曩在春闈，嘗見卿子敢言時事，朕實拒之。今乃同昇諸公，果集」是績，真其兆也，卿奚讓焉？對曰：同室協謀，父子偕邑，非典也；父執政，子開封，重」嫌也。恩實天啓，人謂臣何！頓首固辭，然後迺已。於是稍加朝散，授大著作，循」厥資也。爾後王辭廟堂，恩拜本郡，君表乞扶持，采蘭樊沔。無幾而太妃薨，」棘人欒欒，哀毀滅性，未卒哭，終於倚廬，嗚呼痛哉！壯年卌有七。君丕承烈光，克」稟彝訓，虎變訶囿，翰飛天衢，自祖及身，皆秀才觀國，遥源巨浪，三葉一枝，故七」涖官秩，六承恩拜，而典要有禮，變通適宜，所居之政，皆爲後式。雖光塵混物，而」而雅素恒真，口絶薰味，心多禪悦，非夫體合道而行中權歟？是蓄希聲，將登大」用。天實冥昧，降此鞠凶，凡百君子，靡不震悼。夫人成紀郡君李氏，皇朝瀛州」司法參軍昭佶之女也。洵淑且都，柔嘉惟則，詠采蘋而服禮，示斷機而流訓。隟」有奔駟，澤無藏山，以開元廿年十一月廿五日寢疾，怛化於靖安里之私館，春」秋六十二。越明年孟冬月才生魄，與君合窆於相城舊塋王墳之甲，從先也。」子孚、崧、緦、軫；緦歷荆府倉曹，軫參河府軍事，不幸早世，先夫人云亡；孚鄜城縣」丞，崧邠王府掾。白華半落，綵衣長罷，陟屺奚望，風枝結哀。愿不夭，早歲無怙，」伯父垂訓，嚴君若存，惸生孤藐，以至成立，恩深罔極，思報無階，茹血申哀，務傳」家政禮也。銘曰：」

在昔雲雷，邅屯華夏，王祖伯父，克勤宗社。翼戴飛龍，肅清天下，君臣一合，」名器無假。讒構於朝，忠棄於野，惟伯扶侍，除官告罷。太妃俄薨，血淚交灑，荼」苦過制，因淪大雅，今則有之，古所無也。未諡忠孝，空塋松檟，非斯慟乎？孰可悲」□。」

（周紹良藏拓本）

開元三八二

【蓋】失。

【誌文】

唐故河南府參軍范陽張府君墓誌銘并序　呂巖説撰」

君諱軫，字季心，其先范陽方城人也。九世祖貞，仕宋南徙；五」世祖策，隋梁北歸，寓居襄陽，因爲此土舊族。先考漪，朝」散大夫著作郎；大父諱柬之，特進、中書令、漢陽郡王；曾」大父諱玄弼，益府功曹，贈都督安、隋、郢、沔四州諸軍事，安州」刺史；皆諸侯之選，朝廷之良矣。

君著作府君之第四子也。孩」而岐嶷，丱而穎亮，卓犖機鑒，汪洋德聲，人難其才，共許遠大。」年九歲，以母氏宿愿，固請爲沙門，自削髮緇流，持衣紺宇，內」求三藏之實，外綜六經之微，蹈其玄鍵，得其深趣。蓋以爲攝」慧乘者良己以弘物，知理道者從義以適權，況乎祖之謀孫，」初聞遺旨；兄之誠弟，再有忠告者哉。所以曳長裾，遊太學，不」諂不黷，爲寵爲光。尋以進士甲科，拜河南府參軍事。參彼都」輦，萬方是則，分兹倖邑，四海能均，雖曹參以獄市留心，魯肅」以囷倉濟友，未足侔於古也。春秋卅有六，以開元廿年六月」五日因調遘疾，終於洛陽陶化里之私第。禍霑霜露，顔回之」才不幸；歎興筵几，孫楚之涕無從。越開元廿一年十月十六」日，改祔於本郡安養縣相城里先祖之舊域，禮焉。君立身」謙和，爲性孝友，兄弟温如也，鄉黨穆如也。始以甘脆寧奉，至」行樂於晨昏；終以醇醪養閑，深仁絶於羶血。斯志固不可得」而言已。嗣子繟、紹等，風訓有紀，義方成素，其在哀疚，遠近傷」之。巖秩自衡閩，道由襄漢，撫嵇孤以哽咽，跂楊塚而遲迴。漬」絮非馨，柔毫可奠，永惟陵谷，無媿丹青。詞曰：」堂堂乎張，川岳降神，文華經國，孝友謀身。我才以通，我命以」屯，三魂爲主，四體爲賓。古樹蒼蒼，幽火燐燐，冥漠千世，悲涼」萬春。樊鄧之郊，周楚之津，紀此玄石，知予故人。」

（周紹良藏拓本）

開元三八三

【蓋】失。

【誌文】

給事郎行太平公主邑司録事柱國韓府君墓誌銘并序」

君諱思，字思盛，東周潁川人也。原夫其本，則授策於黄公；緒其」才能，則迹留於青史。曾祖覬，志高山岳，道洽江湖，棄朝市之利」名，繼友于之作政。祖善行，敏而好學，候三春之鶯遷；言行寡尤，」及六月之鵬舉。唐任和州别駕，終焉。父賓，任岐州陳倉縣令；德」合灌壇，息歸神之風雨；才同單父，嗟過客之絃歌。君禀氣山河，」授靈夜月，處家則色養庭闈，在倫則信恭朋友。無賜也之貨殖，」得回也之庶幾。棄許由之淪山，狎楊王之入仕。解褐拜登州參」軍，會闕不成，直太平公主府，後任邑司録事，加柱國。才高位下，」期後漸於馮唐；識博名雄，擬即齊於管仲。遊心經史，洞達古今，」屬意詩書，盡閑時俗。豈天胡不慭，殲我良人，嗚呼哀哉！以開元」十九年十一月十四日，春秋六十有五，卒於私第。夫人彭城劉」氏。自三星伉儷，保百歲綢繆，修荇菜於廟祧，勤浣濯於家室。雍」雍肅肅，内悦舅姑；閑閑和和，外怡踈屬。以長安二年六月廿四」日終矣。以大唐開元廿一年癸酉十月甲午朔十六日己酉，合」葬於河南府北邙山，禮也。嗟青烏之作宅，歎黄鳥之興歌，名價」流於洛陽，魂魄飛於京兆。塗蒭封樹，則禮成焉；旌旂銘文，法儀」安也。嗣子景璿等，其往如慕，其反如疑，聞之者傷心，見之者墜」淚。敬刊琅石，以紀幽門。其詞曰：

我祖肅肅，以誕貞良，其」容不改，出言有章。委道通塞，任時行藏，天胡不慭，降斯之殃？人」間擾擾，泉路茫茫，覩佳城之鬱鬱，視松栢之蒼蒼。窀穸兮一掩，」玄夜兮長長，子孫從茲永隔，徒流淚兮斷腸。

嗚呼命旃，有去無」旋，違帝城之白日，歸野澤之黃泉。」

（北京圖書館藏拓本　河南千唐誌齋藏石）

開元三八四

【蓋】大唐故李夫人之銘記

【誌文】

大唐襄容城伯盧君故夫人隴西李氏墓誌銘并序」

夫人諱松，隴西成紀人，後魏姑臧公承之六」代孫也。曾祖玄則，皇朝許州長史；祖思節，」皇朝宋州虞城縣令；父從周，皇朝越州」諸暨縣尉；世爲冠族，人盡公才。夫人則諸暨」府君之元女。自然聰明，天資淑慎。彼穠者李，」實敷其華；惟標有梅，爰迨其吉。即笄而歸於」我仲兄炅。爾其旁恭内順之節，上奉下承之」禮，服勤中饋，馨問四流，宜其室家，將綏福履。」何與之以美行，而夭之於妙年？春秋廿八。以」開元廿一年正月九日遘疾，卒於韓城縣官」舍，權窆邑城之北。其年十月十六日，歸葬於」洛陽邙山之原，禮也。嗚呼哀哉！子貽孫，年纔齠齔，志極哀毁。懼高山之爲谷，託幽石以傳」芳。銘曰：

北邙山下東流水兮，青松壠上蒼煙起兮。其」死若休誰可紀兮，彼穠者李名不已兮。」

（周紹良藏拓本　河南千唐誌齋藏石）

開元三八五

【蓋】　失。

【誌文】

唐故承議郎行慈州吕香縣令趙府君墓誌并序」

君諱元瓌，天水郡人也。曾祖昶，祖廉，父」表府君；並嘉遁爲貞，丘園養素。君即表」府君之子也。緒無事之業，藴天和之姿，」孝以率身，忠而能力，凡所歷職，皆以清」白著。嗚呼！何名之則令，而年或未登，以」開元廿一年閏三月廿三日寢疾，奄逝」於慈州吕香縣，春秋六十二。粤開元廿」一年十月廿一日，權窆於洛陽北邙之」原，禮也。夫人陳氏，帷殯而哭，晝不絶聲。」女五娘等，泣血銜哀，是行喪禮；託余以」誌，蓋孝子之用心。銘曰：」

北邙北邙，是曰玄堂，丘壟無限，古今何」常？夏之日，冬之夜，于嗟趙君兮此長謝！」冬之夜，夏之日，吁嗟趙君兮居其室。」

（北京圖書館藏拓本）

開元三八六

【蓋】　失。

【誌文】

唐故冀州棗强縣令贈隨州刺史裴公墓誌銘并序」

公諱同，字思泰，河東人也，聞喜人也。自顓楷檀榮於西晉，陽茂籍貴於□」燕，令名孔臧，書在玉府，盛德不泯，世有其英，瓜剖豆分，至於公矣。曾祖仲卓，」周武都、天水二郡守，閥閱傳業，清明自躬，既陟龔黄之班，頻效張廉之政；祖」璿，隋朝議大夫延州司馬，仁以成性，禮以檢身，雅望高於周行，雄才屈於佐」貳；父模，隋義旗初，大將軍府察非掾，隋之察非掾，今之御史也。冠鐵衣繡，含」憲詰姦，栢臺風行，四海草偃。屬皇家受命，擇賢蒞人，加朝請大夫、鴻臚寺丞、」懷州治中，出入兩朝，寵禄咸秩。公即治中之第四子。風神成於早歲，言行備」於中年，貞操霜嚴，孤標岳立，始自筮仕，終於挂冠，凡五宰方城，」兩掾郡府。起」家爲□州司倉參軍，漸於千也；累遷巴州司兵參軍，至於盤也。無何轉復州」監利、許州臨潁二縣令，皆以善政聞。天子嘉之，拜朝散大夫、慶州弘化縣」令，歷延州金城縣令，又除冀州棗强縣令。會林胡作釁，來侵冀方，負豺狼之」心，肆蜂蠆之毒，憑凌我郡邑，撓亂我黔黎。公氣摩青霄，誠貫白日，率疲弊之」卒，當勇鋭之師，懸門以拒攻，浚壍以堅守，發言則三軍挾纊，轉鬬則羣凶解」圍。嗚呼！執忠不迴，司馬俄而握節；臨難無苟，仲由於是結纓。以萬歲通天二」年六月廿一日薨於官第，春秋六十有五。時自士將庶緬，邇逮遐莫不霧委」星馳，雷慟雪泣矣。朝廷聞而傷者久之。乃下詔曰：皇帝咨爾故棗强縣令」裴某：籌略邁古，義勇冠時，天不吊余，碎此奇寶，可贈使持節隨州諸軍事隨」州刺史上柱國。惟公金石偕節，緯象炳靈，方將陵島漱而擊三千，摶扶摇而」昇九萬，命也不造，中夭良圖。夫人蘭陵段氏。祖叡，隋銀青光禄大夫，鄘、貝、冀、」潞、洺等五州刺史，上柱國；父融，皇朝歷合州石鏡、晉州霍邑二縣令；並質表」淳和，道諧墳索，入巖廊而籍甚，出郡邑而騰遷。夫人令淑天資，敏懿家範，始」乃親於織紝，用就厥功，女則昭矣；次乃務於澣濯，施諸條枚，婦道成矣；終乃」勤於訓立，皆以忠信，母儀備矣。然後應期偕老，繼跡雙沉，奧子澤鄉。開元廿」一年十月廿七日遷厝於河南府河南縣之連崗，禮也。嗣子宋州寧陵縣令」等，蒸蒸孝思，愿紀其德，俾□千載，凜然猶生。銘曰：」

砥柱錫靈，汾川騰精，匪濁匪辱，哲人用生。厥行孔淳，厥德孔明，量乃萬頃，職」唯干城。蠢兹羣凶，輕我廟算，乘釁以作，逆天肆亂。如何斯人，而有斯難？負尸」而汲，折骸而爨。於赫我公，獨運其籌，肅肅勍敵，元元處休。壯節倏殞，雄圖不」留，哀延萬□，贈列諸侯。稜稜英威，穆穆音徽，已而能作，人將與歸！」

（周紹良藏拓本　河南千唐誌齋藏石）

開元三八七

【蓋】失。

【誌文】

大唐故朝議郎守邛州司馬楊公墓誌銘并序」

君諱瑶，字瑶，弘農華陰人也。昔大夫以居地命氏，」漢將軍以受寵移關，豈伊仲尼，此亦孔子。曾祖懽，」青陝青三州刺史，湖城公，贈太常卿；王三錫命，承」天寵也。祖師，慈州刺史贈汾州刺史，謚忠武公；開」國承家，大君有命。父元亨，射策甲科，授鄭王府典」籤、左監門兵曹、懷州獲嘉尉；幹父用譽，承以德也。」君任左衛勳衛，鴻漸於陸，其羽爲儀。初調補婺州」金華主簿，利物和義，貞固幹事也；遷并州榆次丞，」以從王事，智光大也。授右羽林軍胄曹，彼己之子，」邦之司直。轉太原府交城令，久於其道，而能化成。」拜邛州司馬，夙興夜寐，朝夕臨政。夫保姓受氏，以」守宗祊，代不絶官，禄之大者。果行育德，含章可貞，」禮仁長人，嘉會合禮，泰受之否，物有其終。嗚呼！以」開元十八年歲次庚午□月十三日，終於河南府」鞏縣之私第，春秋六十有七。以廿一年冬十月癸」酉十月甲午廿七日庚申君楊公於洛陽縣清風」鄉邙山之原，禮也。夫子之德，其志銘云：」盛德何在，荒田一丘；含霜風切，覆壟雲愁。」

（周紹良藏拓本　河南千唐誌齋藏石）

開元三八八

【蓋】失。

【誌文】

大唐侍御史歙州司馬許公故夫人趙郡李氏墓誌銘并序　前左司郎中陽伯成撰兼書」

夫人諱肅邕，字演；趙國人也。自廣武君負霸王」之略，爲成安之師，實欲北興帝圖，南面稱制，雄」心未展，大運陵頹，必有其昌，世濟不泯。曾祖」叔階，北齊給事中散騎常侍；祖彦琛，趙州刺」史；父承祚，皇朝黄梅令；皆承家席寵，世有」令名。夫人即黄梅府君第二女也。稚歲有温約」懿量，淑姿清真，出言鏡圖，踐行詢史。逮笄，歸于高陽許公。公豪蕩而好奇者也。敬之如賓儼然」矣。外以贊許公之德，内以光中饋之政，於戲！仁」而不壽，生也有涯。開元廿一年八月十五日遇」疾，終於洛陽縣毓德里之私第，享年五十五。嗚」呼哀哉！以其年十月廿八日，權殯於洛陽縣平」陰鄉北邙之原，禮也。嗣子仲昇等，孝思罔極，哀」毁過禮。吾覩其家道，清風藹然，故叙之而未充」德也。銘曰：

温温柔範兮，皎皎貞節兮，嗟百年」之不永兮，泣松門之長閉兮。」

（録自《芒洛冢墓遺文五編》卷五）

開元三八九

【蓋】 大唐故開府君墓誌銘

【誌文】

唐故宣州溧陽縣令贈秘書丞上柱國開府君墓誌并序　朝請郎前行侍御史太原郭虚己文」

開氏之先，出自有周。昔武王剋商，以母弟康叔建封於衛，其後十五代至」懿公，懿公之子開方以衛國之難奔齊，齊桓公任之，功亞管仲，周天子嘉」其勳績，故錫姓爲開氏焉。公諱承簡，字混成，廣陵江都人也。隋亳州刺史」靖之曾孫，楚州山陽縣令翼之孫，皇朝徵君德仁之子。公天資融朗，神」用閑邈，含弘沉毅，有呑藴之量，弱冠四海知名。公初無宦心，欲以所好求」志，廿一去家遊蜀，時天下賢豪，慕公英名而歸之，若衆鳥之從鳳。於是李」宏、郭振、薛稷、竇元海之徒，皆千里命駕，一見公如舊交。公恭己待賢，虚誠」納士，盡其力而濟美於人，殫其財而博施於物，時論以此多之。故常食客」盈門，高車結轍，林亭風月之賞，琴酒笙竽之盛，雖封君蔑如也。公知大名」之下，其道難全，遂乃退閑歸休，塊然養德，潛曜於惟楊者久之。神龍中，故」人朔方軍大總管韓公初奏君爲隨軍要藉。公所好者道，所懼者名，持議」未行，而軍牒三至，迫不得已而從事焉。到軍未歲，解褐授豐安軍倉曹。公」參謀帷幄，兼掌書記，總攝中權，獻替惟允。韓公親之重之，待爲益友。旋以」功擢授常州司法。公幹以從政，威能動物。州將于經野按察江東，特奏公」爲支使。公逸足前趨，利劍能斷，公庭無留，官事畢舉，人到于今稱之。秩滿，」遷宣州溧陽縣令。公才兼文武，累歷州縣，蒞人之方，無政不美。去開元十」四年國子博士范行恭舉公才堪將率，時中書令燕公以兵權事重，尤難」其選，乃於數千人中得一二賢俊，公居其首，天下以爲美談。惜乎官未授」而卒，時年六十有六。有其才而無其命，哀哉！即以其年二月十六日權殯」於洛陽感德里之平原，今以開元廿一年十一月九日葬於北邙朱陽里」之南原，禮也。公有子六人：長子休元最知名，位歷清要，爲朝廷所推。先是」國家有陵廟之事，恩崇先遠，追贈公秘書丞，生榮死哀，何其盛也！次子休」祥等並人倫俊秀，廊廟奇才，嗣德承家，不失舊業。念薰猷之可紀，敬仗斯」文；懼陵谷之方遷，勒于貞石。乃爲銘曰：」

積慶自遠，傳德及身，稟靈誕秀，含和藏真。弱年高尚，隱不違親，晚歲登禄，」暉光日新。茫茫者天，默默者神，孰云與善，胡其匪仁。苟賦才而生器，何當」亨而遇屯？吾實未知夫倚伏之形兆，誰將問乎陶鈞。」

（周紹良藏拓本）

開元三九〇

【蓋】失。

【誌文】

唐故朝散大夫國子司業上柱國開君墓誌并序　朝請郎前行侍御史太原郭虛己文」

君諱休元，字長蒨，廣陵江都人也。曾祖翼，隋楚州山陽令；祖德仁，皇朝徵君；」父承簡，宣州溧陽令，贈秘書丞。君即秘書府君之長子。幼而聰辨，七歲能誦詩」書，雖處於兒曹，不好戲弄。府君嘗謂人曰：大吾門者，必此子矣。十五篤志於學，」究通經傳。廿一，鄉貢明經擢第，其年預大成，君一覽千言，成誦於口，因經拾紫，」易如取芥，故時論以爲榮。尋轉婺州蘭溪丞，秩滿，調補梁州兵曹參軍。時中令」蕭公作牧斯郡，按察劍外，唯賢是舉。以君清白在躬，禮義由己，拔自曹掾，昇爲」判官。君罄節投誠，推心奉法，幹蠱王事，經綸使司，嘉謀孔臧，允迪厥美。蕭公入」爲鴻臚卿，移按河北，奏君從事如初。君閑邪存公，舉直厝枉，示人以道，先之以」教義；齊物以刑，後之以黜罰。由是風行郡國，德洽吏人，聲振河關，名聞中外。蕭」公任賢之譽，時議允歸，古來所謂得人者昌，吾見之於公也。旋以使功擢授國」子助教。君四遷官秩，再歷庠門，終始禮經，優遊道業。故能沉研鑽極，殫見洽聞，」鬱爲儒宗，是稱師範。又常歎經中文字舛誤實繁，歷代相因，其來自久，方欲刊」定三史，校正六經，懸之序門，以傳學者。惜乎雅志未就，丁府君憂去職。君純孝」由衷，窮哀過制，柴毀骨立，杖而後起，故州黨以至孝聞。服滿，除國子博士。屬」國家有巡享之禮，以君容止可觀，人倫師表，特預入廟行事，制加」朝散大夫。無何，除國子司業。君頻遷寵命，累歷清資，佩朱紱而從班，綰銀章而」通貴。雖則功成名遂，謙冲之節不渝；位達身榮，貞白之風益峻。吾見其進，未見」其止。方將接鵷鸞而飛紫極，出霄漢而負蒼穹。豈圖生也有涯，哲人斯逝，天乎」不問，君子道消，以開元廿一年五月七日遇疾，卒於西京永興里之私第，時年」五十有五。嗚呼哀哉！即以其年十一月九日，葬歸於河南北邙朱陽里之南原，」禮也。君含章挺生，植義種德，貞純發性，孝友因心。初丁府君憂，誓不近葷血，心」經口佛，日有常紀。雖吏局紛拏，官曹喧黷，寢膳有時而不暇，經行靡闕於恒數。」其篤行有如此者。蕭公更歷中外，入居冢司，門客故人，時或去就，唯君晦明無」易，終始一心，卒蒙深知，尤見欽重。其周旋有如此者。長子宏、次子寓，並能崇堂」構，克紹家聲，奉先人之成訓，承祖宗之懿範，故所以闡揚徽烈，殷叙德音，誌之」泉扃，貽于不朽。乃爲銘曰：」

陽動陰靜，天成地平，秀氣鍾會，達人降生。惟君茂德，克紹家聲，强學干禄，專經」拾榮。儒門首出，膠序先鳴，寵秩雖具，良圖未成。馳年忽往，大運俄傾，百代之下，」空傳令名。」

（北京圖書館藏拓本　河南千唐誌齋藏石）

開元三九一

【蓋】失。

【誌文】

唐河東上黨郡大都督府屯留縣故彭君墓誌之銘并序

君諱珍，字洪珍，其先宗彭祖，洛川彭城彭仙公之後。曾祖叡，齊伏波將軍、上黨太守，因官子孫於此家焉。父亮，上柱國，志重琴書，博通詩禮，寬而得衆，敏而有功，接士則握髮吐飡，迎賓則恭而倒屣，立義則友親三益，存信則朋洽二難，敦張范之淡交，喜披雲之邢吕。不謂災纏二豎，乏方朔之神經；夢奠兩楹，少秦醫之良驗。俄然魂歸蒿里，魄散岱宗，范炎還空，形神寂滅。嗚呼哽塞，涕恨奚言，春秋六十，開元七年二月，殞於私第。夫人郭氏。柔儀淑質，娓南國之無雙；貞順閨庭，比西施之少匹。訓母儀之令則，撫孤幼之慈仁，四德不虧，六行兼備。其君居家至孝，棄公名而不仕，鑿井而飲，耕田而食。晝夜匍匐，易色而養二親；竭力懃勞，夙興而恭君父。孔懷數十，怡怡之敬雁行；猶子五三，推梨之讓尤重。共被傳衫之美，千古流芳；弟瘦兄肥之恩，百齡不朽。俄然痾纏積朔，痛疾彌留，風燭不停，奄從化往，春秋卌有八。開元十一年五月殞於私第。嗣子禮順，仁深至孝，思慈父之悲酸泣，開元廿一年十一月甲子朔廿一日甲申葬屯縣西北十里高原，禮也。前臨絳水，逝矣驚波；後背余吾，煙霞悽愴。左眄右顧，勝境尊焉。其詞曰：

遠祖老彭，不滅不生，延年壽考，日月齊明。何代無賢，何君無聖，石火須臾，輪迴無定，人皆去留，有衰有盛。其一。三年之重，七日銜悲，慎終追遠，以時思之。父母之年，不可不知，生在唐年，歿在唐時，幽泉永固，千秋不移。其二。也。

（録自《山右石刻叢編》卷六）

開元三九二

【蓋】失。

【誌文】

大唐故慶王府典軍江府君墓誌并序」

君諱瓘，字思莊，濟陽金鄉人也。其先出自顓頊，伯益之後，遂封于江，蓋周之」諸侯也。至春秋之際，爲楚所滅，因以國命氏焉，則楚之大夫其後也。爰自大」運，洎乎金行，種德者不獨楚國先賢，遺芳者盡在陳留耆舊，蟬聯不絶，迄于」粱陳，尚書僕射總，通直散騎淹，軒鼎文儒，代濟其美。曾祖□，隋太子少詹事，」亞職宮尹，高步儲闈，陪侍文房，從容於博望之苑；討論藝府，刊正於銅龍之」閣。祖仁友，唐徐州長史；元寮任重，半判聲高，既作歌於海沂，信不空於邦」國也。父臣，皇朝棣州陽信縣令；敬其事以順人，謀其教以從物，不嚴而理，」豈俟於下堂歟。君即陽信府君之第三子也。弱不好弄，長立名節，常以爲文」武之道，亦可兼之，慨然曰：吾豈爲淳儒乎？遂投棄筆硯，有封侯定遠之志。乃」習以射藝，和容有儀，既發弦而中的；亦主皮而合禮。始應制科，武藝超絶，」舉及第。無何，調授左衛翊壹府隊正長上，秩滿，又轉左金吾衛司戈，次調右」金吾衛中侯，又拜右領軍衛司階。筮仕登朝，歷官有四。楊雄尚疲於執戟，傅」介未展於懷戈。非其志也。自頃戎禁日久，雨露頻沾，乃策勳上柱國。去開」元十七載，遷拜慶王府典軍。王即今上之愛子，特所寵貴，凡曰寮屬，尤難」其選。以君才藝兼優，故得常陪驂駕，翊飛蓋於長坂，扈清蹕於平臺，作扞維」城，著能藩國。方將擁金節，傳虎符，滅敵崇勳，綏邊建績，此乃平生君之志也。」嗚呼！壯年不永，良圖未成，皇穹匪忱，殲我忠義，不亦悲夫？粤以開元廿一年」秋七月廿有一日遘疾，終於洛陽審教里之私第也，時年五十有四。君歷職」既久，功效則深。至著之階，勞蠖屈於卑位；垂昇之際，掩鴻漸於天衢。先是」國家北巡，有汾陰之禮，制加一等，所司奏君授游擊將軍，本官如故。時敕」尚未出，而朝露先晞，恩在生前，榮沾歿後者也。嗟乎！位未充重，賞不及時，」惜朱紱之斯煌，痛玄扃之修掩。乃以其年十一月甲子朔廿二日乙酉，葬於」河南之梓澤鄉金谷原塋，禮也。嗣子滉等，祗奉遺訓，泣血迷圖，永慕哀號，殆」至毀滅。懼世業之莫紀，痛將來之無徵，乃爲誌銘，刻石而記。銘曰：」

巖巖岱岳，岳靈其神，磅礴秀氣，是生伊人。文武之道，卓爾傑出，忠義之幹，克」滋乎身。皜耀霜雪，貞勁松筠，故能四入雲陛，一爲諸侯之賓。其紱增寵，其」命惟新，痛佳城之白日，惜榮宦於青春。吾聞諸天道與善，亦奚爲胡匪仁，諒」莫知其倚伏，豈能問乎陶鈞！」

（北京圖書館藏拓本　開封博物館藏石）

開元三九三

【蓋】失。

【誌文】

大唐故揚州海陵縣令李君墓誌銘并序」

粵天地立，禮義行乎其中；禮義興，孝爲百行之大。」以孝加仁而義著，以仁道而德全。是以事於國而」名位光，習於家而衣冠繼。有唐之代，甲子累百；」李氏之業，寵列簪軒。纂祖承家，傳之不朽，可爲善」人歟？父貞，惠和温肅，英懿柔良，孤立玉峰，秀兼文」史，曉爲泉徹，通鑒人倫，累歷清資，脂膏不潤。初從」班列，任羽林倉曹，遷兖州平陸縣令，重遷舒州司」馬，又改揚州海陵縣令。馴翟有聞，牛刀再屈，强禦」有憚，奸豪不禁而亡風；孤弱是存，貧下有懷而仰」德。以開元六年十月廿七日寢疾，薨於宋州。妻郭」氏，開元廿一年九月八日終於時邕之宅。以開元」廿一年十一月廿七日，合葬河南縣梓澤之原，禮」也。其地也勝，其時也良。嗣子良左等，孺慕有切，悵」離感恨，三年泣血，其粒不加，□□□其情倍□，」志表豐石，圖文銘曰：」

白花蕚蕚，採之何獻兮？黄泉沉沉，永思不見兮。庭」有□兮望無□□□樹□鳥爲鄰，地久天長兮苔」石古，水流代□□無□□。」

歲次癸酉十一月甲子朔廿七日庚寅郭幹書」

（北京圖書館藏拓本　河南千唐誌齋藏石）

開元三九四

【蓋】失。

【誌文】

大唐孟府君墓誌銘并序」

君諱暉，字懷璧，其先出自有周。魯有三」卿，則孟孫之後。曾祖昭，」祖方，父保，並天骨韶茂，風神迴」拔，仁□義窟，國珍家寶。君弱不好弄，長」實素心，進退可觀，言行無點。挫廉逃譽，」不以榮利關情；知命樂天，常以琴書自」許。故明時不仕，從其志也。所冀」積善餘慶，長保休寧；何圖享年不永，奄見傾落，開元廿一年八月廿七日寢疾，」終於洛州，遷於私第，春秋六十有五。以」開元廿二年正月十日，遷窆於東都河」南縣金谷鄉之原，從周禮也。嗣子朏，不」墜析薪，克紹光烈，仰求作者，乃勒銘云。」其詞曰：

哲人兮既往，行路」兮悲辛，九泉兮一閉，千秋兮萬春。」

（北京圖書館藏拓本　河南千唐誌齋藏石）

開元三九五

【蓋】失。

【誌文】

大唐將帥舉文武及第前振威副尉守右武衛蒲州永安府左果毅都尉崔澤夫人張氏墓誌銘并序」

夫人諱端，字康，清河東武城人也。皇朝御」史大夫、吏部尚書嘉福之季女。弱貴夙孤，保」柔知訓，言不苟應，時然後發。心所在謙，動而」途照，逮有行他族，常室如懸罄，美全乎婦順，」□執於姑喪，故能家人忘貧，君子涉道。奚蕣」華之早落，致鳴鸞之獨飛？行年卌，開元癸酉」祀十二月廿九日，逝於河南思順里。踰年龍」集甲戌正月癸亥朔廿八日庚寅，藁殯於邙」山伯樂原，俟吉兆也。噫！有涯共盡，無年是恒，」遺女在藐，幼男尚咳。餒而則思，但有屑泣；禮」未云識，焉能服喪。墳櫬遽深，對平生之象物；」松檟不殖，起窮愁之暮煙。敢撰徽烈，謹銘下」泉。辭曰：

德既孤兮禍未悔，鏡已空兮」人復□，息垂珮之清響，閉權封之夜堂。」

（北京圖書館藏拓本　河南千唐誌齋藏石）

開元三九六

【蓋】失。

【誌文】

唐故定州唐縣丞柳府君墓誌銘并序」

君諱正確，字隱之，河東解人也。士師」錫羨，國史流芳，蔚爲茂族，冠諸著姓。」鄜州別駕諱客尼，君之王父也；人推」展驥之才。洪州豐城縣令諱明傑，君」之皇考也；俗賴馴翬之化。君芝蘭育」德，清白承家，初以門蔭，夙趨天闕；晚」以幹能，亟勞州縣。劍門馳譽，河朔飛」聲，期福善之有徵，奚陰騭之無准。以」開元廿二年二月廿六日寢疾，終於」洛陽縣豐財里，春秋六十有六。嗚呼」哀哉！以其年三月九日殯於邙山北原，禮也。銘曰：」

天道亡親，寧天善人；河山萬古，松栢」千春；刻貞石，庶不泯。」

（北京圖書館藏拓本）

開元三九七

【蓋】失。

【誌文】

大唐故左千衛鎧曹源府君夫人薛氏墓誌銘并序」

夫人諱淑，字婉，河東汾陰人也。家承鼎鉉，代襲衣冠，」魯傳聯輝，漢史載德，瓌奇閒秀，禮樂攸聞。曾祖敬仁，」隋銀青光禄大夫、本郡太守、檢校泰州刺史；祖臻，隋」京兆萬年縣令；父玄繹，鄧州録事參軍；並才高一時，」德邁千古。或政從人化，庭聞鳴鳳之祥；或惠及風行，」履有飛鳧之美。作人倫之楷則，爲州郡之紀綱。夫人」降淑凝芬，含章誕懿，體芳規於妙歲，展柔範於笄年。」教始公宫，配成君子，昭組紃之事業，懷瓌琰之貞心，」娣姒欽其母儀，内外高其仁行。未盡板輿之樂，旋嬰」夢奠之災。他日宜家，已積階庭之慶；倏來從子，俄聞」窀穸之期。以開元廿二年正月廿日終於河陽私第，」春秋七十有七，即以其年三月十一日權殯於洛陽」北邙之原，禮也。嗣子挹，前許州長葛縣令。在邦必達，」政或方於卓茂；居家有聞，孝乃比乎曾子。號上天而」靡及，痛遠日而將盡，遂褒行紀德，俾作銘云：」

夫人之貴兮祚流高門，夫人之行兮泉潔蘭芬；佐君」子以義稱，事先姑以孝聞。悲飛鳳之早夭，守遺孤」之在抱，冠梁國之婦節，成孟氏之母道。如月之輝，如」澤之滋，德音不朽，後代其師。」

（録自《芒洛冢墓遺文四編》卷五）

開元三九八

【蓋】失。

【誌文】唐故宣德郎守潞州大都督府參軍事裴肅墓誌銘并序」

公諱肅，其先河東人也。錫封耆」鄉，因而爲氏。曾祖基，隋河間令；祖爽，隋」饒陽令；父璹，皇恒州長史；咸以英材著」聞於代。公聰明俊哲，卓犖□奇，肅之以清貞，」行之以易簡，祖德孫謀，是爲代濟。開元十六」年自□清道率府兵曹參軍員外置同正員」調□潞州大都督府參軍事。以材授職，使我」參卿，明試以功，遽當考績。官命未改，且歸私」第，以開元廿二年三月八日寢疾，終於河南」崇政里，春秋卌有三。以其月廿四日葬於河」南城之北山，禮也。嗚呼！美其宏材，傷其短命，」天道寧論，何其不偶，千秋萬古，存乎此銘云：」

北邙崔嵬兮對黄道，悲風樹兮縈蔓草，」于嗟裴公兮此藏寶！

右衛兵曹」兼集賢院大學士洪孝昌撰。」　開元廿二年三月廿二日癸未時建。」

（北京圖書館藏拓本　開封博物館藏石）

開元三九九

【蓋】失。

【誌文】

維大唐開元廿二年歲次甲戌二月癸」巳朔，廿日壬子，崔公諱嘉祉，字嘉祉，博陵人也。公特禀異靈，雅好博古，弱冠以」明經選調，補濮州鄄城縣尉，雖遠跡南」昌，無以加也。清白昇進，拜左千牛衛胄」曹。洋洋德音，集于從政。秩滿，改授尚輦」直長，可謂愷悌君子，邦家之彦。時年卌」有九，暫嬰卧疾，藥餌不及，至乎大漸，終」於洛陽尊賢里私第。以其年四月壬辰」朔，六日丁酉，權安厝於河南縣平樂鄉」邙山之原，禮也。天不憖遺，殲我良善，思」令名不朽，爰勒金石。其銘曰：崇墳」峩峩兮北邙之岑，長夜窅窅兮喬松之」陰。背洪河兮唯地之紀，俵清洛兮乃天」之心。述平生之遺愛，將永永而逾深。」

（河南千唐誌齋藏石）

開元四〇〇

【蓋】失。

【誌文】

唐同州河西主簿李君故夫人蘇氏墓誌銘并序」

夫人諱字兖，京兆武功人也。自火正錫胤，秋官命氏，門襲珪」紱，世爲龍麟。皇朝贈秦州長史孝充之曾孫，皇朝」户部尚書珦之孫，今銀青光禄大夫、左庶子、河内郡開國公」晉之第五女。年十八，適隴西李全脊。蓋鳳皇于飛，女子有行」也。夫人體柔毓姿，則順成性，容擅婉麗，二昭組紃。矧河内公」德爲士先，文爲世範，將以誡及帨，匪唯訓立義方。故夫人」禀和而誕靈，習教而茂行，居泰不以捨約，承慈不以驕人，奉」姑以孝稱，待衆以和聞。初李君之蒞河西也，廉以自處；及丁」艱免職，家無餘資，而夫人增織紝之勤，貿金綺之飾，内唯節」用，外不示勞。故輴翣之費，獲以時給，雖昔之服澣于沼，何以」尚兹？嗚呼！壽纔弱齡，笄暨六稔，父有公侯之貴，夫有干陸之」資。方將展驪以歸寧，服禄而榮室，揄揚四德，焜燿二宗。豈謂」遇玄夜於朝暉，隕嚴霜於春候，覲親而未及返，誕子而未及」名，遘疾彌留，奄忽長逝，烏呼哀哉！以開元廿二年歲次甲戌」三月壬戌朔二日癸亥，卒於洛陽縣通遠里蘇氏之私第，春」秋廿有三。粤以其年四月六日丁酉歸祔於河南縣邙山之」北麓，禮也。無嗣子，有女三人，嬰褓相次。行楸列只，懸棺穴只。」遂爲銘曰：

浩浩生滅兮倏短一期，識浪騰轉兮或以之悲。英英蕣華兮」方春而萎，祝禱靡及兮鍼石無施。何桃李之照灼兮，忽掩翳」而不持。捨赤子兮不乳，顧慈親兮涕洏，瞻庭宇兮如舊，方冥」昧兮永辭。抗丹旐兮飛飛，引素車兮逶遲，山雲幽靄兮谷風」凄其，黄壤一扃兮白日無時。」

（北京圖書館藏拓本　河南千唐誌齋藏石）

開元四〇一

【蓋】失。

【誌文】

大唐故翊衛副尉澤州太行鎮將騎都」尉安府君之墓誌銘并序」

夫以三教之法，與天地合興，聖演流傳，」俱當是一。君諱孝臣，太原郡人也。惟生」翹心逸衆，勇氣超羣，鎮靜邊疆，寧清塞」境，何忽終于敦厚里之私第，春秋卅有」六。夭哉中化！嗣子興宗、次子承宗、次子」榮宗。嗚呼！以開元廿二年歲次三月八」日，魂歸四大，氣散春風，荒郊之野，永世」長居。用其年四月九日，殯於河南縣平」洛鄉邙山之原母大塋内安措，禮也。夫」子之德，其銘曰：」

盛德何在，荒田一丘，含霜風切，覆壟雲愁。」

惟靈生母塋内，敬造尊勝石幢，高二丈」五尺。又就墓所寫花嚴經一部。願靈承」塵霑影，往生淨土。」

（北京圖書館藏拓本　河南千唐誌齋藏石）

開元四〇二

【蓋】失。

【誌文】

唐故徐州滕縣主簿王君夫人吴郡張氏墓誌銘并敍　從祖兄朝散大夫行禮部員外郎仲丘撰」

吾弟曰昚疑，宗門之孝子也。天性純深，率由禮範，養」盡其愛，喪盡其慼。弱歲而孤，卓然而秀，極恭友於兄」弟，罄慈敏於遺孤。其於仁義誠信，汲汲焉若不逮，遑」遑焉若不及。掌記幽易，有縱横之才；作吏徐方，有清」幹之目。開元之廿二載四月廿日，遇疾而卒於位，年」卅有八。嗚呼！吾家本枝百代，憑乎積德，自晉光禄已」來，十有五世，非台鉉則令僕，咸盡忠於國，有功於人。」先叔故太子中舍人、盧州刺史府君諱濟，堅直之行，」造次不渝，降生於爾，偏所鍾愛。爾外祖侍中吴興」公姚璹，一代之良臣也，賞爾於孩提。吾謂積善所徵，」式鍾於爾。何期年不介永，位不適才也！悲哉！新婦吴」郡張氏，國子祭酒後胤之玄孫，乾陵丞瑋之女也。禮」樂名家，賢明有裕。謂松栢之長茂，豈梧桐之早凋。□」生一子，孩笑而没，他鄉千里，靈櫬將歸。初發徐方，吏」人哀慟；途次杞國，家室云殂。何負幽靈，及此冤酷。二」棺并引，哀感親姻；雙旐翻飛，義傷行路。銜哀拭淚，乃」爲銘曰：

太保遺令，西邙土堅，家世卜宅，罔不歸焉。」哀哀爾季，今來奉先，百年琴瑟，萬古風煙，魂兮如」在，永誌幽泉。」

（北京圖書館藏拓本）

開元四〇三

【蓋】失。

【誌文】

亡宫三品墓誌銘并序」

亡宫者，不知何許人，以良家之選，」充後庭之職，且賢且明，有典有禮。」肅懃　中，榮秩斯崇。與善無假，」殲良永歎，以開元廿二載六月日」遇疾奄逝，以其年七月二日葬于」亡宫之塋，禮也。書懿不朽，紀銘貞」石。其詞曰：」

徽儀淑質，秉德凝芳，列在彤管，瑩」兹紫裳。百年奄忽，萬古淒涼，式銘」貞琰，永空玄堂。」

（北京圖書館藏拓本）

開元四〇四

【蓋】失。

【誌文】

□唐故冠軍大將軍行左屯衛翊府中郎將幽州經略軍節度副使翟公墓誌銘」

公諱詵，字□□□西□城人，漢高陵侯方進之派别也。錫」羨滄□□鼇青郊，當雲雷之初，效誠欵之節，故」□□嘉之。以曾祖逸爲新安府右果毅都尉；至大父奴子，」授左玉鈐衛將軍；允武允文，有嚴有翼，緇衣弊而改作，寶」刀秘而□傳。公挺鷹揚之姿，履弓冶之業，能幹其蠱，克誠」以勳，解褐授右衛中候。遭家不造，丁兹閔凶，襲父之故，授冠軍大將軍、行左屯衛翊府中郎將。情禮斯奪，哀訴莫申。」拖玉參榮，琳瑯之聲自遠；佩觿成德，芄蘭之氣自芳。無何，」□左威衛將軍，封遼西縣開國男，又進封遼西郡開國公，」□如故。屬天驕尚梗，河朔未清，以公爲經略軍節度副使。」廟堂算遠，金鼓氣雄；遭時不遇，王師小衄。貶授左威衛」中郎將，體厥命也。寵辱不驚於心焉。夫人李氏，初自繫」纓，終於訓織，琴瑟之韻穆，貞信之行高，故宗族稱其孝也，」州閭稱其仁也。悲夫！聚爲委和，散爲委順，夫人開元廿一」年歲次癸酉十二月七日終於薊邑之第，春秋卌有三。」公以廿二年歲次甲戌二月十八日終於幽郡之第，春秋」五十有七矣。嗣子滔，哀深岵屺，感絶楹書；以其年七月十」四日祔葬於北邙原，禮也。功行之美，冀垂馨香，故授筆于」我，以旌不朽。其詞曰：

鬱鬱滄海，生忠烈兮；洸洸」英材，效心節兮。物以時變，奄千月兮；桂馥蘭芬，長無絶兮！」

（周紹良藏拓本　河南千唐誌齋藏石）

開元四〇五

【蓋】失。

【誌文】

大唐故朝散大夫行幽州都督府薊縣令南陽白水張公墓誌并序」
公諱積善，字餘慶，南陽白水人也。父昌州帶方」府果毅仁倫之子也。若木高標，蕩吹星辰之氣；」太阿淬鍔，騰躍雲龍之色。洎大唐御曆，」策名聖朝，道偶會昌，遂趨宸極，」解褐内中尚令，又宰漆水薊縣。入則嚴侍衛之」威，出則馳清白之譽。絃歌不理，聲華早肅於武」城；鷹鸇忽飛，貞廉遂清於六合。在天胡忍，殲我」哲人，景龍三年四月八日，薨于薊邑，享年六十」有一。夫鸞凰沉冥，詞人與之謡詠；松桂凋隕，君」子爲之歎息。以開元廿二年歲次甲戌八月乙」丑朔十四日壬寅遷於洛城之北邙山之陰，」餝其墓也。章善述德，而作詞云：」
真人御極，英靈運昌，馳我忠節，來賓上皇。」入侍軒陛，出奉輦轂，天眷勳華，朝章」明肅。理化人宰，絃歌武城，德合鸞鳳，志尚廉貞。」名迹起然，人世淪没，旌表惟賢，操觚有述。」

（北京圖書館藏拓本）

開元四〇六

【蓋】段君墓誌

【誌文】

故吏部常選遼西段府君墓誌并序」
公諱貞，字處默，京兆長安人也。天道悠遠，」吾不得問；人理夭閼，是不知然。公素行冰」清，深心鏡白，與朋友信，在州里仁。鴻漸于」陸，思盡忠以奉上；羝羊觸藩，空委命以守」道。時不我與，心其樂之，如何不天，遘疾而」殞。以開元廿二年六月十四日奄終於尊」賢里，以八月十四日祔葬於北邙山平樂」鄉之原，禮也。嗣子萬碩，號天雨泣，擗地摧」心，招榮不歸，祖庭有禮，卜其宅兆而安措」之。雲旌翩飄，風挽淒楚，作魯之合，非衛之」離，閉黃壤以千春，與白日以一訣，有來觀」者，情何以堪。嗚呼！孝子生事之以禮，死葬」之以禮，在於是乎？敢作銘曰：」

才□洪騰，功名么麼，時不與兮行果。父兮」顧我，母兮育我，欲報德兮無可。掩玄泉兮」松栢煙生，哀哀孝子兮淚墜。」

（周紹良藏拓本　開封博物館藏石）

開元四〇七

【蓋】　失。

【誌文】

大唐故雲麾將軍可右威衛將軍員外置同正員上柱國右羽林軍上下兼知射生使監河東河西道兵馬使內供奉高府君墓誌銘并序」

公諱定方，渤海人也。祖神，右金吾將軍；考護，左衛將軍。公含」烟煴之秀德，禀河岳之上靈，氣蘊憤於雲霞，志藏貞於金石，」立行可模，置言成軌，英華外發，冰潔內明，其動也若雷之震，」其靜也若山之峙，其正兮如電之逐，其取兮如風之飛，信貔」虎之威，實熊羆之壯也。爰拜雲麾將軍、守右威衛將軍、員外」置同正員、右羽林軍上下仗、內供奉、上柱國兼知射生使，敕賜上宅三區，亂綵一千段，細馬十匹。

公修七德以侍衛，謀」六奇以偶戎，忠誠越飛鸇之效，策功殊汗馬之勳，爪牙之詠」以郭，腹心之頌斯焕，邇無不懷其德，遠無不畏其威，雖廉藺」之高，無以尚也。而遘疾彌留，欻焉大漸，開元廿二年秋七月」四日甲子薨，春秋五十一。以其年八月廿六日甲寅葬於洛」陽東袁村之原，禮也。嗣子琳等，痛慈顔之永隔，悲風樹而無」徵，奉觴奠以摧心，仰蒼旻而泣血。悲乎！蟋蟀在堂，歲聿其暮，」梁木其壞，哲人其委，克播遺塵，以刊兹石。其詞曰：」赫矣將臣，忠焉居位，腹心内貞，爪牙外利。德藴貔剛，志懷虎」毅，驕悍戎夷。哮豁不義。其一。振育禁兵，侍衛蘭錡，居安如危，恭」勤勵己。巖巖若山，清泠如水，檢迹闕庭，名揚遐邇。其二。太山其頽，是人所竦，逝者川流，寂寥楊冢。一闢荒埏，長扃幽」隴，身殁名存，鍾石所重。其三。

山人郄愿詞。」

（北京圖書館藏拓本）

開元四〇八

【蓋】失。

【誌文】

大唐故贈綿州司馬白府君墓誌銘并序」

君諱義實，字休珍，岐邑郿人也。秦左更白起之枝胤。祖玄」範，隋青州北海尉，齊代之間，南陽卑秩，僶俛從事，理乃有」聲。父仁憲，散髮林丘，傲情墳素，有箕潁之節，誠羲皇上人。黄叔度無位宦心，郭林宗棄人倫望。君繼代襲祉，」蘭菊更秀，稟中和之道，含大雅之仁，物不能屈，時不能干，」慶緒克昌，天寵殊及，没代贈綿州司馬。豈不以堅」白其操，涅而不渝，孰能無求，更榮身後。以天授二年十一」月七日疾終私第，春秋五十有三。夫人李氏，成紀人也。作」嬪君子，承奉宗廟，内則明訓，月儀毓德。何鳳皇之吉兆，促」爲鴞鵩之深災？閉日泉中，移天地下。有子知禮，少梗槩有」文武之略，所經擢用，皆處要津，位列通侯，門榮棨戟。開元」廿二年十月十九日在官而薨，時窆洛城東北。玄龜卜地，」白鶴留祥，貽厥孫子，胤業其昌。嗣子萬湜，父没覲行，顧命」有誡，匍匐而遵，乃於壽安發徙祖墳，京師迎親喪，同歸此塋，用周公合葬禮也。雙轜雙旐，載馳載驅，號泣隨之，先遠」攸屆，新塋舊櫬，哀今悲昔。敢作銘曰：」

神理浩浩，生死無涯，薤歌先路，蒿里爲家。伊惟府君，遺善」後聞，塋松爲蓋，隴兔成羣。卜宅移吉，俄遷此墳，爰自河南，」遷神窆北。恐湮淪而不紀，寄琬琰而斯勒。」

（周紹良藏拓本　河南千唐誌齋藏石）

開元四〇九

【蓋】失。

【誌文】

大唐故清夷軍倉曹兼本軍總管張君墓誌銘并序　朝議郎行冀州下博主簿集賢院學士万俟餘慶撰　宣德郎行許州許昌縣丞直集賢院南陽張若芬書」

君諱休光，字芬，清河人也。昔揮爲弓正，初開得姓之源；仲稱孝友，」始大承家之業。車騎以勳高七葉，位極漢朝；司空以德冠一時，榮」參晉室。代濟厥德，不隕其名。曾祖素，祖隴，父泰，并聲聞海內，道著」衡門。美璧明珠，不爲池隍之寶；安車駟馬，不屈巖藪之心。君雅愿」不羈，宏才脱略，鐘鼓不能啓其齒，脂膏不得潤其容，汪汪萬頃，不」見涯涘。至如韜鈐祕術，譎變權謀，莫不吞若胸中，運諸度內。旋以」良家子調補清夷軍倉曹兼本軍總管，後以軍功，有」詔賞緋魚袋。憬彼東胡，獨阻聲教，蹂踐沙漠，蒸涌囂氛，」皇靈遠鑠，爰整其旅。君躬擐甲胄，屬當戎行，短兵既交，摧然陷没。」次子上柱國遊秦亦以武勇，時隸軍行，奮不顧身，抽戈赴敵，蜂蠆」有毒，忠良殲焉。萬姓於是呼嗟，三軍爲之飲淚。馬革來歸，果效班」超之愿；家成忠孝，遥徵卞壺之名。以開元廿二年十月廿二日歸」葬于河南北山平樂鄉之原，禮也。次東南十四步，即遊秦之墓。高」墳同域，拱樹連蔭，千載歸魂，此焉遊處。妻栢氏，長子遊晉等，枕戈」嘗膽，毁貌隳情，庶揚徽烈，永刊泉壤。銘曰：」英英乃祖，灼灼靈苗，才通思洽，武烈文昭。烏桓末裔，檀石餘袄，」挺氛地昆，作援天驕。皇威赫怒，軍容大振，偃月臨營，横雲拂」陣。猗嗟夫子，哀哉令胤！既不力存，空將命殉。洛城之北，邙阜之陽，」新移宰樹，式瘞便房。榛枯野火，葉死秋霜，唯餘盛烈，終天不亡。」

（周紹良藏拓本　開封博物館藏石）

開元四一〇

【蓋】大唐故蕭府君墓誌銘（蓋文與《陶齋藏石記》卷二十三著録不同。）

【誌文】

唐故太原府太原縣丞蕭府君墓誌銘并序」

公諱令臣，字禎之，蘭陵人也。微子嗣殷，源以之遠；酇侯相漢，流以之長。」至彪爲中書令，徙居蘭陵，代有懿德。曾祖岑，梁吴王；祖瑾，永脩侯，隋親」衛大將軍；父凝，趙州司功，左授雅州盧山令。公生禀淳和，靡德不鑠，孝」友資性，直方立身。若貞松高標，良玉發潤，俗不可得而黷也。代業不墜，」祖德聿修，出入無違，餘力成學。至於六經正始之道，九籥凝神之術，四」禪絶謂之教，罔不精該，洞與心悟。常曰：吾遠祖漢相國何，每僻陋安宅，」曰：若使後代賢，師吾之儉；不賢，無爲勢家所奪。又外遠祖大尉震云：無」廣室宇，使後代知吾清白吏子孫耳。欽若二祖之訓，克舉百行之美，」至哉！年弱歲，丁盧山府君憂，泣血絶漿，幾於滅性。鄉閭遠邇，無不嗟服。」解褐荆州當陽丞，德禮變荆衡之俗；改授汾州介休尉，直諒成汾晉之」風。秩滿從調，會府屬冢宰氏大練多士，尤旌書判，密名考覈，示人以公。」判入第二等，超授北都太原尉，羨才也；累遷太原丞，寵政也。噫！天縱其」能而不與其壽，以久視元年正月九日遇疾，啓足於太原之官舍，春秋」五十六。公體惟真素，行實高邈，業固豐碩，器則冲深。抗節加乎彝倫，立」言成乎不朽。誰謂與善，曾不遐齡？壯志溘於白駒，遠圖歿於黄綬，悲夫！」夫人南陽張氏，鄆州刺史偉度之孫，洺州長史越石之女。祇若婦德，克」閑有家，宣昭母儀，撫訓孤嗣。義方既著，棠陰不留，以開元八年六月十」三日終於河南縣政俗里之私第，春秋六十四。以開元廿三年二月十」日遷祔於清風鄉安樂里之舊塋，禮也。長子寬，濮州濮陽主簿，不幸早」世；次子寂，幹蠱用譽，丕烈克揚，孝感終身，哀荒罔極。於戲！茫茫天壤，鬱鬱山河，積餘慶之無窮，知子孫之逢吉。銘曰：」

殷臣播德，漢相流慶，才賢繼軌，子孫其盛。矯矯高節，忠孝自然，安仁體」道，知命樂天。蒞彼二邑，人以康理，聿來汾京，獨擅其美。牧卑晦迹，志匪」徇榮，天假之才，而奪其齡。玄堂神邃，貞石載刻，萬古千秋，潛靈紀德。」

（録自《芒洛冢墓遺文》卷中）

開元四一一

【蓋】失。

【誌文】

王府君墓誌并序」

府君諱德倫，河東太原人也。志性貞廉，」執心亮直，解褐任原州右玖監牧□。處」職克濟，公幹有聞。奉使東京，便居雒邑，」開元十九年十一月廿三日，終於洛陽」縣思恭第時年九十。夫人吴氏。母儀有」則，訓子方，與善無徵，奄風從燭。開元廿」三年六月廿三日，終於本第，時年七十」三。開元廿三年二月廿三日，合葬於都城」東北邙山丁觸，其禮也。一息花蕚增思，」霜露均哀，茹荼之酷何追，攀栢之悲罔」及。遂爲銘曰：

卜葬伊何？邙山之側；」薤露歌斷，松風思惻。墳欲幹兮土還色，」草青青兮傍荆棘。歸赴本期，反魂無力，」白楊一聽，悲來填臆。」

（録自《芒洛冢墓遺文五編》卷五）

開元四一二

【蓋】 失。

【誌文】

唐故大中大夫使持節青州諸軍事青州刺史上柱國滎陽鄭公墓誌銘并序」

鄭之先，簡牘詳矣；公之事，耳目存焉。聿思覺德，于以正議。議曰：仁者壽，德懋」官，自天命之，惟人所召。抑壽則多辱，貴將期驕，是滿盈誡，非報施寘。或者公」求之歟？天與之歟？不然，以公之仁，年纔八十四；以公之德，官止二千石；則」古之上壽九命者，彼何人哉？公諱諶，字叔信，滎陽開封人也。五代祖先護」德，授右僕射，勳封襄城公；子偉，仕魏，官至開府儀同三司、華州刺史，加少傅；偉」子大仕，隋開府儀同三司、渠州刺史；並襲爵襄城公。大仕子仁基，隋通事舍人；」仁基子敞，皇朝洛陽宰。公即洛陽之中子也。氣德靈粹，行中規繩，寬而不踈，」柔而能斷，敏而好學，文而有禮。年七歲，丁內憂，悲號不飲，屢至殞絶，洛陽憂之，」遂自抑以從。立身揚名若此，其孝之大者歟？識者知積慶有歸矣。弱冠國子明」經高第，授潤州參軍，丁洛陽憂，解，服闋，補始州參軍。丁繼親憂，解，皆僅至毀滅，」俯而從禮。其後歷齊、涇、定王、洛州四掾，廉察使重其名，引爲判官，轉安邑、尉氏、」江都、伊闕四宰，入爲符璽郎；佐徐、曹、許三州，守歸、楚、萊三郡。其在參軍也，謇猷」塞；其在廉察也，清濁辯；其在掾佐也，采以貞幹；其在牧宰也，政以德成；時論歸」美焉。於是永懷止足，抗疏誠請，優詔嘉許之，拜青州刺史，仍聽致仕，尊德崇年」也。居數歲，以開元廿二年十一月十五日寢疾，薨于河南洛陽審教里之第。嗚」呼！惟公入則孝，出則忠，撫親以和，待友惟信，因謂性與道合，動不違仁。豈徒」聞義力行，見善且格而已哉。方將翼贊一人，儀刑百辟，梁木其壞，凜如壓焉。」公之夫人，宗之祖姑也，實有内則，先公而終，閨範家聲，誌在豐石。嗣子元」一、貞一、太一、志一、興一、令一等六人。貞一早亡，餘實就養，咸有一德，是稱五常，」性成老萊，哀深孺泣，思復良冶，式遵聖政，爰定窀穸，以從禮經。以開元廿三年」三月廿三日權窆于洛陽縣平陰鄉之原，禮也。以宗忝内子之族，居執友之胤，」嘗荷一顧，匪圖百身，彼蒼者天，無爲善已，乩若明德，龔述哀頌。頌曰：」

司徒種德兮大啓邦宇，僕射因之兮載建茅土。光光三葉兮嗣居端輔，挺生」我公兮圓規方矩。寬仁恭儉兮莫余敢侮，褰帷剖竹兮則曰黄杜。惟翰作霖兮」將陟申甫，天胡不惠兮殲人之主。愛棠罷市兮匪獨伊古，參漿柴血兮誰謂荼」苦？哀哀哲人兮閟此泉户，其後必大兮是亦何補。凡百君子兮泣涕如雨。」

朝請郎行右金吾衛兵曹參軍事楊宗撰。　外孫前寧王東閤祭酒元光濟銜哀書丹。　鐫工陳須達。」

（周紹良藏拓本　開封博物館藏石）

開元四一三

【蓋】失。

【誌文】

唐故右威衛將軍上柱國王公墓誌銘并序」

觀夫由余入秦，日磾仕漢，楚材晉用，自古稱美。其有才類昔賢，用同往彥」者，則我王府君其人矣。公諱景曜，字明遠，其先太原人。昔當晉末，鵲出于」地，公之遠祖，避難海東，洎乎唐初，龍飛在天，公之父焉，投化歸本。亦由李陵之在匈奴，還作匈奴之族；蘇武之歸於漢，即爲漢代之臣。公之族」代播遷，亦其類也。聖主嘉之，賜第京兆，今爲京兆人也。祖湛，往在」海東，養高不仕，不以軒冕爲榮，唯以琴尊自逸。雖室居方丈，而志狹九州；」雖跡處寰中，而情踰天外。同魯連之遊東海，若四皓之隱南山。父排須，」皇朝贈安東副大都護。隨會可作，眷眷切九原之悲；相如可生，凜凜有千」年之氣。公忠貞成性，廉直居懷，尤善駕馭，明乎廄牧，初授殿中奉乘，稍轉」七衛中候，俄除率府司階，尋改甘泉果毅，無何加游擊將軍守翊府左郎」將，頃之加中郎，超右威衛將軍借紫金魚袋，並依舊仗内。驅馳紫禁，」趨侍丹墀，扈太液而登建章，從長楊而過細柳，作明君之牙」爪，爲聖主之腹心。頃緣親累，出爲黨州別駕。天子知冶長」之非罪，思樂羊之忠赤，特追復舊官，依前仗内。調夏后之二龍，馭周王之」八駿，進奉之妙，簡于帝心，雖古之造父王良，無以過也。嗟乎！逝川」不捨，朝海之志徒勤；曦光易流，捧日之誠空積。以開元廿二年十二月六」日薨于位，享年五十有五。粤以開元廿三年二月廿三日承詔葬之」禮，依周公之儀，與亡妻李氏、高氏合葬于河南平樂原，禮也。李氏先以開」元十年十月廿日終，春秋卌有三；高氏先以開元廿二年正月廿三日亡，」時年卌有九。並婦德聿脩，母儀成訓，契栢舟而皆誓，同蕣華而早零。簫成」鳳遠，暫分飛於紫霄；劍合龍還，長共盤於黃壤。嗣子右肱，同二連之善喪，」泣九泉而頌德，銘曰：」

翔空矯翼，縱壑騰鱗，猗歟炳靈，鬱爲忠臣。帝澤如海，王言似」綸，慎同萬石，勇敵萬人。榮隨歲積，寵爲恩親，赳赳蹻捷，邦家之鈞。曲」池既平，高臺已傾，北軍除籍，西第餘名。人生到此，飲恨吞聲，四大非有，五」蘊皆空。宜男依草，少女隨□，貴賤雖別，存歿情同。魂遊東岱，墳依北邙，常」觀鵷鵲，恒瞻鳳皇，情同戀主，志若勤王。隴昏昏兮藏月，山幽幽兮」早霜，痛千秋兮萬古，列青松兮白楊。」

（北京圖書館藏拓本　河南千唐誌齋藏石）

開元四一四

【蓋】失。

【誌文】

□唐故吏部常選譙郡夏侯□墓誌銘并序　東封應制及第宋杞撰」

公諱昣，字昣，其先沛郡譙人也。三材肇建，百氏厥興，世」濟其美，國富其德，漢魏流芳，嬰惇列效，名書代史，績懋」時賢。曾祖鐸，隋遂州司馬；祖太真，皇朝丹州汾川」縣丞；當士元之職，光佐千里；在君山之位，克贊一同。公」紹意家聲，參名吏部，高必以下，早趨欒廣之□命□閲」川，俄軫孔□之歎。妻彭城劉氏，登州刺史倫之第若干」女。姆訓夙資，幽閑自得，左琴右瑟，輔成君子之道；敦詩」閲禮，乃彰賢達之心。先遘疾，神龍二年四月廿三日卒」於綏福里之私第，權殯於感德鄉。以開元廿三年歲次」乙亥三月丁巳朔四日庚申，合葬于河南府河南縣金」谷鄉之原，禮也。雙花落照，更起於悲咽；兩劍沉川，載興」於情念。嗣子自勵，痛貫天地，心纏鞠育，玄龜日卜，青烏」□期，移代上之光華，作泉閒之氣象。夜綿綿兮不曉，歲」杳杳而無春。後倚邙山，風雨之所會；前臨洛水，城池之」所□。日月上流，銘誌下鎮，迺爲詞曰：」

宅邙山兮俯洛川，中有人兮不記年，兩劍雙花自相映，」古今代事盡同然。如陵谷之將徙，寄銘誌之無遷，豈譙」□之遺恨，没河右之不傳。」

（北京圖書館藏拓本　河南千唐誌齋藏石）

開元四一五

【蓋】失。

【誌文】

大唐故可左監門衛將軍上柱國白府君墓誌銘并序」

君諱知禮，字崇敬，岐邑郿人也。其先武安君之苗胤。曾祖玄範，」隋青州北海尉，大禹疏邑，瑯琊所封，牽卑漸神仙之位，擬遠舄圖鵬之」羽。祖仁憲，情不偶代，棲遲一丘，披褐懷玉，樂其道矣。父義寶，蘭菊俱美，」繼代同榮，懷導養之高術，不干時而入仕，義加旌表，没代贈綿州司馬。」公有賢明之德，適文武之用，弱冠起家爲左衛翊一府親衛，直殿中省。」豫樟之幹，秀發可知。改原州彭陽府左果毅都尉。唐隆元年，屬潛謀內」構，陰結禍階，皇上有從代之賢，除後宮之孽，公其勠力，窮穴誅鉏。」唐祚中興，授公爲游擊將軍、右金吾郎將，復轉中郎。開十三年，東封登」檀，改右清道率府率。十五年，駕幸京，留押玄武北門左廂屯營使，賜」紫金魚袋。按部飭兵，警夜巡晝，克勤於國，克儉於家。十七年，」敕令内使送紫袍金帶，優奬既重，寵錫孔殷。十九年，鑾輿幸洛，」改左監門衛將軍兼右萬騎使。尋廿一年，特加三品，制授可左」監門衛將軍，勳使如故。其年幽府破奚，以表賀，皇帝批云：卿盡」忠列，與國同憂，聞掃賊徒，固多慶快，所賀知。公知止足，恃寵若驚，晚節」悟道，持心齊物，榮恥如一，悔悋不生。嗟乎！閱人爲代，昔人共悲，開元廿」三年十月十九日薨於私第，春秋六十有一。夫人劉氏彭城郡君，婉彼」初笄，幸爲嘉偶，鳴鳳入兆，乘龍叶慶，胡不偕老，相繼云亡。以廿三年三」月廿九日合葬於洛城東北廿里舊塋也。嗣子萬湜，右領軍衛京兆府」匡道別將；光玉，京太廟齋郎、吏部選；如玉，兵部選；奇玉，絳州長祚府別」將；進玉，右武衛中候；並水漿絶口，欒棘爲容，孝齊閔參，哀纏骨髓。恐百」代之後，湮滅不稱，敢勒石以藏勳庸，庶將來而不泯。銘曰：」

禹湯受命，皐伊爲臣，聖賢濟代，善惡相因。明明我后，共理斯人，羽翼霄」漢，舟楫廣津。戟門甲第，金印紫綬，出入中禁，腹心元首。」偉哉英哲，不我眉壽。繄彼夫人，復光凋没，雙劍下泉，齊眉隴月。國人共」悲，輟春市絶，不琢貞礎，聲塵磨滅。敢勒記於泉户，俾楊輝於後□。」

（周紹良藏拓本　河南千唐誌齋藏石）

開元四一六

【蓋】失。

【誌文】

大唐兖州瑕丘縣主簿馬君夫人天水董氏墓誌銘并序」

夫人諱某字某，天水人也。國史家諜，代有其人。狐也史之」良，舒也儒之碩，蟬聯珪組，今可略焉。曾祖某某官，祖」某某官，父忠，皇靈州司馬。夫人即司馬府君之第六女也。」年十六，遭司馬府君終，十七復丁温太夫人卒，無父何怙，」無母何依，荼毒至艱，豈越於此。廿二，歸于馬君。君子好仇，」樂得淑女，實資□偶，實配賢才。倏變星霜，行已十載，隨宦」河兖，辭滿而還，卜居洛師，歲逾周矣。持生草創，率由指麾，」幹蠱家人，内主中饋，履三千之禮，體九十之儀。且敬潔酒」食事也，黼黻纂組工也，恭恪祭祀孝也，克諧叔妹睦也。嚴」以教其男，順以訓其女，整肅以臨下，閑和以奉上，讓以與」人，仁以由己。詩美淑女，古稱敬姜，比德擢賢，豈是能越。詩」書禮樂之規矩，動循於軌範；賢懿明淑之柔婉，行合乎」箴誡。嗚呼！五福宜加，嬰此沉疾，自孟秋月，涉季春華，緜」歷三時，名醫幾易，藥物寧救，遂及大期。開元廿三年三月」廿一日丁丑，終於都德懋里之私第，春秋卅有二。惜哉青」春，落此桃李，天道輔善，候其凶折。即以其月廿九日乙酉，」殯於洛城東北隅邙山之陽，禮也。遺孤藐焉，未能主祭，女」子三幼，兩齓一孩，顧此興言，痛心疾首。將恐陵谷遷貿，是」用誌于泉扃。銘曰：」

彼姝者子兮，氏系天水兮；家世兮咸秦，魂旅兮邙塵。死如」有知兮西上遊神，嗟嗟萬古兮永閟青春。」

商洛山人高平徐占撰。」

（北京圖書館藏拓本　河南千唐誌齋藏石）

開元四一七

【蓋】失。

【誌文】

大唐故定州無極縣丞白府君墓誌并序」

君諱慶先，太原祁人也。秦將武安王起廿七代孫，嘉猷□」諜，備於舊史。曾祖君恕，唐任太常少卿、邵陵郡開國公。祖」大威，歷滄、綿、梓三州刺史。父羨言，太中大夫、上柱國，歷太」子內直郎。君少負令譽，長彌端慤，年未弱冠，有老成人之」風，詞必師經，動必從禮。初任太廟齋郎，解褐拜通直郎、徐」州沛縣尉。公廉守職，且從黃綬之榮；沖澹幽懷，獨蘊青霞」之志。秩滿，調補定州無極縣丞。蘭蕙馳芳，冰壺自潔，毘贊」百里，光製錦之能；兼撫兆人，益彈琴之化。君昔未從官，早」丁家艱，哀毀過禮，杖而後起，絶漿七日，始悟參悲；泣血三」年，乃知柴孝。爲太夫人在堂，君不滅性也。君昆季繁衆，」皆相次而卒，花零蕚悴。君孑爾獨存，雖竭力於晨夕，猶恨」虧於甘旨也。御史中丞兼幽府長史張守珪知君誠懇，奏」充判官。遂睽隔庭闈，驅馳燕薊，所離則遠，遊必有方，繩」俛王事，未嘗告勞矣。今年二月廿二日，使差給熟奚糧，奚」叛遇害，非命而卒。嗟夫！干禄期養，至孝也；臨敵殉節，至忠」也；惟忠與孝，君實兼焉。古之仁烈，未足加也。官收骸柩，令」遞至都。春秋卌有八，以其年七月二日卜葬於河南縣平」樂鄉原次先塋，禮也。胤子齊雲等，幼稚未有所知；夫人彭」城劉氏，栢舟念切，松徑悲深，刻以貞石，傳乎不朽。銘曰：」

蘊忠孝兮惟賢，嗟殉節兮盛年，彼有願兮莫遂，空飲恨兮黃泉。」

（古文獻室藏拓本）

開元四一八

【蓋】 失。

【誌文】

唐故處士武騎尉王府君墓誌銘并序」

觀夫易稱嘉道，詩著考盤，故荀卿有言： 志意脩則驕富貴，道義重則」輕王侯。 其有得詩易之微，樂道義之貴者，則我王府君其人矣。 公諱」羊仁，字元瑜，其先太原人，因從鑾駕，徙居于洛，今爲河南洛陽」人也。 自飛龍在天，千年啓聖； 駕鶴上漢，七日登仙。 躍魚標太尉之芳，」顧鵲表將軍之妙，冠冕烏奕，鐘鼎蟬聯，代有忠良，史册詳之備矣。 」曾祖逸，祖樹，父羊，並怡情碧落，養志青溪，不以軒蓋爲榮，唯以」琴書適慮。 咸高尚其事，不事王侯； 僉亭亭物表，皎皎霞外。 公少而慈」順，長而惠和，學綜九流，文該六義。 常閲書於洛陽之市，或賣藥於長」安之肆，故曰大隱隱朝市，小隱隱林藪，此之謂也。 公吏非吏，隱非隱，」逍遥木雁之間，出入是非之境，故常和其光而同其塵，晦其明而藏」其用，澹然無欲，怡然樂道，每傲睨雲霄，有輕舉之志。 金丹不妙，石火」沉輝，以神龍三年八月十八日，終于時邕里之私第，享年五十有二。 」公器宇沖邈，神情俊拔，雖跡處寰中，而心遊天外； 雖所居環堵，而志」狹九州。 生兮若浮，委鴻鑪而順化； 死兮若休，覩鵬來而何惕。 亡妻陳」氏，陳主先之裔，令德有四，貞心惟一，詩禮備聞，箴誡咸奉。 自良人下」代，守志孀居，歎松蔦之無依，誓栢舟而有愿。 大明真假，深悟苦空，粤以開元延」誠白月之辰，不救黑風之難，以開元廿三年五月一日，終于清化里」之第，春秋七十有六。

廿三年八月十九日，依周公合葬之」禮，同窆于河南縣之平樂原，禮也。有子七人：長子湓先朝露，第四子」奄入夜臺；第二子前撫州參軍惟忠等，並孝□過人，居喪盡禮。恐海」變於桑田，敬鐫芳於蒿里。銘曰：」

洪源括地，峻岳淩天，玄經有術，丹竈無煙。道積猶學，輕舉成仙，緱山」七日，遼水千年。其一。嗟嗟哲士，不嗣前風，四大非有，五藴皆空。北山之」北，牆東之東，園林蕭索，丘壑冥蒙。其二。洛陽城北，邙山之陽，衣成蛺蝶，」樹化鴛鴦。草生路斷，山幽早霜，騰徽播美，地久天長。其三。」

（北京圖書館藏拓本）

開元四一九

【蓋】失。

【誌文】

唐故中大夫行太子内直監白府君墓誌銘并序」

君諱羡言，唐之聞人也。昔天命祝融，制有于楚，洎王熊居太子生勝，」避地於吴，錫號白公，爰命氏矣。勝孫起適秦爲良將，爵武安君。」始皇踐禄，思武安大業，封太原侯，今爲太原人也。後十五葉生建，」仕齊爲中書令，贈司空公；生曾祖士遜，齊爲散騎侍郎；生大父」君恕；參神堯皇帝霸府倉曹，轉開府大將軍加太常卿；生皇考大威，持節滄、綿、梓三州刺史。公則梓州府君之第二子也。世傳」光亨，遹駿有聲，維家之榮，丱年可稱。弱冠從政，以公文足經代，武能」鞠旅，拜長上果毅，坐家季極刑，黜爲封州司馬。要荒題贊，貞亮不渝，」雖之蠻陬，我亦何懼。稍遷吉州太和縣令，恪居乃政，政是日躋，仁厚」於人，人無卒癉，豈伊小邑而用牛刀哉。無何，拜中大夫左金吾衛長」史。嚴城夙夜，以警巡偵；輦路驅殿，莫匪革奸。詔爲太子内直監。裳」服以司，玩好以時，自公典之，罔不勉之。公守雌全真，樂天知命，不矯」詭以干進，常含弘以誕節。秉儒墨之術，道將有乎；負韜鈐之材，時未」見用。於戲惜哉！享齡七十，以先天二年正月廿七日終于京兆里第。」夫人河南賀若氏，海陵公懷武之孫也。其頎鮮膚，綢直如髮，亦既就」禮，林風肅然。螽斯載歌，采蘩循度，天不駿德，降災如何，春秋七十有」六，龍集戊戌八月十有五日遘疾毓財里，考終厥命。胤子有十，仲曰」慶先，官至定州無極縣丞；季曰嗣先，官至漢州參軍：並先夫人而逝。」噫哉有若李氏女平遥縣君，永言孝思，欲報罔極，載問龜策，如惔如」荼，以開元廿三年八月十有九日奉府君夫人神安厝于平樂原，禮也。邙山之陰，壘壘丘隴，瘞此人琴，蒨車止兮雲遏，古木閉兮煙深。俾」刊貞芳，以永終譽。銘曰：」孝女奉厝需于吉兮，冥冥丘墳禮芊强霸兮我氏出，貽孫謀兮世咸秩；鍾令名於夫君，偶淑賢於家室。」其畢兮。」

（周紹良藏拓本　河南千唐誌齋藏石）

開元四二〇

【蓋】大唐故蕭府君墓誌銘（誌蓋篆書題。）

【誌文】

唐故朝散大夫滁州別駕蕭府君墓誌銘并序　中大夫檢校尚書工部侍郎集賢院學士上柱國徐安貞撰」公諱謙，字思仁，蘭陵人也。蕭氏之族望舊矣：梁武皇帝，公六代之祖」也。高祖梁宣皇帝。曾祖岑，梁太尉、吳王。大父球，隋秘書監、仁化侯。皇」考繕，皇朝銀青光禄大夫、衢州刺史、蘭陵侯。比三后之餘，猶」列侯之盛。公幼而純固，專精學植；傳乃爲癖，詩而能言。年十六，國子」明經擢第。仕之初筮矣，調補許昌丞，轉河內丞，廉使舉以清白。時」天后稱制，以姻戚之累，限乎朝列，乃授許州録事參軍。滿歲，丁蘭陵」府君憂，而泣血過制，誓身不仕。親黨謂之曰：揚名不復，非孝也。亦以」蒸嘗或闕，遂起爲蘇州長洲令。因讓德之風，行清靜之政。州牧梁惟」忠雅相器重，復以上聞，尋加朝散大夫，轉滁州司馬。滁實清流，合公」之性，無何恩制除別駕，仍聽致仕。羽翼爲命，屏星已懸，在浚之」郊，歲時半禄，昊離鼓缶，貧居晏然，遠近名賢，希風慕義。以開元十二」年七月十四日寢疾而終，春秋七十有四。權殯于大梁城東。公孝乃」純至，清以爲寶，守其沖和，幾乎壽考，有如此者，安排處順。夫人彭城」劉氏，永樂令行之之孫，洛陽主簿延緒之女。爰以女憲，成乎婦道，緐」衍親屬，中外爲儀，閨門之閒，室家相謂：子不立父也，女不成母也，不」忘既誡，是擇賢夫。有若諫議大夫河南褚庭誨，有若河南縣尉義興」蔣涣，皆人倫之選也。不亦知人，動著容範，倏爾乘化。以廿二年七月」八日終於東都弘道觀，享年六十有六。即以廿三年歲在乙亥九月」癸丑朔八日庚申與別駕府君合祔於河南縣平樂鄉北邙之平原」舊塋，禮也。子習、普、哲等，克終遺訓，雨露增思，萬石之門，能傳孝道。其」銘曰：」於惟蕭公，厥德淑清。恭而好禮，善不近名。乃歷官政，休有列聲。人皆」事親，公爲盡孝。先意竭力，是則是效。翼子謀孫，率以成教。卿族之□，」琴瑟有之。差池考終，合祔同時。舊塋新墓，銘石

（古文獻室藏拓本）

于兹。」

開元四二一

【蓋】失。

【誌文】

太中大夫使持節房州諸軍事房州刺史上柱國魏縣開國子盧府君誌銘并序」君諱全操，字全操，涿郡范陽人也。自大嶽錫胤，異人閒出，列於春秋，國史詳焉。公」即皇率更令范陽公赤松之曾孫也。皇父承業，皇銀青光禄大夫、尚書左右丞、雍、」洛二州長史，使持節同、并二州諸軍事；父玢，皇銀青光禄大夫、使持節虢、貝、絳三」州刺史，并州長史、左屯衛將軍；俱以邁德承家，賑仁垂裕，不然者安得軒冕百世，」無忝前烈，有貽後昆乎？公□業剋崇，尤工詞令，調高氣聳，取與不雜。年十六，解褐」右千牛備身，秩滿，遷尚輦直長，以材擢通事舍人，承絲布綸，有獻納之美。丁家艱」去職，上惜之。服闋，制除舊官。無何，以親累出左澤州晉城縣令。鳴琴之政，下車」而得，便人從事，去有遺思。稍遷襄州襄陽縣令。布新酌古，寬猛兼適，再□從政，尤」練物情，荆襄之間，有雅風矣。秩滿課最，加朝散大夫。上多之，復授通事舍人。及」是三歷丹墀，皆出上意，宸眷之極，朝廷榮之。以考績轉尚乘奉御，又遷邠州別」駕，以父諱改澤州別駕。於是晉城之前惠未忘，別乘之股肱斯及，人吏交賀，政有」先聲。未三載，陟房州刺史，君子謂是遷也，將致凋氓於仁壽，紐絕貫於龔黃。天不」憖遺，俾屏梁木，以開元廿三年五月七日遘疾，終於官舍，春秋五十有四。夫人弘農楊氏，無子繼絶，嗚呼哀哉！初公出於北齊黄門之昭也，范陽公孑立，及公五世，從祖昆弟百人，衣冠半天下，可謂積慶矣。夫鍾無疆之慶，而身絶之，悲夫！夫人所以趨道棶德，樂生順命，謂死而爲歸者，以皇天有福善之應，生可上中之壽，死獲鬼神之依。今躍馬之年，不登耳順；綵服之養，未展膝下。廟食血祀，無子孫之憑，華屋委而莫遊，佳城閉而永絶，此識者所以留慟也。噫嘻！昔人有謂曾參浩浩而致眉壽，觀公之敦尤潔廉，素履沉綽，有近之矣。爵在通列，貴爲專城，珍玩不御，嬪妾不序，閨門之閒，未嘗忤意，亦可謂厚德矣。而壽止於此，終以無胤，豈皇天所謂報應乎？噫！螽斯之詠，有不然乎？且大道之行，父不哭子，哭而不哀者，斬之極也。今送終之哀，往而莫返，猶母之聲，不其兩傷歟？内外之會葬執紼失聲流涕者千數，不唯臨喪是爲，亦有感於斯夫！嗣子仲容，公之元昆枝子也。孝存錫類，義董承家，作爲塗芻，俾備靈物。以開元廿三年歲次乙亥九月癸丑朔十八日庚午遷窆北邙平樂原，禮也。嗚呼！陵谷有遷，永夜無像，名號不列，人斯安仰，銘石紀地，庶不朽於終天云。其詞曰：

維岳降神兮實生良士，清明内照兮納人以軌。蹈物不慓兮惠風斯靡，螽斯何莫兮于嗟絶祀。遺愛在人兮南荆罷市，今也則丘兮吾徒安擬？生爲國綱兮魂則帝鄉，嗣子歸之兮遷窆北邙，親友永慟兮塗芻既藏，日月易遠兮陵谷難常。列銘幽隧兮表樹崇崗，庶佳城之不朽兮，將有紀於遺芳。

（周紹良藏拓本　河南千唐誌齋藏石）

開元四二二

【蓋】 失。

【誌文】

大唐故朝議大夫上柱國杭州長史姚府君墓誌銘并序」

公諱珝，字連城，吴興人也。舜以姚墟命氏，恂以初姓封侯，信居八座之」榮，闓爲陸凱之舉，士林茂族，簡策詳焉。高祖僧垣，梁中書舍人、宣文殿」學士；曾祖最，隋蜀王府司馬麟趾殿學士；西垣司翰，東觀著書，世業傳」其儒學，時論比於歆向。祖思明，皇朝河内縣令；烈考益謙，皇朝陽」曲、陳留、武義三縣令；秉德純懿，宰縣仁明，肅灌壇之風雨，興中都之禮」讓。公含中和之氣，聳貞固之材，素多君子之風，雅有至人之操。沖虛率」性，牆宇難窺，理識精明，標幹蠱之用；文旨風雅，敦正始之作。弱歲以門」子翊衛，解褐以地望參卿，始自瀛州參軍，歷臨清縣丞曹州司倉參軍」事，皆充本道按察使判官。職在徒勞，務兼軺傳，剸割常騁其新，罔布訓」實，變其僥風，尋轉洛陽簿，復拜縣丞。京劇則繁，庭訟攸簡，綽綽令譽，滿於人謡。無何，遷大理丞，」轉密縣令，加朝散大夫，改齊州司馬。慎獄恤廷」尉之刑，作宰著王畿之稱，雖增榮章紱，仍屈佐天齊。庚午歲，制除杭」州長史，地即勾吴，人稱僄俗。提綱舉目，咸推半刺之能；退食自公，獨守」無爲之道。而无妄興疾，勿藥嘗委其天真；閱川長逝，藏舟遽驚其遷壑。」以開元廿二年十二月十有三日，終于杭州之官舍，春秋六十有九。即」以明年十月十五日歸葬于東都河南縣金谷鄉西北崗，禮也。綃幕遐」颺，旅櫬東辭於水國；薤歌啓引，靈轜北上於邙山。行路失聲，寒旻無色，」悲夫！公之夫人范陽張氏，故刑部郎中知默之女。女儀婦德，早推令淑」之名；從夫訓子，動遵詩禮之義。賦年不永，先公而亡，死則同穴，今從合」祔。長子廷光，故平陸尉，早亡；厶厶厶厶厶厶等，哀哀孺慕，欒欒棘心，」旋葬稱家，禮之意也。式忝姻戚，見託斯文，敢稽實行，永播貞石。其銘曰：」

壽丘綿族，吳興係美，積善餘慶，載誕君子。君子伊何？令問不已，業嗣儒」素，學優文史。文史騰芳，宛而成章，刀筆爲政，于何不臧。如彼瑚璉，可薦」廟堂，如彼竹栢，可凌冬霜。霜凋何疾，生涯遽畢，劍瘞雄雌，絃傷琴瑟。苦」月懸隴，愁雲曀日，于嗟滕公，永秘玄室。」

（周紹良藏拓本　河南千唐誌齋藏石）

開元四二三

【蓋】失。

【誌文】

唐故左武衛鄜州大同府折衝都尉公孫府君墓誌銘　徐郡彭炎撰」

公諱孝遷，字遷，其先遼西人也。周文王始分厥族，漢丞相允」著大勳，世世家賢，不絕軒冕。曾祖恪，隋幽州都督；祖亮，唐衡」州刺史；父神儼，唐涇州臨涇縣丞；用大理小，不樂桓譚之任；」恥居州縣，曾聞梁竦之辭。公即臨涇府君之元子也。幼而多」奇，衆或且異，童蒙學劍，弱冠論兵。年卅，以左衛翊衛出身，調」補右金吾衛左執戟。秩滿，改右驍衛左司戈，尋遷左□禦率」府右中候。累司京職，久侍丹墀，出授右驍衛揚州方山」府果毅。勇能制敵，才足總戎，遂轉左武衛鄜州大同府折衝。」訓兵習武，以有教戰之功；置陣分行，迺見威邊之策。有制令」擁旄朔外，驅傳磧西，聞鞞鼓之聲，力能死戰；遇膏肓之疾，表」乞生還。沉瘵未瘳，春秋七十三，以開元廿二年二月十五日」奄終於大同府之官舍。里廬之内，孰不輟舂。公河目海口，深」謀秘略，未躋高位，爰是良圖。悲夫！尋而歸櫬洛陽，權殯於城」東伊川鄉，俟吉辰也。夫人瑯琊王氏，窈窕淑慎，作嬪君子，年」卌，先公而逝。公遺命合葬，以廿三年龍集乙亥十月廿七日」昭告亡靈，改卜遷祔，移神於北邙山入夫人舊塋，禮也。雙衾」並舉，二室同封，嗣子右驍衛長上先定等，居喪有禮，毁瘠過」人，懼岸谷之易平，刊玄石爲銘曰：」

肅肅我氏自文王，紹生厥德内含章，沉謀宏略武蒞職，令名」垂世壽不長。河南洛北兮邙山上，萬古森森兮松栢行！」

十月十六日申時書。」

（周紹良藏拓本）

開元四二四

【蓋】失。

【誌文】

大唐故滄州司法參軍張府君墓誌并序」

公諱文珪，字元敏，南陽人也。漢庭弈業，始啓其勳」庸；晉室台階，是光於綿瓞。嘉功茂績，間有其人，保」姓受氏，謂之世禄。公隋青州司馬詡之曾孫，」唐恒州九門縣令懿之孫，晉州仁德府果毅都尉」第八子，代襲文武，幼挺岐嶷，聰敏肅給，宣慈惠和。」弱冠以諸親出身，轉光、萊、滄三郡掾。葭莩之戚，早」沐於朝恩；幹蠱之能，累聞於郡選。庶以公才」公望，爲龍爲光。何人其與能，而位不充量。以開元」廿二年九月十八日終於官舍，春秋七十七。夫人」恒農楊氏，吏部尚書仁恭之孫，并州晉陽令諶第」十四女。公侯錫族，婉惠宜家，式禮不違，其儀可則，」將偕老斯得，與善莫欺，俄及逝川，旋悲閲世，春秋」六十七。嗚呼哀哉！生也有涯，歿乃同穴，而龜筮既」協，窀穸斯開，越以開元廿三年十月廿七日，遷祔」於洛陽北邙之原，禮也。嗣子光裕，怙恃靡依，彫鎸」見託，多慙不敏，敢紀哀詞。銘曰：盛德之後，其音孔」臧，庶存必復，忽爾殲良。冥寞厚夜，烏呼彼蒼，用刊」貞石，永固連崗。」

（周紹良藏拓本　河南千唐誌齋藏石）

開元四二五

【蓋】失。

【誌文】

大唐故趙君墓誌」

君諱壽，其先邯鄲□□□固□分枝，今爲」相州湯陰縣人也。□□□傾澄居慕山水，」丘園爲生，長□曾祖□祖表三代嚴風，百」年休迹，豈其言□德於閭里。夫人清河」張氏。夙植天姿，早承家訓，蘭儀内孰，蕙問」外揚。春秋卅有□□□金夫四德有聞，頓□千仞遵□□□□□□資孝養爲懷，□」□則□不

□□□□□□引逝川□」□□□夜□□□□□□□廿之載□心絶俗業□□□□□□息克成禮歸」宗□而□□西□□□□□懷清温畢世」□□開元□□□□次亥閏十一月壬」子□三日□□□□□□□□□寺東北三里」□自□之右□□□□却背崇巒，刊石勒」□爲文記：漪□達人，日月迴輪，貞能□」□□□□不□□□□□□忠節爲臣。」

（周紹良藏拓本）

開元四二六

【蓋】失。

【誌文】

大唐故前梁君墓誌銘并序」

君諱義方，安定郡人也。□□□」□祖多，隋任潤州長史；岳瀆飛□，松栢立志，據德遊□□□」□詩詞原開而江波騰，翰苑敷而春花麗。得一代之□□判□」□□□□雪滅，豎吏冰清，獸去境而雨隨軒懷土而□父□□」□□□□□禾合穎，張堪之麥分岐，百姓謌其來蘇，□重□其□」德。□□□隋銀青光禄大夫行臺軍大總管；韞王翦之秘略，」□養□之奇能，動膽禦祲，庇茲華夏。父言，唐朝婆娑不仕□」□罔□理脱繁籠之災，寄意丘園，優遊卒歲者也。君其德□」□其學生知，擲賦金聲，發言蘭馥，臨乎百里，彰彼異洎，職滿□」住自得，爰訪林泉，遂爲相州林慮縣人也。嗟夫！夜舟難固，□□」□晞，不考天年，忽歸泉曠，春秋七十有五，以開元十九年九月」一日遘疾，□於私第。梁木壞矣！邦彦殄矣！士庶潸涕，雲霧色。夫」人潁川郡陳氏長女。巫峰誕美，曹媛方賢，四德三從，天生所禀，」好仇君子，琴瑟宜家。何期霜葉逢颷，蘭堂永謝，春秋七十有四，」開元十八年四月四日卒於□寢。是故六姻悼懷，四鄰茹歎，乃命史蘇卜其宅兆，匠石雕其棺槨，方相秉鉞而前驅，孝子擗踴」而後送，以開元廿三年閏十一月三日合窆於林慮縣城東五」里曲□村西北平原，禮也。左府燕王之墳，歷千古而馳譽；右接」太行之嶺，鬱萬丈而秀出。前瞻淇隩，□□猗猗；後背洹津，魚□」□洶。嗣孫希亶、嘉惲等，攀號罔極，悲□□□恐海成桑田，山□」沼，匍匐來謁師，師命僕記其德，謹爲銘曰：」

宗岳立兮胤川流，心日豫兮名日休，尼父□□□□□嗚呼魂」兮蒿里遊。」

（録自《鄴下冢墓遺文二卷》卷下）

開元四二七

【蓋】失。

【誌文】

大唐居士粱公故夫人墓誌□序」

夫人彭城□氏。軒冕承家，簪纓□□歷代□□」□□詳諸家諜，故略而不言。夫人即明府君之□胤」也。厥惟初笄，言配君子，奉上以孝，訓下以慈，」榮慶二門，宣成内則。而芳菲桃李，行立嚴霜，」僶俛桑榆，俄□怛化，享年八十，奄化。嗚噂」哀哉！天高月遠，常娥於是不歸；室虚風」悲，安仁以之興悼。以開元廿四年春三月辛」巳，窆於東原，儀也。刻此方石，銘諸下□。其」詞曰：

婉彼玉媛，言配君子。如何如何，聲□□□。」千秋萬歲，長悲無已。」

（北京圖書館藏拓本）

開元四二八

【蓋】失。

【誌文】

唐京兆王氏妻清河崔夫人墓誌」

夫人號曼殊，東武城人也。世業暉映，祖」德清淳，語宦者宗其高，論婚者許其大，」久談于仕林矣。魯王府主簿山丘之孫，」高苑令處賓之女，性與貞淑，天假柔明，」自歸于我，廿餘歲。克躬節儉，每服浣濯」之衣；推人豐華，自甘粗糲之食。內外以」穆，喜慍不形。生五男二女，豈唯善育，故」亦能訓。常欲佐夫於台鼎，致子於雲霄，」然後歸心禪門，受祺曠劫。何圖天不與」善，以今年三月十二日遘疾而卒，嗚呼！」恨其志甚遠，命不通，時方盛，路已窮。百」年荏苒，此穴終同，青春先謝，遺慽忡忡。」

開元廿四年歲次景子三月廿九日刻石記之。」

（北京圖書館藏拓本）

開元四二九

【蓋】失。

【誌文】

仙州別駕張府君墓誌銘并序」

君諱仁方，字某，清河人也。五代韓國，方知承相之榮；葉漢庭，」共識大夫之寵。爰自往古，迄至于今，鐘鼎蟬聯矣。曾祖禮，忻」州刺史；褰帷布政，按部宣風。祖感，代州雁門縣令；父則，延州」金明縣令；並器宇淹通，風標迥拔，功超豹産，迹比恭黄。豈惟」福應一門，實亦慶傳後嗣。君髫年振譽，綺歲騰華，鼓仁義於」詩書，聳枝條於霄漢。含宫咀徵，偏聞律吕之能；撫玉調金，盡」得笙鏞之妙。素鱗涵泳，玄羽低迴，解褐授太常協律。縱容禮」曹，荏苒華署，聲通嶰竹，節赴空桑。朝廷以禮樂見推，郡邑非」賢良莫可，乃出攝涇州別駕，轉淄州別駕，仙州別駕。同清河」之化美，類淮海之風清，時望頓歸，允諧斯舉；業光靈派，慶蔚」高禖。加上柱國，承聖恩也。將謂榮登半刺，必踐股肱」任；豈期運畢窮泉，翻及請車之歎。以開元廿四年四月十八」日，終於河南縣道化里之私第，時年七十。嗚呼！秦醫不理，膏」肓之疾已成；齊客去瞻，腹腠之癥將結。即某年月日與夫人」姚氏同窆于其原，之禮也。夫人先少保之姪孫，潞司兵玄奬」之士。詩歌婦德，史著夫恩。秦晉之禮義協和，潘陽風流秀茂，」兩門兼盛，一族俱榮，惟復桂影前銷，而乃劍光斯逝，苔坰久」隔，土壙同歸，露草警於朝晨，蘭燈閟夫永夕。痛矣哉！乃爲銘」曰：」

洛陽山兮墳壘壘，冠蓋殁兮皆歸此，代將謝兮不可留，素車」白馬兮使人愁。傷愛弟兮多慘慼，感嗣子兮胡毁瘠？攀松路」兮泣霜風，仰泉臺兮固幽石。」

（北京圖書館藏拓本　河南千唐誌齋藏石）

開元四三〇

【蓋】 失。

【誌文】

劉府君楊夫人銘并序」

君諱秦客，其先彭城人也。世族傑，磅礴穹昊，因徙居」陽焉。君特禀輕清之氣，懷豁達之度，戆而能博，貞而」且廉，與朋友交，言行無點。而高尚不仕，得赤松之遊；」安卑盡養，欽白華之詠。世人以爲得懸解之性者。於」戲！昊天之酷，□□其壽，唐開元廿一年閏三月十八」日遘疾，終於□□私第。其年四月十二日，假殯於平」陰鄉之原也。夫人弘農楊氏，識性冲和，行不犯物，周」於内正，備於母儀，不嗃不嘻，」是貞是順，室家之道盡」矣。及至暮年，恭崇釋道，知四大咸假，五藴皆空，莫不」毒火焚軀，愛河溺性，自非西方之聖，孰能拯兹苦焉。」於是捨榮辱去我，妥心禪門，穎悟深旨。雖心得自在，」而身現生滅，示物有終也。開元廿四年四月廿二日」遷化。嗣子倩等，痛慈顔之永隔，嗟幽明之道殊，乃」轟」構塋域，改卜遷措，以唐開元廿四年歲次乙亥五月」庚辰朔十七日丙申合葬於平陰鄉之原，禮也。夫誌」者所以彰令德，俾百代不朽，故刊石以旌焉。銘曰：」

生也有崖，分命有極，安時處順，萬化之則。天長地久」兮人詎存，古往今來兮杳莫分。逝者長往，悽兮傷魂，」人生到此，天道寧論！」

（周紹良藏拓本　河南千唐誌齋藏石）

開元四三一

【蓋】失。

【誌文】

大唐故隴州刺史薛府君妻弘農楊夫人墓誌銘并序　季弟禮部員外郎仲昌撰」

夫人諱祁麗，字祁麗，弘農華陰人也。百代著」姓，五公盛葉，華山之下，墳墓碑版纍然矣。則」刑部尚書、魏國公元琰，魏國夫人崔氏之女；」隴州刺史、新城公薛府君瓚之妻也。於是始」昌師恭，儉從傅姆。入其門而可觀，坐其宇而」知美。豈有上公之子，諸侯之后，德若是乎？仍」棲遊覺門，撥離苦趣，福雖備於因果，理不制」於生滅，水火之患，盈十年乎。春秋五十一，即」以開元廿四年五月十七日自殯室朝于」先塋，從夫穴，禮也。有子萓，惸惸然獨濟喪，事」諸親位，哭垂涕夷，物無不遷，愿附貞石。銘曰：」夫人之德，恭儉有成。夫人之儀，環釧有聲。從」夫之死，啓于佳城。松風夕鳥，更相悲鳴。恭惟」執紼，以展哀情。」

開元廿四年五月十七日建歲次景子。」

（河南千唐誌齋藏石）

開元四三二

【蓋】失。

【誌文】

亡宮者，本良家子也。充奉後庭，勤於法度，錫以班秩，酬乎厥勞。享年不永，遘疾云逝，春秋年八十五。以開元廿四年六月□五日葬于亡宮之營，禮也。乃刊貞石，式紀銘云：

生爲匣玉，殁爲野土，一辭九重，千秋萬古。」

（北京圖書館藏拓本　河南千唐誌齋藏石）

開元四三三

【誌文】

大唐故大智禪師塔銘　弟子太僕少卿杜昱撰」

禪師諱義福，俗姓姜氏，潞國銅鞮人。曾祖仲遷，隋武陟丞鴈門」令；大父子胤；烈考解脱；並丘園養德，隱居不仕。禪師體不生之」□神，綱無染之絶韻，爰在悼齔，遊不狎羣，遂更童長，身無擇行，」峻節比夫嵩華，雅量方於溟渤。初好老莊書易之説，亟歷淇澳」漳滏之間，以非度門，一皆謝絶。齒邁三十，適預緇流，慧音共芝」若同芬，戒相與蓮花比潔。大通之在荆南也，慈導風行，聲如鼓」鍾，應同鳴鶴，乃裹糧脩謁，偏袒請命。逮得法要，式是勵精，浹辰」之間，豁然大悟，三摩隨入，順忍現前。大通印可，密弘付囑。自是」多歷名山，普雨甘露，經行如市，宴坐成林。門下求謁，固嗤三年」之滯；衆中樂聞，常兼五十之喜。則我禪伯之徽業，實亦駿揚于」耿光。及遊步上都，載脂咸洛，法梁是荷，人寶歸尊，有如王公四」葉，下逮裨販百族，明發求哀，涕淚勤請。則亦俯授悲誨，朗振圓」音，應器而甌缶必盈，返根則條枚盡洽。如摩尼皆隨衆色入薝」蔔，不覿餘香，所可脩行，分獲契證，昇堂或落落間出，其餘則滔」滔皆是。前年輿駕東幸，禪師後旋有洛，閉關靜慮，猶兮」□言，或趺坐通宵，或冥寂終日。門弟子有觀異相，竊或怪之，知」化緣將終，接袵悲侍。開元廿四年夏五月廿五日，右脅徂逝，春」秋七十九，僧夏□八。粤六月十有七日，恩敕追號大智」禪師。秋七月七日甲申，遷神於奉先寺之西原，起塔守護，禮也。」禪師以道分人運，慈濟物，凡所利樂，率先弘溥。其茂德殊行，則」刊在世碑；冥貺神迹，則詳夫外傳。簡兹盡美，略而不書。猶迷變」海之期，示勒開山之記。銘曰：」

闕塞西麓，相縈抱兮，極目南臨，伊汝道兮。永錫大智，神所保兮，」達人□已，豈多藏兮。率由代教，駿發祥兮，于蔭法嗣，道有光兮。」

（録自《芒洛冢墓遺文補遺》，據《八瓊室金石補正》卷五十五補字）

開元四三四

【蓋】大唐故尹府君墓誌銘

【誌文】

唐故寧遠將軍慶王府左典軍上柱國尹府君墓誌銘并序」

公諱大簡，字徹，天水人也。鑠軒后之華胤，鬱周官之令族，勳庸不乏，史策已彰。曾祖隨邢州司法參軍諱成紀，法律是司，刑罰惟允；大父寧遠將軍、鷹揚衛、郎將諱秤，忠勇奉上，爪牙攸屬；皇考正議大夫、右衛長史諱知古，楚材可貞，同行從事。公纘慶鴻系，飭躬大猷，文武兼適，剛柔自保，初以門蔭出身，國親從訓，授太子家令寺主簿，轉監門衛冑曹參軍、家令寺丞。以翁歸之中立，籍師丹之外禦，遂除遊擊將軍京兆府匡仁府左果毅，又拜邠王府左典軍，載除慶王府左典軍，乃致仕。凡更六職，累典三校，忠肅恭懿，宣慈惠和，惟善之從，何居不理。若乃窮弘羊心算，通計然貨術，尚養身而無違，不傲名以取進，故汩没下列，從容終年。得三樂而無悶，從二疏之告老，開元廿三年閏十一月五日遘疾，終於淳和里之私第，享年八十有二。達道者雖明順化，知音者終惜云亡，悲哉！夫人河東薛氏，周隨州刺史映之曾孫，綿州司馬芬之孫，宋州録事參軍珙之女也。雅有徽烈，克脩令儀，温柔以成範，韶惠而知禮。雖陰梧早折，而雄劍終同，開元廿四年秋七月十九日合葬於長安高陽原，倍奉先塋，禮也。嗣子通直郎、前行舒州宿松縣令、上柱國靜意等，皆純孝者也。爰勒幽石，光昭先人之令德焉。其銘曰：

周有吉甫，嵩降精兮；子孫必復，嗣家聲兮。公之生兮咨善誘，公之成兮業可久；公之老兮享富壽，公之終兮名不朽。」

（録自《陝西金石志》卷十二）

開元四三五

【蓋】失。

【誌文】

大唐皇甫賓亡妻楊氏墓誌銘并序」

觀夫孟母訓子，鴻妻事夫，年代悠邈，芳猷難」嗣，其有躡前軌之蹤者，則我楊夫人踐之矣。」夫人諱麗字娥英，族望弘農，因官徙洛，白環」四代，朱輪十人，公侯繼踵，詳乎史策。迺祖迺」父，如珪如璋，並奉國盡忠，居家盡孝。夫」人少而柔順，長而貞潔，性廉而儉，心聰而惠。」歸依釋教，契龍女之能；經營財産，會陶公之」法。固得水旱無懼，吉凶有資。然悟苦空矣，明」明真假，雖延誠白月，而無救黑風。不遇藥於」西山，遽遊魂於東岱。以開元廿四年六月十」七日終于河南縣清化里之私第，春秋六十」有一。粤以其年八月廿六日遷窆于洛陽縣」北邙山南麓，禮也，嗣子阿沖，次子温，并居喪」禮，毁幾滅性。恐海變於桑田，敬鐫芳於蒿里。」銘曰：

于嗟淑媛，託質幽塵，麟鳳卜兆，狐兔爲鄰。地」久形故，天高月□，□□□□，永播千春。」

（周紹良藏拓本　河南千唐誌齋藏石）

開元四三六

【蓋】失。

【誌文】

大唐故京兆府美原縣尉張府君墓誌銘并序

君諱昕，字道光，京兆長安人也。漢廷尉之丕緒，晉司空之徽烈。印傳雙鵲，不墜家聲，冠映七貂，挺生其美。祖宗，隋襄城郡守，和、易二州刺史；剖符按俗，露冕宣風，明斷不謝於分缣，清白有逾於酌水。祖勣，朝散大夫、上柱國、行閬州西水縣令；術雄五縣，恩寵百缣，調絃則綵翟馴桑，字物乃白鳩巢室。父元禕，中大夫行寧州長史；才高展驥，德邁題輿，專城假翊，中朝籍甚。君門承懿範，胎教英奇，鄉譽克重於歲寒，庭訓必先於忠孝。取父蔭出身，解褐授涇州鶉觚縣尉。秩滿，選授汾州隰城縣尉。丁父憂，服終，選授京兆府美原縣尉。而職司畿甸，聲流臺閣，冀斯朝須方朔，欲問西風；何圖天要李通，便遊東岱。以開元廿四年秋七月四日，奄終于私第，春秋五十有七。即以其年歲次景子十月三日窆葬於京城南杜城東二百步舊塋，之禮也。夫人京兆韋氏，夫人恒農楊氏，遷合嗣子等，臨鶴璲而攀號，恐冥寞無知，鑿石爲記。其詞曰：

於昭清河，宗社熽絶，廷尉重道，司空博識。家傳鵲印，代襲貂蟬，剖符求瘼，綰墨調絃。龐統外臺，梅福畿甸，德音尚在，魂靈不見。親親雪泣，嗣子攀號，式鐫貞琰，永播劬勞。

開元廿四年歲次景子十月三日己□。

（録自《金石萃編》卷八十一）

開元四三七

【蓋】大唐故武氏墓誌之銘

【誌文】

唐朔方軍節度副使金紫光禄大夫行光禄卿上柱國五原公燕王慕容公故妻太原郡夫人武氏墓誌銘并序」

夫人太原人也，則天大聖皇后之姪孫□。聳極天」孫，分輝若木，峻岳疏趾，長源演派。祖承嗣，周朝中書」令、魏王；父延壽，□皇朝衛尉卿。夫人生自崇閫，長承」明訓，女德柔順，韶資婉淑，十有九載，移天貴門。三星」備於禮容，百兩煥乎盈室，言無出閫，動不踰誠，秋霜」潔操，春旭齊華。才克媲於金夫，邑爰封於石窌。而靈」根宿植，法性潛明，高厭塵樊，屏絶聲味。心念口演，誦」真經而靡倦；焚香散花，繞尊容而不息。然猛風欻至，」幻體難留，紅顏落於蕣華，素景墜於曾谷。以開元廿」三年十月二日薨於京兆長安延福里第，春秋卅有」三。琴瑟愴斷，館舍悲涼，紅閨闃其遂空，翠羽慘其無」色。即以廿四年景子歲十月三日己酉遷窆于涼城」南卅里神烏縣陽暉谷之西原，禮也。嗣子右金吾衛」沁州安樂府果毅都尉兆，擗標棘心，哀哉荼思，追攀」罔極，載割於襟靈；岸谷難常，用刊於玉石。銘曰：」南雪山兮北烏城，邦媛殂兮此瘞靈；寒草初凋兮哀」挽聲，幽泉已閟幾時明。」

（《考古與文物》一九八一年第二期《甘肅武威南營發現大唐武氏墓誌》）

開元四三八

【蓋】失。

【誌文】

唐故金明縣令上柱國張府君墓誌銘并序」

君諱惠則，清河人也。時年九十有二，遘疾於」河南府河南縣正俗里之私第，嗚呼！秦醫不」理，膏肓之疾已成；齊客去瞻，腹膝之癥將結。」即以開元廿四年十月九日，與夫人　氏同」窆于北邙之金谷鄉之原禮也。詩歌婦德，史」著夫恩，秦晉之禮義協和，潘陽風流秀茂，兩」門兼盛，二族俱榮，帷復桂影前銷，而乃劍光」斯逝。苔垌久隔，土壙同歸，露草警於朝晨，蘭」燈閟夫永夕。痛矣哉！乃爲銘曰：」

洛陽山兮墳壘壘，冠蓋歿兮皆歸此。代將謝」兮不可留，素車白馬兮使人愁。傷愛弟兮多」慘慼，慼嗣子兮胡毀瘠。攀松路兮泣霜風，仰」泉臺兮固幽石。」

（北京圖書館藏拓本　河南千唐誌齋藏石）

開元四三九

【蓋】　邵君墓誌

【誌文】

維大唐相州林慮縣故士邵府君仕馬夫人墓誌銘并序」

君諱真，字」真，魏郡人也。曾祖父馬大將軍；父」任益州刺史，魏郡安陽。開元廿四」年十月廿六日壬申故人邵字□」妻馬，幼備女功，長閑婦德，共勤孝」敬，和合軌儀。哲人不壽，奄及秋風，」十月廿六日終於私室。開元廿四」年歲次丙子十月丁未朔廿六日」壬申合葬於李村北一里平原，禮」也。嗣子恐山海遷變，題臂記，何圖」一旦哲人無壽，庭寂寥，泉扃獨守，」名存歿千齡。孤子庭懷造墓誌也。」

（周紹良藏拓本）

開元四四〇

【蓋】　失。

【誌文】

唐故通議大夫持節開州諸軍事開州刺史上柱國滎陽鄭公墓誌銘并序」

公諱訢，字季慶，滎陽開封人也。高祖偉，後魏侍中；曾祖權，開府儀同三司、渠州」刺史、襄城縣公；祖仁，隋通事舍人；父敝，皇祠部員外、駕部郎中、洛陽縣令。」公生而滿月，太夫人皇甫氏歿。及三歲能言，問太夫人所在，傍人答以所諱，公」便嗚咽，入精舍焚香禮懺。年十一而洛陽府君終。公哀號，水漿不入口者數日，」有成人至孝之性，親族莫不哀異之。自三歲迄于終年，每常爲先人追福，禮拜」不闕。解褐鴻州參軍，歷宋州司功參軍、荆州録事參軍、衛王府屬、太子舍人，坐」爲宫官貶戎州僰道令，轉曹州乘氏令，遷申王友，出攝汴州長史，改貝州長史，」移邢、□、濮三州別駕。釐上佐之任，亟廿餘年，而拜開州。公守官清白，恭慎忠肅，」謹篤居家，孝友仁愛，慈順和敏，臨財廉取必義，與物無競，守道委命，不□於名」利。故蒞汴之後，每五歲不一轉，每轉又不遷。及暮年，嘗欲乞骸骨，草表者數四。」而親族以公居官苦節，儲無擔石，强請赴巴路。到任數月，而上請休老罷職，」優詔許之。尋寢疾。開元廿三年四月七日，終于故任之公第，春秋七十有六。遺」命凶事務從省約。嗣子從一等，扶負靈轜，遠歸于洛，以開元廿四年歲在景子」十一月七日，遷窆于洛陽平陰里平樂原。公與兄銀青光禄大夫、洛州刺史諝，正」議大夫、豫州長史譔，通議大夫、青州刺史諶，銀青光禄大夫、婺州刺史謂，咸以」清公直道，俱踐通秩，時人榮之。夫人清河張氏，祖侍中公文收，父銀青光禄大」夫、行太常少卿贈殿中監詢孝，累仁踐禮，奕葉重輝。夫人儀形于内，德光于外，」蘋沚正勤，蕣華先落，少終于洛陽審教里之私第，今合葬于公塋，禮也。公喪親」三歲而號咷，十一考亡而慟泣，幼而敦敏，長而仁和，成而能官，老而能退，與□」友信，處家國忠，舉不失儀，言必中禮，介然獨立，貞而有終，求之古人，不亦□」矣！哀哉！

德門誰主？冥路何之？佳城一痛，白日長辭，書之貞石，庶讚幽期。銘曰：」濟截于河，化爲滎波，慶昭遠葉，德茂繁柯。世列忠懿，時宣惠和，弭貂問寵，建隼」能多。其一。出入承明，綏惠都邑，克誕忠孝，道尊名立。輿題政康，帷褰化緝，束馬□」備，懸車禮及。其二。書詔云降，丘園未養，昊天者何？哲人長往。身殁西蜀，□歸東」壤，清白長留，精靈空想。其三。哀哀令胤，欒欒何恃？曾漿共憐，韓爪是擬。同室共沉，」桑田海水，敢勒松扃，永全蒿里。」

（北京圖書館藏拓本　河南千唐誌齋藏石）

開元四四一

【蓋】失。

【誌文】

大唐故德州安陵縣宰徐府君墓誌銘并序　嗣子易纂」

府君諱令名，高平金鄉人。高祖魏金紫光禄大夫度支」尚書金鄉縣開國公諱招字思賢；曾祖隋金紫光禄大」夫、光禄卿、江夏郡開國公諱寔；列祖唐右千牛諱稜；」顯考朝散大夫、相州臨河縣宰諱玄成；因生建封，胙土」命氏，非夫代襲鴻懿，慶積棐忱，則曷能纘戎丕績，紹復」弓冶？公履太素之貞，敚元和之魄，崇恕軌物，載仁歸」厚。解褐以重試授邢州栢仁縣尉，次任舉賢良拜魏州」魏縣尉。無何，調河南府密縣尉，秩滿，拜德州安陵縣宰。授」方惟器，舉能其官，擢鳴絃之材，宰亂繩之邑。罰□竄，均」陂池，使淫盜無所措其奸，豪右不得權其利。是用振聲」騰褒，冀崇必復之業；何圖享年不永，遽纏罔極之哀。春」秋六十有一，不禄於安陵官舍。於戲！德符新市，化軼全」椒，懷惠則道祭相望，追恩則邑建祠廟。迹遺海服，譽滿」帝闈，作孚後昆，昭蝦前烈。孤子昜等釁深江海，罪重丘」山，禮適大祥，復丁內罰，豈有禍鍾天地，而能安此鞠」凶。蓼荼之情，物莫偕諭。今以開元廿四年龍集丙子十」一月七日合祔於邙山北原，禮也。地惟天蔭，山近國」門，篆石誌文，式昭不朽。其詞曰：」

哀哀父母，昊天罔極，松門閟兮開何時？霜露凄兮心孔棘。」

（周紹良藏拓本　河南千唐誌齋藏石）

開元四四二

【誌文】

□州大都督府處士成君墓誌之銘并序」

曾祖信，平陽人也。夫以鼎族傳華，茂德光」於露冕，宗台演慶，劭信顯於筠驂。而知玉岫」分姿，映連城而振彩；珠流異態，湛照乘以流」輝。祖諱質，愽雅君子也。性恬丘壑，志重林」泉，意樂詩書，緯鞭不惓。君少遊朋侶，不仕龍」門，不宦登朝，隨時養性，忽遇□□，奄從風燭。」父諱全，清虛不仕，意深南畝，耕鑿積於千鍾。」饑屬凶年，父母不虧其色。温牀扇枕，心慕黄」香，孝友因心，不虧其操。爐香屢爇，非復返魂；」玉醴頻斟，竟無延壽。其時卒於私室。夫人韓」氏，春秋八十有二，珠華鬱浦，玉潤荆山。錦袖」迴文，似照丹霞之色；琴聲烈韻，如飄白雪之」風。捧盥承夫，不虧婦禮；停梭訓子，無闕母儀。」以開元廿四年歲次景子十一月景子朔十」日乙酉合葬於五原村西北一里之外崗原，」禮也。其地華壤，土乃良田，金身入土，玉貌無新。」

（古文獻研究室藏拓本）

開元四四三

【蓋】　失。

【誌文】

大唐我府君故漢州刺史獨孤公墓誌銘并序　季子乘謹撰」□諱炫，字不耀，河南洛陽人也。其先漢之裔胄，及大盜亂常，神器中絶，全身避地，保姓因山□□□」殊方，而代有貴位。六代祖俟尼，與後魏西遷洛陽封東平王，東馬懸車，歸于欒土，龍驤雲□□□」大人。五代祖庫者，魏第一領人長，追贈司空，隋贈太尉；久統節制之兵，累贈孤卿之位。□祖信，」名載於籙，德實應期，魏尚書右僕射、侍中，周太子太保、雍州牧、尚書令、大司馬，隋贈太師□國公。□」曰□皇追贈梁王，邑萬户；生八男，弁冕中國；有三女，羽儀上京。金穴金鈎，更盛迭貴；翠綏鳴玉，爲」龍爲光。梁王六子諱陁，即公之曾祖，隋上開府、領左右將軍、上大將軍、武喜縣開國公；以爪牙」雄才，陳師鞠旅，勳庸碩德，畫野離疆。烈祖延壽，皇光禄、太常卿，澤、渝、湖三州刺史；位參九棘，風」扇百城。王考諱道恭，皇朝散大夫，洺州邯鄲、瀛州博野二縣令；鳴琴以理，馴雉不驚，惜無其時，」良圖莫騁。公即博野之幼子。生而吸純精，母元氣，河目海口，欽頤虎顔，保于大和，合于皇極。所言」王霸宏略，皆發自天機；而述作文儒，尤邃風雅。始以門蔭出身，補豫州淮陽縣丞，未歲，遭太夫人」喪，在於苦塊，思而不言，終於□祥，扶而後起，得百行之首矣，有二連之旨矣！後補洛州參軍，時宰韓」公爲元帥，特署我公以在軍，羽檄交馳，書記兼掌，降城下壘，一月三捷，有司昇聞于帝。帝曰俞，」予嘉乃功，授滑州録事參軍。擿伏舉違，秉筆司勾，廉清者從而與之，傑驁者因而斃之，故吏不爲暴，」□無留事。廉使表第一，轉絳州大平縣令。於是朝訪六疾，晝參兩辭，夕以謀人，夜以省己，使同寮察」察，不見我私，出車彭彭，不聞我過，故百役時叙，黔黎大康，八使舉尤，詔除大理司直。銜命赤墀，」□冤荒服，噬膚滅耳，咸得其情。後兼判丞事，屢決大獄，獻于至尊，筆削無頗，天威屢□。公道」則可屈，志不可移，執惟精惟一之心，杜險詖請謁之事，以兹剛操，魁然無徒，故三載考績，莫見昇用。」□直指表異，當軸者不得已而屈爲司農丞，由是心也。易曰：久於其道，天下化成。無何，拜尚書司門」郎。雍容省闥，出入諷議。屬太君涣號，輪紱朱焉。尋轉屯田郎中。道惟忠貞，交無諂瀆，賢者一言而」自會，蒙者終日而不親，雖執政權臣，非以公事未嘗私室。於戲！大鵬尺鷃，圓鑿方柄，故知其難合也，」遂出牧巴州。公亦怡然，蓋無入而不自得矣。地接荆蠻，俗多輕剽。公政必同欲，行無越思，著猾」吏於丹書，擒惡□以赭服。樹之風教，民莫不用情；正其衣冠，衆咸畏其德。數月可以使，三年且知方。」屬朋家作讎，噬腊遇毒，王人出按，至于再焉。公毫髮無私，風霜轉勁，是知磨而不磷，涅而不緇，」與夫突梯取容，脂韋遠害，何其廓哉？時宰愧焉。乃遷隴郡，如巴之政，頗忤權豪，復轉劍部，歷一歲，又」拜漢州。方欲大庇生民，入輔明主，而鬼神不逞，以開元廿四年歲次景子三月辛巳廿四日甲辰，」隱化于官舍，春秋七十。人吏泣涕，行路悲傷。以其年十一月景子朔廿七日壬寅，歸厝於河南府河」南縣平樂鄉邙山東原，去先塋三里，禮也。公素有逸志，雅好棲隱，每經閑田曠野，青溪緑林，未」嘗不甘心矣。及乎出守，兹愿彌篤，而皇恩屢降，差池莫從。乃燕居以言曰：昔先正與殷遇，尚父與」周遇，留侯與漢遇，皆數百年保天之禄，蒼生賴焉。吾時已過中，殆將休矣？明日遂亟，因誡其嗣子曰：」啓予足，啓予手，吾以清白相遺，窀穸之事，爾其庶乎？有子系、永、采、乘等，哀以過禮，毁將滅性，求而不」得，日號旻天。天乎！在昔過庭，小子最幼。薄聞詩禮，求進已數年闕養；不偶時命，居常無寸禄揚名。」静言思之，豈復生理，飲血忍淚，强爲斯文，庶幾清風，永無失墜。銘曰：

明明我祖，國自于漢，百六」之極，狂童叛换。裔胄超然，于飛朔邊，哀實天啓，代不乏賢。奕葉其昌，牽復舊鄉，蟬蜕虎變，化爲侯王。」山川出雲，篤生我君，汪汪浩浩，馳譽標芬。學而後仕，中外是試，錦帳爲郎，銅符出刺。臺妙僉允，郡」賦推最，明主得賢，蒼生是賴。惟木從繩，方將允昇，神欺天昧，棟折欀崩。不登于台，中思在野，鬱我」奇志，滄然淚下。大年既没，長夜何時！卜其宅兆，將安厝之？雲日無光，賓御不忍，哀挽晨催，清笳後引。」哀哀孤胤，往也何依？他山之石，以頌清徽。

富陽孫纘書。」

（北京圖書館藏拓本　河南千唐誌齋藏石）

開元四四四

【蓋】失。

【誌文】

唐故寧遠將軍守右驍衛翊府左郎將上柱國贈左清道率府率廣平郡宋府君河内縣君清河張夫人墓誌銘

并序」

公諱知感，字知感，廣平人也。其先受氏，自有周興滅，錫宋開國，明哲繼軌，禮樂」相傳。暨易王□德，諸侯覆暴，社稷失守，散從樂土，或在楚，或在代。在楚則卿子」冠軍，傳劍論顯；居代則中尉睦衆，嘉謀成績。其餘令問令望，爲龍爲先，垂翠綏，」拖鳴玉，以至于有隋銀青光禄大夫、安西都護廓公，生朝散大夫、涼州神烏令」亮，胤兵部常選象公。其子克家睦親，弱不好弄，進德修業，壯而有成。解褐補」長上内供奉，寵命累遷，至游擊將軍、邠州公劉府左果毅，依舊長上。預謀惟」帷幄，克清兇醜，加游騎將軍，遷岐州岐陽府折衝都尉。有制曰：材擅蹶」張，捷先超乘，雲雷之際，勇效克申，洽其疇庸，宜進榮秩，可寧遠將軍守右驍衛」翊府左郎將。趨侍丹墀，作朕心膂，出入青瑣，爲邦捍衛。斑榮已茂，忠勇益彰，豈」意巢鵂興災，飛鵟遘禍，聲伯徵瓊瑰之詠，宣父起梁木之歌，以開元十年正月」二日薨于道光里之私第，春秋知命有六。嗚呼哀哉！挫大鵬於楚夢，未展負天」之力；伏良驥於吴坂，寧施絶電之蹤。人之云亡，邦國殄瘁，勳績是紀，没寵增榮。」開元廿二年，有制曰：見展誠效，遽嗟逝殁，禮成慶洽，功在無忘，可追贈」左清道率府率。夫人清河張氏，昔軒后錫胤，弧矢崇威；禹會諸侯，玉帛嘉信。漢」貂七葉，晉鼎三公，世列孤卿，衣冠不絶。夫人生自德門，幼而淑善，有公宫之壼」則，奉師氏之昭訓。及笄之歲，歸于府君。其奉上也恭，其臨下也順，饋享不忒，威」儀式叙。悼哉標映，穆若清風，休命自天，寵章伊錫。府君之加寧遠也，增封河内」縣君，詩所謂惟鵲有巢，禮所謂從夫之秩者也。洎府君先于即世，殆不勝喪，丹」節孤高，青松比操，人謂皇穹輔德，登于眉壽，奈何天不憖遺，奄其云逝。開廿四」年歲在景子月以建亥二旬有五日，終于河南府道光里之私第，春秋過耳順」之五載。以其年建子之月廿七日，合窆于河南府河南縣河陰鄉伯樂鄒之原，」禮也。孤鸞鏡裏，初銜獨舞之悲；雙龍匣中，今遂同歸之樂。惟君武兼七德，勇賈」千人，□天假之年，位充其量，連名頗之翦，齊跡孫吳，虜騎自寧。邊烽罷候，惜乎」其亡也，國之喪寶矣。夫禮貴從權，葬先其達，填塋密邇，城闕依然，太行烈後，少」室居前，悠悠萬古，從兹畢焉。嗣子孝虔，思結蓼莪，悲摧欒棘，俾樹徽聲，報于罔」極。懼桑田之變改，刊金石以爲識。其銘曰：

蒿里茫茫，松門颼颼，英雄蓋世，孰不兹畢。百齡共謝，雙劍同歸，夜臺月苦，曉帳」塵飛。墨龜順兆，青烏相宅，恐泉路之沉芳，勒勳庸於貞石。」

（周紹良藏拓本）

開元四四五

【蓋】失。

【誌文】

唐故潁州録事參軍郭府君墓誌銘并序」

公諱珽之，字珽之，其先太原人，孝子巨之後。冠冕舄奕，代」有賢良，史册詳之備矣。曾祖汪，隋澧州長史；毗千里之風，」贊六條之務。祖廸，皇朝沁源令；勗戴星之勤，居法雷」之任。父義方，皇朝彭城丞；同管輅之材，止府丞之位。」公少而倜儻，長而耿介，以恭肅□和成其性，以忠孝信義」藴其情，以捧檄之心，從執鞭之□，解褐楚州鹽城尉。屬」駕幸北都，羣官咸從，公以文武俱備，忠孝有聞，怗仗內同」四色官上下，恩敕特授潁州下蔡尉。清以奉國，明」以莅人。無何，加宣德郎、騎都尉，授潁州録事參軍。雖簿領」盈積，而詩酒無疲；雖塵務諠囂，而煙霞在念。常傲睨雲霄，」有輕舉之志。金丹不妙，石火沉輝，以開元廿四年七月五」日，終于官舍，享年五十有八。公霜骨凝明，風神秀迥，棄梁」竦之歎，從梅福之班，去主父之言，當孫楚之任。才高位下，」有志無年，居常待終，奄從物化。嗟乎！謝家玉樹，此日長淪；」羊氏金環，何年更識？以開元廿五年正月十日，遷窆于洛」陽清風鄉之原，禮也。嗣子倚、次子侁，先以門蔭補齋郎，有」學行焉，有至孝性。欒欒其心，哀哀在疚，同二連之善喪，誌」九泉而頌德。銘曰：

猗歟令德，實曰賢良，魂遊東岱，」墳依北邙。停鳳之嶺，卧牛之崗，冥冥玄夜，蕭蕭白楊。草生」路斷，性悲志傷，隴昏藏月，山幽早霜。鐫徽播美，地久天長。」

開元廿五年歲次丁丑正月十日書。」

（北京圖書館藏拓本）

開元四四六

【蓋】失。

【誌文】文中「黄」字係後來剜刻。

唐故宣德郎杭州鹽官主簿潁川陳府君墓誌銘并序」

君諱敬忠，潁川人也。舜帝不嗣，禪位與禹，繼其後者，」開國於陳，靈源既長，盛德攸在。湖州司馬襲之曾孫，」和州烏江令孝之孫，文林郎吏部常選護之子。天資」秀敏，神與聰明，常以爲漢文愛黄老之言，則遊心玄」默；魏武重謀能之士，則勵覈龍豹。既昇堂而覩奥，亦」乘查而識源。詞人尚文，談者貴辯，禮情簡約，易道變」通，皆暫窺而盡其要，匪習而成其功，加之以温良，不」入小人之室。日月至焉，造次於是，君子許其國器，交」遊以爲美談。方將昇金門，紆珪組，躡景千里，梢雲萬」尋。竟道之不行，終乎下位，悲夫悲夫！嘗聞天道助順，」則顔回不壽，王者用才，則公明無貴，悠悠千載，復見」之陳君焉。開黄廿三年十二月十一日終於廣陵，廿」五年正月廿一日殯于邙山。嗚呼！川流不停，霜露增」感，古者崇高其位，神明其道，能不歇滅者，諒在記文」乎？惜其不才，勉而述德。銘曰：」彼天蒼蒼兮兹地茫茫，昔聞與善兮今也殲良。」苟存心於理會，亦何悲夫短長，懿春蘭與秋菊，」終永古而德音不亡。」

開元廿五年歲次丁丑　月」

（周紹良藏拓本　河南千唐誌齋藏石）

開元四四七

【蓋】失。

【誌文】末廿六字係補刻，似改補文中字句。

故泉州龍溪縣尉李君墓誌并序」

君趙郡人也，仕齊居鄴，世稱名家，在魏分祖，史標望族。題輿錫命，陽平」太守之玄孫；衣錦晝遊，趙州使君之少子。幼明敏，長惠和，寬而温，簡而」敬，士君子志者，許有老成之風焉。纔五歲，太夫人傾逝，嘷終日，路旁爲之」霑袂，寧論識者，不無哀歎之音，尚未知喪亦何常聲之有。過幼學，幸得宿」衛，授左衛親府長上，選登次舍，森奉干戈。丁趙州府憂，喪過乎哀，棘心在」疚。踰弱冠，調補德州平昌丞。志跼雲霄，名卑郡縣，子雲疲於執戟，方辭漢」廷；温舒昇於甲科，言從山邑。謂屈申出處，扶摇在斯，何吉凶倚伏，悔忝東」萃。廿三年冬，妖孽潛構，禍非人召，不虞涉於弊邑，而乃聞于帝城。」天威不違，鏡九泉而薄責；徽何補，叨一尉之末班。左授泉州龍溪縣尉，聽」天命也。梅福賓仙，小得江湖之趣；子牟學道，載馳城闕之心。既而越閶門，」將欲觀禹穴，逍遥物類，放浪浮休，俟行藏也。志不就，愿亦違，維舟於浙江」之濱，遘病於杭州之館，投密親而旅寓，憚嚴譴而少留。以爲無妄之疾，勿」藥可喜，有孚惠心，利涉攸往。過桐廬而不悆，望玉山而日臻。溽暑方熾，羲」和亭午，次于衢州信安縣之藉坊，就閑曠以休神，乃安時而處順。鵬圖不」振，鵩鳥飛來，六月既望，十九日旁死魄，安寢而化物泊如，善終也。烏呼之」神理若昧，天不憖遺，俾禰衡未婚，令臧孫無復。他鄉溘至，舊國途遥，驂馬」悲鳴，愛妾垂泣。祭歆諸子，魂託家僮，危旐言旋，泝洄湍險，帆候風而初挂，」棹隨歌而更哀。八月復至錢唐，權殯某所。廿五年春王二月，遷柩而艤棹，」浮于淮海，達于河洛，艱辛迢遰，提挈漂泊。鄭公□爲維私，姊氏情梁棣萼，」繸之衿衾，爲之沐槨。卜兆邙阜，啓新宅於艮岡；□叶連山，據舊塋之坤地。」是月廿八日啓疇懸窆，封壤負廈，用過乎儉，葬止于薄。人尚其義，事得乎」隨，纏綿盡然，使我心惻。匍匐能枚，非鄭而誰；弟兄幾人，唯予哭汝。窀穸永」訣，痛骨摧心。銘曰：」

咎繇蟬聯，伯陽希夷，永錫淑類，迄降于兹。才高位下，身没名垂，昊天不惠，」爲人所悲。大隧既啓，孤墳壘壘，輿櫬縣窆，靈衣披披。馬跼顧兮白馬暮，車」旋軫兮秋風度。哀親賓兮感行路，無胤嗣兮天不祚。幽明隔兮有攸處，泉」壤閟兮獨愁予。懿戚謂之䛐袂。尚哉孝子，蓋維天性，不無中路，嬰兒亦何」常聲之有。」

（周紹良藏拓本　河南千唐誌齋藏石）

開元四四八

【蓋】失。

【誌文】

程公墓誌并序　左武衛兵曹參軍博陵崔愿述」

有唐正士廣平程冬筍生而惠和，長而恭肅，信行」如弦，義分如霜，强以幹家，孝以裕父。少以儒書自」業，齒冑上序。無何，會府□之，首唱高第。識者以公」之取銀艾如俯拾焉。而天難諶斯，留落不偶，鬱湮」聖代，向十年矣。始公嚴君，中朝雅望，以邦之」司直，别乘房陵。楚人剽輕，謗我賄政，天威未」察，左宦於巫。公推心晨昏，嘗瞻出入，苟陛見」之有地，誓煞身而雪冤。美志未從，積憂成病，年卌」五，以開元廿五年四月五日，終於東都教業里之」私第。其月十六日藁葬洛陽北部鄉之原，兆未從」也。嗚呼！天實爲之，謂之何哉！賓階客位覆紫苔，琴」筵劍匣生黄埃，有志無時古如此，魂兮魂兮歸來。」銘曰：

天之生我兮，我曾不得有其身，彼造物」者，固同期於玄夜，而是子也，乃伏恨於青春。嗷嗷哀」挽，悽悽弔客，傳述作於大都，絶姓名於貞石。」嚴君放逐兮遠未知，愛子孺慕兮今始誰？惟仁兄」之友惠，獨長表弟梁郡劉崑書。大唐開元廿五年歲在丁丑四月己未造。」

□□□□

（北京圖書館藏拓本　河南千唐誌齋藏石）

開元四四九

【蓋】失。

【誌文】

故河南府新安縣丞清河崔公墓誌銘并序　右金吾衛録事參軍宋華撰」

公諱諶，字貿本，清河人也。中祖受賜田于鄭，今家管城焉。曾」祖君宙，中書舍人；祖千里，貝州長史；考元緒，壽州司馬；族冠」□宇，官連中外，時人稱之。故相元綜，公之伯父也；常樂縣主，」公之先姊也。公遠承山苗，外接天□，幼標奇器，長擅」名□□以性情，故時許直而人莫之惡，虛□以應用，故常坦」然而衆無以猜。夫難進易退近仁，先行後從爲信，理財正辭」曰義，近恭遠□是禮，故君子之道四焉，公殆庶幾矣！雖曰未」學，吾必謂之學也已。弱冠以諸親出身，解褐補洺州參軍□」汴州參軍，稍遷左驍衛胄曹。參卿望郡，位愈下而聲雄；□□」戎鈐，綱有條而事□。選授新安縣丞。職□毗贊，邑誦推多，吏」服深慈，政成不忍。自去秋遘疾，迄兹夏彌留，禍結無瘳，□乖」勿藥，以開元廿五年四月五日，歿于東都擇善里之私第，春」秋五十有九。是月廿三日，遷窆於河南縣金谷之原，典也。先」夫人清河張氏，早世無禄。有子四：曰明、朋、倡、昭，在疚罔極；今」夫人廣平宋氏，余之仲姊也。守靡他之志，均養遺孤，甘至難」之戚，□藏喪事，懷親悼往，遂爲銘云：
至道常昧，浮生罕期，□」□善者，亦或夭之。之子信立，暗室寧欺，之子福倚，明神庶持。」□□累任，聲績咸熙，庭驥方逸，隙馳旋追。奄喪□壽，處捐盛」時，惑符同釁，親即維私。誌以彰往，情唯見辭，邙山之足，□□」金谷，洛城之隅，自此幽□□去兮□□返千齡兮已矣夫！」

（周紹良藏拓本　河南千唐誌齋藏石）

開元四五〇

【蓋】失。

【誌文】

唐故深州司户參軍武府君墓誌」

府君諱幼範，字少真，其先沛人，因官徙」第，家于太原，出自有周，公侯繼踵，國史」詳之，今可而略。曾祖文謙，陵、宋二州別」駕；祖大本，周贈汾州長史；父太冲，北海」郡開國公，蜀、德、湖三州刺史；並如珪如」璋，令問令望。府君仁慈惠和，忠肅恭懿。」解褐冀州參軍，轉深州司户參軍事，襲」北海公。才高位下，有志無年，以開元廿」五年四月十六日，終于河南脩義里之」私第，享年五十。以其年五月十二日，與」亡妻謝氏同窆于洛陽清風鄉之原，從」權，禮也。有子四人：震、豫、濟、昇。恐海變於」桑田，誌芳猷於蒿里。」

（北京圖書館藏拓本　河南千唐誌齋藏石）

開元四五一

【誌文】

大唐大温國寺大德進法師塔銘并序　太子司議郎陳光撰　開□寺沙門智詳敬寫」

法師法名進，俗姓高氏，渤海蓨人也。自錫土派姜而世官懿德，姓牒代□詳之矣。法師天縱淑靈，性與真粹，越在嬰弱，已現殊表，每□□有佗傑之心□□□□嬰娓以笑□。髫丱就學，便躭習真典，年始□歲□誦萬言□□十二部經。春秋廿而畢□□□□多刦□慧異於今□哉。文明年中，占　□而□□□仙遊山□將□超絶世□經行於□□□中□□□菩提樹下，三明所照，五蘊皆空，□潛□□□□播諸方□衆□爲□著禪味利益□身不□□□□門津梁萬物□菩薩□用如來心，大□羣迷，將登正覺歸依者歲廣，鑽仰者日多，始還香積□□終□温國大德□□由已牽□在□衆籍綱維□□□□□寺主頃之□□上座□餘之心雖無□□□□□爲所應終□□□清□□□□□□□□□□涅槃仍經□□□身世如閲□□□□嗚呼！始□師遘疾之初，□□□□□□□□彩雲□□□□□所及大□道俗省問三百餘人，□□異香□氲，□樂髣髴，至□□感□□□測粤丙子歲開元廿四年八月□日，終□□十五日窆兹隧禮也。弟子乘偘□十□恩□罔□□□□諸比丘比丘尼□□□□婆□得□講□密□□□□□□□□毒不可勝數，□□爲天地長□人代遷□□□刊記，曷播徽烈，□□□□□乃銘之曰：

□□□□相蕩薄，滅□寂□乃爲樂，如如我師淨無著，音容一去長冥寞。

開元廿五年歲丁丑七月癸酉朔八日庚辰建。」

（録自《金石萃編》卷八十二）

開元四五二

【蓋】 大唐故楊府君墓誌銘

【誌文】

大唐故吏部常選楊府君墓誌銘并序」公諱偘，字光杲，弘農華陰人也。漢太尉震之廿九」代孫。華山壓地，長河連天，赤泉久封，白環流慶，弈」葉重光，世傳華轂。曾祖藝，隋正議大夫、齊州司」馬；祖隱，唐任秦州録事參軍；父秀，皇中散大」夫行漢州司馬；並翼宣洪化，毗贊外臺。或糾察一」州，或光揚千里，累承簪紱，感踐恩榮。惟公忠信」之德，彰乎自然；濟代之才，實禀天挺。皇朝起家，」授右金吾引駕。赳赳武夫，寄爪牙之重；赫赫蘭錡，」爲彈糾之雄。尋即簡過調選吏部，屢歷銓衡，頻移」歲稔。豈謂風虛損壽，寢疾彌留，以開元廿五年七」月廿八日卒於河南縣道政坊私第，春秋卌四。惟」公適應享其榮秩，終見辭於明代，以開元廿五年」歲次丁丑八月癸卯朔十日壬子歸殯於邙山，禮」也。嗣子痛深風樹，悲纏陟岵，以丹青易滅，陵谷方」遷，式題翠石，庶旌景行。其銘曰：」峨峨邙山，雄雄杞梓，德懋五公，祥呈三鯉。如何明」德，忽愴兹沉，泉臺既往，池樹誰尋？寂爾賓堦，嗟乎」祖處，廣柳長途，松生秋霧。祁山既象，芳塵永固。」

（周紹良藏拓本　河南千唐誌齋藏石）

開元四五三

【誌文】

唐嵩山會善寺故景賢大師身塔石記　左拾遺太山羊愉纂　沙門温古書」

大師諱景賢，菩提大通法胤也。本姓薛氏，汾陰人，世爲著族。容貌秀偉，見者肅然。幼而神明，周覽傳記；弱冠投心大覺，宿好都遣，問道於當陽智賓禪師。師言法王大寶，世傳其人。今運鍾江陵玉泉，次一佛出世，亦難遭矣。則星馳駿邁，而得大通，發言求哀，揮汗成血。大通照彼精懇，喻以方便，一見悟乂，冏然昭洗。屬世議迫隘，遠迹幽絶，客居巴峽三抗山中。山尋霓谷□□豺虎搏噬，毒癘蒸鬱，而我歲時宴居，初無災害，豈通爲之守而神靈保綏，良可知也。久之廣大圓極，悉心以獻，大通怡然，克付寶藏，傳明燈爲不讓矣。時神龍□歲也。中宗聞風，詔請内度，法衆仰德，乞留都下。大師雅尚山林，迫以祈懇，或出或處，存乎利濟，化自南國，被乎東京，向風靡然，一變於代。蓋三世諸佛，意□法印，妙極之用，言外之功，不可得而聞也。觀乎萬形蠢蠢於黑闇，千界熙熙於熱毒，如來有以登大明，灑甘露，雖相示寂滅，而業遵龍象，則我先佛法身湛然常住者矣。始先祖師達磨西來，歷五葉而授大通。赫赫大通，濟濟多士，寂成福藏，爛其盈門，同波派流，分景并照，亦東□之盛也。嘻！世相不實，應盡誰留？菩薩知時，亦同於物。開元十一年龍集癸亥歲八月，在嵩山會善道場，現有微疾，沐浴宴坐，神情儼然，翌日而謝，春秋六十有四。雲山慘毒，庭樹凋摧，矧夫情靈，痛可言也。門人比丘法宣、比丘慧巘、比丘敬言、比丘慧林等，不勝感戀，奉爲建塔，迢亭艴赫，出於嵩半。主上追懷震悼，賜書塔額，署曰報恩。存没榮幸，山川光燭。廿年又起身塔於北巖下，永奉安焉。若其積微成著之勤，乘定發慧之用，堅剛勇猛之操，大悲廣衍之業，率皆碑版所詳，不復多載也。

開元廿五年歲次乙亥八月十二日建。」

（録自《中州冢墓遺文補》據《金石文鈔》卷五補字）

開元四五四

【蓋】失。

【誌文】

大唐開元廿五年八月十二日龐氏十二娘之銘」

（周紹良藏拓本）

開元四五五

【誌文】（僞。）

西山廣化寺三藏無畏不空法師塔記」

大唐開元二拾三年，三藏無畏卒，春秋九十有九，詔鴻臚丞」李現監護喪事，塔于龍門之西山廣化寺，藏其全身。畏本」釋種，甘露飯王之後，以讓國出家，道德名稱，爲天竺之冠。」所至講法，必有異相。初在烏茶國演遮那經，須臾衆會，咸」見空中有毘盧遮那四金字，各尋丈，排列久之而没。又嘗」過龍河，一托駝負經没水，畏懼失經，遽隨之入水。於是龍」王邀之入宮講法，不許彼請，堅至爲留，三宿而出，所載梵」夾，不濕一字。其神異多類此。○是歲三藏不空於師子國」從普賢阿闍黎求開十八會金剛灌頂及大悲胎藏建壇」之法。其王一日調象，俄而羣象逸，莫敢禦之者。不空遽於」衢路安坐，及狂象奔至，見不空皆頓止跪伏，少頃而去。由」是舉國神敬之。○論曰：自大教東流，諸僧間以神異助化，」是皆功行成熟，契徹心源，自覺本智，現量發聖，絶非呪力」幻術所致也。殆自東晉尸利密已降，宣譯秘呪，要其大歸，」不過祀鬼神驅邪妄，爲人禳災釋患而已。其間往往不□」無假名比丘，自外國來，挾術驚愚，有所謂羅漢法者，正幺」麼邪術下劣之技，亦猶道家雷公法之類也，兹豈高道巨」德弘禪主教者齒哉！及開元中，西域金剛智、無畏、不空三」大士，始傳密教，以玄言德祥，開佑至尊，即其神功顯效，幾」與造化之力均焉。故三大士雖宏密教，抑本智現量發聖」與。嘗慨資治通鑑稱真觀中有僧自西域來，善呪術，能令」人立死，復呪之使蘇。太宗擇飛騎中壯者試之，皆如其言，」因以問傅奕。奕曰：此邪術也。臣聞邪不干正，請使呪臣，必」不能行。帝命僧呪奕，奕初無所覺。須臾，僧忽僵仆，若爲物」所擊，遂不復蘇。此恐好事者曲爲之辭。何則？若使果有是，」則僧非真僧，呪非真呪，正謂邪術耳，固不足以張吾教之」疵也，矧萬萬無此理。向使彼能自西域遠至長安，厥術能」死人而復蘇，乃不暇自衛其身。對常人無故而僵死，雖兒」童莫之信也。又當是時三大士者雖俱未至，若京城大德」僧惠乘、玄琬、法琳、明贍諸公，其肯坐視絶域僞僧破壞教」門，不請峻治，乃留帝命傅奕辨耶？佛制戒律雖春蹊生草，」猶不許比丘踐之，恐害其生，況説斷人命咒傳于世乎？故」予謂好事者曲爲之辭，斷可見矣。」

開元二十五年歲次丁丑仲秋八月吉旦刊。　隴右陳裴、陳廷羨。」

（北京圖書館藏拓本）

開元四五六

【蓋】失。

【誌文】

大唐故姚府君墓誌銘并序　進士胡象文」

公諱處璡，字望之，河東桑泉人也。自嬀水分源，」有虞命氏，曾祖英，祖文，考思禮，偕脱落世務，高」謝王侯。公竭其力以事親，盡其忠以事主，從」調之日，解褐授司農導官丞。人嗟宦不稱才，蓋」言其屈；公謂禄所及養，何患乎微。考滿，轉尚書」比部主事。不終考秩，遄遇閔凶，報復之恩，昊天」罔極。喪制尋闋，餘疢尚存，謂人事之難虞，乃客」遊於他邑。初涉漳水，沉痼篤於劉禎；漸歷淇園，」壞梁歎於宣父。時開元廿五年秋九月廿一日」壬辰，卒于衛州衛縣之旅舍，春秋五十。嗚呼！人」之不返，翳遊魂於彼蒼；馬之云來，引歸柩於」帝里。即以其年冬十月廿七日丁卯，權窆河南」縣金谷鄉之原，禮也。嗣子友邕、穆等，攀號不及，」哀以送之，刻石書銘，載紀泉壤。銘曰：」

猗歟哲人，令問不已，官惟善政，家傳孝理。言遊」遠方，于彼清漳，□淇太息，及衛云亡。奉喪成周，」卜宅邙阜，沉石泉扃，天長地久。」

（北京圖書館藏拓本　河南千唐誌齋藏石）

開元四五七

【蓋】大唐故亡宮墓誌之銘

【誌文】
亡宮者，不知其誰子也，以」良家入選，充奉後庭，以忠」順賢明，勤於法度，是用錫」以班秩，酬乎厥勞。以開元」廿五載遘疾奄逝，享年七」十五。即以其年十月廿七」日歸葬于亡宮之塋，禮也。」乃刊沉石，遂述銘云：」
生爲匣玉殁爲土，一辭」九重，千秋萬故。」

（北京圖書館藏拓本　開封博物館藏石）

開元四五八

【蓋】失。

【誌文】
唐故相州臨漳縣令范陽盧府君墓誌銘并序」
昔者太公望夾輔周室，建封營丘，胤齊之姜，别爲盧氏，遂荒」東土，克家北燕，有神仙焉，有儒術焉，禮樂軒裳，緯繡圖諜，可」略而言矣。公諱皦，字眺，涿郡范陽人也。曾祖賓惠，隋資」州資陽縣丞；祖正論，隋德州平昌縣令；烈考澄，許州襄城縣」主簿。夫賢人之筮仕也，得其時則致君於堯舜之上，失其時」則養蒙於府郡之下，蓋全其真，非所好也。四嶽之胄，百代可」知，不及于身，則必有後。公則襄城府君之子也。初以門蔭進，」解褐補陝州參軍事，轉襄州司倉掾，換相州臨漳縣令。陝國」參卿，獨奉甘棠之議；峴山進對，偏承墮淚之遊。人無閒然矣。」洎下車相土，絹墨漳濱，推誠而化行，反身而俗理。張禮樂以」厚別，伍廬井而長材。道路晏然，跛觳不作，美聲聞於州里，人」到于今頌之。惜乎天莫假年，神無與直，奄忽昭代，何痛如之？」以開元廿五年六月二日卒於官舍，嗚呼哀哉！有子五人，幼」服詩禮，充窮苦塊，孺慕義方，祖祭有期，封樹斯及。以開元廿」五年十一月三日權殯於河南縣平樂鄉之原也。」將恐歲月逾邁，風徽湮滅，勒銘芳玉，用流德馨。其詞曰：」猗那四嶽，本枝百代，昭德保氏，忠貞世載。頎頎顧人，養浩全」真，參卿陝服，從事江濱。美錦斯製，鳴絃相土，聲溢鄴都，化行」漳浦。大官大邑，爲恃爲怙。如何彼蒼，奄忽殲良，愛深蒲邑，切」戀桐鄉。孤稚哀哀，號天靡訴，如可贖兮，百身非顧。幽壠閟兮」苦月過，寒松植兮悲風度，春蘭兮秋菊，千霜兮萬露。」

（周紹良藏拓本　河南千唐誌齋藏石）

開元四五九

【蓋】失。

【誌文】

大唐濟度寺故大德比丘尼惠源和上神空誌銘并序　京兆府倉曹參軍楊休烈撰　姪定書

嘗聞見性爲本，知常曰明，幽探玄珠，相付法印，必將有主，人無閒言，故如來立三世之事也。大師諱惠源，俗姓蕭氏，南蘭陵人也。曾門梁孝明皇帝；大父諱瑀，皇中書令、尚書左右僕射、司空、宋國公；父諱釴，給事中、利州刺史；紛綸葳蕤，奕世名家。原大師之始誕也，惠音清越，閒氣沖亮，稟天真於太和，集神祐於純嘏。及數歲後，養必申敬，動皆合理，發跡契道，出言有章。屏金翠而窒其繁華，絶葷羶而割其嗜欲，超然戰勝，但思出家，天鑒孔明，精心上感。年廿二，詔度爲濟度寺尼，如始愿也。受戒和上寺大德尼道之崇也，羯磨闍梨太原寺大德律師薄塵，法之良也。迺延師立證，登壇進律，僧夏歲潔，戒珠日明，奉以周旋，不敢失墜。初大師纔至九歲，遘先大夫之酷；廿有七，執先夫人之憂；皆泣血茹哀，絶漿柴毁，古之孝子，烏足道哉。每秋天露下，衰林風早，棘心欒欒，若在喪紀，不忘孝也。亦能上規伯仲，旁訓弟姪，邕邕閨門，俾其勿壞，則天倫之性，過人數級。夫其内炳圓融，外示方便，恂恂善誘，從化如流，亦猶師子一吼，魔宫大隤，則感激有如此者。行住坐卧，應必皆空；慈悲喜捨，用而常寂。黄裳元吉，清風穆如，則龜鏡有如此者。後遇高僧義福者，常晏坐清禪止觀傳明殊禮印可，又有尼慈和者，世算之識，知微通神，見色無礙，時人謂之觀音菩薩。嘗於大衆中目大師曰：十六沙彌即法華中本師釋迦牟尼之往號也。非大師心同如來，孰能至於此？而更精承密行，親佩耿光，十數年間，演其後事。他日大師厭世示疾，以開元廿五年秋九月二日從容而謂門人曰：死生者天之常道，身没之後，於少陵原爲空，遷吾神也。言卒右脇而卧，怡然歸寂，始知至人不滯於物矣。嗚呼！天喪門人，曷以仰，曷以律。時大師享年七十有六，即以十一月旬有二日從事于空，遵理命也。志無疆之德，旌不刊之典，不亦可乎？銘曰：

猗那明行，足不復還，至人去兮，逍遥天地之間。

九月廿有三日鐫

（録自《金石萃編》卷八十二）

開元四六〇

【蓋】失。

【誌文】

大唐故吏部常選内供奉竹府君墓誌銘并序」

府君諱敬敬，字思敬，安喜郡河南人也。曾祖協，湘東國驃」騎大將軍，於西南蠻失利，貶爲安東盧龍府果毅。祖子，周」御朝議郎、隋集州司法參軍；或刊緝典墳，或笑敖文藻，放」曠囂塵之表，優游人野之際，情晞高上，棄致公名，蓋清載」而難聞，貫秋霜而厲節。父慶基，雄風遠播，鬱爲甲科之首；」洪融晶爍，聿膺觀光之傑。君則沉冥負俗，棲遑宦遊，卜洛」邑而安居，面瀍川而却掃。遂乃隟光無捨，朝露溘銷，陽烏」凝災，陰堂致夢，以開元廿五年九月十二日構疾大漸于」德懋里之斯第，春秋七十有九。人即以其年歲次丁丑十」二日庚子朔三日壬寅，永窆於洛陽縣平陰北邙之源也。」夫人趙氏，南陽郡之女也。春花早簡，先安厝於諸鄉；今啓」百神，遂合就於此里之憩恭崇禮也。萬世咸休，冀纂風猷，」乃爲銘曰：

掩映軒臺，壹鴻鬱開，參差嶧岫，喬柯疊秀。或」照蕃祉；是鍾良胄。昂藏驥騄，侑倏蘭芝，貞而不諒，在涅無」淄。紆組離宮，彯纓大邑，鶴開霧靜，龍川政緝。璧瑕詎掩，□」過必知，萬斯政直，更仰明離。

攝職桂林，效官金闕，道謚遐」荒，聲通彭越，投簪纏里，高枕薗庭。閑居作賦，安步遺榮，□」極華飴，先淪息馬。河南天上，脩文地下，雪□風雲，□一□」野。無昧兮蘭菊，千秋兮松檟。」山空悲夕吹，野曠慘朝輝，今日隨仙去，□□□伏歸。」

（北京圖書館藏拓本　河南千唐誌齋藏石）

開元四六一

【蓋】失。

【誌文】

唐故李府君墓誌銘并序」

君諱素，字仁，隴西燉煌郡。有周虢叔之苗胄，大」漢博陸之餘緒，軒冕不輟，今其後焉，故今爲潞」州大都督府長子縣人也。祖諱德，隋朝散大」夫、守齊州刺史；擢秀中朝，試遊心於郡縣。父」長卿，含光道囿，實養性於巖泉。唐舉孝廉，肥遁」不仕者。夫人常，母儀早著，婦道遐聞，娣姒師猷，閨闈仰則。惟君敦密淑慎，動靜規矩，貞不」絶俗，隱不遠親，優哉遊哉，不求榮禄者。悲夫！天」不慭遺，殲我良淑，春秋六十有二，終於里第。」夫人胡氏。婦德無虧，母儀有裕，大運不駐，龍劍」俱沉，春秋七十有二，開元四年二月一日終於」寢室。往以權殯荒郊，都未安措，嗣子崇禮，德實」生知，孝因天性，含酸茹泣，負土成墳。即以開元」廿六年歲次戊寅正月庚午朔十三日壬午合」葬於桃湯村西南一里平高，禮也。嗚呼！天長地」久，星往霜來，恐河岳變遷，人代飄忽，故刊兹石，以」爲詞曰：

君之生也，盈而若冲；君之没也，息而非終。□□□兮罔極，永崩叩□□窮。」

（録自《山右冢墓遺文》）

開元四六二

【蓋】失。

【誌文】

唐故居士李公誌石文并叙」

原夫指樹降靈，肇有其姓；望闕浮氣，遂昌其族。漢將」軍之雄略，勇冠三邊；秦丞相之忠貞，謀吞六國。門傳」餘慶，伐不之林。公諱知，字慎，隴西城紀人也。高祖」因官家洛陽，遂爲河南澠池人。曾祖君朋，高尚」其志，隱居自晦。祖政，守道重玄，栖真虚白。父筞，太」原府左果毅都尉；横戈出塞，棄筆從戎，薄官晉陽，先」鳴武帳。公問望不君，志能蓋代，忠孝光國，禮樂□家。」左琴右書，乃達人之蕩蕩；懷文抱質，實君子之彬彬。」其殆庶幾，則時領袖，少而孤露，母氏訓育，在於幼齒，」不溺小慈，每以詩書，親承教導。則難兄難弟，元方季」方，友于之情，忠義爲美。嗚呼！術非鴻寶，嗟深大耋，夢」楹夜禍，負杖晨哥，沉痼十旬，𡸣𡸣絡樂。開元廿五年」十月十六日終於河南府恭安里之私第，春秋八十」有一。即以廿六年正月廿七日，遷窆於平陰鄉北原，」之禮也。嗣子光庭等，攀號靡訴，徒望贖於百身；哀毁」捐生，空怨别於千日。將恐高天倚杵，松栢摧而爲薪；」大海成桑，陵谷徙而無地。式題貞石，永固幽泉。詞曰：」

蕭蕭古木，鬱鬱佳城，白鶴來吊，青烏啓塋。雲霾隴月，」日落泉亭，天長地久，海竭山傾。敢勒貞石，用垂頌聲。」

（河南千唐誌齋藏石）

開元四六三

【蓋】失。

【誌文】

唐故朝散大夫壽州長史安陽邵府君墓誌銘并序　朝議郎行河南府法曹參軍權澈撰」

君諱承，字乾，鄴郡安陽人也。洪源茂緒，初命氏於宗周；開國承家，方」炳靈於分陝。茲後實穎實發，乃公乃侯，衣冠」人望，繼世不絕。曾祖」誠，隋左衛中郎將；鬱龍豹之材，膺虎賁之任。大父道預，唐正議大」夫、虔州刺史；切分憂之寄，致河潤之功。烈考元景，雅州漢源縣令；」季重之文章特達，迺在朝歌；子賤之化跡殊尤，仍勞單父。公即漢源」令之第三子也。含章貞吉，德則有光，英姿偉度，克紹前烈。始以名家」子宿衛宮禁，初調補岷州某城縣丞，不成，明年改授資州丹山」丞。敷贊理之能，叶絃歌之化。無何，制除宜城公主府户曹參軍，」秩滿，又制授承議郎、試申王府主簿，尋遷朝議郎、行宋王府文」學，又調補忠王主簿。簪裾錫命，初從帝女之家；文雅招賢，屢入天人」之邸。會我國家之有事也，齋祀汾陰，恩加朝散大夫，俄」除壽州長史。仁以爲政，威而不苛，熙熙然得半刺之風矣。謂將召宣」室，謁承明，附日月之光，期金紫之寵。而彼蒼不憖，殲我哲人。噫！哲人」兮曷不眉壽？以開元廿五年十一月九日遘疾，終于官舍，春秋七十」有二。即以廿六年正月廿七日歸窆于邙山平樂原，之禮也。有子二」人，長曰庭蘭，齊州亭山縣尉；少曰庭琦等。哀哀孺慕，欒欒棘心，敬遵」遺言，縞紵朴木，惟彼罔極，誌之空泉。銘曰：」

伊昔受氏，派別自周，繼代復業，化爲公侯。其一。君之降生，體察心妙，懿」德斯崇，芬風克紹。其二。一踐黄綬，累遷朱邸，賢士曳裾，天人置醴。其三。鴻」恩既沐，丹紱其榮。佐郡于楚，仁風載清。其四。道可適時，位不充量，如何」邦哲，溘然而喪。其五。素蓋翩翩，爰歸上國，占彼宅兆，邙山之北。其六。悠悠」泉路，藹藹玄門，笳嘶霧曀，鳥思煙昏。其七。嗚呼嗣子，茹荼泣血，篆石于」□，貞芳不滅。其八。

大唐開元廿六年歲次戊寅正月庚午朔廿七日景申。」

（河南千唐誌齋藏石）

開元四六四

【誌文】

大唐大安國寺故大德惠隱禪師塔銘并序」

禪師俗姓榮，京兆人，其家第四女也。族望北平。」曾祖權，隋金紫光禄大夫、散騎常侍、兵部尚書、」東阿郡開國公；祖建緒，銀青光禄大夫，使持節」息、始、洪諸軍事三州刺史，東阿郡開國公；叔祖」思九，黄門侍郎；父懷節，夷州綏陽縣令；外祖韋」氏字孝基，皇中書舍人，逍遥公之孫也。」禪師聰識内敏，幼挺奇操，粤自齠亂，敬慕道門，」專志誦經，七百餘紙，業行精著，簡練出家。自削」髮染衣，安心佛道，尋求法要，歷奉諸師，如説脩」行，曾無懈倦，捐軀委命，不以爲難，戒行無虧，冰」霜比潔。或斷穀服氣，宴坐禪思；或鍊辟試心，以」堅其志。動靜語異，恒在定中，凡所施爲，不輟持」誦。雖拘有漏，密契無爲，雅韻孤標，高風獨遠。嗚」呼！驚波不息，隟影難留，生滅無恒，遽隨遷謝。以」開元二十二年七月十一日壽終於安國道場，」春秋七十有六。右脇而卧，奄然滅度，臨涅盤時」遺曰：吾緣師僧父母，並在龍門，可安吾於彼」處，與尊者同一山也。弟子尼圓德，博通三藏，」才行清高，生事竭仁孝之心，禮葬盡精誠之志，」追痛永遠，建塔茲山，縱陵谷有遷，庶遺芳不朽。乃爲銘曰：」

至道希夷，代罕能窺，探秘究妙，夫惟我師。其一。」爰自齠年，訖于晚歲，精念護攝，虔誠不替。肅肅」戒行，明明定惠，淨業滋薰，與佛同契。其二。」逝川不駐，隟駟難留，奄隨運往，萬古千秋。嗟永」感而無極，式彫紀於芳猷。其三。

開元廿六年歲次戊寅二月六日建。」

（周紹良藏拓本）

開元四六五

【蓋】失

【誌文】

□□□州參軍元子上妻滎陽鄭氏墓誌銘」

夫人諱八娘，字八娘，滎陽開封人也。源夫鄭國」封地，□□苗裔，肇開王業，大啓藩維，或名動晉」京，或□高魏室，固以發揮海内，標映天下。曾祖」燕基，唐朝益州長史；祖禮，不仕；父感，泗州下邳」縣令；並紉蘭佩蕙，懷瑾握瑜，雖風猷浸遠，而世」濟其美。夫人鍾純潔之懿德，稟幽閑之淑靈，生」而應圖，動而合禮。十有五，乃歸於元氏焉。亦既」外成而松蘿並茂，久釐内政乃琴瑟克諧，何上」天不仁，中年損逝，以開元廿六年二月六日寢」疾，終於仁風里之私第，以開元二月十六日權」殯於洛陽縣　鄉　里北芒原，禮也。敢□銘曰：」

鬱鬱佳城從此閉，峩峩脩隴無時歲。川上悠悠」水空逝，萬古千年兮何所詣。」

（北京圖書館藏拓本　河南千唐誌齋藏石）

開元四六六

【蓋】失。

【誌文】

唐故左領軍衛倉曹參軍李府君墓誌銘」

君諱霞，字子微，其先頓丘人也。祖誠，昔全高尚；父浦，今尉鄒」平；厥後克昌，君應其數。君幼則聰敏，成而敦實，得詩之」不匱，傳之致美，謀身端謹，交匪諂黷，工文而不爲名，禄仕而不」苟榮，隨流任適，卒歸於周也。開元四年，始應鄉賦，馳翰汝海，」縱飲洛陽，醉爲甯戚歌，聲節甚亮，人以爲誕也。其後進」士擢第，尋拜秘書正字。乃更恬晦頤養，精專草石，聽天」籟，卧□帷，見浩素之端，滅競綵之理，蓋戰勝者神泰體鴻」云。再補左領軍倉曹，修禄守中，動不由妄。意長命促，莫」能自還，臨終神守不虧，親故握別，即開元廿六年正月十」九日，實東都殖業里中，春秋卌有七矣。凡我朋交，相」顧如失，非夫人之慟，吾慟爲誰？於是或相冢塋，或買服」具，前後執紼，莫匪時□，觀者榮之，識者掩泣。二子丕、否，」年在童丱，鞠然靡知。粤二月廿二日，葬我李友於邙山」之原，順食墨也。嗚呼？銘曰：」嗟李侯，氣甚真，仁不壽，儉乃貧。身留北部兮，」父宦東秦；英華翦覆兮，存殁辛勤。天乎天乎！」何以報施善人哉？」

（北京圖書館藏拓本）

開元四六七

【蓋】失。

【誌文】

唐故河南府兵曹何府君墓誌銘并序　河南府參軍裴泫撰」

夫生也有涯，蓋之常理；殁而不朽，其唯盛德？嗚呼！見之於何」公矣。公諱㝡，蜀郡人也。遠祖前漢武，洎後漢晉，晉子晏，香名」寵位，弈世其昌，建封受氏，有自來矣。曾祖璟，隋巴州司馬；祖」淨，皇太子洗馬；父福，明經常選；素風餘業，代濟厥美。公稟」蒼昊之靈，岷峨之精，孤標傑出，壁立千仞。年弱冠，宿衛通經」高第，調選補簡州平泉、邛州臨邛二簿。應制舉，授絳州夏」尉，歷壽安主簿，理劇無撓，閑邪不回，貞白逾堅，造次必是，有」取其進，不可得而退也。出宰坊州中部令，宣風百里，沿革一」變，人翳是賴，帝用嘉之。曾未朞年，制授監察御史，以身」許國，與物無競，好直多忤，爲時不容。

出爲常州晉陵令，無何，」稍遷太原府法曹兼充山南採訪判官事。道在則是，莫形於」色，壯心不屈，所向無前。俄而制除河南府兵曹，甄其勞也。」然後從容翰墨，雅贍詞藻，言成響應，紙落雲飛，亦謂一時之」風流，千載之芳譽者也。頃纏痾瘵，勿藥無徵，廿六年春，終於」洛陽惠和里私第，春秋七十。四月十一日，安厝北邙之原，從」儉約也。嗟乎！樂天知命達也，怛化反歸窮也。窮也達也，吾安」得而問之？昔嘗同寮，庶纂遺業。嗣子濬、浦等煢煢在疚，泣血」無從，冀嵇紹之不孤，期臧孫之有後，敢爲銘曰：」洛水之湄，邙山之曲，萬化都盡，百身無贖。于嗟若人！宅兆云」卜，青烏發引，白馬將哭。其一。窅窅長夜，滔滔逝川，撫孤增慟，涕」泣交漣。萬物身外，平生目前，窮泉一閉，白日何年？其二。」

（周紹良藏拓本　河南千唐誌齋藏石）

開元四六八

【誌文】

有唐薛氏故夫人實信優婆夷未曾有功德塔銘并序　朝議大夫守河南少尹東郡杜昱撰并書」優婆夷諱未曾有，俗姓盧氏，范陽人。曾祖義恭，皇朝工」部侍郎；祖少儒，衛州刺史；父廣慶，魏州司馬；代業冠冕，詳載碑」牒。優婆夷即魏州府君有齋季女也。夙禀成訓，猗承柔範，開惠」照於人圖，濬敏發於天性。祇婉娩以自式，鳴環珮而有行。展如」克家，實佐君子，尸季蘭之饋，賦採蘋之什，内睦伯姉，外和六姻，」婦功爛於昌族，芬譽騰於衆口。聖善慈顧，遹來歸寧，沉念在」慰而兩絶，舊痾承驩而自愈，專業禪門，用滋介祉，觀不空而捨」妄，寤無染以得心。雖承教之日淺，而見實之理深。摧茝若於未」秀，泣瓊瓌而先絶，開元廿六年正月己卯，右脇而卧，告終於城」南别業，春秋廿有二。是月景申，遷神於闕塞之西崗，禮也。優婆」夷髫丱多智，潛識邁倫，事不違同，義然後取。九歲聞人誦般若，」便暗習於心，句無遺言，如經師授。或時見僮賤給役，母兄有抶」罰過當，怡色諫止，允叶其中。自宗師大智茂修禪法。生子男舊」矣，孩笑可娱，鍾遘時疾，遂見夭奪，以短長有源，置而不問，其割」棄情愛，卓拔流俗。嘗以諸佛祕密式是總持誦千眼尊勝等呪，」數逾巨億，則聲輪字合，如聞一音，而心閑口敏，更了多字。假使」金盤轉圓，玉壺傾注，儔厥盡美，未云能喻。身抱羸恙，愛語忘勞，」資迫屢空，惠施不倦，夫其守道純深，奉戒精一，居常而靜慮不」亂，臨困而景行彌高。先是未疾之辰，密有遺囑，令卜宅之所，要」近吾師，曠然遠望，以慰平昔。後之人慈悼兼極，不敢加焉。其殊」致豐裁，猶略而不舉，故銘窣堵波，用彰其徽烈。必後成正覺，當」示獻珠之奇；如未轉女身，且爲散花之侶。其詞曰：」

起窣堵波，量有二兮，誕惟輪王，一切智兮。於鑠忍界，光文字兮，」永播芳烈，齊天地兮！」

開元廿六年歲次戊寅五月十五日建，　張乾愛刻字。」

（周紹良藏拓本）

開元四六九

【蓋】失。

【誌文】

大唐故河南元氏夫人墓誌銘并序」

夫人河南鼎族，景穆後之靈源。父振，」□雒州藍田縣令，宣風百里，政而不邪；布化」□□，威而不猛。夫人令淑夙聞，威儀協著，」外□其賢，內欽其德。春移蒿里，影入松門，羅」帷餘韓壽之香，玉匣殘朱鉛之粉。人隨川逝，」花逐年摧，時春秋五十二。開元廿六年三月」十九日卒于洛陽。嗚呼！以其年五月十七日」遷厝于帝城東北邙山之南。道士臨塋，畫」五晉而定穴；書生擇兆，布八卦而開墳。銘以」記之，書之于左。其銘曰：」

蕭蕭白楊，風悲北邙，松門夜永，蒿里年長。燈」含孤帳，月照空床，星流影滅，衣散餘香，園林」春暮，無復芬芳。」

（周紹良藏拓本）

開元四七〇

【誌文】

大唐開元寺故禪師貞和上寶塔銘　緱氏縣尉沈興宗纂

禪師諱貞，茲郡京兆人也。俗姓張氏，自輪奐規唐，貂蟬蔚漢，姜宋莫齒，袁楊肯倫。師泛浪知清，依林擇茂，將揮聖姓，載顧華宗。年弱冠，秀才登科，知名太學，已爲儒家非正諦，文字增妄想，故去彼取此，而爲上乘。因亦既□續遂受衡陽止觀門，居于洛陽白馬寺，口不絕誦習，心不離三昧，□妙□之慧萌，剃賴耶之濁種，庶滅裂有我，于盤無生焉。後隸此郡開元寺，又以爲喧者起之本，靜者定之緣，利緣舍此，故復居此窟。茨廡藥蔬之妙受，谿篁甗棡之勝塵，可略言矣。前刺史故丞相齊公崔日用、吏部尚書李暠皆頂奉山宇，斯豈玄道歟？然而□熊軾，底龍宫，紆紫綬，稽紨□，□以愓凡庶之見聞，兆昏蒙之□嚮。□以開元十三年九月十八日□滅于開元□舍，春秋八十有四。物慘煙雲，衷纏黑白，塗□鄖泣，人到于今。僧弟子宗本，覺枝外茂，□性内融，三晉公侯，旋師子夏；伯喈墳籍，悉付仲宣。痛微言之絶聆，感星躔之易次，遂爲銘曰：

圓凝寂體兮邈彼真如，□□無明兮倏若蘧廬。慈梁過駟兮歲月其除，松栗窅冥兮宛此幽居。

開元貳拾陸年七月十五日弟子宗本爲亡和上敬造此塔。

（録自《金石萃編》卷八十三）

開元四七一

【蓋】失。

【誌文】

大唐故忠王府文學上柱國琅耶王府君墓誌銘并叙」

公諱固己，字炅，琅耶臨沂人也。自晉光禄貞公覽至于公，凡十」三代，十代處機密，六朝參輔佐，春則秋之卿族，劉漢之世家，不」可擬議。公則隋安都太守石泉侯諱鼒之曾孫，皇朝御史中丞」諱弘訓之孫，户部郎中諱方智之季子。多才不羈，絶跡無偶，發」言則理貫象繫，下筆則文懸日月。孝惟參閔之性，交多惠施之」黨。家無常子，門罕雜賓。故四海藉其風聲，九族俟其准的。解褐」補滑州衛南尉。簡易見乾坤之義，清白得原顔之心，寬容善人，」嚴制黠馬。秩滿，校左千牛衛兵曹參軍，又領尚乘直長。屬天災」流行，帝念勞止，妙擇良宰，以慰黎人，乃校宋州單父縣令。高堂」之上，唯聞流水之琴；暴桑之下，即擾將鷁之翟。顧乘日而多暇，」樂我小康；瞻戴星而少閑，笑其一握。尋丁」太夫人憂去職，七日絶漿，豈常人企及；三年泣血，蓋君子難之。」服闋，授忠王府文學。王不歸藩，雖未聞於置醴；人之懷寶，允有」愜於曳裾。棠陰不留，蘭摧奄及。檀欒作賦，挹才子之前聞；逍遥」而歌，近聖人之知命。深遘疾不起，可謂悲夫！以開元廿六年六月」八日終于河南府河南縣宣教里之私第，春秋六十有一。深矯」多藏，切誡薄葬，醯醢百甕，禮簡於宋元；孝經一軸，事賢於秦正。」嗣子璵等，守而行之，以其年閏八月六日葬於河南府河南縣」平樂鄉之原。夫人范陽盧氏祔焉，禮也。埋玉樹而行道怛然，鐫」金石而盛德無殞。銘曰：」

矯矯王公，策府詞鋒，漢廷籍甚，梁國從容。頹山奄及，逝水何從。」墳銜數燕，泉没雙龍，三千白日，閉此青松。」

（周紹良藏拓本　開封博物館藏石）

開元四七二

【蓋】失。

【誌文】

大唐京兆府好」畤縣尉裴故夫」人河南元氏權」殯墓銘，開元廿」六年九月十一」日掩坎。」

（周紹良藏拓本）

開元四七三

【蓋】失。

【誌文】

大唐故太原王君墓誌銘并序」

原夫自金天御宇，表門籍以飛名；炎靈握圖，闡家風而振響。」乃至漢朝丞相，家傳帶礪之功；晉國司空，門襲珪璋之業。軒」冕相繼，簪裾不停，風烈昭宣，可略言矣。君諱忌，其先太原」人也。子孫奕葉，因官相部家焉。其後英賢間出，代不乏仁，或」莅職而錫名，或因官而命氏。君乃幼懷聰敏，表秀山川，純德」備於仁風，閭閻早譽，情纏禮樂，言行無虧，忠謹訓人，英聲遠」振。何期天命不祐，降疾斯鍾，屬纊之間，忽焉太漸，以大唐開」元十九年歲次辛未正月十八日寢疾，卒于私第，春秋柒拾」七。嗚呼哀哉！良木其摧，哲人斯殄。夫人傅氏，其先扶風人也。」夫人懿範凝華，操業貞淑，初笄受命，出降于王，式序閑房，婦」儀無忒，祥和敬慎，禮義備於閨門，娣姒取之規模，宗親戈之」憲則。豈謂恒娥向月，遂逐傾光；織女臨河，俄隨逝水。天命不」永，及此哀哉，以大唐開元廿六年歲次戊寅閏八月廿六日」遘疾，卒于私第，春秋柒拾七。其年十月乙丑朔廿日甲申遷」葬于相州東南叁拾里湯陰東北拾柒里高村東貳百步先」祖塋，禮也。孤隴蒼蒼，起青煙於夕樹；佳城鬱鬱，見白日兮何」年？嗣子履道，攀風樹而不追，痛寒泉之永隔，懼金石頹移，陵」谷遷易，爰採芳石，故爲銘曰：

惟君之生，忠謹於敬，藹藹容止，」温温詞令。如玉之貞，如松之勁，積善既聞，靈通必慶。其一。王霸」賢室，梁鴻婦貞，義存忠節，德行惟清，窈窕□女，今兹已傾。其二。」地接高原，塋分草澤，祁縣遺禮，湯封古隘。寂寂丘陵，蒼蒼」松栢，萬代千齡，空餘鎸石。其三。」

（録自《鄴下冢墓遺文二卷》卷下）

開元四七四

【蓋】失。

【誌文】

大唐故朝議郎行尚書都事上柱國夏侯府君墓誌并序」

公諱思泰，字懿，譙郡人也。漢征西將軍、雍州刺史玄之苗裔。自」漢魏已來，冠冕不絶，配天光宅，祚徙於熊川而長劍簪纓，而運」開於爵里。雲興沛邑，勳高擁樹之班；星掩譙都，寵冠編鐘之肆。」紛紜茂實，備乎史策。曾祖眞，銀州司馬；祖弼，鄆州録事參軍；父」留生，並參玄守白，弱不好弄，愈輕代榮，雅尚黄老，心自遐矣，未」始惻焉。公皇朝解褐河南録事，次遷尚書職方主事，次遷太常」寺鼓吹令，敕授吏部主事，次遷尚書都事□京職五拜，清白」無二，或毗贊一同，或光揚八座，或兼統兵馬，或引汲才雄，或典」邦八胤，或勾考六官，早赫奕於京縣，晚優遊於省闥。公忠信之」德，彰乎自然；英略之才，實稟天挺。所居官守，清如水鏡，皎若冰」壺，匡輔盡誠，劬勞贊務。誰謂天奪其魄，而道不行，天乎天乎，吾」將安仰？以開元廿六年七月廿九日卒於京兆府萬年縣崇義」坊私第，春秋六十一。嗚呼哀哉！天不借壽，奄忽殂遷，適應享其」榮秩，終見辭於明代。乃知蘇韶之夢，尚自思歸；温序之情，」非無懷土。新豐之野，翻傷挽薤之歌；桃林之塞，更悲絮酒之酌。」以開元廿六年歲次戊寅十一月甲午朔八日壬寅歸殯於河」南府河南縣平樂鄉之北原，禮也。長子右衛兵曹參軍孚，次子」左衛翊衛武舉及第兵部常選杲等，痛深風樹，悲纏陟岵。恐高」岸爲谷，德音不留，蹤實爲誌，永傳不朽。銘曰：」

峨峨邛岫，雄雄佐時，神交魏衮，德動周詩，汶精垂曜，金册天姿。」其一。高山既摧，大墜方開，嚴父居此，無由重迴。其二。泉臺月照，遞相」窗寮，千秋萬歲，何時更曉？其三。

女壻宣義郎、前行温州横陽縣尉、騎都尉申諫臣書。」

（録自《芒洛冢墓遺文三編》）

開元四七五

【蓋】失。

【誌文】

□□處士張君墓誌銘并序」

君諱起，字祚，其先代郡雁門人也。遠祖因官，」子孫家兹焉。君學業優贍，才行高遠。桂林」一枝，芬芳不歇；琨山片玉，表裏虚明。曾祖；」祖英；夫人郭；并琴瑟共調，松蘿等茂，雖寂」滅云久，而芳猷尚存。君孝友爲人，鄉閭軌」範，春秋七十有五，終於私第。夫人侯氏。婦」道夙彰，母儀多譽，廣被訓子，舉案遵夫。年七」十五，卒於私室。新婦楊，惜彼已之盛容，遽沉」埋於泉壤，并以開元廿六年十一月十四日」合葬於襄垣縣南二里平原，禮也。東瞻隴岫，」乃嵋户雲蒸；南望漳河，則龍門水急；北鄰襄邑，西據韓川。風煙於是交馳，花月以之成茂。」嗣子仁一、法雲等，瞻莪亂目，茹蓼崩心，痛風」樹之不停，悲隟駟之已往。恐岳移蓮岫，海變」桑田，謹勒斯文，用旌不朽。銘曰：」松引劍枝，草抽書帶，銘石一封，期於萬代。」

（録自《山右冢墓遺文》）

開元四七六

【蓋】失。

【誌文】

唐故處士苑府君張夫人合遷之銘」

君諱策，字子昂，其先武陽人也，因官宅此，遂」爲林慮人焉。曾祖禮，隋通散騎常侍、青州刺」史；祖才，父幹，並孝悌承家，丘園得志。君文爲」外飾，德以内充，出爲光國之材，處爲鎮俗之」器。方謂冥椿比壽，載永天年；而金石無堅，奄」晞朝露。春秋六十二，開元八年卒於私第。夫」人白水餘苗，黄石高胤，爰自有行，作嬪君子，」事光齊體，載穆扶成。春秋八十一，以其廿六年卒於」私室。嗚呼哀哉！即以其年歲次戊寅十一月乙」未朔十五日己酉，遷合於相州林慮縣西南」四里府君之舊塋，奉遵遺令，禮也。嗣女大娘，」痛澈□穹，悲深厚地，以夫同穴之義，千載共」規；雙棺之禮，六經□訓。恐二儀倚杵，萬物藏」舟，銘誌不存，姓氏無紀，勒石詞曰：

武陽苗兮」白水精，瑟將琴兮早日并。何閲世兮魂西傾，」合雙棺兮君舊塋。紀銘石兮傳芳名，冀□古」兮播佳聲。」

（録自《鄴下冢墓遺文二卷》卷下）

開元四七七

【蓋】失。

【誌文】

維大唐故宋君墓誌并序」

君諱祖堪，師宋，曾祖宋元景，　懸孫宋思」昚，妻秦三娘。」相州鄴縣西萬春鄉艾口」村，去鄴都七十里，葬于村西南平元里也。」東望鵶臺之觀，西有子推之廟，南至石徑」之門，北迺漳濱之水。竊聞遇淒涼而轉馥，」三從之美，欽順居心，四德之功，瑶臺渌水，」方飾容儀。何其輕光度隙，弱草西塵，玉兔」陰濛，金烏入掩。陰□尼父將亡，奠楹間宇。」是知去留代分，生死主因，秦藥漢香，定知」無驗。開元廿六年十月卅日卒於私第，」春秋六十有二。西帶黎濱，鰅鯨淄躍，東瞻」魏鄴，矚餘閣之崎嶇，舊闉之巍岌，於此長」埋玉貌，永瘞金軀，綺帳魂銷，羅闈影滅。恐」山迴水易，地寫天傾，故勒前文，迺爲銘曰：」

開元廿六年歳次戊寅十一月甲子朔。」

（周紹良藏拓本）

開元四七八

【蓋】 大唐故代樂王上柱國慕容明墓誌之銘

【誌文】

唐押渾副使忠武將軍右監門衛中郎將員外置同正員檢校閤甄府都督攝左威衛將軍借紫金魚袋代樂王上柱國慕容明墓誌銘

王諱明，字坦，昌黎鮮卑人也。粤以唐永隆元年歲次庚辰七」月廿七日生於靈州之南衙。年五歲，以本蕃號代樂王，」至唐」祚再興，神龍二年四月五日」制云：沙朔雄姿，穹廬貴種，遠暨聲教，式被恩榮。可左屯衛□」府左郎將員外置同正員。至景雲二年三月卅日，」敕攝左屯衛將軍借紫金魚袋，仍充押渾副使。至開元元年」十二月廿一日，」制云：鳳柱馳聲，獸賁摽秩，赤墀近侍，紫極分暉，既覃邦惠，宜峻榮章。可上柱國。至開元十年正月十一日，」制云：夙申誠欵，久職戎旃，勤效既深，授兹戎寵。可右監門衛」中郎將員外置同正員，餘如故。以」大唐開元廿六年十一月十三日薨於本衙，春秋五十有九，」歸葬於涼州先塋。志性敦質，淳和孝友，能簡能易，勿□」勿親，宗族推噓，是稱名行。嗚呼哀哉！以石銘記。」

大唐開元廿六年歲次戊寅十二月甲子朔七日庚午功就。」

（周紹良藏拓本）

開元四七九

【誌文】

大唐都景福寺威儀和上龕塔銘」和上諱靈覺，俗姓武氏，則天（下缺）」之次女也。外□父泗□刺史（下缺）。」國太□長公主□□□□補（下缺）」尊兼魯館之（缺）鹿（缺）歸一心□」今稀□聖□（缺）懇誠至則」天后嘉尚，□爲□配（缺）穠李之年」遂能□□□珠玉之服玩，鐘鼎（缺）辭榮出塵，」離染□□□罕□也，□乃（缺）探賾幽妙，三」藏□□□□福□聞□戒行□備□□威儀□以獎例法衆」也。□□因□□山普□禪師□□□□授以禪法，□□□幾」頓悟□拔獲□生□至（缺）去來湛入真際色相都」泯□□如□以開元廿（缺）日，忽謂門人，令具湯水」澡浴，換衣□香，端（缺）無常于景福伽藍，時春」秋五十二也。嗚呼！生（缺）弟處榮貴□能捨行，苦」行而能勤□，非百劫（缺）習孰能至此哉！遂於龍門」西巖造龕，即以其月（缺）禮也。季弟崇正，哀友生之義重，悲同氣之情深，如（缺）遂爲銘曰：」

鍊石補天，□□國，□□□□鳳□□□挺生哲女，處榮不」惑，棄彼囂□歸□宴□□□親能孝，□□虔誠，戒行圓備，」風儀肅□六□□染，□□□□極樂世□□品上生。其□。闕塞之北，□門之南（缺）石，永閟幽深，天長地久，耕鑿□□□」

開元廿六（缺）日鐫。」

（周紹良藏拓本）

開元四八〇

【蓋】失。

【誌文】墨書磚上。

唐故李府君墓誌銘」
君諱德，字智淳，隴西人也。祖德，六」藝既閑，三端有渝，薄授戎□□免」干戈，□夢未祥，遂喪於聖□
□終」本州之貴第。妻崔，清河人也。四德」夙□婉娩□著，以景雲二年終於」長子也。淳妻氏本先王，
太原人也，」□閑□臯事姑名芳，以開元廿□」年二月三日終於長子也。淳□□」□□□其碩人濟濟，逸
士名芳□」□以唐開廿六年終於當郡之宅□」以災生二豎，禍發兩楹，江瓌□」□□□□梁木奄其□□
遂合□」

（録自《中州冢墓遺文》）

開元四八一

【誌文】

大唐故吏部常選隴西李府君吴興朱夫人墓誌銘并序」
夫木有松栢，人何頽遷？神理窅窅，道何綿綿？粤若仙虹貫月，」玄曆膺期，白雲生馬喙之賢，紫氣表龍
光之德，衣冠弈葉，□」諜存焉。府君諱敬固，字忠，隴西成紀人也。曾祖纂，并州□」原令；祖信，相州

堯城丞；父承嗣，施州清江主簿。并貞節有聞，」言行無玷，懷道抱德，時人所推。夫人曾祖諱玄，隋魏州冠」氏令；祖良，衢州龍丘丞；父斌，并州陽曲簿。并器和陶裕，服義」依仁，爲官公清，幹以時事。夫人主簿公第四女也。稟柔明」之性，生令德之門。年十九適于李氏。府君典墳如海，翰墨如」林，資孝爲忠，惟明與哲。豈謂椅梧早落，良木先摧。年六十，以」開十四年寢疾，終於伊闕别業。夫人盡惟堂之哀，弘擇鄰」之教，既遷送而合禮，整家財而畢備，撫諸子以永感，守節志」而不渝。誕四男五女，長子延昌，次克昌，次全昌等。長女適扶」風馬氏，次適太原王氏等。或官列朝廷，或早亡泉路。夫人頃」者膚腠愆和，晦明乖候，春秋五十有九，以開廿六年七月廿」四日終於福善私第。繼子克昌，養不違親，孝而盡禮。望霜」岵而流血，幾愴莪詩；攀風樹以深悲，屢傷棘茹。以開廿七年」正月四日合葬□北邙山原，禮也。兄弟姊妹等，戀恩顔於」曩訓，五内崩裂；惟攀擗於此辰，萬緒荒悸。嗚呼嗚呼！光馳白」駒，地卜青烏，□□容輿，飛旐縈紆。泉深隧閴，野曠墳孤，天□」魂往，冥間路殊。□是人非兮垂芳烈，萬代千秋兮長不渝。」

大唐開元廿七年歲次己卯正月甲午朔四日丁酉建。姪再昌撰并書。」

（開封博物館藏石）

開元四八二

【蓋】失。

【誌文】

唐故鎮軍大將軍行右衛大將軍贈户部尚書廣平公墓誌銘并序　宋州刺史劉彤文、給事中褚庭誨書

伊　唐百有廿一載夏五月，既生明，十二日乙酉，鎮軍大將軍行右衛大將軍廣平公薨，嗚呼哀哉！粤開元廿七年正月二十七日葬我公于邙山先公之塋禮也。公姓程氏，諱伯獻，字尚賢，東郡東阿人。魏安鄉肅侯昱十五代孫。曾祖玉，隋濟州大都督、贈瀛州刺史；祖知節，皇朝鎮軍大將軍、右武衛大將軍、益州大都督、盧國公，食實封七百户，兼圖畫陵煙閣，謚曰襄；父處弼，右金吾將軍、汴州刺史、廣平公。若夫保姓命氏，象賢代德，地開鐘鼎之業，門有霸王之佐，並詳諸國史，可略言焉。公酌二氣之濃，蘊三才之秀，至德充固，大和交薄，長城萬里，爰稱巨防；明鏡四照，自有清瀾。爲學三餘，已推其無對；讀書萬卷，常恨其不足。年未志學，召登國序，以勳門子，復拜司階。位不充量，非其好也。屬國步中微，則天改號，神厭鼎新之政，人思吾君之子。公以爲門翊經綸，義均休戚，聿求忠貞之伍，交説將相之間，推戴中宗，克平内難，纂唐嗣夏，不失舊物。帝嘉殊績，俾命疇庸，超拜遊擊將軍、右衛郎將、知左羽林軍事。尋而椒宮失德，惡聞直道，萋言見陷，不恚吾訶，竟坐浮右之譖，遂成長沙之黜。乃出爲辰、珍二州刺史，辯州長史，左、瓊二州司户。公履寒逾勁，在涅不緇，一竄炎海，六遷霜露，喜愠不形，公忠自若。今上芟夷逆命，睿宗克復配天，素聞重名，且高弘義，乃特詔馳傳召見，拜右羽林將軍，以防遏功加雲麾將軍，轉左威衛將軍，换右衛將軍兼檢校洺州刺史。金印入懷，朱軒即路，仁扇邯鄲之舊，威行成市之俗。以課連最，手詔慰勉，賜衣一襲，召拜左金吾將軍，加大將軍兼弩營使。會丁内艱去職。既練，特命起復，拜左衛大將軍，仍檢校左羽林大將軍。公匍匐號訴，表請終禮。上以親巡朔垂，金革不避，公不得已，力哀扈蹕。至京，復拜左金吾大將軍。天子展巡狩之儀，行射牛之禮，命公兼知纊騎營

使。至東岱，又攝左千牛大將軍。禮畢，加冠軍大將軍，仍授一子官。還京，改授右金吾大將軍，復換左金吾大將軍，有詔令公擇三輔□卒，教弩京下。公以城内兵權，悉在顧指，上求懿戚以攝都統。上云：委卿萬弩，近接千門，相期□心，何必親屬！雖燕昭之信昌國，漢祖之任蕭何，地切兵重，曾何等級。上又親謁五陵，以公爲營幕置頓使，事畢，加鎮軍大將軍，進封廣平郡公，食邑三千户，賜物二百疋，贈公父太子詹事，母鄧國夫人。嗚呼！仁義之道比江湖覆舟，回邪之言方浸潤銷骨。德推元凱，遇陶唐而未用；才號文儒，遭絳灌而猶黜。痛矣哉！乃出爲夔州刺史。無何，换仙州刺史。尋召入，復拜右金吾大將軍，以久疾轉太子詹事。上更慮以優閑加劇也，又改右衛大將軍。中使繼問，上工雜視，竟無封寢之託，空有城郢之言。上聞震悼，撫事追惜，贈户部尚書，賻物一百五十段，米粟一百五十石，葬日官借手力幔幕，又發内使高品弔祭，前後賜物四百餘匹，仍賜謚曰莊，禮也。夫人南陽樊氏諱周字大雅，司宗卿德慶之孫，恒州長史瓘之仲女。德備韶婉，行高柔順，姻黨之間，是歸範則，年五十四，先公而薨，窆於偃師縣首山之陽，即以是日遷祔於公塋，禮也。公有二子：長曰若冰，太子通事舍人，早卒；次曰若水，太子中允，羸露執喪，充窮盡孝，二連之善，百行攸宗。彤則不餒，住叨殊接，眷同才傑，命以婚姻，特降諸父之恩，豈唯外舅之敬。嗟乎！安昌已謝，誰徙於蕭咸？東武不追，孰知於潘岳？撫微躬而迸淚，仰遺懷而焚心，嗚呼哀哉！乃爲銘曰：

在昔鷹揚，惟周尚父，復兹人傑，爲唐禦侮，孝以榮親，忠而安主，朝之矩兮！赫連式道，嚴嚴典戎，惟皇克寄，有命斯崇，骨鯁推重，綢繆納忠，德之融兮！人望國華，盡性窮理，内和邦族，外睦卿士，伊貌堂堂，其容几几，才之偉兮！惡無必禍，善未能福，嗟我大賢，如何不淑？盛名空在，高堂已倏，神之酷兮！歲云歸兮星已迴，緑蕙發兮紅桃開，當韶年之靡靡，聞苦挽之哀哀。墜寒兮燭滅，山暗兮虞偟。恨商邱而不見，空掩淚於塵埃，心之摧兮！

（據傳鈔本録）

開元四八三

【蓋】失。

【誌文】

大唐故朝議郎行監察御史周府君墓誌銘并序」

君諱誠，字子諒，分族于周，汝南平輿之著姓也。曾祖和舉，」左散騎常侍、宣州刺史；皇祖仁廓，利州□史；先父紹，金州」西城縣丞，之數君者，居則剛毅不迴，□則清白相遺，累代」□節，人以爲難。君即西城府君第二子也。□在羈貫，兩遭」□凶，初多孺子之慕，實有成人之節。弱冠國學生，孝廉擢」第，解褐補潤州金壇尉，轉會稽丞，授告城簿。十年三任，四」清狀，一昇進一，名聞當世，從政此爲尤異。屑于下位，安展」禽之節；弘之在人，無仇覽之歎。累遷長安尉，施來光也。以」繼親憂去職，禮有過數，爲企及者所譏。服闋，除監察裏行。」滿歲真拜，骨鯁由衷，木强自任，鷹隼翕翼，燕雀避之。夫生」有烈名，歿無畔質，三進及霤，一言興邦，人之所難，君之所」易。開元廿五年四月十七日獻熟内朝，多所掌岠，」天子以爲不可，讁而黜之，傳車至藍田而終，時春秋五十」有五。天下剛直之士，莫不爲之流涕，千載之後，實惟師資。」廿七年正月廿八日，權窆於洛陽清風鄉之原，緩也。長子」鍠，冠年進士擢第；次子適、仲龜等，皆有志節，家素屢空，掃」地而祭，悲纏壠檖，泣變松林，攻石昭德，永爲不朽。銘曰：」
汝山峩峩，汝江有泌。夙泄風雨，消摇靈氣。家琛國珍，文經」武緯，仕無畔質，居無交利。行則不羣，政則尤異。乃祖乃父，」清白相遺。有嚴有翼，奮飛下位。人之存亡，國之榮悴。古有」遺直，如何不諱？孝子陊心，志士洌淚。書以圓石，英名不墜。」

（河南千唐誌齋藏石）

開元四八四

【蓋】 失。

【誌文】

大唐故濟州司户參軍事鄭府君墓誌銘并述」
公諱撝，字流謙，滎陽人也。昔建侯錫土，開國承宗，周美武公」緇衣，漢重尚書曳履。同車繼好，榮百代之婚姻；推轂求賢，接」四郊之賓客。則知源派遠，德厚慶長。高祖護，周中書令；以」嚴龔純懿，弼亮國經。曾祖偉，隋蓬州刺史；以忠肅惇敏，鎮」綏藩服。大父湛，皇朝邢州刺史；人倫師範，龔黄之政。」父知道，皇朝中大夫義清縣令；士林標則，産豹之徽猷載」扇。世濟厥美，于何不臧。公即義清府君之元子。惟德生知，才」固天縱，詞林擢秀，學海騰波。正直剛柔，箕子之三德；文行忠」信，宣尼之四教。公大互歸善，一以貫之，弱冠宿衛出身，拔萃」舉及第。初乃忠誠抗節，侍衛軒墀；終以詞藻顯名，發揮簪」紱。解褐楚州司户，調遷濟州司户參軍。郡政由其軌儀，藩理」賴其安靜。弘農坐嘯，適可均芳；南陽晝諾，終然繼美。嗟乎！福」善無徵，豈天命不僭，報施之理，何其爽歟？以開元廿六年十二月廿」八日，春秋七十，嗚呼哀哉！夫人皇甫氏，安定人也，諫議大夫惇之女。四德爰備，」六行聿修，采蘋克終，犯禾先葬，開元廿三年七月四日，春秋五十三。粤以」開元廿七年正月廿八日，合葬於河南縣金谷鄉之金谷原禮也。嗣子仲邕，執」喪致哀，充窮血泣，乃琢磨貞石，昭著芳猷，式表泉扃，永傳不朽。銘曰：」

鄭氏本系，出自黃帝，降及於周，實爲甸侯，文昭武穆，枝散源」流。厥惟夫子，實天生德，如珪如璋，有典有則。適來適去，倏短」何常。自古有彭聃猶殤，清徽茂烈，地久天長。魯人合周公蓋」祔，卜因宅兆，禮從封樹，刻石紀德，流芳垂裕。」

温縣尉樂安蔣溢文，　河陽縣尉昌平寇巒書。」

（北京圖書館藏拓本　河南千唐誌齋藏石）

開元四八五

【蓋】　失。

【誌文】

大唐故蔚州刺史兼横野軍使上柱國王府君墓誌并序」

公諱元琰，字元琰，太原人也。世濟其美，在唐有光。曾祖欽，隆州刺」史；祖都，涼州長史；考方平，幽州刺史；□善增慶，代生諸侯，天下之人，謂之著」姓。公少也好學，長而成名，豈唯知夫子文章，識先王典禮，抑亦孫吴秘」策□而明。以公侯子孫，承恩宿衛，年猶束冠，器已大成，移孝入忠，服勤」王事，自此始也。授右衛左司戈，□□轉左玉鈐衛左司戈，秩滿，明誠以」言，吏議惟允，授代州都督府録事參軍，尋以家艱去職，有稱骨立，未嘗齒見，」將滅性爲非孝，遂存身以效忠。免服，就補常州司兵參軍。屬天啓元□，」撥亂反正，求萬夫之長，寄百里之命，□爲稱首，制授瀛州東城縣令。□」言優寵，馹騎赴官，昂昂大賢，閑閑小邑，又改爲蜀州晉原縣令。仰上劍門，舉」防所以除奸慮；比心江水；清白可以遺子孫。續用既深，榮命斯及；銅章」雖舊，朱紱惟新。加朝散大夫，旋以車服異儀，禮秩踰等，帝乃歷試。初試」會州别駕，朝無虚授，改遷慶州司馬。□贊郡國，登聞闕庭，徵入爲游騎將軍、」守右衛翊府左郎將。有文有武，或出或處，惟忠惟孝，是則是效，不其然乎？夫」雲中要郡，孰云易理，塞上多豪，僉曰難制。皇帝凝聖聰之鑒，選良」邊之臣，以公兼才，是膺俞往，除公朝議大夫、蔚州刺史、兼横野軍使、」本軍營田使。職修人賴，公實有焉。公上策安邊，忠心濟代，臨事克」斷，見義必爲。其志也，高山可仰，其命也，逝川不可問。以開元廿四年十二月」五日終於蔚州，春秋六十有六。風雲□慘，朝野同悲。龍節武符，他人是保；素」車白馬，鄉路來歸。嗚呼哀哉！不違卜筮，不犯日月，以開元廿七年歲次己卯」二月癸亥朔十日王遷窆于河南□北邙原河内村東北五里。夫人」樊氏。在公喪紀，可謂孝妻，教子有方，夙稱賢母。男則朝之良也，侍」帝子於小山；女則邦之媛兮，偶將軍於大樹。服縗已遠，泣血不追，爰議新阡，」將還故里，以爲邙山國之北，洛水山之前，地久天長，憑高對遠，此焉攸處，□」然允咸，乃期我乎宗子之崩心，博我以家君之□德，欲貞石不朽，芳聲」有融，□書盛德之後，高標不羣，受詔南面，宣威北軍，敢守臣節，愿答□」聖□□□之不永。幽明□□□□□□□九□□小之上

□□孤墳□」夜臺兮斂幽魂，陵谷變兮銘誌存，歷千秋與萬古，長紀德而論勳。」

（河南千唐誌齋藏石）

開元四八六

【蓋】失。

【誌文】

大唐故楚州鹽城縣令太原王公墓誌并序」

葛洪有言曰：三台九列，坐而論道；州牧郡守，振領操綱；繁劇所」鍾，其惟百里。則知親人之要，先資令長之官；經國綏甿，實佇循」良之化。公諱惠忠，字子廉，其先太原人也。枝分葉散，或因官而」寓居；錫爵封疆，或移宗而創業。八代祖儉，齊太尉。自後諸族，簪」冕禪聯，或赫奕於明朝，或逍遥於物外。惟祖惟考，迺武迺文，咸」得性於林泉，恥揚名於禄位，栖神育德，匿跡韜光，因寄廣陵，樂」編揚府，今爲江都人也。公藴珪璋之器，挺廊廟之材，有文武之」鏘鏘，有風飈之洛洛。不以絲竹喧其耳，不以玉帛亂其心，仁山」巘崿而自高，學海澄澹而激濬。雖位匪充量，冰壺之操靡渝；早」擅家聲，虚白之風不弭。往以分曹列寺，流譽滿於皇都；」出宰江湄，歌詠盈於碧海。每覩材童狎雉，則知仁愛之深；田叟」爭雞，實愧神明之化。何天命之將廢，忽夢烏之成災。是知木秀」於林，驚飈擊射；人才高代，幽明見欺。粤以開元廿七年獻春二」日，終於睦仁里私第，春秋五十有九。嗚呼！崐峰圮岸，玉樹凋零，」歌舞未畢，池臺遽傾，魂□大夜，宅兆山塋。以其年二月廿二日，」葬於都城北原，禮也。前臨洛水，後據邙山，龍盤之野，鶴吊之阡，」青松引吹，翠陌凝煙。其子謙、堅、溥等，襲曾閔之行，繼祖考之賢，」晝哀號而踊地，夕痛愬兮聞天，始絕漿於五日，終泣血於三年，」敬刊銘而勒石，期萬古而流傳。銘曰：」高門茂族，鼎邑賢良，材稱杞梓，器號珪璋。豈謂多福，翻罹厚殃，」□□崐岫，璧玉銷洋。霜封衆木，蘭桂凋傷，生前日短，歿後年長。」一辭華館，千載玄堂，松門杳杳，蒿里蒼蒼。山川寡色，日月無光，」□□罷市，哀哀路傍。懷君子兮□□，思哲人兮不□。」

（北京圖書館藏拓本）

開元四八七

【蓋】失。

【誌文】

大唐故恒州真定縣丞姚府君墓誌銘并序」

君諱如衡，隴西人也。少習經史，掾摭羣書，才學有」能，吏用無缺。曾祖寬，隋光禄大夫、冀州刺史；祖感，」皇太中大夫、陳州刺史；父良，正議大夫、普州刺史。」府君克己脩身，聰明仁孝，任賢無易，有始有終。夫」人河南源氏，賢明婉約，體性温□、四德有聞，昌言」稱美。弱冠求仕，解褐遂州參軍，又轉恒州真定縣」丞。在任公清，人皆悦伏，執政無頗，德化民和。常以」省躬退身，脩未來之道業，持戒念誦，求無上之真」心，雖在官從仕，恒去塵俗，不食葷血，積有歲年。」府君去夏六月寢疾於所部，廿七日薨於寶苻里，」時年六十七。夫人去春二月八日暴疾卒廨舍，」年卌九。一男二女。煢煢幼子，叫蒼昊而何依；哀哀」孤女，痛黃泉之永隔。以開廿七年四月九日吉辰，」葬於邙山北崗，禮也。萬化歸空，九原長恨，敬憑幽」石，以紀貞猷。銘曰：

天道蒼蒼，幽路茫茫，辟如逝」水，誰能久長。如泡如電，似影似光，奄忽遇此，世相」遑遑。長歸玄夜兮存者傷，永絶青春兮亡者殃，悲」哉痛哉兮幽顯隔，以禮安厝兮邙山崗。」

（周紹良藏拓本　河南千唐誌齋藏石）

開元四八八

【蓋】失。

【誌文】

故河南府伊□縣□□□□□□」上柱國姚府君之碣」

君諱政□，」以開元五年四月廿四日卒于斯」第。唯開元廿七年歲次己卯四月壬戌」朔廿四日乙酉，男都大敬寺僧沙門」瓊瑶，爲過亡考建，并鐫像一軀。」

（北京圖書館藏拓本）

開元四八九

【蓋】似無。

【誌文】磚。

韋必復字安和，高祖彭城公，曾祖台州刺史，祖巴陵縣令，父未仕。開元廿七年五月廿一日終。」

（録自《陶齋藏石記》二十三）

開元四九〇

【蓋】失。

【誌文】

唐故昭成觀大德張尊師墓誌銘并序」

尊師法號若訥，其先南陽人也，晉輔相」協之後，因家于河南金谷。纍葉不仕，杜」門安貞。至于尊師，習性含和，智契玄」理。文明元年，屬天皇上升，卒哭之日，」綸言度人。尊師入道，常有規矩，舉爲」大德。嗚呼！何期遘疾，脱屣遊神，化年七」十有六，開元廿七年五月一旬三日，化」于後房。其月廿三日，法殯于金谷之地。」是日仙唱擁雲，俗心淚雨，不有光於前」哲，將何示於後人？銘：」

昔爲道生，今因道散，鑿舟夜驚，牗電欻」焕。松門骨化，蒿里神遊，詞人頌石，記德」光幽。」

太歲己卯月壬辰日甲寅。」

（北京圖書館藏拓本　河南千唐誌齋藏石）

開元四九一

【蓋】失。

【誌文】

大唐故通議大夫鄂州刺史上柱國盧府君夫人清河郡君墓誌銘并序」

夫人諱　，字鹿娘，清河郡縣人也。昔在帝堯，敬封房緒，保姓命氏，」夐哉邈乎。秦侯食邑，紬常山之峻趾；漢守剖符，酌清河之遠派。十」代祖諶，南燕廣平郡守；隨燕南度，遂居于齊，今爲濟南人焉。自後」漢尚書令司空公諱植，十有八代，累侍金閨，咸分虎竹，焜煌簪組，」炳燿台階。王父正則，尚書考功、吏部二員外；顯考潁叔，尚書吏部」侍郎。夫人即公之元女也。赫赫鴻烈，巍巍昌緒，門傳孝悌，代襲忠」貞。黼黻將繼世聯暉，珪璜與宗姻疊映。降生令淑，抑有冥徵。夫人」懿德柔嘉，清範閑婉，恭孝性與，聰敏夙彰。孩提而天質端華既笄」而韶容秀舉。吏部公清鑒素遠，器而賢之，詢于甲門，擇對而適。年」十有五，嬪盧氏焉。長自華宗，伉于高族，賓敬穆於琴瑟，婦德爛其」盈門。輝耀六姻，懋崇四教。方當福禄是荷，期頤永終。天乎不傭，喪」我明淑，以開元廿六年二月八日，終於河南府温柔里第，春秋六」十有五。鄂州府君以高門貴仕，人望國華，帝擇循良，杖兹共」理，福應冥默，先時而亡，昔年安厝，具在前誌。即以開元廿七年八」月十二日，合祔于河南府邙山之南原，禮也。劍飛共水，竟淪漣於」逝川；偕老六珈，永悽愴於同穴。夫人稟累仁之明訓，承慶緒之芬」華，言不戒而自孚，動靡習而成則。宜其流祉高閈，貽厥後昆。有子」嶷、昂、炅等，六行克修，三徙成訓，痛深欒棘，慕切充窮，陵谷是虞，見」託銘誌。其詞曰：」

房氏本系，出自唐帝，北涉南躋，遂居于齊。令僕豐功，轡爲華宗，賢」明簪組，奕葉攸同。公侯必復，神靈降福，人倫有光，朱紱斯皇。誕生」淑女，作儷賢良，婉嫕柔順，菊茂蘭芳。謂輔仁之不忒，何天命之靡」常？邙山之南，帝城之北，敬從合祔，言遵先則。哀哀孝子，□荷斯克，」萬古千秋，斯焉刊勒。

中散大夫守光禄少卿鄭長裕撰。」

（北京圖書館藏拓本　河南千唐誌齋藏石）

開元四九二

【蓋】失。

【誌文】

唐故衛尉寺主簿趙府君墓誌銘并序」

公諱庭，字璧，天水人也。其先臯繇伯益之祚胤，蓋周成王列」爵於趙，遂命厥氏，由來尚矣。其後徙於天水，則充國定册於」漢室，宣子驟諫於靈公，時無與京，代有其美，昭彰史籍，譽望」歸焉。曾祖諱文舉，周秩冀王府長史，隋瀛州刺史、新昌縣伯；」祖諱孝鈞，隋秀才登科，初補校書郎，轉益州城都宰；烈考德」王，皇朝散大夫、大理寺丞；並材爲世出，道可時宗，服勞王家，」克著成紀。公禀吞烏之精，抱射牛之氣，動則成矩，言必造微，」學富妙年，宦情方立，屢丁荒疚，幾不滅身。服闋甲子廿八，屬今天子有事于南郊，君以先后之親，得陪位入調。」解褐懷州參軍，猶屈其量也。三考又我皇上展柴祭之」儀於泰山，特敕授東封齋郎，改任衛州司士。淇澳之間，英」俊龐雜，暨君作掾，僉伏其能。秩滿，稍遷衛尉寺主簿。偉哉棘」署，掌舍是供，雄戟霜攢，弈幕雲委，不有宏材洞物，碩量甄敏，」則何以主于茲也？公克謙而從性，毁方而瓦合，門生自遠而」味道，縉紳閉關而取則，豈圖夢奠頹梁，藏舟去壑，與善無慶，」彼蒼者天，春秋六十有一，以開元廿七年夏四月卅日遘疾，」恒化於河南洛陽教業里之私第。即以其年八月辛酉朔廿」四日權窆徽安北原，禮也。玄宮既啓，益歎生蒭；白馬云來，空」悲隴樹。恐高岸而爲谷，紀佳躅而何慚。銘曰：」

於戲夫子，淵哉允柔，有典有則，不忮不求。方假官以階漸，何」粹魄而云收。常聞與善，曾不憖留，卜遠玆日，遷居是遊。蒿里」無逕，松扉自幽，夜月徒朗，神風益愁，國寶斯瘞，千春萬秋。」

（録自《芒洛冢墓遺文續補》）

開元四九三

【蓋】　失。

【誌文】

唐故滎陽鄭賓妻博陵崔氏墓誌銘并叙」

夫人姓崔氏，諱攀，字攀然，博陵安平人也。本系」太公，封於營丘，後有□子，食菜崔邑，因封受姓，」建德興家，盛列世昭，清風代遠。曾祖暟，衛尉少」卿；祖渾，監察御史；父孟孫，德州司户參軍事；至」道深仁，洪規茂業，非能瞻仰，其敢名言。夫人誕」靈中和，禀訓柔約，婉嫕淑慎，恭明貞肅。其奉上」也精一兢□，其在家也敬教勉學。務習絲麻之」職，閑於蘋藻之事。年十有九，歸于滎陽鄭賓，未」及廟見，而嬰沉痼，勿藥無喜，貞疾有恒，奄以開」元廿七年八月八日終於叔祖東都□留守之」官舍，春秋廿有□。粤以其年八月卅日遷窆于」北邙山平樂鄉之原，禮也。日來月往，谷益陵虧，」勒銘芳列，以誌泉臺。銘曰：

峨峨德門兮世載」其清，衣冠禮樂兮莫我與京。有齋季女兮結縭」而行，中年遘疾兮六和不平。蘭摧其秀兮玉碎」其英，一閉黄泉兮北邙阜，千年白日兮掩佳城。」黄鶴胡爲而去不顧，悲風明月□滿佳城。」

（録自《芒洛冢墓遺文三編》）

開元四九四

【蓋】大唐故白府君墓誌銘

【誌文】

大唐故汴州封丘縣令白府君墓誌銘并序」

公諱知新，太原晉陽人也。自楚王開國，代濟其美，白公受縣，不隕其名。乃後」疏涇水以厚秦，坑長平而熸趙，授詩藩邸，精易庠門，英傑相跡，文武不墜。」高祖建，北齊司空；曾祖遜，北齊散騎常侍；祖君慜，皇嘉州刺史；父弘儼，」皇潭州録事參軍；並藴河山之秀，負梁棟之質。翼贊東國，致君於太平；綱紀」南州，政成於訟息。公識自生知，慧由天縱，受淳和之氣，誕岐嶷之姿。著孝」友於庭闈，備聞詩禮；推誠信於朋黨，譽重珪璋。雅尚弧矢，尤精史傳，三餘靡」倦，五善有容。既而克嗣家聲，解巾筮仕，授常州武進縣主簿，累蜀州清城縣」丞、越州諸暨縣丞。一臨巴徼，再涉吴江，守高節以莅人，安卑位而樂道。又遷」河南府王屋縣丞、汴州封丘縣令，畿邑務總，男邦寄切，時之選授，必擇才賢。」公展毗贊而洽友寮，布宰化而緝黎庶，曹無留滯，里頌謳謡。至若休沐之辰，」退食之暇，門多長者，席有嘉賓，詞論縱横，琴罇交錯，來必質疑請益，莫不虚」往實歸。其或矜嚴理□，端謹處職，杜權貴，恤孤貧，見善若驚，聞義則徙，蓋無」得而稱也。永望德比灌□，上調於金鼎；豈謂職佯葉縣，奄墜於玉棺。以開元」三年九月十七日終于官次，春秋六十一。夫人滎陽鄭氏，祖孝昇，」皇桂州長史；父嘉瑞，安南法曹參軍。誕此華宗，是標賢淑，婦德彰於婉順，」母儀盡以義方。動静有則，矜莊靡替，克勤於絲枲，式叙於蘋蘩。福善無徵，禍」鍾先及，以景雲二年五月廿九日，終于王屋縣官舍春秋卌。以其年十月宅」兆於洛北邙山河南縣平樂鄉界。頃以歲月未順，懼神道之非安；胤嗣屢空，」殫家業而靡就。今屬年辰通便，衾櫬備修，舉奉幽靈，俯就先妣。敬遵理」命，不改舊塋，以開元廿七年歲次丁卯十月庚申朔十四日癸酉，侍合玄堂，」從先志也。孤子巖之、嶷之、子蘭等，孝感夙彰，號擗何及，雖壠隧之斯立，恐陵」谷之迭遷，猥以蕪鄙，亟承哀告，敢編遺烈，作識幽泉，述德多慙，重爲銘曰：

祖始祝融，降及熊繹，國分於楚，縣受於白。賢俊襲嗣，衣冠赫弈，秦漢已來，武」文踵迹。其一。惟君令德，克紹家聲，信推鄉黨，孝睦闈庭。執心中正，稟操堅貞，逢」時偶道，筮仕策名。其二。蜀國吴鄉，王畿男邑，佐職宰化，俗謡政輯。福善未徵，禍」鍾奄及，諸孤靡恃，佇立以泣。其三。夫人懿淑，宗門翳賴，婦德貞明，母慈惠愛。譽」高壽促，月減珠碎，屺岵何瞻？封樹悲對。其四。河山表裏，桑梓敬恭，式遵先志，不改」舊封。靈神合祔，胤嗣慶鍾，既扃泉户，永慕霜松。其五。」

（周紹良藏拓本　開封博物館藏石）

開元四九五

【蓋】失。

【誌文】

唐故朝議郎行通事舍人京兆杜公諱元穎夫人臨清縣君崔氏墓誌銘并序」

夫人博陵安平人也。其先齊太公之後，支子封」於崔城，因以命氏。曾祖弘壽，隋獲嘉侯；祖萬善，」皇朝左監門將軍；考操，潤州刺史；皆人傑也。」人慕靈和淑，懋行貞良，承大賢之義方，得公宮」之憲矩。年十有六，歸于杜公，作配德門，式揚休」範。年廿有三而杜公即世，衛儲早逝，共姜靡他，」誓歸室之期，勤徙宅之教，藐爾孤稚，倬然有成，男擢茂才，女歸華胄，閨儀閫訓，時論高之。以開」元廿七年七月十二日終于洛陽尊賢里之私」第，以其年歲次己卯十月庚申朔十四日癸酉」權窆于河南縣平澄鄉川之原，禮也。男遵，符離」主簿，早卒；孫剛，外孫孚，並至性純深，永懷泉壤，」乃誌幽墜，以揚德音。其詞曰：

於惟令胤，載」誕碩人，輔佐君子，克懋貞淳。共姜誓志，孟母求」鄰，德門衰謝，令嗣沉湮。宣慈保人，乘化歸真，誌」九泉之幽宅，揚萬古之清塵。」

（周紹良藏拓本　河南千唐誌齋藏石）

開元四九六

【蓋】失。

【誌文】

唐故天水縣君趙氏墓記」

□人諱上真，曾祖諱言道，周爲殿内」□；祖諱師立，皇任金紫光禄大夫，鍾」離縣侯，瀘、松二州都督；父諱行成，早」世不仕。夫人自有行于朝散大夫、鄭」州司馬王府君，誕三子四女。長子曉，」高蹈不仕；次子晧，右武衛倉曹參軍；」次子曜，通事舍人。夫人在府君」後而終，即以開元十七年七月十五」日告禍，廿七年十月十四日闔祔于」斯塋。府君舊銘文是兵部郎中」嚴識玄所造，其文詞華麗，不可輒移，」今□粗記葬年，雙安貞石，亦權儀也。」

（北京圖書館藏拓本　河南千唐誌齋藏石）

開元四九七

【蓋】失。

【誌文】

唐故處士太原王府君墓誌銘并序」

君子之道，或出或處，公以爲處者安，故筮不仕；」或默或語，公以爲言在慎，故字智言。曾祖亮，隋」□城丞；祖舉，皇建州刺史；父感，游擊將軍。」□事將軍，克有至行，文武之道，公皆善之。惜乎」□不賴其用也。娶清河張氏，配已成德，實爲□」妻，尚于素純，不視五色，喪公之後，精心釋門，使」一子出家，家如梵宇。公以開元十九年六月十」五日，薨于偃城私居。夫人以開元廿六年五月」九日薨于洛城依仁里，皆享年七十有二。嗚呼！」生同其志，没同其年，誠有代乎？長子早亡，中子」入道，少子仙周，獨奉其終。哀哀經之禮，□夫妻」合葬于邙山清風之原，開元廿七年十月二十」五日銘曰：」

我族系王，夫人紹張，仙昇開□，□□□□。其一。厥」合雙德，剛柔兼克，不事王侯，高尚其則。其二。義夫」節婦，允出我門。勒此幽石，永知所存。」

（河南千唐誌齋藏石）

開元四九八

【蓋】失。

【誌文】

大唐常君墓誌銘并序」

君諱來，太原人也。流寓趙國，子孫家焉。君器韞純雅，威若神明，雖書劍絶羣，而」朝廷不仕。春秋七十，以大足元年歲次辛酉六月」戊午朔卅日己未終於私第。夫人龐氏。三從有禮，」四德無虧，孤標桃李之妍，獨立關睢之號。春秋」七十二，以景龍三年歲次己酉十二月丁未朔七日甲午」終於蘭室。嗚呼！命也有涯，死而無悔，即以大唐」開元廿七年歲次己卯十月庚申朔廿五日甲申」合葬於縣西北平原，禮也。西瞰陳餘之水，北」帶伊祁之祠。嗣子阿仵、玄九等追膝下之恩，」報劬勞養，恐陵谷之遷變，勒貞琰於幽」泉。其詞曰：

乾坤造化，共禀英精，魂悲入夜，劍氣」衝星。青山邃壤，白日佳城，勒銘貞琰，冀表芳聲。」

（録自《京畿冢墓遺文》卷中）

開元四九九

【蓋】　失。

【誌文】

大唐故邛州司馬楊公夫人張氏墓誌銘并序」

夫人南陽人也。曾□萬，隋九門、汾西二縣令；祖」緒，皇朝并、益二州長史，金紫光禄大夫；父虔」壽，太子通事舍人、遷蘇州録事參軍；弈世載德，」累葉聯華，名重於時，慶流於後。夫人即蘇州府」君之季女也。婉淑其志，柔謙其德，至於詩書翰」墨之奧，事上撫下之方，宗族師之，稱爲母訓。頃」年夫人子壻作尉于太原之文水，既而往問之，」因是遘疾。以開元廿二年歲次甲戌六月癸卯」終于文水官舍，春秋五十有七。嗚呼天也，何福」善之無徵哉？以開元廿七年歲次己卯十月廿」五日甲申合葬于我楊公之塋，禮也。其地即河」南府洛陽縣清風鄉邙山之原。夫人一女適河」東裴氏，純孝植性，誓心葬母，舊國千里，守途再」旬，辛勤太行，扶櫬而返。聞者感，見者悲。古人云：」生女不生男，非通論也。式題貞石，以播徽聲。銘」曰：

懿哉哲婦兮維人之則，旅櫬言旋兮歸葬」舊國，哀哀孝女兮其思罔極。」

（周紹良藏拓本　河南千唐誌齋藏石）

開元五〇〇

【蓋】失。

【誌文】

大唐故右驍衛倉曹參軍滎陽鄭府君墓誌銘并序　從父姪前鄉貢進士日成撰」

府君諱齊閔，字藏諸，滎陽開封人也。皇朝瀛州任」丘縣令孝通之曾孫，尚書右丞祖玄之孫，今趙州別」駕玠之元子。三君積善，鍾美於公。公體貌魁傑，風神」博雅，行不逾矩，言而有信。爲子則蒸蒸乂，爲兄則怡」怡如。爰資事君，是亦爲政，初以門蔭補挽郎，解褐寧」王府參軍。秩滿，補右驍衛倉曹參軍。侍從惟寅，出納」惟允。無何，丁内憂，既免喪，未能忘哀，是用生疾，凡匝」四序，有加無瘳。以開元廿七年十月十日，終於洛陽」縣尊賢里之私第，春秋卌六。嗚呼！歸金之日，不見嚴」君；主奠之辰，唯聞幼女。夫人趙郡李氏，皇朝□州」深澤縣令忞之女也。令儀令德，巧言巧工。府君政位」乎外，夫人輔佐於中，先於公五年，終於尊賢里第，春」秋廿五。即以其月廿五日，祔合於洛陽縣清風鄉之」原，順也。亞弟前晉城主簿晉客等，送往以禮，撫存以」仁。詩云：死喪之威，孔懷兄弟。今見之矣。日成忝爲猶」子，敢作銘云：

彼美哲人，國之彥兮；窈窕淑女，邦」之媛兮。生存華屋，共于飛兮；殁居幽壤，同所歸兮。」

（北京圖書館藏拓本）

開元五〇一

【蓋】失。

【誌文】

大唐故朝散大夫檢校尚書比部員外郎博陵崔府君墓誌銘并序」

公諱玄隱，字少徽，博陵安平人也。漢汶陽侯仲牟廿四代孫，燕秘」書丞懿之後。英蕤弈世，休列冠時，家諜備詳，國史昭著。曾祖叔胤，」北齊安東將軍、濮陽太守；祖孝康，隋長平郡陵川縣令；父世標，唐」饒州司户參軍、婺州龍丘縣令；宰邑清理，將軍□城，通德惟高，象」賢不墜。公即龍丘府君第二子也。庭習鐘鼓，家傳禮儀，敏洽天成，」詞華代許，射策擢第，拜揚州大都督府參軍。行滿專城，譽流江國，」無何，制舉授許州司户，調補汾州介休縣丞，轉□州司功參軍。時」屬求賢，對揚居最，特授右補闕，俄遷尚書比部員外郎。弼違獻可，」抗議雲階，含香握蘭，騰芳星署，尋加朝散大夫，行本職也。公開物」和義，貞固幹時，負鼎之説未昇，遷舟之災奄及，以萬歲通天元年」八月十九日寢疾而終，春秋六十有四，歸窆於衛州衛縣北宮唐」村北一里。夫人潁川陳氏。陳世祖文皇帝四代孫，文州刺史昭列」之女也。鳳樓早謝，龍匣先沉，權殯於宮唐村北。雙墳相次，禮祔未」終。長子諲，朝散大夫徐州蕭縣令；次子誧，華州司法參軍；痛結九」原，志惟再舉，光陰不駐，霜露俱凋。第三子朝散大夫行永王府記」室參軍證，早歲閔凶，幼丁偏罰，昊天不弔，未冠而孤，哀結蒼穹，□」深罔極，既盡開奩之泣，還思負土之勤。以大唐開元廿七年□次」己卯十月庚申朔廿六日乙酉遷厝，同祔于宮唐村北三□□也。」庶桑田未變，封樹知歸，成寢西階，□紀猶在。銘曰：」
炎帝□□，太公華胄，鸞鳳羽儀，衣冠領袖。將軍威武，作□□□□」曹□懿，垂裕後昆。降及顯考，家傳餘慶，禮以閑身，學而從政。□□」對□，結□參□，蘭薰雪瑩，菊茂霜明。玉湝超舉，仙臺載榮，□□」徵，輔仁何昧。□衡未陟，霜□先背，頎頎好仇，孤墳相對。嗟□□□，」卜兆初成，西□□祔，東麓開塋。悲風長駛，壠月空明。」

（北京圖書館藏拓本）

開元五〇二

【蓋】失。

【誌文】

唐衡州刺史東府君故夫人太原郡君王氏墓誌銘并序　繼子姪河南府鄉貢進士漸自叙」

我伯妣太原郡君諱承法，太原人也。自周靈王太子晉避世，隱」居嵩丘，時人號曰王家，因以爲氏。五代孫霸生子二：殷，威。及漢，」殷則列封琅耶，威則胤食太原。夫人則威之系也。曾祖君仲，」隋平東將軍；祖敬德，皇梓州通泉縣令；父輔義，皇益州新」都尉；並一時翹楚，百代軌模。夫人即新都之第六女也。秉心」勞謙，執行貞吉，漪漪有則，順靡難閨闈之儀，自我作古。及笄之」歲，歸於我門。嗚戲！夫人之未歸也；雖君舅即世，而君姑」次薨，哀瘵哀敬，未渝典則。夫人之配君子也；閑邪存誠，謹身」節用，江沲之詩不作，冀野之饁如賓。逮伯父一同爲宰，始□」縣君之拜；逮伯父二千石，復荷郡君之錫。良以正位乎内，輔」德竭誠，鄙夷甫之妻，賢□子之室。及伯父之薨衡州也，陟□」無子儲之斗粟，旅櫬何依，夫人涕淚瀾干，容質荒毁，左提右」挈，還歸故□。比竟喪事，鄰里稱爲孝婦。嗚呼！開元八年，夫人」遘疾，雖具藥物，有加無瘳。其年五月己巳朔五日壬辰，終於陽」翟縣師利之伽藍也，春秋六十有四。權殯於潁水北涯。以廿七」年歲次己卯十月庚申朔廿六日乙酉歸祔於洛陽縣邙山之」北崗衡州府君之故塋，禮也。繼子漸，慚仲容之爲姪，痛伯道之」無兒，號叫靡從，可謂至矣。恭維實録，非敢揄揚。銘曰：」

於鑠王氏！自周之始，二祖分封，太原稱美。坤德火行，淑哲降生，」婉孌容止，柔順利貞。既佐君子，勞謙惡盈，風樹不停，奄鍾斯□。」昔爲異，殯則同穴，一閉佳城，千秋永訣。」

（北京圖書館藏拓本）

開元五〇三

【蓋】　大唐故趙府君墓誌銘

【誌文】

宣義郎上輕車都尉前行台州司倉參軍趙庭秀墓誌」

開元廿七年歲」次己卯十月庚申朔廿六日乙酉遷措於河南」府河南縣平樂鄉杜翟」村界邙山之禮也。」

（周紹良藏拓本　開封博物館藏石）

開元五〇四

【蓋】失。

【誌文】

大唐故和州歷陽縣主簿張君墓誌銘并序」

君諱昜，字泰昜，南陽郡人，周賢大夫孝文之遠苗」也。厥後楚儀漢良，晉華天錫，襄黻輝煥，銀黃斷美，」備諸史册，斯文略之。曾祖齊，陳辟丹楊府長」史，先朝大將軍、北軍大總管；祖顥，先朝任楊州」楊子鎮將、壯武將軍；父眘，先朝任滑州靈昌」縣令；或天星授彩，或時雲潤物，文武之器，生於我」家。君襲慶連綿，從班佐錦，化拾爲魚之縣，名飛集」鳳家之鄉。而千月未窮，聖歷元年八月十日卒於私雨賢早謝第，時年五十七。夫人彭城劉氏。漢家遺胤，曹大閨風，管篋事姑，禮不虧於曉夕；滫膏訓下，教乃傳於子孫。禍生異風，旋化晞露，神龍二年七月二日終於家闈，時年五十五。以今開元廿七年歲次己卯十一月庚寅朔廿六日乙卯，合葬於相州城西北十五里孝明村東南一里半，禮也。嗣子喬，早逝；次子饒，號天罔及，卜宅安神，援家聲以紀號，冀來葉之相珍。銘曰：

二賢之德，生榮死哀，一辭代路，萬古泉限，悲風蕭颸，苦月徊徊，痛一子之先逝，唯一聽兮驚雷。其一。」

（録自《鄴下冢墓遺文二卷》卷下）

開元五〇五

【蓋】失。

【誌文】

唐故岐州司倉參軍房公墓誌銘」

公諱宣，清河人也。曾祖子曠，隋常州別駕；」祖仁□，皇贈兵部尚書；父先質，皇銀青光」祿大夫、贈兖州都督。公兖州府君之第四」子也。解褐千牛洛州參軍，補武衛倉曹、尚」乘直長、岐州司倉。至開元廿七年歲次己」卯秋九月，將從調選，言適故鄉，夜中遇疾，」逮明而逝，春秋凡五十有二。嗚呼哀哉！公」父祖天下之所□□名德天下之所重，而」位不登千石，壽纔半百年，此君子所以□」無命也。有二子：都，寧。以其年十一月，權窆」於洛陽邙山之原，禮也。嗚呼銘誌，儻將」何記焉？銘曰：」生此象賢，而無永年，奄倉卒而埋沒，吾不知夫彼天！」

（北京圖書館藏拓本）

開元五〇六

【蓋】失。

【誌文】

唐故孝廉李府君墓誌銘并序　處士河内向遷喬撰」

公諱泉，字弘廣，隴西人也。紫雲欝於函谷，始疏源而命氏；白額生」於涼土，遂因時而建邦。慶融後昆，迹列前史。曾祖賓，隋亳州總管」記室；郗超入桓公之幕，班固從竇憲之軍，蓋兼杖其謀猷，不獨資」其書記。祖幹，通州司倉參軍；歷踐州儲，出納惟允。父慜，亳州酇縣」令，懿蕭何之封邑，弘偃也之絃歌，教不肅而成，政不嚴而理。公智」鑒玄遠，博考經籍，九流七略，靡不遊心；六藝百家，其如指掌。懸河」自口，汲之者莫測其波瀾；明鏡高懸，照之者詎知其近遠。弱年郡」邑以孝廉擢薦，然性本謙退，心安玄默，厚於道，薄於名，周孔之書，」遂優遊以娱老；李釋之教，亦洞達而契真。享年八十有一，以開元」十七年七月十二日寢疾，終於洛陽履順里之私第。夫人南陽張」氏，隋光禄大夫琬之孫，皇監門直長堅容之長女。婦儀彰於」曹誡，母德深於擇鄰，邕穆被於閫閫，懿淑聞於娣姒。以開元廿一」年隨子任於絳郡之垣縣，至開元廿五年十一月八日寢疾，終於」縣之廨舍，春秋八十有四。非夫和順於道德，窮理盡性以至於命」者，其孰能夫妻俱保元吉遐壽若此者乎？以開元廿七年龍集己」卯十二月己未朔廿七日乙酉，合葬於洛陽城東北邙山之阿，禮」也。公有二子：長曰振，絳州垣縣主簿；次曰播，定州新樂縣尉；咸趨」庭而稟訓，各彈冠而入仕。白駒過隟，追遠之恨空深；青烏啓塋，送」終之禮斯畢。以余學於舊史之末，請叙先人之事，詞不逮意，書何」盡言，刊石披文，勒兹銘曰：」

夫猶龍指樹兮啓氏先，孝廉襲祉兮載世賢。外弘儒兮内弘釋，仰之」高兮鑽之堅。和順道德兮天假年，夫妻大耋兮隨化遷。龜筮叶從」兮宅兆吉，合葬城隅兮墳巋然。佳城欝欝兮鐘鼓歇，壟上蒼蒼兮」松栢煙。刻貞石兮不朽，與天長兮地久！」

（周紹良藏拓本　河南千唐誌齋藏石）

開元五〇七

【蓋】 失。

【誌文】

唐故朝請大夫行晉州洪洞縣令敬公墓誌銘并序」

公諱守德，其先平陽人也。昔陳公子敬仲生而有文在」其手，因命氏焉，其後因官南徙，今爲河東人矣。曾祖坦，」隋河間郡丞；祖志文，皇冀州棗强縣令；父玄奭，皇茂州」石泉縣令。公石泉府君之子也。弱冠以進士出身應撫」字舉及第，授寧州羅川縣尉。開元初，獻書直諫，敕授」豳州新平縣主簿。應强幹有聞科第二等同清白第三」等，授河南府陽翟縣尉，授絳州萬泉縣令，加朝散大夫，」轉晉州洪洞縣令，加朝請大夫。秩滿後，歸閑養疾，至開元」廿八年歲次庚辰正月戊子朔十二月己亥，終於河南」之從善里，時年六十有八。其年二月十五日，葬於洛陽」之邙山北原，禮也。嗚呼哀哉！公詞藻清贍，孫弘董仲舒」之亞也，故四登甲科；政理明幹，季路王稚子之流也，故」再爲邑宰。惜其位初三命而不踐階台，壽不百年而遷」舟壑，痛矣夫！公有一子洪奴，年甫齠齓，故喪事所給，皆」在公之甥殿中侍御史趙良器之弟良弼。嗚呼！魏舒既」賢，成此宅相；嵇紹雖幼，知其不孤。苟非爲銘，曷以旌後。」銘曰：

君之祖兮文在手，君之身兮德莫厚。其立言也」不朽，於從政乎何有。嗚呼彼天，與其才不與其壽，悲夫！」

（北京圖書館藏拓本）

開元五〇八

【蓋】 失。

【誌文】

大唐故南齊隨郡王曾孫蘭陵蕭君墓誌銘并序」

君諱紹遠，字茂弘，蘭陵人也。其先殷後。春秋之際，列於諸侯；周秦」之末，因而命氏著姓。西漢元輔，南朝霸主，封酇而勳載帝宇，革宋」而道昌天業，功加生人，德垂後裔，故能克岐克嶷，或哲或謀，世濟」其美，時多其盛。府君即齊武皇帝之玄孫，散騎常侍隨王諱子」隆之曾孫，隨司農少卿諱確府君之孫，皇朝晉州司馬諱浚府君」之第二子也。懿德之後，象賢之最，代襲鐘鼎，家傳禮樂，有仁人焉，」有社稷焉。府君器識宏達，襟神雅正，孝友而性與道合，忠信而言」成行准。任約器弘，不徒勞於州縣；晦迹潛道，每閑放於丘園。始周」朝公車再辟，辭不赴會。將慮善以後動，庶公侯之必復。運長齡位，」□喪神全，以萬歲通天二年十月四日，春秋卌有九，遘疾卒於卿」州穰縣敦化里之私第，即安其所，于今卌載也。夫人安定太君胡」氏，朝議大夫、睦州雉山縣令務本之女。配得從夫，則鴻妻何遠；宜」家訓子，則孟母在焉。始龍劍而先沉，哀栢舟而早誓，竟鸞以里」而後落，將九原以同歸。長子朝請大夫、綿州別駕重洋，次子豫州」郾城尉重萼，初以墨兆未孚，權假待吉肥泉，而孝思罔及榮宫而」無禄早終，嗚呼！庭堅忽諸，墳墜靡託。長女衆婦，永惟元元之義，」感絕終天之痛，越以開元廿八年歲次庚辰二月己卯，遷祔於河」南洛陽北邙陶村之山厚，禮也。悲夫！咎繇則祀，子産誰嗣？惟芳列」而不朽，俾刊石而旌誌。銘曰：
德生於世，代亦須才，惟道」延，道藉時來。道不行兮時莫用，時不興兮梁木摧。南陽阡兮昔遠，」北邙
邃兮今開。宜家之人兮令儀令質，府君之行兮惟精惟一。百」歲之後兮同歸其室，黄泉已下兮無復白
日，于嗟萬古兮此焉長」畢！
宣義郎行大理評事馬巽撰。」
（北京圖書館藏拓本　河南千唐誌齋藏石）

開元五〇九

【蓋】失。

【誌文】

唐故江州長史趙府君墓誌銘并序」

公諱知慎，字誠盈，天水人也。造父封於趙城，□」有趙氏，簡列諸侯，奢爲名將，冠蓋舄弈，史册詳」之。曾祖迪，皇朝青州司馬；祖嵩，滄州清」池令；父最，曹州司功；並才光展驥，勢屈檻猿。公」少而聰敏，長而恭潔，凜然有難犯之色，儼然有」可法之儀，學包經史，性兼忠孝。歷曹州之宛句、」許州之襄城兩主簿，轉内中尚令，遷嵐、蔚、江三」州長史。並清以勵貪，仁以恤下，奸非以之懲，學」斅以之勸。惜乎廊廟之材，長駐軫於州縣。開元」廿七年十一月十一日終于江州之官舍，享年」八十有五。以廿八年三月十六日歸葬于河南」北邙平樂原，禮也。城危白帝，泛千里之潮波；塋」對皇居，鬱九原之墳隴。

子曰休，悲蓼逕」以崩心，泣蒿肩而紀德，庶吕墳重啓，尚覩犧罇，」襄墓更開，猶觀鳳篆。銘曰：」
鈞天絶響，愛日沉光，魂遊東岱，墳依北邙。冥冥」玄夜，蕭蕭白楊，鎸徽頌美，地久天長。」

（録自《芒洛冢墓遺文續補》）

開元五一〇

【蓋】唐故張府君墓誌之銘

【誌文】

唐故滄州清池縣尉張君墓誌銘并序」

君諱仲臣，其先漢丞相蒼，蒼孫居中山，故今」爲中山人也。周宣擇士，以孝友昇朝；漢主求」賢，以英謨作弼。博採方策，何代無其人。曾」祖愻，洺州永年縣令；祖歸，青州司馬；父」肅，宋州宋城縣丞；並直道而仕，遺愛在人，功」列當年，慶歸後胤。君襟神穎悟，光彩射人，以」孝廉授滄州清池尉。明以照物，剛而能斷，不」逾旬月，同於坐嘯。加以好交遊，重然諾，急難」投告，必爲解驂，故人相期，時聞忘食。高山仰」止，傾遠邇焉。方將搏扶摇達於南冥，何圖膏」自煎遊乎東岱，以開元廿七年十一月四日」終於官舍，春秋卌三。粤以廿八年四月十四」日葬於邙山，禮也。嗚呼！叔向無子，誰可承家？」伯鸞有妻，猶能主祭。人生到此，空傳來裔。銘」曰：

洛之北，邙之陽，一朝埋玉，使人心傷。」桑田化爲東海，想高風兮猶在。」

（録自《芒洛冢墓遺文四編》卷五）

開元五一一

【蓋】失。

【誌文】

大唐故彭州唐興府左果毅上柱國程府君墓誌銘并序」

君諱璬，字文瓌，廣平人也，其先周大司馬休甫之後也。雖復時移運」改，葉散枝分，盛德之後必昌，象賢之風無絶。曾祖猷，隋朝請大夫、坊」州別駕、杞王友；幹勤半刺，驥足雲馳，友輔帝孫，鵬翅風舉。大父知□，」唐朝請大夫潞州司馬；含章内瑩，學古外脩，價重十城，光照千里。父」異度，唐朝散大夫、舒州懷寧縣令；爲儀物表，作範人倫。絃歌欲奏，□」耿雉馴衢；美錦未製，而災蝗駭境。公禀愿五行，資和□氣，卓爲英□，」特發菁華，幼而宿成，長而不匱，寬猛相濟，温嚴得中。屏氣升堂，展□」下之慶；晨昏就養，□掌内之珍。瞻顔觀行，不謝於閔騫；慎終追遠，□」逾於曾子。朋友許□，鄉黨稱仁。或投筆從戎，獲殊勳於上級；或牽□」就職，享榮位於藩維。公氣激雲霄，量包江海，不以微班滯意，棄若遺」塵；不以薄賞嬰懷，屏如脱屣。於是訓弟接友，脩身治家。庭變枯荊，□」友于之感；門多擁篲，明信義之徵。宴譃無暫輟其時，賓朋未省虚其」座。昔齊之公子，徒流好士之名；越之大夫，玄授治生之術。出處默□，」情同不繫之舟；取捨呼吸，預識有涯之分。確其志節，松筠未足方其」操；遺其清白，桃李然可齊其蔭。而輔仁莫驗，降年不永，日車難駐，隙」馬易馳，終共夜川俱逝，溘與朝露同盡，以開元廿八年三月十八日」寢疾，終于洛陽里仁里之私第，春秋五十九。嗣子光佚等，號天飲□，」扣地茹荼，望望不追，哀哀罔極，親故悲悼，行路傷心。仍以其年歲次」庚辰四月丁巳朔廿九日乙酉遷厝於邙山，禮也。摶風九萬，掩墜於」清霄；年歷三千，庶覩於白日。乃爲銘曰：

山河異氣，特」生賢俊，志節恢弘，儀形孤峻。家國忠孝，友于恭順，行非一途，迹超□」郡。其一。德與道合，志與時并，放曠自得，逍遥自寧。不屈於州縣，不馳□」聲名，常懷介直，永保堅貞。其二。先聖詒文，仁者壽考，後賢秉義，一何□」討。君胤若瘅，我心如擣，豈謂伊人，俄觀宿草。壑舟難止，隙馬易過，□」□松路，翻聞薤歌。生前日少，殁後年多，荒原寂寂，至此如何？其三。」

（北京圖書館藏拓本）

開元五一二

【蓋】大唐故席夫人墓誌銘

【誌文】

唐故吴真妻席夫人墓誌銘并序」

夫禮飾於外則恭，樂和於内則順，恭順」不離於己者，有吴氏夫人焉。諱大雲。」粤自名家，適嬪豪族，威儀令範，琴瑟克」諧。不幸禍鍾，良人早喪，疚懷永悼，毁瘠」偷生。孤胤幼冲，孀居鞠育，寒暑勤弊，過」廿年，訓諸義方，至乎成立。況復遵崇聖」教，常讀涅槃，惠悟一乘，智周萬物。春秋」八十有四，頃染微瘵，羸頓漸增，藥石盡醫，膏肓難愈，開元廿八載夏六月終於」綏福之私第。嗚呼！嗣子攀號，泣血腸斷；」親賓感痛，灑淚泉流。以其月十七日安」厝北邙之墟也。銘曰：

丘壠之中兮荒」涼荊棘，古今同此兮涕下霑臆。斵石爲」銘兮紀其令德，欲報之恩兮昊天罔極。」

（北京圖書館藏拓本）

開元五一三

【蓋】　失。

【誌文】

唐故豫州郾城縣丞張君墓誌并序　姪縪述」

君諱孚，字孟信，其先范陽方城人也。曾祖玄弼，益府功曹」贈安、隨、郢、沔四州諸軍事，安州刺史；祖柬之，特進中書令、」漢陽郡王；父漪，朝散大夫、著作郎。公著作之元子。幼而明」敏，長復剛斷，年十八，以門資齋郎常選。廿而孤。神龍後，讒諛」閒釁，家遇屯剥。今上登極，昭洗舊冤，合門長幼，悉皆拜」職。君授隨州司倉參軍，泉貨是司，出納惟允，邦君坐嘯，邑吏」行謡。旋屬按察劉商有怨先子，誣以他事，免君職焉。君曾」無愠容，退返初服，婆娑里閈，不以屑懷。無何，五嶺塵飛，將軍」授鉞，決勝之策，君能贊謀。獻捷之辰，疇庸是最，棄瑕録用，復」拜豫州郾城縣丞焉。此縣陳宋之衝，淮河之會，舟車輻委，寇」盜肩隨。君正色臨人，剛腸疾惡，奸豪股栗，伏竄他境而渠魁」十輩，猶離跂於其閒。君乃設摘伏之科，正繩愆之准，擒之匪」日，聚以殲旃。藿蒲中清，犬不夜吠，復丁家艱去職，以開元廿」八年六月十四日遘疾，終於故里私第，春秋五十有八。」夫人呼延氏，故亳州酇縣令謀之女。備習禮法，潔羞蘋藻，事」姑以孝，訓子能慈，後公喪十四日終於私寢。嗣子佻，既及壯」年，先秋徂謝；孫迪承其祀焉。詞曰：」
餘慶未已，厥主君子，位不充量，没恨泉裏。其一。夫人禮則，當時」見美，同穴茲辰，徽音用紀其二。」
（周紹良藏拓本）

開元五一四

【蓋】失。

【誌文】

唐故潁王府録事參軍部君墓誌銘并序」

君諱崇烈，字巨卿，濟陰郡人，其先周文王之昭也。分土命氏，」本宗則大，自天降福，後世其昌。曾祖恭，隋銀青光禄大夫，宣、」涇二州刺史；大父師，皇朝朝散大夫、陝州桃林縣令、魏王」文學；皇考元暕，皇朝兵部郎中，興、慶二州刺史；或銀章化」俗，累統隼輿之能；或朱紱字人，兼展雁池之職。星郎望重，天」秩孔階。君則使君之冢子也。生而知道，長而能事，克紹世構，」不隕家裘。頃在周朝，門推懿戚，解褐以諸親拜太州參軍，轉」司禮太祝、秦府功曹、蘇州司法、潁王録事。無何，以內憂免官。」君素懷敦恪，不趨權巧，荏苒五蒞事，蹉跎一掾曹，不以位卑」而荒厥政，不禄薄而怨其時，所至之官，必聞于嘉績也。嗚呼！」彼蒼者天，空祚以德，不永其年，春秋六十有四，遘疾彌留，終」于洛陽感德里之私室，時開元廿有八祀五月八日也。即以」其年龍集庚辰七月廿有二日丙午遷于北邙之南原禮也。」君嘗敏於事，慎於言，藏器以周身，藴櫝而待價。及乎伏枕之」際，方厭厚生；屬纊之辰，遺令薄葬。歸於三寶，散以百金，亦飾」終之至也。嗣子太廟齋郎負鼎等，並金贏比德，玉樹生庭，血」淚訴天，骨形擗地。卜其宅兆，肅以封樹。四時流謝，悲零露之」爲霜；千載忽來，恐高岸之成谷。不刊貞石，將泯嘉猷，述德爲」銘，直詞無媿。其銘曰：

壘壘郊外，峩峩墓田，士女繼踵，貴賤」比肩。彼蒼不惠，遽殲我賢，孤墳落日，空隴生煙。九原兮不住，千秋兮萬年！

國子監四門博士張諤撰。」

（周紹良藏拓本）

開元五一五

【蓋】　大唐故驃騎大將軍楊公誌銘

【誌文】

唐故驃騎大將軍兼左驍衛大將軍知内侍事上柱國虢國公楊公墓誌銘并序　皇太子已下侍讀朝散大夫守太子左贊善大夫邢璹撰男前弘文館學生上柱國華陰縣開國男楚王書」

開元廿八年三月壬寅，驃騎大將軍楊公薨于京師翊善里之私第。越八月壬申，葬于萬年縣龍」首鄉之神鹿里禮也。公諱思勗，字祐之，羅州石城人也。其先本扶風蘇氏，帝顓頊之裔孫曰昆吾」者，其子受封蘇國，因而命氏。爾後忿生佐周，子卿輔漢，秦説六國，縱謀三楚，代有英賢矣。初公之」五代祖密，守于河内，以剛直忤時，左責交阯，而考槃樂土，因家羅州之石城。既則高祖彛、曾祖尋、」祖業、考曆等，皆爲大首領于羅州，以紀綱南土。以公能勤勞王室，殉命申忠，制贈公皇考爲虢州刺史，皇妣爲徐國夫人；仍賜以楊姓，自是改望弘農焉。公則虢州之季子也。精禀海嶽，氣含辰象，節義介特，神情峻邁，望之儼然也。爰始筮仕，忠諒則聞；逮乎耆耋，秉操不易。雖侍奉紫禁，而屢總兵權，制勝運籌，所向無敵。中宗朝，李多祚以寵近肆凶，尋戈犯順，公奮劍斬之，逆徒霧散；自七品拜銀青光禄大夫，仍加内常侍，公之勇決也。眉州之叛，公恭行天罰，但以威恩曉喻，不設戎衣，談笑之間，凶渠悦服，公之仁惠也。山州首領梅玄成，擁卌餘萬以圖安南，公生擒玄成等二萬餘，斬諸賊首十萬級；以功拜鎮軍大將軍，料依二品，公之致果也。康愿子以六胡州叛，公一鼓用兵，截然大定，公之武威也。十覃行章之寇五溪，黨餘六萬，公進軍撲滅，隻輪不反；以功拜輔國大將軍，封虢國公，公之奇謀也。十三年，主上告成岱嶽，以公嘗侍奉先朝，服勤四聖，特拜驃騎大將軍，俸依一品。梁大海之亂邕府也，公俘梁海等三千人，斬其徒二萬級，公之殺敵也。澄州刺史陳行範，構數十州渠魁，欲割據江嶺，公盡覆巢穴，俘虜凱歸，公之克捷也。及乎大君錫命，皆固辭不受。主上高其獨行，制以贊之。詞曰：唯此貞介，神情果決；委命輸忠，亡軀殉節。入侍軒禁，出清祅孽；直氣鯁詞，風霜烈烈。其見重也如是。公之在朝也。七總戎律，一勘内難，鷹揚五嶺，武鎮六州，斬級二十萬，京觀八十一，可謂禁暴戢兵，保大定功者也。上以公方正明察，操斷平允，又使監皇太子已下讀書。先後經術，仍總判判侍，糾禁六宫，衆共畏威而無思犯法。疇昔之日，感老氏功成身退之戒，表乞骸骨。主上手制答曰：凡在暮年，許之致仕。若筋力未謝，誠節彌堅，方是能官，深諳故事，朕之所惜，正是良臣。縱有疾苦，只得將息。便懷退讓，不入朝廷，戀主之情，豈應如此！不勞此請也。聖意貪其幹能，固不許謝。何圖國之一老，天不憖」遺，遘疾彌留，終于京第，春秋八十有七。嗚呼哀哉！既乃兩宮軫悼，百姓傷切。有詔使内常侍」劉思賢賻絹三百匹，布三百端，就宅臨吊，以申哀也。初公之遷厝皇考妣也，以夫率性純孝，不忍」遠離，葬于春明門外。雖免喪之後，常朝夕拜掃。臨終遺囑，使甫窆于塋兆之際，成就養之志也。嗣」子壯武將軍、守左武衛中郎將、上柱國、弘農縣開國伯承宗，荼毒疚懷，充窮罔極。以公忠節奉國」之操，蕩險濟難之功，雖國史所書，恐縑素易朽，故刊石銘德，移之終古焉。其詞曰：」于赫聖唐，維德之純；股肱心膂，必致其人。海嶽降氣，生此武臣；武臣者何，驃騎將軍。其一。」將軍英偉，傑出當代；果敢忠誠，光熙帝載。籌策有准，權宜無對；熊熊劍威，克勘外内。其二。」外内奚若，或謀或幹；南國滌險，北辰靜亂。斬級萬計，實爲京觀；京觀八十，式旌廟算。其三。」廟算孰謂？驃騎雄名；摧凶殄寇，位達功成。高朗令終，元亨利貞；信將來兮，萬代振穆，若之芳聲。其四。」

（録自《唐長安城郊隋唐墓》）

開元五一六

【蓋】失。

【誌文】

故尚輦直長崔公故夫人滎陽鄭氏墓誌銘并序」星之靈，月之精，巽之位，離之氣，作姆範之北面，謂女師之南」指，夫人有聞矣。夫人諱敏字敏，滎陽人也。自有魏之彈射人」倫，推揚氏族，天下許其右地，海内以爲名宗。曾祖德秀，江」陵縣令；大父行穎，皇衛州長史；皇考元裕，皇栢仁縣令；」並位復其始，名不乏賢。夫人即栢仁府君第四女。年廿，歸于」□氏，三從有適，一與之齊，琴瑟克諧，絲蘿並茂。備洒掃於宗」□，親澣濯於閨闈。豈無綃紈，躬服著素；豈無左右，躬事勤勞。」□欲深思古人，克佐君子。而願殊偕老，哀生晝哭，栢舟自誓，」一志不移。訓男以義方，示女以柔順，故能譽流宗黨，惠被家」人，始則冀妻，終爲孟母。爾後沉嬰痼疾，綿曆歲時，何爽義於」明神，遽延災於豎子。以開元廿八年七月廿五日怛化於脩」善里私第，春秋卅有五。嗚呼！夫人有蕙蘭之姿，金玉之操，敬」恭以奉上，勞謙以接下，詩書博達，族誌傍通，保合母儀，恪居」婦職，德光令族，道瑩宜家。而與善無徵，不俾耆艾，君子是以」惑夫天道也。越以其年八月十八日歸厝于杜郭原，禮也。與」尚輦直長府君同塋而異穴，雖不合於齊詩，終有憑於衛禮。」嗣子友郎等，痛怙恃俱喪，將毀滅爲期，因閉口以絶漿，每從」心而泣血。恐年代浸遠，墳櫬荒摧，瑑彼石銘，全其誌事。銘曰：」貞姜自誓，共伯云亡，動由禮節，教以義方。彼何二豎？成其六」疾，歎此逝川，浸乎巨室。龜筮既襲，日月不違，黄腸密啓，丹旐」徐飛。賓御潺湲，風煙慘切，合祔非古，同塋異穴。孤燭熒熒，窮」泉兮長閉。」

開元廿八年歲次庚辰八月乙卯朔十八日壬申。」

（周紹良藏拓本　河南千唐誌齋藏石）

開元五一七

【蓋】失。

【誌文】

大唐故右威衛翊府左郎將康公墓誌銘并序」

川流廣矣，懷珠而炳麗；山積高矣，藴玉而增暉。比夫代襲簪」纓，必資賢淑，清芬不墜，餘慶斯存，則康氏家諜詳焉，今可略」而言也。曾祖匿，皇朝游騎將軍守左衛翊府中郎」將；百夫之特，三略之英，爰立盛名，聿光奇器。祖寧，歸德將軍、」行右領軍衛將軍；杖鉞無前，從政可紀。方明令德，言崇大樹」之□；洊發雄規，克荷高門之祉。父頎陁，雲麾將軍、上柱國；堅」剛果斷，恭肅允懷，勤儉公家，清白私室。公諱庭蘭，壯武將軍、」行右威衛翊府左郎將、上柱國，出身入仕，移孝成忠，或執鋭」蹈堅，或爭鋒絶漠，克謀而宦達，守道而名揚，宿衛」闕庭，多歷年所，罕聞他咎，用選爾勞。降疾彌留，殲良詎幾，春」秋六十有五，開元廿八年九月□日，終于東都温柔里之私」第。即以其年十月十七日遷措于河南之杜郭原，禮也。公行」惟樂善，性實謙沖，雖忝戎班，而雅重文藝，閨門邕睦，容範可」觀，六籍播於□田，百氏包於辯囿。暨乎晚歲，躭思禪宗，勇施」罄於珍財，慧解窮於法要。冥冥舟壑，同捨筏而不留；嫋嫋風」林，與焚芝而共隕。嗣子韶、亘等，纏哀孺慕，泣血充窮，奠酹爰」羞，痛幽明之遂易；宅兆方啓，懼陵谷之貿遷。思緝徽猷，誕披」閥閲，永緘泉壤，用表佳城。其銘曰：」

猗歟尚德，和而不同，乃祖乃父，代禄惟崇。曰仁曰義，家聲有」融，藏舟貿壑，捨筏歸空。餐茶遂苦，泣血焉窮，庶彫銘兮撰懿，」與天地兮相終。」

執徐之祀，玄辰之杪，纂文兼書。」

（北京圖書館藏拓本　開封博物館藏石）

開元五一八

【蓋】失。

【誌文】

唐故朝請大夫遂州長史張府君墓誌銘并序　弘文校書郎王利器撰」

公諱光祐，張姓。天垂象而南有七星，原夫受氏，蓋所因矣。」其先良應漢高，若輔軒黃，孝友博物，弈世其昌，故在貝爲」清河，在燕爲范陽，而我謂之燉煌，其實一也。曾祖湛，隋兗」州都督府司馬，大父謙，唐揚州海陵縣令；烈考徹，」皇岷州當夷縣丞；咸以直道俟時，才大位薄。公性稟忠厚，」氣資清和，强學敏行，立誠固節，策名以筮仕，率法以從政，」凡歷官七始，自殿中奉乘、左藏丞、曹州冤句縣丞、鈎盾令、」總監丞苑北面監，以至于遂州長史、朝請大夫，德實我修，」宦皆力致，白珪無沾，朱紱通貴，與夫憑籍父兄，託授金張，」三者何先？於戲！自邇漸于陟遐，爲山起於覆蕢，命不可贖，」生也有涯，春秋七十有二，粤以開元廿八年正月廿五日」訃偕京師，遘疾即世，遷神于洛陽審教里之私第。其年冬」十月甲寅朔廿日癸酉，窆于河南縣金谷鄉西平原。夫人」吉氏祔焉。周禮也。先時長子簡瑜，調補安陸尉，及夫嘗藥」受□，血泣跣從，皆次子簡琇至孝之任也。詩稱孝子不匱，」永錫爾類，其是之謂乎？銘曰：」

公之德兮德日馨，公之政兮政有經，公之宦兮宦小成。天」生淑媛，以配賢者，偕老于家，同穴于野，如何逝川，曾是不」捨。彼二子兮孝爲德，聲無常兮哀罔極，心蓼莪兮形欒棘。」

（北京圖書館藏拓本）

開元五一九

【蓋】失。

【誌文】

唐故綿州涪城縣丞吴郡張府君墓誌銘并序」

君諱承祚，字　，吴郡嘉興人也。昔子房輔劉，裔分吴國，」自時厥後，世濟忠良。高祖　陳豫章尉；曾祖　隋徐」州司户；祖後胤，國子祭酒、贈禮部尚書；父小師，虢州朱陽」縣令，蒞民典樂，鬱映當時，黄綬青旌，蟬聯具美。公即朱陽」府君之少子也。率性孝友，立身貞毅，門地勳華，承恩入仕，」解褐授始州參軍事，再轉綿州涪城縣丞。參卿之才，必資」孫楚；邑丞之任，幾屈桓譚。問望風儀，久留公府，清能美政，」遠播岷峨。惜年壽之不登，痛謀猷之莫展，以神龍二年四」月廿三日寢疾，卒於涪城之官第，春秋六十有一。夫人河」東裴氏，水部郎中思慎之元女也。蘭桂其芳，金玉其質。蘋」蘩懿範，尚在閨門；桃李仙姿，早凋泉壤。嗚呼哀哉！繼室清」河崔氏，柔婉其德，慈惠其心，履玄寂道，達非有相，靜而棄」世，其如寢焉。嗚呼哀哉！以開元廿八年十一月廿九日合」遷祔於洛陽平陰鄉之原，禮也。嗣子琰、璹等痛深欒棘，哀」纏屺岵，終天永辭，卜地從吉。公之季女，爲沈之嬪，初笄有」行，所天又殞，撫孤杖禮，爰舉衆喪，自此之爲，皆從於己，古」之孝女，何以尚兹。公體識冲遠，風神整峻，居官以清，執事」惟敬。典言美行，在明代而共傳；茂德休風，刊貞珉而不」朽。銘曰：」

清洛逶迤，維嵩峨峨，公之宅兆邙之」阿。南瞻滿目兮傷如何？寂寂佳城秋月過。高風素烈長不」泯，萬古千秋寧謂多。」

（周紹良藏拓本）

開元五二〇

【蓋】失。

【誌文】

唐故朝議郎前行括蒼令崔府君墓誌銘并序」

公諱恕，字□，清河東武城人也。其先出自有」齊尚父之裔，有穆伯者，我求懿德，爲齊大夫，食」邑命氏，公其後也。王父虔道，皇朝黄州黄陂縣」丞；皇考奉節，皇朝德州安陵縣令，並世載風雅，」人資道義，六安之望攸歸，三異之仁斯□。□載」應休德，克流芳譽，故始以孝廉登科，俄參□之」軍事。百行之首，惟人是則；千里之行，經遠斯在。」□左金吾衛兵曹、將作監主簿。官曹無留□總」□最，尋拜絳州萬泉、括州括蒼二縣令。用纂前」烈，實弘嘉政，始仰絃歌，旋驚哀□，□開元廿八」年十二月廿六日遘疾，終于東都思順里第，春」秋八十八，以其年十二月廿六日殯□河南縣」平樂之原，禮也。嗣子前絳州正平縣尉□人□」其感鼠思□□乃式謀不□□□遺範。銘曰：」

我大夫兮□□□□，我府君□□□其□命存」□□德彌□□□□□兮道其□」

（河南千唐誌齋藏石）

開元五二一

【蓋】失。

【誌文】

唐故朝議郎行郴州義章縣尉上柱國張府君墓誌銘并序」

君諱守珍，字珍，其先范陽人，因仕居東周，今即河南人也。自軒后錫胤，得其」姓者十四族，天枝世業，所憑厚矣，或英偉冠羣，門承七葉；或文章絶俗，世謂」三張。佐主則業霸東吴，坐帷而功成大漢。昭假不泯，列系相承，厥後洪才碩」德、持衡秉鈞者半士林矣。祖德，敦德崇道，而郡國著聞；父真，淑慎玄默，爲時」輩悦服；皆養高不仕。吾聞明德若不當代，其後必有達人，公之謂矣。公允迪」遺烈，克荷先軌，明義而執信，温良以守忠，仁厚潤身，孝思徇物，人倫之望也。」弁髦歲補國子生，經律墳典，靡不該覽。弱冠後，預仙曹選，詞彩風雅，熟方弘」博。推誠利物，良多董厥之才；理道適時，未遇孔明之鑒。解褐授將作監左校」署丞。庶務清脩，舉事公恪，苟守彝典，于何不臧。公乃歎曰：慈顔在堂，干禄不」給，及親而仕，即我愿兮。是以僶俛從事，雖才高位下，晏如也。非夫温温恭人，」孰能臻斯者乎？秩滿，以常調轉太僕寺乘黄署丞。效職乘輿，騰芳棘」者，動罔不法，言皆有章。復轉都省主事。官聯粉署，常聞劍履之聲；義接仙郎，」每襲蘭薰之氣。司存勾覈，事不苛留，職總繁蕪，物無壅害。又轉中書省主事。」無何，遷主書，尚德也。迹佐鳳池，名參温室，清警明理。亮直恭肅，縉紳之士，曷」不嘉之。頃以青蠅構慝，白珪見玷，是萋是斐，不慮不圖，我罪伊何，逢此譴怒，」遂貶愛州軍安尉，非其罪也。是時廣府都督王公冕，尚德能賢，以公充推勾」判官。由是探微折滯，罔不肅厲，可謂英偉君子，所遊見珍也。爰奉恩」詔，改遷郴州義章尉。於戲！彼蒼不弔，降此鞠凶，色捧之政未敷，青雲之姿遂」泯。雖官階黃綬，則不曳不婁；位設仙庭，而不洒不掃。六姻疾首，」三友悼心，春」秋卌有七。開元廿七年歲次己卯七月辛卯朔十日庚子遘疾，終于廣州南」海縣安定里大雲寺。嗚呼！崢嶸五嶺，莫覲帝鄉之雲；浩淼三江，空覩」桂林之月。聽南風以洩涕，望北闕而撫膺。遂乃背荒陬，遵上國，靈舟動檝，丹」旐言歸。迨歷炎凉，方言戾止，以開元廿九年歲次辛巳二月癸丑朔廿日壬」申返葬于東京邙山之陽，不忘本也。嗣子竦等，克紹遺訓，保光後葉，欒欒在」疚，罔知所圖，飲恨嗟如，出涕沱若，命余文者，式記銘云：」

俊美淑人兮邦之彥，遭鑠金兮竄荒甸。何在世兮如隟駒，君倏忽兮已矣夫！」丹旐孑孑兮邙山路，青松陰陰兮白楊樹。哀哀孝子號蒼旻，誰能見此無悲」辛！

河南府鄉貢進士陳衆甫詞，　姪孫鄉貢明經有鄰書。」

（周紹良藏拓本　河南千唐誌齋藏石）

開元五二二

【蓋】大唐故裴府君墓誌銘

【誌文】果毅都尉裴公墓誌銘并序」

公諱坦，字光胤，河東正平郡人也。祖昂，任徐州司馬；」父懷義，吏部常選；代襲簪冕，榮班接武，或詞高賦頌，」譽表清通，焕乎史策，可耳目循也。自幼及長，天性雄」略，謨可以運籌帷幄，決勝千里，射光五善，德叶三科，」信弓矢之利足威外。既武備大業，迺跡磐下位，遂屈」終就晉州羊邑府左果毅。嗚呼！倦勤告老，罷職還邑，」開元廿八年攝養乖理，遘厲虐疾，至十二月十二日，」卒于立德里之私第，旋殯於西階，時年七十九。隴西」李夫人，作嬪我公室，奈何玉顔早凋，松扃久掩，敢取」周公蓋祔之義，詩人同穴之唱，至開元廿九年二月」廿日，會葬於邙山北王晏村平原，禮也。長子瑱之等，」驚鍾酷罰，號叫天地，惜慈顔不待，痛遊魂永遠，不爲」封樹，後將何依？爰命良祝，謀及龜筮，詳考崗阜，審量」地勢，實枕倚河洛，□□王城。青龍白虎，恃之」左右；朱雀玄武，踞之前後。騰地沉浮以衛，伏龜隱畛」以輔，僉曰千齡萬代保固久。仍鐫翠石，用誌其銘。詞」曰：

熊熊壯志三軍首，鸞弧揮劍諒難有。一朝」榮華厭心口，千年幽穸殆將受。珠纓玉珮脱城闉，龍」劍凫寫留邙阜。是勒青石將固久。陵移谷徙期不朽。」

（周紹良藏拓本　開封博物館藏石）

開元五二三

【蓋】　唐故尚書郎河東裴府君墓誌

【誌文】

大唐故朝議郎行尚書祠部員外郎裴君墓誌銘并序　族叔禮部員外郎朏撰兼書

君諱積，字道安，河東聞喜人也。自桐川建封，燉煌爲郡，魏分三祖，晉方八王，奕代嘉其美□□年載其令德。高祖定，周大將軍馮翊太守，襄瑯琊公；績茂戎昭，化成郡國。曾祖仁基，隋左光禄大夫兼河南道討捕大使；以陰圖王充，義拔舊主，遭時不利，玉哲名揚。

□□追贈原州都督，命謚曰忠。祖行儉，禮部尚書兼定襄道行軍大總管聞喜公，贈太尉謚曰獻。既明且哲，經文緯武，故事宗於禮闈，大勳炳於雲閣。考光庭，侍中兼吏部尚書，贈太師，謚忠獻；器識宏遠，牆宇高深，亮采天階，丹青神化。君二川淑靈，三事鴻烈，植貞固之性，抱經濟之才，生而聰敏，幼而穎悟，仁和孝友，君子之德日新；文學吏能，賢人之業□盛。開元初，舉孝廉高第，弱冠，敕授左千牛備身。秩滿，轉太子通事舍人。丹扆捧日，青禁朝春，詞令可觀，風儀有裕。歲餘，調補太常寺主簿□□寺署辨□禮法，按驗伏藏，動盈累萬，卿韋韜欲以昇 聞，期於顯擢。君不求苟禄，固讓厥功，□□京兆府司録，未上，丁太師憂，柴毁骨立，殆將滅性，杖而後起。□日戒期，□□屢 聞，寵光是冀，爰紆聖札，用勒豐碑，仍命宰臣，俾令讚□，此乃顯□千古，哀榮九原者也。太師公直道不回，存亡交變，明主優□恩禮，時列害其公忠，定謚之辰，將沮其美。君晝夜泣血，號訴聞天，特降□言，以旌其實，詔改謚曰忠獻。豈非孝感之至，以發皇□，報應之期，有如影響。憂制缺，主上永言念舊，方議賞延，命執事與五品官。□辛以君□量清通，不欲處之散地，請授史官，是日拜起居郎。君衰服外除，心喪内疚，中議今職，遠□先碑，敷奏上感於冕旒，情禮近傷於冠佩。自武德之始，迄于兹日，注□所闕四百餘卷。南史直筆，東掖記言，考古而行，怡然理順。俄遷尚書祠部郎。君才兼□□□典郊廟績祖汭之清言，循樊准之儒術，明光伏奏，問望攸歸。嗚呼！天不假年，神爽其善，視事累月，卧疾彌旬，以開元廿八年十二月十九日終于長安光德里私第，春秋卌。其先葬于聞喜之東涼原也。即以辛巳歲二月癸丑廿日壬申，旋窆于長安萬春鄉神和原，禮也。初日者有言曰且有横厄，愿攘之。君曰：苟無負於神明，亦何攘之有？生死有命，誠性已齊，此則達人之用心也。君博識多聞，含光育德，志希宏濟，心鏡无爲，嘗覽太一之書，黄公之略，每懷遠大，自比范張。及我宦成，期於身退，挂冠投紱，卧壑栖林。青雲始階，黄埃溘至，海内豪俊，孰不惋惜。嗣子倩等，異才動俗，純孝通神，永慕寒泉，式刊貞石。其詞曰：

金晉舊國，彼汾一方，宗門貴仕，代有烈光。鼎鉉襲懿，蘭菊垂芳，地靈世德，之子含章。含章伊何？載挺時哲，□服教義，□紹忠烈。詞曄春葩，操貞暮雪，珪璧内潤，鼓鐘外徹。肅祗一命，趨侍兩宫，奉常典禮，左掖記功。清輝就日，逸翮摶風，高選郎署，公議攸同。建禮休澣，漳濱移疾，方奏丹墀，遽辭白日。隱嶙前嶂，微茫此室，勒銘幽泉，永識芳實。

（北京圖書館藏拓本）

開元五二四

【蓋】　失。

【誌文】

大唐故冠軍大將軍行右武衛大將軍啜禄夫人鄭氏墓誌銘并序

夫人諱實活，本汨加落鮮卑人也。即陰兔之精，鸞河之英，含巫山之暮雨，作渤海之朝霞，皓質若雪，紅姿若花。而驕據㯽林，日逐酋長，攢伯子而爲帳，僻萬馬已爲衙，占風峩峩，候月而拜者，即夫人出適于冠軍大將軍右武衛大將軍啜禄之偶也。乘月五而爭戈，下浮澠而大獵，雖遠蕃黑水，嘗報漢赤誠，不期諸而卒於彼。夫人去開元十八年，屬林胡不寧，酋首背伴。夫人霜操不易，忠志不移，迺潛謀運奇，與男沮禮等，出死入生，率衆投漢。聖恩遠優貴特加，開元廿年十月五日，制授夫人滎陽郡太夫人鄭氏。十八年八月十三日，制授男沮禮襲父冠軍大將軍、右武衛將軍、左羽林軍上下，賜錦袍鈿帶；開元二十八年七月，制充河東道軍前討擊副使，仍充雲州十將使，特賜姓李名恂忠，更與紫袍金帶。母因子寵，子襲父榮，志孝志忠，乃文乃武。夫歲不我與，時使我憂，夫人以開元廿八年十一月廿一日卒暴於京師義寧里之私第也，春秋六十有五。嗚呼，逝川不住，風燭難留，喪淑質於狼山，悲母師於鶉野。燕支山下，花落空而不春；馬邑川傍，雲結愁而不動。以開元廿九年二月廿一日遷於京師龍首鄉，之禮也。常恐時歲流易，陵谷湮沉，懼徽猷之永遠，鐫玉石而旌記。嗚呼哀哉！乃爲銘曰：

古往今來，痛矣悲哉！背彼竭石，歸我章臺，何期不實，玉樹中摧。雄劍彼流，雌劍此折，朔吹偏飄，寒雲四結，千秋萬歲，孤墳幽咽。

（録自《陝西金石志》卷十二）

開元五二五

【蓋】無字。四周十二生肖

【誌文】

唐故尚書右丞相贈荆州大都督始興公陰堂誌銘并序　太中大夫守中書侍郎集賢院學士東海縣開國男

徐安貞撰」

公姓張氏，諱九齡，其先范陽人。四代祖因官居」此地。公誕受正性，體於自然，五行之氣均，九」德之美具，才位所底，不亦宜歟？蓋所闕者：降年」之數不延，蒼生之望未足耳。源以秀才，没贈都」督，歷任典詔翰，居連率，自中書令而遷端」右，凡十八徙爲序。夫官次存乎事跡，列於中原」之碑，備諸良史之筆矣。公之生歲六十有三，」以開元廿八年五月七日薨，廿九年三月三日」遷窆於此，韶江環浸，湞山隱起，形勝之地，靈域」在焉，神其安之，用永終古。嗚呼！嗣子拯，號訴」罔逮，而謀遠圖，刻他山之石，誌于玄室，人非谷」變，知我公之墓於斯。銘曰：」

龜筮從吉兮宅其吉，山盤踞兮土堅實。」嗚呼相國君之墓，與氣運而齊畢。」

（周紹良藏拓本）

開元五二六

【蓋】　大唐故李府君墓誌銘

【誌文】

唐故隴西李公墓誌銘并序」

公諱珪，字善正，京兆人，隋龍驤將軍陁之」曾孫也。祖豊，皇朝都水使者、鄆州刺」史；父歲，登州黃縣令。公景行山高，心規海」映，容止以禮，發言可道，見善若不及，疾惡」如遠讎，九德允彰，三行充備，晦迹不宦，含」光陸沉。噫善不祐，俄悲曳杖，開元廿九年」三月九日寢疾終于懷仁之里第，時春秋」六十有五。其年其月廿五日權殯于洛陽」縣北邙山。孤子李道玄，哀蓼莪之罔極，懼」陵谷之好遷，故述斯銘，勒之泉户。其詞曰：」

猗歟盛族，祖德可尋，手足雖啓，其名不沉。」哀哀孝子，切切其音，誌數字於銘石，表千」載之松林。

開元廿九年歲次辛巳三月壬午朔廿日景午建。」

（録自《芒洛冢墓遺文三編》）

開元五二七

【蓋】　失。

【誌文】

大唐故蔚州刺史王府君夫人南陽郡君樊氏墓誌銘并序　河南府進士翁偉撰」

夫人樊性，南陽郡人也。祖慶德，皇金紫光禄」大夫、宗正寺卿、南陽縣上柱國、樂安公、食邑三千户；」父瓘，皇朝議大夫，靈、恒二州長史，襲樂安公；」並家傳青紫，代襲公侯，風儀令範，爲世瓌偉，楷模規」矩，豈佇談耶。夫人即故朝議大夫、蔚州刺史、横野使、」上柱國王元琰之妻也，襲南陽郡君。夫人風姿婉淑，」性理閑華。情睦親懿，實中外之欽則；惠及下流，爲長」幼之式序。性怡清藻，思入擅那。雖獻歲椒銘，重陽菊」頌，徒聞古昔，豈乎周比。況星霜潛轉，寒熱生媒，遽掩」青春，忽流玄夜，粤以開元廿九年三月四日遘疾，卒」於洛陽之私第，春秋六十有五。嗣男前忠王府參軍」延祚等，哀摧罔極，窀穸是營，即以其年歲次辛巳三」月壬午朔廿一日壬寅合葬於先塋河南府河南縣」河内村北原，禮也。嗟乎！思鐸吟風，飛旐引路，虐景西」逝，愁雲夕度，促儆石而增哀，俾泉臺而開痦。銘曰：」
北邙之岑，泉臺之阻。烈塋是接，非人所處。□□□□」素説風舉。悠悠萬古，遽知寒暑。」

開元廿九年三月廿一日。

（河南千唐誌齋藏石）

開元五二八

【蓋】 失。

【誌文】

故亳州臨涣縣丞趙府君墓誌銘并序　趙翌撰」

公諱瓊琰，字忠，河南人也。其先造父封於趙城，其後世禄不絶，」公侯餘業，詒厥無窮，衰盾以忠正承家，襄簡以雄規開國，克奇」克傑，無代無之。曾祖夔，隋婺州東陽令；耿光往列，公幹之量也。」祖畠，泗州長史；克襲前慶，叔度之器也。父仁，不仕王侯，高尚其」志，躡玄圃，深天機，得象罔珠，入逍遥境，鴻蒙之術也。積德鍾美，」而生公焉。公是以幼而有靈，長則大度，宣和以容衆，恭懿以睦」親，志有所成立，譽於是乎在，夫不有行者，誰捍牧圉？初以投筆」功拜饒州樂平尉，再補淄州高苑丞，又轉亳州臨涣尉。公所居」克敏，惟德是視，一離梅福之任，再授桓譚之屈。公亦安卑就政，」無問當官，孤弱云蘇，奸豪泯息，人吏懷惠，如甘棠之詩。嗚呼良」人，遭天不憗，以開元廿八年冬，遘疾于河南私第，受終正寢，時」年六十有八。嗚呼哀哉！年則下壽，德實高標，未登和羹之用，已」奄勞人之位。惟德是輔者天也，惟才是效者人也，人則信矣，天」何謬哉！元夫人吴興郡姚氏，繼室廣平郡程氏，並淑德自天，閨」儀克範，好述秉蘋蘩之節，從父服浣濯之衣。故我君子，友之琴」瑟，用孚螽斯之慶，不幸先公而殁。死生殊實，徒懷胡越之悲；旌」兆同歸，終沉松檟之路。即以廿九年春三月改卜遷祔，異啓塋」域於梓澤西原，從古禮也。二子泌、灌等，皆肅奉嚴誨，邈然高規，」泣血旻天，攀號罔極，如公遺令薄葬，今嗣子一如訓焉。昔人所」謂殁而不朽者有矣，夫則公之遺範也。翌忝餘派，叨遊翰場，雖」不知其他，敢不刊述公之明德。銘曰：

餘慶福兮鍾美公身，多才藝兮惟和惟純。中孚兮克家睦親，敦」道兮含章日新。亹亹盛德兮爲國珍，蒼蒼旻天胡不仁？才高位」下兮今已矣，梁壞山頽兮傷我神！

張明憲書。」

（北京圖書館藏拓本　河南千唐誌齋藏石）

開元五二九

【蓋】失。

【誌文】

唐故左監門衛大將軍太原白公墓誌銘并序」

公諱知禮，字　，太原晉陽人也。其先以善習武威，策勳上將，名登三帥，功」拔五城，代有其才，得之於公矣。祖仁憲，高尚不仕；父義寶，綿郡司」馬；皆從事英果，立身剛毅，鍾秀氣於來裔，垂芳聲於後昆。公即綿州司馬子」也。齠年有成，冠歲高義，時許特達，心遊青冥。得黃石之符，致繒蛇之略。昔韋」氏巨猾，潛秉國權，謀危乾綱，竊弄神器。上乃狃閭闔提干將，憑陵而御天，」叱吒而靜難，破諸呂之閒釁，俾羣黎之協和。公荷戈衛主，驂乘翼聖，拜游擊」將軍，行右衛原州彭陽府右果毅都尉，尋遷忠武將軍行右金吾衛翊府中」郎將。頃以邊烽相望，虜騎蹤横，胡寇乘月，漢城堅壘。天子聞鞞擇帥，按劍」厲軍，誰其當之？公是拜也。通五利，冠六戎，焚舟誓心，坐甲求敵，揚旗大漠，插」羽長城。彼三鼓而勢衰，我百戰而氣勇。浹旬獻馘，帝實嘉之，乃降詔曰：」卿忠烈與國同憂，聞掃賊徒，固多慶快。擢右清道率府率借紫金魚袋。又奚」霫背叛，實多侵掠，公授鉞龔罰，羣兇殄殲，重下詔曰：小蕃無儀，比存含養，」忽致翻動，天實誅之，塞下邊人，從兹無事。授左監門衛將軍，仍充右萬騎使。」錫命稠疊，莫之與京。衛尉八屯，羽林五校，掌禁兵於蘭錡，整嚴仗於鈎陳。公」之職司，克恭爾位，俄遷本衛大將軍，勳使如故。嗚呼！奠楹興夢，曳杖成災，時」逐閱川，壽奔隟駟。粵以去開元廿二載十月十九日寢疾，薨于洛陽興藝里」之私第，享年六十有一。夫人彭城劉氏，父」擾龍著姓，斷蛇昌族，作嬪不永，厚夜先歸。繼夫人清河張氏，父忠武將軍、守」左金吾衛中郎將懷十一女也。家傳天印，葉茂漢貂，行中閨範，言諧閫則。悲」纏失翼，哭壞高城，正味清禪，攝心止觀，無生妙理，之死靡他。龍集辛巳正月」十日，終于白公之舊廬，春秋卌有四。孟夏月末旬有三日，合祔于邙山之原，」禮也。嗣子等七人，苫蓋攢哀，蓼莪增慟，瞻壠樹而泣血，向繐帷而撫膺。泉臺」蒼蒼，貞石紀事。銘曰：」

將軍英英，與世作程，代出上將，間爲客卿。武威果決，韜略精明，允矣時望，揭」焉國楨。義以承家，忠以事主，驃騎翼聖，龍驤伐虜。森聳朱戟，蟬聯金組，俄歸」厚夜，永歎終古。塗車爰啓，祖奠有時，六珈同祔，駟馬行悲。崗巒起伏，簫鼓依」遲，令子心斷，交親淚滋。洛水北汭，邙山南麓，黯黯佳城，蒼蒼喬木。送終以禮，」宅兆是卜，萬歲千秋，俱爲陵谷。」

（周紹良藏拓本　河南千唐誌齋藏石）

開元五三〇

【蓋】失。

【誌文】

唐故寧遠將軍右領□□同州襄城府折衝上柱國關府君墓誌銘并序」

昔三國時，蜀有名將曰羽，即公之族系。曾祖元敏，祖玄信，」父思惲，並代推雄望，蔚爲領袖。公諱楚徵，隴西成紀人也。」幼而孝聞，長乃特達，喜慍不色，窮通適時，不從常調，委迹」諸逕。始以開元四年拜汝州龍興府別將，俄改蒲州永康」府別將，凡至之所，必聞其政。頃屬虜塵邊驚，飛將至都中」選。公因顧謂親朋曰：大夫夫安能碌碌案牘，晦其壯心耶！」遂奮發右進，俯就慶州永清府果毅，稍遷虢州金門府果」毅，又拜遊擊將軍、寧州驎寶府折衝。無何，林胡背恩，驕陵」莫敵，帝用十將，公爲首焉。每以少擊衆，動用如神，」麟閣騰勳，武□超絶，特拜寧遠將軍同州襄城府折衝。□」名千里，加級上柱國，賜物八十疋。嗚呼！河山秀傑，邦國惟」良，征役傷沮，勤勞成疾，暨廿有八年三月廿七日春秋時」日寢疾，終于京兆第，享年五十有八。越以廿九年夏閏四」月五日，安措於河南北邙山陽之原，禮也。公娶故右驍衛」□郎慕容嘉慶長女。秦晉佳偶，琴瑟好合。痛哲夫之先没，」撫遺孤之幼沖，爰洩哀誠，恐移陵谷，故作銘曰：」
粤有先兮是生保派，榮以立身兮功垂汗馬，怳忽容貌兮」沉埋松櫝，哀哀妻子兮茫茫長謝，曷以爲嗣兮
惟德是馨，」曷以爲永兮惟斵是□。」
開元廿九年歲次辛巳閏四月辛巳朔五日乙酉」
（北京圖書館藏拓本）

開元五三一

【蓋】 失。
【誌文】
大唐故汴州尉氏縣尉楊府君夫人河南源氏墓誌銘并序」
夫人諱内則，河南人也。其先出自有魏，聖武之胤，元勳茂德，」備乎往牒。曾祖愔，皇朝度支侍郎；祖
行莊，皇朝兵部員」外郎；並峻極降靈，濫觴誕秀，巖廊任重，列宿望高，道冠一時，」慶傳萬代。父杲，
皇朝隨州刺史；道炳中和，德昭元吉，家積」忠孝之業，世傳清白之名。韞荆山之玉，不耀連都；握隨
侯之」珠，不暗投物。若夫丘牆重仞，詞峯削成，非俗士所窺越矣。夫」人即隨州府君元女也。稟性孝
惠，殖志柔素，城隅作准，翹楚」見欽，年未笄，適弘農楊君。君諱璡，知名之士也，累遷至尉氏」縣尉。
子虚雖賦，空懷長卿之風；州縣徒勞，終傷敬叔之歎。夫」人暨所天既殞，至德彌著，緘幽芳于匪石，挺
桂色於霜秋。且」夫怡色膝下，則葛覃之孝也；魴宋雙美，桃夭之德也。義方垂」訓，曾師之貞也；包

含文質，曹婦之道也。非夫坤祇降靈，兑方」表異，曷能生我淑人者哉！而積善無徵，欒山徒語，享年六十」有七，以開元廿九年五月四日終於尊賢里之私第。嗚呼哀哉！」繁霜夏零，蕭艾俱殞。有女適崔氏，棘心見撫，哀飄風之不追；」嗣子宏，恩深如母，懷報德而靡及。夫人遺命薄葬，願陪考妣」之塋域，不忘本也。即以其月廿三日歸葬邙山，禮也。余痛天」倫之終鮮，哀梁木之遽摧，敢圖遺芳，紀之泉壤。其銘曰：」

猗歟夫人，泉潔蘭芳，德脩運促，仁重道長。行發爲矩，言出成」章，奄歸大夜，乘雲帝鄉。哀哀女蘿，覃蔓靡託，冀因處順，達于」至樂。」

（録自《芒洛冢墓遺文四編》卷五）

開元五三二

【蓋】失。

【誌文】

有唐開元二十九年六月甲寅故大洞法師齊國田仙寮」謝世，春秋五十有九，嗚呼哀哉！門人議曰：先生生十年而」從道，自後十五歲而通易象老莊，隸景龍觀，名雄上國。開」元初，天子御白馬樓，請先生昭宣道德章句，賜幣二」十五兩兩十尋。綸言降于九霄，雲座臨于四達，振希聲」之武勺，發至道之珠璣。惟皇帝尊祖而貴真，惟先生」言善而光大也。國家肇開王迹，受神册於玄元。」攻位山川，爰圖象，設閟宮，何許瞻洛負邙，擇仙侶之疏明，」奉祖廟之禋潔，以先生爲大德，實綱統之。天子遐」想汾陽，間遊茲嶺，拜手壇上，歸誠洞中，贊禮攝衣，祇承」睿問，惟先生而已。若夫窮江湖之灝渺，盡日月之明白，言」且有極，道其無倪，猗先生遺烈，天下所聞知也，豈衛賜能」諭仲尼，子方敢稱東郭哉！仙子蔡瑋、楊景春、王景晉、敬□」昌者，久遊大道之蕃，嘗入先生之室，思備豫於爲谷，痛何」仰於隤山。趙郡李華請謚爲玄達先生，而銘其墓曰：」

適道遺德，達生忘年。年無彭殤，任化者仙。德無堯桀，保」真者賢。況我先生，名崇實全。默默則靜，謩謀則玄。年長」匪壽，生也空然。翹舉瓊山，遠遊芝田。神去體留，光煌九」泉。洞靈何有？雲鵠翩翩。曷日來歸？鳴簫紫煙。門人望泣，」松深嶺顛。

銘一章、章二十二句。　范陽盧肅書。」

（周紹良藏拓本　河南千唐誌齋藏石）

開元五三三

【蓋】失。

【誌文】

大唐故李府君夫人嚴氏墓誌銘并序　前大理評事扶風馬巽撰」

夫人諱　字真如海。其先會稽人，蓋周武王之胤，因官命氏。」至景王時，有嚴俠者，封晉大夫，後遷於會稽，遂蔓其族。曾」祖隱，光州樂安縣尉；祖果，游擊將軍、絳州夏臺府折衝；」父利貞，青州博昌縣令；並載德誕靈，含章秉曜，文優體物，武」號千城，信在家而必理，固從政以能達。夫人即博昌府君」之第三女也。兆純粹之精，開柔和之德，禮度之本，發於胸襟；」組紃之能，立於髫齔。言歸夫氏，乃作女師，敬惠極於中外，仁」慈洽於家室。風徽可仰，邁芝蘭以芬芳；蘋藻克修，窮籩豆之」程品。良人且逝，蘿蔦無依，泣血之死，鉛華不御，存諸孤以義」方，乃伊教以成立。聿膺多福，人則有嚴。夫人深悟因緣，將求」解脱，頓味禪寂，克知泡幻。數年間能滅一切煩惱，故大照和」上摩頂受記，號真如海。徒然哉！非夫得明月珠不取於相，則」何以臻此？方錫難老，豈求無生，以開元廿九年五月十五日」終於歸義里之私第，春秋六十有五。即以其年七月一日權」窆於北邙王趙宜也。嗣子曰倩、曰秀、曰顒、曰光進、曰筌、曰浚、」曰演等七人。倩仕至吉州參軍，早殁於世；餘皆開敏，在於欒」棘，率禮斯過，其哀則繁。懼深谷而爲陵，將篆美於貞石。僕從」事於文人之後，敢默其詞乎？銘曰：

嚴氏之胤，時維」周焉；奕世之後，德維優焉。誕生夫人，含衆休焉；猗那貞淑，諒」温柔焉。女工婦事，亦克修焉；悟彼勝因，將有求焉。溘然朝露，」其生浮焉；哀哀棘心，不可遒焉。它山之石，誌陵丘焉。」

（録自《芒洛冢墓遺文三編》）

開元五三四

【蓋】大唐故豆府君墓誌銘

【誌文】大唐故忠武將軍攝右金吾衛郎將上柱國豆府君墓誌并序」

聞碣石岳峙，滄溟殊隩，雲雷振鼓，閈氣熙和，稟兹神靈，克生賢智，則」我府君之謂也。君諱善富，字暉，其先扶風平陵人也。十八世祖」統，漢雁門太守，避族文武之難，亡于朔野，子孫世居焉。至後魏南遷，」賜紇豆陵氏。六世祖步蕃，西魏將，鎮河曲，爲北齊神武所破，遂出」奔遼海，後裔因家焉，爲豆氏□皇唐征有遼之不庭，兵戈次玄」兔之野，君考夫卒慕遠祖融河外納款，遂斬九夷列城之將，稽顙」旌門。扶邑落塗炭之人，歸誠□魏闕，天書大降，榮寵一門，昆季」五人，衣朱拖紫，□犂木二州□□諸軍事，賜紫金魚。君以岳牧子」解□檢校□□□軍事，又以□方不静，朝廷徵任，擢授潞州銅」鞮府左果毅都尉，加游擊將軍，□□□兵□臨西戎，亟戰超勝，授」上柱國，轉絳州武城府左果毅都尉。開元十三年中，扈從東封，禮畢」加忠武將軍，進絳州□□府折衝都尉。徐國公蕭嵩按節朔方，兼」巡河右，請爲裨將，時晉州晉安府折衝都尉。玉潔冰雪，歲寒不凋，理」有能名，聲華遠播。侍御史鄔元昌請監東都大和庫，我皇思帑」藏任重，罕有克堪，以君衆推，帝曰俞往。積行累功，終始不替，特」攝右金吾衛郎將，依前監庫。竊聞人與者德，天奪者年，嗚呼蒼旻，」不弔厥理。以開元廿九年八月七日，侍太夫人之疾，不堪其痛，」遂暴殂于洛都皇城右衛率府之官舍，時年五十八。哀慟蕭曹，悲」纏僚友，物色改貫，煙雲失容，緱山不歸，遼城不返。嗣子温、璲，丁兹」鍾□，三朝泣血，一溢寢苦，日月不居，將遷幽室，以開元廿九年八」月十八日，葬於洛都河南縣梓澤鄉邙山之原，禮也。恐陵谷遞遷，」紀其蒿里；氏號泯替，刊其即年。垂諸不朽，以示來世。其詞曰：」

大漢戚里，魏氏虎臣，分流東派，嗣葉西春，克光厥緒，啓迪後人。其一。」德振聲雄，名動中外，國藏重任，萬邦都會，理劇若閑，永息奸慝。其二。」勳勞大著，榮顯未加，奄及徂逝，人神所嗟，刊兹貞石，以紀昇遐。其三。」

（北京圖書館藏拓本　開封博物館藏石）

開元五三五

【蓋】失。

【誌文】

大唐故相州林慮縣尉邢公墓誌文并序」

君諱超，河間束城人也。高齊尚書子良之七葉」孫。曾祖同琳，皇朝洛州大基縣丞；祖禮安，」故監察御史；父惟彥，故汾州司士參軍；咸以孝」秀登科，清能著位。君少孤，皇考棄代，夫人在」堂，既而幼冲，且無兄弟，哀毀過制，色養有聞。及」成長，有度量，深視敏識，慎行謹言。以宿衛出身，」調補相州林慮尉。清正自牧，幹用馳聲，使車欽」風。分命累歲，凡一任職，成四上考。陟遐自邇，且」起層臺之資；含光養蒙，實有凌雲之志。忽驚逝」水，奄盡生涯，春秋卅有九。以開元廿九年九月」十八日遘疾，終於崇政坊之廨舍。哀哉！故妻隴」西辛氏，即壽州刺史怡諫之長女，先以此年五」月二日終。今以十月八日合葬於邙山杜郭村」之崗原，去先父汾州司士公塋西北一里，從」先人禮也。無子嗣絕。以君之忠義仁慈，清廉正」直，孰宜不祀，至於短命，悲夫！」銘曰：」

矯矯夫子，人之儀刑，道在公器，孝惟天經，没而」不祀，遺恨泉扃。」

（周紹良藏拓本　河南千唐誌齋藏石）

開元五三六

【蓋】失。

【誌文】

唐故中散大夫行汾州長史沈府君墓誌銘并序」

公諱浩豐，字寬饒，吴興武康人也。歷代學宦，今屬河南，厥先后稷，光赫祀曲，至周□□□□□□□」□季，食菜有國焉。漢封戎爲述善侯，始過江爲著姓之最，子孫位至二千石，盡葬□□□□□□□□」是謂洪族。則思文之德大有後未□涯也。曾祖弘爽，隋臨潁令，皇贈揚州大□□□□□□□」父伯儀，皇國子祭酒武康縣開國男，食邑三百户，歷嘉、婺、亳、許四州刺史，贈禮□□□□□□」皇秘書省校書郎右金吾胄曹；儒素相襲，□哀有典，三代之軌，四方是維。公水之□□□□□□□」□孤，母兄鞠育，孝由冥至，禮則生知，欽若老□有符庭訓，讀書見忠臣孝子烈士□□□□□□□」髮衝冠，文頣下泣。每恨親老，常思捧檄，年未弱冠，自太廟齋郎選授定王府參□□□□□□□」□也。時府寮多士，君獨韶華，嗣陪周行，衆所未許。王因置酒高會，陳詩作樂，舉坐□□□□□□□」□問之暇，應對如流，當時英寮，莫不改觀。秩滿，轉右清道率府録事。尋丁太夫人□□□□□□□」滅性終寧戚見稱。服闋逾年，求掾江國者，以義居利公□之饒也，除蘇州司法。時□□□□□□□」承詔過江，命公酣飲，雖則同郡疇舊，自知才器不如，平生忌君，因酒大□無何，□□□□□□□」君不挾讎，持平以德，君子聞之曰：古人也。攝二屬城，損上益下，獲二使□匪□□□□□□□□」都督府倉曹兼揚子令。掾大藩物有官矣。化旁邑政有經矣，又歷汾州□□□□□□□□□□□□□□」□困賞不乏。巡察使馬光淑奏君撫字爲本道之甲，尋加朝散大夫□□□□□□□□□□□□」□本晏嬰宰邦塞權豪之路，執事有恪，無從匪彝。此邑傍南山，通武□□□□□□□□□□□」□禁霄行，恒奪以農，不堪其弊。迨君之初蒞也，停守備，去牙檬，道不拾遺，□□□□□□□□□□」□縣復故事而守焉。俄而所部盜發，皇赫斯怒，未擒暴客之徒，俄見□師□□□□□□□」化之在人。加朝議大夫，除宋州司馬，綰刺之半。知無不爲，既稱麗統之□；兼有□□□□□□□」□相門之子，毗佐入門，風神不接，以君操行克著，公直無私，每一坐□不覺前□□□□□」□鄭齊嬰聞君器能，將欲表薦，會嬰病卒，事竟不行。朝廷聞之，加中散大夫除汾州□□□□□」□道所居則化郡。以初歲考績，特申課最。君執心固辭，退謂人曰：□不負亮，考奚以爲。□□□□□」□司表奏，無何，有詔許謝病焉。居常待終，樂道無悶，躭釋典之外，殷勤藥物，天不輔□□□□□」□八年三月□日，終於東都毓德里，春秋六十有五。夫人吳郡□氏，會稽縣君，故惲州刺史□□□」□爲績之女。天授四德，儷賢三紀，君佐汾之日，先夫而終。粤開元廿九年十一月十四日，□□□」□□北山，禮也。公貞正明敏，淳耀敦大，不巧宦而躁求，不臨□而苟得，撫孤私室，則和□□□□」□；秉政公門，則凜然之色難犯。識者歎□輔之重□，王佐之才屈，曰天子不知友朋之過，或□」□霸道，致之青雲，鈐鍵不開者，此公之節也。闔門二百口，□則有餘；英胤五十□，食常不足。君一」人祿俸，盡給孤遺，諸子雁行而府君誨之，衆婦鵲巢而夫人訓之，同居克諧，光紹前烈。世謂太□」□德，萬石家風，兼君一門，是曰三善者，此公之義也。而宦不達者命矣。嗣子謇等居喪至孝，殆不」勝哀。薄葬近古，式遵遺令，仍命諫才，用旌休烈。去華摭實，□作銘云：」

維后稷兮功配天，福子孫兮萬斯年，君之生兮爲世賢。其一。□□官兮清若水，一以貫兮直如繩，政」優優兮天下稱。其二。」聚羔雁兮列鼎食，不競綵兮訓之力，崇□風兮人是式。其三。君子終兮瘞茲室，夫」人祔兮世事畢，俾中外兮無以律。其四。」

（北京圖書館藏拓本　河南千唐誌齋藏石）

開元五三七

【蓋】失。

【誌文】

唐故壯武將軍判左威衛將軍上柱國平陵縣開國男□□留守蘇公墓誌銘并序　左威衛兵曹參軍彭城劉鍠撰」

公諱咸，字虛舟，其先京兆武功人也。即隋車騎將□□」同三司、巴東郡公虎之曾孫，皇秦州都督孝充之□」皇户部尚書、太子賓客珦之季子也。象賢世禄，族茂系長，□」榮軒簪，相繼不絶。公弱冠補左千牛，轉尚食直長，累遷尚□」奉御左衛郎將。温良貞幹以秉德，宣慈惠和以正心。後坐□」累，左授蘄川府右果毅，尋移襄、懷等州尚從都尉之職。公□」□時命，不以卑貶爲憂，累遷隴州司馬，濟、滑二州别駕。德以」□物，政以化成，下車必聞，所詣偕理。入拜左司禦率，又改左」□衛將軍。屬上幸鎬京，擇公留副東都居守事，」□恭匪懈，析理稱能。天何不仁，殲我明德，春秋六十一，以開」元廿九年歲次辛巳六月廿四日癸卯，因疾薨于公第，命也。」且公有文武才略，凡中外歷任，馭下之要道，效官之清節，用」之以仁恕，申之以至公，去必見思，來必有作。嗚呼及此，孰不」□慟。況家無餘財，多古人廉白之志。」天子特加愍，錫粟帛之禮，可謂殁有遺榮也。粤其年十一月」廿三日庚午權殯于洛陽邙山之原，禮也，嗣子友父、千正、千」石等，銜恤以心，克家以幹，孝以爲事，銘以志之。詞曰：」

祚永枝繁兮源之長，道高業茂兮德之光。有殞自天降其殃，」殲夫哲人我心傷。卜其地兮洛之陽，立其墳兮邙之崗。悲風」蕭蕭兮吹白楊，落日黯黯兮照陰堂，千秋萬歲兮泉夜長。」

猶子前弘文館學生廣文書。」

（周紹良藏拓本　河南千唐誌齋藏石）

開元五三八

【蓋】失。

【誌文】

唐故右監門衛兵曹參軍張君墓誌銘　右威衛倉曹參軍張楚金序　大理評事馬巽銘」

聖唐文學德行未遇之士張君，無疾而終，仲尼所以」所以稱慟者，其在兹矣！君諱景陽，字再，其先清河人」也。曾祖昶，隋衛州司功；祖袢，皇易州録事參軍；父烈，」皇鹽州白池縣令。君則白池君之第四子也。性惟忠」公，行在絜矩，始以太學孝廉擢第，解褐魏州莘縣尉。」博學舉登科，遷右監門衛兵曹參軍。嗟德業及時，將」昇賈誼之策；札瘥奪魄，空切趙嘉之志。以開元廿九」年十月廿九日終於洛陽殖業里之私第，春秋卌有」二。君四科兼舉，衆行允備，德命俱泯，君子所悲。夫人」馬氏撫存痛往，魂褫心折。嗣子呈以君生有約儉之」誡，没從寧戚之禮，以其年十一月廿五日葬於邙山」陶原，禮也。友朋會葬者同陳太丘故事焉。楚忝於宗」盟，飽聞德義，雪涕揮翰，紀君實録。同人馬巽爲君之」銘云：

多君之材，相君之貌，實謂青紫，曾無應校。洛水之外，邙山之陰，但悲松栢，不見人琴。」

（周紹良藏拓本　開封博物館藏石）

開元五三九

【蓋】失。

【誌文】

大唐河南府君陽縣録事樂安蔣敏故妻清河張氏墓誌并序　太原閻琪撰」

夫人姓張氏，世本清河，遠祖因官家于汝南」也。累葉官能，備詳家諜。父諱賢，養素丘園，高」尚其志。夫人靜孝擢操，明和鍊己，假笠移宗，」兆開鳴鳳，宜家主饋，義叶友琴，蓋天假然而」然也。則靡室靡家，作嬪深歲；惟蛇惟虺，形夢」慶祥。始歡弄瓦永榮，倏奄鼓盆之禍。以開元」二十九年十一月十八日寢疾，卒於崇政里」之公舍也。享年三十有二。即以是月二十六」日旋葬於北邙原，之禮也。元子華，年猶乳餔，」悲夫孺子，未辯方名，慕之號親，信夫天屬。嗚」呼！霜害半桐，風嚴殘蕣，孤燈捕影，猶望李氏」之容；明月流輝，空照潘仁之簟。諛才聞命，恭」述銘云：

於惟夫人，懿德邁脩，如何如何，天□慭留，冥」冥一去誰與儔？□也□□□□□。」

（周紹良藏拓本　河南千唐誌齋藏石）

開元五四〇

【蓋】失。

【誌文】

長河宰盧公李夫人墓誌文」

有唐開元廿九年歲在重光十二月五日，德州長」河縣令范陽盧公夫人趙郡李氏遘疾，卒于東都」洛陽德懋里之私第，春秋卌有八。其明年獻月三」日，葬于長樂原附先塋之西北，禮也。夫人即」皇朝黄州司馬慈之孫，考功員外郎秦授之女。出」彼令族，嬪于高門，娩淑聽從，昭明女史之訓；礪繫」紛燧，嚴事舅姑之禮。故上睦伯仲，皎棠棣之華；下」祐子孫，衍椒聊之實。蓋德之廣也，仁之裕也，偉矣」夫！我盧公適佩銅墨，方臨長河。夫人宜列鼓鍾，友」琴瑟，哀窈窕，吟傾筐，以輔于賢，以贊厥美。而溘委」玄化，非天喪予，天實爲之，所不可贖。嗚呼哀哉！諸」孤洌、浰、澐、泚、涗、清等，哀哀長號，崩叩幽穸，灑血瑶」版，俾余誌焉。曰：」

貞淑薦瘥兮德音昭晰，終然化往兮宅此靈穴。地」下冥冥兮寒泉幽咽，空林皎皎兮長愁孤月。

大福先寺沙門湛然撰兼書。」

（録自《芒洛冢墓遺文五編》卷五）

開元五四一

【蓋】失。

【誌文】已殘，存前半之下方。

上缺。墓誌銘并序」

上缺。出自長安，葉散枝分，今爲相」

上缺。曾，朝祖，羨父，並湛粹靈苗，凝芳」

上缺。上遺風，文武備陳，三端不乏，君」

上缺。同顔敏，不求名利，貞趣煙霞，樂道」

上缺。樂水，州閭仰其德，賓友貴其行，理應」

上缺。永保元吉，寢疾大漸，神情餘爽，針藥」

上缺。無施。嗟呼！寶劍摧鋒，金花落蘂，淨土」

上缺。變爲灰。以景龍二年八月十五日掩皈」

上缺。秋卌七。夫人西河任氏。湘巫受氣，星月」

上缺。高，忽冥蒿里，以開下缺。」

（周紹良藏拓本）

開元五四二

【蓋】失。

【誌文】已殘，存左下角。

上缺。公」上缺。蠅之謗，以」上缺。使遇公之還，抗」上缺。敕賜物一百段，自」上缺。預此哉。時朔方軍元」上缺。辭也，有命從焉。昔」上缺。足多也。又其軍元帥邢」上缺。口誦兵書，心權秘決，破」上缺。察營田支度使御史中丞」上缺。公弘量浩器，宮牆莫覩，嘗」上缺。磊落傳書於青竹之編，鵬圖」上缺。孤我，嗚呼哀哉，以大唐開元」上缺。之私第。夫人河南宇文氏莀湖公」

上缺。承帝系之芬，受公宮之訓，婉而」
上缺。卯朔四日庚午，合葬于北邙之原，」
上缺。之十里。此地風煙共集，不遠平生，」
上缺。全光西邙北山同穴之哀榮，禮畢」
上缺。於故老之口，丹勳油素，自得於記事」
上缺。泉户。其詞曰：」
上缺。才也命世，卓犖倜儻，功用肸蠁，下缺。」
上缺。□劍變龍章；對七里之城郭，□下缺。」
缺。」

（周紹良藏拓本）

開元五四三

【蓋】

【誌文】

大唐故吏部常選石倚墓誌銘并序」

開元攝提格十月朔，翌日，渤海石倚卒。嗚呼！昊」穹不憖遺一貞士，光我邦家。俾顏子不幸，黃生」早世，將鬼神毒其聰明而奪其魄；不然豆甫壯」有室而□倚於門。悲夫！祖德，□淵人海，澄棲」于邑丞。

王父皇懷州河內府左果毅殊，洸洸武」毅，總斯都尉。烈考皇和州司倉參軍休莊，高標」雅韻，作掾于郡。□世載德，無□舊勳，維祺用譽，」□祐於子，皇天與善，何其繚也。以其年章月中」宿越一日，歸輤于伊闕東南屋□原，祔先塋，禮」也。君子曰：純日不曜，道也。率履不越，恭也。□不」違親，孝也。三者備矣，而不克永命，何哉？吾不復相土□。仁昆申州鍾山縣主簿恒，痛天倫之夭閼，伐石銘徽云：

闕塞東迤兮鮮原泱鄰，伊川逝□兮驚波長往，屬紼連幰兮駕徂軑，青松日揚□□□壤。」

（開封博物館藏石）